工程项目利润创造与造价风险控制

全过程项目创效典型案例实务

GONGCHENG XIANGMU
LIRUN CHUANGZAO
YU ZAOJIA FENGXIAN KONGZHI

——

李红波/著

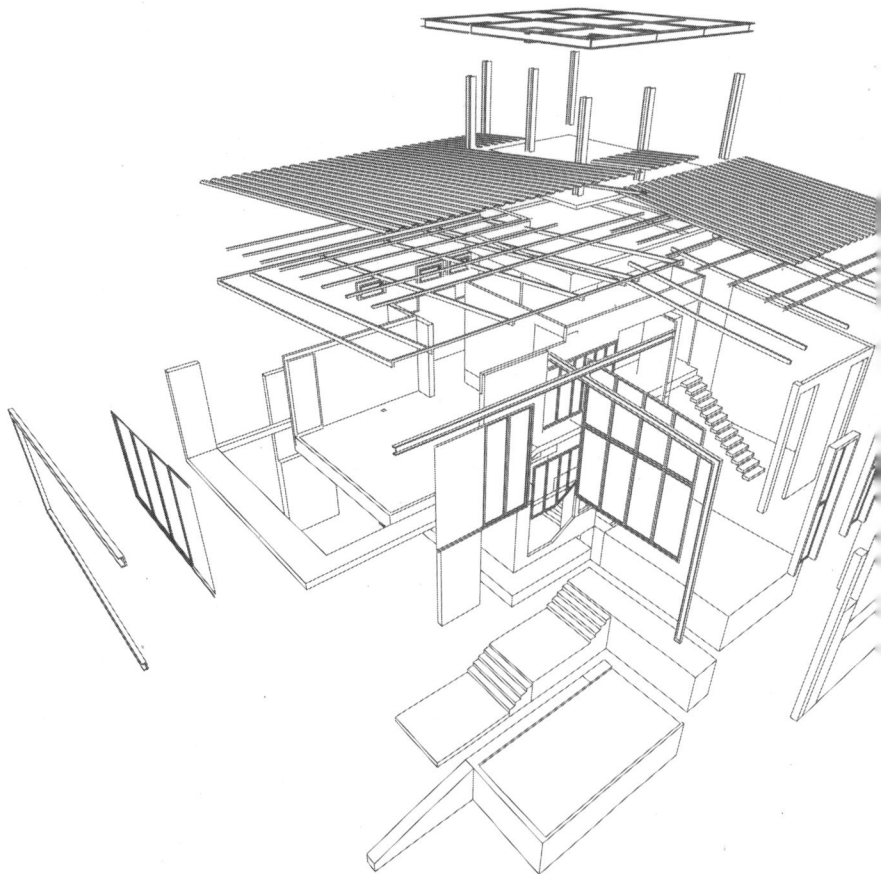

重庆大学出版社

内容提要

随着建筑行业的正规化和精细化，市场竞争日益激烈，项目利润越来越薄，项目经营要求越来越高。基于此，本书以工程项目创效为核心，从造价风险控制和价值创造意识理念，创效工作思维、职业素养和文字表达实务技巧，商务创效相关的施工合同管理、签证收方索赔办理等技巧，技术创效相关的施工方案、图纸会审、竣工图等技巧，工程审计的概念、方式、方法以及相应的应对策略，工程结算办理的全流程实务技巧，项目创效的人才培养和团队建设等方面，多维度、多专业、多视角地进行了系统的阐述。

本书是建立在工程项目实践经验与教训总结之上的浓缩和沉淀，相关素材源于工程创效实践中的典型案例，适合于施工企业的工程管理、技术生产和造价商务成本合约等人员，也适合于建设单位、咨询公司的相关人员，以及其他有志于了解和参与工程项目实际建设和管理的人员。

图书在版编目(CIP)数据

工程项目利润创造与造价风险控制：全过程项目创效典型案例实务 / 李红波著. -- 重庆：重庆大学出版社，2021.4（2022.8重印）

ISBN 978-7-5689-2632-4

Ⅰ. ①工… Ⅱ. ①李… Ⅲ. ①工程项目管理—造价管理 Ⅳ. ①F284

中国版本图书馆CIP数据核字（2021）第059124号

工程项目利润创造与造价风险控制

——全过程项目创效典型案例实务

李红波 著

策划编辑：林青山

责任编辑：夏 宇　　版式设计：黄俊棚

责任校对：邹 忌　　责任印制：赵 晟

*

重庆大学出版社出版发行

出版人：饶帮华

社址：重庆市沙坪坝区大学城西路21号

邮编：401331

电话：（023）88617190　88617185（中小学）

传真：（023）88617186　88617166

网址：http://www.cqup.com.cn

邮箱：fxk@cqup.com.cn（营销中心）

全国新华书店经销

重庆升光电力印务有限公司印刷

*

开本：787mm×1092mm　1/16　印张：26.75　字数：663千　插页：4开2页

2021年4月第1版　　2022年8月第6次印刷

印数：16 001—20 000

ISBN 978-7-5689-2632-4　定价：89.00元

万物皆有源

2011年春天，我刚离职转岗于一家新公司，从事的是一个全新的岗位——造价合约。新公司为了突破传统的业务范畴，进入方兴未艾的公共市政及基础设施领域，与其他单位联合承接了一个大型体育场馆项目。

突破传统的事物，走出熟悉的舒适区，进入全新的领域，投身新的战场，一般都需要缴纳成长的学费甚至付出巨大的代价。这些代价可能是管理层面的，也可能是经济层面的。当时公司领导层在做出承接这个项目进行业务发展转型升级的战略决策时，已经预估到可能存在的巨额亏损的风险。所以，公司在这个项目上的核心诉求就是保质保量完成任务，获得行业相关质量评奖，树立一个标杆的业绩，为公司今后在类似项目的拓展中奠定扎实的技术基础和市场口碑。

新的事物往往需要新的血液去充实，有的时候更需要一种无知者无畏的堂吉诃德式的新人去战斗。所以，当公司决定安排从现场技术管理转岗过来从事造价合约工作的我去负责该项目的造价商务工作，当时的我，除了压力，还是压力。正是从这个项目开始，我才真正理解行业里的那句俗语：项目是干出来的，更是算出来的。

从前期的总包合同沟通谈判以及商务条款的布局，从专业分包合同的策划以及结算条款的未雨绸缪，从设计施工图的设计沟通到深化设计图的完善，从图纸答疑的处理到专项方案的论证，从施工方案的编写到竣工图的绘制，从签证收方的办理到材料核价的落地，从往来函件的构思到会议纪要的协同，从施工日记的记录到档案资料的管理，从结算文件的编制到最终结算审计的对审……每一步看似与造价无关，但又和造价息息相关；每一个处理看似细枝末节，但是交织在一起，却对最终结算金额的多寡和项目经济效益上的成败至关重要。也正是从这个项目开始，我才更深层次地去领悟这个道理：项目不仅仅是算出来的，更是干出来的。

决定一个项目结算成败和最终是否赢利，造价固然重要，但是跨部门、跨岗位共同围绕项目结算有目的、有统筹、有协同、有方式、有方法、有技巧，齐心协力地干，才是真正核心的底层逻辑。因为最终支撑整个工程项目结算金额的，不仅是造价岗位的计算书和结算书，更是各个部门庞大复杂、事无巨细的工程资料与有理有据、逻辑严谨的事实支撑。所以，在这个项目的实践中，我们以项目经理为核心进行造价商务统筹，以各个岗位各个动作围绕结算进行全程商务技术交叉融合工作，在全力合作相互配合的基础之上，项目管理团队真正是为质量而干，更为结算而干；为业绩和市场影响力而干，更为实实在在的经济效益而干。最终，我们在收获了行业质量荣誉的同时，项目结算办理结果超出预期，分包成本控制有效，整个项目扭亏为盈，业绩、市场、效益三丰收。

在这之后，我经历了建筑行业施工企业造价商务与合约工作的深度洗礼，因为个人职业发展需要，我又再次转岗进入工程造价审计行业。一方面，这让我经历了更为复杂的项目和建立了更为广阔的视野；另一方面，也让我更加深刻地感受到很多施工企业在造价板块意识的薄弱，商务管理的失策，实务技巧的匮乏，导致本应得到的利益白白丢失。更为甚者，有的项目开局是一把好牌，最终却败走麦城进而引发企业破产，让人唏嘘不已！

有的施工企业实实在在地做了事情，付出了成本，但是由于相关资料的文字描述问题，导致无法计算相应的费用；有的施工企业千辛万苦进行某项工程内容的设计变更，以为会给企业节约成本，却没想到投标报价时不平衡组价的失策，导致了更为严重的亏损；有的施工企业竣工图绘制的一个小小的疏忽，导致巨额造价审减……

之后，由于机缘巧合，应施工企业的邀请，我做了一些关于造价实务与商务管理的专题内容分享。一来二去多次交流后，一方面，我确实感受到很多施工企业和从业人员对造价商务理解的局限单一和偏颇狭隘；另一方面，我也更加深刻地感受到行业趋势给施工企业带来的越来越紧迫的商务压力。从某种程度上讲，在当下的宏观背景和市场现状之下，一个施工企业的造价商务管理水平，不仅体现专业技术水平的高和低，更意味着很多企业是发展还是停滞，是主动竞争还是被迫放弃，是生存还是毁灭。

光荣在于平淡，艰巨在于漫长。感恩于曾经的公司和领导的信任，让我跨入造价这个看似平淡却又意义非凡的行业；感恩于多年造价路上朋友同行们的帮助和指点，让我在漫长而又艰巨的职业成长路上去感受平淡背后的荣光；感恩于引领我进入造价咨询领域的老东家，让我站在一个全新的角度、全新的高度、全新的平台去感悟和领悟；感恩于施工企业新老朋友的信任和信赖，以相关的造价商务培训为契机，促使我在工作之余，以个人项目经验沉淀积累和自我反思为基础，不断地将项目创效理论化、体系化、专业化；感恩于家人的理解和支持，在我从技术到造价转岗从零起步的过程中给予默默的鼓励，在我开始有编写本书的念想到最终付诸实际行动的长达三年的时间里，在每一个深夜加班敲字的星光里给予我默默的陪伴；感恩于重庆大学出版社建筑分社林青山社长的精心策划和全程指导，让我有勇气、有毅力坚持进行写作；感恩于夏宇编辑和出版社其他同事的专业、细致、执着的辛苦付出，让我有信心、有憧憬不断修改完善……正是基于此，基于这些平淡漫长的时光和岁月，让我跨过这一路看似艰辛的旅程，最终收获和沉淀为本书的内容。

工程项目的商务管理和商务创效是一个系统庞大的课题，也是一个实践性非常强的课题。由于笔者个人项目经验有限，项目实践水平也有所欠缺，本书难免会出现不当、遗漏甚至错误之处，真诚地欢迎读者和同行们批评指正，共同交流，一起进步，为建筑行业的持续精细化发展贡献我们的绵薄之力。

万物皆有源，这就是我思考的起源，也是本书的起源。造价商务人生路，我愿与您一路同行！

李红波

2020 年 10 月

什么是工程造价呢？

从学术和专业的角度，工程造价就是工程项目的建造价格，即进行某项工程建设花费的全部费用。

一个工程项目从最初天马行空的憧憬和设想，到最终脚踏实地地落地和生根，一般要经历项目建议书、可行性研究、初步设计、技术设计、施工图设计、招投标、项目建设、竣工验收、竣工决算等阶段。在整个过程中，与这个工程项目相关的费用可分为四大类：一是建筑安装工程费，即工程项目实体修建所需的费用；二是设备、工具、器具及家具购置费，即项目发挥经济生产功能所需配备的生产资料的费用；三是工程建设其他费用，主要包括土地征用拆迁、建设项目管理、研究实验、前期工作、专项评估、施工结构迁移、联合试运转、生产人员培训、建设期贷款利息等，即工程项目修建实体之外的相关管理、配套等所需的费用；四是预备费，包含价差预备费和基本预备费，以及为了应对工程项目实体修建过程中价格、材料等其他变化因素等所需的费用。上述四大类费用的合计，就是广义上的工程造价。

什么是狭义上的工程造价呢？狭义上的工程造价一般是指工程项目实体修建所花费的费用，即建筑安装工程费。根据《住房和城乡建设部　财政部关于印发〈建筑安装工程费用项目组成〉的通知》（建标〔2013〕44 号），建筑安装工程费按照费用构成要素划分，包含人工费、材料费、施工机具使用费、企业管理费、规费、利润、税金；建筑安装工程费按照造价形成划分，包含分部分项工程费、措施项目费、其他项目费、规费、税金。

从简约和实干的角度，工程造价就是工程量乘以工程单价。这就如同我们去买一样物品，询问了物品的价格，结合实际购买的数量，两者相乘，就是购买该样物品所消耗的费用。同样的，一个工程项目也可以理解为由很多个微小物品组合而成的大物品，我们把组成这个工程项目的每个微小物品的数量与它相应的价格相乘，就是这个工程项目的工程造价。

从文艺和哲理的角度，如何去理解工程造价呢？工程造价就是一个工程项目一切经济技术资料的总和。要计算工程项目的工程量，就要有设计图纸、施工方案、收方签证、往来函件、设计交底、竣工图、技术规范等与这个项目建设相关的技术资料；要计算工程项目的价格，就要有招投标资料、施工合同、核价资料、政策文件、定额清单等与这个工程项目相关的经济资料。我们把一个工程项目的全部技术经济资料汇总，再通过造价专业人员的专业组合与计算，最终形成这个工程项目需要支出的全部费用也就是工程造价。

那么，在一个工程项目中，是谁来对这些技术经济资料汇总得出项目的工程造价呢？有企业把从事这方面岗位工作的人员称为预算人员、造价人员、合约人员、成控人员，也有企业统一称为商务人员，为了统一口径和理解，本书统一称为商务人员。明白了这一点，我们基本上就能理解工程项目商务人员的岗位职责了。商务人员的岗位职责就是参与搜集、一起整理、直接制作与形成工程项目造价相关的一切造价技术经济资料，并充分使用造价专业知识，最终形成对外体现为项目收益的结算造价，对内体现为成本的分包或劳务造价。对外为收益的结算造价与对内为支出的成本造价两者之间差异的高低，就是对商务人员这个建筑行业中间商的工作成绩或者专业成果的最为真实有效的体现和评价。

一言以蔽之，商务人员的两个核心定位就是对外的商务创效和对内的成本控制。经济基础决定上层建筑，正是基于上述原因，我们会发现，一家优秀的施工企业，除了具备其他相应的条件外，一个不可或缺的因素就是具有一支优秀的工程商务人员团队。我们也会发现，作为一名合格优秀的商务人员，需要的不仅是扎实的造价专业知识功底，更多的是具备为形成这个项目收益的最终结算造价而需要的专业、管理、沟通、合同、法务、交流、谈判、整理、细节等各个方面的综合能力。

建筑行业施工企业对内的成本控制，不同的企业由于不同的情况、不同的风格、不同的模式，成本控制的方式方法往往具有很强的个性化，本书对成本控制这个领域就不做阐述。本书主要立足于施工企业对外的商务创效，尝试从典型案例出发，从实践工作中提炼总结出对于不同施工企业、不同工程商务人员而言，要成为行业的佼佼者或优秀者，所需要具备的一些共性的理念和意识、基本的能力和素养、必备的技能和技巧、相应的标准和流程、共同的方法和理论。

在工作之余，笔者有一个小习惯，将工作生活中每天发生的事情经过自己的思考和总结，通过笔记以小短文的形式记录下来，这就是本书造价笔记系列的由来。本书中的很多实务技巧的总结、创效理论的形成、实务方法的起源等，均来自笔者愚公移山似的日复一日造价笔记的自我总结与感悟。因此，为了便于读者对本书中相关案例从技术之外的其他维度更深层次地综合理解，也为了让读者更好地理解本书中很多理论、技巧的由来，有助于其在具体商务工作中灵活应用，本书以工程商务人员项目利润创造与造价风险控制的实务技巧为主线，以笔者的自我造价笔记总结感悟系列为辅线，相互呼应、相互印证，共同形成本书的具体内容。

授人以鱼不如授人以渔，因此我们阅读具体的实务技巧时更要思考技巧形成背后的原理和底层逻辑。本书中所有的案例只是承载商务创效实务技巧形成的一个载体，工程项目千千万，我们不可能穷尽所有的项目和案例去阐述商务人员在项目创效过程中需要面对和经历的案例以及需要掌握的实务技巧。但是如果读者能在阅读本书的过程中，加入自己的思考和实践工作经验，通过对实务案例的分析与解读，建立属于自己的商务创效实务技巧理论与体系，则本书的功劳莫过于此，笔者荣幸之至。

另外，为了便于理解和表述，本书中对建设工程项目的甲方，根据情况表述为"建设单位""发包人"；对建设工程项目的乙方，根据情况表述为"施工企业""承包人"；本书中对法律、行政法规名称中的"中华人民共和国"省略，其余一般不省略，例如《中华人民共和国民法典》简称为《民法典》。

李红波

2020 年 10 月

MULU 目 录

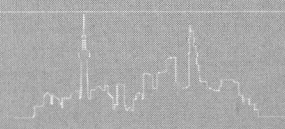

第 3 章 | 商务文字表达与实务

第 4 章 | 经济资料创效与实务

第5章 | 技术资料创效与实务

第6章 | 结算办理创效与实务

第7章 │ 创效核心竞争力塑造

第1章 造价风险与价值意识

宋代的苏轼写过一首《题西林壁》："横看成岭侧成峰，远近高低各不同。不识庐山真面目，只缘身在此山中。"这首诗表达了人们由于所处的位置不同，看问题的出发点不同，具备的能力不同……总之由于主客观条件不同，往往会导致对同一事物的理解截然不同。无独有偶，英国的莎士比亚也说过，一千个人眼中有一千个哈姆雷特。这句话表达了不同的读者对同样一件作品往往会有各自不同的理解。仁者见仁，智者见智。同样的，在工程项目建设过程中，同样的图纸、同样的资料、同样的依据，不同的商务人员编制出的工程造价结果往往是不一样的；即使编制出的工程造价结果一致，不同的人去和审计人员核对，最终通过审计的结算造价往往也是不一样的。这种不同结果之间的差异，就是工程项目造价所说的风险。因此，在实务中人们常常把影响一个工程项目最终结算工程造价高低的一切因素统称为造价风险。

工程项目建设是一个复杂的系统工程，因此影响一个工程项目最终结算工程造价高低的因素也就多种多样，且往往是从不同的角度、不同的位置去理解和分析影响造价高低的因素，得出的结论也会存在一些差异。从工程商务人员的角度出发，工程项目的造价风险可分为以下几个类别：商务意识上的风险、文字表述上的风险、专业功底上的风险、资料闭合上的风险、学科交叉上的风险、管理流程上的风险。本章就从这几个类别具体分析实务中存在的相关造价风险。

1.1 商务意识上的风险

思路决定出路，意识决定行动。很多事情和工作，往往最关键和最重要的是意识。如果意识与工作需要相匹配，则工作的风险就相对可控；如果意识与工作需要严重脱节，则会带来和引发重大的直接风险和潜在的间接风险。

建筑行业属于传统粗放式发展的行业，施工企业更多的习惯性思维停留在质量、安全、进度等具体的生产层面。在施工企业心目中，有一个非常朴素的道理：做事拿钱，我实实在在地做了事情，付出了努力，成果也具体可见，那么作为建设单位，就应该支付相应的费用。在传统的计划经济管理模式下，这种思路是切实可行的。但是随着建筑业发展越来越市场化，项目前期的招投标、施工合同的约定、建设过程的管理、结算办理的审核等越来越规范化、流程化，认可和审核相应费用的主体不一定是建设单位，相关事项管理和经办人员与最终费用审核确定人员也不同。在这种情况下，施工企业做了相应的事情，如果做的事情流程不符合约定，相关过程资料没有进行有效的收集整理，或者收集整理资料的内容不满足专业要求……这个时候，虽然施工企业事情本身做得非常完美，质量、进度、安全实施得非常到位，但是最终却无法在结算时获得相应的费用，甚至还要承担额外的损失和责任。这就是当下很多施工企业在商务意识上认知的缺乏或者理解得不够深刻，由此引发巨大的造价风险。

案例：资料不齐导致自行承担抢工投入

◆案例背景

某施工企业承接了某大型上市房地产公司开发的房地产项目，该项目采取战略清单计价模式，综合单价包干，工程量按实结算，措施费用包干，不因工程量的变化而调整；施工合同约定施工工期为 720 日历天。施工企业进场正式施工后，由于建设单位的各种原因，在前面一年中，断断续续施工，进度非常缓慢，施工企业窝工情况非常严重。在后面的一年中，恰逢房地产市场再次升温，房价上涨非常迅速。建设单位为了抓住该市场的有利机会，在市场升温时提前进行销售，指示施工企业不惜一切代价全力抢工，提前达到预售时间节点。施工企业配合建设单位全力抢工，达到了预期目标，建设单位也在最有利的时间节点进行开盘销售，获得丰厚的利润。

该项目施工完毕进入项目结算，施工企业向建设单位提出针对该项目的窝工和抢工进行补偿的诉求。建设单位非常认可施工企业的付出和努力，也对施工企业的诉求表示理解和支持。因为建设单位为上市公司，该项目的所有费用和支出都要根据合同约定执行并经过第三方专业机构审核确定。因此，建设单位提出施工企业按照施工合同中有关索赔的约定，准备相关证据资料，编写索赔文件，按照索赔流程进行处理。

抢工过程中，施工企业的核心意识和全部精力都投入到如何在建设单位约定的时间内完成施工内容，没有收集和准备相关的过程资料，甚至连抢工过程的影像资料都没有拍摄和保留，导致施工企业没有办法编制出相应的索赔文件。如果结算迟迟不确定，施工企业就面临资金周转上的巨大压力。最终，施工企业放弃了该项目抢工和窝工费用的索赔，作为补偿，建设单位在办理完结算后对工程款项的支付比例和支付时间进行了相应考虑。

◆商务解读

在商务工作中，有两个非常关键的思维：第一个思维是口说无凭，任何事项、任何内容最终都要进入项目结算并通过结算审核，成为施工企业的有效收入，需要有相应的书面支撑资料和计算依据，过程中再天花乱坠的口头承诺、再真诚感人的口头应允，都无法作为结算的依据，也无法让施工企业获得应得的利益。第二个思维是事实是基础，资料是根本，专业是手段，环境是辅助。既定事实或者已经发生的事实是项目结算的基础，没有这个基础，后面的一切就只能是口说无凭；把已经发生的事实通过资料进行书面的记载或者固定是项目结算的根本，没有通过资料对事实的固定，那后面的一切就如镜中花水中月，虽然事实存在，但是却属于空中楼阁无法落地生根；把已经固定事实的资料，应用专业的技能进行排列组合，计算出相应的费用，获得建设单位的审批和认可，就意味着该事实有理有据形成闭环成为施工企业有效的结算造价和工程收入；而施工企业与建设单位等良好的外部关系及有利的工作环境，仅仅只能作为前面三个事项的润滑剂，可以对相关商务工作的快速有效开展起推进作用，而不是对结算造价的结果起决定性作用。如果施工企业不能在项目建设过程中，从一开始就建立上述的商务思维和理念，那么在项目结算过程中，施工企业往往会频繁发生造价风险，并且造价风险带来的经济损失往往也迫于各种客观现实的情况，最终由施工企业独吞苦果。

造价笔记 627[①]

我们当下应该做的，是十年后的事情

　　P 总是一家劳务公司的老板，平时也承接一些总承包工程，在全国各地有二三十个项目。知道 P 总是由于他的一个项目需要办理索赔，通过朋友的介绍认识的。

　　我花费了一个多星期的时间，详细梳理了项目资料并了解了现场实际情况。经过评估工作量和紧急程度，以及最近自己和团队其他咨询项目的安排，我没有详细地办理这个项目的索赔事宜，只是编制了一个该项目完整的索赔工作方案。这个索赔方案从索赔思路到具体工作开展的细节、从索赔事项到具体工作开展的步骤等进行了详细的阐述。P 总和他的员工根据这个索赔方案去搜集和整理汇总相关资料，按照相关的步骤去推进开展相应的具体工作。

　　近日，P 总把根据索赔方案思路完成的初步成果文件提供给我，双方进行了交流。出乎我的意料之外，在短短的十几天内，P 总的员工和团队把这个项目索赔的相关事实、索赔依据和支撑资料等搜集得非常齐全，也整理得很有逻辑、条理和体系。

　　闲聊之余，P 总略带自豪地给我介绍，因为多年前在资料管理上吃过很大的亏，导致很多应该获得的费用没有得到。因此，多年以前他就开始坚持在自己的团队做两个基本动作。

　　一是通过钉钉办公软件，让分布在全国各个项目的管理人员和技术人员，每天记录工作日记。每个人每天的工作日记要描述当天施工的详细内容、工人上岗安排的具体情况、各种现场施工问题的记录、甲方的指令和要求安排、明日的工作计划、自我的工作评价和总结、施工现场的图片等。如果管理人员年纪大不精通软件操作，就用手写的方式把相关内容写下

---

① "造价笔记 627" 为笔者将工作生活中发生的事情，通过思考和总结，以笔记的方式进行记录，形成了相应的造价笔记系列，其中 627 为序号，即第 627 篇造价笔记。

来，然后再拍照上传。

二是让办公室的文员加入全国各个项目的工作群。文员的重要日常工作是把每个群每天发的各种照片和资料、甲方的指令和要求文档等，进行及时下载并分类保存，一些重要的信息或者交流记录截图保存，并且采用一台专门的电脑进行上述的整理和保存工作，这样能保证相关的记录有迹可循。

P总跟我说，他当时也不知道这么做是否有用，但是他的想法是：做了总比没做要好，至于这样做会不会带来什么好的效果，到时候再说。因此，虽然P总已经过了知天命的年龄，但是对这些现代化的工具和理念却非常支持并愿意主动尝试。团队的钉钉管理平台还是他亲自设计搭建，工作日记的格式和要求也是他亲自筹划和落地。

正是由于P总多年的坚持，才能在这个项目需要办理工程索赔时，从工作日记和工作群交流整理的资料中，快速有效地提炼和形成相关的资料。

所以，我们当下的很多成绩，其实往往是十年前我们所具备的理念、所做的事情、所付出的努力成就的。同样的，如果我们想要在以后继续取得成绩，在某一个方向有发展，那么当下的我们就要站在十年后的角度去思考琢磨，在当下的工作中提前进行谋略、准备和实施。因为，我们要有所成就，要实现自己的一个长远的目标，我们不可能是时间到了再临时起意、临时奋力拼搏，而应该是很多年以前就开始进行设计，开始建立理念、埋下伏笔，开始践行持续坚持。

哪怕这些伏笔、这些理念、这些践行、这些坚持，当时是被迫的或者是被动的，是没有想明白或者想清楚的，这一切都没有关系，就如P总说的，虽然不知道这样做对今后有没有帮助，但是做了总比没做要好。

2020年8月4日

1.2 文字表述上的风险

文字是人们所有经济技术活动的载体。有了理念设想，要进行具体的落地执行就需要通过文字进行表达和传递。工程项目建设过程中，发生的所有事情在形成工程造价所需要的技术资料和经济资料时，最终都要以文字的形式进行体现。而文字本身带有很强的主观能动性，再加上中国文字源远流长、博大精深，文字表述上的一些瑕疵或者表述方式的不同，会让人产生理解上的分歧和执行上的差异，并最终导致工程项目结算造价的差异。

建筑行业的从业人员，由于工程项目建设施工现场的需要，整体属于直爽、豪迈的风格。也正是基于建筑行业这个情况，导致从业人员在办理一些技术资料和经济资料的项目管理过程中，不注重文字上的字斟句酌和仔细研究。等到了工程项目结算审核的时候，第三方审核机构往往会逐字逐句地分析解读技术经济资料上文字表述的含义，从各个维度去发现和寻找这些文字表述后面的不严谨、歧义及漏洞之处，导致工程项目的结算审减。因此，施工企业在技术经济资料文字表述上的一些疏忽，往往会在后期引发大量的结算审减，导致大量的造价风险。

案例：体育场馆排水工程的价格核定

◆案例背景

某体育场馆项目，施工合同约定按照项目所在地造价主管部门颁布的计价定额及配套取费文件结算，人工及材料价格执行项目所在地造价信息，造价信息上没有的价格和定额文件中没有相应定额项目的工程内容等进行核价确定。

该体育场馆工程下部看台为土建结构，上部为悬挑钢结构屋面，屋面排水工程设计要求采用虹吸排水。由于虹吸排水为新工艺，在定额文件中没有相应的定额子目，因此针对虹吸排水，施工企业编制了相应的虹吸排水价格核定表，报送给项目监理、建设单位进行审核，经审核后的价格核定表如表1.1所示。

表1.1 ××项目虹吸排水工程价格核定表

序号	材料名称	规格及型号	单位	核定价格/(元·m^{-2})	备注
1	屋面虹吸排水系统	详见设计施工图	m^2	30	略

说明：虹吸排水系统价格按照面积以 m^2 计算，核定单价包含虹吸排水工程的人工费、材料费、机械费、施工措施费、组织措施费、企业管理费、规费、安全文明施工费、利润、税金等全部费用，为全费用综合单价。

◆商务解读

该项目施工完毕进入结算审核阶段，施工企业与审计机构在进行对审的过程中，对"虹吸排水系统价格按照面积以 m^2 计算"这处文字表述的理解，产生了巨大的偏差。

审计机构的理解认为：该价格核定表明确表示，虹吸排水工程按照面积计算，面积在此处应该理解为建筑面积。根据《建筑工程建筑面积计算规范》（GB/T 50353—2013）第3.0.4条的规定"有顶盖无维护结构的场馆看台应按其水平投影面积的1/2计算面积"，本项目虹吸排水对应的为悬挑钢结构屋面，因此本项目虹吸排水工程量应该按照悬挑钢结构屋面水平投影面积的1/2计算，虹吸排水工程的结算价=（钢结构屋面水平投影面积×1/2）×30（元）。

施工企业的理解认为：该价格核定表明确表示，虹吸排水工程按照面积计算，因为虹吸排水本身的功能是排水，因此面积在此处应该理解为虹吸排水系统对应的排水面积，也就是要按照钢结构屋面的展开面积计算，虹吸排水工程的结算价=钢结构屋面展开面积×30（元）。

由于该项目钢结构屋面为悬挑曲面结构形式，钢结构屋面展开面积＞钢结构水平投影面积＞钢结构屋面的建筑面积，双方不同的理解方式，最终对该项目结算造价金额的影响达到上百万元，于是双方各执己见、互不相让。从第三方的角度看待这个问题，核心的关键在于该价格核定表的表述方式出现了问题。有可能最初施工企业与建设单位在核定该价格时，双方考虑的出发点是基于通常的虹吸排水的功能来考虑，所以才按照面积核定，也没有注意到这个项目的面积有多种理解方式。但是，从审计机构的角度，最终依据的只能是根据书面资料的理解和解读，而非想当然地推论。由此，文字表述上的瑕疵导致了施工企业面临相应的结算审计风险甚至是利润损失。如果施工企业在编制该价格核定表时，详细地阐述说明面积的具体计算方式或者规则，就能大大降低或者有效规避后续相应的风险和损失。

造价笔记 645

语言是空气，文字是力量

近日，参加了某施工企业的半年总结分析会，其中有一个重要环节，由商务部门负责人讲解和分享在与甲方进行施工图预算包干价核对和项目结算办理过程中，发生的争议问题及其处理方式和结果。会上，商务负责人分享了三个典型案例，我印象非常深刻。

第一个案例是关于示范区的工期确定的问题。一般情况下，甲方为了销售，会要求示范区抢工提前开放，并设置相应的抢工奖励。施工企业的某项目，按照甲方的抢工指令圆满完成任务，结算时准备计算相应赶工奖励，甲方审计部门非但不给予计算赶工奖励，还要扣减施工企业工期违约金。因为在施工合同中约定，施工企业的示范区工期计算是从开工到外脚手架拆除以及装饰面层施工完毕的时间，而装饰面层不是总包施工企业的施工范围，由甲方指定分包给其他装饰单位施工。由于装饰单位施工滞后，虽然总包施工企业的主体工程合同内容按时完成，但是根据合同约定的工期计算方式，总包施工企业仍旧是工期延误违约。而总包施工企业在施工时，没有详细阅读合同，在过程中也没有主动发函或者沟通反馈这个问题并及时解决，到了结算的时候就非常被动，导致损失惨重。

第二个案例是关于施工图预算包干价核对的问题。施工企业预算人员在编制施工图预算书的清单计价表格文件时，其中某个单项工程使用造价汇总统计时公式设置失误，遗漏汇总统计其中某个分项的造价，导致少算了数十万，而施工企业发现该问题时，已经在施工图包干预算书定案结果上签字确认。甲方以施工企业已经签字认可核对结果为由，不更改和添加该遗漏的造价，最终只能是施工企业自行承担，为自己的疏忽买单。

第三个案例是关于奖励申请的问题。某个项目在施工过程中甲方举行某观摩活动，指令施工企业全力配合，如果配合举行成功，给予一定金额奖励。施工过程中，施工企业积极配合圆满完成任务，但是没有主动提出书面的奖励申请和办理审批材料，在结算时甲方审计部门不予认可，最终由甲方工程部单独出具指令和详细书面情况说明，奖励按照原来口头承诺的 1/2 计算进入结算。

这三个案例很常见，但是却给施工企业带来了不少的损失，根本原因在哪儿呢？还是在于施工企业对书面化文字表达不重视，只是把主要精力放在非书面化的生产建设和语言交流上。但是站在结算审核的角度，一切的依据和结果，核心都是来源于文字本身的表达和理解，事情一样，工作一样，文字表达的方式、文字组合的技巧等不一样，最终结算审核的结果可能就千差万别。

语言在我们日常工作生活中如影随形，但就如空气一样，语言始终是一种缥缈的存在，能让我们感受到呼吸，但是却难以成为支撑我们前行的核心关键。

人类活动的所有重要的成果和结晶、工作和承载，最终都需要用文字来体现和传达。正如有了空气的存在，太阳才能让万物生长，生机盎然，也正是在语言的基础之上有了文字，才能让我们的一切秩序井然，让我们所做的一切得到积累沉淀，不断发展前行。

所以，作为工程商务人员，关注语言交流，重视文字表达，两者互为表里，相互有效结合，才能让我们工程项目的效益合理化、完整化、最大化。

2020 年 9 月 3 日

1.3　专业功底上的风险

邓小平说过，科学技术是第一生产力，这是一句放在各行各业都普遍适用的真理。对于项目的造价商务工作而言，工程造价是技术资料和经济资料的总和，文字又是技术经济资料的载体，如何从根本上解决文字表述的风险，确保经济技术资料的总和产生最大的经济效益，其背后考量的就是造价商务工作人员的专业功底。

因此，工程项目的造价商务工作，与其他专业和岗位要求一样，一方面要求我们具备各种综合能力，另一方面具体经办人员的专业水平、专业功底、项目实践经验，则是实务层面影响工程造价的一个巨大的风险。再好的商务理念，再好的管理制度，如果具体的商务人员专业功底不过关，很多思路和想法就不能得到有效的执行，造价风险也会层出不穷。

案例：满堂脚手架的措施费计算

◆案例背景

2011 年，某地修建的某大型体育场馆项目，施工合同约定按照项目所在地造价主管部门颁布的计价定额及配套取费文件结算。其中，该项目的屋顶为大跨度网架结构形式，由于现场条件限制，无法使用大型吊车等机械设备，并考虑到施工安全的要求，实际采取搭设满堂脚手架的施工工艺形式进行屋顶网架结构的安装。具体安装施工工艺如表 1.2 所示。

表 1.2　大跨度网架结构安装工艺

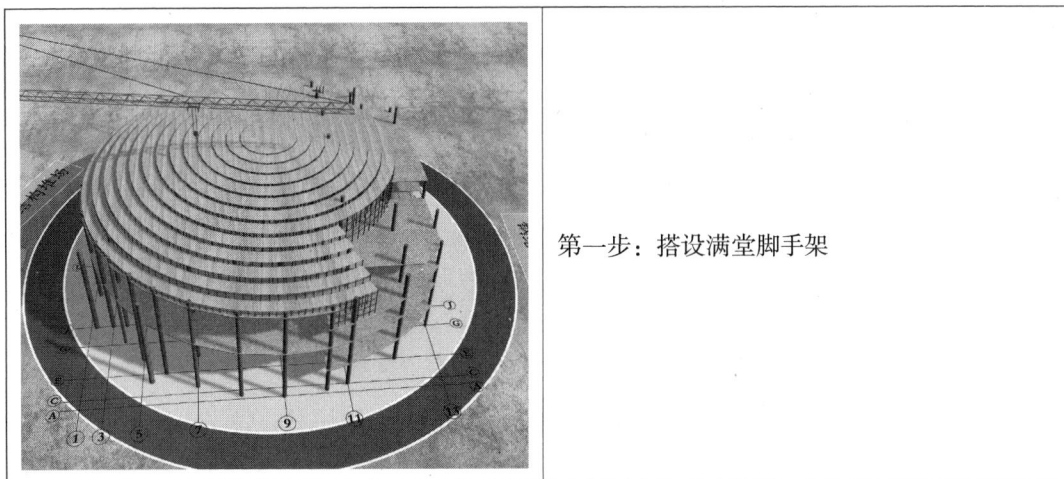

第一步：搭设满堂脚手架

续表

第二步：在满堂脚手架上面依次根据网架结构单元进行组合安装，待网架单元全部安装完毕，钢屋架形成受力体系之后，再拆除满堂脚手架

根据当地定额文件的规定，满堂脚手架按照其搭设的水平投影面积计算：搭设高度在 3.6 m 以内时不计算满堂脚手架（包含在定额综合脚手架里面）；搭设高度在 3.6 ~ 5.2 m 时，按照满堂脚手架基本层计算；搭设高度在 5.2 m 以上时，每增加 1.2 m 按增加一层计算。

施工企业根据合同约定的计价原则及定额的规定，按照定额文件规定的满堂脚手架套取定额，基本层面积约 4 800 m²，搭设高度约 15 m，该满堂脚手架搭设的措施费用工程造价约为 17 万元。

施工企业与劳务分包单位按照满堂脚手架搭设的体积计算，劳务分包价格约 13.5 元 /m³，搭设体积为 4 800×15=72 000（m³），劳务分包成本约 97.2 万元；施工企业自身租赁的钢管、扣件、竹胶板等其他费用折合到满堂脚手架体积上约 4.5 元 /m³，再考虑施工企业自身相关的管理和税费等成本，合计总实际成本支出约 140 万元。施工企业在该项目的满堂脚手架措施费用上亏损金额高达约 123 万元。

◆ 商务解读

根据一般情况的理解，定额是代表当下平均社会生产力水平，言外之意，就是按照定额编制的工程造价不会与实际成本造价发生太大的偏差。如果出现了巨大的偏差，那么往往只有一种可能，就是商务人员对定额本身的理解或者专业计算出现了偏差。

定额意义上的脚手架、满堂脚手架，其实需要我们结合定额与相关技术施工规范进行专业解读，而不能仅仅根据我们的日常经验称呼习惯去理解。根据《建筑施工扣件式钢管脚手架安全技术规范》（JGJ 130—2011）中第 2.1.1 条、第 2.1.5 条、第 2.1.6 条的约定：

2.1.1 扣件式脚手架

为建筑施工而搭设的、承受荷载的由扣件和钢管等构成的脚手架与支撑架，包含本规范各类脚手架与支撑架，统称脚手架。

2.1.5　满堂扣件式钢管脚手架

在纵、横方向，由不少于三排立杆并与水平杆、水平剪刀撑、竖向剪刀撑、扣件等构成的脚手架。该架体顶部施工荷载通过水平杆传递给立杆，立杆呈偏心受压状态，简称满堂脚手架。

2.1.6　满堂扣件式钢管支撑架

在纵、横方向，由不少于三排立杆并与水平杆、水平剪刀撑、竖向剪刀撑、扣件等构成的脚手架。该架体顶部钢结构安装等（同类工程）施工荷载通过可调托轴心传力给立杆，顶部立杆呈轴心受压状态，简称满堂支撑架。

根据上述的技术规范描述，可以从规范的角度解读：脚手架和支撑架统称为技术规范上的脚手架，而满堂脚手架又可分为满堂钢管脚手架和满堂钢管支撑架两种类型。

根据《建筑施工扣件式钢管脚手架安全技术规范》（JGJ 130—2011）中第2.1.2条、第4.1.1条、第4.1.2条、第4.1.3条的约定：

2.1.2　支撑架

为钢结构安装或浇筑混凝土构件等搭设的承力支架。

4.1.1　作用于脚手架的荷载可分为永久荷载（恒荷载）与可变荷载（活荷载）。

4.1.2　脚手架永久荷载包含下列内容：

1　单排架、双排架与满堂脚手架：

1）架体结构自重：包括立杆、纵向水平杆、横向水平杆、剪刀撑、扣件等的自重；

2）构、配件自重：包括脚手板、栏杆、挡脚板、安全网等防护设施的自重。

2　满堂支撑架

1）架体结构自重：包括立杆、纵向水平杆、横向水平杆、剪刀撑、可调托撑、扣件等的自重；

2）构、配件及可调托撑上主梁、次梁、支撑板等的自重。

4.1.3　脚手架可变荷载应包含下列内容：

1　单排架、双排架与满堂脚手架：

1）施工荷载，包括作业层上的人员、器具和材料的自重；

2）风荷载。

2　满堂支撑架

1）作业层上的人员、设备等的自重；

2）结构件、施工材料等的自重

3）风荷载。

根据上述的技术规范描述，我们可以获悉满堂钢管脚手架和满堂钢管支撑架的本质区别在于两者的受力不同。满堂钢管脚手架仅是定位于承担人员在上面操作和临时简易材料堆放的操作荷载，立杆处于偏心受压状态；而满堂钢管支撑架是定位于承担其支撑的结构物本身的巨大自重荷载，在结构物本身没有形成相应结构体系、能单独进行结构荷载承重之前，结构物本身的荷载均是由满堂支撑架通过轴心受压的立杆，将荷载承接后转换到满堂支撑架下面的地基基础或者其他结构物承担，比如混凝土楼板浇筑后达到相应强度之前楼板下面搭设的满堂钢管架，比如大跨度钢结构在形成稳定的结构受力体系之前下面搭设的满堂钢管架，比如桥梁工程箱型梁桥浇筑时下部搭设的满堂钢管架……

因此，结合技术规范及定额文件本身的编制原理，该项目的满堂脚手架本质上应该理解为满堂扣件式钢管支撑架，不应该按照工作习惯上俗语的称呼满堂脚手架去理解和套取定额，而应该执行定额文件里的满堂式钢管支架子目，并按照实际搭设的满堂式钢管支架的体积计算工程量和套取相应的定额。除此之外，还需要结合审批通过的满堂脚手架搭设专项施工方案，计取以下相应的费用：满堂钢管支撑架搭设的地基处理和加固费用；满堂钢管支撑架中间分层铺设的安全防坠网费用；满堂钢管支撑架搭设架体材料的租赁费（一般定额文件中满堂钢管支撑架子目只包含其搭设和拆除费用，没有包含钢管支撑架体钢管扣件等材料的租赁费用）。

对于施工企业而言，综合考虑以上费用，真正从造价专业技术和施工规范以及施工工艺的角度深刻理解定额后计算出的工程造价，才能与实际成本消耗相吻合并略有一定利润。

◆延伸思考

在定额结算项目中，如果存在斜柱的情况，斜柱的模板造价如何计算呢？

在一般的定额文件编制中，模板工程定额子目都包含了相应的脚手架费用，比如梁板工程的模板，包含了其下搭设的满堂钢管支撑架相应费用，如果搭设高度超过3.6 m，则需单独计算模板超高费用。对于混凝土柱模板来说，定额一般考虑的是垂直的柱，因此考虑的钢管脚手架费用仅仅是固定模板用途，而不是像梁板工程的脚手架一样支撑梁板本身的结构荷载。因此，柱模板定额子目的钢管脚手架定额耗量相比梁板工程要低很多。当混凝土柱为斜柱时，斜柱下表面的脚手架要承担斜柱本身的结构荷载，从本质上讲该部分位置的脚手架应该归属于钢管支撑架，因此斜柱的脚手架也就是由一般柱使用的固定模板用途的脚手架与斜柱下方起受力支撑作用的满堂钢管支撑架两部分组成。斜柱的模板造价除了计算正常的柱模板费用之外，还需要根据专项施工方案单独计算斜柱下方的满堂钢管支撑架的相应费用。

造价笔记 274

底蕴，是行走职场江湖的硬通货

今天是 2018 年 11 月 10 日，2018 年度我们第三次给 ×× 公司进行企业技术实训，这次实训的主题是市政项目审计实务及工作方法论。

每一次技术实训都是一次专业考验。作为实训的细分领域——造价专业技术实训，更是如此。

当你站上讲台，当你面对众多同仁，你可以幽默风趣。开场 30 分钟你的妙趣横生可能会为你赢得好感和满堂喝彩，但如果 30 分钟后你没有专业技术知识来征服大家，作为专业技术实训的听众，从欣赏到不以为然，那是分分钟的剧情反转。

当你站上讲台，当众多同仁百忙之中听你讲解时，你可以高谈阔论。开场一小时你的高谈阔论或许能给你赢来尊重，但是一小时后如果没有具体落地实在的案例阐述佐证或者切实可行的专业分析来赢得认可，作为每天处在加班工作状态的造价商务专业人士，你从受人尊重到被人鄙夷，也就是刹那间的转变。

当你站上讲台，当众多造价商务精英人士听你阐述，你可以引经据典。但是在互动交流的环节，一个专业问题质疑如果你回答得支支吾吾，一个简单项目实战咨询你解释得风马牛不相及，对于以技术作为立身之本的造价商务职场的精英而言，你从被崇拜到被抛弃，也就是自然而然的事情。

这是一个信息的时代，这是一个时间比任何时候都更显得宝贵的时代。每个人都肩负着自我、家庭、团队、公司、项目的压力，每个人都在积极思考如何在有限的时间里尽可能最大化地发挥自己的能力创造相应的价值。每个人都在主动探索如何更加积极有效地前行，当有人能停下来并且支付费用，倾听你的分享，背后的核心本质是因为别人相信你的分享能够给他们带来实实在在的参考和借鉴，而不是别人花费时间和金钱来听取你的毫无价值的幽默、毫无用处的高谈、毫无内涵的风趣……

如果你作为专业技术讲师站上讲台时，这一点你都做不到，那么你所有的分享就是在浪费听众的时间。就如鲁迅说的，生命是以时间为单位的，浪费别人的时间等于谋财害命；浪费自己的时间，等于慢性自杀。所以，不管是我们的职场，还是我们的工作，我们所有的出发点，就是自己所做的一切，给相对方带来持续有效的价值。

因此，作为技术人士，底蕴与内在是能否给相对方带来有效价值的基础；跟随着行业的发展继续保持底蕴和内在不落后，是能否给相对方带来持续价值的关键。

市场和客户的喜新厌旧是天然的，企业和团队的见异思迁是常见的，要在其中灵活自如地穿梭和前行，练就一身根底扎实的技术底蕴，永远是我们行走职场的必不可少的"硬通货"。

2018 年 11 月 10 日

1.4　资料闭合上的风险

资料闭合是指支撑项目工程造价最终形成的相关技术资料与经济资料以及其他资料之间（如隐蔽资料与签证收方之间，施工日记与经济资料之间，监理日记与经济资料之间，材料设备检测报告、进出场记录、合格证与经济资料之间，财务资料与经济资料之间，现场影像资料、工程技术档案资料与经济资料之间），对某一件事情的描述，对某一件事情的表达，对某一个概念的阐述等，需要相互印证、相互支撑、相互闭合。

如果各种资料之间存在不闭合的情况，在工程项目结算审核的时候，审核机构一般会按照就低不就高的基本原则进行结算审减，甚至在当资料对某件事情阐述完全不一致时，还可能直接对某件事情认为是相关方弄虚作假所形成，相关资料视为无效资料，发生的相关费用全部不予计取。

通常情况下，由于相关资料的具体经办人员不细心，或者仅仅从一个片面的角度去办理相关资料，资料之间出现相互脱节，最终导致工程造价的风险。

案例：公路工程窝工台班签证的办理

◆案例背景

某公路工程项目，施工合同约定按照交通部颁布的《公路工程预算定额》（JTJ/T B06—02—2007）及其配套文件进行结算。该项目在建设过程中，由于出现周边群众现场阻工的情况，导致施工企业机械窝工，施工企业在建设过程中与建设单位针对该窝工事宜办理了现场签证：

××项目签证单

由于非施工方的原因，××于××年××月××日在施工场地，阻挠施工方正常施工，扰乱施工方整体安排计划，造成以下机械闲置：

挖机CAT32B：10台班；闲置台班费：××元/台班。

自卸车（20 t）：10台班；闲置台班费：××元/台班。

在该项目结算书的编制中，施工企业按照上述签证单计取了相应的机械窝工费，按照8 t以内自卸车套取自卸车运土石方定额。经了解，该项目的施工方案、设备进场以及现场施工机械情况确认表中均标明该项目使用的是8 t自卸车。

◆商务解读

在结算审核时，针对土石方运输定额到底是按照8 t自卸车还是按照20 t自卸车套取，审核机构和施工企业发生了争议。根据定额的编制原理，自卸车载重量越大，土石方运输的综合单价越低，该项目按照8 t和20 t分别套取土石方运输定额，4 000万元左右的公路工程项目，仅该土石方运输这一项的造价风险就达到200万元左右，对该工程项目造价的影响高达5%。

审核机构认为：虽然施工方案、设备进场及现场施工机械情况确认表中确定土石方运输的自卸车为8 t，但是在上述关于窝工事项的签证单中又标明为20 t自卸车，两者资料不吻合，根据资料自相矛盾时费用计算按照就低不就高的原则，应按照20 t自卸车套取定额计算土石方运输费。

施工企业认为：施工方案、设备进场及现场施工机械情况确认表中确定土石方运输的自卸车为8 t，实际施工也使用的是8 t的自卸车，应该按照8 t自卸车套取定额计算土石方运输，该窝工签证单中的20 t自卸车为笔误。

为什么会出现上述这种资料问题呢？核心原因在于办理该窝工台班签证的为现场施工技术人员，在技术人员的理解中，自卸车型号越大，签证的窝工台班费用就越高，因此就从片面的角度出发办理了该签证单，结果引发工程项目造价巨大的风险。这是造价商务工作中经常出现的，资料不闭合最终导致施工企业捡了芝麻丢了西瓜，得不偿失。

造价笔记628

每一步看似都走得很正确，但是最后往往未必完美

最近公司要举行成立十周年的庆祝活动，这个事情由运营部的T老师负责，财务部的出纳C妹妹参与，两个人一起共同实施。

两个人按照正常的工作思路，完成了确立主题、梳理流程、报送公司领导确认、购买物品、人员沟通等诸多事宜。但是，到了活动开始的前两天，T老师总感觉心里没底，还有很多事情没有完成，感觉有心无力。比如，十周年庆典要营造感人的回忆，需要制作一个感人至深的微电影视频；比如，十周年是一个很隆重的事情，因此需要一个合适的主持人，还要配套完整的台词串词；比如各个邀请人员发言内容的定位和风格区分沟通；比如员工家属和小孩礼品的选择和购买……

从工作本身去思考，每一件事情都需要我们细致完美地去准备，但是T老师却总感觉庆祝活动的实施和准备的事宜心中无底，心有慌张。

于是，我和T老师一起进行了交流，提出了我的一个工作理念：把每一步工作细节都做得很正确，最终的结果却并不一定完美。围绕着正确的目标来拆分区别每一件事，分析这件事在当下的具体背景之下，是要做到百分百正确，还是只需要一半正确，甚或是不区分正确与否，只要有这个动作即可？把这些正确度不同的事情排列组合地实施，最终的结果可能还更为完美。

比如视频的制作，这属于锦上添花的事情，不一定要用微电影展示，使用PPT图片加背景音乐即可。比如家属和小孩的礼物，重点是要有这个动作，关键是物品要在活动之前购买到位。比如主持人的确定和台词是关键，因此需要把这个事情做到100%的准确，而这个时候公司其他人都很难有时间，与其寄希望于他人，不如T老师自己全力以赴。因为时间太紧，毕竟T老师熟悉整个流程、过程和事项。而一旦T老师自己作为活动的主持人，其他的一些会场布置、事务性的工作就不一定要达到完美，可以分配给其他人协助实施，T老师重点指导控制即可。

因此，虽然目前公司让新引进的员工全力以赴地进行专业学习，争取能快速正式上岗实施项目给公司创造产值，这是一件非常正确的事情。但是站在当下十周年活动这个视角，如果让新员工这几天还是继续沉浸于学习而不参与活动筹划和实施，那就不是一件正确的事情了。让新员工暂停专业学习，作为T老师的助手来分担和实施具体准备的相关事务性工作，就是当下一件正确的事情。

这样一交流，T老师顿觉心里放松，感觉这件事情好像也没那么紧迫，心里也没那么慌张了。T老师马上与相关领导沟通，协调新员工，把事项按照重要度进行拆分，一件复杂的工作就高效快速地运转起来。

一件事情是否正确，是一个事实问题，从这件事情本身考量，肯定存在做得正确与否的标准。但是一件事情是否有效，是一个现实评价问题，从不同角度、不同需求来看，一件正确的事情并不代表这是对他人、对结果有效的事情。这就需要我们及时、灵活地站在不同的视角以最终的目的和结果出发，平衡和考虑这件事情到底做到什么程度才是真正的正确和真正的有效。

这就如我们在工程项目管理过程中，不同的岗位对一件事情，都有着自己岗位正确与否的评价标准，比如技术岗位，希望自己的方案编制得越完美、越上档次、越能体现公司的技术水平和实力为正确；比如生产岗位，希望项目现场多快好省地持续性地施工为正确；比如质量安全岗位，希望项目现场完全严格按照规范履行获得质量奖项和安全奖项为正确；比如商务岗位，希望成本最小、收益最大化最为正确……但是，跳出自己的岗位，从其他岗位的角度、从整个项目管理目标的角度，我们认为正确的事情，最终对他人、对整个项目的目标却是不利甚至是起反作用的。

所以，这就需要我们因势利导，把每一步都走得很正确。但是，我们更要站在具体环境背景以及他人的角度、最终的目标，去评价和考量我们走的每一步是否真正正确、有效。如果不是，及时调整修正；如果是，继续坚定执行和前行。

2020年8月5日

1.5 学科交叉上的风险

建设工程的建设本身是一个复杂的技术工程和社会工程，要牵涉方方面面的事物。同样的，作为建设工程最终成果之一的建设项目结算工程造价的形成，也不仅仅只是涉及工程造价或者建筑工程学科本身，其中很多时候要融合税务、法律、政策、金融、经营等其他多个学科的专业知识和专业技巧。不同学科之间的交叉、重合，往往会对工程项目的工程造价带来影响，产生相应的造价风险。

尤其是在当下 PPP 建设、EPC 建设等带有投融资属性的建设模式的兴起，跨学科之间的相互影响、相互制约、相互交叉等的情况就更为突出，值得商务人员进行相应的风险关注。

案例：拆除工程的进项税金抵扣

◆案例背景

某房地产开发项目，施工合同约定采用全费用市场清单形式进行计价，其中某部位的钢筋工程全费用单价如表 1.3 所示。

表 1.3 其项目钢筋工程全费用单价分析表

分项工程	工程量/t	人工费/元	主材费（不含税）/元	其他费用/元	管理费/元	利润/元	税金（9%）/元	综合单价/元	小计/元
钢筋工程	10	800	3 500	150	230	230	441.9	5 351.9	53 519

该项目在建设过程中，施工企业完成了该部位钢筋工程的绑扎工作。由于建设单位对该项目使用功能的调整，设计单位因此出具了设计变更，取消该部位施工内容，由施工企业负责拆除该部位绑扎完毕的钢筋工程。针对该拆除工程事项，建设单位与施工单位基于施工合同全费用单价的基础之上，按照以下原则办理签证：

（1）已经绑扎完毕的 10 t 钢筋按照合同约定的全费用单价 5 351.9 元 /t 按实计算。

（2）施工企业拆除的钢筋工程，计取 300 元 /t 的拆除费用（含税）。

（3）拆除后的钢筋由施工企业负责处理，扣减 800 元 /t 的钢筋残值（含税）。

因此，该钢筋工程的工程造价为 $10 \times 5\ 351.9 + 10 \times 300 - 10 \times 800 = 48\ 519$（元）。

◆商务解读

从表面上看，该拆除工程签证办理得很合理，公平公正地基于合同和发生的实际事实计算了相应的费用。但是，如果从不同学科的角度从本质上去理解工程造价，会发现其有不合理的地方。

首先，从工程造价的视角，不管是定额计价，还是国标清单计价、企业战略清单或者全费用市场化的清单，在营改增的计费模式下，进入工程造价的材料皆为除税价，或者是按照含税材料价进入计价文件，后面再扣除材料进项税的做法进行计算处理。在这背后，暗藏着一个最基本的逻辑：这个项目发生的所有材料费的进项税金从工程造价的角度，是能够抵扣的。

但是，从税务的视角关于材料费进项税金抵扣就存在不同的理解。材料费的进项税金能全部抵扣，首先要满足发票流、资金流、合同流、货物流的四流合一；其次抵扣方要按照相关规定在相应的时间内完成申报、认证和抵扣等手续，最后最为关键的是该材料费不能是财政部和国家税务总局颁布的相关文件规定的不能抵扣的费用。

例如，财政部和国家税务总局联合颁布的《关于全面推开营业税改征增值税试点的通知》（财税〔2016〕36号）第二十七条、第三十条明确规定：

第二十七条 下列项目的进项税额不得从销项税额中抵扣：

（一）用于简易计税方法计税项目、免征增值税项目、集体福利或者个人消费的购进货物、加工修理修配劳务、服务、无形资产和不动产。其中涉及的固定资产、无形资产、不动产，仅指专用于上述项目的固定资产、无形资产（不包括其他权益性无形资产）、不动产。

纳税人的交际应酬消费属于个人消费。

（二）非正常损失的购进货物，以及相关的加工修理修配劳务和交通运输服务。

（三）非正常损失的在产品、产成品所耗用的购进货物（不包括固定资产）、加工修理修配劳务和交通运输服务。

（四）非正常损失的不动产，以及该不动产所耗用的购进货物、设计服务和建筑服务。

（五）非正常损失的不动产在建工程所耗用的购进货物、设计服务和建筑服务。

纳税人新建、改建、扩建、修缮、装饰不动产，均属于不动产在建工程。

（六）购进的旅客运输服务、贷款服务、餐饮服务、居民日常服务和娱乐服务。

（七）财政部和国家税务总局规定的其他情形。

本条第（四）项、第（五）项所称货物，是指构成不动产实体的材料和设备，包括建筑装饰材料和给排水、采暖、卫生、通风、照明、通讯、煤气、消防、中央空调、电梯、电气、智能化楼宇设备及配套设施。

第三十条 已抵扣进项税额的购进货物（不含固定资产）、劳务、服务，发生本办法第二十七条规定情形（简易计税方法计税项目、免征增值税项目除外）的，应当将该进项税额从当期进项税额中扣减；无法确定该进项税额的，按照当期实际成本计算应扣减的进项税额。

根据该文件的规定，即使建设工程项目使用的某工程材料费满足四流合一、按照规定时间及时申报进项税金抵扣，但是如果该材料属于《关于全面推开营业税改征增值税试点的通知》（财税〔2016〕36号）第二十七条规定的不得从销项税额中抵扣的情况，比如非正常损失，该材料费的进项税金就不能进行进项税额抵扣。

什么是非正常损失呢？对于某个建设工程项目，从税务学科的视角，所消耗的材料应该是最终成型的实体所消耗的各种材料再加上合理的制作、加工、运输、安装损耗等，除此之外的设计变更导致重新施工造成的材料多余消耗、现场管理不善导致的材料被偷盗被浪费的多余消耗、施工安全事故导致材料的多余消耗等均应理解为非正常损失。

比如该项目，某部位钢筋工程绑扎后由于设计变更导致拆除，该钢筋工程消耗的材料就属于非正常损失，该钢筋工程的钢筋材料进项税金从税务的角度是不应该抵扣的。而从工程造价学科的角度，在编制该钢筋工程的全费用单价时，是考虑了进项税金抵扣的。从公平公正的角度，在最终计算该变更行为导致的钢筋工程拆除的工程造价时，应该将不该抵扣的钢筋材料进项税金补回，重新计入工程造价。

因此，从税务和造价跨学科的双视角，该钢筋工程拆除签证办理的工程造价应为：

$$10 \times 5\ 351.9 + 10 \times 300 - 10 \times 800 + 3\ 500 \times 0.13 \times 1.09 \times 1.12 \times 10 = 54\ 073.64（元）$$

其中：3 500 为全费用单价中钢筋的除税价；0.13 为钢筋的增值税抵扣税率；1.09 中的 0.09 为建筑行业的增值税税率；1.12 中的 0.12 为当项目在城区的时候，根据规定需要计算的附加税金（即城市建设维护税，费率为 7%；教育费附加，费率为 3%；地方教育附加，费率为 2%，三者税率合并为 12%），均以增值税税额为计算基数。

如果不按照上述方式计算，对于该项目而言，项目建设完成后税务部门对施工企业该项目的税金缴纳情况进行核查时，针对该拆除钢筋的进项税金抵扣金额部分，可以要求施工企业重新补缴相应的税金。对于施工企业而言，前期拆除工程签证单中扣除了钢筋工程的进项税金，而后期税务部门要求补缴该进项税金，相当于建设单位把相应的税金风险通过工程造价的形式转移给施工企业承担，属于不合理、不公平。

造价笔记 586

你以为的，往往不是你以为的

昨日早晨，我们团队为一个项目去进行技术交底，中途需要换乘重庆最拥挤的轻轨 3 号线才能到达目的地。在中转站排队候车时，我发现一个微小的细节：在等候的时候很多人把电脑包双肩背在背后，等到轻轨快到时，很多人又把电脑包反背在了胸前。对此我以前的理解，一直都是认为电脑包背在后面没有安全感，包里面的物品容易失窃。但是，当我进入异常拥挤的轻轨车厢内时，我才发现如果电脑包双肩背在背后，一方面很难挤上轻轨，更重要的是在密闭拥挤的轻轨车厢内容易拉扯到其他人。而把电脑包放在胸前，则可以很容易地挤上轻轨；因为电脑包是在胸前，自己看得见也比较容易控制，因此也就不会在密闭拥挤的空间内影响到其他人。

所以，我才突然领悟，现代社会，大家的电脑包中没有现金也没有值钱的物品，而手机又是拿在自己手中，大家的电脑包背在胸前，不是我们以为的防盗需要，而是现实出行方式带来的改变，以及由传统的熟人社会过渡到城市化的陌生人社会，而由此产生的不愿意给其他人带来麻烦的生活方式和理念等因素造成的结果。

昨日下午，我们拜访了在施工项目成本管理软件上很有思想又成功地去实践的 C 总。C 总给我们分享了他们项目成本管理软件在不断迭代升级中的一些小插曲。

比如，施工现场的挖土机等机械设备，不能以计件的方式去计算，只能现场签认台班来计量。成本管理软件中设置了机械设备的使用、地点、记录、人员、现场照片等各种信息，项目现场只要发生了机械设备的使用，现场管理人员实时记录上传后公司每月进行结算，这样可以规避机械设备使用计量的不及时、不规范、人为随意性大的成本管理风险。

从实施情况反馈，确实达到了 C 总当初想要的结果，成本管理软件系统全面地记录了机械设备使用的情况。但是，当 C 总深入项目一线实地调研时发现，虽然体现在成本管理软件上的结果是完整的，但是实际中仍旧是机械设备的老板们自己用小本本记录时间，几天后现场管理人员签字确认，再根据这个记录在成本管理软件中补填。这样，虽然好像是满足了 C 总想要的结果，但是现场实施在本质上仍旧是采取传统的方法在管理，没有规避机械设备使用的风险和人为随意性的成本控制问题。

于是 C 总又进行了成本管理软件和管理方法的迭代，一方面需要根据机械设备使用记录时间先后顺序进行结算规避补录的方式；另一方面针对实际场景中当场记录不可避免存在的时间差问题，软件中单独设置补录审批环节以解决现实困难。

这是昨天在工作生活中碰到的两件小事情，但是通过这两件小事情，却告诉我们一个道理：我们自己以为的，往往不是我们以为的。

这是为什么呢？因为我们每个人的教育背景、价值理念、现实需求、专业技能、擅长领域等不一样，每个人都是差异化的。所以，很多在我们自己看来是习以为常的事情，在他人看来就未必如此；可能对方还是完全相反的观点。这在某种程度上，也是推动人类社会不断前行的动力和因素，因为矛盾才是事物发展的根本内因。

针对我们具体的工作和做事，如果我们一个团队想要做好一件事，做好某项工作，达到某个目标，就需要排除我们自己想当然的以为，要让自己的以为和团队真正的以为达成一致。只有这样，我们才能真正、有效、持久地去做好某项工作并最终达到期望的结果。通过长时间的积累，我们的以为就和团队的以为融合在一起，形成高度一致的战斗力。这时不经意间就可能产生意想不到的巨大的价值和收获。

2020 年 6 月 3 日

1.6　商务管理上的风险

当下，建筑业总体上还属于一个粗放式管理的行业，虽然伴随着国家在相关政策上的日趋严格化与建筑行业市场本身的日益规范化，施工企业整体发展朝着精细化管理的方向前进，但是与工程造价商务相关的精细化管理仍旧进展缓慢。而一个建设项目工程造价的最终形成，与施工企业的整个商务管理往往又息息相关。在实务中，施工企业常见的商务管理上的风险主要体现在以下几个方面：

1.6.1　商务人员的培养不成体系

施工企业的商务人员专业水平参差不齐，很多项目商务人员的错算、漏算、少算、不算等问题突出。由于建筑行业本身行业特点所制约，除了大中型国有施工企业有相对系统的人才招聘和培养体系，很多施工企业都缺乏系统性、全面性的商务人才培养体系，大部分是靠商务人员自我琢磨和粗放式的自我成长。这种放养的人才成长模式再叠加工程项目施工现场本身工作就业环境的问题，导致施工企业造价商务人才的流失非常严重。

因此，在实务中，一个商务人员经过数年的现场摸爬滚打积累了项目经验，终于具有相应的专业能力独当一面时，由于施工现场工作环境的制约和谋求更好的发展，这个商务人员要么跳槽或转向建设单位或相关甲方单位，要么马上被施工企业提拔为商务经理而成为管理人员，导致真正一线实战的商务人员整体能力持续维持在一个较低的水平，很难匹配复杂多变的项目造价商务工作，给施工企业众多项目的商务管理和实施带来了潜在的、巨大的造价风险。

从某种程度上讲，关于造价商务人才的培养和管理，不是某一家施工企业的个性问题，而是整个行业在当下整个宏观背景下面临的共性问题，其核心是整个年青一代对就业环境和氛围要求越来越个性化、舒适化、人文化，与工程项目施工现场工作天然的封闭化、集体化、相对艰苦化之间的矛盾越来越突出。有的施工企业能通过一些企业文化、人才培养、发展规划、福利制度等进行有针对性的弥补，有的施工企业还是传统的做法、传统的管理思维和管理模式，这种情况下矛盾冲突就非常明显，间接引起的造价商务风险也就由此产生。

1.6.2 跨部门商务协同意识淡薄

工程造价是一个系统工程，一个项目工程造价的最终形成，需要施工企业各个部门相互配合，围绕着工程结算造价这个核心目标，齐心协力完成相应的技术和经济资料，形成闭合和交圈，最终才能由商务人员在此基础之上形成一个完美的工程造价。如果没有其他部门的配合，水平再高的商务人员也是巧妇难为无米之炊，只能望洋兴叹。

实务中的实际情况是由于建筑行业长期的粗放式发展，各个部门更多地是聚焦于自身的工作，其他部门对项目的造价商务意识本身就比较淡薄，跨部门之间的有效造价商务协同和具体行动就更加欠缺。虽然现在大部分施工企业已经逐渐开始强调各个部门的商务意识建立和商务协同工作，但是这种意识的建立是一个长期的过程，反馈到管理上的具体行动，但是由于各个施工企业的管理制度、方式方法的不同，由此而产生的结果也就千差万别。

案例：挖孔桩工程变更为旋挖桩

◆案例背景

某公共建筑项目，招标时采取清单招标，经评审的最低合理价中标，施工合同采取固定总价包干形式，招标施工图中所示的基础形式为人工挖孔桩。

施工合同对该项目的结算条款约定如下：

合同结算价 = 固定包干总价 ± 允许调整的材料价差 ± 暂估费用按实结算部分 ±
设计变更 + 签证 ± 索赔费用 ± 合同约定的其他相关费用

其中，关于设计变更部分的计算原则如下：

（1）当工程量清单投标报价中有相同或类似变更工程项目的综合单价，则按报价中相同或类似项目的投标综合单价确定。

（2）当工程量清单报价中无相同或类似项目的综合单价时，按××年《××市政工程计价定额》《××建筑工程计价定额》《××安装工程计价定额》《××建设工程费用定额》和《混凝土及砂浆配合比表、施工机械台班定额》及相关配套文件编制（缺项部分可借用相关行业定额）执行。其中人工、材料价格按设计变更发生当月相应的造价信息价格执行，造价信息中没有价格的，由乙方单独报送价格，甲方核定处理。

在该项目建设过程中，施工企业技术部通过平常的交流和了解，知道根据合同约定的定额文件计算出的旋挖桩工程造价实际利润大概为 25%，考虑到人工挖孔桩本身存在安全隐患且施工进度较慢，而该项目设计变更发生金额可以在结算时进行计取。因此，技术部综合上述因素，自行与建设单位、监理及设计单位沟通，将该项目的人工挖孔桩设计变更调整为旋挖桩。根据技术部的初步估算，该项设计变更增加造价数百万元，为施工企业创效金额接近百万元。

◆商务解读

从技术部的角度分析，确实该设计变更有利于施工企业。但是该设计变更没有考虑到该项目前期招投标的报价及具体清单组价情况。该项目为最低合理价中标、总价包干的合同模式，这种情况下施工企业经营部在编制投标文件的过程中，核心关注点是投标总价，对投标总价下面的每一个清单的价格组成，一般不会去详细把控。由于投标时间紧，经营部匆匆在每个清单项目下套取定额，没有注意定额套取是否合理，只要把最终投标总价调整到预期的价格进行控制。而这个项目的投标文件组价中，针对人工挖孔桩的投标组价，经营部编制人工挖孔桩的清单单价时套取了不应该计算的费用，并人为增加了相应的定额耗量，使人工挖孔桩综合单价超出正常套取定额得出的综合单价的 50%。

根据施工合同的约定，该项目为总价包干，过程设计变更按实调整，人工挖孔桩设计变更为旋挖桩，相应的结算价格调整过程如下：

结算价 = 合同固定总价 − 原投标清单人工挖孔桩综合单价 × 原设计图纸人工挖孔桩工程量 + 旋挖桩综合单价 × 设计变更图纸旋挖桩工程量

其中，原来投标清单组价中人工挖孔桩组价为定额正常价格的 1.5 倍，假定人工挖孔桩定额正常价格利润为 10%，则原投标清单组价的人工挖孔桩综合单价对应实际成本的利润率为 60%。

原投标清单中没有旋挖桩综合单价，根据合同约定套取定额计算综合单价，定额套取后旋挖桩综合单价对应实际成本的利润率约为 25%。

所以，当设计变更前后人工挖孔桩与旋挖桩工程量持平的情况下，由于前期投标报价时组价的失误，该设计变更导致在结算时会扣减高利润的人工挖孔桩工程造价，增加相对低利润率的旋挖桩工程造价，最终该项设计变更施工企业的项目结算金额不是在原来固定合同总价上增加几百万元，相反是在原来固定合同总价上扣减几百万元，损失惨重。

在实务中，施工企业的类似情况频频发生，由于前期投标文件编制时的不重视，导致后期或是主动的工程变更，或是被动的工程变更，不得不为前期的投标文件疏忽买单。从商务管理的角度，上述案例的出现，主要是施工企业在项目管理中存在 3 个管理失误：一是不重视前期投标文件的编制，编制投标文件的人员不参与该项目的过程商务管理和最终结算办理，只是以该项目是否中标为考核目标，由此导致其只管当下短期目标的实现，不管以后是否出现"洪水滔天"的情况。二是项目开始施工阶段的商务策划和合同交底工作没有得到有效落实，如果进行了详细的商务策划和合同交底，技术部就不会在本项目上存在类似的自以为是的理解错误。三是在项目建设过程中，关于重要经济技术文件的编制，缺乏相应的项目管理团队内部会签审核管理程序，导致出现问题后不能及时地发现并有效地进行纠正。

造价笔记594

技术是解决问题的重要手段，但不是唯一的方法

六年前接手的一个项目，终于到了结算二审。上周和审计人员一起，双方先就结算对审的思路达成共识，接着把工程量核对完毕，把双方的争议问题梳理出来，剩下的就是等待建设单位和施工企业进行协商谈判，争议问题达成一致意见后，这个项目也就可以结束形成一个闭环了。

回首这个项目，虽然体量不大，但是建设时间却持续数年，结算审核又持续数年。在项目招标阶段，由于设计图纸的深度不够而又选择固定总价包干的招标方式，再加上招标前图纸变化频繁，导致招标控制价先天不足，总价又严重低于市场价，这就埋下了整个项目后续实施困难的伏笔。项目正式开工建设后，由于项目使用功能的变化，图纸重新设计和调整，边施工边调整，边调整边出图，让项目管理和实施非常困难，更不要提如何去完善经济和商务资料了。并且整个建设过程由于跟踪审计的缺乏，建设单位和施工企业关注的是如何去完成项目，一些现场指令和过程管理的流程和手续，以及相关商务技术经济资料，就成为一项空白。这就使后期的结算审核难上加难，导致各方很难具体开展相关工作，都各有各的难处、各有各的说法。

而今回过头来，从表面上看这些问题都是具体的技术问题，比如图纸的设计、招标控制价的编制、过程商务管理……好像只要我们在过程中解决了这些技术问题，最终的结算就不会这么困难，问题就能从根本上解决。

但是，如果我们细细地去思考，发现本质并不是这样。比如图纸设计和招标价控制，体现的是建设单位的管理理念和过程控制。有的建设单位重视形式上的流程和结果，而不愿意去深入过程管控和最终质量的把控；有的建设单位对过程与效果两者都要考虑，甚至可以为了实质的效果而放弃短期的时间形式上的提前。比如，过程商务管控更是一家施工企业经营理念管理方式的集中体现。有的施工企业提倡做好商务但是又没有配套系统的执行方法以及制度人员建设，仅仅停留在口号阶段；有的施工企业把商务与项目管理作为项目的真正核心，从人员到制度管理、从责任到利益分配等，均进行了实际的落实。

某种程度上，我们发现了问题的根源，最终往往都是管理上的问题。如果要从根本上解决问题，就要从管理和制度上去思考如何提升和解决，而具体的技术手段，可能用在某一个问题、某一个节点上进行弥补和修缮，但是很难从根本上扭转。

像这个项目，项目结算团队技术水平算是比较高的。土建、安装、装饰和钢结构，经办人员都是工作十多年、有着丰富经验的结算办理人员，即使如此，我们也很难去完全地推动和解决问题，只能跟随整个项目的大趋势，亦步亦趋……

因此，一方面我们要意识到，技术是解决问题的重要手段，但不是唯一的方法，也不是从根本上解决问题的方法；另一方面，我们要从技术的角度出发，多去协助公司提升管理理念，完善团队建设，只有这样，我们的技术才能最终发挥不可替代的专业作用并产生真正的效果。

2020年6月15日

1.7 风险与价值的意识

一个项目的工程造价，既是整个项目技术经济资料的总和，也是这个项目所涉及的人物社会活动关系的总和。在工程造价汇集形成的过程中，会存在各种各样的事物，这些事物中任何一个微小的细节，都有可能给最终工程造价的形成带来巨大的风险和隐患。正如蝴蝶效应所阐述的，南美洲的一只蝴蝶轻轻扇动一下翅膀，有可能会引发太平洋上的一场风暴。这个细节告诉我们，作为工程商务人员，要对这个项目发生的一切事物，时刻保持高度的警觉和高度的敏感性，避免因为一个小的失误而引发一个小的风险，最终导致一个不可控制的巨大的风险和损失。

俗话说，富贵险中求，机会险中取。这就告诉我们，风险始终是客观长期存在的事物，危机中才有机会，正是有了风险的存在才有了机会的存在。同样的风险，有的施工企业就能凭借自身的实力轻松破解，不断地扩大自己的市场份额和影响力。随着自身的快速发展又对施工企业本身的核心竞争力的建设起着正向的推进作用，就可能出现在其他施工企业眼中属于巨大的不可控的风险项目，而在该施工企业面前，就属于一个完全可以控制风险的优质项目。

所以，事物是否有风险不是事情本身决定的，而是由来办理和处理该事情的人或者组织决定的。能识别事物的风险，并且把风险有效转换为对自身有利情况并产生价值的是人。这种风险识别和价值转换的能力，某种程度上更能体现一个项目管理团队的专业水平，更能体现工程商务人员的核心价值和关键作用。

因此，围绕以工程项目结算造价为中心的商务创效目标，施工企业的各个项目管理团队、各个具体工作岗位的成员，通过培养造价风险的敏感性去识别和有效控制各个岗位的相应风险，并通过自己的专业技能或者跨部门跨岗位的协作，将风险及时有效地控制并转换为对自己有利的价值，这种全新的工作理念，是在当下建筑业市场竞争日益激烈和残酷的背景之下，值得施工企业探索和研究的一个课题。因为当熊来了的时候，我们只要比身边的人跑得更快，那么我们就属于市场竞争的胜利者。

弄潮儿向涛头立，手把红旗旗不湿。认识风险，接纳风险，管理风险，创造价值，价值是风险背后隐藏的瑰宝，主观意识只是人们对风险的看法，人才是价值最终实现的载体和归宿。

造价笔记490

一件事物有价值，不是事物本身和价格，而是赋予它价值的那个人

这两天，由于种种情况，由我来送老大上学。

早餐时，我对老大说，我给你扎头发。老大边喝稀饭边戏谑着和我说，她打赌我扎不好。

一切事情都是有方法和套路的，于是我将就老大昨天的发型，把头发捋了捋就扎了起来。只不过熟练的人随手可以扎，我让老大头往后仰尽量配合，这样更容易扎起来。结果这个举动被老大提炼成一句俚语：仰头扎头发，低头吃稀饭。

　　一起走去公交车站的路上，我们在那棵开满了小黄花，悬挂着青色条形果实的小树枝前停留了一会儿，欣赏了一会儿，一起感叹这棵树真美。其实这棵树已经在这路边驻留许多年了，只是我们第一次发现它的美。

　　这是生活中两件很小的事情，如果不是因为自家小朋友，不管他人扎头发扎得多么美丽和炫酷，不管扎头发这个动作是否可以成就一个多么伟大的美发事业，我对这事一点兴趣也没有。正是由于自己需要偶尔给小朋友扎头发，所以也就有了随手看看扎头发的网文学习技巧的习惯，因此，让扎头发这件事有价值的，不是其他，而是我的小朋友。

　　同样的，路边这棵开着小黄花的树，它有可能是跨越千山万水被移植过来，有可能它还价格不菲。但是，为什么在此之前我们没有多看它一眼呢？不是因为它的价格高低与否，而是因为我和小朋友没有一起从它旁边走过。单独的我或者单独的小朋友就算从此路过，也不会这么深刻地感受到它的美，因为我们的一起走过赋予了这棵树冬日里最温暖的价值：这就是陪伴和爱。

　　在今年以前的很多次企业培训的场合，我会极力地去渲染某个案例带来的造价影响和巨大风险；我也会极力地去推荐一些快捷的工作工具和良好的工作习惯，认为这对我们的职业成长和高效工作是有很大价值的，但是反响甚微。生活的点滴让我真正领悟到，这些事物对我来说，可能是有价值的，因为通过对这些事物持久的积累，让我随时深刻感受到他们给我带来的巨大影响和价值。但是，对他人来讲，可能案例只是一段普通的文字，印象笔记或者思维导图只是沧海一粟的小软件，Word和PPT只是一个平常得不能再平常的辅助办公工具……没有赋予这些事物价值的人的存在，不管这些事物本身如何有用，对一些人来讲，就是没有价值的。

　　曾经有一个洗衣店的老板，一辈子沉浸在洗衣这个行业里，经手过的奢侈品无数，他对这些天价的奢侈品是如何评价的呢？美这个东西，它是没有标杆的，价格并不等同于它的价值。它触动了你的心灵，你觉得它就是动人的。它没有触动你的心灵，那么它就只有价格，而没有价值。

　　因此，一个名牌的包或者一件奢侈的衣服，它本身只有价格，并没有价值，尤其是用旧了之后，如果它有价值，那肯定不是因为它本身的价格，而是拥有它的人赋予它的，或是经历，或是沉浮，或是故事，或是感慨，或是回忆，或是挚爱……

　　所以，当我们真正领悟到了这一点，工作生活中的很多事情我们就会释然。比如你喜欢严谨细致、井井有条的工作习惯，你认为这是美和有价值的，而他人喜欢随意散漫、无拘无束，他认为这是艺术和随性。

　　比如你喜欢白开水，你认为这是朴素和淡然，他人喜欢品茶，他认为这是文化和底蕴；比如你喜欢安静，你认为这是孤独的美，他人喜欢喧嚣，他认为这是欢聚的情……

　　当我们都能去彼此接受和认同不同的事物，接受不同的人赋予它不同的价值，而不是一味地强调它本身的价格和作用，也不是一贯地强调唯顺我者才正确和有前途。求同存异，通过参与去体会，通过感受去赋予，很多工作方法、生活意义、人生追求就自然而生。

2019 年 11 月 29 日

第 2 章　商务工作思维与习惯

通过第 1 章对造价风险的解读，可以知道在造价商务工作的过程中，商务人员的一言一行、一举一动都有可能对项目的工程造价产生重大的影响。也正是基于此，作为一名商务人员，一方面需要具备扎实的专业基础技能，另一方面更需要具备造价商务工作人员应有的严谨的工作思维和良好的工作习惯。具体来说，一名优秀的商务人员要具备以下几个方面的素养：用户化视角的思考习惯；框架结构化的思维方式；体系条理化的资料管理；深入灵魂的细节关注；无时无刻的批判思维。

万丈高楼平地起，良好的工作思维和职业习惯是商务人员的基石。基石越坚固、越沉稳，在此基础之上的专业技术活动才更有效、更相得益彰。

2.1　用户化视角的思考习惯

施工企业商务人员工作的核心是对外形成企业的项目工程造价收入，对内形成企业的成本分包造价支出。这两者有一个共同的特点，就是商务人员需要整合各方面的资源，赢得各方面的认可，才能达成一致的意见而形成相应的工程造价，单凭个人的想象是无法达成工作成果的。

对内，我们需要其他各个部门的支持和协助，才能形成最终有效的技术资料和经济资料，为项目工程造价的形成奠定坚实的基础；对自身，我们需要面对项目庞杂的数据和资料，需要降低重复性的工作，高效快速有效地编制出工程造价成果文件；对外，我们需要与建设单位、审核机构进行专业对接，赢得对方的认可才能形成最终的结算工程造价，需要与劳务及分包单位进行造价核算，赢得对方的一致认同才能使项目快速有效地推进。

正是基于此，造价商务工作既是专业技术性非常强的工作，也是需要和不同的人进行大量交流、以达成共识为核心的工作。所以商务人员工作开展的一个间接核心指引就是要以对方的视角来思考问题，即站在用户的角度思考问题。如何高效地让各方快速有效地达成共识，形成相应的成果文件，是良好的造价商务思维和职业工作习惯的起点。

如何理解用户化视角这个概念呢？我们可以通过以下几个日常工作中的小案例进行提炼和总结。

案例：提出问题与回答问题的工作习惯

◆案例背景

笔者经常应邀给一些施工企业做相关的企业实训，一般课程讲解完毕后会有学员要求添加笔者的微信，向笔者咨询一些与造价商务相关的问题。其中，笔者通过企业实训认识的一位老朋友，通过微信给笔者留了言，咨询有关造价司法鉴定的问题，内容如下：

有个朋友进行项目司法鉴定，进行到三方（甲、乙方和鉴定单位）核对结算阶段。想请教的是鉴定单位有无义务复制广联达计算模型给甲、乙方便于核对？如果对结算有争议，甲、乙方某方不签字确认，鉴定单位是否可以不管，按照自己认为合理的结论独立出报告？如果甲、乙方对鉴定结论的造价不服，会不会要求法院强制执行？不服的一方可否拥有重新抽取鉴定单位的权利？如果有，是否有次数限制？

笔者收到老朋友的微信留言后，没有直接进行微信回复或者电话回复。由于留言的提问比较凌乱，于是笔者新建了一个文档，将留言涉及的问题进行了归类整理，并针对分类后的问题进行了逐个回复，单独形成回复文档，发给对方并对照回复文档进行了电话沟通和解释。

关于工程造价司法鉴定相关问题的答疑建议

问题一：

鉴定单位有无义务复制广联达计算模型给甲、乙方便于核对？

回复：鉴定单位是独立鉴定，无义务复制广联达计算模型给甲、乙方便于核对。

核对过程中可以双方核对，相互配合，若鉴定单位不配合，甲、乙双方可以向法官反映，由法官来协调。

问题二：

如果对结算有争议，甲、乙方某方不签字确认，鉴定单位是否可以不管，按自己认为合理的结论独立出报告？

回复：甲、乙方必须签字，但是不同意鉴定报告中的地方可以写详细的意见和说明。

若甲、乙方不签字，鉴定单位可以根据自己认为合理的结论独立出报告，甲、乙方不签字可能会导致承担相关的不利后果。

若甲、乙方签订了不同意见之处，鉴定单位要针对不同的意见涉及相应造价金额进行分析，并将分析结果提交给法官，最终由法官裁量取舍。

问题三：

如果甲、乙方对鉴定结论的造价不服，会不会要求法院强制执行？不服的一方可否拥有重新抽取鉴定单位鉴定的权利？如果有，是否有次数限制？

回复：对造价不服，可以质证。但是不会重新抽取鉴定单位，除非鉴定单位的鉴定资质或者鉴定程序有问题，或是上诉到高一级法院再进行司法鉴定。法官审判的结果必须强制执行。

备注：以上回复建议仅基于个人工作经验和能力范围的理解答疑，不一定准确，仅供参考，需要批判性对待。

◆商务解读

在工作过程中，我们经常会使用微信等及时通信工具进行沟通交流。针对在及时通信工具上的工作交流，我们应该站在便于对方理解的角度，尽量言简意赅、层次分明地梳理出想表达的意思，并一次性表述完全，最后按照文档的排版格式进行分段和空行后发送。这样既有利于对方在最短的时间快速地阅读完我们的信息，节约对方的时间，更有利于对方快速准确地理解我们所需表达的意思，让对方知道该如何有效地回复和有效地开展下一步工作。

在使用微信等及时通信工具交流时，有的人喜欢打一长串连续的文字。这些文字既不考虑格式也不考虑排版，把大量的文字信息简单地堆积在一起，让人眼花缭乱。这种情况下，对方往往还没有看具体内容就已经开始望而生畏、心生不悦了。因此，在微信交流和发言时，我们需要进行排版和美观处理。我们可以在微信中使用文件助手，先编辑文字，进行相应的排版处理后先发给自己，经过确认无误后再转发给对方。另外一个细节是微信交流工作一般尽量规避使用语音，因为语音不利于对方快速阅读和有效准确地理解我们想表达的内容，往往由于语音发音上的不标准或者是理解上的歧义，让工作开展受到不利的影响。

此外，在回复问题或者其他交流时，如果需要表达的内容过多，能形成文档的，尽量单独形成一个文档提供给对方。一方面这能体现商务人员做事的严谨性和良好的职业形象，另一方面梳理成书面文档更便于对方全面准确地理解。从长远利己的角度出发，如果以后还有其他人咨询类似的问题，可以直接转发文档，从而提高工作效率。

造价笔记 612

一个人提问题的方式，往往体现了他做事的风格和专业能力

昨天，有一位项目上的朋友在微信给我留言，咨询一个问题，他提问题的原话如下：

如果项目发生多次竣工备案，这种情况增加的费用应该由建设方还是总包方承担？

收到这个问题后，我没有在手机微信中直接回复。我打开了电脑，先用文档详细梳理了我的意见，反复检查几遍后，再用电脑版微信回复给他，我的回复内容如下：

对于项目上发生多次竣工备案的情况，不能简单地把费用归结于建设方还是承包方承担，要根据具体情况分析。

首先，项目上任何事情发生后解决的首要出发点是看施工合同的约定。施工合同中对竣工备案和多次备案是否有相关的约定和具体费用承担方式，有约定的按照约定执行。

其次，要看中标清单中包干费的具体约定，是否阐述了多次竣工备案增加的费用包含在包干费之中，或者属于承包方承担的风险范围之内。

再次，如果施工合同和中标清单都没有关于多次竣工备案的约定，可根据招标文件相关的内容和投标文件的内容，以及招标时项目所在地建设主管部门的相关文件等，看能否推导出投标人能知道或者应当知道这个项目要进行多次竣工备案。

最后，要区分多次竣工备案的情况是谁的原因导致的，是建设方明确要求在原有合同计划之上提前售房因此分批次竣工备案，还是承包方自身工期延期或者施工进度不一致等导致的多次竣工备案。

只有在合同没有约定多次竣工备案且清单包干费中没有包含多次竣工备案的费用，而且根据招标文件和相关主管部门的文件在投标时投标人考虑的不是多次竣工备案，最后是建设方的原因导致多次竣工备案的情况下，承包方才能向建设方要求多次竣工备案的增加费用。

朋友的一句话提问，却需要我长篇大论地回答。实际上我的回答并没有具体解决朋友的问题，还需要朋友自己再次结合项目实际情况具体分析，可能具体分析之后还会再次向我提问。

因为是老朋友，我就开玩笑似的和朋友多说了几句题外话：

在项目实施中，任何一件事情不是简单地由建设方或是总包方承担，一定要分析这件事情的背景、过程、具体情况，每个项目的情况不一样，可能事情还是同样一件事情，但是结果可能就完全不一样。

因此，下次问我问题的时候，你要提前思考，这个问题的详细背景和情况是什么？具体争议点是什么？你的看法和依据是什么？先自己系统梳理形成文档，然后再发给我，这样对你的专业成长和快速提升才有效。切忌简单地去问别人是或者不是的问题。简单地提问一方面无法解决问题，另一方面在对方眼里会认为你做事情不专业、不严谨，往往对方的回复也就敷衍了事。

一个人提问题的方式，体现了他做事的风格和专业能力，所以我们要学会提问，有效提问，高效提问，这样能让我们达到想要解决问题的目的。

2020 年 7 月 12 日

案例：电子邮件发送的实务技巧

◆案例背景

在造价商务工作过程中，电子邮件是重要的辅助工作工具。我们会经常给他人发送或接收对方的邮件，在实务中常常会出现各种各样的小情况。

例如：邮件发送和接收者，很多时候双方为首次认识，没有添加和备注对方为邮件联系人，导致我们在对方邮件中显示的是各种五花八门、稀奇古怪的昵称，甚至还会出现发送邮件被对方邮箱拦截为垃圾邮件而不显示的情况，导致对方收不到邮件而影响正常工作的开展。

例如：有的人给对方发送了邮件后，不主动电话确认或者用其他即时通信工具留言告诉对方，而对方也不经常用邮箱就一直认为没有收到邮件，导致相关工作因双方沟通疏忽而停滞。

例如：有的人发送邮件，邮件的标题往往是自动根据第一个上传的附件生成，标题与整体内容不吻合，正文也常常是空白的，没有落款和敬语。需要对方一一下载附件，解压并打开相应文件详细看完，才能获悉是谁发送的邮件，知道邮件表达的具体内容，这样极大地增加了对方处理问题所消耗的时间，某个时候甚至会因此打乱对方的工作节奏，影响重大。

◆商务解读

电子邮件的有效使用，核心是让收件者在最短的时间内知道，是谁由于什么事情给他发了什么资料，表达了什么内容及需要他处理的事项和完成的时间，以及其他根据工作情况需要他第一时间了解的信息。我们需要以邮件接收者为中心，站在他的角度去思考。接下来以我们工作中常用的 QQ 邮箱，从商务人员工作的角度出发，阐述电子邮件使用的一些实务技巧。

① 电子邮件服务商的选择，采用公司企业邮箱为佳。

② 关于邮件地址和用户名的注意事项：邮件地址用英文作为推荐账号，建议用姓名的全拼或首字母缩写进行注册；用户名用姓名的中文表示，不允许用非用户名，如 QQ 昵称等。

③ 关于邮箱签名的注意事项：工作邮箱应设置签名，签名即代表收件者接收邮件时显示的发件人信息，主要以公司 + 真名 + 联系方式为主，同时根据不同的客户端（如网页版、手机版）设置相应的签名。

④ 关于邮件主题的注意事项：不要使用空白或无意义的主题，如"工作""报告""新建文件 1.doc"等类似主题；主题要简明扼要，能突出邮件的主要内容，如"××工程××索赔事项工作安排"。

⑤ 关于邮件转发的注意事项：在邮件转发时根据情况判断主题文本内是否要保留"转发"字样，建议根据情况进行调整。转发时，需要根据情况及时删除邮件上显示的转发过程记录。

⑥ 关于收件人、抄送、密送的注意事项：邮件必须有收件人，根据情况选择是否有抄送或密送人员，每种类型人员均可包含多人。

收件人：受理这封邮件所涉及的主要问题的人，理应对这封邮件进行处理，对收到邮件的人员，自己为收件人，一定要对邮件进行相应回应。

抄送：抄送是给理应知道这封邮件的相关人，被抄送人收到邮件后可以不予回复，但根据情况也可以参与到邮件所涉及问题中。

密送：一般情况下不使用密送，特殊情况下才使用，如传给委托人的邮件同时打算再传给同事的情况，且不希望对方知道你将此封邮件同时传给了他人时可采用密送。

收件人及被抄送人一般根据职位高低和重要情况对人员的顺序进行排列，传给合作单位时要特别注意此事。

如果一封邮件不想被他人知道传给多人，也可采用 QQ 邮箱的"分别发送"功能。

⑦ 关于收到邮件后回复的注意事项：

收到了收件人是自己的邮件，应及时作出回复。回复时务必做到所有问题均已回答，如果不能全部回答，应在回复里说明，随后可以继续补充，如"××问题需要和××研究后再给予解决"或"最后一个问题我今天查一下资料，明天再给予解决"。如果收到的邮件是分享的即不必回复，仅是希望你知晓的可以不予回复或者参考示例："收到您的邮件，感谢分享！"但是如果是分配的任务或者是提出的要求等类似邮件，回复时不建议用简单的"收到"，因为"收到"两个字的意思不代表收件人要按照邮件内容执行，即没有正面回应邮件的内容。

⑧ 关于邮件的附件相关注意事项：

一般情况下，一封邮件不要多于 5 个附件，如果多于 5 个附件，建议用压缩工具进行压缩，但压缩格式限于 .rar 和 .zip，否则对方可能无法解压。如果压缩包里的文件过多，可以在邮件正文里将压缩包的文件组成结构给予重点说明。

邮件的附件尽量不要使用中转站，这样不利于长期保存。

邮件附件的名称要能体现文件的性质，不要出现如"新建文件夹 1.rar""基本情况 .doc""说明 .ppt"等类似命名情况，不能出现无意义的命名，也不能出现不全面的命名。因为这些名字在发件人电脑里可能是独一无二的，但在收件人的电脑里可能会存在很多相似的文件，收件人下载该文件后有可能会导致其原有的文件被覆盖，或者下载后不能快速地找到该文件。

如果附件是特殊格式，发件人也是第一次给对方发送此附件，建议增加说明，告诉对方此附件需要用什么软件打开，必要时可将软件下载地址附上或者直接将软件安装包作为附件一起发给对方。

⑨ 关于邮件正文的注意事项：

邮件正文的整体表达风格要简明扼要，用词准确，行文通顺，避免歧义，清楚地表达邮件发送人的诉求。

邮件正文中尽量使用敬语及专业用语，如"您""请""麻烦""贵公司""贵项目部""我司"……

邮件正文中的称呼尽量不要用全名，如"王小波"可以称呼为"王主任"，外部单位人员可以称呼"陈总""刘总""孙经理""何总监"等。如果不知道其职位，至少称呼"老师"是不会错的。

邮件正文中的文字要尽量平和，少带个人感情，尽量避免使用感叹号等感情色彩明显的符号。尽量用短句，尽量多分行分段表述，尽量能让移动端（手机用户）也方便阅读正文。对重要的文字可以用红色或者加粗表示，但不能让文字五彩斑斓。可以增加截图或者超链接等丰富文本信息，辅助邮件接收人快速有效地理解相关事项。

邮件正文中对附件的情况要给予必要的说明，对其他相关事项尽量表述完整齐全，尽量能提高效率，使邮件接收人不必再打电话或者回复邮件反复询问，尽量减少沟通的次数，增加沟通的深度。

邮件正文的结尾建议增加落款，一般可以是"顺颂商祺""祝工作顺利"……

造价笔记 622

把每一件简单的事情做成让人赏心悦目的艺术品，
是我们在职场同龄人中脱颖而出的一种有效的方式

近日，有一位朋友认识的某家施工企业的老板，承接了一个钢结构工程项目，在结算办理时遇到了一些问题。该项目甲方计算给他的清单工程量低于他给分包单位结算的工程量，而且量差还不少，有好几十吨。这家施工企业的老板，就拜托我的朋友寻找一个可靠的预算人员，帮他看一下资料，分析问题所在，最好是能把工程量详细地计算一遍。朋友便把我的联系方式给了对方。

　　施工企业老板和我电话沟通后，就把相应的资料发给了我。收到资料已经是晚上10点，我检查资料后，发现还差资料，又马上与对方联系补充资料。由于对方的这个事情比较急，第二天一大早我就来到办公室，详细地梳理项目资料，基本发现了问题所在和处理的思路及方法，于是和对方沟通具体的情况。

　　一般情况下的工作方式是，我们在电话里向对方进行问题阐述，也就代表这件事情结束。但是，在这个基础上，我增加了两个后续的动作：

　　第一个动作是我将刚刚与对方口头表述和阐述的话语，用文字详细梳理，包括在电话沟通中由于交流的问题没有阐述完全和提起的一些辅助的事项进行了再次细致的梳理，形成一个文档说明，再次发给对方的微信：

某项目综合楼钢结构工程量相关情况分析

　　1. 经过对钢结构加工详图的检查分析，每张加工详图上都有工程量，经过抽查详图上的质量是准确的。

　　2. 钢结构详图的工程量与甲方清单量差异主要在以下两个地方：

　　（1）针对一些异形和不规则连接件，钢结构详图根据行规是按照外接矩形计算的质量，甲方清单是按照不规则连接件实际尺寸计算的净重，两者之间有一个工程量的差异。

　　（2）甲方清单是按照设计施工图所体现的工程量进行统计，一般情况下设计施工图体现的工程量没有包含完全，有些零星连接件或者其他埋件等可能不在设计施工图质量表中。另外，设计施工图更多的是从粗的理论层面考虑，深化图要对一些节点和做法进行深化，设计施工图没有节点的地方根据实际情况可能要增加节点等。这两个方面导致钢结构深化图与设计图有一定的工程量差。

　　3. 设计施工图中明确表示，设计图中的钢材量为设计量，实际质量以施工详图为准，从这个角度出发，只要钢结构深化设计图经过了设计院确认，可以以深化设计图的质量作为结算工程量。

　　4. 深化设计图的工程量计算非常简单，将每张深化设计图中所体现的工程量直接相加即可，可以编制一个电子表格，逐个输入数据，累加即可。

　　5. 后期这个项目的其他问题或者其他项目的问题，可以随时交流和探讨。

　　因为我在工作中发现，电话里面表述的，不一定对方听得很明白，对方当时听明白了也并不代表完整记下来了，最后对方完整记录下来到了具体安排工作或转述给其他人的时候，并不一定会条理清晰和准确。

　　第二个动作是整个事项和动作完成后，我单独和我的朋友汇报了整个事件的情况和处理结果。事事必须要有回音，虽然朋友只是随口一句将我介绍给第三人，但是我仍旧需要对这个事情给朋友一个处理结果的回复，这个事情就形成了一个小闭环。

　　这两个动作完成，最终我收获的对方对我的评价是：虽未谋面，但是感觉得出来，非常专业。

　　就是这件看似非常小的事情，当我们把它当作艺术品去完成时可以收获对方至高无上的评价和认可。

　　作为专业技术人员，我们每天都会重复处理一些简单的事情，工作中我们也会反复办理类似的烦琐的项目。如何把简单的事情做得赏心悦目，如何把反复的工作做得像一件艺术品，当我们做到这一点时，虽然我们做的事情很简单，虽然我们身边很多同龄人专业比我们更精湛，条件比我们优厚，但是我们会迅速在同龄人中脱颖而出，快速地发展，快速地获得前辈、领导们的认可和提携，快速地获得职业上的蜕变和突破，让自己发展得越来越好。

　　这一切的出发点，就是因为我们把很多大家都在做的简单的事情、重复做的事情，做出新意，做出差异，做出身边人虽然想得到但是却无法坚持做的持久性……

2020 年 7 月 27 日

案例：现场踏勘的沟通交流

◆ 案例背景

作为造价咨询服务人员，笔者在接受委托方的项目咨询服务委托之后，在初步熟悉资料正式开展工作之前，我们有一个非常重要的实施环节，就是对项目进行现场踏勘。

项目现场实地踏勘的实施，一般是双方负责人先通过电话沟通对接，在电话中对踏勘的时间沟通协调一致后，咨询人员在约定的日期赶赴现场，与委托方一起进行现场探勘。

笔者一般采用以下工作方式：体系化地梳理出本次咨询服务现场踏勘的目的或者要解决的问题、委托方需要提供的资料清单、委托方需要重点进行哪些方面的现场介绍讲解、委托方需要安排哪些人员参加、现场踏勘时间及具体交流行程安排、我方参加踏勘人员的名单及相应联系方式等，用文档形成书面的踏勘工作初步安排方案。

接着，将该踏勘工作初步安排方案先发给委托方负责人熟悉，然后再进行电话沟通交流，征求委托方的意见。双方对现场踏勘日期与相关事项安排达成一致意见后，最终梳理成详细的踏勘工作安排文档，发给委托方和我方参加本次踏勘的咨询人员。

◆ 商务解读

口头的电话沟通和交流，在咨询项目实施和其他工作开展的过程中存在一个时效性、理解偏差性、不易转述性、表达事项不成体系的先天弱点。我们与委托方负责人针对项目踏勘事宜在电话中沟通达成一致，但是对于委托方负责人来讲，在接下来安排该项工作时还需要再次梳理思路和具体事项，一是需要再次消耗委托方负责人的时间，二是委托方负责人不一定对电话交流的内容记忆得非常完整。如果我们提前用文档完整梳理并达成一致，委托方负责人可以直接转发该文档给相应人员进行工作安排，这样既能高效传达信息，不会产生信息传输的偏差，也能让委托方其他人员的事前准备和工作筹划有的放矢，目标清晰和明确。

因此，在造价商务工作中，无论大事小事，只要是关于工作开展方面的沟通和协调，尽量提前把相关事项梳理成文档，以书面梳理表达为主、口头交流为辅，尽量降低对方布置安排的难度，这对工作的快速有效推进非常有帮助。

造价笔记 588

给予对方当下场景所需要的，而不是我们以为对方想要的

不久前在处理某国有施工企业的一个工程项目索赔事宜时，我用到了 TT 律所 C 律师总结的办案大事记工作方法，效果非常显著。一方面为表感谢，另一方面也想和 C 律师一起深入探讨和交流办案大事记的一些具体事务技巧，与 C 律师预约了一次面对面的交流。

在交流之前，我梳理了一个交流的内容大纲以及交流的时间安排，和 C 律师先达成了共识。因为律师最大的成本是时间成本，最大的价值是单位时间内提供的知识服务价值。提前确定交流内容，这样双方可以提前准备，交流的时候也可以有的放矢，交流也就更加有效果。

在确定具体的交流场所时，因为需要一个相对安静、有特点、交通便利的场所，于是我通过实地考察，选择了一家咖啡店，顺便把实地考察时的精确微信定位保存。考虑到交流后可能有聚餐，于是在咖啡店周围选择了几个特色的餐饮类型，备注各自的特色，然后把停车

的位置和注意事项也进行了梳理，形成一个图文并茂的交流详细安排，并转发给 C 律师，这样也就无须我们再浪费时间去电话或者微信沟通。

果真，当我们面对面交流时，相谈甚欢，从各自的职业经历，到办案大事记的底层逻辑和具体实务技巧，从律师事务所的运行模式、发展趋势到知识服务行业的相关特点和具体制约，从网络公众号流量的运行到知识总结和分享，从行业专业培训到具体企业培训等进行了开放式的探讨。

尤其是我们谈到培训的时候，C 律师特别有感触地提出，我们给客户进行培训，一定要站在客户的需求进行课程设计，而不能以我们自己认为是完美的专业的内容去讲解。比如，听众是管理层和领导，那么一定要理论与宏观结合，专业与思路结合，而不能过多地讲解具体的操作细节。比如，听众是基层人员和具体办事专业人员，那么我们需要讲解具体的实务技巧，以及做某件事的清晰明确的具体动作和注意事项，而不能只讲解理论、原理和管理。比如，如果听众是同行，那么我们就要从原理到理论、到实务、到具体流程细节等全方位讲解透，这样才能有效。

总之，就是我们一定要给予对方真正所需要和关心的。对方想要的是什么，我们就满足当下对方的需要，既不超越对方的需要，也不脱离对方的需要，一切刚刚好就可以。

交流完成后准备聚餐时，我让 C 律师从备选聚餐地点选择一个。果不其然，C 律师选择的地点与我最初预想的地点和风格截然不同。这再一次验证了，我没有代替对方做选择，而是提供具体的多个场景去满足对方需要，这种方式是比较稳妥的。

对方想要和自己认为对方想要，其实质代表的是两种完全不同的工作方式和工作理念，出发点不同，后面的结果也就截然不同。

2020 年 6 月 5 日

◆小结

什么是用户化思维？一言以蔽之，就是我们不能给别人添麻烦，要给对方制造各种便利，也就是扶着对方上马，还要送对方一程。因此，这就要求我们在平常的工作中，对方看不到的，我们要看到；对方想不到的，我们要想到；对方预测不到的，我们要预测得到。面对一切我们工作开展的对方、一切我们工作流程的下一个乃至以后多个流程后的接收者，我们要站在对方的角度以及他们的便利性去看待和开展我们自身的工作，尽量做到让对方省心、舒心、安心，尽量节约对方时间和提高对方工作的效率，这就是用户化思维最为核心的本质。

而那个用户，可能是当下我们的对方、我们的同事、我们的领导，也可能是未来的我，未来的某个对方。一旦我们真正从这个角度去思考问题和开展工作，那么一开始我们就有了和其他人本质的不同，也就注定了最终结果的不同凡响。所谓当下的种种，皆为今后的序章，就是此理。

2.2　框架结构化的思维方式

作为商务人员，一方面这个岗位的工作内容涉及方方面面，事情繁杂；另一方面需要与众多不同岗位、不同层次的人员沟通。因此，在建立了用户化视角的思考习惯之后，接下来非常关键的一个环节，就是在开展具体的工作过程中，如何让我们快速地从众多商务工作事项中抓住事情的工作重点，如何让对方快速地理解我们表达的内容并达成共识，这点非常重要。要达到这个工作目的，就需要商务人员培养和建立框架结构化的思维方式。

什么是框架结构化的思维模式呢？图 2.1 和图 2.2 为关于公路工程造价讲解的 PPT。这两张 PPT 的文字内容完全一致，唯一不同的是第一张采用零散的思维方式来表述，第二张采用框架结构化的思维方式表达，两相对比，给观看者带来的视觉冲击和记忆效果是截然不同的。

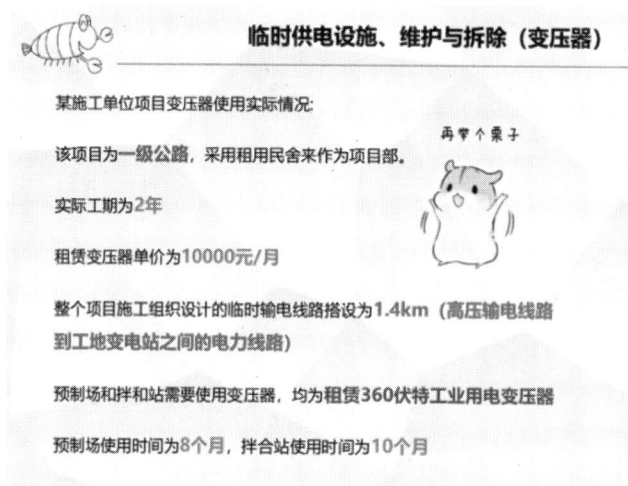

图 2.1　零散化表达的 PPT

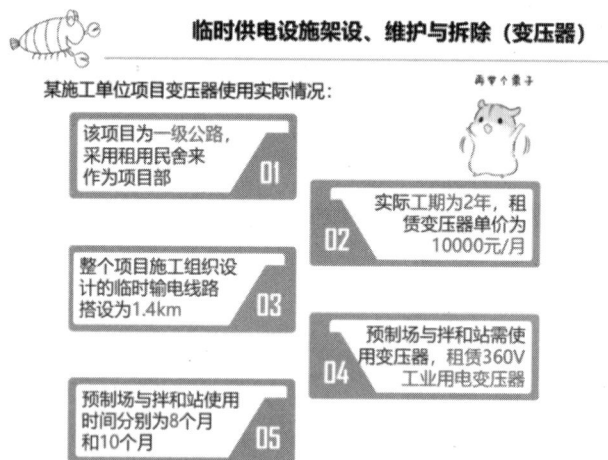

图 2.2　结构化表达的 PPT

再比如，图 2.3 中有 9 个符号，如果给我们 5 s 的时间，能否记住和手绘出全部的符号呢？按照一般人通常的水平，是有很大难度的。

但是，如果我们将图 2.3 所示的 9 个符号，采用框架结构化的思维方式重新进行排布后如图 2.4 所示，估计我们一般人在观看 5 s 之后，就能把全部符号记忆和绘制出来。

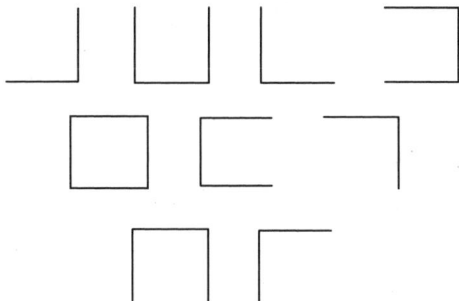

图 2.3　零散化呈现的符号

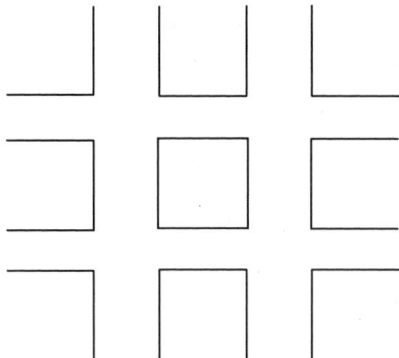

图 2.4　结构化呈现的符号

因此，框架结构化的思维方式，就是一种把任何事物或者工作进行分类拆分或者表达的逻辑思维理念，这样既便于我们自己和他人对事物进行快速理解，对事情运行本质进行更好地解读和持久有效地记忆。就像经典的哲学三问：我是谁？我从哪里来？我到哪里去？这就是最深刻、最经典、最典型的结构化思维模式，对很多商务工作的高效开展有着非常现实的指导意义。

为了更深层次地理解框架结构化的思维方式，我们通过以下几个造价商务工作场景中的具体案例应用进行更深层次的解读和剖析。

案例：商务人员自我介绍的基本原理及实务技巧

◆案例背景

从我们出生的那一刻起，这个世界就会给我们每个人一个伴随终身的代码——名字。然后，在我们的人生成长过程中，在不同的场合、不同的场景，我们应不同人的邀请，不断地向不同的人进行自我介绍：

大家好，我叫王××，来自美丽的山城重庆，我喜欢看书和旅游，希望能和大家多多交流……

各位好，我叫陈××，一个内敛稳重的害羞男，还希望大家多多包涵……

同仁们好，我是来自××公司的张××，从事审计工作，喜欢钻研定额和清单，希望各位前辈们多多指教……

无时无刻，我们都在不断地进行自我介绍，就像每天我们都在吃饭、睡觉、走路一样。

但是我们为什么要吃饭？我们该如何去走路？我们睡觉的意义和价值是什么？……越是简单的事情，我们就越是习以为常，就越是忽略朴素平凡背后的真知。

◆ 用户视角

物有本末，事有始终。任何事物，都有其存在的最核心的本质。

那什么是自我介绍的核心本质呢？

从最外在的表现形式来看，名字是用来区别芸芸众生，是用来精准定位的。例如：张三是个工程师，李四是个技术员，王五是个职业讲师等。

自我介绍，会让每一个枯燥的名字在我们脑海里用情景的形式活灵活现地对应展现，当我们一提到张三，就能准确地浮现张三的音容笑貌；当大家一提到李四，我们就能完美地回忆李四的一颦一笑；当众人一说到王五，我们就能肃然起敬地想起王五的抑扬顿挫。

所以，名字让人们定位我们，自我介绍让人们区别我们，但是真正让人们从心底里记住我们的，还需要另外一个维度的事物——价值展示。

张三，擅长于市政项目的全过程跟踪审计，所以一碰到市政项目审计，人们就会想到张三。

李四，热衷于户外探险和旅游，所以一想到自驾游，人们就会想到李四。

王五，精通于文案的编写和策划，所以一想到活动策划，人们就会想到王五。

因此，自我介绍最核心的本质，是一种自我价值展示，把自我的独一无二的价值蕴含在自我介绍当中，让与你相遇的每一个人，在以后的人生岁月中，一直记住你的价值。当他在遇到某一个特定的场景时，他第一时间想到的会是你，而不是其他人。

因此，自我介绍的倾听和使用的用户是谁，是他人，是一个个与你萍水相逢的、工作往来的他人。

◆ 结构思维

宇宙之美，在于万有引力之后的天体星球按照牛顿力学组成的完美结构。

同样的，任何一个微小的事物，都是有其内在运行的自我结构组成原理的。

一般情况下，一个完整的自我介绍，需要包含 5 个部分。

第一部分，我是谁？用最简短的一句话精辟地阐述自我的价值和名字。

第二部分，我从哪里来？这部分主要阐述籍贯、出身等。

第三部分，我有什么经历？这部分主要描述自我独特的经历。

第四部分，我到哪里去？这部分主要描述我的特点、我的理想、我的人生价值观、我能给听众或对方带来什么样的长期价值展示。

第五部分，结束语。

除了上述 5 个部分的基本组成原理之外，还需要结合价值展示的需要，注意用户化视角的两个实务技巧。

一是自我介绍形式的独特化，即需要结合自己独特的气质，用自己的风格和语言特点展现自我介绍的内容。因为用户都喜欢与众不同，不喜欢千篇一律。

　　二是自我介绍内容的多变化，上述 5 个部分基本组成原理确定后，每个部分对应的内容，需要根据不同的场合、不同的听众调整相应的内容，核心是确保听众清晰地接收到你想展示给他们的你的价值。因为用户都喜欢听当时的场景下他想听到的内容，而不是与这个场景无关的内容。

　　◆典型案例

　　某自我介绍案例如下：

　　造价界的文艺青年 ××。

　　祖籍湘之宝庆，"护国共和"蔡锷故居之地。

　　求学于山城 ×× 大学土木与建管学院，获双学士学位；历练多年，于职业与人生，深感法学之重，又拜读于同城 ××。

　　获一建、造价、招标执业证；善工程技术、现场管理与造价实务、合同实践、法务工作完美结合，主攻工程项目风险控制与价值创造。

　　给岁月以情怀，给情怀以职业，借此之机，同交流，共探讨。

　　案例解析：

　　（1）结构化组成剖析

　　① 我是谁?

　　第一段话"造价界的文艺青年 ××"。这句话阐述了几个关键词：造价界表明此人是从事造价工作的，文艺青年代表此人虽然从事枯燥的工作，但是热爱生活、热爱工作，造价界的文艺青年从一个侧面点出此人的价值在于跨界融合，思维活跃，喜欢创新与突破。

　　② 我从哪里来?

　　第二段话阐述此人来自湖南邵阳，蔡锷的故乡。为什么此处不是提出"师夷长技以制夷"理念，编写海国图志魏源的故乡，为什么不提被费正清称道"执中国近代史研究之牛耳"者的蒋廷黻先生的故乡？这背后的核心与此人通过自我介绍想展现出什么样的价值有关。因为此人想表达的是自己不管处于任何恶劣的环境，都能沉寂于心，不屈不挠，逆境突围，就如蔡锷的护国共和事业。

　　③ 我有什么经历?

　　第三段话精练地阐述了此人的求学历程，重点阐述造价与法务融合的求学与成长经历，呼应了第一段的跨界融合，为后面的自我价值展示埋下了伏笔。

　　④ 我到哪里去?

　　第四段话提炼出了此人的价值，善于将技术、造价、法务、合同等进行结合，最终是致力于给行业、给项目提供风险控制，创造价值。

　　⑤ 结语

　　第五段话，以中国传统的中庸式用语，用情怀呼应第一段的文艺，用交流和探讨作为后续的引子。

　　本段自我介绍，采用半白话文的形式进行阐述，用语精练简洁，从另外一个形式和视角，印证和展示该自我介绍想表达的跨界、融合的价值理念。

（2）其他实务技巧

在不同的场合，自我介绍5部分的组成内容需要进行相应的调整，上述自我介绍应用的场景为同行专业交流。如果是其他场合，则需要结合相应的价值展示的内容进行调整。

◆ 小结

以用户化视角为出发点，以框架化思维承载和展现，把自我的核心价值，像拂面的春风一样，融入自我介绍的每一个场景、每一个词语中，如何让对方在倾听完你的自我介绍后，就把你的价值和某一个场景紧密相连……世事洞明皆学问，于无声处听传奇，这就是自我介绍的最高境界，这也是用户化视角的思考习惯和框架结构化的思维模式在工作生活中的典型应用。

造价笔记169

春夜有喜雨，营销细无声

这是一个充满着矛盾的时代。

一方面，我们能通过互联网快速搜索海量的信息；另一方面，我们却由于无法准确地找到自己所需的信息而手足无措。

我们能通过各种平台和渠道应聘或者求职，与此同时，企业或者用人单位却因为缺少有效的渠道招聘不到合适的人才。

我们能通过高铁、飞机去往不管多远的风景名胜，同样的，我们很多人在闲暇时间却为去哪儿游玩而踌躇不决。

所以，在这个大数据和信息化的时代，自我营销和自我品牌的塑造越发显得重要。你是一个什么样的人，你有什么样的特点，你契合什么样的工作，你能提供什么样的技术，你能创造什么样的价值……这一切，不仅仅需要我们埋头苦干，更需要自我塑造和自我营销。

于是在这个夏雨绵绵的夜晚，当我再一次品读杜甫的《春夜喜雨》时，从营销的角度来看待技术的工作，又是别有一番风味，豁然开朗的感觉：

好雨知时节，当春乃发生。

随风潜入夜，润物细无声。

营销和推广，不是一个刻意的行为，就像春天的雨一样，在应该的时节，跟随着春天的脚步而缓缓落下；在每一个安静的夜里，随着轻轻的风，无声地滋润着万物。作为一名技术工作人员，营销的动作在每一个技术的细节中去蕴藏，推广的行为在每一个技术的理念中去体现。自己的品牌和形象，就会随着每一个自然随性的技术服务，嵌入已有的或者潜在的客户的脑海里、心里，慢慢地生根，慢慢地发芽，慢慢地生长。

野径云俱黑，江船火独明。

晓看红湿处，花重锦官城。

带着一颗营销的心，需要的是我们在技术工作上面的精益求精。一份看似简单的技术工作，可能需要提供10份延伸的工作进行辅助支撑。初始阶段，虽然看似周遭皆是黑暗的压力，感觉自己行走在孤僻的野径。但是，随着不断地实践、探索、前行，茫茫而平静的技术江面上，在突然一刹那间，你的技术之灯船冲破黑暗引人注目。当黎明和机会来临时，你或许都想不到有那么一天：一个木讷的技术流，也会有花团锦簇策马长安城的生机与盎然！

2018年5月24日

案例：商务创效竞赛实务技巧

◆应用背景

在国有建筑施工企业，为了提升企业内部商务技术专业水平，经常会举行工程项目创效之类的内部竞赛活动。商务人员往往是参加这些创效竞赛活动的主体。由于长期和施工企业进行咨询业务的往来合作和企业实训课程的讲解，笔者就与一些施工企业的同行们成为朋友。

某一天上午，笔者接到一个朋友的电话，大意是他们的一级公司要举行商务策划竞赛，正式竞赛的时间是 5 天后。朋友公司属于三级公司，以前主要从事房建业务，最近才开始进行基础设施转型，他们这次参与商务策划竞赛的就是公司新承接开工不久的某高速公路项目经理部。由于是一级公司组织的比赛，公司领导非常重视，虽然公司的基础设施业务才刚刚起步，但是也不希望在同级的其他公司面前太过逊色，如果竞赛能获取一个名次，那就最好不过了。

朋友的想法是邀请我去做商务策划竞赛指导。经过初步的交流后我了解到，目前项目经理部的竞赛所需的文档资料尚未编制完成，仅仅是一个非常粗略的初稿，竞赛演讲的PPT，也还没有开始编制。一方面，该项目恰好处于开工建设的前期阶段，本身现场的生产工作任务非常重；另一方面，项目经理部团队目前还没有好的竞赛思路，不知道如何去做准备。基于朋友的信任，笔者当下就答应乘坐第二天最早的飞机赶赴项目经理部现场，进行现场实际交流和指导。

◆用户视角

在第二天乘坐飞机去项目经理部现场的路上，笔者提前开始琢磨和思考，核心围绕用户化视角这个维度展开。

对笔者来讲，本次的用户是项目经理部，协助他们快速完成本次参赛前的准备和实施。基于时间短，项目经理部本身工作重，并且结合公司的期望，站在项目经理部的角度，他们的核心诉求依次排序是：快速地形成参赛需要的最终成果文件；不给当下项目经理部成员和管理团队带来过高的工作任务负担和技术要求；能获得一定的名次，至少整体排名不能太靠后。

基于项目经理部用户的思维，提炼出核心诉求之后，笔者琢磨出本次指导比赛工作核心的工作方针：梳理思路，提炼任务，扬长避短，知人善用。即快速协助项目经理部梳理出本次比赛的思路，接着把需要完成的任务进行拆解，根据拆解的任务与项目经理部现有成员的特点进行逐一匹配，发挥每个成员的长处去完成对应的任务。

对笔者和项目经理部来讲，我们共同的用户是本次商务策划竞赛的评委。站在评委的角度，一方面不一定对商务的细节非常精通，另一方面长达一天的比赛评定工作本身就是一个挑战。因此，站在我们共同用户评委的角度，本次比赛要出彩，核心思路是：守正出奇，制造差异；不鸣则已，一鸣惊人。即在坚守商务策划这条正线的同时，一定要有属于我们自己的奇招，与其他参赛单位相比要人为地制造出鲜明的对比，这样才能给评委留下深刻的震撼和记忆。比如团队介绍以微电影的形式体现、汇报演讲采用 Focusky 动画演示软件呈现则更具演讲冲击力、商务创效文案以诗文串联更具联想性等。

◆ 结构思维

比赛前三天: 笔者于10:30左右到达项目经理部,先组织项目经理部团队成员一起,采取框架结构化思维方式的集中头脑风暴,围绕商务竞赛核心要求、关键事项拆解分析、详细任务分工安排等三个维度,梳理提炼形成本次商务策划竞赛的赛前总体筹划安排,具体如图2.5所示。

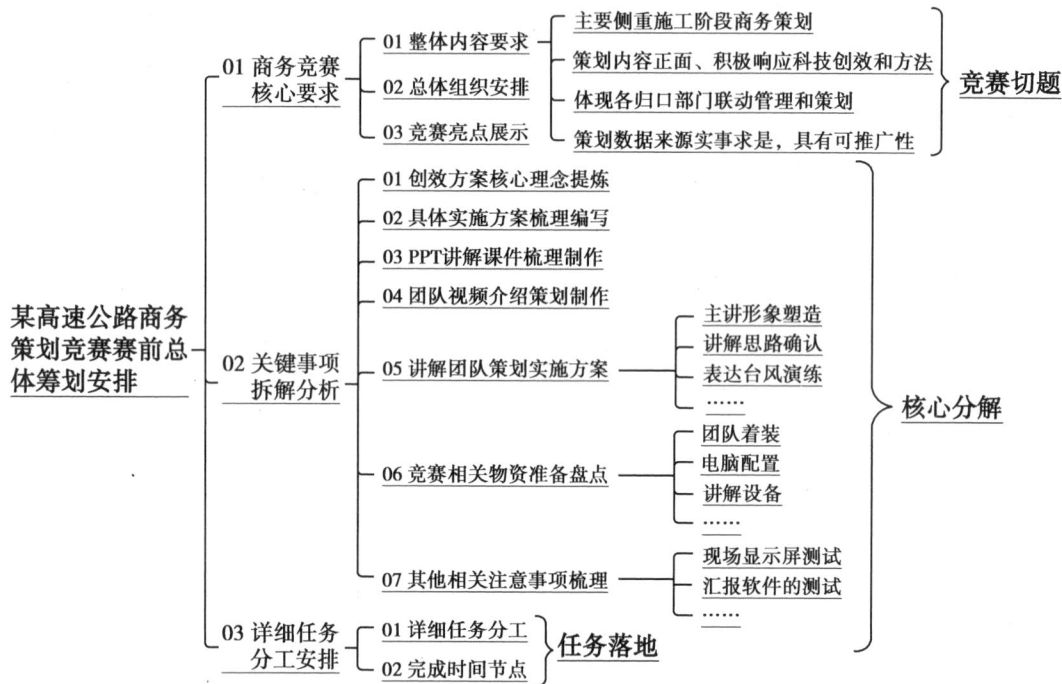

图2.5 某高速公路商务策划竞赛赛前总体筹划安排

当日下午,笔者再协助各个关键事项的负责人用框架结构化的思维方式,分模块梳理该关键事项的工作框架开展详细思路及相应任务分工和完成的时间节点,具体如图2.6所示。

当日晚上,各个关键事项负责人根据梳理出来达成一致的相应的框架结构化的工作思路安排,按部就班地完成各自的任务,项目经理及朋友和笔者则负责及时关注完成情况和纠偏,并在一些关键点位上一起进行重点研究和突破。

比赛前两天: 项目经理部成员按照框架思路继续梳理各自工作,并于当日下午3点完成最终的初步成果文件汇总合并,由本次比赛指定的汇报人——项目经理进行内部试讲。结合试讲的情况,梳理出详细的演讲框架思路及其他相关成果文件修改调整的地方。由于还有其他项目事宜要处理,当天晚上笔者乘坐飞机赶回自己所在城市。

比赛前一天: 项目经理继续根据比赛演讲框架思路进行相应的汇报演练,整个项目经理部参赛团队提前赶赴比赛场地,提前适应场地、调整设备和休息。

比赛当天: 项目经理部团队上台展示,在众多其他实力雄厚的同级公司前一鸣惊人、力压群雄,最终以较大的优势夺得本次商务策划比赛第一名。

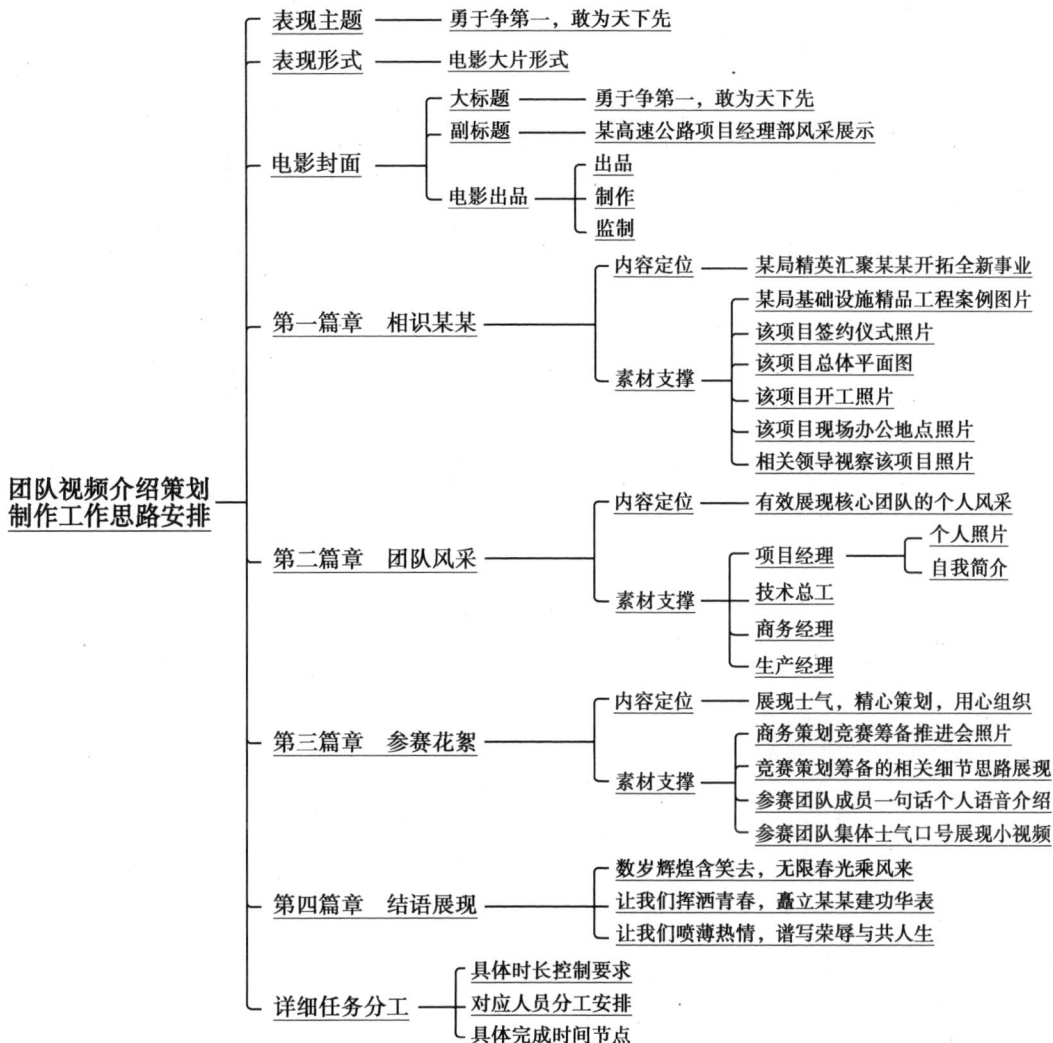

图 2.6　团队视频介绍策划制作工作思路安排

◆ 技能延伸

在实际工作开展过程中，我们常常使用思维导图软件 XMind 进行框架结构化思维方式的具体落地编制和梳理。这是一款易用、高效的可视化思维导图软件，能提供多种结构化思维模板，从而提高我们的框架化思维能力；让我们高效地进行项目管理，解决问题也更有效率；其漂亮的视觉化呈现，让我们与人沟通更加清晰；同时也能激发我们的创造力，让思考问题更有逻辑；并且能与 Office、PDF、Evernote 等常用办公软件无缝协作、高效对接。

造价笔记 615

因人而异，不同的人工作安排的方式方法是不一样的

最近几天，发生了两件小事情，都是和工作安排有关，非常有意思。

第一件事情是中建某局下属的某三级公司委托我们对刚刚新入职的商务岗的员工，进行为期一周左右的造价专业技能实训，要求是学员实训后回到项目上能做事情，需要我们编制一个详细的实训方案提供给对方报批。

我把任务安排给了部门的小X，小X有项目实战经验，也讲解过造价实训课程，专业技能过硬，但是考虑问题偏向于技术，不能发散性思考。于是，我就给小X说，你从技术的角度把课程详细拆解到每一天甚至每一小时讲解的内容，越细越好。

果然，小X花了数小时，拆解了一份详细的课程内容安排表。我在课程内容安排表的基础上，融合其他的具体的实施过程、方式、安排、费用、人员、案例等，形成了一份图文并茂、有过程有结果、有专业有内涵的实训方案。方案发给委托方不到一小时，对方就回复按照我们的方案执行。

由于小X目前专业技术精湛，但是管理以及其他综合能力还在培养中。因此，给小X安排任务，要把具体需要他做的技术工作目的、要求安排得非常详细，再进行综合处理。这次事情完成后，我开始给小X复盘这个方案为什么这么做的技术、营销、商务等的内涵，再让小X进行总结实训方案编制的思路、方法、技巧和注意事项，这样小X就能逐渐成长，由单一的技术工作思维慢慢成长为技术管理综合性思维。

第二件事情是运营的T老师昨天下班时私下找到我，由于公司安排她负责今年的团队建设活动，她目前在如何实施上没有思路，想听听我的建议。

于是，我让T老师先阐述了目前她对这件事情的思考，以及前期筹划的具体思路。T老师用思维导图，把目前她想到的细节和事项都给我做了详细阐述，非常细致。听完之后，我对T老师说，方案本身已经思考得非常细致，建议在方案细化和选择之前，先做以下几件事：先和主管领导确认本次团队建设活动的定位，是纯放松游玩还是要融入其他目的，如果有其他目的那么两者的主次关系如何；再和技术中心与营销中心进行交流，统计暑假期间的项目安排情况和客户预估项目委托情况；提前和每个员工交流是否带家属或带小孩，人数和小孩情况对团队建设的地点影响很大；最后还要结合目前仍为疫情期间，各个邻近省份的相关旅游政策情况以及自驾或者旅游包车的相关手续和影响等。

按照上面的思路先进行前期信息收集和了解，有了这些信息，再去向公司汇报，由公司确定具体的定位和时间。这些原则性的情况确定了，后面具体方案细化编制才会有的放矢，更加高效，可以避免做很多无用功或者重复性的工作，或者是做了很多工作但又不是公司和相关人确认和选择的导致事情反复，公司就会觉得我们做事情没有效果，工作能力不强。

T老师是一个做事情很仔细、考虑问题很周到的同事，但是在做事情的整体思路和逻辑关系上存在一定的短板。因此，对T老师工作的安排，只需要进行思路的指导即可，剩下的T老师会根据思路去具体实施。如果我们对T老师的工作进行过多的细节上的指导，反而会限制T老师的主动性和创造性，达不到我们想要的效果。

通过这两件小事情我们发现，不同的人进行工作安排的方式和方法是完全不一样的，具体总结有3种工作安排方式：

对于有思想有能力的人，我们只需要下达任务的目标和想要的结果即可，言简意赅，不能进行絮絮叨叨的工作布置，也不需要去关注对方的思路和实施细节，充分的信任就是对这类人工作安排的本质。

对于有思想但能力还不够的人，我们需要根据其能力范围，安排比能力稍微高一点的工作，并且在安排前要多沟通，多进行思路探讨；在工作过程中，不间断地去关注对方的工作情况，询问是否遇到专业障碍并进行指导和鼓励；在工作完成后，要和对方一起对这件事情进行工作复盘，从思路到具体实施细节上，让对方的能力螺旋式提升。

对于思想意识不到位但有工作能力的人，我们需要提前把这件事的目的、开展思路和注意细节思考清楚，安排工作时提前给对方讲解，首先要和对方达成思路意识上的一致。剩下的就是对方按照你的思路方法具体去执行即可，只需要在过程中关注对方有没有在具体的思路上跑偏即可。

对于既没有思想又没有能力的，这个时候，就不存在工作安排，对方已经成为团队淘汰的对象了。

因此，因人而异，慢慢地去总结琢磨，根据不同的人、不同的情况、不同的场景，巧妙、有效地进行工作的安排和指导，最终带来的效果是截然不同的。

2020 年 7 月 17 日

案例：工作汇报材料编写实务技巧

◆应用背景

工程商务人员作为综合性的技术人员，在开展专业技术工作的同时，需要与各种各样的人交流，专业技术和相关工作的结果直接关系到工程项目的最终收入。因此，在项目实施过程中或项目实施结束时，在各种专项事情的处理或争议问题的处置过程中，商务人员需要经常针对该项目的商务实施情况以及相关具体事件等，给领导、公司、建设单位、相关其他主管部门等编写相应的汇报材料，进行相关工作和事项汇报，及时有效地推动工作的开展。

笔者作为造价咨询行业的从业者，在项目咨询服务实施完毕后，通常需要给委托方编写总结汇报材料，系统地给委托方汇报整个咨询服务工作的过程与工作的结果。如何快速有效地编写汇报材料，成为咨询人员日常非常重要的工作。

◆用户视角

站在造价咨询人员自身的角度，一般是咨询人员同时身兼数个项目，本身咨询服务过程中的专业技术工作就非常紧张和烦琐。如何让咨询人员在完成具体项目咨询服务技术工作的同时，相应的工作汇报材料就同时编制出来，不额外增加咨询人员的工作量并高效地完成工作，就是造价咨询人员用户视角的需求。

站在委托方的角度，因为具体的技术工作是咨询人员实施的，因此对该项目具体实施的一些细节、过程存在哪些问题以及是如何解决的、后续其他项目该如何去规避和纠正等，对于委托方来说是一片盲区。不管是从管理上还是从技术上，不管是从心理上还是从形式上，作为委托方都希望有一份材料，能把这个项目从前到后、从宏观到微观、从过程到结果，进行梳理和总结。这样，万一委托方其他事项导致需要对这个项目重新提起时，委托方任何一个人都能快速有效地还原整个过程和细节；万一委托方管理上或者其他需要对这个项目进行总结或者升华时，委托方有全面的资料，拿来即可使用。

因此，委托方对汇报材料要求的全面性和咨询人员对汇报材料编制的高效性就有天壤之别。从用户的视角，我们必须思考，在满足委托方用户要求的同时，如何采用框架结构化思维让汇报材料编制工作高效地完成。

◆结构思维

以终为始，以行为知。当我们从用户的视角知道了委托人想要的结果和想达到的目的，我们就可以委托人想要的结果为出发点和行动的起点，在一个咨询服务开始启动的阶段，用框架结构化的思维详细地梳理出最终工作汇报材料编写的思路和包含的各个部分的内容，并且对每个部分的内容进行细化。

当我们用框架结构化的思维梳理出汇报材料编写的框架思路时，即代表着这个项目在工作过程中，除了正常的咨询服务技术工作之外，我们还需要完成哪些相应的具体工作职责和额外任务。因此，在咨询服务的过程中，随着咨询服务工作的开展，我们随手就把汇报材料编写需要完成的相关资料收集、整理、记录和汇总等工作完成，并形成相应的各个小模块的结果文件。那么等到咨询项目最终完成，我们编制总结汇报材料时，就只需要把过程中的各个小模块的结果文件复制粘贴组合排版即可。这样看似我们需要很长时间并绞尽脑汁去思考、总结、编写的汇报材料，就能在不经意间完成，极大地提高了工作效率，提升了工作成果。

图 2.7 所示为笔者所在团队给委托方某个地下室车库项目提供结算审核咨询服务时，在项目开始启动前梳理的工作总结汇报材料编写框架思路。

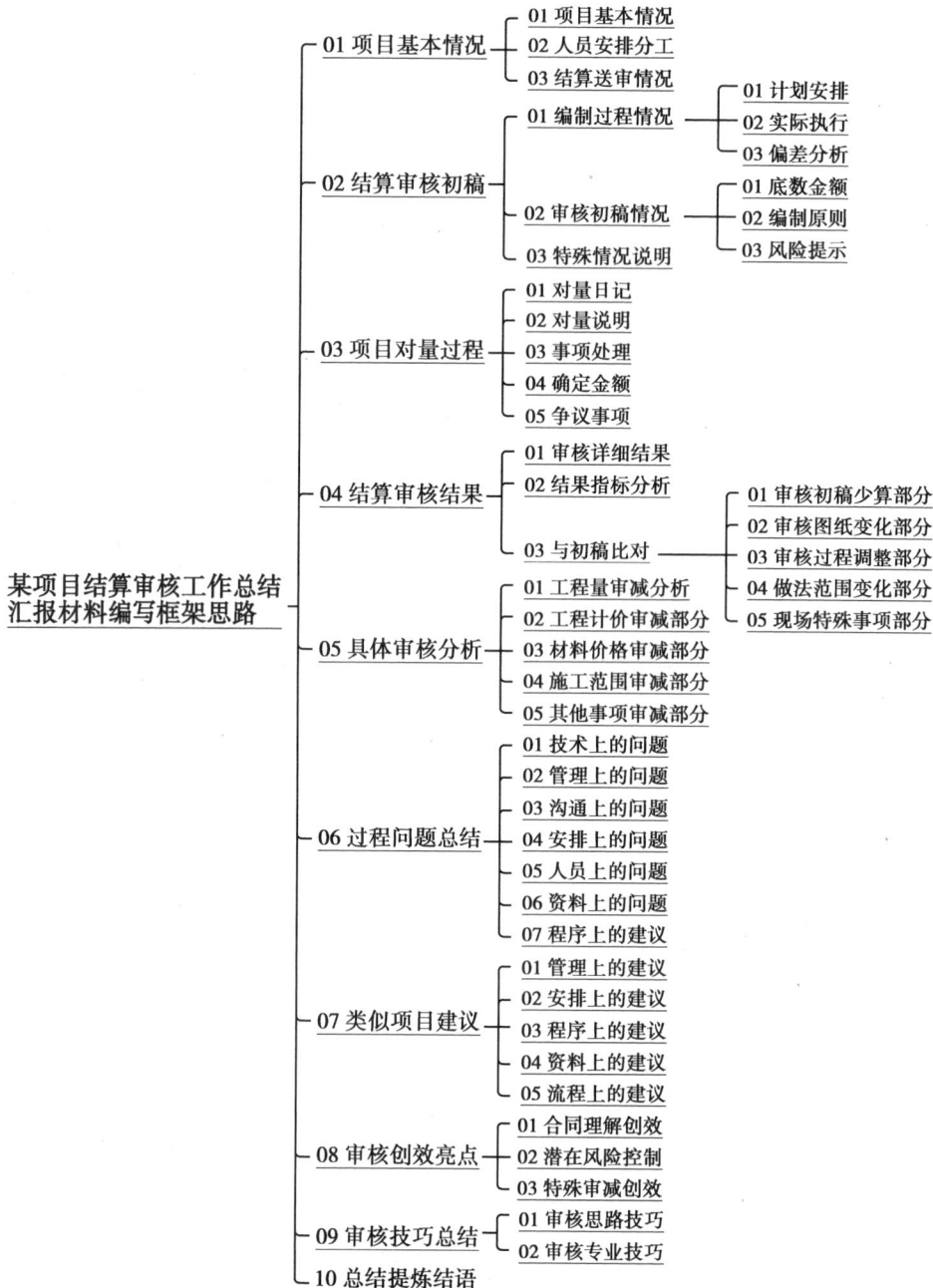

图 2.7　某项目结算审核工作总结汇报材料编写框架思路

造价笔记 630

从一个链条来考虑问题，而非仅仅局限于某一个点

自公司的结算复核创效业务推行以来，已为上百家合作施工企业服务，给数百个项目创造了实实在在的效益。

什么是结算复核创效业务呢？就是在施工企业结算编制完毕内审合格，准备报送建设单位审核之前，将结算成果文件提交给我们进行二次复核创效，挖掘少算漏算错算可算的额外价值，让施工企业项目效益最大化。

昨天与几个朋友小聚，交流关于施工企业的行业现状。这几个朋友中有专门从事建设工程领域纠纷解决的专业律师，有精通项目前期概算审核的审计同仁，有精通招投标实务和施工过程成本控制的商务朋友。针对我们思考的施工企业结算复核的产品，在朋友们表示认可的同时，也提出了结算复核还只是施工企业项目创效活动中一个很小、很局部、很末端的点。

为什么呢？从工程项目的整个建设过程来讲，施工企业创效活动可分为以下几个阶段：

第一个阶段是概算审核阶段。一个项目的概算金额是这个项目最高可能的结算金额，如果概算金额先天不足，那么，后期再多的创效活动和创效动作都很难发挥实际效果，除非过程中重新调整概算审批金额，但是在当下严格的概算审核审批情况下，这是非常困难的。

第二个阶段是招投标和施工合同签订阶段。同样的投标金额，不同的投标清单价格或者组价文件，不同的施工技术组织投标方案，最终结算金额往往有很大的区别。施工合同签订时的提前风险分析，筹划和谈判的结果，可以给后续具体的创效活动带来直接的控制性的影响。

第三个阶段是施工过程管控阶段。这是在前述整体的创效空间和原则确定后，项目管理团队真正有效地执行创效活动，包括各种商务技术经济资料的办理及相关创效动作的落地。这个阶段的创效工作决定着创效是否能成功和具体落地，再多的前期理念和布局，没有这个阶段的有效落实，项目也很难真正创效。

第四个阶段是结算阶段。结算阶段是将前期的创效成果进行专业汇总，其核心关键是确保专业汇总正确、完整、全面、专业，真正的额外的创效活动空间和有效动作其实是不多的，并且会存在到了结算阶段却因前期资料的缺失或者无法补救而导致创效的空间无法落地的风险。

第五个阶段是纠纷解决阶段。针对结算纠纷，如何去解决谈判、调解、仲裁、司法诉讼程序等，需要专业律师介入一起进行创效活动，更多的也是在前期所有创效活动上的专业利用，而不是重新创造创效的方式方法和路径。

当我们从整个项目建设周期全过程创效的产业链角度，系统地框架性地思考工程创效时，就会发现我们当下工作的很多盲区。这也就是伟人所说的风物长宜放眼量，看得越远越长，我们就更能看到事物的本质和发展的方向，也就更能找到工作的支撑点和持久点。

2020 年 8 月 7 日

2.3　体系条理化的资料管理

资料是建设项目工程造价形成的核心基础，有效的资料管理是商务人员工作习惯的重中之重。由于每个建设项目与工程造价相关的技术资料、经济资料、商务资料等庞杂而又繁多，凌乱而又纷繁，在某种程度上，一个建设项目最终造价商务工作的好与坏、成功与失败，就是体现和反馈在这个建设项目的资料管理是否有条理、是否有效。这也就是我们常说的，一屋不扫何以扫天下。

有效的资料管理可分为两个维度：第一个维度是资料内容本身的有效性，能有效支撑工程造价的形成并规避相应造价审核风险的资料，才是真正有效的资料。

比如，某园林工程项目有一份现场收方资料，对某园林草坪进行收方，收方资料描述如下：本项目草坪为平面异形，草坪的收方面积为 985 m^2，草坪四周闭合维护路缘石长度为 100 m。

类似上述这类资料就不是有效的资料。因为从数学知识我们可以推理得出，总长度 100 m 的前提下，我们无法用 100 m 的周长围绕出一个平面面积为 985 m^2 的区域。当长度一定的前提下，圆的面积最大，因此，周长 100 m 的路缘石，最多能围合出 795.77 m^2 的草坪。因此上述资料无效，不能作为支撑该项目工程造价形成的有效资料。

资料管理的第二个维度是资料形式体系，就是我们能把庞杂纷扰的项目资料管理得井井有条，像大学图书馆中的书籍一样随取随用，体系条理化，而不是杂乱无章、一团乱麻。本小结主要阐述的就是资料管理的第二个维度的形式体系，第一个维度资料本身内容的有效性在本书的后续章节进行详细阐述。

从实务的角度，体系条理化的资料管理可从两个方面去实践和应用：一是办公设备资料体系条理化，也就是项目资料在电脑、手机等办公设备上的存储使用管理条理体系化；二是全过程工作及管理资料的留痕，也就是将项目管理工作本身开展的全过程事项和记录等进行整理。

2.3.1 办公设备资料体系条理化

在实务中，商务人员资料管理经常会出现以下状况：电脑桌面上和硬盘上的资料密密麻麻，没有办法快速寻找和使用相关资料；新来的项目相关资料不知道该放在电脑的哪个位置，就随手往电脑里面一存，导致后续没有办法使用和管理；当需要某个资料时，不能快速及时地调取出来并发给相应需要的人员；项目实施时间太过久远，比如在项目结算二审时，当需要调取五年前、十年前的资料时，无法快速调取相应资料甚至还没有办法寻找到以前的资料……种种状况，都会深深地影响造价商务工作的效率和结果。

做好办公设备资料体系条理化的管理，其核心三原则是：方便自己和他人寻找与使用、方便随时随地修改和调整、方便永久地保存和即时传输。

要达到上述的资料体系条理化管理的核心三原则，其背后的关键就是需要我们充分理解和应用用户化视角的思考习惯，并采用框架结构化的思维方式去整理和归档相应的资料。对办公设备里的资料，面向的用户不只是当下的我，还有未来的我、其他的同事、未来与这个项目相关的任何人。因此，我们需要采取各种用户都能一目了然的框架结构化的形式去承载和体现资料，并且还要借助现代信息化的工具，让资料随时随地保持快速、高效、准确、无误地传输和交换。为了更为形象地展示资料体系条理化管理，现通过一个典型资料管理实务案例进行阐述。

案例：典型资料管理实务

◆应用背景

笔者单位为造价咨询公司，平常在进行项目咨询服务实施的同时，还要参与实施各类造价实训及公司的相关经营管理活动。通常来说，咨询项目的资料本身比较庞杂，再加上经常要外出培训以及咨询项目的相关对量等工作，存储项目资料的电脑端口有多个（如办公室的电脑、家里的电脑、随身携带的笔记本电脑、项目现场的办公电脑等），且项目资料还在无时无刻、随时随地进行更替和增加，如果不能有效地进行所有办公设备资料的统一有效管理，那么很多具体工作将会非常凌乱无序且没有办法协调统一地开展，会导致工作经常出错。

◆资料管理思路

基于用户化视角的思考习惯，笔者采取先自我设计资料管理框架体系，然后严格执行框架资料归档整理，最后资料系统上传云盘建立同步的三部曲的工作方式。

（1）自我设计资料管理框架体系

使用思维导图软件应用框架结构化的思维方式，编制自我资料管理的框架思路，将电脑的资料文件夹层级管理思路进行顶层设计，具体框架设计结果如图 2.8、图 2.9 所示。

图 2.8　资料管理框架思路体系

电脑的资料管理框架化设计考虑的原理如下：以时间轴线为主线，以管理职责为辅线，以项目开展为细节，层层递进，层次分明，在考虑当下的同时，为后续资料的随时增加、更替、变换、调整等留下相应的资料管理的接口，而不需要对整个资料管理框架进行重新设计和调整。

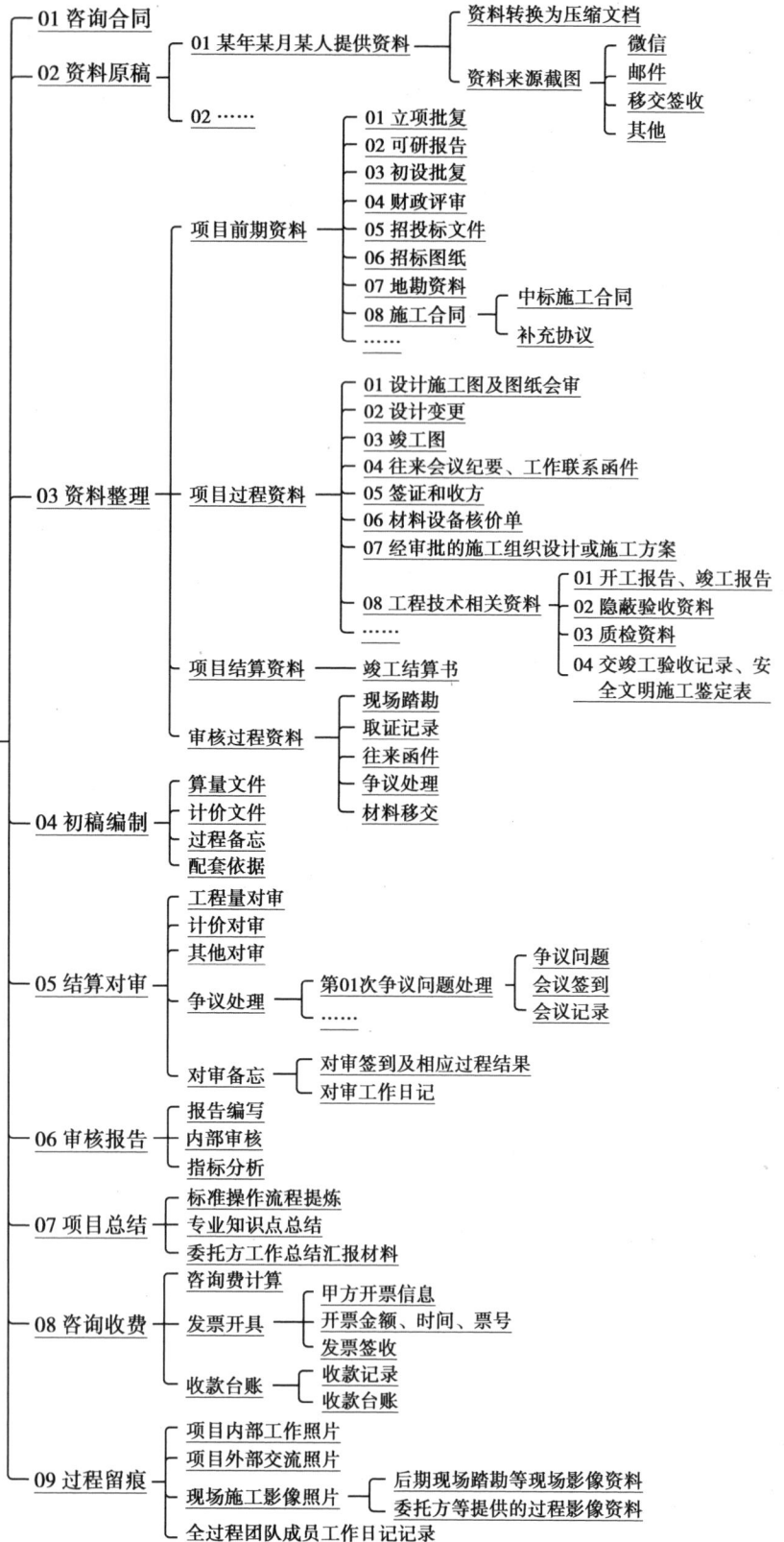

图2.9　某项目资料管理框架思维导图

第一个层级，根据工作的年份，建立一级文件夹，简洁而逻辑清晰，并且后续资料接口清晰，可以直接按照年份逐年增加。

第二个层级，根据这个年份自我的工作职责进行文件夹的拆分和建立，并结合考虑自我的个人特点进行延伸。

第三个层级，比如"2020 年项目咨询"以下，就根据委托单位进行层级划分，不同的项目委托单位单独建立对应的文件夹。

第四个层级，比如"01××公司"以下，就根据对应年份的具体项目，进行相应层级划分。

第五个层级，比如"01××项目"以下，就根据咨询项目的工作开展流程按照时间顺序进行层级划分，比如先是咨询合同签订，接着委托方提供相应资料原稿，我方对资料原稿进行整理，接着进行具体算量计价编制结算审核初稿，然后与送审单位进行结算核对工作，完成核对工作后编写结算审核报告，并对整个项目的工作进行总结，向委托方收取咨询费，保留全过程的相关影像视频资料等。

第六个层级，根据每个工作流程再进行拆分，若不能再细分，就直接存放相应的文档。

（2）严格执行框架资料归档整理

自我资料框架管理体系思路设计确定后，接下来就是在电脑设备中严格按照框架管理体系分层分级别建立相应的文件夹，然后把相应的文档资料放入相应的文件夹。避免把相应文档直接放在桌面上，在桌面进行文档处理。

严格执行框架管理体系进行资料的相应位置存放，而不是一时兴起或者一时方便临时存放，这是资料管理能否最终真正体系条理化的关键。因为前面的框架管理体系的设计仅仅是意味着"知"，也就是理念上、意识上、思路上知道要如何去做，而在每天的工作中对每一份资料严格执行框架管理体系的资料归档整理，这才真正代表着"行"，也就是用实际行动去落实思路执行理念，这样"知行合一"才能让资料做到真正的、有效的、条理化的管理。

（3）资料系统上传云盘建立同步

按照上述框架体系化整理资料后，解决了资料的寻找和使用问题，任何一个人，都能够根据文件夹本身的框架结构思路，快速地在不需要他人提醒的情况下找到相应的资料。由于造价商务工作人员经常需要在不同的电脑和设备端口操作修改资料，传统的方式是在某一台电脑使用完毕某文档后，用 U 盘或者硬盘复制相关资料。比如要回家加班，把在办公室电脑里的相应成果文档复制到 U 盘，然后回家再复制到电脑，将 U 盘中复制的文档覆盖原来家里电脑中的文档或者将复制的文档重新命名，在家完成相应工作后，又使用 U 盘将相应成果文档复制到办公室电脑，将相应文档覆盖办公室电脑中的文档或者将复制的文档重新命名保存。

在上述操作过程中，容易发生以下问题：U 盘中存在病毒或复制过程中文件被损坏导致资料没有办法传输；复制的文档覆盖原来的文档，操作次数多了后不知道哪个文档才是最终的文档，如果不小心覆盖错了，有可能导致前期辛勤工作的成果被误删；如果每复制一次就重命名文档，那么可能每台电脑里一个文档会有非常多的同类无用文档，占用存储空间，成果文档到底以哪一个为准也非常容易混淆。

上述还只是办公室和家里两台电脑的资料传输问题，如果要经常外出项目或者处理事情，那还涉及随身携带办公的笔记本电脑、项目上办公用电脑等多个端口的情况，资料的有效传导就更是一个非常影响工作效率和工作成果的问题。这时我们就需要借助第三方平台云盘，既能像平常工作习惯本地化电脑操作的同时，又能保证资料在各个设备端口的无缝及时传输和更新。

云盘的具体操作步骤如下：

先根据个人的喜好选择一款云盘，品牌不限，最好是收费版本的，这样资料传输的速度、存储的空间、存储的质量等能得到有效保证。

其次是将按照框架化思路整理完毕的电脑本地资料上传云盘。

再次是将云盘和电脑本地盘建立一一对应的同步关系。

最后，在实际工作中，比如到办公室，打开办公室的电脑，登录云盘进行同步，就能把其他设备端口最新处理的成果文件导入办公室电脑本地盘，然后关闭云盘，在电脑本地盘正常办公操作。下班或者中途需要外出时，登录云盘，在办公室电脑中修改的资料即会自动同步到云盘。回到家中或者出差到项目，打开相应电脑，登录云盘及时更新资料，就可以接着对相应文档进行编辑、修改和调整等工作。

通过云盘作为中转媒介，基本上能保证造价商务工作庞杂的资料在各个设备端口的有效传输和无缝对接，再加上网络的快速发展，基本上能有效地解决商务工作资料随时随地修改、调取、交流和传输的问题。另外，用云盘作为存储工具，当其他人需要某个资料，不管资料的大小，不管资料管理者身处何方，只要有网络，就可以通过分享个人云盘对应的资料共享码给对方，对方即可快速获取需要的资料，避免了邮箱发送文件大小限制问题、在线其他通信工具操作不便等问题。因此，作为商务人员，在他人需要某个自己负责的项目资料时，能在5分钟之内响应和把相应资料发给对方，是考评我们资料管理是否真正体系条理化的一个可视化的指标和要求。

（4）硬盘阶段备份保存相关资料

通过上述3个步骤，从用户化思维视角出发，借助思维导图的框架结构化思维梳理和云盘的第三方信息化平台同步管理，基本上能解决造价商务工作中资料的结构体系化管理问题。但是在信息化时代，也还需要对相应资料进行兜底管理，就是每隔1个月或者2个月，用一个专用的个人硬盘，将这段时间发生的资料复制到个人硬盘，永久保存。这样从资料的管理角度，就有电脑本地存储、第三方云盘存储、个人硬盘存储三重保障，不管发生何种极端的情况，基本上都能保证商务资料长期有效的保存，不会出现由于各种偶然突发状况而导致资料丢失的情况。

◆延伸小技能

① 随着资料接收存储的逐渐增加，我们一般不采取全部文件夹同步的方式，一般云

盘与个人电脑设备端口可只同步一个年度的资料，这样就更为有效和不产生交叉。

因此，在设计文件夹管理框架时，如果某个项目跨越了某一个年度，那么可以把该项目在上年度的资料全部复制到下一个年度对应的文件夹，后续就只在下一个年度的项目资料中进行添加，上一个年度的该项目资料跨年后就进行原样封存，这样就有效地解决了实务中项目商务资料跨年和相互交叉影响的问题，规避了相互之间无法清楚区分的风险。

②为避免同步误操作，在咨询项目工作开展过程中，可以增加一个文件夹，用于备份过程成果文件。实务操作过程中，比如建模的成果文件，对应文件夹里的成果文件一直保持文档名不变，每隔一段时间，比如一天复制一个成果文件到备份文件夹备份，然后在文档后面增加日期进行区分，这样当同步操作不当或者其他误删除后，还能找回最近的成果文件，最大限度地避免损失。项目实施完毕后，可以将备份文件全部删除，释放存储空间。

③一般需要把项目原始资料文档压缩保存，还要截图备注该文档的来源。因为压缩文档不会随着文档的打开而改变文件属性里面的修改日期，即能保留最原始的数据信息。

④文件夹的命名最好保持字数统一，言简意赅，这样更加协调和统一。文件夹前面增加 01、02 等序号可以让文件夹在显示时自动按照序号排序，这样更便于用户理解文件夹资料和文件夹排布的结构化思路和原理。

⑤文档的命名要站在用户的角度，便于用户快速通过文档的名字知道文档里具体的内容，便于归类、整理、理解。一般文档的命名规则为：文档内容的提炼描述 + 日期。文档名字不宜过长，太长的文档名字在电脑设备上没有办法完全显示，需要手动拖动分隔符才能知晓文档名字的具体内容，影响工作效率。

造价笔记 624

有效学习和应用他人先进技术的前提，是先夯实自己个人和团队的基本功

昨天，非常幸运，与同样从事造价商务和成本控制的 Y 总，一起进行了与造价工作有关的一些技术交流。Y 总属于重庆施工企业造价成本圈内的技术专家，尤其是对房地产企业战略清单的计价实务和成本控制、内部招采管理和项目结算办理，有着非常深入的研究和深厚的经验。

在交流的过程中，Y 总给我分享了他带队研究出来的两项先进的造价工作技术。

一是针对当下房地产领域盛行的战略清单计价下的施工图预算包干模式。Y 总研究了目前行业数十家房地产公司的战略清单，在此基础上设计出一套能兼顾各房地产公司清单的自我清单编码，然后将该清单编码巧妙地嵌入广联达建模算量中，再用 SUMIF 函数，将模型中的工程量自动导入房地产公司的相应清单文件中，将战略清单模式下复杂烦琐的清单提量上量工作，通过技术手段变成一个自动化的简单工作。一个数十万方的项目，采用传统的提量上量工作方式，可能要数天才能完成，还经常容易出错，而 Y 总研究的技术手段，却只需要数个小时就能完成，而且出错概率极小。

二是协同建模算量。一个数十万方的项目，传统的各自独立建模算量再合并的方式，可能需耗时约一个月。通过采取人员相互分工配合协同建模的方式，可能十数天就全面完成，大大提高了生产效率。面对房地产公司在高周转率要求的大趋势下，施工图预算包干价形成的时间

越来越短，这种协同建模的技术手段，有效地解决了时间和工作的冲突；同时通过提升造价工作的生产效率，给企业节约了人力成本，创造了超出同行的项目效益。

Y总是技术专家，在研究技术的同时也很喜欢技术分享。受到行业内很多大的咨询公司的邀请，Y总毫无保留地分享了自己的先进技术和工作手段。经过反馈，发现大家听的时候都明白，但是真正到了自己应用时，却没有办法有效实施，最终还是回到了原来常规工作的方式方法上。

这是为什么呢？因为我们要学习和有效利用他人的先进技术，有一个根本前提：需要我们自己和整个团队，先把一些使用这项技术的基本功夯扎实，再去沉淀和磨炼。

比如清单自动上量，看似简单，就是一个编码一个函数，但是这背后是要对各个房地产公司的清单计价模式深度熟悉和完全理解，是要对 Excel 表格中函数功能和相关技巧炉火纯青，是要对建模算量本身从软件操作到施工工艺的全盘掌握，是要经历很多个施工图预算包干价的洗礼和沉淀……没有这些基本功，编码和函数每个人都能看懂，但是不能理解简单背后的真正核心原理和内涵，也就无法结合自己公司的具体情况和项目的实际情况去有效应用。

比如协同建模，看似简单，就是一项工作大家同时干，但是如果团队人员能力参差不齐，建模方式和理念没有高度统一，协同建模任务分工者对整个建模流程和每个阶段需要消耗的时间做不到了如指掌，一些节点和细节的处理方式不深入研究和积累……那么协同建模往往就是一团混乱，错误百出，后期的修改调整工作巨大，反而降低了工作效率。

世间的大部分事情都是有因果，我们要想获得他人先进技术的果，就一定要经历前期长时间积累沉淀付出的因。没有这个过程，如果想走捷径，想一蹴而就，往往是邯郸学步，越学步履越蹒跚，甚至连如何正常走路都会遗忘，空贻笑大方而已。

2020 年 7 月 29 日

2.3.2 全过程工作及管理的留痕

造价商务工作是一个特别注重事实和依据的岗位，在实务中，经常会出现施工企业由于无法有效还原相关事实和相关事件，导致施工企业的相关费用主张和诉求等无法得到相应的支持。因此，不管是实际项目工作还是本身的管理和其他岗位职责工作，全过程工作的留痕和保存，往往是后续很多事情我们能否占据有理有据位置的关键。比如工程项目施工图纸的变化，如果你能详细地把整个项目的图纸版本、来源、变化地方及对应的图纸文档，翔实地梳理成一个全过程情况，再去沟通工期索赔等事项就有了优势；比如建设单位对某个事项的决定，能有会议记录翔实地记录建设单位承诺的时间、地点、内容，虽然不是相关人员正式签字盖章的会议记录，但是如果你能有效地展示和有理有据地表达，最终你在沟通和协商很多事情的时候，往往也会占据先手……毕竟作为职业人，以事实为依据，以法律为准绳，白纸黑字当然最为可靠，但是我们完整翔实地、有逻辑有事实有体系地回忆和展现事实，也是一种非常重要的依据和手段。

在我们一般的造价商务工作中，要做好全过程工作及管理的留痕，主要是做好以下四个方面的工作留痕：

（1）工作日记

项目相关所有工作及处理的记录，以及每日随时记录与各个方面相关的工作记录，这是工作及管理留痕的最基础工作。

（2）会议记录

除了项目本身要求的某些专项事情的处理等必须要进行的会议记录之外，个人参与其他与该项目有关的交流或者事项处理，也需要形成相应的会议纪要，对参加的人物、时间、地点、事项、达成的共识、现场的照片等，均要形成系统的会议记录。

（3）全程记录

全程记录是对一个项目工作启动开始到结束全流程关键事项的集合记录。针对每一个参与的项目或者某一个任务，按照时间顺序，建立这个项目或者事项工作开展的全过程相关事项记录，把这个项目从前到后形成一个工作记录闭环，并把相关过程重点事项重点过程成果文件记录其中，形成一个完整的工作事项大闭环，这是工作及管理留痕的综合及汇总。

（4）影像资料

项目工作施工过程相关照片及视频和项目相关的影像资料，是最真实、直接的项目建设痕迹和过程。我们对项目和事项从开始到结束的全过程影像资料的留痕及整理，往往能让我们在后续其他事项的开展中获得巨大的支撑、启迪和帮助。

（5）其他资料

除项目之外的管理、生活、学习、总结、提升等的留痕及记录，是通过对我们其他事项的留痕形成自我大数据库，为后续自我的快速成长和自我提升，沉淀相应扎实的基础和资料来源。

案例：全过程工作留痕实务

◆ 应用背景

在传统的工作习惯中，我们一般采取随身携带纸质笔记本的记录方式来进行每日工作记录、会议记录、工作过程开展记录等过程留痕。这种方式虽然能最为直接有效地保存资料，记录工作和管理痕迹，但是由于笔记本书写一般比较零散，后期还需要进行电子文档整理才能方便应用，时间久了之后，对相应的记录没有办法做到永久地、系统地、随时随地调用、查询、使用及二次开发利用等，尤其是在快节奏的信息化时代，每个人需要处理的信息和任务繁多，传统的笔记本方式更加无法有效地记录和总结。

对于笔者来讲，咨询项目的开展、培训项目的实施、公司管理动作的实行、各种自我学习工作的总结提炼……这些在每天都会形成巨大的信息流和工作管理痕迹，如何成体系地有效地管理整合留痕，是一个非常具有挑战性的任务。办公设备资料体系化管理只是基础，全过程工作留痕才是建立在这个基础之上的真正蝶变和升华。笔者经过数年的实践和总结，采取印象笔记平台，完美地解决了上述工作管理全过程留痕并有效二次利用的问题。

◆ 典型案例

在实务中，笔者使用印象笔记对个人工作管理全过程留痕的工作思路如下：

（1）建立框架

先用框架结构化思维梳理个人工作管理留痕的框架体系，然后在印象笔记中按照框架体系分别建立相应的笔记本组。目前印象笔记只能建立二级笔记本组，笔记本组下面就是具体的工作记录的笔记文档。因此，在建立笔记本组的时候，要充分考虑到后续记录的实施，既不要让笔记本组过多，也不要让笔记本组过少，需要结合自己的工作及习惯在不断的实践中去调整、去优化，寻找到与自己的工作习惯、工作方式匹配最佳的笔记本组框架结构。图 2.10 所示框架结构是笔者经过 5 年沉淀提炼出来的适合自己工作习惯的笔记本组框架体系。

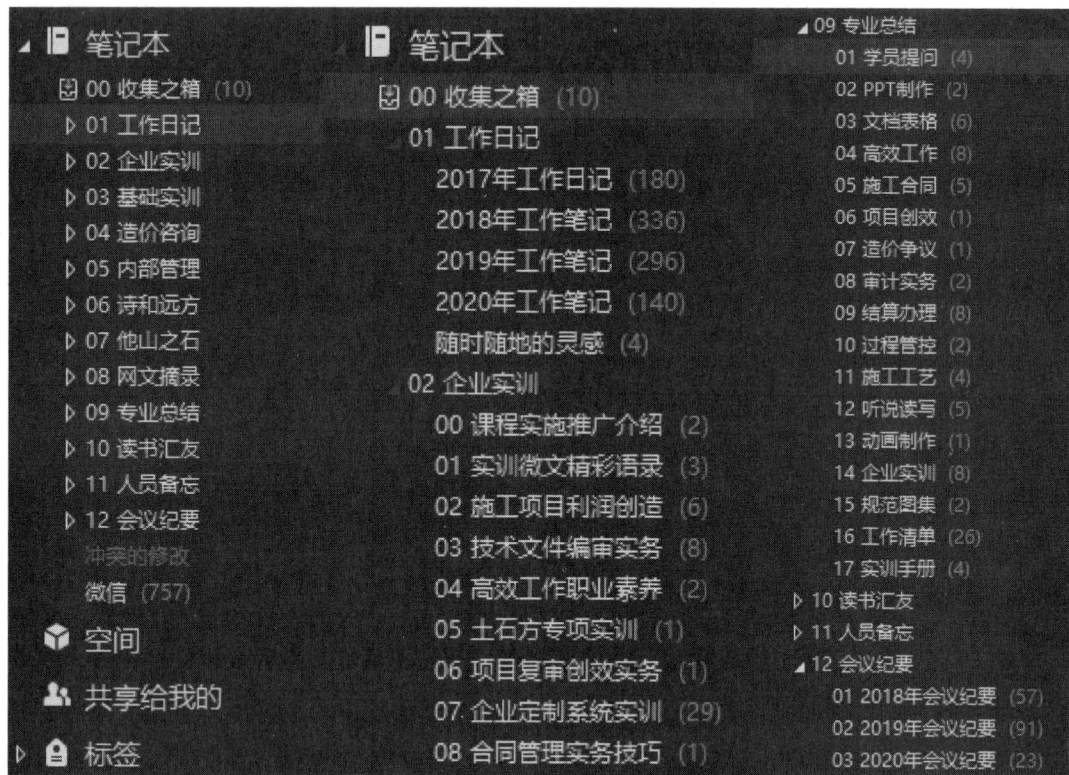

图 2.10 印象笔记全过程留痕管理框架体系

其中一级笔记本组是根据个人的工作职责方向和工作内容进行排序，例如企业实训、基础实训、造价咨询是平常业务开展的 3 个方向；内部管理是对整个公司内部管理相关的事项记录和整理；会议纪要是在业务开展和管理工作中形成的全部相关事项的会议记录；工作日记是对每日工作的各方面的综合记录，包罗万象；诗和远方是个人的爱好追求；他山之石、网文摘录是对身边朋友精彩知识、网络文章的收藏和学习；专业总结、读书汇友是对自己每一个工作事项复盘后的总结，以及读书交流的笔记心得和体会；人员备忘是工作生活中朋友、相关企业联系方式等的备忘和保存。

（2）工作日记

通过印象笔记，可分年份按照日期随时进行每日工作及处理事项的记录，并在每个日记记录笔记本上添加标签，标签代表该篇文档与哪些关键事项有关，在后续查找时只需要输入该标签，便能寻找到与这个标签相关的全部事项和记录。

（3）会议记录

通过印象笔记，工作项目上的、学习上的资料均可以进行自我会议记录，分年份进行保存。可以自我设置会议记录的标准模板，提高记录效率。

（4）全程记录

通过印象笔记，针对每一个项目、每一个工作任务，在对应笔记本组下建立相应文档，单独记录该项目该任务的全过程记录。一般根据时间节点进行记录，并且相关关键节点成果可以上传附件保存，也可以把相关会议记录的笔记本、工作日记的笔记本，通过印象笔记内部超链接的方式，在该项目里建立彼此联系的超链接，这样就更加具有闭合性和体系化。

（5）影像资料

通过印象笔记，将每个项目和工作管理过程从前到后的照片，按照时间顺序收集保存在工作照片笔记本里，并及时备注照片的相关信息。

（6）其他资料

通过印象笔记，关于工作管理、自我学习的其他资料也可以随时保存记录和总结，建立和形成自己的大数据库，这样可以保证自我总结记录并不断地累积，当数据留痕达到一定数量和程度之后，就会从量变发生质变，对我们的工作和成长产生巨大的作用和影响。

◆印象笔记使用小技巧

（1）印象笔记简介

印象笔记能帮助你记住你想到的、看到的和体验到的一切。它具有以下核心功能：所有设备端口保存同步；随时记录一切；储存任意格式文件；高效协作共享。

（2）标签的使用

每篇文档要及时添加标签，也就是关键词，当记录的资料数量日渐增多和庞杂后，我们是通过标签来寻找和定位相应的文档，而不是传统地依靠大脑去记录位置。用标签的模糊记忆解放大脑，让大脑更多地去思考体系和条理总结，这就是印象笔记通过标签传递给我们的过程留痕核心思路，这也就是印象笔记的笔记本组只能建立两个层级的核心底层逻辑。

（3）超链接的使用

印象笔记每个文档都可以超链接到其他文档，有效地在笔记本中建立和其他笔记本的连接，这样更能让过程留痕成为一个看似松散、其实紧密联系成一个整体的资料闭环体系。

（4）共享与分享

笔记本可以生成分享码，发给其他需要的人直接打开查阅，使用印象笔记的账户可以直接共享、导入。因此在项目实施过程中，组员之间通过印象笔记进行相关共享、导入和整合，能让各个岗位的人相互协同，将项目资料和管理留痕在更大范围内建立和统筹。

（5）清单功能

在印象笔记中，可以设置每天或者每周的工作任务清单，即对今天或者这周需要完成的事项清单进行罗列，每完成一项进行销项处理，没有完成的到了时间节点会自动提醒，随时督促和提醒自我完成相应工作事项，确保不遗漏。

（6）录音功能

印象笔记可以进行录音，在会议或者重要场合，可以开启印象笔记本的录音功能，保留重要的音频资料，手机和笔记本电脑均可以进行该项操作。

（7）其他平台资料一键导入

印象笔记与微信、知乎、微博等热门平台能建立相互关联，当我们在看朋友圈或者公众号时，可以直接点击导入印象笔记。一方面，当其他平台删除该文档时，我们导入印象笔记的文档会一直存在，不会被删除；另一方面，我们将文档导入自己的印象笔记资料库，可以将该文档添加标签、存入相应的笔记本组，形成资料库体系，以备后续二次利用和使用。

在实践中，可以利用上下班路途的空隙时间，当我们在朋友圈看到好的文章时先不在手机上阅读，而是直接一键导入印象笔记，然后每天抽出部分时间，在电脑上集中进行阅读、添加标签、归档整理。这样工作学习的效率更高，也能让自己的学习和知识收藏成为一个体系，而不是碎片化的。因为，碎片化快速的阅读模式，往往无法达到真正有效学习和有效整合与利用资料的目的。

（8）搜索功能

印象笔记能通过标签和关键词搜寻到笔记本本身内容、笔记本内图片或文档里的内容。

（9）收集之箱

一般在工作中，把近期处理的未完成事项集中放在一个笔记本组——收集之箱，并设置为默认文档的存储笔记本组。这样每次打开，该事项都在最前面便于有效处理，处理完毕之后，再把该文档归档并入其他笔记本组里。收集之箱与清单功能一个为详细事件任务，一个为关键节点控制，两者合并到一起，就能对工作的计划和实施进行有效的控制并督促自我执行。

造价笔记 564

所有光鲜亮丽的背后，都是有着看不到的巨大的前期成本

最近，公司财务将一季度公司每个员工完成的咨询服务产值进行了统计和梳理。我们发现，同样的时间，有的员工一个季度完成的产值只有几万元，有的接近 10 万元，而总工办的 L 老师却有高达将近 40 万元的产值。在成熟的造价咨询行业，平均每人能达到 40 万元年产值，已经达到了行业中等偏上的水平，而 L 老师一个季度就达到了行业平均一年的产值；刚刚入职公司不到两年的行业新人小 W，也超出了行业的平均水平，一个季度完成了 10 多万元的产值，在新冠肺炎疫情的大环境下，有这样的好的成绩，不得不值得我们学习。

L 老师为什么会有如此高的产值呢？这和 L 老师前期扎实的职业经历是有很大关系的：建筑业老八校重点大学毕业，现场施工经验非常丰富，做过审计，讲解过造价实训课程，专业功底非常扎实，实践经验也特别丰富。更为重要的是，不管在什么时候，L 老师对自己在专业和学习上的要求，特别自律和坚持。因此，每一个结算复核项目，当他人无法看出问题时，L老师总是能发现一些独到的有价值的点，并且花费的时间很短，给客户带来的价值却非常大的。

小W同学为什么会在今年这个特殊的时期，产值出现爆发式的增长呢？一方面，这和前期3个月的系统扎实的专业学习有关；另一方面，也和他进入工作后，一些好的习惯与持久的坚持有关。比如每日的成长印记总结，比如印象笔记事无巨细地进行工作记录，比如云盘的全盘资料自我管理，比如每周一个复核知识点的自我梳理、总结、提炼……更重要的一点是，不管工作再忙，事情再多，能对一些工作上的小事情、小细节不断地去深度思考自我总结，形成闭环。平常这些事情非常消耗时间，而且又看不到直接的效果，但是长久地坚持后，付出到了一定时间点，就会对工作产生积极、正向的作用。终于，今年开始在项目完成的产值上有了质的飞跃。

在工作中，在职场上，我们总会看到有那么一些人，工作业绩非常不错，个人发展也很优秀，会让我们心生崇拜，为他们光鲜亮丽的成绩和履历所折服、所向往。

但是，我们往往忽略了这些优秀的人在前期巨大的付出和超出常人的坚持和努力。这些优秀的人对自己施压，对自己的工作方式、工作要求、工作质量远远超出一般的要求，并且为之持续地坚持、持续地努力。日积月累，在某一天才会冲出重围，闪耀光芒。

所以，当我们看到他人成绩的时候，我们更应该看到他人前期巨大的投入和付出；在羡慕和向往他人成绩的同时，更要学习他人为此付出和努力的方式方法。这样，我们自己才能跟随身边优秀人的脚步，让自己也变得越来越优秀。

2020年4月20日

◆小结

在这个每天一睁开眼就会面临大量信息涌入的时代，在这个信息爆发、信息无限的时代，我们在工作中常常会有这样一个感悟：过载的信息往往是无用的信息，自我的信息才是真正的信息。

这个感悟其实包含两层含义：

一是关于资料整理：过载的信息往往是无用的信息。这是什么意思呢？

在我们的工作中，尤其在我们造价咨询行业的工作过程中，会存在项目资料繁杂而庞大、资料变化频繁而无序等情况，经常会发现需要某个资料自己却找不出来；或者是委托方或者同事需要某个资料，没有办法及时提供……导致我们很大一部分时间浪费在不断地寻找资料、回忆和焦虑当中。尤其是当我们的项目一审审核完成，很久以后需要面临二审审核或者某项目工作中断一段时间后，重新启动时尤其突出。

二是关于资料提炼：自我的信息才是真正的信息。这又是什么意思呢？

在我们经历和接触的众多项目资料和信息过程中，如果不进行自我的资料和信息提炼，那信息仍旧只是信息，资料仅仅是资料，不能成为自我的知识架构，也就不能构建成自己的理论体系，这会成为制约自我职业持续有效快速成长的瓶颈。

通过实践，我们基于用户视角和框架原理，借助思维导图、云盘、印象笔记基本上能比较好地解决资料整理和提炼的问题。其中云盘解决的是资料全系统全维度资料保存及多设备端口操作修改调整，解决了资料的空间、内容和管理、修改等有效整理编辑问题；但是真正让资料变成自我的知识体系并产生巨大的能量，就需要被称为"人的第二大脑"的印象笔记。印象笔记最核心的功能是随时随地有效地把相应的资料和信息提炼总结进入自我的知识体系和架构，一步一步、一点一点、源源不断地搭建属于自我的独一无二的知识体系和理论结构。通过印象笔记的日积月累，长期的自我总结提炼，外部的大量信息会源源不断地被吸收提炼进入自我的知识架构和体系，为高效率、高价值的造价商务工作提供最为坚实和基础的底层逻辑支持。

古语有云，得民心者得天下。在当今社会，得信息者得先机。在我们的造价商务工作中也是同样的道理，得有效资料管理者得项目成功的基石。

造价笔记 419

很多领域，非发烧友，都很难是发烧友的对手

小学升初中的那个暑假，我开始接触金庸的武侠小说，结果一发不可收拾，从早上到晚上，一心沉溺在金庸的武侠小说世界中。这么多年过去了，虽然没有其他的收获，但是金庸武侠小说中的故事和人物，不管自己的记忆力如何减退，岁月如何过往，却总还是能依稀地记得大概，他人一提，也总还能领略情节背后的哲理与意义。

放到现在的说法，当初的我就是武侠的发烧友。当很多同学还在购买标准作文范本学习时，我们沉溺发烧的是另外一个成人的童话武侠世界。结果，多年以后，我们慢慢发现，长大后的我们，相比很多人的难以提笔，我们写作表达的能力却比以前稳步提升，并且自娱自乐，沉迷其中。某种程度上，不能不说是曾经对武侠发烧获得的一个额外收益。

处在这个时代，行业太多，领域太多，高手太多，优秀的人才太多，让人景仰的存在太多，同样的，竞争的对手也太多。

所以，如果我们只是按部就班地去做一些事情，按照一贯的行动去做一些事情，我们会发现，自己很难出众，或者很难获得其他人的认可。相反的，如果我们对某一件事情，充满极致地热爱，发烧友级别地热爱和行动，给我们带来的成长和对他人的震撼，却是难以言及的。

就如现在，用印象笔记记录总结梳理生活和工作中发生的信息和资料，对我来讲，已经开始蜕变成长为一种纯粹的喜欢和爱好，比如造价笔记系列的每日更新，从以前的为了他人的阅读到现在为了自己的感悟、自己的思考记载，所以每天一篇开始逐渐成为稳定的习惯；比如每天的工作日记，所有发生事情的点滴记载，当持久的记载串成一条完美时间曲线的时候，是那么的优美；比如工作开展过程中的随时会议记录，当我们把看似零散的交流和简单的事情系统地记载和表达，并且第一时间呈现给相关人员，给相关人员的工作开展带来了极大的便利；比如网上资料的随时收集整理归纳添加标签，给人井井有条而又舒适的感觉。

所以，我们有人是技术发烧友，有人是游戏发烧友，有人是旅游发烧友……在每一个自己喜爱的领域，发烧到极致的情况，是不论外在的种种都不影响和中断对某件事情的热爱，能做到这种程度，能有这种思路，其他人是很难在这个领域与你匹敌的，这个时候，你也就获得和争取到了与其他发烧友或者高手，受人尊重的同频道交流和探讨的机会。

没有这些，再多的恭维和依附，再多的谦卑和主动，都很难获得他人的正眼一瞧，更别说能真正用心地与你一起交往和探讨了。这就是为什么我们要成为发烧友——一个技术之外的人的本质的底层逻辑。

2019 年 8 月 29 日

2.4　深入灵魂的细节关注

有了用户化视角的思考习惯和框架结构化的思维方式，让商务人员的工作思路有了指引；有了体系条理化的资料管理，让商务人员的工作日常有了基础。回归到具体的工作事情开展层面，还有一个商务人员要重点培养的习惯就是深入灵魂的细节关注。

有这么一个谚语故事："失了一颗马蹄钉，丢了一个马蹄铁；丢了一个马蹄铁，折了一匹战马；折了一匹战马，损了一位国王；损了一位国王，输了一场战争；输了一场战争，亡了一个帝国。"这个谚语故事充分体现了一个微小的细节失误，最终会带来和导致的巨大的影响和损失。因为商务人员最终的工作成果是与企业的外部收入和内部成本有着直接关联的，而一个施工企业的外部收入与内部成本这两者都是决定企业生存发展乃至存亡的关键要素，这就要求商务人员应比一般工作岗位的人员更加要注重细节，需要把细节的思维、理念以及行动深入职业工作的每个事项的灵魂里，这样才能让最终的工作目的和工作成果职业而又专业，不负众人所望。

如何来理解深入灵魂的细节关注？我们通过一个工作中的简单案例来进行阐述。

案例：归还项目资料的工作开展

◆案例背景

在进行造价咨询服务过程中，委托方在项目开始时会给我们提供全套的相关资料，咨询服务完成，我们便会把前期接收的资料归还。现在假定某项目实施完毕，项目负责人 A 把资料全部收集在一起，并用纸箱装好，准备归还给委托方。恰好这时，项目负责人 A 临时有急事需要去处理，便把资料装到车上这个任务安排给员工 B 处理，并把车钥匙给了员工 B。

接到这个任务后，作为员工 B，通常开展工作的方式是这样的：先询问项目负责人 A 的车停在哪个位置，然后询问目前资料堆放的位置和具体是哪些资料，或者再了解一下车后备厢打开和上锁的方式？了解清楚上述信息后，根据资料的多少，自己或者再请公司的几个同事帮忙，把资料搬运到车上。

◆商务解读

按照一般工作开展的方式，员工 B 能够按上述所思考的去完成相应的事情，应该已经属于非常圆满地完成了项目负责人 A 临时安排的任务。但是，如果从一名优秀的商务人员的工作习惯出发，可能员工 B 的工作方式会是这样的：

首先采用框架结构化的思维方式，员工 B 在接收到这个任务时，快速结构化地思考关于这次任务的几个问题：

（1）真正需求是什么？

（2）任务价值是什么？

（3）任务怎么去实施？

（4）类似任务如何做？

（1）的问题是需要我们站在任务安排人的用户化视角去思考：这件事情安排人的目的或者出发点是什么？安排人真实的需求到底是什么？需求决定行动，方向错了我们做得越好实则效果越差，所以如果安排人需求太多则需要我们辨明真实需求，安排人没有需求我们要创造需求。

针对上述这个案例，对项目负责人 A 来讲，他的真正需求是把资料完整有效地归还给委托方，根据这个大的需求，我们还可以深挖其他的需求：

资料是需要委托方签收的，那归还的签收表和最初资料接收表是否准备妥当？是否比对一致？是否有遗漏的资料？

资料交付给委托方过程中以及委托方后期存档过程中，是需要搬来搬去的，那么装资料的纸箱是否牢固，是否能经历多次搬动，如果不行，纸箱是否需要加固处理？

资料移交给委托方，委托方需要一一清点，为了节省委托方的清点时间，并方便委托方快速存档，资料是否按照不同的项目或者不同的阶段、不同的类别装箱？每个纸盒上是否都应有一个对应的资料明细清单说明？

（2）的问题是需要我们站在自己作为用户的视角去思考：这件事情做完后，自己或者相关人能收获什么价值或者得到什么成长？这是一切事情开展的内在动力和源泉，决定着你在做这件事情的时候，是以做了这件事情为出发点，还是为了做得更好、做得精益求精……以不同的心态、不同的思路来开展这件事情，是这件事情是否高效和有价值的底层基础。

针对上述这个案例，作为员工 B，需要从两个方面去思考这件事情的价值：一是从公司的层面，如何通过归还资料，让委托方再次感受公司做事情的细致和严谨，体现出公司咨询服务提供的专业之外的价值；二是从个人的层面，如何通过资料搬运上车这件小事情，让负责人知道自己是一个有心、用心且细致的人，是值得培养的人，加速自己个人成长的价值。

（3）的问题是需要我们去思考：当（1）和（2）两个问题结构化思考透彻之后，接着就是这个任务具体如何干的问题。需要我们接下来去了解什么信息，首先做什么、再做什么，最后要达到什么样的结果。

（4）的问题是需要我们去思考：当这个事情完成之后，我们能否提炼总结一套完成这件事情的相应的实务操作指引说明书。这样就会在我们的脑海里建立惯性思维和经验，一旦以后遇到类似的任务，我们相应的工作开展思路就如条件反射般自动形成，这样相应的工作才会完成得越来越高效、越来越有价值。同时，团队其他成员以后在遇到该事情时，就可以参考该实务操作指引说明书，让整个团队的工作效率提升。

所以，如果员工 B 通过完成上述这件小事情，并提炼形成如下文所示的"造价咨询服务委托方资料归还实务操作指引说明书"，那么就意味着员工 B 真正理解了深入灵魂的细节关注背后的真正核心思维和底层逻辑以及最终归宿，而不仅仅是为了细节而细节，而应该是为了整个团队整个组织完美高效地工作。

造价咨询服务委托方资料归还实务操作指引说明书

一、归还资料准备工作

1. 阅读咨询合同，梳理咨询合同中是否有对归还资料委托方接收人的具体约定，或者对归还时限要求的约定。

2. 查阅项目开始时委托方将资料移交给我方的项目资料接收清单及相关签收表，提前将这两份资料进行扫描，并将资料接收清单转换为可编辑的 Excel 电子文档。

3. 获取归还资料委托方接收人相关联系信息：电话、微信。

4. 获取资料归还给委托方接收人的接收具体地址、具体地址的微信定位，提前查询从公司到接收地址的公共交通路线方式、驾车行驶路线以及相关停车地点和注意事项等。

二、归还资料整理工作

1. 对归还的资料进行清点，编制归还资料的清单和资料移交的签收表。

2. 将清点后编制的归还资料清单与项目资料接收清单进行逐一比对分析，看归还资料是否齐全，查缺遗漏资料，及时进行反馈并找出资料差缺的具体原因。

3. 对归还的资料进行清洁工作，比如图纸折页处翻平、有污迹的资料进行清洁等。

三、归还资料打包工作

1. 归还资料打包之前，提前准备以下相关打包物资：剪刀、空纸箱、胶布、记号笔等。

2. 对资料进行分开装箱，尽量根据不同项目、不同阶段、不同性质等对归还资料进行分门别类的装箱，并且要特别注意每个纸盒里的资料放置顺序要与粘贴在纸盒外面的资料清单上所示的资料顺序保持一致，这样便于后期委托方资料接收人进行资料核对清点。

3. 针对每箱资料，单独编制一个对应的资料清单，打印粘贴在纸盒的外部，资料清单上可以备注资料归还单位的名称、相应的联系人及联系方式等。

4. 资料装箱后，需要对纸箱进行加固，避免资料在搬运过程中掉落或者纸箱散开的情况出现。

5. 对装箱纸箱进行统一标记，用记号笔在装箱纸箱上分包进行标注：第几箱／共几箱，避免后期搬运过程中资料遗漏，也便于搬运过程中资料的清点工作。

6. 对装箱完毕后的整个归还资料进行打包装箱后的整体清洁工作，并对资料装箱过程和结束完成的结果保留相应影像资料。

四、归还资料送达工作

1. 在归还资料装车运送到委托方之前，需要提前准备以下相关物资：手推车、废旧报纸、垃圾袋。

2. 提前向办公场地的物业管理公司开具出门条。

3. 将打包装箱好的资料用手推车搬运到车上，先用废旧报纸等垫在车的后备厢，避免资料损伤运送车辆。

4.将资料运送至归还地点，并把资料搬运到委托方指定位置，根据实际情况需要，可以用废旧报纸进行相应的垫底，避免资料堆放位置不干净对资料造成污染。在整个搬运和资料归还过程中产生的相关垃圾等物品，全部用自备垃圾袋进行统一收纳，统一集中处理。

5.与资料接收人对归还资料进行逐一清点核对，并要求资料接收人在资料移交清单上签字确认。

6.保留资料归还过程中的相关影像资料，资料移交签收单及时拍照保存电子版。

7.资料归还完成后第一时间给任务安排人或者相关负责人进行汇报归还情况，并附上资料归还移交签收单以及相应的归还照片。

8.对资料接收清单、资料归还移交清单、相关过程影像资料等进行整理归档，上传到公司企业云盘进行保存。

◆小结

细节决定成败，项目工程造价的形成就是由一个又一个专业和非专业的细节所组合而成。因此，在造价商务工作中，深入细节不只是停留在表面，而是要求我们在基于用户化视角的思考习惯和框架结构化的思维方式的基础之上，养成将每个简单事项进行深入的细致入微的工作拆分和执行。当每个任务都能如此去思考和具体开展工作时，那么细节关注就会慢慢地深入我们的灵魂，成为流淌在我们血液里的自然而然的潜在的习惯。那么我们后面的造价商务工作也就自然开展得比一般人要出色、要优秀，也就能在众多商务人员中脱颖而出，也就能让我们的工作办理得更高效。

造价笔记 572

注重细节，往往就是在正常工作职责上，多思考一点多做一点

今天是大妹正式复课开学的第一天。在好些天前，学校老师就针对开学事项做了说明，昨天老师又对同学们做了提醒，家委会也准备了驱蚊盆栽植物，提前摆放到了教室等区域。昨天晚上，大妹也早早地准备好上学物品，还多次进行了检查。

早上，我们比往常的时间提前一点起来准备，不需要提醒，大妹自己已经起床，怕影响到校时间。因为每个班级都有固定的10分钟左右的进校时间，所以需要提前把控好。吃完早餐，检查开水，备用矿泉水，检查洗手液，湿巾，口罩，餐巾纸，佩戴电话手表等，确保没有遗漏，在车上，还要与大妹一起交流注意事项。

因为疫情的影响，让学生们的学习比以往要注意的事项更多，老师和父母都要事无巨细地做一些工作，尤其是一些细节上的注意和把控，这样才能真正从细节上防患于未然。

注重细节，其实就是需要我们在通常的工作习惯和工作方式工作职责上，往外多延伸一点点，多思考一点点，多关注一点点。就比如工作中召开的会议，如果我们作为会议的组织者，常见的有9种工作方式。

第一种是直接发个会议通知。

第二种是发了通知后，我们会给每一个参会人员打电话确认。

第三种是我们会提前确定是不是每个人都能参会。

第四种是我们会在会前检查所有的设备。

第五种是我们会提前给参会人员发送相关资料，并提醒参会人员提前熟悉，以便真正落实会议精神。

第六种是我们会做好会议记录并对相应会议成果做好备份，梳理，总结，并留下相关影像记录、签到等档案资料。

第七种是我们会跟进会议上的决议和决定，确保会议的成果得到执行。

第八种是我们会定期跟踪会议的落实情况，并及时进行反馈，沟通，协调。

第九种是我们会把上述所有的工作和任务，做成标准和流程。

这就是我们所说的九段秘书工作法在开会这个事项上的应用，其实它最为核心的内涵就是注重细节，也就是超出我们通常的工作职责和要求，多去思考一点，多去做到一点，最终的效果就会截然不同。

在工作中，我们经常会听到过来人给我们说，要注意细节，细节决定成败，有了理念后关键是如何去落地。我们可以从工作中的每一件小事开始，在其他人的通常做法上我们每次多去思考一个小点，多去做一个小点，久而久之，九段秘书工作法的方式就会成为我们的潜意识，我们自然而然的，就会成为一个严谨的，注重细节的，有思路、有方法、有实务技巧的专业技术人员。

2020 年 5 月 7 日

2.5 无时无刻的批判思维

北京大学校长蔡元培曾说过一句话，对于教育应该是：思想自由，兼容并包。这用在造价商务工作中同样有很大的参考价值和指导意义，也就是造价商务工作人员需要解放固有的思维定式，打开思路，用自由兼容的思想去思考和开展自己的工作，用户化视角的思考习惯、框架结构化的思维方式、体系条理化的资料管理、深入灵魂的细节关注等其实就是其具体的呈现。

孟子关于教育也说过一句经典的论断：尽信书，则不如无书。这用在我们造价商务工作中，就是我们商务人员要有自己的主见，既不迷信权威，要根据具体的项目和自己的专业知识灵活的去应用去反思去实践。也就是我们需要有批判性的思维，也正因为批判性思维的不同，同一个项目，不同的商务人员，最终计算出来的结果和办理完成的工程项目结算造价，可能就会完全不同。

案例：钢结构 C 型钢檩条质量的计算

◆背景资料

C 型钢一般在钢结构工程用作檩条，檩条也称檩子、桁条。檩条是钢结构工程中有檩屋盖体系和墙架结构中的主要构件，从檩条的受力模式进行区分，檩条一般分为简支檩条和连续檩条。

简支檩条（图 2.11）就是两根相邻檩条在支撑处（屋架处）不相连，是断开的；简支檩条在支撑处不产生弯矩，最大弯矩值出现在跨中，属静定结构。简支檩条一般选用 C 型檩条。

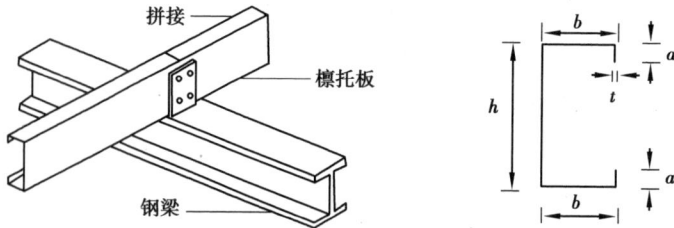

图 2.11　简支檩条示意图

连续檩条（图 2.12）在支撑处（屋架处）则是连在一起的，属超静定结构。连续檩条因支座处可对跨中弯矩做调幅，可以减小截面尺寸，所以更经济，也就成了一种趋势。连续檩条一般选用 Z 型檩条。

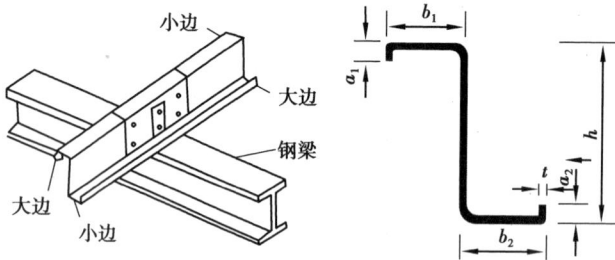

图 2.12　连续檩条示意图

◆商务解读

在造价商务实际工作中，钢结构工程的檩条均是按照质量以吨计算。具体到 C 型钢檩条的质量计算，我们一般是先根据设计施工图计算出 C 型钢的具体长度，然后再使用一个专门的型钢米重查询的行业小软件，查询出对应型号 C 型钢每米的质量，然后再乘以 C 型钢的具体长度，就得出相应的 C 型钢檩条总质量。

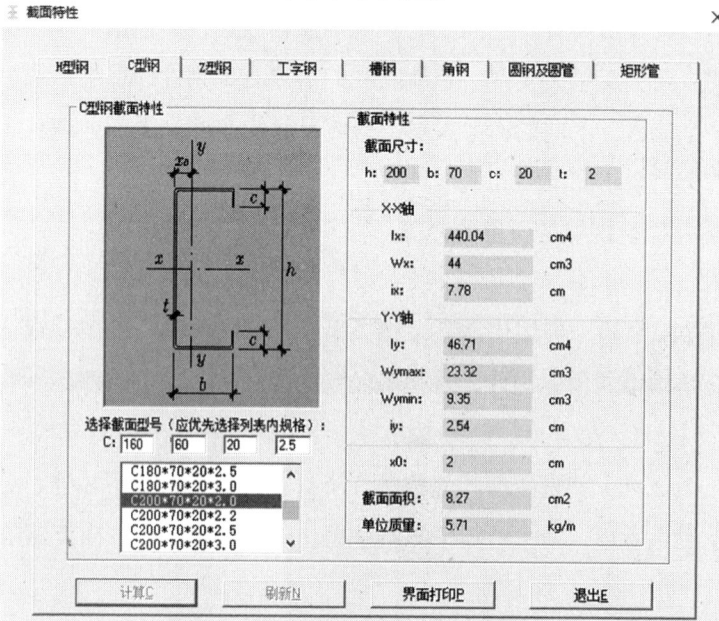

图 2.13　型钢米重查询软件示意图

假定某项目 C 型钢型号为 C200×70×20×2.0，总长度为 1 000 m，经查询如图 2.13 所示的型钢米重查询小软件得知该型号的 C 型钢每米质量为 5.71 kg，那么该项目 C 型钢的质量则为 1 000×5.71/1 000=5.71（t）。

◆批判思维

C 型钢的米重可以按照造价商务工作的常用做法去查询相应软件计算质量，也可以返璞归真地回到问题的本源进行计算。根据物理知识我们知道钢铁的密度是 7 850 kg/m³，C 型钢 1 m 长度的体积 $V=S_{截}×1$ m，其中 C 型钢展开就是一块钢板，用展开的宽度乘以厚度，就可以得出 C 型钢的体积。

上述型号的 C 型钢展开宽度为 200+70+70+20+20=380（mm），厚度为 2 mm，$S_{截}$=380×2/1 000/1 000=0.000 76（m²），C 型钢 1 m 长度的体积 V=0.000 76×1=0.000 76（m³），对应的 1 m 的质量为 0.000 76×7 850=5.966（kg）。

通过该种方式计算出来的 C 型钢 C200×70×20×2.0 每米的质量，比行业软件计算出来的每米质量多 5.966−5.71=0.256（kg），1 000 m 相差的总质量为 0.256 t。

为什么会出现这种情况和差异呢？

因为在钢结构工程的实际加工制作过程中，钢结构专业公司一般是购买的原材料钢带（图 2.14），在 C 型钢专用制作加工设备上（图 2.15），一端输入钢带，通过制作加工设备压型过后就变成了相应的 C 型钢。在压型过程中，钢带在转角处会被拉伸，比如 C200×70×20×2.0 的 C 型钢，型钢米重查询软件是按照多少宽度钢带压型计算，可以通过如下反算：

程序考虑的钢带宽度为 5.71/7 850×1 000×1 000/2=363.7（mm）。

而根据 C 型钢型号尺寸展开的钢带宽度为 200+70+70+20+20=380（mm）。

相当于型钢米重查询软件考虑了 C 型钢在加工制作过程中 380−363.7=16.3（mm）的拉伸宽度。

图 2.14　钢带

图 2.15　C 型钢制作加工设备

当我们应用批判性思维把这个原理理解分析透彻之后，从造价商务的角度我们针对型钢米重查询软件的计算能提出以下问题：型钢米重查询软件考虑的加工钢带拉伸因素是否有合同约定或者计价规则的约定或者是相关钢结构加工制作的技术规范的要求？如果没有，那么属于型钢米重查询软件自身的考虑，这样是否合理就值得商榷。

如果合同约定或者计价规则约定或者是相关钢结构加工制作的技术规范的要求要考虑钢带拉伸宽度，那么拉伸宽度的具体值如何考虑？比如本案例型号的 C 型钢，型钢米重查询软件考虑的 16.3 mm 是有具体规范约定还是有其他依据支撑？还是仅仅是型钢米重查询软件的想当然考虑，这样做的准确性就值得探讨。

站在施工企业的角度，如果没有具体的合同约定或者明确的规范对钢带拉伸的规定，那么根据图示尺寸计算质量就可以按照 C 型钢的具体型号展开宽度，再根据 C 型钢的厚度和长度，按照钢铁的密度直接计算相应的质量。

站在建设单位的角度，就要意识到这是一个巨大的造价商务管控风险，需要在前期招投标清单编制中进行明确或者在合同中进行具体的约定，否则后续将面临的是施工企业和建设单位对此互不相让的结算争议。

案例：钢筋网片质量的计算

◆案例背景

在房屋建筑工程项目的很多地面或者垫层做法中，经常会要求在其中配置钢筋网片，钢筋网片的作用一方面是防止混凝土的开裂，另一方面是增加地面的承载能力。比如某房屋建筑工程项目地下室顶板做法如下：

1. 无机复合种植土。

2. 聚酯纤维无纺布过滤层 200 g/m²。

3. 30 mm 厚凹凸型蓄排水板（顶带泄水孔）。

4. 最薄处 70 mm 厚 C25 细石混凝土保护层兼找坡，坡度为 0.5%，表面压实抹光，混凝土 ϕ6@150 双向配筋，按不大于 4 m×4 m 设缝，聚氨酯建筑密封胶嵌缝。

5. 200 g/m² 聚酯纤维无纺布隔离层。

6. 改性沥青化学阻根防水卷材 II 型 4 mm 厚，遇墙上翻至完成面以上 500 mm；2.0 mm 厚热油膏粘贴。

7. 3 mm 厚 SAM 自黏聚合物改性沥青防水卷材 I 型，上翻至侧墙防水层搭接 500 mm；2.0 mm 厚热油膏粘贴。

8. 刷基层处理剂一道。

9. 地下室顶板。

◆商务解读

在造价商务工作中，钢筋网片一般按照网片所在区域的面积 S 计算，或者按照钢筋网片的质量计算。但是不管是否按照面积计算，在实务中都需要计算钢筋网片的质量，一方面计算实际工程量用于购买材料，另一方面有些项目清单描述或者定额子目均是按照质量计取，就算是按照面积计算，最终也需要根据钢筋网片的质量调整相应钢筋材料的消耗量。

假定钢筋网片所在区域的面积是 S，钢筋直径为 d，钢筋网片布置的间距为 a，那么钢筋网片的总质量为（S/a）×2×0.006 17×d×d，这是造价商务工作人员烂熟于心的工程量计算公式。

假定上述地下室顶板面积为 5 000 m^2，那么钢筋网片的总质量为（5 000/0.15）×2×0.006 17×6×6=14 808（kg）。

◆ 批判思维

对于习以为常接受和背诵的钢筋网片质量的计算公式：（S/a）×2×0.006 17×d×d，我们可以去批判性的思考和推导，它存在的前提和计算的基础原理到底是什么？

首先分析数据 0.006 17 的来源。

假定钢筋的长度为 L，直径为 d，那么钢筋的质量 $=V×p=V×7 850$（该计算得出的质量是 kg，因为 p 取的是 7 850 kg/m^3）。

钢筋的体积为：

$$V = S \times L = \pi \times \frac{d}{2} \times \frac{d}{2}$$

如果上述计算式中钢筋的直径输入为 mm，则要进行公式中关于单位数量的等级代换。

钢筋的体积为：

$$V = \frac{\dfrac{\pi \times \dfrac{d}{2} \times \dfrac{d}{2}}{1\ 000}}{1\ 000}$$

钢筋的质量为：

$$m = \frac{\dfrac{\pi \times \dfrac{d}{2} \times \dfrac{d}{2}}{1\ 000}}{1\ 000} \times 7\ 850$$

$$= \frac{\dfrac{\dfrac{\pi}{4} \times 7\ 850}{1\ 000}}{1\ 000} \times d \times d \times L$$

$$= 0.006\ 165 \times d \times d \times L$$

$$\approx 0.006\ 17 \times d \times d \times L$$

当 $L=1$ m 时，钢筋每米的质量为 0.006 17×d×d。

因此，我们对钢筋网片质量的计算公式（S/a）×2×0.006 17×d×d 就能进行解读，其中（S/a）×2 为钢筋网片中钢筋总长度 L 的计算式。

接下来对钢筋网片计算公式进行推导。按照图 2.16 所示进行计算，假定其中一块钢筋网片小区域长为 a，宽为 b，这块小区域对应的面积为：

$$S_1 = \frac{a}{1\,000} \times \frac{b}{1\,000} \ \text{m}^2$$

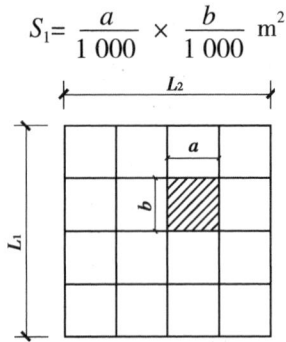

图 2.16 钢筋网片计算公式推导示意图

在这个小区域，每一条 a 边占有 1/2，每一条 b 边占有 1/2，那么这个小区域 S_1 四边共占用的钢筋长度为：

$$L_1 = \frac{\dfrac{a}{2} + \dfrac{a}{2} + \dfrac{b}{2} + \dfrac{b}{2}}{1\,000} = \frac{a+b}{1\,000}$$

这样单位面积占有的钢筋长度为：

$$\frac{L_1}{S_1} = \frac{\dfrac{a+b}{1\,000}}{\dfrac{a}{1\,000} \times \dfrac{b}{1\,000}}$$

$$= \frac{a+b}{\dfrac{a \times b}{1\,000}}$$

那么对于整个区域 S，钢筋总长度为：

$$L = S \times \frac{a+b}{\dfrac{a \times b}{1\,000}}$$

当 $a=b$ 时，钢筋总长度为：

$$L = S \times \frac{2}{\dfrac{a}{1\,000}}$$

其中 a 的单位是 mm，该公式计算出的长度 L 单位是 m。

通过上述分析推导出钢筋网片钢筋的质量计算公式为 $S \times 2/(a/1\,000) \times 0.006\,17 \times d \times d$，当 a 直接使用 m 为单位时，就简化为前面的计算公式 $(S/a) \times 2 \times 0.006\,17 \times d \times d$。

通过上述推导，我们可以运用批判性思维进行分析，当采取上述的计算方式时，整个区域最外面的 L_1、L_2，该计算式只考虑了一半的钢筋，还有一半的钢筋没有考虑。假定整个区域面积的周长为 n，上述网片钢筋长度计算式则还漏算了周长的一半，即 $n/2$ 长度的钢筋质量。假定上述案例地下室顶板面积 5 000 m²，我们在 CAD 中用封闭曲线测量出该区域的周长为 300 m，则上述计算式漏算的钢筋工程量为 300/2 × 0.006 17 × 6 × 6=33.318（kg）。

通过上述批判性思维分析，我们知道上述公式存在相应漏洞，那么为什么工作中还经常按照上述公式计算呢？因为在面积不大或者钢筋型号比较小的情况下，上述公式漏算影响的工程量可以忽略不计。但是从施工企业造价商务工作的角度出发，需要的是颗粒归仓，尤其是当钢筋网片区域面积大、钢筋型号大的情况下，由此导致的钢筋工程量影响是非常大的。

◆小结

在造价商务工作中，我们会接触各个方面的资料和信息，有的是约定成俗的做法，有的是合同文件的约定，有的是施工规范的要求，有的是政策文件的规定，有的是行业软件的默认……这就需要造价商务工作人员，时刻保持着一颗敏感的心，用专业技术作为基础，带着批判性的思维去看待和去深入地分析这些事物，很多时候，我们会发现一些对工程项目有利的创效的点，或者是一些陷入困境事情的破局的方向。山重水复疑无路，柳暗花明又一村，这就是拥有批判性思维经常会给我们带来的惊喜和奇迹。

◆篇后语

有句格言是这么说的，思维决定行为，行为决定习惯，习惯决定结果。不管是什么行业，也不管是什么岗位，这句格言可能都是放之四海而皆准的。做一件事情之前，做一份工作之前，做一个任务之前，最重要的是我们对这件事情本身的思维认知和目的理解，有了思维之后我们才会有相应的具有针对性的工作思路；有了工作思路才能去拆分和形成一个又一个的具体行为动作，有了大量重复的行为动作的积累，我们才能通过不断的实践去养成属于自己的工作习惯；有了自己独特的职业化专业化的工作习惯之后，我们对任何一件事情的实施都会胸有成竹，最终结果也会在我们的意料之中。

因此，对于造价商务工作者来说，良好的扎实的商务工作思维和工作习惯的形成，是至关重要的一个基本功，我们前期对这个基本功夯得越扎实，那么我们今后的职业发展就越顺利。日积月累的自我商务工作思维和工作习惯的锤炼，最终会让我们的工作方向越来越明确，工作思路越来越清晰，工作过程越来越高效，工作结果越来越正确，工作风格越来越职业，工作理念越来越成熟。

这样，我们可能开始的时候只能集中精力处理一个项目一件事情，慢慢地就能几个项目齐头并进地处理，渐渐地就能将多个项目、多个岗位、多个范畴的事情有效推进……宰相必起于州部，猛将必发于卒伍。当我们真正把长期养成的这种工作思维、工作习惯、工作理念去融入自己方方面面的工作和生活之中时，那么商务人员的职业发展高度和广度是无限可能的。这也就是为什么当下很多中大型国有施工企业慢慢开始尝试着从优秀的商务人员中去选拔项目经理和综合性高级管理人才，这既是一个趋势，也是对造价商务工作者的一个更高的职业化、专业化、复合化的工作要求。

造价笔记 633

世人都笑猴子翻不过五指山，但多数人都卡在出海学艺那一关

最近，住房和城乡建设部经过长时间的酝酿，颁布了《工程造价改革方案》，对整个工程造价行业将会产生非常重大而又深远的影响。

工程造价改革的关键方向之一是要逐步停止发布预算定额，逐渐降低市场主体对预算定额的依赖性。逐渐通过搭建市场化工程造价数据平台，积累指数指标、市场价格信息等工程造价数据，利用大数据、人工智能等科技，建立国有资金投资的工程造价数据库，为全过程造价文件编制提供精准的定价依据，充分发挥市场在资源配置中的决定性作用，促使每一个工程项目综合价值最优。

这就意味着市场化价格形成的管理模式将逐渐取代预算定额计划管理的模式，定额将逐渐退出造价行业的历史舞台。

这也就意味着，对于我们咨询行业的从业者，当下传统的套定额形成工程造价的工作方式会逐步被淘汰，而自我不断积累形成大数据，紧跟着市场和项目具体情况，自己编制市场清单价格的工作方式会逐渐成为一个趋势。与此同时，随着 BIM 的逐渐推行和落地，占据造价工作者大部分时间的建模算量工作，也会逐渐被弱化甚至被科技工具的发展所替代。

而与此同时，随着《民法典》的颁布和实施，相关法律法规的密集修订和完善，例如 8 月 11 日全国人大常委会第二十一次会议审议通过的《契税法》和《城市建设维护税法》等，这更意味着，法治社会、法律思维、法律要求等，正逐渐在整个社会日益普及，在各行各业开始影响并与具体的专业交叉交融。

就如我认识的在四川从事工程咨询的同行 L 总，从最近开始，每天都坚持学习一条《民法典》中地法条，并把自己对《民法典》的理解和解读在朋友圈进行分享。一方面通过此举行动来对相关法律知识进行普及，另一方面也可以通过该行动来督促自己，持续地学习。

我们很多同行很早都有这个认识：作为一名造价咨询人员，随着行业趋势的发展，在修炼专业技术的同时，对法律知识的学习和掌握，也是一个很重要的环节。但是，意识是意识，真正能有效地落到实处的人往往不多。

就如 L 总每天坚持学习《民法典》，每天坚持打卡，可能会有一些同行认为，这样没有多大的意义，我们再怎么学习也不可能超过专业律师，有什么事情不如直接和专业律师合作就好，还免得浪费自己的精力和时间，让自己不能聚焦自己的主业。也有的同行会认为，这样每天学一条，《民法典》这么多法条，那要何年何月才能学完呢？

这就像我们小时候看西游记，世人都对孙悟空跳不出如来佛祖的手掌心而开怀大笑，也对孙猴子被压在五指山而略带暗暗的嬉笑。我们以一个旁观者、远观者的心态来看着他人的故事、身边的人物以及发生的一切变化，高高在上的评头论足，沾沾自喜的指点江山……

但是，其实很多人与被我们曾经嘲笑过翻不过五指山的孙猴子相比，往往连去翻五指山的资格都没有，因为我们大多数人其实都卡在出海学艺那一关，如此而已。

所以，向坚持每天学习《民法典》的同仁 L 总学习，向我们身边的很多朋友，在被他人视为五指山的领域中不断探索拼搏前行的人们学习。

就如大话西游中历经世事的大圣头也不回地远去时，留给大家的背影：

"大圣，此去欲何？"

"踏南天，碎凌霄。"

"若一去不回……"

"便一去不回！"

2020 年 8 月 13 日

第3章 商务文字表达与实务

　　文字是人类社会最伟大的发明之一。迄今为止人类文明和技术成就的一切成果，从某种程度上来讲，都是建立在文字基础之上的。同样的，对我们工程造价行业来说，工程造价是建立在项目的全部技术资料和经济资料上面的总和。一方面，技术资料和经济资料本身是由文字表达的，其表达的方式不一样，相应的技术资料和经济资料对应的造价成果也有所差异；另一方面，将技术资料和经济资料如何按照特定的造价专业规则进行组合，形成相应的工程造价，就涉及规则的制定和执行的问题，同样的，规则的制定和执行最终还是体现在文字表达技巧上。

　　因此，我们会发现造价商务工作的核心，其实就是规则的制定与执行。作为建设单位，通过招标文件、施工合同等建立整个项目的规则；作为施工企业，通过投标文件、施工合同谈判、过程技术经济资料的办理，来对建设单位建立的规则有效执行；作为相关行业主管部门，通过制定和统一相关工程造价行业的工程计价和计量等的规则，来让各市场行为主体更好地参与工程项目的建设，让行业得到更好的发展。不管是建设单位规则的建立，还是施工企业的规则执行，或者是主管部门的规范管理，其核心关键最终都是要通过完整有效的文字表述和逻辑组合进行呈现和承载、表达和传递。也正是基于此，对我们工程商务人员来说，在具有了造价风险和价值意识，养成了良好的商务工作思维与习惯之后，接下来一个非常基础和重要的造价商务技能就是文字表达的能力。

　　正如一片错落有致繁荣茂盛的森林公园的形成，首先是需要有树根、树叶、树枝、树干等形成一棵一棵的树木；然后是树木之间要错落有致地相互组合让阳光投射进来，让每一棵树木都茁壮成长；最后是从美观的角度对树木进行排列组合、造型设计、修枝剪叶等的园林景观美学处理，这样一个优美的赏心悦目的森林公园才能最终形成。

　　同样的，对于任何一份与造价商务工作相关的函件、合同、通知、变更、签证、收方、索赔等专业文件的形成，先是由字、词、句、段落等组合为单个的文档；接着是文档内部以及文档与文档之间需要相互呼应协调而形成一个闭合有效的文件；最后是通过排版或者美工处理，让文件既专业又美观，既有效又精致，既能解决问题又能让人赏心悦目，既能让各方相互满意又彼此对之相互赞赏……这样，我们通过文字表达形成的专业大厦就蔚为大观，独具一格。

因此，本章将通过文字的基本表述、文档的表达形式、文档的排版实务 3 个方面，对工程商务人员的文字表达实务技巧进行阐述。

3.1 文字的基本表述

由单个的文字到形成一份完整的文档，要经历字、词语、语句、标点符号等前后 4 个环节。

3.1.1 字

在实际商务工作中的文字表述的字这个环节，最关键的注意事项是避免出现错别字。为什么会这么讲呢？因为我们在实际工作中很少用钢笔或者签字笔书写文件，一般是用电脑等电子设备操作和打印。相比以前，当下电子设备里面对应的文字输入软件越来越智能化，当我们在输入某个字的不完整拼音或者五笔时，文字输入软件会快速地结合大数据以及前面的输入历史记录等，智能化地跳出相应的字的组合供我们选择。这样一方面大大提高了我们的输入速度，提升了工作效率；另一方面也让我们在实际工作中出现错别字的概率增大，一些非常低级明显的错别字经常出现，尤其是在我们采用拼音输入法的情况下，错别字更是层出不穷，举不胜举。

案例：细石混凝土计量单位的输入错误

◆案例背景

某房屋建筑工程项目，采取清单招标，计价方式为单价包干。建设单位在编制工程量清单时，只编制工程量清单项目名称和项目特征及计量单位，清单工程量由施工企业自行核算和填写。其中有一个清单项目是细石混凝土楼地面，项目特征描述为：50 mm 厚，采取 C25 细石混凝土。按照清单计价规范，对于细石混凝土楼地面，工程量的计量单位是 m^2，按照设计图示尺寸以面积计算。当时建设单位采用的是 Excel 办公软件自编工程量清单招标，在该细石混凝土楼地面清单项目前面相邻的是与主体混凝土相关的清单项目，计量单位是 m^3，可能是清单编制人员使用了 Excel 软件的单元格拖拉功能，不小心把细石混凝土楼地面的工程量计量单位输成了 m^3。

◆商务解读

施工企业在投标时，没有发现该问题，按照平常惯用的细石混凝土楼地面面积计算的方式进行组价和投标报价，该细石混凝土清单项施工企业投标报价为：27.5 元。

待该项目进入工程结算办理时，施工企业才发现该失误。甲方坚持按照中标清单上的单价 27.5 元及清单标注的计量单位以 m^3 体积结算，在各种其他方面的因素综合影响下，施工企业最终只有为该失误买单，仅这一细石混凝土楼地面清单项施工企业就亏损高达上百万。

◆小结

对于工程技术人员来讲，错别字反映的不只是一个人的基本职业素养，更能反映一个人做事的态度和原则，对于工程商务人员尤其如此。因为我们书写的每一个字，最终都可能对项目的工程造价产生非常重大的影响和难以承受的损失和风险。所以，对于我们工程商务人员要时刻在内心有这样的一个观念：商务人员写错别字＝财务人员数错钱＝后果非常严重。

如何避免让自己出现错别字呢？核心方法就是要在工作中从每一个细节开始，注重平时的积累；处处留心皆学问，人情练达即文章；点滴积累谨慎行事，养成习惯之后很多错别字失误就可以避免了；尤其是在使用智能输入法的情况下，打字一定不能贪图快捷和便利，一定要仔细输入和仔细检查。另一个工作小技巧就是建立一个错别字库给自己进行提示警醒，对日常工作中自己发现的错别字和被他人发现的错别字进行总结，并自我预估这个错别字如果发生没有修改可能会造成多大的损失，给自我进行心理警示，由此对该总结每半年一回顾，就能给自己带来非常大的内心震撼和工作警醒，久而久之错别字出现的概率就会少很多。

造价笔记595

当你解决一个问题的时候，你一定会引入一个新的问题

今天是周一，按照公司管理习惯，下午2:30要召开周例会。由于最近项目比较多，技术中心对每个项目进行了具体的梳理、阐述，并和与会人员一起探讨了每个项目具体问题的解决办法；营销中心接着对月初外出客户拜访这一事项进行了系统的工作清单式的总结和分享，并对后续工作思路和跟进方法进行了复盘和探讨。因此，这次周例会前后持续了4个小时，接近6:30才结束。

从时间上，这确实不是一次高效的会议；从结果上，这次会议确实是有效地解决了很多实实在在的问题，也让参会人员从内心上感觉到了收获和价值。

在会议召开这个事项上，每个单位或多或少都有过这样的尝试：觉得公司会议太多，时间太长，严重消耗了大家的精力和时间，于是提倡高效会议，首先的动作就是从严格控制会议时间开始。

可是，当我们开始控制会议时间、压缩会议时间并严格控制时，我们会发现，虽然我们从时间上确实有效控制了，让每次会议都在规定的时间内结束，但是我们却会发现，这样的会议很难有效地解决问题或者达成共识或者形成有效的结论。因为有的时候有些事情如果要达成结论形成共识形成方法，就需要充分的讨论、交流、探讨，需要一定长的时间才能完成。如果会议时间过短，可能就需要多次会议来进行解决；或者是会议的组织者，提前花费大量的时间和精力去整理提炼会议流程，并提前与各个参会人员沟通想法交换意见，再在此基础上提炼关键争议和事项，进行专门的会议设计和会议筹划。

但是，如果这样，我们原本的初衷是解决会议本身时间过长给大家带来的影响正常工作的纷扰，而当我们真正把会议时间控制下来时，我们却发现，或者是我们需要增加会议次数来解决问题，或者是我们需要提前为此多做很多沟通、交流、筹划等才能达到预期的效果……

于是，我们神奇地发现，当我们解决一个问题的时候，我们却又引入了一个新的问题，而这个新的问题，又需要我们重新去面对和解决。

比如，当我们要求结算编制的精度非常高的时候，可能我们就会无法在合同约定的时间

内完成结算编制，导致要承担违约责任，和团队成员数量不足专业能力无法达到的问题。

比如，当我们引入信息化管理的时候，可能我们就会面临流程审批复杂、烦琐、重复，由此导致工作效率相对可能还下降的问题……

想明白了这一点，我们就会去思考和琢磨，我们工作和创新的出发点，不是从理论上绝对的去消灭所有的问题；而是从解决问题的角度出发，去接受一些不完美的事物，去认可和承认已有问题存在的合理性；去接受和认可新的思路、新的方法肯定会带来新的问题，需要我们提前去预估和做相应的准备，舆论的环境、客户期望的工作方式上的准备……

但是，只要我们解决问题的方式带来的整体效果比之前更为优异，这样就是帕累托优化的过程。这样的改变和解决问题的方式，就值得我们果敢地去推崇、实施和执行。如果只是为了解决问题，而形成了新的问题，整体效果也没有得到明显改善，那这样的解决问题的方式，就需要我们进一步地深入和研究，而不能立马推行。

2020 年 6 月 15 日

3.1.2　词语

如果字只是文字表述的树叶，那么词语则是文字表述的基础。很多的工程造价争议和纠纷，往往都是起源于词语的表述问题。从工程商务的角度来看，词语的表述需要注意以下 5 个方面的要求：用词要准确、用专业词语、词性与语境相统一、用书面语、理论与实践相结合。

1）用词要准确

用词要准确，从商务的角度来看，是需要我们选用的词语，要精准和确切地表达我们想要表达的含义，不能让阅读者对该词语产生理解上或者解读上的歧义，也不能出现词语使用不够准确导致的模糊不清的情况。准确无误的表达，是文字表述里面最为基础的技能要求，也是实务中最为容易发生偏差和引发风险的情况。

案例：施工合同对材料价格结算调整的约定

◆案例背景

某市政建设工程项目施工合同结算条款约定如下：

"工程材料价格结算调整原则：主要材料价格由承包人事前报送样品、生产厂家、合格证、价格签证单，并经发包人组织相关部门采取市场考察、比较、确价方式确定；辅材参照 ×× 省造价信息结算。"

◆商务解读

对"主要材料"的理解存在巨大的个体偏差，每个人的理解和解读都不一样，没有固定的明确的规范标准。如果该项目在施工过程中，施工企业报送了某项目材料价格经业主方核定，且核定的价格高于造价信息的价格，则后期会被结算审核单位存在理解为"非主要材料"按照造价信息价格结算的风险。

"参照"用词不准确，如何参照，参照的尺度是什么？站在后期结算审核单位的角度，造价信息价格比市场价格高，就选择不参照造价信息；造价信息价格比市场价格低，就选择参照造价信息价格，这对施工企业也是一个潜在的商务风险。同样的，这对建设单位的商务管控也是一个潜在的商务风险，施工企业在亏损的情况下可以抓住对"参照"这个词语的理解进行造价争议。

"××省造价信息"用词不准确，有些省份存在定额站和造价管理协会、交通建设主管部门和城乡建设主管部门等多个版本的造价信息，并且这些造价信息之间可能存在对同一材料的价格的表述差异，这对施工企业和建设单位都是一个潜在的巨大的商务风险。

从词语用词的准确性商务角度分析，可以对该合同条款调整修改如下：

"主要材料"在合同中进行单独的词语定义，详细描述本项目中哪些材料为主要材料，一般采取详细列明的穷举法，然后再辅以：没有列明的材料，但是到达某一特定条件之上，比如达到一定的造价金额，比如达到一定程度的工程量等，就可以理解为主要材料。

"参照"可以调整为"执行"，直接规避理解的模糊和可左可右的风险。

"造价信息"可以明确具体造价信息期刊准确的全称，并备注出版机构或出版单位的具体名称。

在实务中，当我们预估某个词语会出现理解歧义，暂时又没有办法找到更加合适的词语进行准确表述时，可以采取在该文档的后面，进行单独的词语释义说明，提前规避相应的风险。

2）用专业词语

用专业词语，需要我们立足于建筑行业和工程造价专业本身，用专业的词语来表述。一方面专业的词语都有行业的定义或者约定俗成的概念，便于表达的准确和降低理解的歧义；另一方面用专业的词语，也体现的是一个企业一个人员的技术水平和专业素养，更加能赢得对方的认可，也能更好地进行专业交流和问题的处理与解决。

在实践工作过程中，一般在技术规范、行业政策及管理文件、法律法规、合同示范文本等前面部分均有"术语"或者"词语定义"等章，我们可以由此入手学习和理解专业词语的概念和含义。

案例：签证单对费用的表述

◆案例背景

某工程项目在施工过程中，由于建设单位的原因导致施工企业发生了某项返工工作，以此为事由施工企业向建设单位报送返工费用签证单。签证单中大概描述如下：由于××情况，导致施工企业返工，现需要对返工所发生的费用进行签证，返工费用具体计算如下：

人工费：A元；

材料费：B元；

机械费：C元；

管理费：D元；

利润：E 元；

税金：F 元；

合计总费用：G 元。

建设单位对该项签证的内容及费用进行了签字盖章确认。

◆商务解读

本签证单的阐述中，使用了一个关键的词语："费用"，从造价专业的角度来看，"费用"这个词语如何理解呢？根据《建设工程工程量清单计价规范》（GB 50500—2013）第2.0.31条：

费用：承包人为履行合同所发生的或将要发生的所有合理开支，包括管理费和应分摊的其他费用，但不包括利润。

根据《建设工程施工合同（示范文本）》（GF—2017—0201）第1.1.5.3条：

费用：是指为履行合同所发生的或将要发生的所有必需的开支，包括管理费和应分摊的其他费用，但不包括利润。

因此，从专业的理解和行业习惯的表述，"费用"是不包含利润的。因此，如果施工企业在签证单中描述和表达的是"费用"，那么在后续的项目结算审核中，该笔签证费用就有可能被结算审核单位审减该签证单中的利润金额部分，这对施工企业来讲是一个潜在的商务风险。从实务和后期结算审核的角度出发，应尽量避免在签证单中出现"费用"等类似的词语，尽量采取"工程造价""工程价款"等专业词语进行表述。

案例：施工合同对质量标准的表述

◆案例背景

某建设工程项目，甲、乙双方在施工合同中对该项目的质量标准约定如下：

本工程质量标准：获得鲁班奖；获得 ×× 绿色建筑铂金奖。

◆商务解读

从建筑行业的角度来看，工程质量的标准只有合格和不合格两个标准，用奖项代替质量标准，一方面违背了用专业词语的基本原则；另一方面，以奖项作为质量标准的合同约定，不能获得奖项，就代表该项目质量没有达到合同约定的标准，如此的约定对施工企业存在巨大的潜在违约和商务风险。

建议该合同条款调整为："本工程质量标准：合格，争创鲁班奖、×× 绿色建筑铂金奖。"

如果建设单位一定要求该项目获得上述奖项，不获得就要进行处罚，那么合同条款表述上也不能把获得奖项作为质量标准，可以调整为："本工程质量标准：合格，争创鲁班奖、×× 绿色建筑铂金奖。如果乙方没有获得 ×× 奖项，则乙方向甲方承担 ×× 的违约责任。"

上述的描述，对施工企业来讲至少可以把没有获得奖项的违约处罚明确化和可量化，而避免了把奖项作为质量标准，由于其他原因没有获得奖项导致没有满足合同约定的质量标准，而引发的无法提前衡量和量化的潜在巨大商务风险。

3）词性与语境相统一

词性与语境相统一，就是我们在使用词语表述时，要与我们造价商务工作本身的语境进行统一，在其他语境或者行业中表达没有理解歧义的词语，一旦放入建设工程领域造价商务这个特定行业特定的语境中，就有可能存在不一样的理解和含义。尤其是在一些特殊的建设工程项目和特殊的承发包模式和计价条款约定下，这种情况就更加容易出现。因此，这就需要我们结合专业、结合语境、结合每个项目特殊的实际情况进行仔细琢磨和把控。

案例：防水卷材工程量的计算

◆案例背景

某管廊建设工程项目，采取清单计价模式，其中对于防水卷材清单项目，相关规定如表 3.1 所示。

表 3.1　防水卷材清单项目表

项目编码	项目名称	项目特征描述	计量单位
040309010001	CPS-CL 反应黏结型高分子自粘卷材 1.5 mm（底板）	1. 部位：综合管廊及各种井、出入口等顶板 2. 材料品种、规格：CPS-CL 反应黏结型高分子自粘卷材 1.5 mm，含强力膜 3. 清单工程量包含防水附加层 4. 工艺要求：满足规范要求	m^2

◆商务解读

"清单工程量包含防水附加层"中的"包含"用词不妥，"包含"在正常语境下的含义是前面的某某包含后面的某某内容。但是在该清单描述的造价专业语境下，使用"包含"却有两种理解方式：

假定该项目防水卷材面积为 a m^2，防水附加层工程量为 b m^2，该防水卷材清单综合单价为 c 元 / m^2。

理解方式一：CPS-CL 反应黏结型高分子卷材清单的单价中综合考虑了防水附加层工程量的影响，因此该清单项目中的清单工程量"包含了"防水附加层工程量，结算时只计算防水卷材面积工程量 a m^2，不再考虑防水附加层工程量 b，防水卷材的结算造价为 $a \times c$。

理解方式二：CPS-CL 反应黏结型高分子卷材清单的单价中没有考虑防水附加层工程量的影响，因此该清单项目中的清单工程量"要包含"防水附加层工程量，结算时工程量要考虑防水附加层工程量 b，防水卷材的结算造价为 $(a+b) \times c$。

在商务工作中，尤其是涉及项目清单表述的情况，例如在项目特征表述中，尽量不使用"包含"这种在造价专业语境下容易产生理解歧义的词语，可以采取直接在项目特征中阐述防水卷材工程量的具体计算规则，对是否计算防水附加层工程量进行明确说明来规避相应的结算争议和结算风险。

◆技能延伸

在大面积施工防水卷材之前，预先对有可能出现渗漏的薄弱节点处，如阴阳角、管道根部、雨落口、各种泛水、伸缩缝、变形缝、施工缝、穿墙管等，需要事先在这些薄弱环节加强防护，一般是多做一层或多层卷材，这增添的一层或多层防水卷材就是防水卷材附加层。附加层的作用就是加强防护做到双重或者是多重防护减少漏水概率。

根据《地下防水工程质量验收规范》（GB 50208—2012）中第4.3.5条的规定：

4.3.5 基层阴阳角应做成圆弧或45°坡角，其尺寸应根据卷材品种确定；在转角处、变形缝、施工缝、穿墙管等部位应铺贴卷材加强层，加强层宽度不应小于500 mm。

而在《屋面工程质量验收规范》（GB 50208—2012）中对卷材防水附加层的宽度没有明确规定。所以在进行卷材防水层施工时，对于附加层宽度按照图纸设计要求做，如果图纸设计没有规定，则可以按照《地下防水工程质量验收规范》（GB 50208—2012）中第4.3.5条的规定执行。

在各省区、市的定额文件规定中，对防水附加层是否单独计算工程量，各省区、市定额都有各自的规定。比如重庆市房屋建筑与装饰工程计价定额（2018）中，在第一册《建筑工程》的"屋面及防水工程"章节中说明如下："卷材防水、涂料防水屋面的附加层、接缝、收头、基层处理剂工料已包括在定额子目内，不另计算。"

在《房屋建筑与装饰工程工程量计算规范》（GB 50854—2013）中关于屋面防水及其他工程量的计算说明中有以下描述："工程量按照设计图示尺寸以面积计算，屋面的女儿墙等处的弯起部分，并入屋面工程量。"具体如表3.2所示。

表3.2 屋面防水及其他（编码：010902）

项目编码	项目名称	项目特征	计量单位	工程量计算规则	工作内容
010902001	屋面卷材防水	1. 卷材品种、规格、厚度 2. 防水层数 3. 防水层做法	m²	按设计图示尺寸以面积计算 1. 斜屋顶（不包括平屋顶找坡）按斜面积计算，平屋顶按水平投影面积计算 2. 不扣除房上烟囱、风帽底座、风道、屋面小气窗和斜沟所占面积 3. 屋面的女儿墙、伸缩缝和天窗等处的弯起部分，并入屋面工程量内	1. 基层处理 2. 刷底油 3. 铺油毡卷材、接缝
010902002	屋面涂抹防水	1. 防水膜品种 2. 涂抹厚度、遍数 3. 增强材料种类			1. 基层处理 2. 刷基层处理剂 3. 铺布、喷涂防水层

注：①屋面刚性层无钢筋，其钢筋项目特征不必描述。
②屋面找平层按本规范附录L楼地面装饰工程"平面砂浆找平层"项目编码列项。
③屋面防水搭接及附加层用量不另行计算，在综合单价中考虑。
④屋面保温找坡层按本规范附录K保温、隔热、防腐工程"保温隔热屋面"项目编码列项。

通过《房屋建筑与装饰工程工程量计算规范》（GB 50854—2013）的描述，我们能获得以下信息：如果某部位的工程量需要计算，应采用"并入"一词进行表述，这样该部分工程量是可以单独计量。规范中在注 3 中进行了说明："屋面防水搭接及附加层用量不另行计算，在综合单价中考虑。"也就是说防水附加层的工程量不可以单独计量。因此在实务过程中，建设单位和施工企业双方为了规避相应的商务风险，建议在工程量清单中提前描述防水附加层是否单独计算工程量；如果是定额计价，则根据执行的定额本身说明定额子目本身是否包含防水附加层来决定防水附加层是否可以单独计算工程量。除此之外，在实务中，随着项目的构造要求越来越复杂和多样化，对于什么是附加层，附加层到底包含哪些位置和哪些做法，往往在工程项目结算办理的过程中会发生理解争议。从公平公正的角度出发，可以在工程量清单中提前明确，可以约定防水附加层工程量占比防水卷材工程量一定比例以下，就算双方对做法是否可以理解为附加层有歧义，也视为该附加层包含在防水卷材综合单价里面，不单独计算工程量；只有当防水附加层工程量占比防水卷材工程量达到一定比例以上，而且对某做法是否可以理解为附加层有歧义时，才对超出一定比例以上的附加层进行单独计算工程量。

综上，在商务工作中，要慎用"包含"之类等与语境紧密连续的词语，特别是在清单描述和合同约定中尤其要注意。如下文所示的合同条款中：

现浇混凝土构件的钢筋，包括任何直径现浇混凝土构件的钢筋，清单数量含弯钩和搭接长度（连接套筒等机械接头与电渣压力焊接头不计搭接长度，而另行计算数量），钢筋综合单价包括钢筋供应、制作、安装、损耗、辅材及支撑措施（如垫铁、马镫、固定预埋螺栓及铁件的支架）等一切相关工作。因钢筋加工综合开料和钢筋出厂长度定尺所引起的钢筋非设计接驳包含在单价以内。

建设单位的本意是钢筋工程中的弯钩和搭接长度不单独计算质量的，由于使用了"含"字，即清单数量含弯钩和搭接长度，在该项目最终的结算办理过程中，对弯钩和搭接长度的钢筋质量是否能单独计算工程量，建设单位和施工企业就产生了结算争议。由于房屋建筑工程中，一个项目的钢筋弯钩和搭接长度对应的工程量是非常之多，由此导致的造价影响也就非常大，直接导致双方的结算办理旷日持久，久拖不决，对双方都是一种非常不利的影响。

案例：材料价差和价差材料

◆案例背景

某建设工程项目，建设单位与施工企业在施工合同中约定：结算方式为采取项目所在地的定额及其配套取费文件进行计价，然后下浮一定比例作为结算工程造价，其中价差材料、安全文明施工费、规费、税金、按实计算费用不下浮。

◆商务解读

施工合同签订时双方的本意是材料的价差部分不参与下浮，作为定额基价的材料价格部分要参与下浮。但是双方在拟定施工合同时没有注意具体的语境，将结算条款表述成了"价差材料不下浮"。这样表达的意思是只要有价差的材料均不参与下浮。在造价实务过程中，定额文件里面某个材料的价格是代表定额编制时期某一个时点的基准价格，在实施过程中基本上是全部的材料都要进行相应的材料价差调整。按照"价差材料不下浮"的表述理解，存在价格调差情况的材料费都不参与下浮，这就意味着该建设工程项目全部的材料，包含定额文件里面本身的材料基价和后期根据实际价格调整的材料价差都不下浮。这就和建设单位的本意相差千里，由此导致的后期巨大的工程项目结算争议，可以预期是不可避免的。

类似的问题在施工合同的约定中经常出现，如"人工费调增"和"人工费调整"；"开工前7日支付预付款"和"开工日期前7日支付预付款"等，我们在使用相关词语时，需要结合当时的语境和想表达的真正的意思，多琢磨和多研读。

4）用书面语

用书面语，就是我们在编写相关文档的过程中，要使用书面化的词语进行表述，而不能采用日常生活中的口语化的词语进行阐述。口语化的词语一般意味着随意、散漫、不明确、不正式、不尊重，并且容易发生理解的歧义继而引发造价的争议。书面化的词语表达一般意味着严谨、慎重、专业，能准确地表达意思，导致的理解歧义相比之下要少很多。在造价商务工作中，口语化的词语表达是文字表述中的大忌，口语化的表述一方面会让对方感觉整个文档散漫不正式，另一方面会给我们留下巨大的商务风险，因此在文字表述时刻意地去克服口语化词语表达的倾向，养成书面词语表达的习惯。

案例：施工合同中口语与书面语的差异

◆案例背景1

某施工合同中对人身损害责任承担作出以下约定：

本工程采用全包干形式，一包到死；在施工过程中，如出现乙方人员受伤、死亡的，与甲方无关。

◆商务解读1

上述词语表达过于口语化，让合同相对方会产生非常不舒服甚至厌恨的心态，可以调整表述为：

本工程采用固定总价形式。除合同中有特别约定外，固定总价不作任何调整。乙方应保证自己的施工人员安全施工，并对施工过程中乙方自己人员的人身损害承担全部的赔偿责任。

◆案例背景2

某施工合同中对甲、乙双方的权利义务作出以下约定：

无论在什么情况下终止合同，乙方都应及时、合理、充分的告知甲方终止服务事宜和妥善地处理善后事宜，同时乙方必须保证白天手机不关机。

◆商务解读2

上述词语表达过于口语化，导致合同在履行过程中会存在很多漏洞之处而无法执行，比如什么是白天？什么是手机不关机？

可以调整表述为：

无论在任何情况下终止合同，乙方都应及时、合理、充分的告知甲方终止服务事宜并妥善地处理善后事宜，同时乙方必须保证工作时间通信联络畅通。

◆案例背景3

某施工企业采购合同对河砂采购的材料单价约定如下：

甲方向乙方供应河砂，每车500元。货款每月结算一次。

◆商务解读3

每车是日常生活中口语化的表达方式，不是书面语言，导致合同履行过程会发生巨大的风险。如何定义什么是一车？是按照载重量还是载重容量等确定，均会导致施工企业潜在的商务风险。

◆案例背景4

某施工合同中对材料价格的调差方式作出以下约定：

按照开工至完工期间的材料价格的算术平均值调差。

◆商务解读4

完工是工作中口语化的表达方式，什么是完工？主体结构封顶是完工？砌体等二次结构及装修完成时是完工？还是竣工验收合格才是完工？采用这种口语化的表达，最终反映到工程项目结算造价上，对施工企业来说就是巨大的商务风险。

5）理论与实践相结合

用词要理论与实践相结合，即需要我们在实践过程中，灵活把握用词要准确、用专业词语、词性与语境统一、使用书面语等词语表述的基本要求，并综合其他专业与行业知识，进行灵活的应用和掌握，而不拘泥于某种具体的形式或者形态。我们一切最为核心的出发点是要围绕如何有效有利有理有据地形成让己方利益最大化的工程造价，规避潜在隐藏的商务造价风险，这就是词语表述的实践出真知，理论与实践相结合的核心内涵。

案例：下浮与贴现

◆案例背景

某房地产总承包项目，建设单位在招标文件中注明，该项目付款为商业汇票，需要投标人在投标时将该部分成本考虑进投标报价中。

在该项目的实际施工过程中，由于整体环境变好，房屋销售回款比较顺利，资金比较充沛，建设单位前期工程款项的支付方式全部为转账支付，后续是继续采取转账支付或是商业汇票支付，建设单位不确定。基于此情况，建设单位与施工企业双方结合实际情况实事求是的进行了商谈，签订补充协议，协议约定如下：

××总承包工程在招投标过程中合同金额包含了×%的商票付款，按照×%的商票贴息率在投标报价中综合考虑。

因后期无法确定商票付款实际比例，且商票贴息费率存在波动。考虑以上因素，经双方友好协商，达成以下一致意见：

1. 原合同价格按照 5% 进行下浮。

2. 因采用商票付款方式所产生的贴现利息及税金按实计取。

◆ 商务解读

"下浮"用词不准确，下浮是口语化的词语，没有与当下的语境相结合。下浮 5% 存在两种理解方式：合同价 × (1-5%) 或者是合同价 / (1+5%)。

若该项目合同造价为 1 亿元，1 × (1-5%)=9 500（万元）；1/(1+5%)=9 524（万元），两种理解计算方式相差金额为 24 万元。

"贴现利息"用词没有考虑理论与实际相结合，商票贴现实际要产生两部分费用：贴现利息和贴现手续费。

若某次建设单位商票付款 1 000 万元，商票到期日 2018 年 12 月 31 日，商票贴现日期 2018 年 5 月 1 日，贴现天数为 245 天，贴现利率 4%，则贴现利息为 1 000×(245/360)×4%=27.22（万元）。

若贴现手续费费率 1.5%，则贴现手续费 1 000 × 1.5%=15（万元）。

贴现产生的费用共计 27.22+15=42.22（万元）。

在上述的补充协议中约定："因采用商票付款方式所产生的贴现利息及税金按实计取"，从严格意义上的结算审核的角度出发，上述约定只能计算商票付款所产生的贴现利息及税金，施工企业实际发生的贴现手续费则不能进入工程结算造价，对施工企业来讲，补充协议的表达方式项目结算办理过程中，就会存在一定的审核风险。

为了更好地掌握对词语的理解和表述，在实务中，作为工程商务人员，在学习专业领域的相关词语表达要求和技巧的同时，也可以参考以下资料：

《第一批异形词整理表》，中华人民共和国教育部、国家语言文字工作委员会发布（2002 年 3 月 31 日试行）；

《第二批异形词（264 组）整理表（草案）》，中国版协校对研究委员会、中国语文报刊协会；

国家语委异形词研究课题组《咬文嚼字》编委会（2003 年 8 月 15 日发布）；

《立法技术规范（试行）（一）》（全国人大常委会法工委发〔2009〕62 号）；

《立法技术规范（试行）（二）》（全国人大常委会法工委发〔2011〕5 号）。

造价笔记 632

人们往往关注眼见为实的当下利益，
耳听为虚的未来风险往往选择性忽略

最近，与律师搭档朋友，一起处理了一件关于建设工程施工合同工程价款的纠纷案。

事情的缘由是这样的：某施工企业从北方来到重庆承接了一个项目。由于投标时不重视，没有聘请专业技术人员把关，也没有对重庆本土实际施工情况做调查，就直接参考以前的通用做法进行了投标，结果在进行施工图预算包干价的核对过程中，发现预期亏损巨大，因此与建设单位协商一致解除了总包合同中途退场。

接着施工企业与劳务分包公司也签订退场协议，劳务分包公司也相应退场。在签订劳务分包公司退场协议时，或许是当时双方本就谈判结果没有明确，或许是退场合同本身就约定得有问题，再加上劳务分包公司的退场协议没有经过专业人员的拟定和审核，最终导致双方在劳务退场结算中施工企业应该支付总金额的理解上产生重大纠纷，于是双方对簿公堂。一审后，法院最终支持了劳务分包公司的诉求。施工企业进行了二审上诉，如果二审施工企业继续败诉，施工企业将要承担数百万的损失。

由于事情已经发生，利益损失已经真真切切地摆在了眼前，施工企业通过朋友知道我在做类似的咨询服务，于是就找到了我们，一定要我们帮他们从造价和法律两个专业的角度，详细地梳理该案的相关资料，做一些专业的咨询建议。

我和律师朋友看完全部资料后，给出了一个工作关键和两个工作思路。一个工作关键是紧紧围绕劳务公司已完工程的劳务造价做证据搜集和事实与专业论证；两个工作思路是全面梳理基础事实形成客观实际结果，造价法务有机结合积极应对诉讼。

但是经过深入的交流，我们发现施工企业对聘请或者委任专业机构进行专业结果分析和形成专业数据的这一额外举动付费的意愿性不高，而施工企业本身对整个项目的实际事实和专业角度到底值多少工程造价又完全不清楚，可能是因为觉得已经聘请了律师并支付了相应的费用，而这些额外的工作又属于一看不见是否最终有用的动作，站在该施工企业固有的思维模式来理解，如果不做这个动作只是未来一种存在风险可能性，而不是必然性，所以对一种可能存在的风险也就没有必要支付相应的费用。

其实，为什么这个项目施工企业会出现巨大损失风险呢？是因为前期投标不聘请专业人员，合同签订也是自己把关，过程商务管理人员非常精简，发生纠纷时也依赖自身往常经验去处理……一切都是自力更生。这样做确实能让成本最低、利润最大化。但是这种方式是基于项目履约过程中不出现任何情况为前提，因此项目没有问题就还好，一旦项目风吹草动，就会损失惨重，甚或是一个项目的偶然事件导致的风险和损失，需要数个其他项目的利润去弥补。

随着工程项目的日益综合化、管理精细化和专业化，一个项目要圆满地完成，需要各种专业分工、专业角色、专业力量的参加。仅仅依靠施工企业自身的实力、自身的力量，越来越无法有效地应对各种各样的潜在风险和状况，而等到风险到来时，我们施工企业再临时抱佛脚，采取不见兔子不撒鹰的传统的风险管控和应对方式，就不再有效。

所以，在工程项目管理中，施工企业一方面要关注当下眼见为实的利益，控制成本，确保收益；但是与此同时，对于哪些成本可以压缩控制，哪些成本必须付出，需要根据项目情况进行一定的评估和判断。虽然这些可能都只是一些未来的可能存在的风险，但是如果采取鸵鸟把头埋在沙里的选择性忽略的管理方式，往往最终只能是自食其果，悔之晚矣。

2020 年 8 月 11 日

3.1.3　语句

如果词语是文字表述的树根，代表着文字表述的基础；那么语句则是文字表述的树干，只有通过词语之间的排列组合相连成语句，文字的大树才能逐渐地破土而出向上生长。从工程商务的实践角度，语句需要注意的核心是语法，避免出现语法的错误，导致文字表述上的问题与风险。

什么是语法呢？语法其实就是人们进行文字表述时所要遵守的一种规则，是一种语言组词造句的规则。这种规则经历了长久的人类文明的洗礼，是文字的提升和升华。在工作中我们也会有这样的体会，按照语法规则编写的文章，给人一种赏心悦目、如沐春风的感觉，并且文章给人的感觉是表述严谨、有理有据；反之没有按照语法规则编写的文章，我们会有如坐针毡、坐立不安的感觉，并且文章表述给人的体会则是千疮百孔，错漏百出。

在商务工作的文字表述中，常见的语法问题主要有以下五大类：残缺、词语位置摆放不对、相关成分搭配不当、杂糅、赘余等。

1）残缺

残缺，顾名思义，就是某个事物缺少了本该有的内容或者组成部分。

根据语法规则，一般一个标准的语句是由主语＋谓语＋宾语3个基本部分组成。因此在语句表述的实务中，语句残缺的第一层含义就是一个语句缺乏上述语法要求的基本构成成分，导致人们对语句的理解或者解读存在障碍和不便。

比如某函件中描述如下："我方收到贵方连廊和特构图纸后……"根据语法规则，在"贵方"后面缺少谓语，导致该语句在阅读过程中感觉非常拗口和不顺畅。我们按照语法规则要求在"贵方"后面增加谓语"提供"，上述语句表述修改为："我方收到贵方提供的连廊和特构图纸后……"，这样语句表达就清晰顺畅得多。

语句残缺的第二层含义就是该语句本身对一件事情的表述存在残缺和不完整，导致人们对该事情的履行产生歧义。根据吴江水《完美合同》一书中所阐述的，一件事情的完整表达需要符合4W理论，也就是需要完整表达以下4个方面的内容，才能表示该事情的表达是完整齐全而不残缺的。

第一个方面的内容是谁和谁（who to who），阐明主体。

第二个方面的内容是做什么（why to why），阐明内容。

第三个方面的内容是怎么做（what to what），阐明实施。

第四个方面的内容是怎么办（how to how），阐明后果。

在商务实践中，语句第一个层次的语法上的残缺和第二个层次事情上的残缺，会经常发生，也由此经常导致工程结算上的争议和纠纷。相比之下，语法上的残缺对结算金额影响的可能性还要稍微少一点，更多的是一种阅读上的不顺畅不舒适等带来的感官的影响；而事情上的表述残缺，则往往对施工合同的履约、工程结算造价的办理等，有着非常重大的实质性的影响，是需要我们工程商务人员重点关注和重点把控的内容。

案例：规定时间内完成结算审核的合同约定

◆案例背景

某建设工程项目，施工合同约定：甲方收到乙方提交的全套完整结算书后必须60天内完成结算审核。

项目竣工验收合格，施工企业向建设单位提交该项目全套结算书后，建设单位一直拖延审核，也不针对施工企业提交的结算资料的完整性做任何反馈，拖延时间远超 60 日。施工企业万般无奈，被迫起诉建设单位，提出根据合同约定认为建设单位已经认可了施工企业报送的结算书金额，请求建设单位按照报送的结算书金额支付该项目的剩余工程款项。

◆商务解读

根据事情表述的 4W 理论，对于规定时间内完成结算审核的这一事情的表述完整，至少要包含以下 4 个方面的内容：结算报送和审核的主体是谁？两个主体之间要履行什么事情？如何履行该事情？没有正确履行该事情的后果是什么？

根据施工合同的约定，我们能知道，结算报送的主体是施工企业，结算审核的主体是建设单位；建设单位要做的是对施工企业报送的结算书进行结算审核；施工企业需要提交全套完整的结算资料，这个是前提，建设单位需要在收到施工企业完整齐全的结算资料后 60 日内完成结算审核。但是如果建设单位没有在 60 日内完成结算审核，该条款没有进行相应的后果约定。根据 4W 理论，该条款对规定时间内完成结算审核的这一事情的表述存在残缺，也就是缺少对出现了问题怎么办的后果阐述。正是因为对事情后果部分的表述缺失，导致该项目虽然建设单位严重拖延了审核时间，但是也不能据此认为建设单位已经认可了施工企业报送的结算书的金额。

同时，根据《最高人民法院关于审理建设工程施工合同纠纷案件适用法律问题的解释（一）》（法释〔2020〕25 号）第二十一条，对上述案例的处理方式进行了非常明确的约定。

第二十一条　当事人约定，发包人收到竣工结算文件后，在约定期限内不予答复，视为认可竣工结算文件的，按照约定处理。承包人请求按照竣工结算文件结算工程价款的，人民法院应予支持。

根据该条规定，只有在施工合同中有明确的约定："发包人在约定期限内不予答复，视为认可竣工结算文件"，在这种情况下才能适用承包人请求按照竣工结算文件结算工程价款的，予以支持。在上述案例中，施工合同只约定了甲方必须在 60 日内完成结算审核，没有约定如果甲方没有在 60 日内完成结算审核的后果，那么就不能适用上面条款的情况，也就不能获得按照竣工结算文件结算工程价款的支持。

◆技能延伸

在商务实践中，施工企业要适用《最高人民法院关于审理建设工程施工合同纠纷案件适用法律问题的解释（一）》（法释〔2020〕25 号）第二十一条，需要注意以下几个方面的实务技巧。

（1）施工企业应当与建设单位有完整的书面约定

在施工合同中应该有完整的类似以下约定的条款：发包方没有在约定期限内答复，视为认可竣工结算文件。

在实务中，针对上述表达的具体约定有两种方式：一种是直接约定，一种是间接约定。

直接约定就是直截了当的表达，例如以下表述方式："发包人收到竣工结算文件后，

在 ×× 日内不予答复，视为发包人认可竣工结算文件。"

间接约定就是通过间接的方式来表达类似的意思，比如可以在施工合同的专用条款中明确："适用于合同的其他规范性文件：中华人民共和国法律、行政法规、行政规章。"

或者间接描述如下："未尽事宜参考建设部 107 号令。""如果发包人逾期不予办理，按照建设部 107 号令规定处理。""如果发包人逾期不予办理，按照财建〔2004〕369 号文件规定处理。"

因为在建设部 107 号令、财建〔2004〕369 号文件中，均有"发包人收到竣工结算报告及完整的结算资料后，在本办法规定或合同约定期限内，对结算报告及资料没有提出意见，则视同认可"的相应规定。当施工合同约定执行该文件时，也就间接地把该文件的规定转换成了施工合同的约定，对双方都具有约束力，就间接地满足了《最高人民法院关于审理建设工程施工合同纠纷案件适用法律问题的解释（一）》（法释〔2020〕25 号）第二十一条的前提条件。

（2）施工合同中对审核期限必须有明确的约定

审核期限包括审核的起算时间和持续时间，均需要在施工合同中进行明确的约定。

比如施工合同中可以按照以下方式约定：

本项目竣工验收合格后，乙方在 30 日内以书面形式向甲方提交结算报告，由甲方组织预算部门于 30 日内审核，经甲、乙双方核定无误后 3 日内，将经甲、乙双方共同确认的结算报告由甲方提交社会审核机构进行审核，社会审核机构在收到结算报告之日起 60 日内审核完毕。

（3）送审结算资料应该完整和齐全

施工企业递交给建设单位的结算资料必须完整和齐全，如果施工合同中对结算送审的资料有具体的约定，那就需要按照施工合同约定的资料清单和要求提交相应的结算资料。当施工合同中没有相应约定的情况下，一般工程造价行业理解的送审资料齐全的考量标准是根据送审的结算资料能有效地计算出该项目的工程造价。一般来讲，送审结算资料需要包含以下类别的资料。

① 招投标有关资料：包括招标文件、投标文件、投标答疑、中标通知书等。

② 施工合同：包括施工总承包合同、施工专业分包合同、补充合同、补充协议等。

③ 地勘资料。

④ 设计施工图：包括设计施工图、设计图纸会审、设计变更图纸、设计深化图等。

⑤ 施工过程技术资料：包括开工通知、施工组织设计、工程隐蔽资料、相关工程验收资料、施工过程会议纪要、材料设备进出场及合格证、竣工图纸等。

竣工图需要加盖竣工图章，并经各方签字。

⑥ 施工过程商务资料：包括签证资料、核价资料、收方资料、索赔资料、收方隐蔽资料、安全文明施工合格证明、分户验收合格资料、甲供材清单、过程形象进度月报表等。

⑦ 施工过程沟通资料：包括各种质量及项目问题处理记录、双方往来函件、备忘录等。

⑧ 建设单位付款资料。

⑨ 工程结算书。

详细的工程结算书，需要加盖施工企业公章、一级造价师或者二级造价师执业印章，特别需要注意执业印章的适用范围。

根据住房和城乡建设部、交通运输部、水利部、人力资源部 2018 年 7 月 20 日联合颁布的：

《关于印发〈造价工程师职业资格制度规定〉〈造价工程师职业资格考试实施办法〉的通知》（建人〔2018〕67 号），一级造价工程师在全国范围有效，可以从事以下职业范围：

第二十六条　一级造价工程师的执业范围包括建设项目全过程的工程造价管理与咨询等，具体工作内容：

（一）项目建议书、可行性研究投资估算与审核，项目评价造价分析；

（二）建设工程设计概算、施工预算编制和审核；

（三）建设工程招标投标文件工程量和造价的编制与审核；

（四）建设工程合同价款、结算价款、竣工决算价款的编制与管理；

（五）建设工程审计、仲裁、诉讼、保险中的造价鉴定，工程造价纠纷调解；

（六）建设工程计价依据、造价指标的编制与管理；

（七）与工程造价管理有关的其他事项。

二级造价工程师原则上在所在行政区域内有效，各地可根据实际情况制定跨区域认可办法，可以从事以下职业范围：

第二十七条　二级造价工程师主要协助一级造价工程师开展相关工作，可独立开展以下具体工作：

（一）建设工程工料分析、计划、组织与成本管理，施工图预算、设计概算编制；

（二）建设工程量清单、最高投标限价、投标报价编制；

（三）建设工程合同价款、结算价款和竣工决算价款的编制。

第二十八条　造价工程师应在本人工程造价咨询成果文件上签章，并承担相应责任。工程造价咨询成果文件应由一级造价工程师审核并加盖执业印章。

⑩ 其他与结算相关的资料。

（4）送审结算资料必须有建设单位的签收

签收人要有相应的资格，如施工合同对相应的签收人有相应的约定，就需要由对应约定的人员进行签收；如果没有约定，最好是由项目建设过程中商务工作对接的建设单位相应的管理人员签收。

若建设单位拒绝签收，则可以采取邮寄送达或者公证邮寄送达的方式，邮寄单位建议选择中国邮政。

（5）签收单上需要能够反映出结算总造价

签收单上需要能够反映出该结算编制文件的总造价，或者在签收簿上写明总造价，具体的签收单可以参考如表3.3所示。

表3.3　××项目竣工结算资料签收表

序号	资料名称	资料内容	页数	卷数	资料编码	原件/复印件	载明金额	其他
1	结算书封面	结算金额汇总表	××	××	××	原件	××	
2	结算书	结算书具体组成明细表	××	××	××	原件	××	
××	××	××	××	××	××	××	××	

相关单位	相关人员	签字		时间	备注	
××施工企业	移交人	××		××	送审资料已齐全	
××建设单位	接收人	××		××	送审资料已齐全	

（6）审核期限届满后，施工企业向建设单位发出相应函件

当施工合同约定的审核期限届满后，施工企业需要及时向建设单位发出结算价以送审价为准的函件说明，但是需要注意不能在函件中出现催促发包方尽快审核的说明或者表述等。

函件内容可以按照以下方式进行表述：

我公司所承接的××项目于××年××月××日开工，至××年××月××日竣工，并于××年××月××日把竣工结算文件送交贵公司，现已超过××天，贵公司至今未审核结束。故今再次函告贵公司，请贵公司在接函后××日内给予答复，否则由此造成的一切后果均由贵公司承担。

作为建设单位，收到类似函件后如果放任不管，就会存在施工企业主张以报送结算价为准而要求支付剩余工程价款的巨大风险。建设单位收到函件后，在函件载明的日期内，明确进行回复，如认为报送结算资料高估冒算，相关依据资料不足，不能以报送的送审价为准，并请施工企业在多久内派人在何地进行核对相应工程量和结算价。

（7）审核期限届满后，施工企业向建设单位发出确认函件后再发送催款函件

审核期限届满后，施工企业向建设单位发出确认函件后，如果发包方没有任何回复，再次发送催款函，进一步完善相关资料锁定整个证据链。具体的催款函内容可以表述如下：

××单位：

××年××月××日，我公司与贵公司签订了一份关于承建××工程的合同。我公司按照合同约定，于××年××月××日开工，于××年××月××日竣工。竣工后，我公司在合同约定的期限以内，向贵公司提交了竣工结算文件，工程总造价为

×× 元。合同约定审核期限为 ××，至今贵公司已超过审核期限，而未予答复。根据合同约定和建设行政主管部门及法律的有关规定，本工程的造价应以我公司送审的 ×× 元为准。

贵公司至今支付我公司工程款 ×× 元，根据合同第 ×× 款的约定，贵公司至今尚欠我公司工程款 ×× 元，请接函后于七日内支付。

×× 单位

×× 年 ×× 月 ×× 日

2）词语位置摆放不对

根据正常的语法语序，一般的语句相关成分的组成顺序是主语＋介词＋谓语＋定语＋宾语，比如：甲、乙双方于 ×× 年 ×× 月 ×× 日在重庆签订了 A 大楼的施工补充合同。

假如我们更换该语句相关词语的位置，则该语句突出强调的效果截然不同。

如果需要突出时间，则可以把时间介词放到前面：×× 年 ×× 月 ×× 日，甲、乙双方在重庆签订了 A 大楼的施工补充合同。

如果需要突出地点，则可以把地点介词放到前面：于重庆，甲、乙双方在 ×× 年 ×× 月 ×× 日签订了 A 大楼的施工补充合同。

如果需要突出结果，则可以把宾语放到前面：A 大楼的施工补充合同系甲、乙双方于 ×× 年 ×× 月 ×× 日在重庆签订。

语句中相关词语位置摆放位置不一样，则语句强调和造成的效果是不一样的；从造价商务的角度，词语位置摆放得不一样，还可能导致对语句的理解就完全不一样，尤其是施工合同中关于结算计价条款相关的约定，词语位置摆放得不对甚至可能导致工程结算造价的巨大差异。

案例：结算方式中关于甲供材的约定

◆案例背景

某房屋建筑工程项目，采取公开招标，招标方式为定额计价，投标人直接确定定额下浮比例即可。其中钢筋和商品混凝土为甲供材料，招标文件中关于该项目结算的方式约定如下：

$$最终结算工程款＝\left[业主最终审定结算值×（1-下浮比例）\right]-$$
$$甲供材料-其他应扣减的费用$$

◆商务解读

甲供材料根据字面意思理解就是甲方提供的材料供施工方进行施工和安装。建设单位与施工企业在签订施工合同时会事先进行约定，一般是工程项目中使用的大宗材料采取甲供的方式。甲供材料由甲方即建设单位自行签订采购合同自行购买，甲供材料进场时由施工企业和建设单位共同取样验收，质量合格的甲供材料方能用于工程项目上。

一般在实践中，施工企业根据设计施工图计算出相应的实际工程量，并按照定额或者合同约定，考虑一定合理的损耗量作为甲供材料的材料计划工程量提供给建设单位。建设单位根据材料计划进行采购并提供到项目现场，施工企业进行现场领用。施工完毕后，施工企业和建设单位针对甲供材料一般需要进行结算，即实际领用多少工程量，根据合同约定和图纸计算的理论工程量是多少，如果实际领用量超出理论工程量，施工企业就要承担相应的超额使用量的违约责任；如果实际领用量少于理论量，相当于施工企业为建设单位进行了甲供材结余，针对结余的金额，双方一般会约定一个利益分配的比例。

根据定额计价的计算方式，定额基价里面有人工、材料、机械等费用，其他的企业管理费、组织措施费、规费、利润等往往是根据人材机费用按照一定的费率计算得出。因此定额计价一般是先按照定额程序本身计算相应的人工、材料、机械费用，并调整相应价差，形成相应工程造价之后，再把建设单位提供的甲供材料的金额从工程造价中扣除来进行处理。由于甲供材料为建设单位进行购买，施工企业没有参与，因此根据行业习惯和公平公正的原则，一般甲供材料是不参与结算造价下浮的。

假定该项目完全按照定额计算的工程造价为1 000万元（含甲供材料），合同约定下浮比例为5%，其中甲供材料部分金额为400万元，根据正常行业习惯和公平公正的原则，最终工程结算款应该是（1 000–400）×（1–5%）=570（万元）。根据本施工合同约定，则工程结算款为：1 000×（1–5%）– 400=550（万元），工程结算款相差20万元。

为什么会出现上述问题呢？因为在我们平常的思维中，既然甲供材料是建设单位提供的，那么我们先计算造价下浮，最终再把甲方提供的甲供材料扣除出来即可。但是我们没有考虑工程造价的具体计算方式和行业要求，甲供材料是不参与造价下浮的，所以计算时甲供材料设置的位置不一样，最终计算出来的结果就存在差异。

上述案例为招标人编制招标文件时明显的词语位置摆放不对导致的失误，如果施工企业在投标时没有发现该问题并提出投标答疑，则在该项目实际施工完毕结算办理时，施工企业就很难处理，往往是只有哑巴吃黄连，有苦说不出。

3）相关成分搭配不当

词语与词语之间，句子成分与句子成分之间，都有一些相应的组合搭配的要求。相关成分搭配不当，主要是指句子的相关成分之间、词语与词语之间等的组合不合理，继而导致理解上的歧义和商务上的风险。

案例：门窗工程的终止合同约定

◆案例背景

某建设工程项目的门窗加工合同约定如下：

"甲方可以随时终止定做合同，甲方终止合同的，应按合同约定的价格支付乙方生产门窗的价款。"

◆商务解读

在一般的加工定做合同中，甲方一般处于优势地位，常常会约定甲方可以终止合同，但是需要赔偿和支付加工方为此购买的材料和相关费用。本合同中约定，甲方终止合同，应该按照合同约定的价格支付乙方生产门窗的价款。一般在合同中有门窗的清单价格附件，这个价格一般按照每平方米多少元进行计算，包含人材机管理利润税金等全部费用。按照该约定终止合同甲方需要支付乙方生产门窗的价款，那么什么是生产门窗的价款呢？"生产门窗"这个定语成分与"价款"这个宾语成分的搭配就存在不妥当，作为乙方可以理解为合同清单价格，也就是只要生产了就可以理解为全部门窗已经开始生产，甲方终止合同需要支付全部的清单价格。那么这就对甲方相当不利，相当于自己处于优势地位主导签订的合同，由于语句表述上的相关成分搭配考虑不当，反而将自身置于不利位置。

因此，站在甲方的角度，将合同修改如下："甲方可以随时终止定做合同。甲方终止合同的，应按合同约定价格支付合同终止时乙方已经为甲方加工完成的门窗及已经采购门窗材料的价款；除此之外，乙方不再要求甲方承担任何损失赔偿责任。

4）杂糅

杂糅是指我们原本想通过多句话表达两个事情或多个意思的，而实际在进行文字表述时，我们把两个事情或多个意思糅合到了一句话中进行表达，由此导致了理解上的不顺畅甚至理解歧义的发生。

案例：材料采购违约金的约定

◆案例背景

某材料采购合同中，甲、乙双方在合同中约定乙方需要支付预付款 50 000 元，并对违约条款做出了以下约定："甲方根本违约的，返还乙方预付款及违约金 50 000 元。"

合同签订后，乙方支付了 50 000 元预付款，由于种种情况，甲方无法提供相应材料的销售和交付，出现根本违约。

◆商务解读

合同违约条款："甲方根本违约的，返还乙方预付款及违约金 50 000 元。"该条款的原意是要表达两件事情：一是甲方返还预付款；二是甲方支付违约金。但是在合同具体表达时却把两件事情糅合到一个句子里面进行阐述，这就导致理解上了歧义：是返还预付款 50 000 元、违约金 50 000 元？还是返还预付款与违约金总计 50 000 元？

因此，针对类似情况，最佳的表达方式是一句话表达一件事情或者一个意思，这样，就能规避绝大部分的杂糅风险。例如上述的合同约定可以调整如下："甲方根本违约的，甲方返还乙方支付的预付款 50 000 元，除此之外，甲方还需要支付乙方 50 000 元的违约金。"

5）赘余

赘余是指一句话中出现了一些多余的成分和不必要的话语，由此导致了喧宾夺主的不恰当的感觉，甚至是以次代主引发理解上的偏差和歧义，最终导致商务上的风险与结算争议。

案例：施工合同工期的约定

◆背景资料

某厂房建设工程项目，有主体工程和环境工程。其中预估主体工程工期 310 天左右，环境工程施工周期 90 天左右，由此甲、乙双方在前期合同商谈时一致同意合同工期为 400 日历天。

在正式施工合同中，甲、乙双方对工期的约定如下：

"总工期为 400 日历天，其中主体工程 310 日历天，环境工程 90 日历天。"

◆商务解读

甲、乙双方的本意是该项目在 400 日历天内完成，其中主体工程在 310 日历天内完成，环境工程在主体工程完成后的 90 日历天内完成，两者相加刚好 400 日历天，因此才有总工期为 400 日历天的约定，"其中主体工程 310 日历天，环境工程 90 日历天"这句话的内容本意是阐述 400 日历天的工期是如何由来的。

但是在施工合同中进行"总工期为 400 日历天，其中主体工程 310 日历天，环境工程 90 日历天。"如此描述，针对该工期约定，实际上就在履约过程中出现了三个维度的工期要求：

要求一：总工期为 400 日历天。

要求二：主体工期为 310 日历天。

要求三：环境工期为 90 日历天。

施工企业违背了上述要求的任何一条，都面临工期违约责任的承担。原本双方的本意只是一个总的工期的目标要求，由于在施工合同表述的时候，把总工期如何组成和由来的本不需要进行表述的内容放入了施工合同之中，造成了表述上的赘余。而正是由于这种表述上的赘余，施工企业自行给自己增加了巨大的额外的工期风险。

而工期的约定对施工企业的履约影响非常重要，工期要求关系到施工企业很多商务风险与违约责任的承担，比如：工期违约金的承担、抢工费的计算与否、材料调差的高低、人工涨价风险承担的主体、政策变化导致的风险是否建设单位承当、很多索赔事项是否成立的核心……牵一发而动全身，工期约定变化会给施工企业带来潜在的不可估量的风险和损失。

6）句式缩减法

在实际商务工作中，我们如何来检查和发现文字表达的语法问题呢？一方面我们可以从上述几种常见的残缺、词语位置摆放不对、相关成分搭配不当、杂糅、赘余等语法问题去规避；另一方面，当我们在面临庞杂的施工技术和经济资料等文件时，我们一般先通过长期严谨细致的工作养成的语感快速阅读文件，先粗略地凭借语感去发现问题进行标记，接下来针对自我感觉有语法问题的地方，我们可以采取句式缩减法深入研读和检查是否存在相应的语句问题，并进行修改和完善。

什么是句式缩减法呢？就是把一个复杂的语句逐层地去掉非主干的词语，层层剥离后去缩减解读，通过检查缩减后的语句是否有歧义来分析这个复杂的语句是否有问题。

案例：施工合同工期延期的约定

◆背景资料

某建设工程项目施工合同中，针对不可抗力导致的工期延期进行了以下约定：

除人力不可抗力因素（不可抗力是指地震、洪水、冰雹、瘟疫、战争等自然灾害）及非乙方原因外，施工总工期不予延期。在工程进行中，如甲方根据需要调整工期，甲方应书面通知乙方并征得乙方同意。

◆商务解读

初读该合同条款，我们会有一种理解不顺畅但是又无法直觉发现问题的感觉，因此我们可以采取句式缩减法对该条款进行以下分析：

第一句话："除人力不可抗力因素（不可抗力是指地震、洪水、冰雹、瘟疫、战争等自然灾害）及非乙方原因外，施工总工期不予延期。"

可以缩减为"除人力不可抗力及非乙方原因外，施工总工期不予延期"；

可以缩减为"除人力不可抗力及不是乙方原因外，施工总工期不予延期"；

可以缩减为"除人力不可抗力，施工工期不予延期"+"除不是乙方原因外，施工工期不予延期"；

可以缩减为"人力不可抗力，工期予以延期"+"乙方原因，施工工期不予延期"。

通过上述缩减分析，我们发现对于甲方的原因，是否延期该条款没有表述，就存在相应的语法问题和潜在风险。

因此，从造价商务的角度，我们对造价商务和技术经济相关文件的文字表达，一般不要出现或者避免出现双重否定、多重否定的句式，要尽量使用正面语句＋特殊情况备注的表达方式。

例如上述合同条款可以调整为："除乙方自身的原因外，甲方原因、人力不可抗力等其他因素导致的工期延期，施工总工期应相应顺延，其中人力不可抗力是指地震、洪水、冰雹、瘟疫、战争等自然灾害等。"

第二句话："在工程进行中，如甲方根据需要调整工期，甲方应书面通知乙方并征得乙方同意。"

可以缩减为："甲方应书面通知乙方并征得乙方同意"；

可以缩减为："甲方通知乙方＋甲方征得乙方同意"。

通过上述缩减分析，我们发现该语句问题如下：甲方征得乙方同意的内容是什么？如果乙方不同意该如何处理？如果乙方同意调整工期涉及的抢工等费用如何处理？这样我们就能准确地发现相应的问题，寻找到相应的风险点，及时进行有针对性的修改和调整。

7）语法审核案例示范

语句是商务文档最为关键和重要的组成环节，语法问题又是语句表达的关键之处，在商务工作中，需要工程商务人员在前面所述的相关语句表达要求的基础之上，结合具体的情况具体的文档，灵活地应用细心地研读。总而言之，需要工程商务人员有三心：细心、耐心、有心，做到这三个方面，文档表述中的大部分语句问题就能有效规避。

案例：某索赔报告的语法问题剖析

◆背景资料

在某建设工程项目施工过程中，针对项目中出现的导致成本上升的特殊情况，施工企业编写了相关索赔报告材料与建设单位进行沟通和协商，该索赔报告中的某一段文字表述如下：

××一期项目于××年××月正式移交我司进场施工。因正式施工期间已进入雨季，导致施工过程难度加大，工期延长，我司进场后，大量增加人力、物力，克服种种困难进行抢工。预计于××年××月底主体结构可以封顶。但由于项目在施工过程中，正赶上××创文、国家环保督察等一系列政府管理行为，使得我司的施工难度急剧增加，特别是成本方面，各种材料价格大幅度涨价，给我司资金上带来巨大的压力。

◆商务解读

从商务的角度，运用语句表述的相关基本技能，对索赔报告中相关的语句问题剖析如下：

例："××一期项目于××年××月份正式移交我司进场施工。"

全句缺少主语，由谁移交不明确。

"于××年××月"放的位置不同，则强调的重点不同。时间介词放在主语后，则强调的是主语；放在主语前，则强调的是时间。

本句话本意要表达两个意思：一是建设单位移交场地，二是施工企业进场施工，两个事情杂糅，造成结构上的混乱、视觉效果上的不清晰和阅读理解上的易混淆。

例："因正式施工期间已进入雨季，导致施工过程难度加大，工期延长，我司进场后，大量增加人力、物力，克服种种困难进行抢工。"

解读："过程难度加大""正式施工期间"等用词不妥，相关成分搭配不当。

例："但由于项目在施工过程中，正赶上××创文、国家环保督察等一系列政府行为，使得我司的施工难度急剧增加，特别是成本方面，各种材料价格大幅度涨价，给我司资金上带来巨大的压力。"

解读："但由于……"，两个介词一起重叠产生赘余，一个表示转折一个表示原因，朗读时拗口，不容易理解和重点不突出。

因此，针对上述内容，从文字表述本身的相关要求出发，可以修改如下：

××年××月××日，贵司将××一期项目移交我司。我司按照合同约定，及时组织相应的人员、材料、机械和设备，于××年××月××日进场施工。

××到××为××的雨季施工季节，为了保障贵司项目销售和利益最大化，我司采取大量抢工措施，克服雨季施工带来的施工难度增加、工期延误的影响，在原计划基础上增加大量人力、物力，确保该项目在××年××月××日主体结构封顶。

该项目在施工过程中，××创文、国家环保督察等一系列政府政策的严格实施。一方面相关政策的实施导致该项目的施工难度急剧增加，另一方面也导致各种材料价格大幅度上涨，使我司在原合同基础上增加了巨大的额外成本，给该项目的正常持续运营带来巨大的无法承受的资金压力。

造价笔记 613

只有感受到事情对自己利益的影响，
人们才会真正去关注这件事情

老朋友公司承接了一项大型体育场馆 EPC 工程，总造价高达数十亿元，框架协议已经签订，目前正处于前期的主合同谈判和商务测算阶段。由于多年前我参与实施过一个体育场项目，老朋友就邀请我过去进行商务交流和探讨。

在老朋友的组织下，项目部的管理团队，在会议室针对主合同的初稿进行了逐条的阅读和分析，从设计、计划、生产、技术、商务、采购、安全、报建、财务、法律等多个口径多个维度，系统地分析每个条款的风险，修改意见以及应对策略。整整 4 小时，大家都没有中途休息也几乎没有离开过座位，集中精力讨论和交流。

事后和老朋友探讨，为什么要组织这种集中的主合同讨论呢？其实在这之前，老朋友已经把主合同发给各方提前征求意见，但是基本没有同事提供意见反馈。因为其他同事不是商务岗，觉得主合同和自己没有多大关系，做好自己的技术和管理工作就好；至于商务和与甲方合同纠纷结算事宜，与自己没有多大直接影响，因此大家也就很少去详细地阅读合同，更别说主动提意见了。

但是，通过集中讨论分析合同条款，就会从各个维度各个角度暴露出合同的风险，以及各种不利的地方。通过相互交流，把一些可能存在的潜在风险，可能发生的问题或者可能出现的状况，让每个人真真切切感受到。当一个事物从黑白的文字变成能让自己体会得到可以感知的风险，这样就和自己的利益发生了关联。因此，参与的这些同事，就真正开始关注这件事情，参与这件事情。

所以，这就是老朋友为什么无论平时工作再忙，都要组织管理人员，对主合同进行集中讨论的缘故。因为人性的弱点，有的时候是需要一些管理的手段和技巧去克服的，而不能仅仅依靠制度、自觉、职责等一些形而上的事物。

工作上如此，带团队上同样如此，要激发团队成员的战斗力，一个很关键的因素是要让团队的利益与个人的利益，有某种程度上的影响或者关联。或是荣誉，或是经济利益，或是精神收获，让大家都去从中感受自己的利益，这样事情的推进和处理就会有很大的自发性，而不仅仅是被动性。

2020 年 7 月 13 日

3.1.4 标点符号

如果语句代表的是文字表述的树干，那么标点符号则是树干和树干组合到一起的黏合剂。语句和语句之间，需要通过恰当的标点符号进行连接、组合，才能完美地达到我们预期想要表达的效果，才能让文字表述的大树真正地枝繁叶茂，郁郁葱葱。

1）标点符号的基本功能

根据上海辞书出版社出版的《现代汉语标点符号数字用法规范手册》一书中表述的：

标点符号是书面语中用来表示停顿、语气以及词语性质和作用的符号，是书面语的有机组成部分。我们在进行口语表达时，常常可以借助说话时的某些语气、语调、重音、停顿等各种手段，或通过各种表情、眼神、手势等辅助方式来增强表达效果。也就是说，在以声音为主要媒介的语言材料中，语言的顿挫或动作的变化能起到增强效果的作用。但是，在书面形式中，那些用语音、动作等进行辅助表达的补充手段和协助作用不再存在。因此，在书面材料中，必须用一些特别的形式来增强表达效果。由此，我们进一步认识到：正确使用标点符号，对准确表达文意、提高工作效率，对推动语言规范化，有着十分积极的意义。书面表达中如果不使用标点符号，会让人看起来十分吃力；如果用错了标点符号，则会造成理解上的困难或误解。标点符号的作用，大体上有三个方面：一是表示停顿；二是表示句子的语气；三是表示句子中某些词句的性质。

从工程商务人员的工作实践角度出发和理解，在通常情况下，标点符号具有以下4种功能：停顿功能、语气功能、修辞功能、审美功能。

（1）停顿功能

标点符号对语句不同的停顿，代表了对同一件事情同一个事实不同的意思阐述和表达。

例如，针对施工现场下了一场暴雨这个事实，采用以下两种不同停顿的表达方式：

停顿方式一："进场前，一天的下午，现场下了暴雨。"

停顿方式二："进场前一天的下午，现场下了暴雨。"

同样的一句话表述的是同样的一件事情，但是采用的标点符号停顿的位置不同，则最终表达的效果就会出现差异。针对停顿方式一，我们可以知道现场下暴雨的时间是不明确的，只是模糊地知道是在进场前的某一天。针对停顿方式二，我们可以知道现场下暴雨的时间是明确的，就是进场前面的第一天，现场下了暴雨。

标点符号的停顿位置使用不当，经常会导致一些施工合同履约中的争议发生。

案例：施工合同关于保修金的表述

◆背景资料

某建设工程项目，建设单位与施工企业在施工合同中对该项目保修金的相关约定如下：

保修金自保修期届满两年后十日内无息返还。

◆商务解读

由于该施工合同的相关约定没有使用恰当的标点符号进行停顿，导致从不同的角度进行不同的停顿则意思完全不同。

建设单位认为该施工合同约定的条款应这样断句和理解："保修金自保修期届满，两年后十日内无息返还"，即两年的保修期届满，之后再过两年建设单位才返还该项目的保修金。

施工企业认为该施工合同约定的条款应作以下断句和理解："保修金自保修期届满两年，后十日内无息返还"，即该项目过了两年的保修期后，建设单位在十日内返还该项目的保修金。

两种不同的停顿方式，导致保修金返还的时间上就相差了两年之久，致使施工企业在后期保修金工程款项的返还过程中，就会存在相应的资金占用风险。

（2）语气功能

通过使用不同的符号，反映出表述人的目的、表述人对所表述内容或者接收人的态度等。在实务中，常见的有 4 类语气：陈述语气、祈使语气、疑问语气、感叹语气。陈述语气是不带感情色彩实事求是的阐述事实和观点；祈使语气是带有一定的感情色彩要求、请求或命令、劝告、叮嘱、建议别人做或者不做某一件事；疑问语气是用"设问""疑惑"的感情色彩去对不确定性的事实进行提出问题，询问情况；感叹语气是用带有丰富感情色彩的句子来表达快乐、惊讶、厌恶、惊奇等浓厚感情。在日常造价商务工作中，我们一般采用陈述语气来进行相关文档的表述，只有在一些特殊的场合，比如索赔文件的部分内容、部分往来联系函件、部分专题报告和情况说明等某些特殊的情况下，才采用其他带有感情色彩的语气进行相应的文档表述。

（3）修辞功能

灵活巧妙地运用标点符号，可以使对方产生听觉或者视觉上面的联想，起到突出语意、增强节奏、使表达更为形象生动，也使文档更具有可阅读性和可理解性。

例如：唐代诗人杜牧所作的《清明》一诗：

清明时节雨纷纷，路上行人欲断魂。

借问酒家何处有？牧童遥指杏花村。

当我们调整一下标点符号的位置，更换一下标点符号的类型，例如调整如下：

清明时节雨，纷纷路上行人，欲断魂。

借问酒家何处？有牧童遥指，杏花村。

通过上述标点符号修辞功能的修改调整后，就让整首诗表达得更具有画面感，更像是一个散文的形式，让我们更具有身临其境的感觉，感觉雨就在我们身边淅淅沥沥地下，行人从我们身边纷纷走过，我们轻声地向旁边的儿童问路，牧童可爱地用手指向不远处的地方。

但是不同的标点符号，不同的修辞，应用到商务工作领域，在使用不当的情况下，往往就会导致一些商务争议和结算风险的情况发生。

案例：招标文件关于材料调差的表述

◆背景资料

某建设工程项目，建设单位在招标文件中对该项目的材料调差的相关规定如下：

页岩砖、蒸压加气混凝土砌体、预拌砂浆、碎石的调差约定：

1）调整的范围：主体工程中乙供的页岩砖、蒸压加气混凝土砌块、预拌砂浆、碎石；改造工程及所有的变更、措施及开办项目均不调差。

◆商务解读

从标点符号的修辞角度出发，分号一方面是意味着前面语句与后面语句的并列关系，但是同时也可以意味着前面语句的表述结束，后面语句从与前面语句平行的角度单独另行阐述。由于该招标文件对分号修辞功能的使用把握不恰当，则会导致该项目在后期的履约过程中，不同主体站的角度不同，所处的位置不同，采取不同的对分号修辞功能的理解方式，就会产生截然不同的理解和解读。

对于上述材料调差的表述，结算审核单位对该表述可以进行以下修辞理解："主体工程中乙供的页岩砖、蒸压加气混凝土砌块、预拌砂浆、碎石不调差；改造工程及所有的变更、措施及开办项目不调差。"在这种修辞理解方式下，就相当于该条款里面表述的全部材料不参与调差。

而施工企业对该表述可以进行以下修辞理解："主体工程中乙供的页岩砖、蒸压加气混凝土砌块、预拌砂浆、碎石参与调差。改造工程及所有的变更、措施及开办项目不调差。"在这种修辞理解方式下，就相当于该条款表述的只有"改造工程及所有的变更、措施及开办项目不调差"，其余的材料要参与调差。

为什么会出现上述理解争议呢？因为最终进行结算审核的可能会是第三方审核机构，而审核机构依据的是双方约定的文本意思为中心进行理解和解读。为了各自的利益和诉求出发，当文本意思表述有理解歧义时，审核机构大概率会按照有利于结算审减的角度出发进行解读。上述采用分号进行修辞表达，而不是采用句号进行修辞表达，在实务中很容易导致理解歧义。当工程项目建设过程中相关材料价格涨价超出施工合同约定的幅度时，施工企业在结算办理时就会存在相应的结算审减风险。

（4）审美功能

完美地使用标点符号会使整个文档在排版上感官上让阅读人感觉到优美，也更加能使阅读人在阅读上感觉到流畅、舒服，甚或有时会心理上有一种莫名的愉悦，这样就更容易让对方记住我们想表达的问题和接受我们想阐述的观点。所以，标点符号就像人们穿着打扮的装饰品，不同的装饰点缀，不同的佩戴穿着，则仪态万千，值得我们用心细细地去琢磨，去体会，去思考，去领悟。

在造价商务的实务工作中，一方面我们需要领会和把控标点符号的4种基本功能，在工作中进行细致的灵活的应用；另一方面，我们更需要结合具体的造价专业知识，根据不同的项目，不同的情况，结合不同场景和商务环境，去进行综合性的应用，尤其是在涉及与最终工程项目结算直接相关的一些经济技术资料的表述上，就更需要在标点符号的使用上慎之又慎，严谨务实。

案例：工程变更结算条款理解的争议

◆案例背景

某建设工程项目，采取公开招标，固定总价包干的计价模式。该项目施工合同中专用条款对结算方式的约定如下：

变更

15.1　变更的范围和内容

变更的范围与内容：按通用合同条款执行。

15.3　变更程序

15.3.2　变更估价

承包人提交变更报价书的期限：在收到变更指示或变更意向书后的 7 天内，向监理人提交变更报价书。

监理人商定或确定变更价格的期限：在收到承包人变更报价书后的 7 天内与承包人商定或确定变更价格。

15.4　变更的估价原则

删除通用合同条款本条全文代之以：

工程变更估价的原则：

工程施工中如因设计变更发生的工程量增减或实施项目发生变化，在工程结算时根据监理工程师和发包人共同确认的竣工图和工程变更进行调整。其价格按下列办法确定：

采用 2008 年《××省建筑工程计价定额》《××省安装工程计价定额》《××省装饰工程计价定额》和《××省建设工程费用定额》及其配套文件。材料结算价格执行该工程竣工验收所在月《××工程造价信息》发布的××县地方材料工地平均价格，人工单价执行该工程竣工验收所在月《××工程造价信息》发布的××县市场人工平均价格；《××工程造价信息》发布的××县地方材料价格缺项的建筑材料，由招标人、监理工程师共同认质认价确定。

结算时招标范围内的工程价款不做调整。

该项目施工合同中通用条款对工程变更的约定如下：

第八条　工程变更

29. 工程设计变更

29.1　施工中发包人需对原工程设计变更，应提前 14 天以书面形式向承包人发出变更通知。变更超过原设计标准或批准的建设规模时，发包人应报规划管理部门和其他有关部门重新审查批准，并由原设计单位提供变更的相应图纸和说明。承包人按照工程师发出的变更通知及有关要求，进行下列需要的变更：

（1）更改工程有关部分的标高、基线、位置和尺寸；

（2）增减合同中约定的工程量；

（3）改变有关工程的施工时间和顺序；

（4）其他有关工程变更需要的附加工作。

因变更导致合同价款的增减及造成的承包人损失，由发包人承担，延误的工期相应顺延。

30. 其他变更

合同履行中发包人要求变更工程质量标准及发生其他实质性变更，由双方协商解决。

◆商务解读

施工企业以固定总价 A 中标。施工企业正式进场施工后，由于建设单位的其他原因，导致该项目的设计施工图进行了重新设计，原招标设计施工图作废，施工企业按照重新设计的施工图进行施工。

结算时，建设单位根据专用条款的约定："工程施工中如因设计变更发生的工程量增减或实施项目发生变化……"进行以下方式的理解断句："工程施工中，如因设计变更发生的工程量增减，或实施项目发生变化……"，也就是说"设计变更发生的工程量增减""实施项目发生变化"前后是并列的关系。这种理解方式意味着在施工过程中，设计变更发生的工程量增减，实施项目发生的变化，均要执行该专用条款的"变更的估价原则"约定。虽然本项目施工图重新设计，不是简单的设计变更，但是也可以归属到"实施项目发生变化"这种情况，也即均要按照专用条款约定的将该变化的部分套取定额，在原固定总价上面进行增加或者减少来结算。具体的结算处理方式如下：首先将重新设计的施工图与招标施工图进行图纸比对，将比对出来的工程量和做法等差异按照施工合同条款"变更的估价原则"的约定套取相应定额进行组价，得出该部分工程造价 B；假如工程量和做法是增加的，则结算造价是在原来的固定总价上增加，即结算价为 A+B。假如工程量和做法是减少的，则结算造价是在原来的固定总价上减少，即结算价为 A−B。

在实务中，一般项目在招标的时候，建设单位要编制一个招标控制价。假定这个项目的招标控制价为 A_1，招标控制价一般是按照定额套取，而定额一般又是按照一般行业水平编制的，通常来讲根据定额计算的工程造价比市场化计算的工程造价要高，也就是利润率要高些（定额文件中的名义利润率一般不高，比如 ×× 省定额规定房屋建筑工程定额利润按照定额人工费和机械费的 12% 考虑，折合到整个工程造价上面，利润率预估只有 5% 左右，但是由于定额本身编制时每个定额子目的人工、材料、机械是按照一般行业工艺水平考虑的，实际市场化的情况下很多施工企业的生产效率比定额要高，因此综合下来施工企业的实际利润率就远远高于定额本身的名义利润率水平）。所以很多时候，招标控制价原则上是按照定额套取，但是针对某些定额价格偏高的子目，控制价在该定额子目上价格要进行下浮或者直接采用市场单价并结合一定的利润率考虑，而不完全按照定额计算。假定 ×× 省的定额实际利润率为 20%，那么一般招标控制价的利润率要低于 20%。施工企业实际编制投标文件时，一般也是套取的定额，为了中标，施工企业一般会在正常定额水平情况的利润下进行下浮，竞争越激烈施工企业投标时候下浮比例越高。假定该项目施工企业在正常定额编制利润水平情况下下浮 60%，按照造价 A，也就是 40%×20%=8% 的实际利润率水平投标并中标，承接该项目。

在这种情况下，假定重新设计的施工图与招标图进行图纸比对后，工程量和做法是减少的，结算价为 A–B，其中 A 为中标固定合同总价，包含了 8% 的利润率，B 为变更的造价，包含了 20% 的利润率。这种情况下，那么变更减少的越多，A–B 后施工企业实际的利润就越少，并且存在某个临界点，当变更造价占比到原固定总价的一定比例后，施工企业的实际利润率为 0。这个临界点是多少呢？可以通过等式 $A×8\%–B×20\%=0$ 进行推算，即 $B/A=0.4$，也就是当变更造价占比固定总价在 40% 时，施工企业的实际利润率就为 0；如果变更造价占比更高，那么施工企业就会出现亏损的情况。

假定重新设计的施工图与招标图进行图纸比对后，工程量和做法是增加的，结算价为 A+B。那么这种情况下，变更的造价越高，施工企业的实际利润率就越高，施工方的实际利润率为：$（A×8\%+B×20\%）/（A+B）$，实际利润率就会远远高于投标时的利润率 8%。

而该项目实际情况是重新设计的施工图工程量和做法与招标图相比是减少，因此建设单位提出按照结算价 A–B 进行结算办理。

而施工企业针对该施工合同的约定，采用不同的断句和理解方式，却有截然不同的理解和解读。

首先专用条款的约定："工程施工中如因设计变更发生的工程量增减或实施项目发生变化……"可以按照以下断句进行理解：工程施工中，如因设计变更发生的（工程量增减或实施项目发生变化……），前后是定语和宾语的关系，设计变更是引发的缘由，工程量增加或者实施项目发生变化是结果。因此，原来的施工合同约定可以理解为：工程施工中，如因设计变更发生的工程量增减；或工程施工中，如因设计变更发生的实施项目发生变化……，也就是只有设计变更导致的情况才适用专用合同条款"15.4   变更的估价原则"的约定。

专用条款第 15.1 条又约定："变更的范围与内容：按通用合同条款执行。"

根据合同通用条款"第八条   工程变更"，工程变更又分为工程设计变更和其他变更，其中工程设计变更发生的情况，则适用于专用条款第 15.4 条的约定，直接按照定额套取设计变更部分的工程造价 B，再在原固定总价包干合同的基础 A 上，增加或者减少变更造价 B，就得到本项目的结算造价。

但是对于其他变更，根据通用条款第三十条约定："合同履行中发包人要求变更工程质量标准及发生其他实质性变更，由双方协商解决。"即质量标准发生变化，其他实质性发生变更，就意味着不是设计变更，而是其他变更，对于其他变更的情形下，该施工合同的专用条款没有进行约定如何结算。根据通用条款第三十条约定，其他变更情况下的结算方式需要双方协商解决。

根据《民法典》第五百一十条、第五百一十一条的相关规定：

第五百一十条　合同生效后，当事人就质量、价款或者报酬、履行地点等内容没有约定或者约定不明确的，可以协议补充；不能达成补充协议的，按照合同相关条款或者交易习惯确定。

第五百一十一条　当事人就有关合同内容约定不明确，依据前条规定仍不能确定的，适用下列规定：

（一）质量要求不明确的，按照强制性国家标准履行；没有强制性国家标准的，按照推荐性国家标准履行；没有推荐性国家标准的，按照行业标准履行；没有国家标准、行业标准的，按照通常标准或者符合合同目的的特定标准履行。

（二）价款或者报酬不明确的，按照订立合同时履行地的市场价格履行；依法应当执行政府定价或者政府指导价的，依照规定履行。

（三）履行地点不明确，给付货币的，在接受货币一方所在地履行；交付不动产的，在不动产所在地履行；其他标的，在履行义务一方所在地履行。

（四）履行期限不明确的，债务人可以随时履行，债权人也可以随时请求履行，但是应当给对方必要的准备时间。

（五）履行方式不明确的，按照有利于实现合同目的的方式履行。

（六）履行费用的负担不明确的，由履行义务一方负担；因债权人原因增加的履行费用，由债权人负担。

根据《民法典》的规定，当事人双方就价款没有约定或者约定不明时，首先双方协商，协商不成的，按照交易习惯或者政府指导价执行，建筑行业工程造价领域的行业习惯和政府指导价是定额计价。

根据《最高人民法院关于审理建设工程施工合同纠纷案件适用法律问题的解释（一）》（法释〔2020〕25号）第十九条：

第十九条　当事人对建设工程的计价标准或者计价方法有约定的，按照约定结算工程价款。

因设计变更导致建设工程的工程量或者质量标准发生变化，当事人对该部分工程价款不能协商一致的，可以参照签订建设工程施工合同时当地建设行政主管部门发布的计价方法或者计价标准结算工程价款。

建设工程施工合同有效，但建设工程经竣工验收不合格的，依照民法典第五百七十七条规定处理。

根据上述司法解释条款的规定，更加明确地阐述了在建设单位与施工企业双方对结算方式没有约定或者约定方式不明确的情况下，可以参照该项目所在地的定额文件进行工程价款的结算。

因此施工企业的合同解读是重新设计施工图属于实质性变化，不属于设计变更，施工合同对于这种情况下没有约定结算方式，因此可以对重新设计的施工图参考该项目所在地的定额文件进行结算，也就意味着该项目的结算造价，根据重新设计的施工图重新套取定

额得出结算造价 C，与原来施工合同中标固定总价 A 就没有任何关系。而根据前述的分析，按照此种理解和结算方式，施工企业的实际利润率就能达到 20%（基数是造价 C），远远超出投标时的利润率 8%（基数是造价 A）。

按照这种合同理解和解读方式，该项目有可能还会出现实际设计施工图工程量比招标图工程量和做法减少，但是计算出来的结算造价 C 比原来的中标固定总价 A 还要高的情况，这是为什么呢？因为原来中标固定总价 A，就是在正常定额计算的时候，将利润下浮了 60% 得出来的，也就是假定原来招标图完全套取定额得出来的造价是 A_1，那么中标固定总价 A 实际上是 $A_1 \times (1-20\% \times 60\%) = 0.88A_1$。这代表着，重新设计施工图如果与招标图相比工程量和做法降低，只要工程量和做法变化的幅度在（1-0.88）也就是 12% 以内，那么按照施工企业理解的结算方式，将重新设计的施工图重新套取定额得出的工程造价 C，就会比中标固定总价 A 还要高的情况。

也就是说，按照施工企业的断句和合同解读：

如果重新设计施工图与招标图相比，工程量和做法减少幅度在 12% 以上，那么结算造价 C 小于中标固定总价 A，实际利润率为 $C \times 20\%$。

如果重新设计施工图与招标图相比，工程量和做法减少幅度在 12% 以内，那么结算造价 C 大于中标固定总价 A，实际利润率为 $C \times 20\%$。

如果重新设计施工图与招标图相比，工程量和做法增加，那么结算造价 C 大于中标固定总价 A，实际利润率为 $C \times 20\%$。

因此，同样的施工合同条款，一方面由于标点符号的应用不规范不严谨导致的理解歧义，另一方面由于实际施工过程中又发生一些特殊的在平常情况下没有发生的异常情况，两个因素相重合相叠加，最终对建设单位和施工企业双方，就会产生巨大的商务风险，以及旷日持久难以解决的结算纠纷和争议，甚至为此走上诉讼程序，双方对簿公堂。因此，在施工合同的实务中，需要特别注意标点符号的使用，尤其是在结算条款的约定中，更是要特别慎重，不同的停顿不同的断句，再结合施工项目的特殊情况和计价方式，差之毫厘，最终可能就是谬以千里。

同时，在工程实务中，经常会出现招标图是一个版本的图纸，实际施工图又是另一个版本的图纸，或者在施工过程中，由于功能、规划的调整，导致原设计图作废，重新设计施工图。在此种情况下，重新设计的施工图是否能理解为设计变更，最好是提前在施工合同中进行相应的约定，避免后期出现理解歧义和争议，因为在该种情况下，不提前约定最终往往导致的结算争议和商务风险是非常巨大的。

2）标点符号的使用规范

根据国家标准《标点符号用法》（GB/T 15834—2011），并结合到造价商务工作的严谨性、专业性、细致性的工作特点，在日常实务中，标点符号的使用时要注意以下相关的注意事项和规范要求。

（1）句号

句号是表示陈述句末尾的停顿，一般用于一个相对完整意义的语句之后。在实务中，要避免出现"一逗到底"的情况，也就是多个句子，全部使用逗号，而不使用句号有效进行分隔。一般在表示关联的词语，例如"但是"，"所以"等之前，一般不使用句号。

句号只有小圆圈一种形式，不能使用小圆点句号。

（2）问号

问号的作用是表示疑问句末的停顿。

在实务中，当我们对一个事项表示怀疑或不确定时，可以采取问号以加括号的形式"（？）"进行特殊的表达。

（3）感叹号

感叹号的作用是表示感叹句末的停顿。

感叹号的误用一般体现为感叹号多用，最常见的有两种情况：一种是，凡是句子带感情就用叹号；另一种是，只要看见语气词就用叹号。在实务中，一般当语句是抒发某种强烈的感情时，我们才使用感叹号，不是感情特别强烈的情况下，可以使用逗号或者句号等表示。

（4）逗号

逗号的作用是表示句子内部的一般性停顿。

当我们使用顿号表示较长、较多或较复杂的并列成分之间的停顿时，最后一个成分前用"以及"进行连接，在"以及"之前可用逗号，最后一个成分前用"及"进行连接，在"及"之前不可以用逗号。

在由"特别是、尤其是、无论、乃至、甚至、也、而且、包括、或者"等构成的短语插在句子当中，表示补充、修正、限制、转折、递进、举证、扩展、修饰、阐述等作用时，这些成分之前应该加逗号。

（5）顿号

顿号的作用是表示句子内部并列词语之间的停顿，顿号表示的停顿范围和内容一般要比逗号少。

两个数字连用表示概算时，两个数字之间不用顿号，例如："一二十个"。当相邻两个数字连用不是表示概数，而是一种缩略形式时，应该使用顿号，例如："七、八两个月"。

并列的几个书名号、引号之间不需要使用顿号隔开，但是，若有其他成分插在并列的书名号或引号之间（如书名号或引号之后还有括注），那么在其之间就应该使用顿号。

（6）分号

分号表示复句内部并列分句之间的停顿，分号表示的停顿范围和内容一般要比逗号大。

分号的误用一般体现为漏用分号，在应该使用分号的地方用了逗号或句号，显得复句内部层次不清。特别是在多重复句中，复句之中又包含复句，如果不用或少用分号，会使整个文意趋于淡化，造成表达的意思不明确。

（7）冒号

冒号的作用是表示提示性、总说性话语之后的停顿或总说性话语之前的停顿，用来提起下文或总结上文。

冒号的主要功能是提示或与总结有关的停顿，也就是既要提示又要停顿时，才使用冒号，如果不属于提示而仅仅是停顿使用冒号是不合适的。在一个完整的句子内部使用双冒号，这种情况也是不合适的。

（8）引号

引号的作用是标明行文中直接引用的话，为的是和作者自己的话区别开来。

引号的形式有双引号和单引号两种，只用一组引号时，用双引号；当引号中还需要使用引号时，外面一层用双引号，里面一层用单引号；需要用三组引号时，先用双引号，后用单引号，再用双引号。

（9）括号

括号的作用是标明行文中注释性的话，用来标示语段中的注释内容、补充说明或其他特定意义。括号的主要形式有圆括号"（　）"、方括号"〔　〕"、六角括号"〔　〕"、方头括号"【　】"。

其中圆括号主要用于标示注释内容或补充说明，标示订正或补加的文字，标示序次语，标示引语的出处；方括号用于标示作者国籍或所属朝代；六角括号主要用于标示公文发文字号中的发文年份；方头括号用于标示电讯、报道的开头，被注释的词语。

括号里的话如果是注释句子的某些词语的，称为句内括号。句内括号要紧贴在被注释的词语之后，括号内一般不使用句号。

括号里的话如果是注释整个句子，称为句外括号。句外括号要放在句末的标点之后，括号内容结束时可以使用句号。

除了一些数学和逻辑公式外，所有的括号应尽量避免套用，必须套用括号时，宜采用不同的括号形式配合使用。

在使用括号里面包含数字的方式表示序数进行罗列时，括号后面就不再使用顿号或者其他标点符号。

（10）破折号

破折号的作用是标明行文中解释说明的语句，以及表示话题突然转变、声音延长、事项列举、分承等。破折号的解释说明与括号用法不同，破折号的解释说明是正文的一部分，括号里的解释说明不是说明，仅仅是指注释。

（11）省略号

省略号的作用是标明行文中省略的话，也可以表示说话的断断续续。

省略号之前如果是句号、问号、叹号、冒号，说明前面是完整的句子，那么句号、问号、叹号、冒号等要保留；省略号之前如果是顿号，顿号则不需要使用。

如果在句子结尾处用了省略号，表示句子已结束并有省略，省略点之后也不再使用句号。省略号与"等""等等""之类"等词语在一起时，属于重复，或者只使用省略号，或者只使用该词语。

（12）其他注意事项

在标示数值范围时，使用波浪线连接号。此时，在不引起歧义的情况下，只在后一数值后加计量单位，用波浪线连接的两个数值，其单位是一致的。例如："10～50 cm"。

在标点符号输入时，要确保输入法是中文状态，与正文输入时的输入法保持一致。

在文档中存在二级或者多级标题的时候，在标题的后面一般不使用标点符号。

造价笔记603

同样一件事情不同人做出来的差异很大，
是因为不同的人心里装的事不一样大

应该是在三年前，我们团队和H总都在进行造价实训，都做得如火如荼，只是H总开展的是公路工程领域，我们进行的是建筑工程领域。

在实训实施的具体模式上，我们采取的是大而全的模式，从识图到平法到手算到高层到别墅到定额全方位系统讲解，因此实训时间也就特别长，前后接近4个月左右。H总采取的是专而透的模块化的方式，按照隧道、桥梁、路基、路面、涵洞、交安等分为大模块，再结合公路标准清单细分为小模块，每个模块从识图、核量、定额、清单、计量等进行详细讲解，每个模块实训也就数天左右。

三年下来，当时的我们很自信自己的模式和方式，但是三年后的现在，H总的实训在线上和线下依旧如火如荼，实训区域已经从区域扩展到全国市场，在业内甚或全国慢慢地开始有了影响力和品牌效应。而我们，4个月的系统实训课已经取消，也全面转向了专而精的一到两天的企业专项实训模式。

为什么同样一件事情，同样是有客户有市场需求的事物，最终的结果差异就这么大呢？回过头来仔细思考，核心关键在实施这件事情的人当时心里装的事是不一样大的。

当时的我，心里装的就只有技术那一点事儿。我深深地认为，技术，只有全面系统地扎扎实实地学习，才能真正有所成，有所获，有所得。

而H总，在思考这个问题的时候，技术只是一个维度，还需要考量行业发展的趋势，趋势就是企业才是实训最终的真正客户。对于企业，在最短的时间有效地解决问题是核心关键。因此，没有企业能承担4个月这么长的时间去参加不能针对性解决问题的实训。除此之外，还需要考量商业模式。拖沓而冗长的实训需要投入巨大的精力，收费又不能根据时间而定得过高，更为关键的是没有办法标准化，快速地推广和复制；而模块化的这种模式，才更为商业，只有商业的才能更持久，因为没有企业能在不盈利的商业模式下保持持续，短期的理想主义可以，长期的现实主义是不行的。上述之外，还要考虑内部人才的培养，实训与主营业务的相互关系，产品的更新迭代方式和模式，行业计价模式的变化和调整……

不谋全局者不足谋一域，心里装的事不长远者，也就只能谋一时，就是这个道理。

就如当下，全球新冠病毒感染者昨天已经超过了一千万例，如果我们心里不装事，就会仅仅认为这是一个与我们相隔很远的数字，但是，如果我们心里装着事，就会意识到这会是影响深远的一个标志性历史大事件。大的不谈，只说我们的职业，我们会意识到客户的市场需求会发生改变，客户会全面的追求费用低能立马解决具体问题产生效益的产品或者服务，高价或者不能马上解决具体问题的务虚的事物，就很难获得客户的认可。因此，对我们来讲，提升自我效率降低成本解决具体问题并且可视化，是我们产品或者服务提供的核心关键。

我们会意识到从内部管理层面，一人多岗一人多职会成为普遍现象。如果我们不能快速地掌握其他岗位的技能，不能建立快速地接受和学习新事物的能力，还停留在岁月静好，只做好自我本职工作这种往常的心态，很可能在接下来的失业队伍中会有我们惶惶的身影。

我们会意识到从营销部门到技术部门，现实不再给我们在工作中有出错的机会和包容。一犯错，可能对企业和个人，就是生与死的问题，而不是以往的知错就改从头再来的市场和环境包容。因此，这需要我们营销在前期业务对接时，把以往很多后期实施的事情提前做，比如提前深入了解项目信息，分析项目资料，提前做项目实施方案评估是否有风险。这就需要我们技术部门在具体做事的时候全力以赴，因为如果技术失误，那么客户就会在接下来的项目中抛弃我们，不会再像以往一样给我们重新补救和挽回的机会，因为大环境让客户没有办法再容错，客户也承担不起了。

······

所以，努力让我们内心装的事儿大一点，再大一点，对企业对个人，在渡过当下的这场大环境下的危机的过程中，能够转危为机，至少是一个思路或者方法。

2020 年 6 月 29 日

3.2　文档的表达技巧

通过字、词、语句、语法和标点符号的应用和表述，我们基本能完成一篇有效的文档，但是站在造价商务的角度，一字一句一段话组成一篇文档之后，文档内部本身以及文档与文档之间，如何有机地结合和组合，往往会成为影响工程造价的重要因素。如何在文档表述的过程中，通过一定的表达技巧，把相应的风险价值意识融入其中，并通过一些具体原则和思路方法对最终组装成工程造价的各种技术和经济文件进行统一协调和表达管理，这就是文字的基本表述之外需要重点考究和关注的一个方面。

在实务过程中，通过文档的表达技巧对各种技术经济文档进行风险管理和相应的价值创造，需要使用一个基本意识，三个具体原则进行统一和协调，具体分别是：一个基本意识，即一致性意识；三个基本原则，即具体原则、弥补原则、模糊原则。

3.2.1　一致性意识

什么是一致性意识呢？就是构成我们工程造价的相关的各种技术经济文档，文档本身内部和文档与文档之间，对相关事情的表述，需要保持一致和统一。例如我们的投标报价文件、施工组织设计、清单定额描述、往来函件、设计施工图等，对具体某一事情的表述需要保持一致，避免由于表达不一致带来理解的歧义并最终引发造价的争议和纠纷。

在实务过程中，一致性意识又分为三个方面：文档描述的事实与实际一致、文档自身内部相关的描述一致、文档之间相关的描述一致。

1）文档描述的事实与实际一致

文档描述的事实与实际发生的情况一致，就是要求文档的表达要实事求是，不能投机取巧，弄虚作假。在实务中，又分为两个层面，第一个层面是文档本身表达的内容要真实存在，并与实际发生的事实保持一致。例如，在某项目的地下室挡土墙背回填中，实际回填的是回填土，如果办理的签证单中描述的为混凝土回填，这就属于签证单表述的事实不存在，可能导致该签证单无效，不能进入最终工程结算造价。

第二个层面是文档表述的内容要实事求是，既不对客观事实夸大，也不对客观事实的进行缩小，客观公正地表述。例如，在某项目中，实际发生的外运土方工程量为 1 000 m^3，签证单中办理的外运土方工程量表述为 10 000 m^3，这就属于签证单表述的内容没有实事求是。没有实事求是的表达可能导致一些其他逻辑问题的出现，例如将外运土方工程量的事实扩大，可能导致整个项目在最终结算办理时土方工程量整体计算不平衡，由此引发其他相应的结算争议，或者导致对该没有实事求是描述的签证单本身发生争议，无法进入最终工程结算造价。

2）文档自身内部相关的描述一致

文档自身内部相关的描述一致，就是要求文档自身内部的各个部分之间，对同一个事情的表述需要保持一致，不冲突，不矛盾，不发生相互之间的理解歧义；文档自身内部的各个部分的内容，存在一定的逻辑关系、因果关系、生活常识，要满足相应的逻辑推理和因果关系，不违背相应的工作和生活常识。

案例：施工合同关于工期的约定

◆案例背景

某建设工程项目，建设单位与施工企业在施工合同中，对工期的约定如下：

三、合同工期

计划开工日期：2018 年 5 月 10 日

计划完工日期：2018 年 9 月 10 日

工期总日历天数：120 日历天

◆商务解读

根据施工合同约定的开工日期和完工日期进行详细推算，计算出来的工期总日历天数为 124 天，而该施工合同的后续表达又是工期总日历天数为 120 日历天，施工合同本身对工期的表述不一致，导致该项目在实际履约过程中，对工期顺延、索赔、违约等一系列的相关事情造成影响，导致建设单位与施工企业产生争议。

在实务中，针对工期的表述，既存在总工期，计划开工日期和计划完工日期的表述，还存在有各个单项工程的相关工期表述，重要节点完成工期的表述等，要特别注意各个工期表述的内容要保持一致，相互吻合，相互匹配。

案例：市政道路维修工程清单内容的表述

◆案例背景

比如某市政道路维修工程，实际施工内容为施工企业拆除现有需要维修的路面，在拆除的路面区域重新施工路面的结构层和面层。分部分项工程项目清单如表 3.4 所示。

表 3.4　市政府道路维修分部分项工程量清单

序号	项目编码	项目名称	项目特征	计量单位	工程量	金额 / 元		
						综合单价	合价	其中：暂估价
1	041001001001	拆除路面（沥青路面）	1. 材质：沥青混凝土 2. 厚度：15 cm	m²	485.55	6.37	3 092.95	
2	041001001002	拆除路面（水泥稳定层）	1. 材质：水泥稳定层 2. 厚度：45 cm	m²	220.5	28.91	6 374.66	
3	040103002001	余方弃置	1. 废弃类品种：综合考虑 2. 运距：按照 5 km 考虑	m³	180.75	15.08	2 725.71	
4	040203007001	水泥混凝土 C30	1. 混凝土强度等级：商品混凝土 C30 2. 厚度：45 cm 3. 包含混凝土拌和、运输、浇筑，模板制作、安装、拆除	m²	220.5	175.19	38 629.40	
5	040901003001	钢筋网片	钢筋种类、规格：综合考虑	t	6.7	7 701.96	51 603.13	
6	040203006001	沥青混凝土	1. 沥青：中粒式（AC-16）细粒式（AC-13 改性） 2. 其他：满足规范要求 3. 厚度：中 9 cm+细 6 cm	m²	588.97	210.17	123 783.83	
7	040203003001	透层、粘层、封层	材料品种：满足规范要求	m²	588.97	3.34	1 967.16	
小计							228 176.84	

◆ 商务解读

　　结合市政道路的结构构成，一般是由路面基层、水稳层、面层（混凝土面层或者沥青混凝土面层）三大部分组成，结合到本项目为市政道路维修工程，根据清单项目特征描述，可以知道该市政道路原结构构成为：路基基层 +45 cm 水稳层 +15 cm 沥青混凝土面层。根据水泥混凝土与水泥稳定层路面拆除的面积和厚度一致，可以推导出拆除的水稳层部分重新使用的是混凝土浇筑填充，混凝土填筑完成后再在其上施工沥青混凝土面层，其余拆除的沥青路面重新使用相应的沥青混凝土浇筑。

根据该分部分项工程项目清单文档的描述，拆除沥青路面为 485.55 m²，拆除厚度为 15 cm；拆除水泥稳定层路面为 220 m²，拆除厚度 45 cm。那么根据上述表述，可以推算出拆除外运垃圾最大不超过：488.55×0.15+220×0.45=172.28（m³），小于清单里面的余方弃置外运工程量 180.75 m³，两者表述不一致。

根据该分部分项工程项目清单文档的表述，沥青路面拆除面积 488.55 m²，重新施工的沥青混凝土路面却为 588.97 m²，拆除的路面面积远远小于重新施工的路面面积，两者明显不符合逻辑关系，表述不一致。

从专业、常识、逻辑等多个维度和角度，文档本身内部的内容、相关的表述，是存在一定内在的逻辑关系和基本原理的，这就需要我们在表达时用心去思考、细心去把控，让文档各个部分内容彼此之间保持一致，不发生冲突和理解歧义，避免带来后续的结算争议和纠纷。

3）文档之间相关的描述一致

文档之间相关的描述一致，就是针对一个项目庞杂的工程技术经济资料，对同一件事情的表述，可能在不同的文档中涉及，那么在不同的文档中进行相应内容表述的时候，我们就需要特别注意，在不同的技术经济资料文档之间，对某一件事情某一个问题的表述，需要保持一致。

案例：屋面装饰装修做法的表述

◆案例背景

某房屋建筑工程项目，在设计施工图中对于屋面装饰装修的做法表述如下：

（1）25 mm 厚 DSM15 砂浆保护层，分格面积宜为 1 m²。

（2）200 g/m² 聚酯纤维无纺布隔离层。

（3）65 mm 厚难燃型挤塑聚苯板 B1 级（厚度详屋面节能设计）。

（4）3.0 mm 厚 SAM 自黏聚合物改性沥青防水卷材 I 型，遇墙上翻至建筑完成面以上 300 mm，2.0 mm 厚热油膏粘贴。

（5）3.0 mm 厚 SAM 自黏聚合物改性沥青防水卷材 I 型，遇墙上翻至建筑完成面以上 300 mm，2.0 mm 厚热油膏粘贴。

（6）最薄处 30 mm 厚细石混凝土 2% 找坡层，随捣随抹光。

（7）刷基层处理剂一道。

（8）钢筋混凝土屋面板，表面清扫干净。

施工企业在编制施工方案时，对屋面防水材料的做法表述如下：

本项目地下室顶板防水做法：3.0 mm 厚 SAM 自黏聚合物改性沥青防水卷材，2.0 mm 厚热油膏粘贴（两道）。

◆商务解读

施工方案中的表述没有明确防水卷材是 I 型的，另外"2.0 mm 厚热油膏粘贴（两道）"可以理解为只有油膏做了两道，而 3.0 mm 厚防水卷材做了一道，而且施工方案中没有明确防水卷材的上翻高度，这样施工方案与设计图纸的表述存在不一致的情况，容易在最终结算办理时导致争议和纠纷的发生，对施工企业来讲，就是一个潜在的风险。

由于一个工程项目的资料非常多，既有技术方面的，又有经济方面的，还有其他各种各样的资料，而这些资料又是分别由不同部门不同岗位的人员负责具体编制，因此就非常容易产生多个文档之间的表述冲突和不一致现象。比如在旋挖桩施工过程中，如果施工时出现垮孔现象往往会采取反压混凝土进行回填，对反压混凝土的工程量一般采取现场收方的形式确定。这个时候造价商务人员编制的反压混凝土签证收方单上载明的时间，经常会与现场资料人员编制的旋挖桩施工记录档案资料中钻机施工的时间不一致，由此导致后期工程结算的纠纷与争议。因此，要解决文档之间相关的表述一致性的问题，一方面要求项目管理团队全体成员在平时工作中养成一致性意识的工作习惯，也就是在编制自己岗位职责范围之内的文档时，要下意识地去留心和去思考，自己编制的这个文档与其他哪些文档资料会发生关联和相互影响，提前注意和规避；另一方面，项目管理团队成员各自编制的相关文档，可以在团队成员之间交叉检查和相互把关，这样就可以把相关问题消灭在萌芽阶段，及时有效的处理和修改调整。

造价笔记601

不要光看对方说什么，更要看对方做了什么

前不久，一个朋友向我推荐他正在做的一件事情，每天通过微信中的小程序，早上起床打卡和晚上睡觉打卡。打卡的时间和结果在小程序和朋友圈可见，这样一方面可以给自己进行暗示坚持执行，另一方面通过朋友圈和小程序中其他参加朋友的相互监督相互影响，让这个动作得以持续。一段时间下来，朋友确实养成了早睡早起的好习惯。

朋友推荐了，于是我也就关注了这个小程序并加入打卡团队。后来我把这个事情置之脑后，没有每天早上起床和晚上睡觉前去打卡。开始的时候小程序还不断发一些激励人的语录来督促我，后面见我还是没有具体行动，小程序就没有再提醒，也就忘却我的存在了。

为什么我当初要关注这个小程序呢？因为他人给你推荐他人认为好的事物，从尊重的态度从理解的角度从社交的礼仪，我们肯定都要正面去回应，并且给予肯定，甚至是去从形式上参与，这是现代社会职场的基本礼仪和职业素养。但是，这个好的事物对自己是否真正有用，是否要真正落地，那就只有自己才知道，要结合自己的实际情况去进行取舍，而不能人云亦云，随波逐流。

比如小程序打卡督促自我形成良好的作息习惯，这本身是非常好的主意。但是，由于我们家有两个小孩，又是自己在带，没有老人长辈帮忙，所以，每天早上6点起床，是雷打不动的，因为时间晚了，小孩的穿衣洗漱，早餐上学等就会连锁反应，产生各种影响。因此，不需要闹钟和打卡，我们都是早上6点就起床，并形成了自然的生物钟。晚上，我们要辅导小孩作业，洗澡，讲故事，交流，各种家务事和小孩的事情处理完，都是晚上11点左右，所以基本上也就是11:30左右睡觉，再早的时间就不是自己能去确定和左右的了。因此，自我的原因，自身的实际情况，导致自我的作息时间很固定，根本不需要小程序来督促，所以，这也就让我对这个小程序不上心，没有具体的行动和动作。

在工作和生活的很多场合，或者是由于面子，或者是由于礼仪，或者是由于职业素养等，他人会说很多，并且可能很有道理，很有想法；他人会许诺我们很多，并且可能很感人，很真诚。这个时候，我们不能被他人具体的言语所带入，关键是要看对方，在接下来的工作中是否按照他所说的去具体实际行动。如果没有，那么前面他人所说的，我们听听就好，不要当真；如果他人有具体的实际行动，我们可以先观察，观察一段时间后，如果对方还坚持在行动，那说明对方所说的基本靠谱，是言行一致的，可以结合自己的实际情况去跟随着采取相应的行动和动作。

就如生活中，聚会散会时大家会说下次再会，下次一定要好好地多交流；就如工作场所相互认识，分开时相互握手真诚的欢迎邀请来我们的城市旅游，我一定会负责招待……这种我们就能很理解，只是说说而已，除此之外，别无其他，更不能当真。

那么，到具体工作开展和工作布置，以及自我的工作职场相处和职业发展，能意识到这一点，我们会发现，很多事情没有那么纷扰，我们工作的目的和方式也就更明确，更简洁，更高效。

2020 年 6 月 23 日

3.2.2 具体原则

什么是具体原则呢？就是我们在文档的表述过程中，针对文档表述的有关内容或者相关事实，是涉及我们自己一方的利益，是关系到对方的义务和责任，关系到对方的经济和风险的，那么我们在表述这些内容和事实的时候，需要表述得越具体、越明确、越清晰为好。这就有如我们在数学中求某一个函数值时所对应的区间，当这个函数对应的区间是闭合的情况下，那么这个函数的值最终也是确定的。应用到文档表述中的具体原则，也就是意味着我们用闭合的区间闭合的事实来确保提前进行风险控制，确保自己一方的利益明确和确定，对应的也就是我们常说的风险管理实践中的风险控制的原理和思路。

案例：幕墙工程装饰线条节点的表述

◆案例背景

某幕墙工程，采取清单计价方式，工程量按实计量，该幕墙某区域在玻璃面层之上，存在转角装饰线条，该转角装饰线条实际施工效果如图 3.1 所示。

图 3.1　幕墙工程转角装饰线条实际施工效果图

◆商务解读

幕墙工程量的计算规则通常是根据设计图示尺寸计算。本项目装饰线条在转角处是斜向切角连接，如果施工企业在绘制该幕墙工程竣工图的时候，不详细绘制装饰线条在转角处的斜向切角连接的节点详图，那么在结算审核的时候，装饰线条长度会直接按照转角处直角相连的方式计算长度，而不会按照斜向切角计算相应长度，导致结算工程量少算。因此，施工企业需要在竣工图绘制时，使用文档表达的具体原则，在竣工图中对该装饰线条转角斜向切角连接的节点进行详细的描述和表达，确保结算工程量计算完整。在外墙装饰工程中，比如石材外墙装饰，相关型材的外墙装饰，在转角处的连接方式不同经常导致结算争议，这种情况下建议提前在施工合同或者清单计价文件中进行具体明确的约定，并在竣工图中进行详细具体的表述，这样才能有效地规避结算争议，降低商务风险。

造价笔记609

越具体和明确的目标，越有助于事情的推进和实现

前天是大妹本学期的期末考试。在考试前，大妹的数学T老师给同学们定了个目标，数学考了满分的同学可以不做暑假作业。

在考试之前，班主任P老师组织全班同学进行民主投票推荐，选出得票数前8名的同学作为三好学生评选的候选人，这8人中期末成绩前4名的同学作为正式优秀三好学生推荐人选报送给学校。经过同学们民主投票，大妹得票数稳居前8名。

考试前几天，由于大妹有点失眠，一定要我晚上陪她一起睡觉，在睡前的聊天中，我和大妹定了个小目标，期末考试总分达到××分，我就告诉大妹我每月的收入和家庭每月的支出情况。大妹平常非常喜欢算账，一直想要了解家庭经济情况，这次就通过设置期末考试小目标来实现。

考试的当天，大妹很淡定，铅笔没有带，提前借了同学的，考完后也非常的淡定，只说做完了。昨天老师公布成绩，数学满分，语文××，总分××名列班级第一。成绩公布时我正好在项目上开会，大妹打电话给我，主要关心总分虽然没有达到我们约定的××分，但是却是班上的第一名，问我们两个之间的约定能否兑现。我故作镇定地说回家再商量，但是一到家就主动给大妹点赞并履行了我们之间的小承诺。

回顾大妹的这次期末考试事件，大妹一共给自己确定了三个小目标。这三个目标非常明确，也很具体，更为关键的是与大妹目前的环境自己的情况是非常密切相关的，只要实现，大妹就可以马上得到兑现，可见而且可期，而不是那种遥远的缥缈的长期的目标，在这种情况下，大妹肯定会在最后阶段全力以赴，发挥自己的最佳水平和实力。

因此，越具体和越明确越当下的目标，是越有助于事情的推进和实现的。

在工作中同样如此，一个复杂的工程结算项目，我们可以把最终的目标先拆分为当下一个个具体的明确的小目标，让当下的自己摸得着看得见并且以自己的能力觉得是可以实现的，一点一点地完成小目标。在完成过程中，不断给自己树立信心，不断给自己心理暗示，不断给自己成就和成长，这样，那个长远的结算目标，其实就在这个小目标不断完成的过程中，逐渐的推进和最终不经意间就到达了。

所以，从当下细小的明确的开始，从现在的点滴完成开始，树立小目标，保留大方向，坚持推进，事情最终的成功概率就大很多。

2020年7月8日

3.2.3 弥补原则

什么是弥补原则？就是我们在文档的表述过程中，针对文档表述的有关内容或者相关事实，如果是涉及双方的直接利益，我们在进行文档表述的时候，对尽量涉及自己利益的内容表达上面进行闭合和明确，对涉及对方的利益而是自己风险的地方则用一些其他的方式，或者强调，或者突出，或者忽略……表达方式进行弥补，确保自己的利益最大化。这就有如我们在数学中求某一个函数的值时所对应的半闭半开区间，应用到文档表述中的弥补原则，也就是意味着我们用部分闭合的内容来确保自己一方的利益确定，用没有闭合模糊的内容来降低自己其他方面的风险，这对应的也就是我们常说的风险管理实践中的风险规避的原理和思路。

案例：变形缝核价单的表述

◆案例背景

某建筑工程项目采取定额计价，材料价格按照甲方核价进行调整调差。在施工过程中，施工企业针对该项目变形缝所用的镀锌铁皮，编制材料核价单报送建设单位，核价单文档的具体如表 3.5 所示。

表 3.5 ××项目材料核价表

序号	材料设备名称	规格/型号/技术/参数	甲方核定品牌	单位	数量	使用部位	甲方核价/元	备注
1	镀锌铁皮	300 mm 宽，1.0 mm 厚	××	m^2	××	伸缩缝	××	××

◆商务解读

材料核价单是组成工程造价的非常关键的经济资料之一，牵涉建设单位和施工企业双方的直接经济利益。因此在表述中，需要去闭合自己一方的利益，去化解和规避自己的对应的风险。

在该项目材料核价表的表达中，对于规格型号技术参数部分，针对镀锌铁皮从两个维度进行了表述："300 mm 宽，1.0 mm 厚"。这样的表述看似非常准确非常全面地表达了材料的型号，但是越精确越具体越全面的表达，也就越给施工企业后期结算办理留下相应的潜在风险。

比如，站在结算审核的角度，如果该项目镀锌铁皮的实际宽度是 301 mm，那么该核价单对应的是 300 mm，不是 301 mm，从严格意义上的审核要求考虑，该 301 mm 宽的镀锌铁皮就需要重新核价，而 300 mm 宽的镀锌铁皮核价单无法直接使用进入结算。一般在项目建设过程中，施工企业还处于一定的有利位置，材料核价还处于相对可控范围，如果是到了结算办理的时候再重新核价，就会因为种种外部条件的影响，导致材料核价不理想甚至比实际成本价格还要低的风险。对于一些在施工过程中核价利润比较高的材料，在某些时候，建设单位在结算审核时会以实际使用材料相关参数与核价表中表述的一些参数有差异而提出重新核价，通过该方式对工程造价进行审减。因此，在这种情况下，材料核价单参数表述的越多越详细越明确，存在差异的可能性就越大，导致结算审减的风险也就越高。

另外，该项目执行的是定额计价方式，根据该项目所在地定额文件里关于变形缝定额子目的人材机耗量进行分析，我们可以知道变形缝定额子目的计量单位是 100 m，定额子目中镀锌铁皮材料是按照 350 mm 的展开宽度考虑的。这也就是说，若实际变形缝镀锌铁皮展开宽度大于 350 mm，标注详细宽度尺寸对施工企业有利；若实际变形缝镀锌铁皮展开宽度小于 350 mm，不标注详细尺寸对施工企业有利。因此如果我们在材料核价表中直接体现 300 mm 宽度，相当于施工企业把相关造价风险直接暴露给建设单位和结算审核人员，提醒对方要对镀锌铁皮定额子目进行定额耗量调整降低的扣减处理；如果我们在材料核价表中不直接体现镀锌铁皮 300 mm 宽度，在竣工图绘制时也仅仅标注镀锌铁皮的长度，对于镀锌铁皮的宽度仅做示意，不标注具体尺寸，在这种情况下，由于我们对该风险内容的表述使用了弥补原则进行风险规避，往往结算审核时审核人员就不会去关注该审减点，以确保施工企业自身利益最大化。

因此，文档的表述要以自己一方的利益为中心，不一定是表述得越准确越有利，需要结合实际情况，有些地方需要表述准确，确保利益，有些地方需要表述粗略，弥补风险，灵活应用。

造价笔记 597

虎兕出于柙，龟玉毁于椟中，谁之过

昨日正午，山城太阳正烈，略显酷热。恰逢项目之事沟通完毕，匆匆赶往轻轨站。于吾之前，一质朴青年气喘吁吁奔赴进站，或有急事一脸急迫。轻轨站工作人员及时拦下，疫情期间，根据规定，未佩戴口罩者不能入站。而匆忙之中，青年忘却了口罩，轻轨站工作人员耐心提醒，并提示出站右拐数百米有药房，可以前往购买再复进站。

青年面露难色，一者估计确有紧急之事，天气炎热往返耗时费力；一者当下疫情关键时刻，管理规定不可为。徘徊犹豫之际，愚人吾常有随身携带一整盒口罩之习惯，于是分其一之于青年，两人得以共同进站。

二时之后，公司会议室，内部技术交流分享如期举行，主题之一 W 同学总结分享：造价咨询企业商务文件编审实务技巧，主题之二 X 同学详细阐述：筏板基础造价质量控制实务技巧。前者青葱少年敢思敢想敢尝试，后者中流砥柱有理有论自成体系显闭环。相比之下，鄙人吾等之思路，略显陈旧，处事之方式，略显传统，后浪之涌起，非其无前浪波涛汹涌之内力，而仅仅乎缺少适合之发挥事件，机遇与平台，如若有之，则后浪之力，定波澜壮阔而又绚丽多彩，定弄潮儿涛头立而又持之以恒……

数千年之前，季氏将伐颛臾。冉有、季路见于孔子曰："季氏将有事于颛臾。"孔子曰："求！周任有言曰：'陈力就列，不能者止。'危而不持，颠而不扶，则将焉用彼相矣？且尔言过矣。虎兕出于柙，龟玉毁于椟中，是谁之过与？"

譬如轻轨进站口罩之规定，合法合情合理，工作人员之秉公执法，更应为之敬佩。但吾等皆为凡夫俗子，偶尔忘却口罩亦情有可谅，如若车站之管理者，提前配备若干口罩之物，处之老弱病残特殊场景，临时提供方便之余复又确保规则之有效执行，费用又极低，而收获之效果与制度落实，则远甚之。

譬如工作之场合，为之新人，为之初入职场者，工作有误，项目有差错，此乃常态。例

如新业务新事项，虽为职场老兵，为之经验所限，从未接触，于是为之工作开展受限，推进乏力，此乃正常。此时，为之一企一团队之管理者，如若仅仅以结果为定论，视为成员之责，与己无关，则与冉有，季路为之自己辩驳无异，不可取；如若认定此有己之过，无提前从管理之视角去尽力规避，去全力辅助，乃至最终虎兕出于柙，龟玉毁于椟中，终究最终之后果，为企业承担，团队承受，而与企业和团队最为利益相连唇亡齿寒的，为之管理者，亦终究首当其冲。

正基于此，数千年前之智者孔子，一语道破最终之真谛："君子疾夫舍曰欲之而必为之辞。既来之，则安之。今由与求也，相夫子，远人不服而不能来也；邦分崩离析而不能守也；而谋动干戈于邦内。吾恐季孙之忧，不在颛臾，而在萧墙之内也。"

2020 年 6 月 17 日

3.2.4　模糊原则

什么是模糊原则？就是我们在文档的表述过程中，针对文档表述的有关内容或者相关事实，涉及的利益和风险暂时不能确认或者明确的，我们在表述的时候需要采取模糊的语言和态度，留下多种可以理解的方式和选择的路径，等到随着事物的发展和变化当相关事物逐渐明朗和确定时，我们再根据对自己有利的方式去理解和执行。这就有如我们在数学中求某一个函数的值时所对应的全开区间，应用到文档表述中的模糊原则，让潜在的不明确的风险随时可以随着后续事态的发展而进行有效的应对，这对应的也就是我们常说的风险管理实践中的风险转移的原理和思路。用一句古话所说的，也就是："话不要说满，事不要做绝。做人留一线，日后好相见。"

案例：关于材料价格调整的约定

◆案例背景

某建筑工程项目，采取定额计价，施工合同中对于材料价格调整的约定如下：

16.1　物价波动引起的价格调整

合同履行期间，因市场价格波动调整合同价格，采用以下第 2 种方式对合同价格进行调整：

第 1 种方式：采用价格指数调整价格差额。

关于各可调因子、定值和变值权重，以及基本价格指数及其来源的约定：不采用。

第 2 种方式：采用市场价调整价格差额。

在合同实施期间，××造价信息上有的材料价格执行造价信息上相应价格，造价信息上没有的材料价格，由承包人报送样本、生产厂家、合格证、价格签证单，经发包人组织相关部门采取市场考察、比较的方式确定相应价格。

◆商务解读

在项目的实际履约过程中，作为施工企业无法准确预判何时的材料价格对自己最为有利，风险和事态的发展无法把控，因此在施工合同的表述上，就选择了使用"在合同实施期间"模糊的语言来进行表述。在实际施工过程中，施工企业可以选择对自己最为有利的造价信息作为市场价格调整依据，在施工过程中单独再办理签证明确采用具体某一期的造价信息作为调差依据。与此同时，针对造价信息没有的材料价格，也可以在对自己最为有利的材料市场价格阶段进行报送核价单，申请建设单位进行市场价格核定。当然，这样的模糊表述也是一把双刃剑，建设单位也可以选用对施工企业最不利的造价信息进行材料调差，也可以在对施工企业最不利的时候进行市场价格核价。因此，当我们使用模糊原则对文档的相关内容进行表述时，一定是要结合工程项目具体的实际情况，方方面面因素的影响，综合考虑和评估之后再进行相应的针对性的应用。

造价笔记 636

不停地实践，才能不断地迭代和突破

最近实施的几个结算复核创效咨询项目，出现了几个有趣的小事件。

第一个事件是某施工企业的经办人员，将我们出具给他们的咨询报告，直接转发给了建设单位。因为我们出具的咨询报告中，既有施工企业明显少算漏算以及可以去争取部分等创效事项的描述，也有目前结算文件中多算的存在审减风险的地方。正常情况下，施工企业经办人员都知道我们出具的咨询报告仅供他们内部使用，不能对外公开。但是该项目的施工企业经办人员，不知为何直接将我们的咨询报告转发给了建设单位。幸好该项目建设单位的成本负责人是我们熟识多年的朋友，及时把事项告知了我们，我们又及时地告知了施工企业经办人员，才化解了这场无形的危机。

第二个事件是我们的经办人员，在不同的项目上，针对同一个复核创效的事实，阐述的方式方法不一样，有的项目施工企业根据我们的创效点表述向建设单位争取到了相应的费用，而有的项目施工企业根据我们的创效点阐述，却没能向建设单位争取到对应的费用。事实是同样的事实，表达方式方法不一样，最终的结果却完全不一样。

第一个事件告诉我们，对很多我们都认为不会出错，大家都能自然而然理解的事情，在实践中也会由于各种状况出现导致出错，各种因素影响导致偏差，这就要求我们，不管大事小事，再简单的事，都要及时地告知对方和相应人员，不要轻易地认为对方会想当然地知道，想当然地理解，想当然地认为。

第二个事件告诉我们，对一个动作的标准化执行是保证质量和结果的关键动作，如果我们把一些基本的常见的创效点，再结合到实践中的总结，形成有效的标准化表达方式，并备注相应的适合使用的场景说明和提示，可能最终的创效结果和我们复核创效工作开展的效率，就会有很大的提高和提升。

复核创效业务的本质逻辑原理很简单，核心逻辑就是发现对方的失误或能力经验不足，发现问题点并向建设单位争取回来相应的原本应该获得的正常利益。但是，原理很简单，真正到执行和实践中，我们就会发现有各种各样的状况、问题、技巧、窍门、方法、思路等。

所以，一个想法，一个思路，一个设想，一个原则，只有通过不断的实践去检验，去历练，去验证，才能得到成熟，才能得到市场化，也才能不断地迭代，才能真正长久持续的成长和发展。

2020 年 8 月 18 日

3.3　文档的排版实务

文字通过字、词、句、标点符号组合成文档，文档内部和文档之间再通过各种联系和排列组合形成文档体系。古人说过，人靠衣裳马靠鞍，不管文档本身的表述如何严谨和严

密，不管文档本身的表述如何合理合法，有理有据，它第一眼呈现给阅读者的是整个文档的外在的表现形式，也就是文档的排版是否优美，是否能引人入胜，是否能吸引阅读者愿意看下去。因此，一篇文档没有好的排版，没有好的表现形式，那么从某种程度上讲，这篇文档也不能算是一篇合格的文档，也不能算是一篇合格的商务文件。

通过对文档的排版，我们需要树立一个理念，版筑文兴城始现。一篇文档，只有排版做好了之后，整个文字的大厦和文字想表达的意图和想法才能最终实现，否则再好的内容，没有好的排版，也往往只能是空中楼阁水中月。

通过对文档的排版，我们需要明确一个目标，跟着我的思路走。一篇文档，我们要通过巧妙的排版设计，让文档的阅读者能跟着我们在文档中想要表达的思路去看和去理解，层层深入，引人入胜。

通过对文档的排版，我们需要建立一个思路，做减法不做加法。一篇文档，或者技术经济资料组合而成的文件，让对方看了之后，通过表象就初步认同我们的内容和实质，让对方从心里觉得我们的文档值得信任，让对方在我们的技术经济文件上去做减法形成工程造价，而不是对方单独抛开我们提供的文档和技术经济资料，另起炉灶编制工程造价，然后在对方的基础上进行增加。站在建设单位和结算审核人员的角度，扣减总是一件很愉悦的事情，增加总是一种很痛苦的事情，通过排版双方达成思路共识，这需要的就是排版的艺术，而不仅仅是技术。

3.3.1　字体

作为文档的排版，首要的是字体的选择，就如人所穿衣服的不一样，人的气质和形象就不一样，同样的，不同的字体，代表的是这篇文档不同的气质和形象。

比如黑体，其代表的气质是严谨、商务、简洁和中庸，非常耐看，适用于商务场景，典型的如微软雅黑、方正兰亭黑、思源黑体、方正超粗黑体、等线等字体。

比如装饰体，其代表的气质是绚丽和高大上，能够很好地起到夺人眼球的效果，适用于广告宣传和海报，典型的如造字工房文研、方正综艺简体、迷你简汉真广标、造字工房力黑等字体。

比如纤细的字体，其代表的气质是优雅、高档，在给人良好印象的同时，还可以让读者能保留清晰的阅读体验，适用于产品发布会，典型的如思源黑体 CN Light，微软雅黑Light，等线 Light 等字体。

比如宋体和楷体，其代表的气质是严肃和认真，适用于官方和正式的场合，带给读者的也是严谨、传统和认真的感觉。

一般情况下，假如我们是施工企业，一般根据建设单位的习惯和喜好选择字体，比如建设单位先提供了或者发出了文档中所使用的字体，我们就与建设单位先行使用的文档中的字体保持一致。我们也可以结合施工企业自身的特色和气质选择相应的字体。如果上述情况都没有，通常情况下文档的字体选择宋体，是比较稳妥的方式。

另外对一些特殊的字体，比如微软雅黑、艺术字体等，由于牵涉知识产权的问题，如果是在商业场合，比如在相关报道，课件编写，微信文章等文档中使用，如果没有经过相关字体的知识产权所有者的授权，就会涉及知识产权侵权和相应责任承担的问题，需要特别注意和规避。

造价笔记519

只要用心地坚持去做，就一定会被他人感知

昨天是 2020 年的第一天。

早晨起来，就看到业主群发消息，说物管又给我们送新年礼物了。于是我带着二妹刷牙洗脸完毕后，就去开门看礼物。果然在门把手上挂着一个小礼物袋，里面装的是糖果。二妹一把拿下来，说物管给我们送新年礼物了，然后回来就把糖果和姐姐平分，各自保存。

今天是传统的腊八节，过了腊八就是年。吃完早餐，我们一家人一起浩浩荡荡出门，或是去上学，或是去买菜，或是去上班。车开到小区车库出入口时，物管又在给每个车发放腊八粥，二妹闹着也要一盒，于是物管又多给了一盒。

车到了轻轨站，我下车时带了一盒，边走边吃，明显感觉腊八粥是物管自己熬制的，没有外面买的那种黏稠，还有那么一点锅烧煳了的淡淡的焦味。三两口吃完了腊八粥，感觉到一天都充满了温暖。

虽然在平常，业主对物管有各种看法各种指点，但是，物管仍旧坚持着自己的点滴做法，用心地去做，所以，很多时候，其实绝大部分的小区业主对物管还是很满意的，一到时间我们家也是积极的交纳物管费，从不拖欠或者延迟。因为他人都在用心地去坚持和付出并且做到了，我们有什么理由去拖延或者不配合呢。

就如 12 月 31 日晚上罗胖"时间的朋友"的演讲，今年是第五个年头，罗胖的目标是 20 年 20 场，虽不说罗胖讲解的本身是否有价值和意义，是否哗众取宠或贩卖焦虑，或者是商业营销手段，或者其他……但是，至少有一点，罗胖和他的团队是用心的坚持在做这个事情，从每天早上的 60 秒，到如今的"时间的朋友"，从演讲本身的导演到画面越来越精致，这些无不体现着罗胖团队的用心和坚持。

虽然不一定能持续 20 年被大家认可，或许是过了几年大家觉得也不过尔尔而不再追捧和关注，但是，至少这个团队是有过用心和坚持的，这样的用心，也就一定能够被我们感知到的。

比如今年的我辈，躬身入局，人点亮人，抓手，基本盘……又是一大批词语成为热点，这本身就是一种坚持与感知的结合，因此，多一份用心和坚持，少一点投机取巧和避实就虚，扎扎实实做好自己的事情，终究有一天会散发出光芒，让他人感知和认可。

2020 年 1 月 2 日

3.3.2 标题

有这么一个段子，说的是有本名叫 *How to change your wife in 30 days* 的书，在一个星期之内售出了 200 万本。直到作者突然发现，书名不小心拼写有误，正确的书名应该是 *How to change your life in 30 days*。书名改为正确的之后整整一个星期，却只卖了 3 本。当然这仅仅只是一个段子，但是却充分说明了在我们的生活之中，一个醒目的突出的引人入胜的标题是多么的重要。

同样的，在我们造价商务工作过程中，从专业的角度来看，对于一篇文档，文档内部的各个层次的小标题，代表的是整篇文档的整体逻辑关系，为便于阅读者快速理解和掌握文档的主要内容和关键思路，也为了文档本身更加结构分明和布局优美，我们需要在文档中设置层次明显、精简干练的标题体系，对整个文档各个部分内容提纲挈领的提炼和展现。

在实务中，我们一般有 3 种常见的方法来总结文档的内容并形成相应的标题，分别是提炼观点法、提炼数据法、提炼总结句法。

1）提炼观点法

提炼观点法，是用简短的语言，提炼该文档内容所要表达的中心观点作为相应的标题。

例如： 某施工企业内审部门编制年度劳务结算审核工作报告，部分内容表达如下：

××项目装饰劳务××总结算，成本部门在审核砌体劳务分包合同单价时，将××楼、××楼的单价，同时按照合同项中特别备注××楼单价在原单价基础上上浮××比例后的价格执行，使结算金额多计算××万元，金额调减后，导致超审减比例＞××%，另需扣违约金罚款××万多元。

针对该部分文档内容，可以采取提炼观点法在这部分文字前面设置小标题："特殊代替常规导致砌体单价超额结算。"

2）提炼数据法

提炼数据法，就是用关键的核心的数据，提炼形成该文档内容所要重点突出和表达的意义作为相应的标题。

例如： 某施工企业内审部门编制年度劳务结算审核工作报告，部分内容表达如下：

××年全年度共审核劳务结算××份，其中，审核时存在问题的为××份，即不合格率为 13.38%。

表 3.6　劳务审核结果统计表

成本审定金额 / 万元	内审审定金额 / 万元	审减金额 / 万元	不合格率 /%
××	××	××	13.38

针对该部分文档内容，可以采取提炼数据法在这部分文字前面设置小标题："劳务结算审核不合格率超 10%"。

为什么标题中的数字不用原始数据"13.38%"，而要采用"10%"？因为在工作中，人们对于数字有一个敏感性和关注度的视角。一般"1，3，5，7，10，15，20，25，50，60，100"等数字人们比较敏感。人们开始关注的数据增幅比较小，越到后面数字增幅越大人们才关注，而如果我们不选择上面这些关键数字，而是选用一些没有特殊含义的数字，比如"13.38%"作为标题，那么人们一般会对该标题和标题下面内容的关注度大大降低。

3）提炼总结句法

提炼总结句法，就是用精练的短语，将该文档所表达的内容进行总结，可以是从管理上总结，可以是从总流程上总结，可以是从时间上总结……然后将提炼总结的短语作为该文档内容相应的标题。

例如： 某施工企业内审部门编制年度劳务结算审核工作报告，部分内容表达如下：

××项目混凝土劳务××总结算，混凝土班组在本项目签订了两个劳务合同，一个是××范围的楼栋，另一个是××范围的楼栋，所属的乙方劳务公司分别为"××劳务有限公司"和"××建筑劳务有限公司"，但办理完工总结算时，两份合同合并办理，未分开办理成两份完工总结算封面，不符合结算办理要求。

针对该部分文档内容，可以采取提炼总结句法在这部分文字前面设置小标题："劳务结算办理流程不符合公司要求"。

造价笔记 585

简约而不简单，用心而不仅仅用功

近日，公司要去某高校招聘，作为人力资源的 T 老师，结合招聘的需求梳理了一份宣讲的 PPT 初稿。在初稿中，对企业简介，企业文化，企业组织架构，企业业务类型，企业合作客户做了详细的描述，对薪酬待遇，招聘流程也阐述得很透彻，PPT 制作本身很精美，是一份非常不错的企业宣讲材料。

空闲时我们一起闲聊着交流，了解到本次安排给我们的宣讲时间是 10 分钟，来参加应聘的大部分是"95 后"，但是性格特点思维习惯更为接近的是"00 后"了。

"00 后"有一个特点，就是这代人才是真正意义上跟随着互联网时代成长起来的，因此这一代人最大的闪光点是爱思考，有自己的见解和想法，不愿意人云亦云，也不愿意听老一套的说教方式，喜欢简单，直接，创新，喜欢被人尊重，喜欢做有价值和有意义的事情，而不仅仅是为了工作而工作，为了生活本身而生活。

所以，基于如上背景，我们要在企业宣讲上赢得他们的垂青，首要的，就是简约直接干脆，但是这种简约又不能直接是内容的简单，需要在简单中蕴藏简约的美好；直接也不是表达的直接开门见山，需要在直接中给人以想象的空间；干脆也不是言语上的豪爽，需要在豪爽中给人一种舒服平易近人接地气的味道。

其次，就是要让他们无时无刻感受到被尊重受重视的感觉，他们这一代人基本上没有生活和经济上的压力。仓廪实而知礼节，所以他们希望受到尊重去创造价值和美好的事物。士为知己者死，女为悦己者容，让他们感受到了充分的重视和尊重，一旦得到他们的认可，他们会义无反顾，勇往直前。所以，在他们面前，我们的阐述，我们的言行，我们的表达，都需要低调的奢华，内敛地展现实力，更多的是要去赞美，认同，支持和展现他们的才华他们的能力。

结合上述的思考，T 老师对企业简介的初稿做了大幅度的调整，企业简介做了内敛简约的表达，除了一些必要的简介和业务以及合作客户之外，其他的企业文化，经营理念，未来规划等，采取润物细无声的方式融入整个介绍材料之中。删除了一些可能存在被理解为歧视或者被误解的一些应聘要求，更多的是积极向上正面肯定的包容式的表达，对核心关键的薪酬介绍和招聘流程，做了一些直接、简单和清晰明了的阐述和表达。

经过这样一调整，整个宣讲 PPT 内容在初稿的基础上进行了大幅度缩减，但是表达的内

容却更加丰富，给人的感觉更加真诚和赏心悦目。以这个为出发点，T老师又和宣讲人提前沟通确定了宣讲思路和细节等事项，提前梳理了宣讲时同学们会提出的问题和一些特别的注意事项，相应地进行提前的准备和筹划。

所以，我们做工作，简约并不就是意味着简单，用心并不就是仅仅行动上用功，而是需要我们结合场景、结合实际，用心去悟，去总结，去感触，然后，才是简单地用功去行动，去执行。

2020 年 5 月 27 日

3.3.3 段落

段落是文档的核心关键组成部分，分段是逻辑表现力最直接的形式体现。在实务中，段落排版的核心理念是：一个段落表达一个小内容；几个段落形成一个小主题；几个小主题再形成一个小体系。我们需要避免在一个段落中表述文字内容过多，一方面会造成文字堆砌和视觉繁乱的排版上的不美观，另一方面这也会导致对方无法有效理解和掌握文档内容想表达的内在逻辑和真实意思，甚至会造成理解上的歧义和争议的发生。

案例：专业分包施工合同的拟定

◆案例背景

某施工企业承接某大型体育场馆工程，将其中的钢结构工程分包给某钢结构专业公司。该施工企业初步拟定专业分包合同初稿，对于甲供材的约定表述如下：

11.1 材料供应及余料处理

本项目钢材、栓钉及油漆由发包人提供，计划由承包人根据加工图纸提出，经发包人当天审核后开始供料。承包人根据发包人所供材料板幅向发包人提交排版图，经发包人审核确认后开始下料，材料切割燃损应控制在 1% 以内，钢材整体损耗控制在 3% 以内（由于发包人提供的钢板原材料利润率不高，经承包人套料发包人确认，实际损耗率超过 3% 的按照套料图确认的实际损耗率计算；弧形构件和异形构件的损耗率根据经发包人确认的套料图按实计算），发包人提供的材料经承包人施工后所产生的余料及废料均归发包人所有，承包人需负责归类整理、装车，方便发包人转运，承包人不得擅自处理；因承包人擅自处理等其他原因造成发包人废料与理论值有差异，发包人将按 2 600 元 /t 的单价从承包人结算款中给予扣除；因承包人擅自处理等其他原因造成发包人余料与理论值有差异，发包人将按 5 000 元 /t 的单价从承包人结算款中给予扣除；所有钢构油漆损耗应控制在按构件理论计算消耗的 40% 以内，稀释剂按油漆用量的 15% 供应；油漆底漆按损耗系数 1.4 计算，稀释剂按 15% 比例控制（根据项目实际情况而定，倘若项目不需要使用稀释剂，则此项条款则无）；中间漆按损耗系数 1.4 计算，稀释剂按 15% 比例控制（根据项目实际情况而定，倘若项目不需要使用稀释剂，则此项条款则无）；油漆总量按构件需涂装油漆部位的实际表面积计算；油漆使用超出审核量，由承包人自行负责采购或由发包人调拨，但发生的所有费用归承包人承担。

◆商务解读

上述的专业分包合同文档排版方式，在一段话中承载的内容太多，表达的内容太多，导致文字的堆砌，让其他人没有办法完整地准确地快速地理解，更让其他人没有办法对该合同初稿进行修改和提出有效的意见。如果让他人去理解和审核修改该合同条款，还不如重新梳理重新拟定该甲供材条款更为便捷和有效，这就违背了让对方跟着我的思路走的排版目标，也违背了让对方做减法不做加法的排版理念，这样只会导致合同相对方去重新拟定该合同条款，增加合同谈判的难度和合同签订的时间消耗，不利于项目建设的有效推进和实施。

如果我们应用段落的分段原理，一个段落表达一个小内容，几个段落形成一个小主题，对上述合同文档内容进行分段，再结合相应内容和合同想表达的意思进行提炼小标题，这样一排版，就能让同样的文字，同样的内容，采用不同排版方式之后，就逻辑清晰，视觉美观，效果天渊之别。更为关键的是，对方能完整快速地理解每个段落想表达的具体内容以及真实的逻辑关系，也就能知道如何去进行相应的有针对性的修改、调整、补充和完善，让合同双方大大提高合同谈判和签订的工作效率以及最终效果。使用分段原理排版后的效果如下：

11.1　材料供应及余料处理

① 甲供材类型

本项目钢材、栓钉及油漆由发包人提供。

② 供料的方式

计划由承包人根据加工图纸提出，经发包人当天审核后开始供料。

③ 下料与加工

承包人根据发包人所供材料板幅向发包人提交排版图，经发包人审核确认后开始下料，材料切割燃损应控制在 1% 以内，钢材整体损耗控制在 3% 以内（由于发包人提供的钢板原材料利润率不高，经承包人套料发包人确认，实际损耗率超过 3% 以上的按照套料图确认的实际损耗率计算；弧形构件和异形构件的损耗率根据经发包人确认的套料图按实计算）。

④ 余料的处理

发包人提供的材料经承包人施工后所产生的余料及废料均归发包人所有，承包人需负责归类整理、装车，方便发包人转运，承包人不得擅自处理。

因承包人擅自处理等其他原因造成发包人废料与理论值有差异，发包人将按 2 600 元 /t 的单价从承包人结算款中给予扣除；因承包人擅自处理等其他原因造成发包人余料与理论值有差异，发包人将按 5 000 元 /t 的单价从承包人结算款中给予扣除。

⑤ 油漆的供应

所有钢构油漆损耗应控制在按构件理论计算消耗的 40% 以内，稀释剂按油漆用量的 15% 供应。

油漆底漆按损耗系数 1.4 计算，稀释剂按 15% 比例控制（根据项目实际情况而定，倘若项目不需要使用稀释剂，则此项条款则无）。

中间漆按损耗系数 1.4 计算，稀释剂按 15% 比例控制（根据项目实际情况而定，倘若项目不需要使用稀释剂，则此项条款则无）。

油漆总量按构件需涂装油漆部位的实际表面积计算。

⑥ 超供的处理

油漆使用超出审核量，由承包人自行负责采购或由发包人调拨，但发生的所有费用归承包人承担。

造价笔记 514

持续不断的专业化，这是咨询服务的核心关键

昨天 YL 兄来到 ××，处理 ×× 高速的年底维稳风险管控问题。我也跟着一起去参与和旁听此类咨询服务工作开展的现场实境。

这是 YL 兄针对工程总承包领域全过程风险管控咨询服务的一个模块，以法律专业知识作为专业功底保障，以实际解决问题作为咨询服务的成果输出，而不是单一的纯理论或事后管理，提前介入，提前管控，真正地提前规避风险。

在我们的传统印象中，律师或者法律行业，主要是通过诉讼，或者过程非诉讼业务进行服务，而针对具体工程建设领域的具体风险，进行实际管控和处理的咨询服务，这应该是一个创新，也是一个另辟蹊径的业务模式。

但是，这种咨询服务模式，最为核心的有两点：一个是具体咨询服务的人，要有非常深厚的专业功底和综合能力；一个是对于整个团队，要有非常深厚的行业资源和背景，也就是要足够的专业化，这种专业化不只是体现在具体专业本身上面，还体现在专业资源、专业认知、专业背景、专业理解等方方面面。

同样的，这种高度专业化的要求，既是我们咨询服务规模化和产业化的最大制约，同时也是我们的核心竞争力，更是其他人要进入这个领域的最大壁垒和障碍。

咨询服务，出发的基础是一种服务，就如五星级酒店和快捷酒店的巨大差异一样，服务之间最为核心的差异，就是专业化之间的差异，并且这种专业化体现在各种无形的细节当中，既无形又有形，既杳无踪迹又无处不在，既无法直接触摸又随处可以感知。

因此，对于我们个人和企业的发展和产品设计，对于咨询服务，出发的时候就需要思考明白两个问题，我们到底是准备走专业化，还是走规模化普遍化？这是有本质区别的。就如 YL 兄说的，当你在面临温饱问题的时候，你不能坚持专业化的道路，而屈服于生存的压力，那么当你真正衣食无忧的时候，你再来走专业化的道路，那基本就更加不可能了。

因为你在开始的时候，面对的还只是物质层面的抉择和压力，但到了后面，面临的就是精神上的原则和心理上的压力，这是一个更加难以克服的问题和跨越的鸿沟。

所以，一步一个脚印地走好每个为了专业化而需要迈过的旅程，一点一滴用心地沉淀每个为了专业化而需要建立的基本动作，让专业化慢慢地融入自己的行为、信念、言行、团队中，不为短期的其他因素而影响，也不为一些看似的捷径而去迎合，以量的不断增加来迎接质的突破，以时间的不断累积来磨炼专业的厚度，以不断成功的案例来搭建专业的高度，让最为简单的事情散发出最为耀眼的光芒，这，就功莫大焉。

2019 年 12 月 26 日

3.3.4　其他实务

除了前面基本的排版要求之外，还有一些实务中需要我们去用心注意的小的细节、小的事项。

1）页码

一篇文档只要超过了两页就必须设置页码，最好是设置为第几页共几页，这样能避免文档在各种传送过程中，出现页数丢失而不知道的风险，除此之外也能让对方第一时间知晓该文档的具体页数，提前有一个心理预期。

2）附件

一般一篇文档从初稿编制完成到成为最终的正式文稿，其中可能要经历对文档内容的多次修改，如果附图、附表、附文件等放在文档正文之中，费九牛二虎之力排版完成之后，由于后面修改增加或者删减了正文内容，由此又会导致原来排版的格式全部打乱，又要重新再次排版。在某些时候，由于附件的存在，不管如何排版，都会在正文之中出现空白的页面，导致视觉效果不美观、文档表述也不严谨。因此，一般附件不放在正文之中，而是单独作为附件排版放在正文之后。

3）封面

一个文档一般要设置一个独立的封面，这样显得更为正式和庄重。当文档本身展现出来正式和庄重的形象，那么对方也会从意识上更加重视和留意该文档，间接的提升沟通交流的效果。

4）装订

一般情况下如果可能的话，文档尽量采取正式的胶装装订方式，不建议采用传统的简单快捷的订书机订载方式。正式装订的文本，一方面便于对方携带和保存，从保管上更加容易也更加方便；另一方面装订的文档能形成一种厚重真实的实在感，能在对方的潜意识当中，增加对该文档的可信度，提高可信赖意识。

5）打印预览

一般我们的办公软件在编辑和操作环节所显示的文档内容，不是所见即所得，只有在软件里面打印预览环节显示的才是真正的所见即所得。站在用户的角度，排版完成后，需要设置好打印格式进行打印预览，确保对方直接点击打印命令打印出来的文档就是非常标准整齐和美观。另外针对商务人员工作中需要经常处理的清单计价文档，当我们是用 Excel 编辑的清单文件时，需要逐页点击打印预览核对文字和数字显示是否齐全，因为往往存在表格编辑页面显示的是完整的内容，而打印出来的就是代表显示不完整的星号，在这种情况下，如果出现带有不完整的星号内容的清单表格签订的合同文件，那么我们后期在该项目的结算办理时往往就会发生巨大的结算争议和纠纷，对各方都是一种潜在的风险。

6）三加二规则

三加二规则就是在排版过程中，针对一篇文档，每一个逻辑层次的标题内容为三或者五的奇数为最佳，在大的逻辑层次的标题以下，又可以设置三或者五个小标题内容，如此类推适用。为什么要这样呢？因为在人们的潜意识里面，大家对三这个数字和三个方面的奇数的内容非常容易快速的接收、理解和记忆，对于偶数的数字和偶数方面的内容往往人们的接收和记忆效果就没有这么明显，就如平常我们读的古诗大部分都是五言绝句和七言绝句，读起来朗朗上口，如果更换成偶数的诗文，读起来就非常生硬和别扭，因此我们一般的逻辑关系或者内容划分或者标题使用，都是采用三的奇数表述。如果在文档中通过三的奇数没办法表述时，可以扩展到五或者七的奇数，再往上，由于数量多了后人们也无法快速接收和记忆，就需要进行内容拆分和有机的组合来降低数量，尽量满足三加二规则的排版表述原理。

7）黄金分割比例

黄金分割是指将某一个事物整体一分为二，分割后较大部分与事物整体的比值为0.618 : 1。黄金分割具有严格的比例性、艺术性、和谐性，是一种最能引起美感的分割比例，也是最能让一个事物呈现出最佳美学外观的展现比例，比如我们拍照构图时，建筑物的修建时，很多工业生活用品的设计时，都会有黄金分割比例应用的原理。同样的，在我们对文档的排版过程中，也可以将黄金分割比例的原理使用其中。比如在文档的表格排版过程中，当字体高度和行高保持在黄金分割比例附近时，阅读效果是最佳的；比如在PPT文档的编制过程中，每页正文的内容与整页的篇幅，每页标题及其上部所占的空间与整页的篇幅等保持在黄金分割比例附近，听众的视觉效果是最舒适的；比如在文档内部整体的排版上，具体模块分布和组成上，相关附件和图片的排列组合上等，均可以灵活地应用黄金分割比例的原理，正如有句话说的，"增之一分则嫌长，减之一分则嫌短，素之一忽则嫌白，黛之一忽则嫌黑"，最终把整个文档排版得非常优美和实用，让整个文档通过排版成为一件既有内涵又有神韵的让人赏心悦目的艺术品。

造价笔记320

武功不分高下，分高下的是练武的人

中学看《天龙八部》时，我一直没有想明白一个道理，同样是降龙十八掌，同样是普通得不能再普通的太祖长拳，为什么到了乔峰手里，就具有截然不同的威力，就会产生让众多武林高手无法企及的战斗力。

进入职场，见过了众生和天地之后，也一直在反思，为什么同样的工作岗位，同样的工作，会有这么巨大的薪酬待遇差距？

这背后的核心本质原因是什么？区别究竟在哪里？

在近代史的中国，有这么一个人物，可以对此进行很好的诠释。他就是金岳霖，金岳霖16岁的时候考上清华学堂，19岁考取官费留学生，6年后获得哥伦比亚大学的博士学位，尔后成为近代中国的一代哲学大家，更由于其为林徽因终生未娶的故事而让世人津津乐道。

金岳霖在10岁的时候，就想明白了一个道理，那是什么道理呢？因为古语有云："金钱如粪土，朋友值千金"。从逻辑哲学的角度，就可以推测出："朋友如粪土"。这句古语前句说金钱如粪土，千金等同于金钱，朋友价值千金，逻辑学角度等量替换，就是朋友如粪土。

一个10岁的小朋友，能通过简单的一句话，采用逻辑解读背后的原理，颠覆我们固有的认知，不得不让人发出这样的感叹：读书关键不在于读，而在于读的人！

这说明什么呢？说明我们所有一切的关键性因素，是在于人，最终所有的一切是人在起核心的关键因素。

同一个信息，不同的人，解读出来的东西是不一样的。

同一件事情，不同的人，处理出来的效果是不一样的。

同一套武学，不同的人，修炼出来的境界是不一样的。

所以，看清了问题的本质之后，不要过分去迷恋武林绝学的寻找，而是脚踏实地一步一步地练好自己的基本功，去成为工作中的乔峰，而不是凌波微步的段誉！

2018年12月9日

第4章 经济资料创效与实务

工程经济资料，也称工程经济文件，是形成工程造价最为核心的组成部分。工程项目工程造价的高低，基本上是由该项目的经济资料决定的。从某种程度上讲，商务人员平时的工作关键思路，就是处理、管理、落实和应用相关经济资料，并形成最终的工程造价过程。因此，对工程经济资料的实务水平，直接体现出商务人员的专业水平，更间接体现出项目现场管理团队和施工企业的项目管理和项目盈利水平。

按照时间顺序，在实践中存在构成工程造价收入的投标报价书、施工合同、签证收方索赔、材料核价、过程计量和支付、结算文件等对外的经济资料，构成工程成本支出的劳务分包招标管理结算、材料采购等对内的经济资料。本章重点阐述在实务工作中对工程造价影响比较大的施工合同、签证收方和索赔等经济资料实务技巧，结算文件经济资料的实务在本书第6章单独描述，投标报价书、过程计量和支付以及劳务分包招标管理、结算办理和材料采购等经济资料的实务，可以参考本章的思路、理念和技巧进行相应的灵活应用和把控。

4.1 施工合同

施工合同是工程经济资料的核心部分。一方面，施工合同签订的内容直接决定了工程项目工程造价的大部分内容；另一方面，施工合同的有效管理和履约，结合其他工程技术资料的实务，有可能在原有不利的施工合同的内容之上，创造出截然不同的造价结果，也有可能原本不错的施工合同，由于施工企业合同履约管理和其他技术经济资料不到位，最终导致不利的造价结果。施工合同的管理和履约，是一个系统全面的综合性工程，涉及施工企业的各个岗位、部门、专业、人员的全方位配合，本节内容主要基于造价的视角，从合同的造价思维、合同的管理实务、合同的价值创造3个方面，对施工合同的实务技巧进行剖析和探讨。

4.1.1　合同的造价思维

1）合同的概念

（1）一般视角

根据《民法典》第四百六十四条、第四百六十九条的相关规定：

第四百六十四条　合同是民事主体之间设立、变更、终止民事法律关系的协议。

第四百六十九条　当事人订立合同，可以采用书面形式、口头形式或者其他形式。

书面形式是合同书、信件、电报、电传、传真等可以有形地表现所载内容的形式。

以电子数据交换、电子邮件等方式能够有形地表现所载内容，并可以随时调取查用的数据电文，视为书面形式。

根据上述规定，合同是平等主体之间达成的协议，这种协议有口头形式、书面形式或者其他形式。在工程建设领域我们使用的是建设工程合同，根据《民法典》第七百八十八条、第七百八十九条的相关规定：

第七百八十八条　建设工程合同是承包人进行工程建设，发包人支付价款的合同。

建设工程合同包括工程勘察、设计、施工合同。

第七百八十九条　建设工程合同应当采用书面形式。

从狭义的造价角度出发，形成一个项目的工程造价所依据的合同是施工合同，我们商务人员在工作中面对和接触的也是建设单位和施工企业以书面形式签订的施工合同。

因此，从一般的角度，建设工程施工合同是指建设单位和施工企业书面签订的关于工程建设的书面协议。在实务中，施工合同的签订分为两种情况：一种是项目开始时双方签订的施工合同；另一种是项目实施过程中双方签订的书面补充协议。

通常施工合同有以下三种具体的表现形式：

第一种表现形式是直接按照住房和城乡建设部与国家工商行政管理总局联合制定的《建设工程施工合同（示范文本）》（GF—2017—0201）格式签订的施工合同。该种施工合同形式一般包括四个部分的内容：协议书、通用条款、专用条款和附件，其中附件一般包含以下几个部分内容：

附件 1　承包人承揽工程项目一览表

附件 2　发包人供应材料设备一览表

附件 3　工程质量保修书

附件 4　主要建设工程文件目录

附件 5　承包人用于本工程施工的机械设备表

附件 6　承包人主要施工管理人员表

附件 7　分包人主要施工管理人员表

附件 8　履约担保格式

附件 9　预付款担保格式

附件 10　支付担保格式

附件 11　暂估价一览表

在协议书中，对施工合同的构成文件进行了相应的表述：

本协议书与下列文件一起构成合同文件：

（1）中标通知书（如果有）；

（2）投标函及其附录（如果有）；

（3）专用合同条款及其附件；

（4）通用合同条款；

（5）技术标准和要求；

（6）图纸；

（7）已标价工程量清单或预算书；

（8）其他合同文件。

在合同订立及履行过程中形成的与合同有关的文件均构成合同文件组成部分。

上述各项合同文件包括合同当事人就该项合同文件所作出的补充和修改，属于同一类内容的文件，应以最新签署的为准。专用合同条款及其附件须经合同当事人签字或盖章。

案例：环境整治工程的清理淤泥签证争议

◆案例背景

某环境整治工程项目，建设单位采取公开招投标的方式确定施工企业，计价原则采用清单招标、总价包干的方式。

其中在招标文件的表述中，投标人须知中明确该项目工程内容包含回填旧河道和回填鱼塘，招标设计图未显示有鱼塘清淤的内容和相关描述，招标工程量清单中仅载明了河道清淤的清单项和工程量，未载明有鱼塘清淤的工程量以及相关的清单项和相关说明。

中标施工企业在投标报价文件的表述中，经济标的报价书中未包含鱼塘清淤费用，投标施工组织设计中注明："本工程现场内有旧河道和鱼塘等需要填筑，这些部位均需要进行清理淤泥的工作。"

项目在实际施工过程中，施工企业对河道和鱼塘均进行了清理淤泥，然后按照设计图纸要求进行相应的回填。在结算过程中，针对鱼塘清淤是否单独计算费用，双方发生了争议。

施工企业认为，设计图及招标清单中均未体现鱼塘清淤工程量和工作内容，因此中标合同固定总价不包含鱼塘清淤内容，需要单独计算其工程造价进入结算。

建设单位认为，虽然设计图和招标清单中未明确鱼塘清淤的工程量，但是根据常识回填鱼塘，就需要先对相应淤泥进行清理，施工企业在投标施工组织设计中也载明了鱼塘需要进行清淤，虽然施工企业在报价书中没有单列鱼塘清淤的相应价格，但是可以视为该部分费用已经包含在其他清单项的综合单价之中，不再单独计算鱼塘清淤的工程造价。

◆商务解读

根据深圳市中级人民法院《关于建设工程合同若干问题的指导意见（2010 年修订）》第 21 条的表述：

21. 建设工程合同约定为固定总价的，承包人以工程量增加为由要求调整合同价款的，应按照以下方式处理：

（1）在固定总价若干范围以外增加的工程量，应计入合同价款。

（2）固定总价包干范围约定不明，如发包人不能证明该增加的工程量已包括在包干范围内的，应计入合同价款。

（3）发包人以固定单价包干形式，招标而签订固定总价包干合同后，发生工程量争议的，以实际工程量计算包干总价。

（4）签订固定总价合同后，工程发生重大变化或固定总价所依据的设计图纸发生重大变更的，按照双方确定的工程量清单单价据实计价。

本案例属于上述指导意见中的固定总价包干范围约定不明确，即建设工程施工合同对鱼塘清淤内容是否属于总价包干范围约定不明。在这种情况下，根据指导意见，双方对总价包干的内容发生争议时，作为建设单位负有举证责任，需证明争议内容在包干范围之内，如果建设单位不能举证证明，则需要承担举证不能的后果，也就是争议内容要单独计算不属于包干总价范围。

上述案例为公开招投标签订的施工合同，其中招标文件是要约邀请，投标文件是要约，中标通知书是承诺，投标施工组织设计是投标文件的组成部分，也是施工合同的一个组成部分，具有相应的法律约束力。施工单位在施工组织设计中载明了鱼塘需要进行清淤，也就间接约定了固定总价包含鱼塘清淤工作内容，建设单位以施工企业提交的投标施工组织设计作为证据，证明鱼塘清淤增加的工程量已经包括在包干范围内，应予以支持。

如果施工企业在编制投标施工组织设计时，针对鱼塘清淤的表达方式进行以下调整：

本工程现场内有旧河道和鱼塘等需要填筑，这些部位均需要进行清理淤泥的工作，在招标图和招标工程量清单中，仅明确要求旧河道需要清淤和相应的清单项和工程量，没有要求鱼塘需要清淤，也没有相应的鱼塘清淤清单项、工程量和工作内容的，本投标报价不包含鱼塘清淤工程内容。

在这种情况下，招标文件和清单、施工合同未明确包含鱼塘清淤，施工组织设计也未明确包含鱼塘清淤，如果建设单位无法提供其他相应证据证明鱼塘清淤包含在包干总价范围之内，那么施工企业就能在结算中单独计算鱼塘清淤的相关费用。

通过上述案例，针对固定包干总价施工合同，从建设单位商务的角度看，首先需要清晰明确地表述总价包干的范围，避免出现包干范围约定不明确的情况；其次需要及时和有效地保存招投标过程以及项目实施过程中的相关资料，当出现包干范围争议时，能及时提供有效证据证明争议内容属于合同包干范围。从施工企业商务的角度看，在前期投标过程中，如果意识到存在包干范围约定不明的情况，首先是在投标报价文件中不包含上述内容，其次更为关键的是在投标施工组织设计中也要明确不包含上述内容，最后在项目施工的图纸会审阶段，针对该约定不明的问题单独提出请参建各方确认和明确，这样就形成了一个完整的资料闭合逻辑，单独计算该费用的概率将大幅度提升。当然，如果该项目的建设单位属于在施工过程中由于自身的制度和其他流程制约等，对过程中的造价增加非常困难，在这种情况下，如果出现约定不明的情况，施工企业就需要在投标答疑的过程中主动提出该问题，请建设单位明确是否包含，将相关风险在前期进行暴露和处理，避免后期出现相应的结算争议和纠纷乃至巨大的经济利润损失。

因此在实务中，我们不能仅仅把建设单位和施工企业正式签字盖章的施工合同书面文本理解为施工合同本身，而要根据施工合同文件的组成原理，把相关双方达成一致意见签字盖章的工程技术和经济资料等均理解为施工合同文件的组成部分。

第二种表现形式是参照住房和城乡建设部与国家工商行政管理总局联合制定的《建设工程施工合同（示范文本）》（GF—2017—0201）的格式和框架，建设单位单独设计具有自我风格和形式的施工合同，目前比较成熟的房地产开发公司，均有各自的施工合同标准框架、标准组成、标准格式、标准文本，比如某房地产公司的施工合同标准组成如下：

第一部分　协议书

第二部分　合同条款

一、通用条款

二、专用条款

第三部分　合同条款附件

附件 1　工程质量保修书

附件 2　阳光合作协议

附件 3　关于设计变更、工程指令及工程指令单的确认协议

附件 4　收款账号资料证明

附件 5　关于及时支付劳动者报酬的函

附件 6　材料质量共管协议

附件 7　工程质量技术总要求

附件 8　××防渗漏和防开裂体系

附件 9　淋水试验管理办法

附件 10　××住宅建筑构造图集

附件 11　××技术措施可视化标准

附件 12　××工程样板管理制度

附件 13　防水抗渗质量控制补充协议

附件 14　检查用表

附件 15　××交付观感可视化质量标准

附件 16　施工方案编制要求

附件 16-1　新工序施工方案策划书及样板审批制度

附件 16-2　工序施工方案审批表

附件 16-3　工序样板联合验收表

附件 16-4　交付样板联合验收表

附件 16-5　节点、工序样板验收记录表

附件 16-6　各项目各标段新开工序样板实施计划

附件 16-7　工序方案模板

附件 17　××毛坯交付观感质量标准

附件 18　××放线管理操作指引

附件 19　××建筑隔墙轻质条板应用操作指引

附件 20　铝合金模板操作指引

附件 21　铝合金模板方案会审标准

附件 22　××铝模可视化标准

附件 23　瓷质砖严禁使用水泥砂浆标准

附件 24　难燃型膨胀聚苯板（EPS 板）建筑外保温系统应用操作指引

附件 25　××区域关于防治质量通病、功能缺陷的强制规定

附件 26　高层建筑材料及装修标准构造做法

附件 27　联合审图管理制度

附件 28　××高精度砌块操作指引

附件 29　××工程策划管理制度

附件 30　××商业烟道标准做法

附件 31　××室外综合管网作业标准

附件 32　××消火栓箱安装标准

附件 33　××避雷带安装标准

附件 34　××公共区域安装标准

附件 35　××水电专业工艺工法节点

附件 36　施工用电的管理办法

附件 37　施工给排水管理办法

附件 38　装修场地移交标准

附件 39　装修房成品保护技术标准

附件 40　××区域特种设备安全管控指引

附件 41　安全文明施工作业指导书

附件 42　安全健康及环保现场管理标准

附件 43　××区域安全底线标准

附件 44　××安全文明施工统一标准做法

第三种表现形式是施工合同没有具体的格式和明显的框架组成，即按照双方沟通协商的意思，逐条罗列到一起形成合同文本，主要是在小型项目和不太复杂的工程中使用。

（2）商务视角

从施工企业商务的视角如何来理解合同的概念呢？因为商务的最终核心目的是形成整个项目的工程造价，确保工程收入，那么在工作中，一切能影响最终工程造价结果的单方或双方或多方的意思交流，都应从合同的高度去理解和看待，都应认为是施工合同。如何理解上述这个概念呢，在具体工作中，我们可以从以下三个方面进行考虑：

第一个方面，只要会影响工程造价，只要可能影响工程造价，我们都应从合同概念的高度去重视和把控，影响工程造价的方式既可以是一般意义上的施工合同内容本身，也可以是为了施工合同的签订而做出的投标澄清；既可以是过程中办理的签证收方核价，也可以是往来函件会议纪要；既可以是过程的施工技术经济资料，也可以是计量支付相关资料；

既可以是施工过程中双方的各种洽商和索赔文件,也可以是相关的指令确认与政策文件……

第二个方面,形成合同既可能是施工企业自身单方面的行为,也可能是施工企业与建设单位双方的行为,或者是施工企业与项目参建单位,比如设计单位、监理单位,或者与项目主管监督部门,比如建委、安监站,或者与项目相关的第三方单位,比如咨询公司、检测单位等;比如施工企业基于自我管理形成的施工日志、交底记录、现场影像资料;比如设计单位出具的变更通知、质量事故处理意见;监理单位的旁站监督记录和组织召开的监理会议记录;比如主管部门监督的相关工作报告;比如检测单位出具的桩基检测报告等,只要能直接影响或间接影响或潜在影响该项目的工程造价,我们都要从施工合同的高度去认识和理解上述行为。

例如: 某项目的施工日记中记录,在 ×× 年 ×× 月 ×× 日,现场进行的是 A 处旋挖桩的施工,在结算审核时,施工企业提供的现场关于旋挖桩塌方需要反压混凝土的收方单上,载明的是 B 处旋挖桩的施工和反压混凝土收方。于是,根据施工日记的记录,审核单位认为施工企业在收方单载明的日期没有进行 B 处旋挖桩施工,因此该收方单存疑,不予进入结算造价。这就是在施工过程中,施工企业针对自己单方的记录和出具的施工日记,没有从合同的角度去认识和理解,最终导致相应的结算审减风险。

例如: 某项目基础形式为人工挖孔桩工程,该项目采取定额计价方式。施工过程中人工挖孔桩中预埋了声测管,根据定额相关规定,声测管的长度计算规则如下: "声测管长度按设计桩长另加 900 mm 计算。" 第三方质量检测单位对人工挖孔桩工程进行了质量检测,检测报告上体现了声测管的长度。由于检测报告中载明的声测管长度低于定额计算的长度,结算时由审核单位提出,按照检测报告载明的长度计算本项目声测管的相关费用。由于检测单位主要是进行桩基检测,检测报告中对声测管的描述就没有那么精确和基于造价的视角去考虑,而检测单位出具报告之后,施工企业也没有用合同的角度来看待检测报告,进行相应的数据质疑,因此就导致了后期潜在的结算审核风险。

第三个方面,只要是意思交流,我们都需要从商务的角度理解为合同。这种意思的交流可以是书面形式的,也可以是口头形式的,可以是正式场合的会议交流,也可以是非正式场合的相关探讨,只要这种意识交流会潜在地影响后期最终的工程造价,那么,我们都需要用严谨的、积极的、合同的概念去看待这种交流,避免相关的结算风险和损失。

例如: 某钢结构项目采用固定总价包干的计价模式,施工合同约定按照设计施工图包干,没有附相应的工程量清单;施工过程中出现的相关变化,由施工企业单独报送相应价格,经建设单位审核批准。施工过程中,在某处增加了 A 吨钢梁,施工企业商务人员参照造价要素组成的方式,编制了一个增加造价的费用单,报送给建设单位审核。该费用单的组成明细中,载明钢材损耗率按照项目所在地的定额文件上的 6% 考虑,建设单位进行了审核,初步口头同意按照定额的规定计算 6% 的损耗费用。随后,在施工企业组织的一次由建设单位人员参加的关于钢结构加工施工工艺的交流讨论会上,施工企业的技术人员进行施工工艺的阐述时,为了体现自身的工艺水平和实力,在讲述了各种加工工艺的同时，提出其能结合到项目的实际情况和工艺优化，工程项目的原材料加工制作损耗控制在3%以内，为行业的中上水平。建设单位人员听到该阐述后，接下来与施工企业商务人员交流，提出增加的钢梁钢材加工制作损耗不能按照定额的6%计算，需要结合实际情况按照3%考虑。经过最终协商，双方按照4%计算增加部分钢梁的钢材损耗费用。由于施工企业相关技术和管理人员没有从商务角度来看待和注意施工过程中的各种意思交流，导致了自身的项目效益受到了相应的损失。

因此，一方面需要重视合同本身的内容，严谨细致地对待合同文件的签约和履行；另一方面从造价和商务的视角、从广义的角度，我们要把施工项目建设过程中一切对内对外相关方的意思交流，都从合同的角度去对待、思考、把控和执行，才能从各方面去控制相关的造价风险，力争项目效益最大化。

造价笔记323

但有纤毫即是尘

戊戌年冬月十二的中午，午休时光，室外阳光温煦，室内听取同事呼吸声一片。

突然钉钉独特的提示声把我惊醒，跳出的一行字，更是让我产生了惊吓："C老师，我的云盘出问题了，部分企业实训的资料不见了！"

留言的T老师，正在负责公司年会的全盘筹划和年底企业实训的实施，隔着屏幕都可以感受到这句话背后的分量。

于是，惊吓过后我赶紧去实地研究问题出现的原因和解决办法。

一番探讨，我们发现问题出现在剪切功能的使用上，T老师在把云盘资料转移到电脑上时，采用的是直接剪切命令，而剪切文件时，如果文件中有某些特殊执行或不可剪切文件，会跳出提示"是否继续剪切"，有可能点击了"否"后，导致部分文件被转移到电脑上，部分还在云盘中，误以为全部转移了，就将云盘中的文件删除，继而导致部分文件丢失。

幸好T老师每次实训后，相关视频、照片和其他相应的资料都会发我一份存档，结合公司的企业云盘和个人云盘本身的存储记录，资料应该可以还原，只是需要增加重新整理资料的工作量。

在工作中，我们一直在使用剪切功能，通过此事才真正体会到"但有纤毫即是尘"这句话背后的真正含义。只有我们内心从一个更高的高度去认识、理解、领悟一些看似很平常的事情、很简单的动作，才能从真正意义上把这件事情和工作做好，做出成绩。

所以，在以后的专业工作中，第一切忌使用剪切功能，尽量使用复制加删除两个命令来处理。第二是资料管理真的有必要狡兔三窟，个人云盘、企业云盘、电脑本地、移动硬盘四个渠道同步储存是一个非常有必要的资料综合管理方式。

但有纤毫即是尘，越是专业越懂得细节，这就是这个冬日的小插曲带给我的最大的收获。

2018年12月12日

2）合同的成立

一份合同的成立，一般需要经历两个阶段：一是要约，二是承诺。根据《民法典》第四百七十二条的相关规定：

第四百七十二条　要约是希望与他人订立合同的意思表示，该意思表示应当符合下列条件：

（一）内容具体确定；

（二）表明经受要约人承诺，要约人即受该意思表示约束。

例如，工程项目中的投标书就是要约。

根据《民法典》第四百七十九条的相关规定：

第四百七十九条　承诺是受要约人同意要约的意思表示。

例如，工程项目中的中标通知书就是承诺。

根据《民法典》第一百三十七条、第四百八十条、第四百八十四条的相关规定：

第一百三十七条　以对话方式作出的意思表示，相对人知道其内容时生效。

以非对话方式作出的意思表示，到达相对人时生效。以非对话方式作出的采用数据电文形式的意思表示，相对人指定特定系统接收数据电文的，该数据电文进入该特定系统时生效；未指定特定系统的，相对人知道或者应当知道该数据电文进入其系统时生效。当事人对采用数据电文形式的意思表示的生效时间另有约定的，按照其约定。

第四百八十条　承诺应当以通知的方式作出；但是，根据交易习惯或者要约表明可以通过行为作出承诺的除外。

第四百八十四条　以通知方式作出的承诺，生效的时间适用本法第一百三十七条的规定。

承诺不需要通知的，根据交易习惯或者要约的要求作出承诺的行为时生效。

根据《招标投标法》第四十五条的相关规定：

第四十五条　中标人确定后，招标人应当向中标人发出中标通知书，并同时将中标结果通知所有未中标的投标人。

中标通知书对招标人和中标人具有法律效力。中标通知书发出后，招标人改变中标结果的，或者中标人放弃中标项目的，应当依法承担法律责任。

在正常的招投标活动中，当招标人发出中标通知书时，招标人和中标人之间的合同成立，对招标人和中标人就产生了法律效力。

那么，从造价商务的角度看，在施工过程中，如何理解合同成立这个概念呢？我们可以通过以下三个典型案例来进行理解。

案例一：

在工程项目建设过程中，发生了某事项 A，施工企业向建设单位发出工作联系函，函件中表明：根据该事项 A，向建设单位申请增加工程造价人工费 B 元，材料费 C 元，其他费用 D 元，共计增加 E 元。该函件为施工企业向建设单位提出了一个要约。

建设单位对施工企业进行了回函，同意施工企业提出的增加 E 费用，该函件为建设单位对施工企业的要约进行了承诺。

上述的两份函件，即一个要约和一个承诺达成了增加工程造价 E 元的合同。

案例二：

在工程项目建设过程中，发生了某事项 A，施工企业向建设单位发出工作联系函，函件中表明：根据该事项 A，向建设单位申请增加工程造价人工费 B 元，材料费 C 元，其他费用 D 元，共计增加 E 元。该函件为施工企业向建设单位提出了一个要约。

建设单位针对施工企业的函件没有回复。

随后，施工企业针对该事项，报送了关于某事项 A 增加工程造价 E 元的请款单，甲方审批同意并进行了相应的工程款项的支付。

这时，建设单位虽然没有明确进行回函同意，但是通过采取有作为的默示认可的方式，也就是通过实际支付相应工程款项来认可和同意施工企业的要约，这样就代表一个要约和一个默示认可的承诺方式，达成了增加工程造价 E 元的合同。

案例三：

在工程项目建设过程中，发生了某事项 A，施工企业向建设单位发出工作联系函，函件中表明：根据该事项 A，向建设单位申请增加工程造价人工费 B 元，材料费 C 元，其他费用 D 元，共计增加 E 元。该函件为施工企业向建设单位提出了一个要约。

建设单位针对施工企业的函件进行了回复，回复内容如下：同意增加人工费 B 元，材料费 C 元，不同意增加其他费用 D 元。该函件为建设单位向施工企业提出的一个新的要约。

随后，施工企业回函表示同意建设单位增加 $B+C$ 元的函件内容；或者是施工单位没有回复函件，直接在后期的工程款项申请支付的过程中，针对事项 A 按照 $B+C$ 元申请工程款项。

这时，针对建设单位提出的新的要约，施工企业以新的明示承诺或者默示认可行为的承诺方式，达成了一个增加工程造价 $B+C$ 元的合同。

从合同成立的角度看，一个承诺和一个要约就构成了一个合同，在一个工程项目的建设过程中，从造价商务的角度看，会存在众多的过程承诺和要约，需要我们在过程中及时从合同成立的原理和角度去关注和控制。一般在实务中，我们主要是从以下两个维度去考虑。

第一个维度是针对建设单位或者其他单位提出的相关诉求，这种诉求可能是函件的形式，可能是通知的形式，也可能是会议纪要的形式，作为施工企业的一方，一定要对对方的相应诉求进行全面有效的回复，哪些是认可的、哪些是反对的、哪些是持保留意见的，要进行明确的回复，避免自己的回复不完整或者没有回复，由于后续自身的其他行为的失误，导致通过其他行为默示认可形成合同的既成事实的潜在风险和不利局面。

例如：针对某事件，建设单位在某函件中对施工企业提出以下事项：对某项工程内容进行整改，并处罚款 A 元。

方式一：施工企业回复函件，同意整改，对罚款内容不置可否，没有提出反对或者保留意见。在工程进度款支付过程中，建设单位扣除该罚款 A 元，施工企业没有在请款手续上做相应的备注说明，那么针对工程内容整改和罚款 A 元一事，建设单位和施工单位就通过函件的明示认可和工程款支付的默示认可成立了合同，如果后期结算时施工企业对工程结算造价中扣除该罚款 A 元提出质疑，就会处于非常不利的局面。

方式二：施工企业针对建设单位的函件没有回复，直接对该工程进行整改，也接受了工程进度款扣除罚款 A 元的款项支付，那么同样的施工单位与建设单位针对该事项以默示认可的方式成立了合同。

第二个维度是针对施工合同中或者相关法律法规中约定的，当某事项发生时，如果某一方不向对方提出相应的意见或者主张，某一方就丧失了该项权利或者主张的能力。从合同成立的概念去理解，也就是某事项发生时，该事项对某一方提出了要约邀请，某一方可以结合自己的利益向对方提出相应的要约和主张，争取对方的承诺和达成合同，如果不及时提出要求，就会丧失该事项获得对方承诺和达成一致意见形成合同保障自身利益的权利。

例如： 在《建设工程施工合同（示范文本）》（GF—2017—0201）第 19.1 条第（1）项规定：

承包人应在知道或应当知道索赔事件发生后 28 天内，向监理人递交索赔意向通知书，并说明发生索赔事件的事由；承包人未在前述 28 天内发出索赔意向通知书的，丧失要求追加付款和（或）延长工期的权利。

根据该规定，也就是当施工过程中发生涉及工期延期费用增加的事件时，施工企业应当在该事件发生 28 天内向建设单位通过索赔意向书提出自己的主张，索赔意向通知书即要约，如果不提出，28 天后施工企业针对该事项就不能再提出费用增加或者工期延期，也就丧失了针对该事项获得建设单位承诺保证自身利益的权利。

在实务中，往往是施工企业在施工过程中不注意及时提出上述主张，在项目施工完毕，办理结算或者施工企业向建设单位起诉支付工程款项时再提出相应的主张，建设单位会以施工企业工期延期进行反诉，扣减施工企业巨额的工期违约金来减少结算造价或者折抵工程款项的支付，而由于施工企业没有及时根据施工合同的约定在相应的时间之内提出相应主张导致丧失了相应的权利，往往就处于非常不利和被动的局面，导致最终的项目结算和工程款支付处于巨大的风险和不确定因素中。

法律不保护躺在权利上睡觉的人，从最高人民法院发布的《最高人民法院关于审理建设工程施工合同纠纷案件适用法律问题的解释（一）》（法释〔2020〕25 号）第十条的表述中，也明确了上述的权利义务和相应的责任后果：

第十条　当事人约定顺延工期应当经发包人或者监理人签证等方式确认，承包人虽未取得工期顺延的确认，但能够证明在合同约定的期限内向发包人或者监理人申请过工期顺延且顺延事由符合合同约定，承包人以此为由主张工期顺延的，人民法院应予支持。

当事人约定承包人未在约定期限内提出工期顺延申请视为工期不顺延的，按照约定处理，但发包人在约定期限后同意工期顺延或者承包人提出合理抗辩的除外。

根据上述司法解释，当某影响工期的事项发生时，只要施工企业在约定时间内及时提出自己的主张，也就是及时发出了要约，不管建设单位是否认可或者双方达成一致意见，后期施工企业仍可以该理由主张工期顺延，只要经过确认该事项确实导致工期延期事实成立，那么该主张就会获得支持。

当某影响工期事项发生，合同又约定了不及时提出则工期顺延的权利丧失的情况时，就按照约定处理，超过约定的时间提出来，但建设单位主动认可的除外，或者虽然超过约定的时间施工企业未按照约定在规定时间内申请工期顺延，但如果建设单位在相关会议纪要、往来函件、承诺函等文件中表明同意工期顺延，应视为建设单位与施工企业变更了施工合同原来的约定，不再坚持约定的索赔程序。因此，站在建设单位的角度，如果施工企业超出约定的时间提出的工期顺延申请，不管是正式提出的，还是会议纪要、函件等其他方式提出的，建设单位需要及时明确根据合同约定施工单位丧失了工期顺延的主张，如果建设单位不及时明确回复，就会给施工企业留下后期合理抗辩的理由。

另外，根据《最高人民法院建设工程施工合同司法解释（二）理解与适用》一书中所述：

另外在承包人提出合理理由时，如工程发生了变更，增加了工程量，或者有情势变更、不可抗力事件导致工程停工，并且承包人对其未按照合同约定申请工期顺延予以合理解释，此时也应该酌情予以顺延。

针对上述情况，施工企业没有及时提出工期顺延，可以酌情予以顺延，但是为了稳妥考虑，发生上述事项时，施工企业仍旧应该在合同约定时间内及时提出为佳。

在实务中，由于很多施工合同是按照《建设工程施工合同（示范文本）》（GF—2017—0201）为模板签订的，作为工程商务人员和项目管理相关人员，对该示范文本中的相应的默示认可条款要熟悉和掌握，并在施工过程中及时规避或者有效利用；除此之外，针对不是以该模板签订的也就是合同概念章节的第二种和第三种施工合同表现形式，需要工程商务人员根据施工合同的具体内容，及时梳理和提炼出相应的默示条款，作为项目履约和合同管理过程中的重点关注条款和关键工作指南。

针对《建设工程施工合同（示范文本）》（GF—2017—0201），经过梳理，相关的默示认可条款如下：

（1）涉及承包人的默示条款

7.8.2　承包人原因引起的暂停施工

因承包人原因引起的暂停施工，承包人应承担由此增加的费用和（或）延误的工期，且承包人在收到监理人复工指示后84天内仍未复工的，视为第16.2.1项〔承包人违约的情形〕第（7）目约定的承包人无法继续履行合同的情形。

12.3.3　单价合同的计量

（2）监理人应在收到承包人提交的工程量报告后7天内完成对承包人提交的工程量报表的审核并报送发包人，以确定当月实际完成的工程量。监理人对工程量有异议的，有权要求承包人进行共同复核或抽样复测。承包人应协助监理人进行复核或抽样复测，并按监理人要求提供补充计量资料。承包人未按监理人要求参加复核或抽样复测的，监理人复核或修正的工程量视为承包人实际完成的工程量。

12.3.4　总价合同的计量

（2）监理人应在收到承包人提交的工程量报告后 7 天内完成对承包人提交的工程量报表的审核并报送发包人，以确定当月实际完成的工程量。监理人对工程量有异议的，有权要求承包人进行共同复核或抽样复测。承包人应协助监理人进行复核或抽样复测并按监理人要求提供补充计量资料。承包人未按监理人要求参加复核或抽样复测的，监理人审核或修正的工程量视为承包人实际完成的工程量。

（3）监理人未在收到承包人提交的工程量报表后的 7 天内完成复核的，承包人提交的工程量报告中的工程量视为承包人实际完成的工程量。

13.3.1　试车程序

（2）具备无负荷联动试车条件，发包人组织试车，并在试车前 48 小时以书面形式通知承包人。通知中应载明试车内容、时间、地点和对承包人的要求，承包人按要求做好准备工作。试车合格，合同当事人在试车记录上签字。承包人无正当理由不参加试车的，视为认可试车记录。

14.2　竣工结算审核

（3）承包人对发包人签认的竣工付款证书有异议的，对于有异议部分应在收到发包人签认的竣工付款证书后 7 天内提出异议，并由合同当事人按照专用合同条款约定的方式和程序进行复核，或按照第 20 条〔争议解决〕约定处理。对于无异议部分，发包人应签发临时竣工付款证书，并按本款第（2）项完成付款。承包人逾期未提出异议的，视为认可发包人的审批结果。

19.4　对发包人索赔的处理

（2）承包人应在收到索赔报告或有关索赔的进一步证明材料后 28 天内，将索赔处理结果答复发包人。如果承包人未在上述期限内作出答复的，则视为对发包人索赔要求的认可。

19.5　提出索赔的期限

（1）承包人按照第 14.2 款〔竣工结算审核〕约定接收竣工付款证书后，应被视为已无权再提出在工程接收证书颁发前所发生的任何索赔。

1.4　标准和规范

1.4.3　发包人对工程的技术标准、功能要求高于或严于现行国家、行业或地方标准的，应当在专用合同条款中予以明确。除专用合同条款另有约定外，应视为承包人在签订合同前已充分预见前述技术标准和功能要求的复杂程度，签约合同价中已包含由此产生的费用。

（2）涉及监理人的默示条款

4.3　监理人的指示

监理人对承包人的任何工作、工程或其采用的材料和工程设备未在约定的或合理期限内提出意见的，视为批准，但不免除或减轻承包人对该工作、工程、材料、工程设备等应承担的责任和义务。

5.3.2　检查程序

监理人未按时进行检查，也未提出延期要求的，视为隐蔽工程检查合格，承包人可自行完成覆盖工作，并作相应记录报送监理人，监理人应签字确认。监理人事后对检查记录有疑问的，可按第5.3.3项〔重新检查〕的约定重新检查。

7.8.4　紧急情况下的暂停施工

因紧急情况需暂停施工，且监理人未及时下达暂停施工指示的，承包人可先暂停施工，并及时通知监理人。监理人应在接到通知后24小时内发出指示，逾期未发出指示的，视为同意承包人暂停施工。监理人不同意承包人暂停施工的，应说明理由，承包人对监理人的答复有异议的，按照第20条〔争议解决〕的约定处理。

12.3.3　单价合同的计量

（3）监理人未在收到承包人提交的工程量报表后的7天内完成审核的，承包人报送的工程量报告中的工程量视为承包人实际完成的工程量，据此计算工程价款。

13.3.1　试车程序

（1）具备单机无负荷试车条件，承包人组织试车，并在试车前48小时书面通知监理人，通知中应载明试车内容、时间、地点。承包人准备试车记录，发包人根据承包人要求为试车提供必要条件。试车合格的，监理人在试车记录上签字。监理人在试车合格后不在试车记录上签字的，自试车结束满24小时后视为监理人已经认可试车记录，承包人可继续施工或办理竣工验收手续。

监理人不能按时参加试车的，应在试车前24小时以书面形式向承包人提出延期要求，但延期不能超过48小时，由此导致工期延误的，工期应予以顺延。监理人未能在前述期限内提出延期要求，又不参加试车的，视为认可试车记录。

（3）涉及发包人的默示条款

7.8.6　暂停施工持续56天以上

监理人发出暂停施工指示后56天内未向承包人发出复工通知，除该项停工属于第7.8.2项〔承包人原因引起的暂停施工〕及第17条〔不可抗力〕约定的情形外，承包人可向发包人提交书面通知，要求发包人在收到书面通知后28天内准许已暂停施工的部分或全部工程继续施工。发包人逾期不予批准的，则承包人可以通知发包人，将工程受影响的部分视为按第10.1款〔变更的范围〕第（2）项的可取消工作。

8.7.2　承包人应在使用替代材料和工程设备28天前书面通知监理人，并附下列文件：

（1）被替代的材料和工程设备的名称、数量、规格、型号、品牌、性能、价格及其他相关资料；

（2）替代品的名称、数量、规格、型号、品牌、性能、价格及其他相关资料；

（3）替代品与被替代产品之间的差异以及使用替代品可能对工程产生的影响；

（4）替代品与被替代产品的价格差异；

（5）使用替代品的理由和原因说明；

（6）监理人要求的其他文件。

监理人应在收到通知后 14 天内向承包人发出经发包人签认的书面指示；监理人逾期发出书面指示的，视为发包人和监理人同意使用替代品。

10.4.2　变更估价程序

承包人应在收到变更指示后 14 天内，向监理人提交变更估价申请。监理人应在收到承包人提交的变更估价申请后 7 天内审查完毕并报送发包人，监理人对变更估价申请有异议的，通知承包人修改后重新提交。发包人应在承包人提交变更估价申请后 14 天内审批完毕。发包人逾期未完成审批或未提出异议的，视为认可承包人提交的变更估价申请。

10.7.2　不属于依法必须招标的暂估价项目

承包人应根据施工进度计划，在签订暂估价项目的采购合同、分包合同前 28 天向监理人提出书面申请。监理人应当在收到申请后 3 天内报送发包人，发包人应当在收到申请后 14 天内给予批准或提出修改意见，发包人逾期未予批准或提出修改意见的，视为该书面申请已获得同意。

11.1　市场价格波动引起的调整

④承包人应在采购材料前将采购数量和新的材料单价报发包人核对，发包人确认用于工程时，发包人应确认采购材料的数量和单价。发包人在收到承包人报送的确认资料后 5 天内不予答复的视为认可，作为调整合同价格的依据。未经发包人事先核对，承包人自行采购材料的，发包人有权不予调整合同价格。发包人同意的，可以调整合同价格。

12.4.4　进度款审核和支付

（1）除专用合同条款另有约定外，监理人应在收到承包人进度付款申请单以及相关资料后 7 天内完成审查并报送发包人，发包人应在收到后 7 天内完成审批并签发进度款支付证书。发包人逾期未完成审批且未提出异议的，视为已签发进度款支付证书。

12.4.6　支付分解表

发包人逾期未完成支付分解表审批的，也未及时要求承包人进行修正和提供补充资料的，则承包人提交的支付分解表视为已经获得发包人批准。

13.2.2　竣工验收程序

（3）竣工验收合格的，发包人应在验收合格后 14 天内向承包人签发工程接收证书。发包人无正当理由逾期不颁发工程接收证书的，自验收合格后第 15 天起视为已颁发工程接收证书。

（5）工程未经验收或验收不合格，发包人擅自使用的，应在转移占有工程后 7 天内向承包人颁发工程接收证书；发包人无正当理由逾期不颁发工程接收证书的，自转移占有后第 15 天起视为已颁发工程接收证书。

14.2　竣工结算审核

（1）……发包人在收到承包人提交竣工结算申请书后 28 天内未完成审批且未提出异议的，视为发包人认可承包人提交的竣工结算申请单，并自发包人收到承包人提交的竣工结算申请单后第 29 天起视为已签发竣工付款证书。

14.4.2 最终结清证书和支付

（1）除专用合同条款另有约定外，发包人应在收到承包人提交的最终结清申请单后 14 天内完成审批并向承包人颁发最终结清证书。发包人逾期未完成审批，又未提出修改意见的，视为发包人同意承包人提交的最终结清申请单，且自发包人收到承包人提交的最终结清申请单后 15 天起视为已颁发最终结清证书。

19.2 对承包人索赔的处理

（2）发包人应在监理人收到索赔报告或有关索赔的进一步证明材料后的 28 天内，由监理人向承包人出具经发包人签认的索赔处理结果。发包人逾期答复的，则视为认可承包人的索赔要求。

（4）排除默示条款

12.4.4 进度款审核和支付

（3）发包人签发进度款支付证书或临时进度款支付证书，不表明发包人已同意、批准或接受了承包人完成的相应部分的工作。

造价笔记 629

我们有多主动，往往就会有多受益

W 工是公司以前的员工，由于豪爽的性格和精湛的安装造价专业技术，我们都称他为"袍哥人家"三哥，这是一种对江湖地位的认可和为人豪爽的代名词。三哥两年前从公司离职另谋高就，但是多年的感情还在，公司有活动我们一直保持着联系和沟通。

这次公司的十周年庆典活动，邀请三哥作为嘉宾代表发言。原计划是口头发言，三哥主动提出，十周年庆典是很隆重的场合，他还是做份正式的 PPT 发言较好。当天晚上，三哥加班制作 PPT，到晚上两点才睡。他给我微信留言，并把 PPT 初稿发给我，要我一定帮忙提出修改建议。

第二天早上我把意见反馈给三哥后，三哥又及时进行了调整，再次发给我，要我从主题词选择、格式、排版上再给他一些建议。就这样，一份 10 分钟左右的 PPT 发言稿，三哥进行了三次修改和调整，花费了不少时间，做出来的效果也确实不错。我相信三哥的发言在众多人面前一定很惊艳，可以触及很多人的内心和灵魂。

老 S 是成本管理软件方面研发和实施的专家，我们是数年前在项目利润创造的交流中认识的。这次老 S 的公司想进行一次企业培训，前期由老苏进行筹划和准备。

老 S 主动约了我，冒着重庆酷热的烈日，从 20 公里之外的地方赶到我们办公室，针对培训事宜进行了交流和探讨。

我分享了关于培训实施理念的三个步骤：

第一步是培训定位，这是最为核心的关键。作为企业领导层，本次培训的具体定位和想要达到的结果是什么，一定要清晰明确且聚焦集中。常见的培训定位有三类：解决团队相关思维理念共识类、提升团队成员专业技术技能类、培养团队成员良好工作习惯职业素养类。培训定位需要用准确的文字提炼、总结、梳理。

第二步是需求匹配。定位代表的是企业领导层的需求和想法，对于外部培训机构，需要结合自身能力对需求进行评估，能满足，部分满足，完全不能满足，不同的需求匹配结果，培训机构的选择、合作方式、工作开展方式也就不一样。

　　第三步是培训实施。定位清晰，需求匹配，接下来就是执行和实施。实施分为三个阶段：内部学员调研、课程内容设计、正式课程讲解。三个阶段提前预留相应的准备时间。

　　一碰撞，老 S 对培训这项工作开展有了全新的理解和感悟，在交流中我们又再次碰撞了灵感并增加了相互之间的友谊。

　　工作生活中有很多事情，这些事情或大或小，或重要或无足轻重，但是，不管是什么事情，我们对待它的主观心态不一样：是积极主动，还是顺其自然；是热情推进，还是随波逐流。不管哪种心态，可能事情最终都会做完，但不同的心态，给自己带来的收益和效果是完全不同的。

　　往往是我们有多主动，最终我们才会有多受益。因为，利益和好处不会平白无故主动地送上门来，我们更不可能躺着就成为人生赢家。一分耕耘一分收获，付出才有回报。

2020 年 8 月 6 日

3）合同的效力

　　经过要约和承诺，合同双方通过达成协议建立了合同关系，也就是说合同成立。合同的成立反映了合同双方的意志，是一个客观存在的事实。但这个客观存在的事实是否具有法律效力，也就是该合同按其表示的内容对合同双方是否具有约束力和保护力，这就涉及合同的效力问题。从造价商务的角度，也就是某经济资料经过建设单位和施工企业双方的协商达成一致意见，但这个一致意见，能否最终进入工程项目结算造价，就涉及该内容从结算角度看是否真正有用的问题。

　　根据《民法典》的相关规定，成立的合同存在四种状态：效力待定合同、可撤销合同、无效合同和有效合同。

　　（1）效力待定合同

　　根据《民法典》第一百七十一条的相关规定：

　　第一百七十一条　行为人没有代理权、超越代理权或者代理权终止后，仍然实施代理行为，未经被代理人追认的，对被代理人不发生效力。

　　相对人可以催告被代理人自收到通知之日起三十日内予以追认。被代理人未作表示的，视为拒绝追认。行为人实施的行为被追认前，善意相对人有撤销的权利。撤销应当以通知的方式作出。

　　行为人实施的行为未被追认的，善意相对人有权请求行为人履行债务或者就其受到的损害请求行为人赔偿。但是，赔偿的范围不得超过被代理人追认时相对人所能获得的利益。

　　相对人知道或者应当知道行为人无权代理的，相对人和行为人按照各自的过错承担责任。

　　当合同一方当事人没有代理权而签订的合同，而且被代理人不予认可的情况下，该合同就没有法律效力，对合同双方没有约束力。

案例：现场收方单签字主体无代理权

◆案例背景

某工程项目施工过程中，施工企业办理了一份现场收方单，该收方单上签字认可的人为建设单位的张某，收方单上签字的日期为 2020 年 4 月 10 日，而实际上张某已于签字日期 1 个月前从建设单位辞职离开。

◆商务解读

在上述情况中，由于张某已经离职，那么张某在现场收方单上签字属于代理权中止后以被代理人名义订立合同的情况，该收方单属于效力待定合同。

如果事后建设单位明确表示不认可张某的行为，那么这张收方单就属于无效收方单，对建设单位没有约束力，施工企业也就不能将该收方单的内容进入该项目的结算造价。如果事后建设单位明确表示认可张某的行为，或者虽然建设单位没有明确表示认可，但建设单位通过其他方式或行为表示间接认可，如以该收方单为基础办理的正式签证单上有建设单位有权代表的签字认可或建设单位直接在该收方单上盖章表示认可，在这种情况下，该收方单属于有效合同，对双方具有约束力，能作为结算依据进入该项目的结算造价。

如果事后建设单位针对张某签字的这张收方单不做任何表态，既不认可也不否认，作为施工企业，在知道张某签订这张收方单以及离职的情况下，可以催告建设单位在 30 日内对这张收方单进行追认，如果建设单位未作回复或明确表示不予认可，那么施工单位就要提前通过其他方式，重新补办收方单或者重新办理签证，修正和规避该收方单没有效力无法进入后期结算的风险。

在实务中，施工合同中会明确对监理单位具有哪些权限，建设单位现场代表具有哪些权限进行约定，尤其是对现场收方和签证等经济资料，施工合同中往往会约定具体由哪些人签字才具有效力，该资料才能进入最终的工程项目结算，有时还存在超出一定金额的签证单需要另外其他特殊人员的签字才具有效力。在施工过程中，施工企业往往忽略了施工合同上的相关约定，导致相关经济资料上签字的人与施工合同约定的不同，在后期结算审核时审核单位不认可该经济资料，认为该经济资料无效，对建设单位没有约束力，继而将该部分费用进行结算审减，给施工企业带来相应的造价风险和利润损失。

（2）可撤销合同

根据《民法典》第一百四十七条、第一百四十八条、第一百四十九条、第一百五十条、第一百五十一条的相关规定：

第一百四十七条　基于重大误解实施的民事法律行为，行为人有权请求人民法院或者仲裁机构予以撤销。

第一百四十八条　一方以欺诈手段，使对方在违背真实意思的情况下实施的民事法律行为，受欺诈方有权请求人民法院或者仲裁机构予以撤销。

第一百四十九条　第三人实施欺诈行为，使一方在违背真实意思的情况下实施的民事法律行为，对方知道或者应当知道该欺诈行为的，受欺诈方有权请求人民法院或者仲裁机构予以撤销。

第一百五十条　一方或者第三人以胁迫手段，使对方在违背真实意思的情况下实施的民事法律行为，受胁迫方有权请求人民法院或者仲裁机构予以撤销。

第一百五十一条　一方利用对方处于危困状态、缺乏判断能力等情形，致使民事法律行为成立时显失公平的，受损害方有权请求人民法院或者仲裁机构予以撤销。

根据上述规定，可撤销合同分为 5 种类型：因重大误解订立的合同、一方以欺诈的手段订立的合同、第三人实施欺诈行为导致受欺诈方签订的合同、一方或者第三人以胁迫手段签订的合同、显失公平和乘人之危签订的合同。在上述情况中，如果合同不利一方申请撤销合同，那么该合同从一开始就对双方没有法律约束力。

案例：市政工程脚手架措施费不平衡报价

◆案例背景

某市政工程项目采取清单招标，工程量按实计算的结算方式。在招标文件中，脚手架工程措施费清单描述如表 4.1 所示。

表 4.1　脚手架工程措施费清单

项目编码	项目名称	项目特征	计量单位	工程量	综合单价
041101001001	脚手架	综合考虑，具体搭设方式和搭设高度等见施工组织设计	m²	1	

上述脚手架清单项，工程量为 1，单位为"m²"。原本建设单位编制该清单的本意是脚手架措施清单的单位为"项"，也就是针对脚手架措施费，直接按照 1 项投标报价包干使用。该市政工程主要是挡墙和集水井处存在脚手架，施工企业投标时该脚手架项目清单投标报价为 2 万元。

建设单位和施工企业按照投标清单签订了施工合同。实际施工过程中，施工企业与建设单位针对该项目脚手架实际搭设的面积进行了收方，收方工程量为 500 m²。根据该脚手架工程措施清单项目综合单价，施工企业脚手架措施费部分报送结算价格为 1 000 万元，该项目报送的总结算造价约为 5 000 万元，其中脚手架工程措施费占比接近 20%。

该项目施工合同约定，项目结算由第三方咨询公司进行结算审核，审减率在 5% 以内时，咨询费由建设单位承担，审减率超出 5% 时，则超出部分的金额由施工企业按照超出 5% 审减率金额的 10% 向咨询公司支付相应审减咨询费。

该项目结算报送到咨询公司，咨询公司认为原中标清单明显笔误，脚手架清单项目计量单位应该是项，本项目脚手架工程措施费结算金额应该是 2 万元，而非 1 000 万元，施工企业则坚持按照合同约定结算，建设单位也坚持按照咨询公司的意见进行结算审核。

◆商务解读

从《民法典》的角度理解，该中标清单一方面属于建设单位重大误解订立了合同，另外如果按照 2 万元 /m² 计算脚手架费用，明显高出市场价格数百倍，显失公平，属于可撤销合同，建设单位可以针对该项脚手架的清单综合单价价格主张撤销。施工企业明知建设单位失误和误解，在投标时采取了不平衡报价策略，在结算时按照该中标价格上报，导致陷入两难境地。一方面，按照 1 000 万元结算脚手架措施费，明显不太可能；另一方面，如果按照施工合同本意 2 万元结算，又涉及施工企业要额外支付审核单位接近百万元咨询费的损失。施工企业聪明反被聪明误，自己想要的太多，反而让自己陷入了两难境地。

其实，在这种情况下，施工企业意识到了建设单位该清单编制的重大疏忽，正确的处理方法是投标时脚手架综合单价不报 2 万元，而是比实际每平方米脚手架价高出部分进行报价。比如脚手架搭设市场价格为 20 元 /m²，可以按照 40 元 /m² 报送，再把 2 万元与 40 元之间的价格差放到其他清单项目中去。这样，一方面保持投标总价不变，确保项目中标；另一方面可以让其他清单项增加单价，增加利润率。在这种情况下，就算建设单位本意对脚手架按照项结算，那么因为中标单价为 40 元 /m²，按照单位结算也不显失公平，是合理的，建设单位就失去了合理抗辩的理由。这样一方面施工企业可以获得 2 万元的正常利润，另外额外获得（40–20）×500=10 000（元）的脚手架额外利润，又避免了结算超额审减咨询费的承担风险，规避后期巨大的结算争议。

通过该案例，需要施工企业特别注意，不平衡报价是一把双刃剑：一方面可以使用，但是不能太离谱，否准会导致自身陷入两难；另一方面，凡事都有个度和规则，超出度和规则的行为，最终既不会让自己获利，也会产生很多不必要的麻烦和损失，这也是工程商务人员在项目管理过程中需要关注和规避的问题。

另外，根据《民法典》第一百五十二条的相关规定：

第一百五十二条　有下列情形之一的，撤销权消灭：

（一）当事人自知道或者应当知道撤销事由之日起一年内、重大误解的当事人自知道或者应当知道撤销事由之日起九十日内没有行使撤销权；

（二）当事人受胁迫，自胁迫行为终止之日起一年内没有行使撤销权；

（三）当事人知道撤销事由后明确表示或者以自己的行为表明放弃撤销权。

当事人自民事法律行为发生之日起五年内没有行使撤销权的，撤销权消灭。

具有撤销权的一方，应该在上述条款规定的时间范围之内采取正确的方式行使撤销权，否则会导致自行承担撤销权丧失的不利后果。

（3）无效合同

根据《民法典》第一百四十四条的相关规定：

第一百四十四条　无民事行为能力人实施的民事法律行为无效。

根据该条规定，无民事行为能力的人签订的合同是无效合同。根据《民法典》第二十条的规定，不满八周岁的未成年人为无民事行为能力人，也就是说不满八周岁的未成年人签订的合同是无效合同。

根据《民法典》第一百四十六条的相关规定：

第一百四十六条　行为人与相对人以虚假的意思表示实施的民事法律行为无效。

以虚假的意思表示隐藏的民事法律行为的效力，依照有关法律规定处理。

所谓虚假的意思表示是指行为人与相对人都知道自己所表示的意思并非真意，通谋作出与真意不一致的意思表示。其特征在于，行为人与相对人都非常清楚地知道，自己所表示的意思并不是双方的真实意思表示，双方均不希望此行为能够真正发生法律上的效力。典型的就是名为什么，实为什么。比如在实务中，为了办理竣工验收，建设单位经常需要施工企业签订建设单位已经按照施工合同的约定足额支付相关工程款项的说明文件，但是实际上可能建设单位还没有足额支付相应工程款项，这种情况下该说明文件就属于无效的。

根据《民法典》第一百五十三条的相关规定：

第一百五十三条　违反法律、行政法规的强制性规定的民事法律行为无效。但是，该强制性规定不导致该民事法律行为无效的除外。

违背公序良俗的民事法律行为无效。

违反法律、行政法规的强制性规定，由此签订的合同是无效合同。这种情况要从两个方面理解：一方面，限定的范围是法律和行政法规涉及的强制性规定，如果违背的是部门规章、政策文件等法律和行政法规之外的强制性规定，那么就不适用该条，也就不当然无效。

例如：在住房和城乡建设部颁布的《建设工程工程量清单计价规范》（GB 50500—2013）中：

3.1.1　使用国有资金投资的建设工程发承包，必须采用工程量清单计价。

3.4.1　建设工程发承包，必须在招标文件、合同中明确计价中的风险内容及其范围，不得采用无限风险、所有风险或类似语句规定计价中的风险内容及范围。

如果某国有投资项目在施工合同中约定采取定额计价，并且约定施工过程中的全部风险都由施工企业承担，虽然施工合同的约定违背了住房和城乡建设部颁布的清单计价规范强制性规定，但是该清单计价规范不属于法律和法规，因此，该施工合同的约定不能按照《民法典》第一百五十三条的规定认为无效。这在《全国法院民商事审判工作会议纪要》第 31 条中也做了明确的解释和说明，具体见下文：

31.【违反规章的合同效力】违反规章一般情况下不影响合同效力，但该规章的内容涉及金融安全、市场秩序、国家宏观政策等公序良俗的，应当认定合同无效。人民法院在认定规章是否涉及公序良俗时，要在考察规范对象基础上，兼顾监管强度、交易安全保护以及社会影响等方面进行慎重考量，并在裁判文书中进行充分说理。

另一方面，强制性规定分为效力性强制性规定和管理性强制性规定，只有违背法律法规的效力性强制性规定的才无效，这一原则在《全国法院民商事审判工作会议纪要》第30 条中再次做了明确的解释和说明，具体见下文：

30.【强制性规定的识别】合同法施行后，针对一些人民法院动辄以违反法律、行政法规的强制性规定为由认定合同无效，不当扩大无效合同范围的情形，合同法司法解释（二）第14条将《合同法》第52条第5项规定的"强制性规定"明确限于"效力性强制性规定"。此后，《最高人民法院关于当前形势下审理民商事合同纠纷案件若干问题的指导意见》进一步提出了"管理性强制性规定"的概念，指出违反管理性强制性规定的，人民法院应当根据具体情形认定合同效力。随着这一概念的提出，审判实践中又出现了另一种倾向，有的人民法院认为凡是行政管理性质的强制性规定都属于"管理性强制性规定"，不影响合同效力。这种望文生义的认定方法，应予纠正。

人民法院在审理合同纠纷案件时，要依据《民法总则》第153条第1款和合同法司法解释（二）第14条的规定慎重判断"强制性规定"的性质，特别是要在考量强制性规定所保护的法益类型、违法行为的法律后果以及交易安全保护等因素的基础上认定其性质，并在裁判文书中充分说明理由。下列强制性规定，应当认定为"效力性强制性规定"：强制性规定涉及金融安全、市场秩序、国家宏观政策等公序良俗的；交易标的禁止买卖的，如禁止人体器官、毒品、枪支等买卖；违反特许经营规定的，如场外配资合同；交易方式严重违法的，如违反招投标等竞争性缔约方式订立的合同；交易场所违法的，如在批准的交易场所之外进行期货交易。关于经营范围、交易时间、交易数量等行政管理性质的强制性规定，一般应当认定为"管理性强制性规定"。

公序良俗包括公共秩序与善良风俗两个方面，其中公共秩序是指法律秩序，善良风俗是指法律秩序之外的道德。公序良俗主要包括基本权利的维护、弱者利益的保护、经济社会管理秩序的维护、婚姻家庭秩序的维护、伦理道德的维护这五大类，违背公序良俗而签订的合同是无效合同，不具有法律效力。

根据《民法典》第一百五十四条的相关规定：

第一百五十四条　行为人与相对人恶意串通，损害他人合法权益的民事法律行为无效。

他人合法权益，包括国家、集体或第三人等的利益。

例如：某市政工程项目为政府投资修建项目，清单招标按实结算，在施工过程中，如果建设单位、施工单位、监理单位、跟踪审计等办理了土石方外运收方单，如果实际外运的工程量为 A m³，上述各个单位串通一致，将收方单上的外运工程量办理成 B m³，且 B 的工程量远远大于 A 的工程量，超出了正常的误差或偏差范围。在结算审核时，针对该收方单，结算审核单位可以该收方单签字各方恶意串通、损耗国家利益，视为无效，不纳入最终工程结算。

在工程商务实践中，针对虚假签证收方单或者超额工程量的签证收方单，通常有两种方式：第一种方式是建设单位不知晓，建设单位的具体工作人员与施工企业办理虚假或者超额签证收方。第二种方式是建设单位知晓，主要是施工过程中，由于建设单位的原因导致了施工企业的损失，根据施工合同约定需要向施工企业承担相应的费用责任，但是如果按照索赔的方式办理该费用，建设单位相关人员可能后期需要承担相应的考核或者责任。

因此，为了规避责任，建设单位与施工企业约定，通过办理虚假签证的形式，虚增工程量或者工程费用，将原本应该通过索赔明确责任的方式进入工程结算的费用，转换为虚假签证收方的形式进入工程结算。在这种情况下，施工企业就存在非常大的的商务风险：一方面，该签证收方无效，无法进入结算；另一方面，施工企业没有将原来的建设单位责任事由进行过程资料固定，就会丧失对该事项向建设单位办理索赔追偿权利的风险。因此，施工企业在项目建设过程中，一方面要实事求是地办理相关过程经济资料，确保阳光下的利益最大化；另一方面针对各种为了解决其他问题而办理的虚构的经济资料，往往过程中看似解决了问题，但到了结算和审计时，最终的风险通常会暴露出来，并且相应的责任和损失又转嫁到了自身，得不偿失。

在《全国法院民商事审判工作会议纪要》的引言中，作出以下表述：

会议指出，民商事审判工作要树立正确的审判理念。注意辩证理解并准确把握契约自由、平等保护、诚实信用、公序良俗等民商事审判基本原则；注意树立请求权基础思维、逻辑和价值相一致思维、同案同判思维，通过检索类案、参考指导案例等方式统一裁判尺度，有效防止滥用自由裁量权；注意处理好民商事审判与行政监管的关系，通过穿透式审判思维，查明当事人的真实意思，探求真实法律关系；特别注意外观主义系民商法上的学理概括，并非现行法律规定的原则，现行法律只是规定了体现外观主义的具体规则，如《物权法》第 106 条规定的善意取得，《合同法》第 49 条、《民法总则》第 172 条规定的表见代理，《合同法》第 50 条规定的越权代表，审判实务中应当依据有关具体法律规则进行判断，类推适用也应当以法律规则设定的情形、条件为基础。从现行法律规则看，外观主义是为保护交易安全设置的例外规定，一般适用于因合理信赖权利外观或意思表示外观的交易行为。实际权利人与名义权利人的关系，应注重财产的实质归属，而不单纯地取决于公示外观。总之，审判实务中要准确把握外观主义的适用边界，避免泛化和滥用。

从司法的角度国家明确提出了"穿透式审判思维"这个理念，要深度查明当事人的真实意思和本源，也明确提出了外观主义只是为了保护交易安全的例外规定，更要关注实际权利人的实质利益。该思维运用到工程项目建设的结算审核或者结算审计领域，在项目的结算审计过程中，审核单位也会越来越多地注重穿透式的审计思维，去发现和还原项目建设和相关资料各方的真实目的和意思，以真实的事实为依据，以合同和法律约定为审计原则，将逐渐成为常态。因此，施工企业的商务人员以及管理人员，需要改变传统的商务创效的固有思维，以经得起穿透式审计为目的，去反推和指导相关过程项目管理工作的开展，这是非常必要的一件事情。

根据《民法典》第五百零六条的相关规定：

第五百零六条　合同中的下列免责条款无效：

（一）造成对方人身损害的；

（二）因故意或者重大过失造成对方财产损失的。

上述条款表明，在合同中如果约定了上述两种免责条款，那这种免责条款是无效的。

在工程实践中，施工企业常常在与劳务分包和专业分包单位签订的分包合同中，约定施工过程中劳务分包或者专业分包单位人员发生伤亡的，责任全部由劳务分包单位自行承担，与施工总承包单位无关。如果施工过程中，确实是由于总包单位管理不到位、安全措施不到位或者其他疏忽等原因，直接或者间接导致了劳务分包单位人员伤亡的，就算合同中有上述免责条款的约定，该约定也无效，施工总承包单位最终仍旧需要承担相应的责任。因此，作为施工企业的商务人员和相关管理人员，不能持有合同中有了约定，规避了相应的风险和责任，就不去履行自己相应的责任，就对项目建设过程中与管理相关职责和事项放任不管，任其自流，只要是由于自身的失职、疏忽、放任、故意、过失等，导致对方的人身伤害或者财产损失的，最终都要承当相应的责任。

（4）无效施工合同常见情况

根据《最高人民法院关于审理建设工程施工合同纠纷案件适用法律问题的解释（一）》（法释〔2020〕25号）第一条的相关规定：

第一条　建设工程施工合同具有下列情形之一的，应当依据民法典第一百五十三条第一款的规定，认定无效：

（一）承包人未取得建筑业企业资质或者超越资质等级的；

（二）没有资质的实际施工人借用有资质的建筑施工企业名义的；

（三）建设工程必须进行招标而未招标或者中标无效的。

承包人因转包、违法分包建设工程与他人签订的建设工程施工合同，应当依据民法典第一百五十三条第一款及第七百九十一条第二款、第三款的规定，认定无效。

根据《招标投标法》第四十六条的相关规定：

第四十六条　招标人和中标人应当自中标通知书发出之日起三十日内，按照招标文件和中标人的投标文件订立书面合同。招标人和中标人不得再行订立背离合同实质性内容的其他协议。

招标文件要求中标人提交履约保证金的，中标人应当提交。

根据上述法律的规定和司法解释，无效施工合同主要有以下七大类型：

第一类：承包人未取得建筑施工企业资质或者超越资质等级的；

第二类：没有资质的实际施工人借用有资质的建筑施工企业名义的；

第三类：违法分包的；

第四类：非法转包的；

第五类：建设工程必须招标而未招标的；

第六类：中标无效的；

第七类：背离合同实质性内容的。

① 无资质或超越资质

根据住房和城乡建设部颁布的《建筑业企业资质管理规定》和《建筑业企业资质等级标准》，建筑业企业资质分为施工总承包、专业承包、劳务分包三个序列（根据住房和城乡建设部的相关政策文件要求，建筑施工劳务资质审批逐渐取消，设立专业作业企业资质，实行告知备案制）。每个建设工程项目的实际情况不一样，其要求的承包人具有的资质等级也不一样，当承包人未按照上述规定取得建筑施工企业资质，或者超越了自身的资质去承接项目，那么签订的施工合同无效。

在实务中，需要注意两种情况：

一是在一定情况下，无效合同可以转换为有效合同，根据《最高人民法院关于审理建设工程施工合同纠纷案件适用法律问题的解释（一）》（法释〔2020〕25 号）第四条：

第四条　承包人超越资质等级许可的业务范围签订建设工程施工合同，在建设工程竣工前取得相应资质等级，当事人请求按照无效合同处理的，人民法院不予支持。

上述司法解释表达的就是尽管承包人超越资质等级签订了施工合同，但是只要在该建设工程竣工前取得符合该项目要求的资质等级，那么该施工合同就有效。

二是关于联合体承接项目资质的评定问题，《招标投标法》第三十一条规定如下：

第三十一条　两个以上法人或者其他组织可以组成一个联合体，以一个投标人的身份共同投标。

联合体各方均应当具备承担招标项目的相应能力；国家有关规定或者招标文件对投标人资格条件有规定的，联合体各方均应当具备规定的相应资格条件。由同一专业的单位组成的联合体，按照资质等级较低的单位确定资质等级。

联合体各方应当签订共同投标协议，明确约定各方拟承担的工作和责任，并将共同投标协议连同投标文件一并提交招标人。联合体中标的，联合体各方应当共同与招标人签订合同，就中标项目向招标人承担连带责任。

招标人不得强制投标人组成联合体共同投标，不得限制投标人之间的竞争。

《政府采购法实施条例》第二十二条中规定如下：

第二十二条　联合体中同类资质的供应商按照联合体分工承担相同工作的，应当按照资质等级较低的供应商确定资质等级。

假定某市政工程，根据《建筑业企业资质等级标准》，需要承包人具有市政工程资质一级、钢结构工程资质一级，施工单位 A 和施工单位 B 组成联合体中标，其中施工单位 A 具有市政工程资质一级，钢结构工程资质二级；施工单位 B 具有市政工程资质二级，钢结构工程资质一级。

如果施工单位 A 和施工单位 B 在联合体投标协议中约定：施工单位 B 负责钢结构部分工程施工，施工单位 A 负责钢结构工程之外的市政工程施工。那么联合体对应的资质评定就是市政工程一级，钢结构工程一级，满足《建筑业企业资质等级标准》。

如果施工单位 A 和施工单位 B 在联合体投标协议中约定：施工单位 A 负责钢结构部分工程施工，施工单位 B 负责钢结构工程之外的市政工程施工。那么联合体对应的资质评定就是市政工程二级，钢结构工程二级，不满足《建筑业企业资质等级标准》。

因此，在联合体投标协议中，需要联合体成员在联合体协议中明确各方的具体职责分工，确保联合体资质评定满足要求，避免出现由此导致的施工合同无效的情况出现。

② 无资质借用资质

没有资质的实际施工人借用有资质的建筑施工企业名义的，俗称挂靠。实际施工人是指接受施工任务并组织施工作业的组织或者个人，是进行实际施工的承揽人，包括自然人和法人。挂靠的认定在实务中主要从三个方面去考量：

一是人事关系上，劳动合同有无签订、养老保险的缴纳、项目经理是否被挂靠企业，项目部五大员（施工员、质检员、材料员、安全员、资料员）等是否齐备，是否为被挂靠企业人员；有无严格、规范的人事任免和调动聘用手续。

二是管理上，被挂靠企业对实际项目有无实施真正的管理。

三是财务上，被挂靠企业对实际项目有无统一的财务管理。

达不到上述要求的，就有可能会被认定为挂靠而导致施工合同无效。

与挂靠相反的是内部承包，是指施工企业作为发包方，其内部职能部门或内部职工作为承包方，由承包方组织人、财、物，完成一定项目施工，实行内部独立核算，自负盈亏，向企业缴纳一定管理费的经营方式，以内部承包的方式签订的施工合同并进行施工是有效的，不属于上述司法解释第一条第二款规定的范围。

③ 违法分包

根据《建设工程质量管理条例》第七十八条的相关规定：

第七十八条 本条例所称违法分包，是指下列行为：

（一）总承包单位将建设工程分包给不具备相应资质条件的单位的；

（二）建设工程总承包合同中未有约定，又未经建设单位认可，承包单位将其承包的部分建设工程交由其他单位完成的；

（三）施工总承包单位将建设工程主体结构的施工分包给其他单位的；

（四）分包单位将其承包的建设工程再分包的。

上述四种情况，属于承包人违法分包建设工程，所签订的分包建设工程施工合同无效。

在实务中，需要特别注意第二种情况，一般按照《建设工程施工合同（示范文本）》（GF—2017—0201）签订的合同，在专用条款第 3.5 条，有对分包的详细约定要求：

3.5 分包

3.5.1 分包的一般约定

禁止分包的工程包括：_____。

主体结构、关键性工作的范围：_____。

3.5.2 分包的确定

允许分包的专业工程包括：_____。

其他关于分包的约定：_____。

3.5.4 分包合同价款

关于分包合同价款支付的约定：_____。

在施工合同中上述专用条款中对允许分包的专业工程的约定，视为建设单位同意，为合法分包。但是施工合同中往往会存在对哪些专业工程允许分包没有具体约定或者没有具体明确，施工总承包单位往往认为分包属于自己企业的内部管理职责，与建设单位没有关系，因此在没有经过建设单位同意的情况下，直接和具有相应专业分包资质的分包单位签订分包合同，在这种情况下，该专业分包合同就存在无效的风险，并且根据《民法典》第八百零六条第一款的规定，"承包人将建设工程转包、违法分包的，发包人可以解除合同"，如果承包人违法分包的，发包人可以解除与承包人的施工合同，承包人就面临巨大的商务风险和损失。

④ 非法转包

根据《建设工程质量管理条例》第七十八条的相关规定：

本条例所称肢解发包，是指建设单位将应当由一个承包单位完成的建设工程分解成若干部分发包给不同的承包单位的行为。

本条例所称转包，是指承包单位承包建设工程后，不履行合同约定的责任和义务，将其承包的全部建设工程转给他人或者将其承包的全部建设工程肢解以后以分包的名义分别转给其他单位承包的行为。

根据上述规定，非法转包包含两种情况：第一种情况是施工企业承接建设工程后，直接把该工程转包给其他单位，由其他单位负责实施，其他单位向该施工企业上交一定金额的费用。在该种情况下，该施工企业和其他单位签订的转包施工合同无效，但是该施工企业与建设单位签订的施工合同符合法律规定的仍旧有效。

第二种情况是施工企业承接建设工程后，把该工程的 A 内容分包给某单位 A_1，把该工程的 B 内容分包给某单位 B_1，把该工程的 C 内容分包给某单位 C_1……通过分包，施工企业把该建设工程的全部内容肢解后分别转给其他单位施工，该施工企业不负责具体工程内容施工，通过分包合同和总包合同之间的价差赚取利益，那么该施工企业与上述分包单位签订的分包合同属于无效合同，但是该施工企业与建设单位签订的施工合同符合法律规定的仍旧有效。

⑤ 应招标而未招标

根据《招标投标法》第三条的相关规定：

第三条　在中华人民共和国境内进行下列工程建设项目包括项目的勘察、设计、施工、监理以及与工程建设有关的重要设备、材料等的采购，必须进行招标：

（一）大型基础设施、公用事业等关系社会公共利益、公众安全的项目；

（二）全部或者部分使用国有资金投资或者国家融资的项目；

（三）使用国际组织或者外国政府贷款、援助资金的项目。

前款所列项目的具体范围和规模标准，由国务院发展计划部门会同国务院有关部门制订，报国务院批准。

法律或者国务院对必须进行招标的其他项目的范围有规定的，依照其规定。

根据《必须招标的工程项目规定》（2018年）第二条、第三条、第四条的相关规定：

第二条　全部或者部分使用国有资金投资或者国家融资的项目包括：

（一）使用预算资金200万元人民币以上，并且该资金占投资额10%以上的项目；

（二）使用国有企业事业单位资金，并且该资金占控股或者主导地位的项目。

第三条　使用国际组织或者外国政府贷款、援助资金的项目包括：

（一）使用世界银行、亚洲开发银行等国际组织贷款、援助资金的项目；

（二）使用外国政府及其机构贷款、援助资金的项目。

第四条　不属于本规定第二条、第三条规定情形的大型基础设施、公用事业等关系社会公共利益、公众安全的项目，必须招标的具体范围由国务院发展改革部门会同国务院有关部门按照确有必要、严格限定的原则制订，报国务院批准。

根据《必须招标的基础设施和公用事业项目范围规定》（发改法规规〔2018〕843号）第二条的相关规定：

第二条　不属于《必须招标的工程项目规定》第二条、第三条规定情形的大型基础设施、公用事业等关系社会公共利益、公众安全的项目，必须招标的具体范围包括：

（一）煤炭、石油、天然气、电力、新能源等能源基础设施项目；

（二）铁路、公路、管道、水运，以及公共航空和A1级通用机场等交通运输基础设施项目；

（三）电信枢纽、通信信息网络等通信基础设施项目；

（四）防洪、灌溉、排涝、引（供）水等水利基础设施项目；

（五）城市轨道交通等城建项目。

综合以上法律法规的规定，涉及必须招标的工程类型共有三大类型，分别是涉及公众利益项目、使用国有资金项目、使用外国政府或组织资金项目，每一个类型下又划分为共计九个小类型的具体情况。

但是，并不是属于上述三大类九小类的工程项目都必须进行招标，还必须达到法律法规规定的一定规模标准才必须招标，相当于工程项目类型和工程项目标准必须同时满足，该项目才必须招标。

根据《必须招标的工程项目规定》（2018年）第五条的相关规定：

第五条　规定第二条至第四条规定范围内的项目，其勘察、设计、施工、监理以及与工程建设有关的重要设备、材料等的采购达到下列标准之一的，必须招标：

（一）施工单项合同估算价在400万元人民币以上；

（二）重要设备、材料等货物的采购，单项合同估算价在200万元人民币以上；

（三）勘察、设计、监理等服务的采购，单项合同估算价在100万元人民币以上。

同一项目中可以合并进行的勘察、设计、施工、监理以及与工程建设有关的重要设备、材料等的采购，合同估算价合计达到前款规定标准的，必须招标。

例如：某防洪工程，合同预算价为 300 万元，防洪工程属于关系社会公共利益、公众安全的项目，属于必须招标的工程项目类型，但是该合同预算价没有达到必须招标的 400 万元人民币的标准，因此可以不进行招标。

例如：某市政工程，全部使用国有资金投资，项目分为 1 标段和 2 标段。1 标段的设计费估算价在 50 万元，2 标段的设计费估算价为 60 万元，该项目为全部使用国有资金投资，因此属于必须招标的工程项目类型。该项目两个标段，设计可以合并进行，该项目设计费合并估算价格为 110 万元，超出了必须招标的设计采购的标准，因此，该项目设计服务的采购必须进行招标。

例如：某国有投资建设项目，项目概算审批金额为 1 亿元，采取公开招标，清单计价模式，选定施工企业 A 签订施工合同，其中中标清单中某工程设备暂估价为 200 万元，该项目建设实施过程中，施工企业 A 直接采购该设备，报送建设单位核价，建设单位经过市场询价确定该工程设备价格为 199 万元。该项目施工完毕，施工企业 A 根据建设单位核定的询价单，将该工程设备按照建设单位核定的 199 万元进入结算造价。结算审核单位经过审核认为，该工程设备询价单的办理方式不符合程序，不予认可该费用。

首先该项目属于"全部或者部分使用国有资金投资或者国家融资的项目中的使用国有企业事业单位资金，并且该资金占控股或者主导地位的项目"，项目概算为 1 亿元，超出了施工单项合同 400 万元以上的标准，因此该项目通过公开招标方式确定施工企业 A 签订施工合同，这是正确的。

但是，由于招标清单中存在工程设备暂估价，暂估价是指招标人在工程量清单中提供的用于支付必然发生但暂时不能确定价格的材料、工程设备的单价以及专业工程的金额。暂估价在招标时只是暂估金额，要在施工过程中根据实际情况确定。同样的，本项目工程设备暂估价也属于"全部或者部分使用国有资金投资或者国家融资的项目中的使用国有企业事业单位资金，并且该资金占控股或者主导地位的项目"。根据招标清单，得知该工程设备暂估价单项合同估算价为 200 万元，根据《民法典》第一千二百五十九条规定：

第一千二百五十九条　民法所称的"以上"、"以下"、"以内"、"届满"，包括本数；所称的"不满"、"超过"、"以外"，不包括本数。

因此必须招标的工程项目类型中的"重要设备、材料等货物的采购，单项合同估算价在 200 万元人民币以上"标准包含 200 万元本身，因此该设备暂估价同时属于必须招标的工程项目类型，又满足必须招标的工程项目标准，该设备工程最终合同价格的确定要通过招标方式确定，而不能采取简单核价方式确定，通过核价方式确定的设备工程价格无效，结算审核单位可以提出要求针对该设备暂估价重新招标确定价格，否则不纳入项目结算的主张。至于该设备工程确定的招标方式，是采取邀请招标还是公开招标，结合本小节后面的关于招标方式的内容描述进行具体确定。

根据《建设工程工程量清单计价规范》（GB 50500—2013）第9.9条暂估价的相关规定：

9.9.1 发包人在招标工程量清单中给定暂估价的材料、工程设备属于依法必须招标的，应由发承包双方以招标的方式选择供应商，确定价格，并应以此为依据取代暂估价，调整合同价款。

9.9.2 发包人在招标工程量清单中给定暂估价的材料、工程设备不属于依法必须招标的，应由承包人按照合同约定采购，经发包人确认单价后取代暂估价，调整合同价款。

9.9.3 发包人在工程量清单中给定暂估价的专业工程不属于依法必须招标的，应按照本规范第9.3节相应条款的规定确定专业工程价款，并应以此为依据取代专业工程暂估价，调整合同价款。

9.9.4 发包人在招标工程量清单中给定暂估价的专业工程，依法必须招标的，应当由发承包双方依法组织招标选择专业分包人，并接受有管辖权的建设工程招标投标管理机构的监督，还应符合下列要求：

1. 除合同另有约定外，承包人不参加投标的专业工程发包招标，应由承包人作为招标人，但拟定的招标文件、评标工作、评标结果应报送发包人批准。与组织招标工作有关的费用应当被认为已经包括在承包人的签约合同价（投标总报价）中。

2. 承包人参加投标的专业工程发包招标，应由发包人作为招标人，与组织招标工作有关的费用由发包人承担。同等条件下，应优先选择承包人中标。

3. 应以专业工程发包中标价为依据取代专业工程暂估价，调整合同价款。

根据该计价规范，进一步印证了暂估价满足依法招标的，需要依法招标确认，并对具体招标确认和调整的方式方法进行规定。作为工程商务人员，在项目施工过程管理中，要结合相应法律法规的要求，确保相应的工程造价按照相应的要求进行确定，完善相关程序和相应的资料，避免由于程序和相关造价确认方式和方法的问题，导致后期结算审核的风险。

根据《招标投标法》第六十六条的相关规定：

第六十六条 涉及国家安全、国家秘密、抢险救灾或者属于利用扶贫资金实行以工代赈、需要使用农民工等特殊情况，不适宜进行招标的项目，按照国家有关规定可以不进行招标。

根据《招标投标法实施条例》第九条的相关规定：

第九条 除招标投标法第六十六条规定的可以不进行招标的特殊情况外，有下列情形之一的，可以不进行招标：

（一）需要采用不可替代的专利或者专有技术；

（二）采购人依法能够自行建设、生产或者提供；

（三）已通过招标方式选定的特许经营项目投资人依法能够自行建设、生产或者提供；

（四）需要向原中标人采购工程、货物或者服务，否则将影响施工或者功能配套要求；

（五）国家规定的其他特殊情形。

招标人为适用前款规定弄虚作假的，属于招标投标法第四条规定的规避招标。

根据上述法律法规的规定，如果某工程项目既属于必须招标的工程项目类型，又达到了必须招标的工程项目标准，但是如果该项目属于《招标投标法》第六十六条和《招标投标法实施条例》第九条的特殊情形，就可以不进行招标。

例如： 为抗击新冠肺炎疫情，国家发展和改革委员会紧急投入数亿元人民币，用于武汉修建火神山医院和雷神山医院。该项目属于"全部或者部分使用国有资金投资或者国家融资的项目"大类下面的："使用预算资金 200 万元人民币以上，并且该资金占投资额 10% 以上的项目"这种情况，并且施工单项合同估算价在 400 万元人民币以上，既属于必须招标的工程项目类型，又满足必须招标的工程项目标准，但是由于该项目属于涉及抢险救灾项目，属于可以不进行招标的项目，因此，火神山医院和雷神山医院的建设可以不进行招标。

根据《招标投标法》第十条的相关规定：

第十条　招标分为公开招标和邀请招标。

公开招标，是指招标人以招标公告的方式邀请不特定的法人或者其他组织投标。

邀请招标，是指招标人以投标邀请书的方式邀请特定的法人或者其他组织投标。

根据《招标投标法实施条例》第八条的相关规定：

第八条　国有资金占控股或者主导地位的依法必须进行招标的项目，应当公开招标；但有下列情形之一的，可以邀请招标：

（一）技术复杂、有特殊要求或者受自然环境限制，只有少量潜在投标人可供选择；

（二）采用公开招标方式的费用占项目合同金额的比例过大。

有前款第二项所列情形，属于本条例第七条规定的项目，由项目审批、核准部门在审批、核准项目时作出认定；其他项目由招标人申请有关行政监督部门作出认定。

根据上述法律法规的规定，招标采取的方式可以是公开招标和邀请招标，满足《招标投标法实施条例》第八条规定的，可以采取邀请招标，除此之外的一般应该采取公开招标的方式。

例如： 某市政工程，全部使用国有资金投资，项目分为 1 标段和 2 标段。1 标段的设计费估算价在 50 万元，2 标段的设计费估算价为 60 万元，根据前述分析，必须进行招标。假若该设计服务技术复杂，有特殊的要求，只有少量潜在投标人可供选择，或者采用公开招标花费的费用占比设计费比例过大，则该设计服务可以采取邀请招标的方式实施；若该项目设计服务不存在上述情况，那么该设计服务就必须采取公开招标的方式签订合同。

综合上述法律法规的相关规定，工程建设项目的招标情况具体如图 4.1 所示。

```
                                                              ┌─ 01 煤炭、石油、天然气、电力、
                                                              │   新能源等能源基础设施项目
                                                              │
                                                              ├─ 02 铁路、公路、管道、水运，以
                                                              │   及公共航空和A1级通用机场等
                                         ┌─ 01 大型基础设施、公  │   交通运输基础设施项目
                                         │   用事业等关系社会  ├─ 03 电信枢纽、通信信息网络等通
                                         │   公共利益、公众安  │   信基础设施项目
                                         │   全的项目       │
                                         │               ├─ 04 防洪、灌溉、排涝、引（供）
                                         │               │   水等水利基础设施项目
                                         │               │
                                         │               └─ 05 城市轨道交通等城建项目
                                         │
                                         │                   ┌─ 01 使用预算资金200万元以上，
                                         │                   │   并且该资金占投资额10%以上
                  ┌─ 01 必须招标的工        ├─ 02 全部或者部分使用  │   的项目
                  │   程项目类型          │   国有资金投资或者  │
                  │                    │   国家融资的项目    └─ 02 使用国有企业事业单位资金，
                  │                    │                       并且该资金占控股或者主导地
                  │                    │                       位的项目
                  │                    │
                  │                    │                   ┌─ 01 使用世界银行、亚洲开发银行
                  │                    └─ 03 使用国际组织或者  │   等国际组织贷款、援助资金的
                  │                        外国政府贷款、援  │   项目
                  │                        助资金的项目     │
                  │                                       └─ 02 使用外国政府及其机构贷款、
                  │                                           援助资金的项目
                  │
                  │                    ┌─ 01 施工单项合同估算价在400万元以上
                  │                    │
                  │                    ├─ 02 重要设备、材料等货物的采购，单项合同估算价在
  ┌─ 01 必须招标     ├─ 02 必须招标的工     │   200万元以上
  │   的项目     ──┤   程项目标准      ──┤
  │              │                    ├─ 03 勘察、设计、监理等服务的采购，单项合同估算价在
  │              │                    │   100万元以上
  │              │                    │
  │              │                    └─ 04 同一项目中可以合并进行的勘察、设计、施工、监理
  │              │                        以及与工程建设有关的重要设备、材料等的采购，合
  │              │                        同估算价合并计算
  │              │
  │              │                    ┌─ 01 涉及国家安全、国家秘密、抢险救灾或者属于利用扶
  │              │                    │   贫资金实行以工代赈、需要使用农民工等特殊情况
  │              │                    │
工程项             │                    ├─ 02 需要采用不可替代的专利或者专有技术
目招标 ──┤        │                    │
  │              │                    ├─ 03 采购人依法能够自行建设、生产或者提供
  │              └─ 03 可以不进行招     ──┤
  │                  标的项目          ├─ 04 已通过招标方式选定的特许经营项目投资人依法能够
  │                                   │   自行建设、生产或者提供
  │                                   │
  │                                   ├─ 05 需要向原中标人采购工程、货物或者服务，否则将影
  │                                   │   响施工或者功能配套要求
  │                                   │
  │                                   └─ 06 国家规定的其他特殊情形
  │
  │              ┌─ 01 公开招标 ──── 01 邀请招标和可以不进行招标之外的必须招标的项目
  │              │
  └─ 02 招标采取  ──┤                    ┌─ 01 技术复杂、有特殊要求或者受自然环境限制，只有少
      的方式       │                    │   量潜在投标人可供选择
                  │                    │
                  └─ 02 邀请招标     ──┤─ 02 采用公开招标方式的费用占项目合同金额的比例过大
                                      │
                                      └─ 03 国务院发展计划部门确定的国家重点项目和省、自治
                                          区、直辖市人民政府确定的地方重点项目不适宜公开
                                          招标的，经国务院发展计划部门或者省、自治区、直
                                          辖市人民政府批准，可以进行邀请招标
```

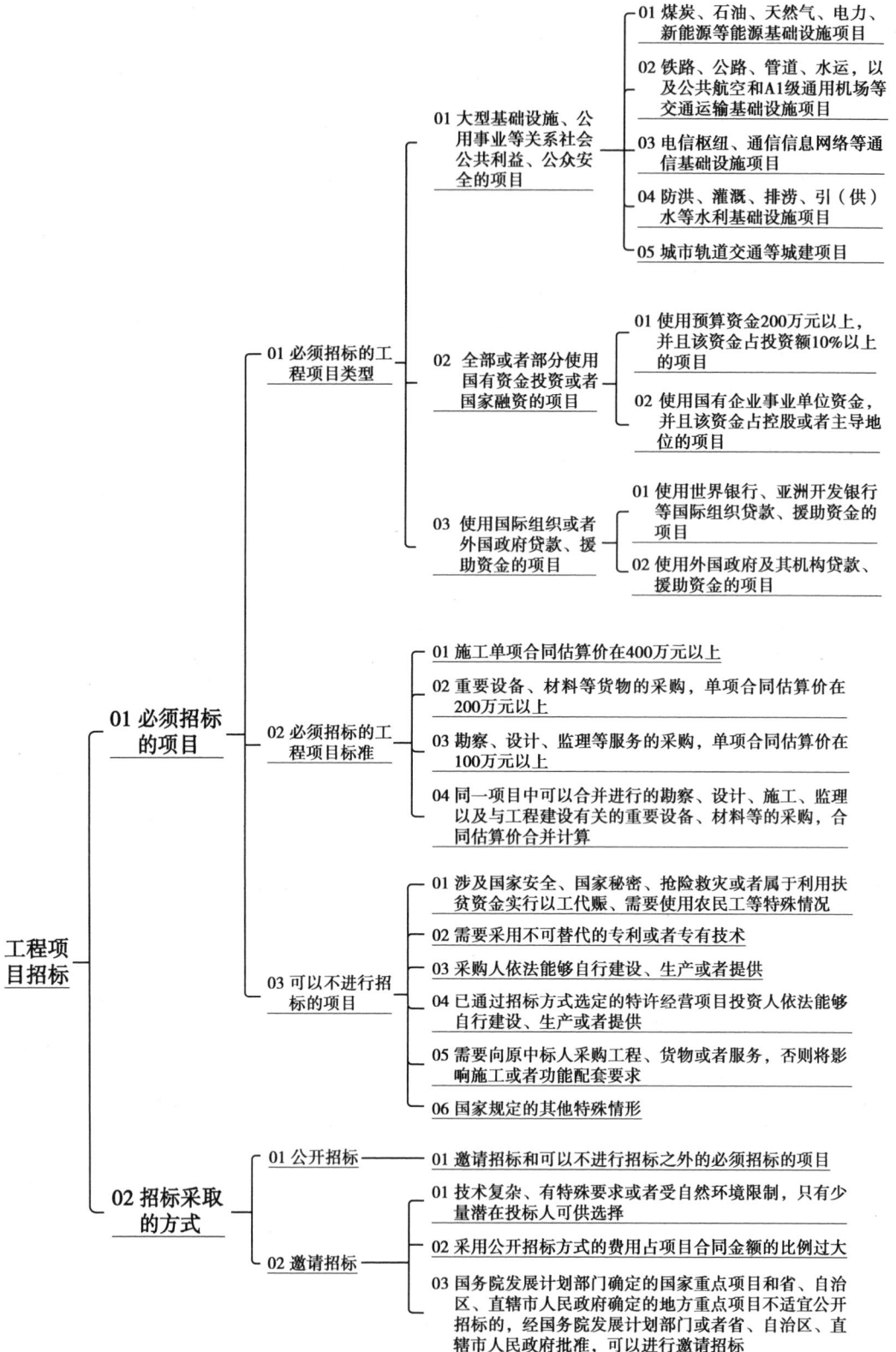

图 4.1　工程项目招标规定

⑥ 中标无效

根据《最高人民法院关于审理建设工程施工合同纠纷案件适用法律问题的解释（一）》（法释〔2020〕25 号）第一条第（三）款的规定，"建设工程必须进行招标而未招标或者中标无效的"。根据上述规定，建设工程中标无效而签订的施工合同无效。针对"中标"，实务中需要从三个方面去理解：

一是针对依法必须招标的项目，建设单位采取的公开招标或者邀请招标，最终投标人中标，属于中标的范畴。

二是依法不需要招标的项目，建设单位采取公开招标或者邀请招标，最终投标人中标，也属于中标的范畴。因为根据《招标投标法》第二条的规定，"在中华人民共和国境内进行招标投标活动，适用本法"。因此，即使该项目依法不需要招标，但是只要项目建设单位选择了招投标这种方式方法和程序去选择承包方，相关的活动就要受到《招标投标法》的约束，《招标投标法》中关于中标的相应规定就适合该项目。

三是依法不需要招标的项目，采取其他方式确定的中标人签订施工合同的，不属于中标的范畴。

在实务中，参建各方往往对依法必须招标的项目重视程度高，按照《招标投标法》及实施条例以及相关政策文件去执行，但是对依法不需要招标，实际却采取招投标方式的项目，却往往重视度不够，比较随意和散漫，往往由此导致巨大的潜在的风险，需要工程商务人员在实践中引起高度重视。

根据《最高人民法院建设工程施工合同司法解释（二）理解与适用》一书，详细阐述了非必招标工程项目招标的特点以及与必须招标工程项目招标之间的区别和联系，具体如下：

总体而言，非必招标工程项目进行招标与必须招标工程项目在招标序上没有实质性差异，但非必招标工程项目的灵活度更大，招标程序中的一些非核心、非关键步骤招标人有一定的自主权。

其特点表现在如下几个方面：

（1）非必招标工程项目的招标范围、招标方式可以由发包人自主决定，不需要报经相关主管部门的批准。在招标范围上，是全部工程项目进行招标，还是将工程项目中的某一部分单独进行招标，是对工程项目采用总承包的方式进行招标，还是拆分为不同标段分别招标，发包人都可以自主决定，法律法规并不加以干涉。这一点明显区别于必须招标的工程项目，对于必须招标的工程项目，发包人不得利用划分标段的方式规避招标，否则即构成违法。在招标的方式上，非必招标的工程项目可以选择公开招标，也可以选择邀请招标。发包人具备招标能力、评标能力的，可以自主招标、评标。对于必须招标的工程项目，则必须根据工程项目的具体情况选择符合要求的招标方式。《招标投标法实施条例》第 7 条、第 8 条对此有明确规定。

（2）非必招标工程在编制资格预审文件和招标文件时的自由度较大，按照相关规定，编制依法必须进行招标的项目的资格预审文件和招标文件，应当使用国务院发展改革部门会同有关行政监督部门制定的标准文本，而非必招标工程项目则无此要求。必须招标的工程项目的资格预审公告和招标公告，还应当在国务院发展改革部门依法指定的媒介发布，发布不得收取费用，非必招标工程项目则因其有较强的市场化属性和发包人自主性，可以自由选择发布方式，可以通过报纸、网络、电视等可以发布公告的媒介即可，不需要在指定媒介上发布，发布信息时一般需要支付相应的费用。非必招标工程发布信息并不需要完全按照必须招标工程项目的要求发布，发布招标项目的概况信息即可。

（3）提交资格预审申请文件时间不同，必须招标工程项目提交资格预审申请文件的时间，自资格预审文件停止发售之日起不得少于5日，而非必招标工程可以根据项目的具体情况确定合理的期限。必须招标工程项目还必须按规定成立资格审查委员会审查资格预审申请文件，对于非必招标工程项目，是否组织资格审查委员会由发包人决定。

（4）非必招标工程项目在组织评标委员会时更为宽松，必须招标的工程项目的评标委员会专家成员应当从评标专家库内随机抽取确定，不得指定或变相指定，非依法定事由，不得更换评标委员会委员，而非必招标工程项目组织评标委员会确定专家成员可以随机确定，也可指定，只要能够满足对发包人工程项目相匹配的评审能力即可。

（5）非必招标工程项目确定中标人的标准和程序也比较宽松，必须招标的工程项目招标人应当自收到评标报告之日起3日内公示中标候选人，公示期不得少于3日，一般应确定排名第一的中标候选人为中标人，非必招标工程项目的公示期法律并无特别规定，在中标人的选择上发包人可以根据评标结果选择最优中标人，并不一定要选择排名第一的中标候选人。

根据《招标投标法》及《招标投标法实施条例》的相关规定，共存在7种中标无效的情况。

A. 改变中标结果

根据《招标投标法》第四十五条的相关规定：

第四十五条　中标人确定后，招标人应当向中标人发出中标通知书，并同时将中标结果通知所有未中标的投标人。

中标通知书对招标人和中标人具有法律效力。中标通知书发出后，招标人改变中标结果的，或者中标人放弃中标项目的，应当依法承担法律责任。

例如： 某项目投标人A、B、C参与投标，招标人选定排名第一的A为中标人，招标人向投标人A发出了中标通知书。由于种种其他因素，最终招标人没有选择与投标人A签订施工合同，而是与投标人B签订了施工合同，在这种情况下，投标人B就属于中标无效，招标人与投标人B签订的施工合同无效。

B. 招标人违反保密义务或串通

根据《招标投标法》第五十条的相关规定：

第五十条　招标代理机构违反本法规定，泄露应当保密的与招标投标活动有关的情况和资料的，或者与招标人、投标人串通损害国家利益、社会公共利益或者他人合法权益的，处五万元以上二十五万元以下的罚款，对单位直接负责的主管人员和其他直接责任人员处单位罚款数额百分之五以上百分之十以下的罚款；有违法所得的，并处没收违法所得；情节严重的，暂停直至取消招标代理资格；构成犯罪的，依法追究刑事责任。给他人造成损失的，依法承担赔偿责任。

前款所列行为影响中标结果的，中标无效。

招标人违反保密义务或串通的实务认定标准参考《招标投标法实施条例》第四十一条的相关规定：

第四十一条　禁止招标人与投标人串通投标。

有下列情形之一的，属于招标人与投标人串通投标：

（一）招标人在开标前开启投标文件并将有关信息泄露给其他投标人；

（二）招标人直接或者间接向投标人泄露标底、评标委员会成员等信息；

（三）招标人明示或者暗示投标人压低或者抬高投标报价；

（四）招标人授意投标人撤换、修改投标文件；

（五）招标人明示或者暗示投标人为特定投标人中标提供方便；

（六）招标人与投标人为谋求特定投标人中标而采取的其他串通行为。

例如： 某项目在投标前，招标人采取间接的方式，向投标人 A 提前透漏了评标委员会成员名单，如果投标人根据该名单，提前与评标委员会成员进行了相应的沟通，导致评标委员会成员在评标过程中倾向于投标人 A，导致 A 中标，该种情况下投标人 A 中标无效。

如果投标人根据该名单，提前与评标委员会成员进行了相应的沟通，但是经过评标最终确定投标人 B 中标，该种情况下投标人 B 中标有效。

如果投标人 A 根据该名单，提前与评标委员会成员进行了相应的沟通，在正式评标时，招标人决定临时从专家库中抽取名单组成评标委员会，投标人 A 前期沟通过的评标委员会成员均没有被选中，经过评标，确定投标人 A 中标，该种情况下投标人 A 中标有效。

因为根据《招标投标法》第四十五条，"前款所列行为影响中标结果的，中标无效"，只有当招标人与投标人串通投标的具体行为影响中标结果时，该中标才无效，如果该具体行为不影响中标结果，则该中标仍旧是有效的。但是合同有效不排除招标人与投标人串通投标的具体行为不违法，相关机构在中标有效的情况下，仍旧可以按照《招标投标法》第四十五条，追究相关人员的行政责任和刑事责任，如果该行为给其他人造成了损失，其他人还可以依法要求相关人员赔偿损失。

C. 招标人泄密

根据《招标投标法》第五十二条的相关规定：

第五十二条　依法必须进行招标的项目的招标人向他人透露已获取招标文件的潜在投标人的名称、数量或者可能影响公平竞争的有关招标投标的其他情况的，或者泄露标底的，给予警告，可以并处一万元以上十万元以下的罚款；对单位直接负责的主管人员和其他直接责任人员依法给予处分；构成犯罪的，依法追究刑事责任。

前款所列行为影响中标结果的，中标无效。

根据上述规定，招标人泄密影响中标结果的，中标无效。

D. 投标人串通投标

根据《招标投标法》第五十三条的相关规定：

第五十三条 投标人相互串通投标或者与招标人串通投标的，投标人以向招标人或者评标委员会成员行贿的手段谋取中标的，中标无效，处中标项目金额千分之五以上千分之十以下的罚款，对单位直接负责的主管人员和其他直接责任人员处单位罚款数额百分之五以上百分之十以下的罚款；有违法所得的，并处没收违法所得；情节严重的，取消其一年至二年内参加依法必须进行招标的项目的投标资格并予以公告，直至由工商行政管理机关吊销营业执照；构成犯罪的，依法追究刑事责任。给他人造成损失的，依法承担赔偿责任。

投标人串通投标的实务判断标准，可以参考《招标投标法实施条例》第三十九条、第四十条的相关规定：

第三十九条 禁止投标人相互串通投标。

有下列情形之一的，属于投标人相互串通投标：

（一）投标人之间协商投标报价等投标文件的实质性内容；

（二）投标人之间约定中标人；

（三）投标人之间约定部分投标人放弃投标或者中标；

（四）属于同一集团、协会、商会等组织成员的投标人按照该组织要求协同投标；

（五）投标人之间为谋取中标或者排斥特定投标人而采取的其他联合行动。

第四十条 有下列情形之一的，视为投标人相互串通投标：

（一）不同投标人的投标文件由同一单位或者个人编制；

（二）不同投标人委托同一单位或者个人办理投标事宜；

（三）不同投标人的投标文件载明的项目管理成员为同一人；

（四）不同投标人的投标文件异常一致或者投标报价呈规律性差异；

（五）不同投标人的投标文件相互混装；

（六）不同投标人的投标保证金从同一单位或者个人的账户转出。

E. 投标人弄虚作假，骗取中标

根据《招标投标法》第五十四条的相关规定：

第五十四条 投标人以他人名义投标或者以其他方式弄虚作假，骗取中标的，中标无效，给招标人造成损失的，依法承担赔偿责任；构成犯罪的，依法追究刑事责任。

依法必须进行招标的项目的投标人有前款所列行为尚未构成犯罪的，处中标项目金额千分之五以上千分之十以下的罚款，对单位直接负责的主管人员和其他直接责任人员处单位罚款数额百分之五以上百分之十以下的罚款；有违法所得的，并处没收违法所得；情节严重的，取消其一年至三年内参加依法必须进行招标的项目的投标资格并予以公告，直至由工商行政管理机关吊销营业执照。

投标人弄虚作假的具体行为，可以参考《招标投标法实施条例》第四十二条的相关规定：

第四十二条　使用通过受让或者租借等方式获取的资格、资质证书投标的，属于招标投标法第三十三条规定的以他人名义投标。

投标人有下列情形之一的，属于招标投标法第三十三条规定的以其他方式弄虚作假的行为：

（一）使用伪造、变造的许可证件；

（二）提供虚假的财务状况或者业绩；

（三）提供虚假的项目负责人或者主要技术人员简历、劳动关系证明；

（四）提供虚假的信用状况；

（五）其他弄虚作假的行为。

例如：某市公共资源交易中心公开招投标项目，投标人 A 经过投标，被确定为第一中标候选人，后招标人发现，投标人 A 在投标文件中递交的拟派项目经理的业绩证明材料"单位工程竣工验收证明书"系虚假材料，根据《招标投标法》第五十四条和《招标投标法实施条例》第四十二条，并结合招标文件和行政管理文件规定，某市公共资源交易中心作出以下通报："取消该投标人 A 第一中标候选人资格；对投标人 A 投标保证金不予退还；对该投标人记不良行为记录 1 次，并予以公开披露。"

F. 实质性内容谈判

根据《招标投标法》第五十五条的相关规定：

第五十五条　依法必须进行招标的项目，招标人违反本法规定，与投标人就投标价格、投标方案等实质性内容进行谈判的，给予警告，对单位直接负责的主管人员和其他直接责任人员依法给予处分。

前款所列行为影响中标结果的，中标无效。

例如：某依法必须进行招标的项目，投标人 A 报价 A_1 元，投标人 B 报价 B_1 元，投标人 C 报价 C_1 元，根据招标文件的评标办法，投标人 A 应该是排名第一的中标候选人。在评标过程中，招标人与投标人 B 针对投标报价进行谈判，投标人 B 愿意以低于投标人 A 报价的 B_2 价格承接该项目，并愿意垫资施工。于是，招标人根据谈判内容确定投标人 B 为排名第一的中标候选人。由于招标人与投标人对投标价格等实质性内容进行谈判，影响了中标结果，因此投标人 B 的中标无效。

G. 中标候选人之外定标的

根据《招标投标法》第五十七条的相关规定：

第五十七条　招标人在评标委员会依法推荐的中标候选人以外确定中标人的，依法必须进行招标的项目在所有投标被评标委员会否决后自行确定中标人的，中标无效，责令改正，可以处中标项目金额千分之五以上千分之十以下的罚款；对单位直接负责的主管人员和其他直接责任人员依法给予处分。

根据《招标投标法实施条例》第五十五条的相关规定：

第五十五条　国有资金占控股或者主导地位的依法必须进行招标的项目，招标人应当确定排名第一的中标候选人为中标人。排名第一的中标候选人放弃中标、因不可抗力不能履行合同、不按照招标文件要求提交履约保证金，或者被查实存在影响中标结果的违法行为等情形，不符合中标条件的，招标人可以按照评标委员会提出的中标候选人名单排序依次确定其他中标候选人为中标人，也可以重新招标。

例如：某国有资金投资建设的依法必须招标的项目，评标委员会确定排名前三的中标候选人如下：第一名，投标人 A；第二名，投标人 B；第三名，投标人 C。如果招标人选定投标人 B 为中标人，那么该中标无效；如果评标委员会根据评标办法，评定全部投标文件无效，招标人自行确定其中的某投标人为中标人，那么该中标也无效。

⑦ 背离合同实质性内容

根据《招标投标法》第四十六条、第五十九条的相关规定：

第四十六条　招标人和中标人应当自中标通知书发出之日起三十日内，按照招标文件和中标人的投标文件订立书面合同。招标人和中标人不得再行订立背离合同实质性内容的其他协议。

招标文件要求中标人提交履约保证金的，中标人应当提交。

第五十九条　招标人与中标人不按照招标文件和中标人的投标文件订立合同的，或者招标人、中标人订立背离合同实质性内容的协议的，责令改正；可以处中标项目金额千分之五以上千分之十以下的罚款。

根据《招标投标法实施条例》第五十七条、第七十五条的相关规定：

第五十七条　招标人和中标人应当依照招标投标法和本条例的规定签订书面合同，合同的标的、价款、质量、履行期限等主要条款应当与招标文件和中标人的投标文件的内容一致。招标人和中标人不得再行订立背离合同实质性内容的其他协议。

招标人最迟应当在书面合同签订后 5 日内向中标人和未中标的投标人退还投标保证金及银行同期存款利息。

第七十五条　招标人和中标人不按照招标文件和中标人的投标文件订立合同，合同的主要条款与招标文件、中标人的投标文件的内容不一致，或者招标人、中标人订立背离合同实质性内容的协议的，由有关行政监督部门责令改正，可以处中标项目金额5‰以上10‰以下的罚款。

根据《最高人民法院建设工程施工合同司法解释（二）理解与适用》一书，对合同实质性内容进行了详细的解读，具体总结如下：

合同实质性内容不是指合同的主要条款，合同主要条款指合同必须具备的条款，缺乏任何一款，合同不成立。根据合同法第 12 条，合同主要条款包括："合同主体及当事人或者姓名、标的和数量"。

合同实质性内容不是指合同法第 275 条规定的建设工程施工合同主要内容，【施工合同主要条款】施工合同的内容包括工程范围、建设工期、中间交工工程的开工和竣工时间、工程质量、工程造价、技术资料交付时间、材料和设备供应责任、拨款和结算、竣工验收、质量保修范围和质量保证期、双方相互协作等条款。

合同的实质性内容来源于招标投标法第 46 条第 1 款，凡是排除其他投标人中标的可能或者提高其他中标人中标条件的内容，都构成招标投标法第 46 条第 1 款的实质性内容。实务中合同实质内容主要包含：工程范围、建设工期、工程价款、工程质量和其他凡是可能限制或者排除其他竞标人的条件都可能构成招标投标法第 46 条第 1 款的合同实质性内容。

在实务中，背离合同的实质性内容，一般存在两种情况：

第一种情况是在招投标过程中，一般体现为中标人和招标人签订的施工合同，没有按照招标文件和投标人的投标文件内容签订合同，施工合同背离了招标文件和投标文件的相关实质性条款，由此导致招标人和投标人签订的施工合同无效。

例如：某依法必须招标项目，招标文件中要求该项目必须获得鲁班奖，如果没有获得鲁班奖，施工单位需要承担签约合同价的 2% 作为违约金；经过招投标，确定投标人 A 为中标人，在招标人与投标人签订的施工合同中，将该项目由必须获得鲁班奖修改为争创鲁班奖，并删除了关于没有获得鲁班奖的违约金条款。根据《招标投标法》第四十六条的规定，招标人与投标人签订的施工合同，违背了招投标文件的实质性内容，因此该施工合同无效。

第二种情况是在施工过程中，发包人和承包人签订相关的补充协议，而补充协议的内容又违背了招投标过程中签订的施工合同的实质性内容，在这种情况下，该补充协议也属于无效协议。

案例：调整中标清单单价的补充协议签订

◆案例背景

某国有资金投资建设的依法必须招标项目，该项目在某市建设工程交易中心公开招投标，招标文件约定按照清单计价，综合单价包干，工程量按实结算。经过评标，最终确定投标人乙为中标单位，招标人甲与投标人乙双方签订施工合同，其中投标人乙的中标清单作为施工合同的组成部分。

该项目在实际施工过程中，由于甲方的各种原因，给乙方造成很大损失，根据合同约定，发生这种情况时属于甲方违约，乙方可以向甲方索赔，但是如果甲方同意乙方的索赔事项，根据甲方的相关管理制度，甲方的相关人员要承担相应的管理责任。

于是，甲乙双方进行协商，对该项目的结算方式进行调整，结算时中标清单价上浮一定比例作为结算依据，通过上浮单价来补偿因甲方原因给乙方造成的损失。

双方根据协商签订补充协议，约定甲乙双方经友好协商，结算时将原中标清单单价上浮 2% 作为结算清单单价，工程量按实计算，双方签字盖章。

结算时，乙方按照补充协议的约定上浮 2% 报送结算，结算审核时审核单位提出，该补充协议违背了施工合同实质性内容，属于无效协议，应该根据施工合同所附的中标清单单价进行结算。

◆商务解读

上述补充协议属于施工过程中合同的变更，当补充协议的内容违背了施工合同的实质性条款时，该补充协议同样属于无效协议。但是，合同的变更属于合同双方的权利，如果是下面的两种情况，则补充协议是有效的。

一是施工过程中，根据项目实际施工过程中发生的具体情况，建设单位和施工企业签订补充协议，对一些施工合同的非实质性条款，结合项目的实际情况，进行调整、修改或者增加、减少，这种情况下该补充协议一般是有效的。

二是施工过程中，如果项目的实际情况与招投标时相比发生了质的变化，存在特殊情形导致影响招投标施工合同对应的签订基础时，在这种情况下，建设单位和施工企业签订补充协议，对施工合同的一些实质性条款进行调整或者修改，因该实质性变更而签订的补充协议，也通常认为是有效的。比如招标时是一个版本的施工图，实际施工时，由于规划的调整，施工图进行了重新设计，建筑形式和结构形式发生了重大调整，在这种情况下，如果施工合同对这种情况没有约定如何处理，建设单位和施工企业可以重新签订补充协议，在原中标清单的基础上进行合理的变更和调整。比如招标时对应的是 A 项工程内容，实际施工时由于特殊情况，施工范围进行了大幅度的减少，如果施工合同对这种情况没有约定如何处理，建设单位和施工企业可以重新签订补充协议，在原中标清单的基础上进行合理的变更和调整。

因此，在实务中，对于依法必须招标项目，针对施工过程中签订的补充协议，需要注意以下三个细节：

一是在补充协议签订时，要尽量详细地阐述补充协议签订的依据，并对相关的事实依据进行收集和保存，在后期审核单位提出质疑时做到事实充分，有理有据。

二是针对施工合同实质性内容修改的补充协议，在确保事实理由依据充分的基础上，相关实际情况变化的一些沟通会议记录、事实资料等要及时保存，并且相应的报告、批准、审批资料保存齐全，尽量做到补充协议事项要上建设单位的内部会议或者主管单位的常务会议并讨论审批通过，尽量多方面事实理由依据充分、程序正确确保补充协议的效力。

三是根据《民法典》第五百零二条的相关规定：

第五百零二条　依法成立的合同，自成立时生效，但是法律另有规定或者当事人另有约定的除外。

依照法律、行政法规的规定，合同应当办理批准等手续的，依照其规定。未办理批准等手续影响合同生效的，不影响合同中履行报批等义务条款以及相关条款的效力。应当办理申请批准等手续的当事人未履行义务的，对方可以请求其承担违反该义务的责任。

依照法律、行政法规的规定，合同的变更、转让、解除等情形应当办理批准等手续的，适用前款规定。

根据上述条款的规定，当法律法规规定补充协议需要办理批准和登记手续的，补充协议需要批准和登记才有效，尤其是在一些国有投资和政府投资修建的大型建设项目，当根据有关规定施工过程中的合同变更和补充协议的签订，需要相关部门批准和登记才有效的情况时，一定要及时去办理相关批准和登记手续。

造价笔记 428

先实然，再应然，知所然，知其所以然

今天，看了一篇微信公众号文章，陈兴良写的"我怎样学习刑法"。

数千字的文章，分两次才细细看完，很复杂很理论，以前很难理解的概念，通过陈老师的剖析，顿觉有豁然开朗的感觉。

其中有一个案例非常深刻，就是某刑法解释案出来，有学者发表论文，高谈阔论地剖析解释案存在哪些漏洞，以及立法的失误之处等。

陈老师提出了对这类事情的看法，大意是我们很多人不太会去注意应然和实然的语境，导致很多事情过于情绪化，而对事情的解决没有益处。

我们去理解和应用某个事物或者规则，都有两个维度，一个是事物本身，也就是实然角度，实然就是事物本身的状况，包含所然和所以然，我们首先要去理解事物或者规则本身表达的内容，这就是所然，真正理解之后，才通过实践去理解和抽离事物背后的所以然，也就是事物或规则为什么会这么约定，背后的道理和原理是什么。

有了实然角度的理解和实践，我们才能进入应然视角，也就是这个事物从价值或者哲理的角度，应如何去表达或者约定，才能体现我们心中追寻的公正正义的价值，只有建立在实践的角度之上，我们对事物价值应然的思考，才是有真正意义和价值的。

就如陈老师所言，对一个法官来讲，站在职业的角度，没有不好的刑法，只要是按照约定程序制定的法律，法官就需要考虑如何有效合理地去执行，而不是从应然的角度去评判或者指责制定出来的法律的漏洞或者各种问题，这就是法官的实然语境。

如果是法律实行一段时间后，法官或者学者在各种专业讨论论坛或者学术交流场所，就可以从价值意义应然的角度去探讨，或者在法律征求意见的时候从应然的角度建议，而不是在法律刚刚制定时去从应然的角度评判和指责。

这就是应然和实然的区别，在工作和生活学习中，我们同样需要如此去注意和考虑。

比如到一个新的环境，或者面对新的制度、是新的事物，我们需要的是先去熟悉了解认识，然后再去理解思考背后蕴含的道理，最后才去思考价值意义的事情，这也从另一个角度告诉我们，先听后说、少说多做的做事学习之道。

所以，当我们能从不同维度去思考接受，能听明白和深深地感受一些以前不可理解的高深的理论与词汇时，或许是我们真正有了生活经历，有了真正的人生悟道。因此，坚持阅读、学习、思考，是一件实然而又真正应然的事情。

2019 年 9 月 14 日

（5）无效施工合同的后果

根据《民法典》第五百零七条的相关规定：

第五百零七条　合同不生效、无效、被撤销或者终止的，不影响合同中有关解决争议方法的条款的效力。

根据上述规定，虽然合同无效，但是合同中约定争议解决的方法或是诉讼或是仲裁等条款对合同双方具有约束力。

根据《民法典》第一百五十七条的相关规定：

第一百五十七条 民事法律行为无效、被撤销或者确定不发生效力后，行为人因该行为取得的财产，应当予以返还；不能返还或者没有必要返还的，应当折价补偿。有过错的一方应当赔偿对方由此所受到的损失；各方都有过错的，应当各自承担相应的责任。法律另有规定的，依照其规定。

如何理解上述规定的本质原理呢？我们可以从一个简单的事例进行相应的理解。

例如：甲与乙签订书籍购买合同，甲方为卖方，乙方为买方，甲方售卖两本书给乙方。在甲方交付给乙方一本书的情况下，过程中由于甲方的原因导致该买卖合同无效，那么首先需要把事物返还到合同签订之前的状态。在买卖合同签订之前，书是在甲方处，金钱是在乙方处，由于买卖行为的发生，甲方的书交换到乙方手中，乙方的金钱交换到甲方的手中，那么该买卖合同无效，乙方要把原本不属于自己的书归还给甲方，甲方要把原本不属于自己的金钱归还给乙方。这就是上述规定的，"民事法律行为无效、被撤销或者确定不发生效力后，行为人因该行为取得的财产，应当予以返还"。

如果乙方拿到书后在该书上签了名字，这种情况下该书就属于不能返还或者没有必要返还，因为签了乙方名字的书归还给甲方后，甲方无法再次进行正常销售，那么在这种情况下，应当折价补偿。也就是甲方和乙方可以协商，针对该本乙方已经签名的书，乙方保留该书不予退还，按照该书的销售价格补偿甲方，由于前期乙方已经给付甲方相应金钱，因此甲方收到的金钱也就作为该书的折价，仍旧归属甲方。这就是上述规定的，"不能返还或者没有必要返还的，应当折价补偿"。

在这个交易过程中，如果合同有效，那么乙方是以合同费用买到了相应的两本书籍，但是由于甲方的行为导致合同无效，对乙方就造成了相应的损失。比如乙方提前支付的两本书的费用给甲方，甲方对该资金占用了一段时间，乙方损失了相应的资金机会成本或者资金利息；比如乙方把书籍退还给了甲方，乙方需要重新购买书籍，这会增加乙方额外支出相应的重新购买书籍活动支付的人力物力成本，如果恰好遇上该书籍涨价，那么乙方还增加了相应的重新购买的价差损失。这种情况下，就牵涉该合同无效导致乙方受到的损失由导致合同无效的甲方承担的问题，这就是上述规定的，"有过错的一方应当赔偿对方由此所受到的损失；各方都有过错的，应当各自承担相应的责任"。

在合同无效的情况下，导致合同无效，有责任的一方需要承当的相应责任，我们称为缔约过失责任。缔约过失责任的赔偿范围为信赖利益的损失，指缔约人信赖合同有效成立，但因法定事由发生，致使合同不成立、无效、不被追认或被撤销等而造成的损失。

一般情况下，缔约过失责任的信赖利益赔偿 = 直接损失 + 间接损失，直接损失一般包含缔约费用、准备履行所支出的费用、上述费用的利息；间接损失一般包含与第三人另行订立合同时所产生的损失。

如果合同有效，根据《民法典》第五百八十四条、第五百八十五条的相关规定：

第五百八十四条 当事人一方不履行合同义务或者履行合同义务不符合约定，造成对方损失的，损失赔偿额应当相当于因违约所造成的损失，包括合同履行后可以获得的利益；但是，不得超过违约一方订立合同时预见到或者应当预见到的因违约可能造成的损失。

第五百八十五条　当事人可以约定一方违约时应当根据违约情况向对方支付一定数额的违约金，也可以约定因违约产生的损失赔偿额的计算方法。

约定的违约金低于造成的损失的，人民法院或者仲裁机构可以根据当事人的请求予以增加；约定的违约金过分高于造成的损失的，人民法院或者仲裁机构可以根据当事人的请求予以适当减少。

当事人就迟延履行约定违约金的，违约方支付违约金后，还应当履行债务。

根据上述规定，在合同有效的情况下一方给另一方造成损失的，应当承担违约责任，违约损失承担的责任范围 = 直接损失 + 间接损失 + 预期可得利益，守约的一方可以按照两种方式要求违约方支付违约金。

方式一：如果合同约定了一方违约时需要具体支付的违约金，可以直接要求对方支付该金额的违约金。

方式二：如果合同没有约定具体的违约金，守约一方也可根据违约一方的该违约行为给自己造成的直接损失 + 间接损失 + 预期可得利益的费用，要求对方承担。

案例：未办理建设工程规划许可证导致的合同效力影响

◆案例背景

建设单位 A 与施工企业 B 签订了某项目建设工程施工合同，该项目采取定额计价，由于建设单位的原因，在签订施工合同时，建设单位未取得该项目的建设工程规划许可证等规划审批手续。在施工过程中，建设单位与施工企业双方发生争议，诉讼到法院。建设单位以未取得建设工程规划许可证等规划审批手续为由，请求确认建设工程施工合同无效的。

◆商务解读

根据《最高人民法院关于审理建设工程施工合同纠纷案件适用法律问题的解释（一）》（法释〔2020〕25 号）第三条的相关规定：

第三条　当事人以发包人未取得建设工程规划许可证等规划审批手续为由，请求确认建设工程施工合同无效的，人民法院应予支持，但发包人在起诉前取得建设工程规划许可证等规划审批手续的除外。

发包人能够办理审批手续而未办理，并以未办理审批手续为由请求确认建设工程施工合同无效的，人民法院不予支持。

在上述情况下，建设单位 A 与施工企业 B 签订的施工合同无效。已经完成的建设工程施工内容无法返还，应该折价由建设单位 A 向施工企业 B 折价计算相应的费用。由于是建设单位 A 的原因导致的施工合同无效，那么建设单位 A 要向施工企业 B 承担缔约过失责任，包括施工企业 B 由此导致的直接损失和间接损失。

如果建设单位 A 在起诉前取得了建设工程规划许可证等规划审批手续，或者建设单位 A 能够办理审批手续而未办理，则该施工合同有效。如果因建设单位 A 原因导致施工企业 B 不能继续施工，那么建设单位 A 就要承担违约责任，已经完成的工程施工内容按照施工合同约定计算相应的工程造价，建设单位 A 还要向施工企业 B 承担违约责任，包含直接损失、间接损失和可得利益。其中，可得利益金额可以将剩余未完成的工程内容套取定额，根据定额文件里体现的相应利润作为施工企业 B 的可得利益。

因此，同样一个项目，在合同有效和合同无效的情况下，作为施工企业最终获得的利益是不一样的。合同无效时 = 已完成部分工程造价 + 直接损失 + 间接损失；合同有效时 = 已完成部分工程造价 + 直接损失 + 间接损失 + 可得利益。如果是定额计价项目，可以参考定额文件的利润率确定可得利益，如果是清单计价项目，可以按照清单计价文件中每个项目的利润率乘以工程量汇总计算。当一个项目工程造价数额大时，那么可得利益就是一笔非常巨大的金额，而直接损失和间接损失施工企业往往很难举证支撑相应费用的计算，可得利益就显得更加重要。

因此在实务中，作为工程商务人员，不管是处于建设单位还是施工企业，一方面要有意识地留有和保存导致合同无效的相关证据；另一方面若发现施工合同存在无效的可能性，重点注意搜集两个方面的证据：一是证明施工合同无效与自己无关；二是施工合同无效造成自己的直接损失和间接损失的相关证据。

关于合同无效损失赔偿的认定，根据《最高人民法院关于审理建设工程施工合同纠纷案件适用法律问题的解释（一）》（法释〔2020〕25 号）第六条，相关具体规定如下：

第六条 建设工程施工合同无效，一方当事人请求对方赔偿损失的，应当就对方过错、损失大小、过错与损失之间的因果关系承担举证责任。

损失大小无法确定，一方当事人请求参照合同约定的质量标准、建设工期、工程价款支付时间等内容确定损失大小的，人民法院可以结合双方过错程度、过错与损失之间的因果关系等因素作出裁判。

针对无效施工合同损失赔偿的问题，可参考图 4.2。

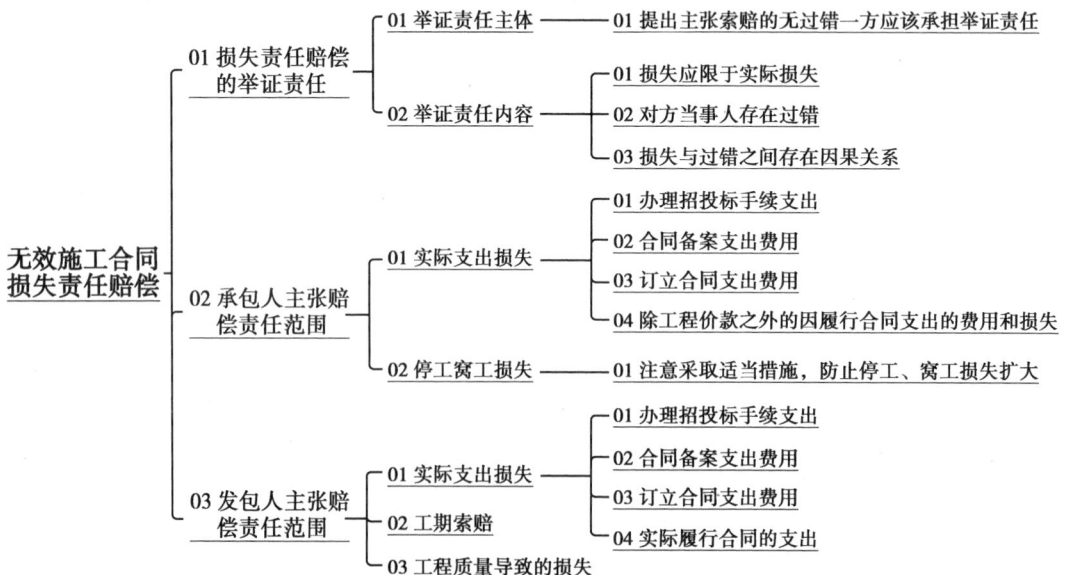

图 4.2 无效施工合同损失责任赔偿

实务中，在施工合同无效与其他责任相互交错的情况下，比如某项目施工过程中，由于承包人的原因导致施工合同无效，又存在发包人的原因导致停工，这时，对停工损失费用的承担，就需要区分哪些损失是无效合同造成的，哪些损失与合同无效无关。对因无效合同造成的损失，应当由造成合同无效的过错方承担；对不是由于无效合同造成的损失，基于诚实信用原则，应当由造成实际损失的过错方承担。

在施工合同无效的情况下，由于建设工程是不能返还的，所以针对已经完成的工程内容就只能折价补偿。如何折价补偿？在《民法典》第七百九十三条有相应的规定：

第七百九十三条　建设工程施工合同无效，但是建设工程经验收合格的，可以参照合同关于工程价款的约定折价补偿承包人。

建设工程施工合同无效，且建设工程经验收不合格的，按照以下情形处理：

（一）修复后的建设工程经验收合格的，发包人可以请求承包人承担修复费用；

（二）修复后的建设工程经验收不合格的，承包人无权请求参照合同关于工程价款的约定折价补偿。

发包人对因建设工程不合格造成的损失有过错的，应当承担相应的责任。

根据上述规定，建设工程施工合同无效，只要施工企业完成部分的工程内容质量合格，那么该部分完成内容就可以参考施工合同中约定的计价方式计算相应的工程造价。需要注意的是参照合同约定计价方式结算，而不是说该无效合同中计价方式的约定有效，因为是由于建设工程无法返还，需要折价补偿，所以司法解释和《民法典》等均只是规定可以参考合同约定的计价方式折价补偿计算相应工程造价，而不是说该施工合同无效时计价条款有效，这是两个概念的区别，需要特别注意。所以司法解释第二条中，表述的是承包人请求参照合同约定支付工程价款，使用的是"请求参照"，《民法典》第七百三十九条中，表述的是"可以参照"。那么在实务中，可能会存在施工合同对相关价款的计算约定不明或者其他特殊情况，承包人也可以针对已经完成的验收合格的工程，请求以工程造价司法鉴定的方式确定相应的工程造价。

例如：《重庆市高级人民法院关于建设工程造价鉴定若干问题的解答》（渝高法〔2016〕260号）文件中的第1条和第11条就对如何确定工程造价作出了明确的规定：

1.当事人在何种情形下可以申请通过鉴定方式确定建设工程造价？

具有下列情形之一，当事人申请进行建设工程造价鉴定，人民法院经审查认为根据当事人举示的证据不能自行确定建设工程造价的，可予准许：

（1）合同约定采用固定总价方式确定工程造价，同时对固定总价包含的风险范围、风险费用的计算方法以及风险范围以外的合同价格的调整方法作出了约定，需要确定风险范围以外的工程造价的。

（2）合同约定采用固定单价方式确定工程造价，需要通过鉴定方式确定工程造价的。

（3）合同约定采用成本加酬金方式确定工程造价，需要通过鉴定方式确定建设成本及酬金的。

（4）合同约定采用可调价格方式确定工程造价，需要通过鉴定方式确定工程造价的。

（5）建设工程未完工，需要通过鉴定方式确定已完工程造价的。

（6）合同未约定工程价款的确定方法，需要通过鉴定方式确定工程造价的。

（7）人民法院认为需要通过鉴定方式确定工程造价的其他情形。

11. 建设工程造价鉴定中，鉴定方法如何确定？

建设工程的计量应当按照合同约定的工程量计算规则、图纸及变更指示、签证单等确定。

建设工程的计价，通常情况下，可以通过以下方式确定：

（1）固定总价合同中，需要对风险范围以外的工程造价进行鉴定的，应当根据合同约定的风险范围以外的合同价格的调整方法确定工程造价。

（2）固定单价合同中，工程量清单载明的工程以及工程量清单的漏项工程、变更工程均应根据合同约定的固定单价或根据合同约定确定的单价确定工程造价；工程量清单外的新增工程，合同有约定的从其约定，未作约定的，参照工程所在地的建设工程定额及相关配套文件计价。

（3）合同约定采用建设工程定额及相关配套文件计价，或者约定根据建设工程定额及相关配套文件下浮一定比例计价的，从其约定。

（4）可调价格合同中，合同对计价原则以及价格的调整方式有约定的，从其约定；合同虽约定采用可调价格方式，但未对计价原则以及价格调整方式作出约定的，参照工程所在地的建设工程定额及相关配套文件计价。

（5）合同未对工程的计价原则作出约定的，参照工程所在地的建设工程定额及相关配套文件计价。

（6）建设工程为未完工程的，应当根据已完工程量和合同约定的计价原则来确定已完工程造价。如果合同为固定总价合同，且无法确定已完工程占整个工程的比例的，一般可以根据工程所在地的建设工程定额及相关配套文件确定已完工程占整个工程的比例，再以固定总价乘以该比例来确定已完工程造价。

由于建设工程质量合格是已完成工程内容可以结算费用的核心关键，而建设工程质量合格，既包括建设工程竣工验收合格，也包括尚未竣工但已完成建设工程质量合格等两种情形。与工程质量相关的验收规定和标准是《房屋建筑和市政基础设施工程竣工验收规定》（建质〔2013〕171号）、《房屋建筑和市政基础设施工程竣工验收备案管理办法（2009）》，作为工程商务人员，需要在施工过程中及时督促现场技术人员注意按照验收规定完成相关工作的验收，保存相关的验收合格资料，作为后续结算的支撑依据，尽量避免因为发生合同无效而又没有佐证质量合格的验收资料，继而导致需要质量鉴定进行确定的各种额外事件和相应风险。

案例：施工合同无效工程造价的办理与确定

◆案例背景

2008年3月，国有建设单位A对某项目公开招标，计价方式为固定总价包干。施工企业 B 参与了投标，投标报价 1 200 万元；另有其他多家单位参加了投标。开标后，投标报价均超出了控制价，无单位中标。因为项目工期紧，为了不耽误项目的进度，建设单位 A 随即组织投标单位议标，施工企业 B 愿意以 1 000 万元承接该项目，并且施工企业 B 出具了书面承诺：承诺如果中标，其愿意与建设单位 A 以 1 000 万元总价包干签订合同，并承诺该价格包含招标文件中约定的全部费用，承担全部人工、材料涨价因素和其他风险。

2008 年 4 月，建设单位 A 和施工企业 B 签订施工合同，合同约定为总价包干，包干价格为 1 000 万元，施工过程中的人工、材料涨价和其他风险均由施工企业 B 承担。施工企业 B 的 20 万元投标保证金转为履约保证金，随后施工企业 B 开始进场施工。5 月底，钢材价格大涨，施工企业 B 给建设单位 A 沟通："1 000 万元无法完成该项目，申请造价调整为 1 200 万元；或者是施工企业 B 退场，解除合同，建设单位 A 另寻承包人进场施工。"

◆ 商务解读

该项目属于依法必须招标项目，根据《招标投标法》的规定，没有投标人中标的情况下，建设单位 A 应该重新组织招标，与施工企业 B 议标，针对实质性内容进行谈判的行为，影响了中标结果，因此建设单位 A 与施工企业 B 签订的施工合同无效。

在施工合同无效的情况下，施工企业 B 已完成的质量合格的工程内容部分，可以如实计算工程量，如果施工合同中对应的固定总价有相应的清单价格组成明细表，那么可以参考施工合同所附的清单价格乘以实际完成的工程量，作为施工企业 B 已完工程对应的折算价款。如果施工合同中没有附清单价格明细，那么可以结合《重庆市高级人民法院关于建设工程造价鉴定若干问题的解答》（渝高法〔2016〕260 号）第 11 条第（6）点：

如果合同为固定总价合同，且无法确定已完工程占整个工程的比例的，一般可以根据工程所在地的建设工程定额及相关配套文件确定已完工程占整个工程的比例，再以固定总价乘以该比例来确定已完工程造价。

可以将已完工程量套取定额得到相应造价 G_1，再把整个项目的工程量套取定额得到相应造价 G，用已完工程定额造价 $G_1 \div$ 整个项目定额造价 G，得出已完工程占施工合同总造价的比例，再将该比例乘以施工合同固定总价，即可得出该已完工程折算价款。

由于该施工合同无效，那么施工企业 B 做的承诺也无效，建设单位 A 不能追究施工企业 B 相应的违约责任，施工企业 B 也不能向建设单位 A 主张未完工程的预期利润，该项目只存在缔约过失责任。缔约过失责任又等于直接损失和间接损失，如果经过核实，建设单位 A 此项目发生直接损失 A_1 元，间接损失 A_2 元，施工企业 B 此项目发生直接损失 B_1 元，间接损失 B_2 元，该项目总的缔约过失责任总金额为（$A_1+A_2+B_1+B_2$）元。接下来需要根据实际情况，评定是谁的责任导致的合同无效。如果评定的是建设单位 A 责任导致的合同无效，那么建设单位 A 需要向施工企业 B 承担（B_1+B_2）元的缔约过失责任。如果评定的是施工企业 B 责任导致的合同无效，那么施工企业 B 需要向建设单位 A 支付（A_1+A_2）元的缔约过失责任金额。如果双方都有责任，则根据各自责任的大小进行评定。如果经过评定建设单位 A 责任占比为 $X\%$，施工企业

B 责任占比为 $Y\%$，那么如果（$A_1+A_2+B_1+B_2$）$\times X\%>A_1+A_2$，就应该由建设单位 A 向施工企业 B 支付缔约过失责任金额：（$A_1+A_2+B_1+B_2$）$\times X\%-$（A_1+A_2），如果（$A_1+A_2+B_1+B_2$）$\times X\%<A_1+A_2$，那么就应该由施工企业 B 向建设单位 A 支付缔约过失责任金额:（A_1+A_2）$-$（$A_1+A_2+B_1+B_2$）$\times X\%$。

针对 20 万元的履约保证金，根据合同无效需要返还到原始状态的原则，20 万元原本属于施工企业 B，那么建设单位 A 应该退还给施工企业 B，并要考虑相应的天然孳息，也就是 20 万元履约保证金对应的银行利息。

在实际施工过程中，还可能会存在多份施工合同，如果多份施工合同均无效的情况下，该如何结算工程价款呢？

根据《最高人民法院关于审理建设工程施工合同纠纷案件适用法律问题的解释（一）》（法释〔2020〕25 号）第二十四条的相关规定：

第二十四条 当事人就同一建设工程订立的数份建设工程施工合同均无效，但建设工程质量合格，一方当事人请求参照实际履行的合同关于工程价款的约定折价补偿承包人的，人民法院应予支持。

实际履行的合同难以确定，当事人请求参照最后签订的合同关于工程价款的约定折价补偿承包人的，人民法院应予支持。

结算建设工程价款一般是指建设工程的发承包双方对合同价款进行约定和依据合同约定进行工程预付款、工程进度款、工程竣工价款结算的活动。因此，规范意义上的工程价款结算至少包括约定合同价款、按约进行工程预付款、工程进度款、工程竣工价款结算并支付的活动总称，而狭义上的支付工程价款特指向承包人支付工程款的给付行为。

在实务中，如何确定实际履行的合同呢？一般可以根据施工过程中建设单位与施工企业以及监理和其他参建单位等往来函件、签证收方、会议纪要、过程计量支付、工程款收支凭证等确定。因此，这就要求工程商务人员对过程中的相关经济资料、技术资料完整保存和梳理存档，避免后期由于相应资料缺失而无法主张相关诉求的风险。

造价笔记 590

带着思考去做每一件事和努力去做每一件事，结果往往是不一样的

上周公司承接了一个房地产公司的二审项目，送审造价一个多亿，审核时间只有十天左右，该项目交给刚刚成长起来的小 W 负责。

接到任务时，小 W 有点不愿意，主要是项目体量比较大，时间非常紧，又只有自己一个人负责审核。以前自己主要做的项目是帮助施工企业，还没有真正做过审项目，担心自己经验不足影响工作成绩和公司的利益。经过一番交流和疏导，小 W 最终愿意尝试实施该项目。小 W 是"90 后"，答应了事情就会拼命去做，对自我要求很高，从收到资料的当天晚上开始，小 W 就开始加班全力以赴努力地去看资料。

非常用心地看了一天的资料后，小 W 感觉这个项目非常复杂，做好这个项目的二审仅仅依靠自己一个人远远不够，就开始对自我产生怀疑，借助这个机会，我和小 W 一起探讨和分享了关于做事情的方法。

对于结算二审，作为审计人员，要在甲方规定的时间内多快好省地做出成绩，光靠努力是不行的，需要用心地去思考，有的放矢才能解决问题。一般情况下，在超短时间进行结算二审的工作思路分为以下五步：

第一步，明确项目结算审核阶段：是前期施工图预算包干的二审，还是项目施工完毕的项目结算二审？如果是施工图预算包干二审，重点关注的资料就是设计图、图纸做法过程回复、一审的审核编制说明；如果是项目施工完毕的结算二审，重点关注施工图预算包干补充协议的包干价的依据材料和编制说明、过程中的一单一结、材料调差、违约金和过程罚款、甲供材的领用及结算等资料。

第二步，看合同和清单：根据结算审核的阶段，有针对性地去看合同和清单，主要关注施工合同范围、哪些属于包干的、哪些属于前期暂定的、哪些可以调差、哪些属于发生了也不能计算的风险范围、清单的项目特征和内容是否有重合，边看边随手用印象笔记做重点记录。

第三步，看图纸和看上量：根据合同原则确定是以竣工图还是设计图加变更作为结算依据，然后挑选电子版图纸部分的内容与蓝图进行比对，确保电子版图纸与蓝图一致。接着针对造价比较大的钢筋混凝土防水等大项清单，重点关注模型的量、提量表的量、上量清单的量三量是否合一，如果不一致，说明原来送审资料编制水平不高，要重点关注；如果一致，说明编制人员至少资料严谨，需要调整审核思路。

第四步，结合前面的资料梳理和项目类型，根据工作经验，梳理一份从基础到主体，各个阶段容易审减或者犯错的地方，然后再带着这些具体的点一个一个去重点抽查看是否有误，如果平常建立了自己的工作总结知识库，这个时候就能发挥巨大的作用。

前面这四步一般在收到资料后一天内就能快速完成，接着就开始第五步与对方具体经办人员的核对。

核对过程一般又分为五个阶段。

第一个阶段是倾听阶段，主要是倾听对方经办人员详细给我们的阐述，成果资料中建模的思路、包含的范围、提量的思路和具体上量的思路，然后逐个项目分构件阐述绘制的依据、节点的处理、提量和最终的上量。在这个过程中，我们只需要尽量地倾听，在有问题和疑惑的地方做好记录，每一个构件类型随机抽查绘制是否准确，节点处理是否正确、提量是否一致即可。这个阶段，白天主要听对方阐述，晚上加班研究白天感觉有疑问的地方，落实核对后再进行梳理总结，第二天再针对性地提出，并且保证提出的问题一提一个准，这样可以快速建立自己的专业权威，这个阶段一般花费三天左右的时间。在这个阶段，可以适当对一些看似小的问题、大家易忽略的细节和没有思考的小点进行重点阐述，这样对快速建立专业权威更加有效。

第二个阶段是踏勘现场，经过第一个阶段对方的讲述和讲解，基本上掌握了这个项目情况，这时候就需要结合第一个阶段的了解，梳理一些施工做法的问题、施工界面的问题、现场可能不会施工的地方、做法材质可能会变化的地方等，带着问题有针对性地去项目现场踏勘，这个阶段一般花费一天左右的时间。

第三个阶段是重点审核，结合前面两个阶段的工作和前期的梳理，对相关有疑问的地方、资料不完善的地方、常见容易出错的地方、做法有变化的地方等进行重点审核，有了前面的专业信心，又有了对项目现场整个情况的了解，结合专业知识，很容易审核出相应的问题。审核的同时，把相关争议问题系统地梳理出来。灵活地应用抓大放小，有张有弛地去处理一些审减细节，拘泥于细节的同时又要放手细节，一切以审减金额为重点控制和关注目标，这个阶段一般花费三天左右的时间。

第四个阶段是整理核对成果初稿，梳理出争议问题，提交给公司总工办检查，避免自己的技术盲区，这个阶段一般花费一天左右的时间。

第五个阶段是成果提交及汇报，系统梳理核对无争议的金额、审减金额及审减原因分析、争议问题梳理和具体金额测算等，详细梳理向委托方汇报，这样就代表二审的初步工作圆满结束。

剩余的工作就是根据甲方的工作安排，参与争议问题讨论和解决。有的项目甲方是在对审的过程中及时解决，这样就要注意过程中向甲方汇报争议问题并及时处理；有的项目是甲方暂时只需要一个二审初稿金额，争议问题随后再开会解决，这时就需要保留好初步成果和争议底稿及相关对量记录，保证甲方随时召开争议问题，能随时参会随时处理相关事项。

经过思考和梳理，小 W 感觉该项目二审就没有那么复杂，比较简单了。后来小 W 也是严格按照该思路去执行，结果不到七天就完成了初步审核和争议问题梳理，并且审核效果还非常不错，这就是带着思考去做一件事情和努力去做一件事情，结果和效果是不同的。

所以，多用心去琢磨，虽然努力很重要，但是带着思考的用心更重要，这是自我职业能力快速提升的底层逻辑之一。

2020 年 6 月 8 日

（6）黑白合同的后果

黑白合同也称阴阳合同，指建设工程施工合同的当事人就同一建设工程签订两份或两份以上实质性内容相异的合同，其中经过招投标并经过备案的正式合同为白合同（在目前备案制不存在的前提下，白合同指招标人及发包人与中标人依据招标文件、投标文件等签订的建设工程施工合同），实际履行的施工合同或者补充协议为黑合同。

根据《最高人民法院关于审理建设工程施工合同纠纷案件适用法律问题的解释（一）》（法释〔2020〕25 号）第二条的规定：

第二条 招标人和中标人另行签订的建设工程施工合同约定的工程范围、建设工期、工程质量、工程价款等实质性内容，与中标合同不一致，一方当事人请求按照中标合同确定权利义务的，人民法院应予支持。

招标人和中标人在中标合同之外就明显高于市场价格购买承建房产、无偿建设住房配套设施、让利、向建设单位捐赠财物等另行签订合同，变相降低工程价款，一方当事人以该合同背离中标合同实质性内容为由请求确认无效的，人民法院应予支持。

上述条款是针对黑白合同后果的规定，理解上述条款，可以从以下两个方面考虑：

首先，该条款适用的前提是中标有效，只有中标有效，依据招标文件和投标文件订立的白合同成立合法有效时，才适用该条规定。当中标无效时，属于合同无效的范畴，不适用本条规定。中标有效，要求该项目是经过招投标活动并中标签订的施工合同，如果不是经过招投标活动签订的施工合同，就不存在中标这一概念，也就不能适用该条规定。中标又分为依法必须招标的中标有效和非必招标工程进行招标后的中标有效两种情况。

其次，黑合同必须对白合同的实质性内容加以变更，对其他内容的变更不适用该条约定。如果实际施工过程中，客观情况发生了根本性的实质性变化，导致的变更为合法变更，如规划调整、清单计价时钢材价格飞涨、出现不利地质条件、不可抗力、政策和文件影响等。

在实务中，存在以下典型黑白合同，不同的情况，最终对工程项目的工程造价和结算方式影响是不一样的，具体案例如下：

例如： 法律规定必须招投标项目，实际合同与中标合同实质性内容不一致。

某国有投资项目，A 为建设单位，B 为施工企业，经公开招投标，B 中标；A 与 B 根据中标通知书签订《施工合同一》，然后 A 与 B 又签订《施工合同二》，双方实际按照《施工合同二》履行，请问以谁作为结算依据？

该种情况为法释〔2020〕25 号第二条的情况，应该以白合同《施工合同一》作为结算依据。

例如： 法律未规定必须招投标项目，实际合同与中标合同实质性内容不一致。

民营单位 A 投资修建某厂房，B 为施工企业，经公开招投标，B 单位中标；A 与 B 根据中标通知书签订《施工合同一》，然后 A 与 B 又签订《施工合同二》，双方实际按照《施工合同二》履行，请问以谁作为结算依据？

该项目不属于依法必须招投标的项目，A 单位采用了招投标程序，适用法释〔2020〕25 号第二条的情况，在《最高人民法院关于审理建设工程施工合同纠纷案件适用法律问题的解释（一）》（法释〔2020〕25 号）第二十三条中，做了直接的规定：

第二十三条　发包人将依法不属于必须招标的建设工程进行招标后，与承包人另行订立的建设工程施工合同背离中标合同的实质性内容，当事人请求以中标合同作为结算建设工程价款依据的，人民法院应予支持，但发包人与承包人因客观情况发生了在招标投标时难以预见的变化而另行订立建设工程施工合同的除外。

因此，该项目应以白合同《施工合同一》作为结算依据。

例如： 法律规定必须招投标项目，建设单位与施工企业串通招投标，实际合同与中标合同实质性内容不一致。

某国有投资建设项目，A 为建设单位，B 为施工企业。A、B 约定，由 B 寻找单位围标，标书全部由 B 制作。经公开招投标，B 中标；A 与 B 根据中标通知书签订《施工合同一》，然后 A 与 B 又签订《施工合同二》，双方实际按照《施工合同二》履行，请问以谁作为结算依据？

该项目属于依法必须招标项目，建设单位与施工企业串通投标，因此，中标无效，《施工合同一》和《施工合同二》均无效，根据《最高人民法院关于审理建设工程施工合同纠纷案件适用法律问题的解释（一）》（法释〔2020〕25 号）第二十四条的规定：

第二十四条　当事人就同一建设工程订立的数份建设工程施工合同均无效，但建设工程质量合格，一方当事人请求参照实际履行的合同关于工程价款的约定折价补偿承包人的，人民法院应予支持。实际履行的合同难以确定，当事人请求参照最后签订的合同关于工程价款的约定折价补偿承包人的，人民法院应予支持。

因此，应按照实际履行的施工合同办理结算。

例如： 法律规定必须招投标项目，没有进行招投标，实际合同与中标合同实质性内容不一致。

某国有投资建设项目，A 为建设单位，B 为施工企业。经 A 内部邀请招投标，B 中标；A 与 B 根据中标通知书签订《施工合同一》，然后 A 与 B 又签订《施工合同二》，双方实际按照《施工合同二》履行，请问以谁作为结算依据？

该项目属于必须招标项目，没有经过招标签订《施工合同一》无效，《施工合同二》也无效，应按照实际履行的合同办理结算。

例如： 法律规定不必须招投标项目，实际合同与中标合同实质性内容不一致。

民营单位 A 投资修建某厂房，B 为施工企业。经 A 单位企业内部招投标，B 中标；A 与 B 根据中标通知书签订《施工合同一》，然后 A 与 B 又签订《施工合同二》，双方实际按照《施工合同二》履行，请问以谁作为结算依据？

该项目不属于依法必须招标项目，A 单位按照自己企业内部的规定进行相应的招投标，该招投标活动没有政府相关管理部门介入监督，也没有在招投标交易中心或者交易市场公开招投标，该中标合同不属于法释〔2020〕25 号第二条约定的情况，因此《施工合同一》有效，《施工合同二》可以理解为对《施工合同一》的变更，按照《施工合同二》办理结算。

例如： 法律规定必须招投标项目，招投标前签订合作协议；招投标签订中标合同；实际施工又签订施工合同，三者实质性内容均不一致。

某国有投资项目，A 为建设单位，B 为施工企业，在该项目设计施工图尚未完成且未招投标时，A 与 B 签订《施工合作协议》，B 进场施工。经公开招投标，B 单位中标，A 与 B 根据中标通知书签订《施工合同一》。实际施工时，A 与 B 又签订《施工合同二》，三者内容均不一致，请问以谁作为结算依据？

如果招投标前 A、B 签订的《施工合作协议》影响了公开招投标的结果，那么该种情况属于招标人和投标人针对实质性内容进行谈判，影响中标结果，该中标合同无效，那么前期的《施工合作协议》和《施工合同一》《施工合同二》均无效，按照多份施工合同无效的情形办理结算。

如果招投标前 A、B 签订的《施工合作协议》，没有影响公开招投标的结果，那么该种情况下中标有效，应该按照白合同也就是《施工合同一》办理结算。在《最高人民法院建设工程施工合同司法解释（二）理解与适用》一书中，也对此进行了相应的阐述：

当事人另行订立的协议不管是在中标合同前还是之后，均不得违背中标合同实质性内容。特别注意的是不能简单以当事人在招标投标之前签订过具备施工合同实质要件的意向书、补充协议、承诺书、会议纪要、备忘录等即否定中标合同的效力。中标合同是否无效，取决于双方当事人在招标投标过程中是否存在导致招标投标无效的情形。

因此，在实务中，需要我们工程商务人员与法务人员齐心协力，提前对施工合同签订过程中可能涉及的施工合同效力等的相关造价和法律风险问题未雨绸缪，提前规避、提前谋划，如果等到发生结算争议时，才意识到相关问题的严重性往往这种施工合同效力导致的争议和风险，又是全局性的关键性的不可扭转性的风险——那时已经是亡羊补牢，为时晚矣。

造价笔记 568

我们往往不会未雨绸缪，但是淋雨了却会责怪没有带伞

早上 6:30，一轮艳阳从长江边缓缓升起，透过窗帘照射在床铺上，熟睡中的二妹突然醒来，直呼正在做早餐的妈妈过来。妈妈过来后，二妹说今天这么大的太阳，可以吃碎碎冰吗？一看二妹这个马上就会哭闹的阵仗，妈妈只有答应，如果不答应，二妹闹起来这个早餐就没有办法做了。

不久前，我们去超市给两个小朋友，一人买了一包碎碎冰，各自分了十根。我们也约定好了，一是只能出太阳才能吃，二是这十根碎碎冰要渡过整个夏天，所以需要自己计划着吃。两个小朋友都答应得好好的，一致表示肯定照办。结果昨天出太阳，两个小朋友软磨硬泡吃了一根，今天太阳更明媚了，又要吃。估计用不了几天，还没有正式进入夏天，两个小朋友就会吃得一干二净，夏天真正来临的时候，两个小朋友肯定又会缠着我们去买。如果我们说约定的事情，她们多半会反驳和责怪我们，是我们不监督她们，放任她们吃才导致她们吃得这么快。

因为她们是小朋友，一方面没有自制力，也不知道未雨绸缪，唯一懂的，是当想吃的时候没有了，就会找大人，对大人当初的提醒肯定会忽略忘记的。

这就像我们在编制施工图预算包干价的过程中，通常的情况下，设计图的建筑做法表和最终甲方指定的建筑做法表是不一致的。甲方指定的建筑做法表，往往不会在施工图预算编制开始时，随设计施工图一起提供，而是在编制进行到一定阶段后再提供。在这种情况下，我们有两种心态和面对的方式：一种是不断催促甲方提供最终做法表，当甲方提供不及时导致修改时，不断地与甲方交涉、反馈，甚至抱怨；一种是催促甲方的同时，就不抱甲方会按时提供最终做法表的期待，直接在建模的时候，预留后期需要修改调整的接口，把后期调整的时间节约到最少，而最终修改完毕，与甲方有交涉和有反馈，但是却少了抱怨和责怪。

所以，未雨绸缪者，往往到了后面事情发生了，就算淋了雨，也不会去责怪身边的同行者，为什么不提醒自己带伞，而是提醒自己，下次要记得带伞，这次没有带伞淋了雨就索性淋个痛快，权当雨中漫步。

但是，我们很多人，一方面自己不会去未雨绸缪，当别人提醒自己要做准备的时候，往往也置身事外；但是当真正发生了事情，对自己有影响的时候，往往就是呼天抢地，责怪他人，没有提醒自己带伞，没有监督自己带伞……

这就是人性。所以工作上作为个体，可以不未雨绸缪，但是至少在淋雨的时候可以少一点责怪；作为管理者，却必须要未雨绸缪，更为关键的还要关注落实执行，如果只有筹谋，没有落实跟进，最终团队成员淋了雨，哪怕自己提醒了，被责怪的仍是管理者。

2020 年 4 月 26 日

4）合同的履行

（1）全面履行原则

根据《民法典》第五百零九条的相关规定：

第五百零九条 当事人应当按照约定全面履行自己的义务。

当事人应当遵循诚信原则，根据合同的性质、目的和交易习惯履行通知、协助、保密等义务。

当事人在履行合同过程中，应当避免浪费资源、污染环境和破坏生态。

在施工合同履约过程中，需要合同双方全面履行各自的义务，这就是全面履行原则。在实务中，需要我们从两个方面去理解全面履行原则：

一是合同中具体明确约定了的义务，需要合同双方严格按照合同约定的义务去履行，如果不履行，就要承担相应的违约责任。

二是合同中虽然没有明确约定一方具体有某些义务，但是根据合同的性质、目的和交易习惯，需要合同一方履行通知、协助、保密等义务的，虽然合同中没有表述，但是合同一方也需要相应地去履行该义务，如果不履行该义务，同样需要承当相应的违约责任。

案例：地坪开裂返工责任的承担

◆案例背景

某重型加工制造生产厂房工程，在工程施工完毕后的试生产阶段，发现厂房的地坪出现开裂，后经过相关机构的质量鉴定分析，认定为该项目地坪设计比较厚，没有配置钢筋网片，而在生产过程中不断有重型设备进出，导致开裂。经过核查，设计单位在设计施工图时，漏标注地坪的配筋信息。施工企业照图施工，于是导致地坪最终出现质量问题。

后经过施工企业相应质量专项整改，达到相应的质量要求。施工企业根据整改专项方案和合同约定的相应计价条款，向建设单位报送整改费用签证单，送审金额300万元。建设单位审核提出，该质量事故施工企业没有在图纸会审阶段提出该问题，由此导致质量问题，施工企业需要承担40%的责任，其余责任由建设单位自己承担。最终建设单位只愿意核定该签证单费用180万元，施工企业不服，由此发生争议。

◆商务解读

根据《民法典》第五百零九条：

第五百零九条　当事人应当按照约定全面履行自己的义务。当事人应当遵循诚信原则，根据合同的性质、目的和交易习惯履行通知、协助、保密等义务。

上述规定表明，在施工合同中，甲乙双方既需要履行合同关系所固有的、必备的，并用以决定合同类型的基本义务，此即合同的主义务，又要根据合同的性质、目的和交易习惯履行通知协助保密等义务，此即合同的附随义务。

合同的附随义务，是不管合同中是否有具体的约定，甲乙双方都必须履行和承担的义务。在施工合同中，合同的性质是加工承揽合同，对于委托方提供的信息或者物品，加工方也即施工企业本身就应该对相关资料比如设计图进行检查，发现问题及时通知委托方修改；施工合同的目的是修建质量合格的建筑工程，而建筑工程质量又关系到社会的公共利益，作为施工企业，更加有责任和义务结合自身的专业技能，检查和发现图纸的问题，提前规避质量隐患。另外，根据建设行业的交易习惯，图纸会审本身是施工过程中一个必备的流程和程序，图纸会审本身就要求施工企业详细熟悉和检查图纸，发现问题，提前解决。

因此该案例中，作为一个成熟的有经验和相应专业技术能力的承包商，对重型生产车间，地坪比较厚，如果地坪不设置钢筋，那么地坪混凝土会由于没有有效的钢筋组合成一个整体，而容易离散和开裂，这是属于施工企业熟读设计图就应该提前发现的问题。施工企业在图纸会审过程中没有提出该问题，那就属于施工企业没有履行施工合同相应的附随义务，也要承担相应的责任，只是主要责任在设计单位，设计单位的责任在本施工合同中由建设单位承担，建设单位再根据与设计单位签订的设计合同向设计单位追偿，次要责任由施工企业承担。

案例：建设单位原因导致的停工

◆案例背景

某项目在修建过程中，由于建设单位的原因导致了停工，建设单位给施工企业出具了停工通知，停工工期为一年。

◆商务解读

项目停工肯定会给施工企业带来相应的损失，施工企业也可以向建设单位进行相应的停工索赔，这在《民法典》第八百零四条中有明确的规定：

第八百零四条　因发包人的原因致使工程中途停建、缓建的，发包人应当采取措施弥补或者减少损失，赔偿承包人因此造成的停工、窝工、倒运、机械设备调迁、材料和构件积压等损失和实际费用。

如果施工合同中没有明确约定在建设单位原因停工的情况下，施工企业该履行哪些义务，根据合同的性质和交易习惯，施工企业需要主动向建设单位询问，是否需要预留相应人员看守项目现场，其他多余的管理人员应该安置到其他项目，不能在停工期间继续安排在该项目，以及履行其他相应的避免停工损失扩大的协助义务，如关于机械设备的调迁、相关材料的处理等。如果建设单位要求停工后，施工企业任由停工状态的维持，而不履行任何的适当措施防止损失扩大的协助义务，那么由此导致的扩大损失，就要由没有履行协助义务的乙方自行承担，具体在《民法典》第五百九十一条中也有明确的规定：

第五百九十一条　当事人一方违约后，对方应当采取适当措施防止损失的扩大；没有采取适当措施致使损失扩大的，不得就扩大的损失请求赔偿。

当事人因防止损失扩大而支出的合理费用，由违约方负担。

综上，作为工程商务人员和项目管理人员，一方面要注意看得见施工合同约定的义务全面有效的履行，另一方面更要注重看不见的潜在的附随义务的履行，说到的要去做到，没有说到的属于自己附随义务范畴的也要去做到，这就是工程商务人员对全面履行原则的理解和把控的关键核心，也是有效规避施工过程中相关风险和责任的关键思路。

造价笔记 621

他人之所以不来约束你，往往是相信你能够自我约束

我们公司和其他咨询公司一样，有着规范的考勤制度，上午是 9 点上班，下午午休后是 2 点上班。考虑到咨询工作平常会有加班的情况，虽然考勤制度约定很规范，但是在实际执行过程中对同事的一些擦边球或者有时投机取巧的考勤行为，也就没有过多地严格考勤，只要相应的咨询工作按时完成就好。

例如，每天早上，部分同事卡着时间9点前几分钟到办公室，打了考勤卡后，又慢悠悠地到办公室楼下的餐馆吃早餐，吃完了再回办公室上班。11点半一过，部分同事就以错峰出行的名义去吃午餐，午餐回来在会议室午休，有时午休到2点后会议室还一片寂静，睡眠声继续徘徊。

但是，我对我的团队成员，却是这样说的：公司虽然有考勤制度，但是没有过于严苛地来约束我们，而是人性化地对待，是因为公司相信我们能自我约束。

从个人职业发展角度，有些人需要有他人的督促、外在的压力、环境的推动才能去行动和努力，有些人不管外在如何，时刻都自我有要求、有标准、有动力去自我前行，前者往往在职业发展上缓慢也很难走远，后者往往在职业上突飞猛进年年有别。不管他人是否约束自己，自己应时刻约束自己遵守规则、敬畏规则、利用规则、在规则下成长。

因此，在我们团队，有几条不成文的团队自我约束行为准则：只要是工作场合着装一律皮鞋、长裤、衬衫或有领衣服；早上严格按照实到时间打卡；中午严格12点后午餐；下午1：50之前准时完成午休。为了养成严谨不散漫的工作习惯，午休不铺床躺下睡，在工位上休息或借助靠垫小憩即可。

当我们的团队自我约束半年后，差异和区别就出来了，和公司其他部门人员在一起时，我们团队的精气神明显足了很多。在工作上，我们团队做令行禁止，很容易达成一致的目标和行动准则，项目实施和完成的效果相比其他部门明显提高；单人的咨询产值，我们部门也有了快速的提升；在和外部交流沟通时，我们部门的成员更注重站在对方角度思考；对自己的行为时刻注意，不给他人添麻烦，时刻遵守一些来往的工作要求和规则。

随着时代的发展，对个人权利尊重的理念日益流行，在职场上在工作中，其实他人对我们尊重、不约束我们时，是对我们的信任和考察，也是我们脱颖而出和成长的机会。只要我们能坚持基本的原则和要求，不被他人所影响，自我约束，自我鞭策，长期坚持后就能与他人区别开来，这个时候，我们就会赢得他人的认可和认同，获得其他人意想不到的成长机会，同时也让自己在职业发展道路上越走越好、越走越快。

2020年7月24日

（2）适当履行原则

根据《民法典》第一百三十六条的相关规定：

第一百三十六条　民事法律行为自成立时生效，但是法律另有规定或者当事人另有约定的除外。

行为人非依法律规定或者未经对方同意，不得擅自变更或者解除民事法律行为。

根据上述规定，在施工合同中，需要合同双方按照约定适当履行自己的义务，不得擅自变更双方约定的内容。尤其是作为施工企业，施工合同是如何约定的，就要严格按照合同的约定执行，这就是适当履行原则。

工程实务中，针对施工合同的适当履行，施工企业主要存在以下几种情况。

第一种：施工企业没有按照合同要求的标准履行。

例如：某市政道路工程项目、清单计价、设计施工图要求混凝土厚度30 cm，结算审核时经过现场钻芯取样，实际施工厚度为28 cm，结算审核单位根据实际厚度和设计要求厚度的比例，对中标清单的综合单价进行了相应的折减进入最终结算。由于设计施工图属于施工合同的组成部分，施工企业没有按照设计图施工，也就是没有按照合同要求的标准履行，因此一方面建设单位可以对结算造价进行相应审减，另一方面建设单位还可以单独追究施工单位相应的质量违约责任。

第二种：施工企业超出合同要求的标准履行。

例如：某项目施工合同中要求该项目达到安全文明施工合格标准，施工合同签约价中单独按照项目所在地的安全文明施工费合格标准计取了安全文明施工费。在项目建设过程中，施工企业为了提升品牌和自我形象，按照优异的标准进行现场安全文明施工相关设施的配置，最终验收时该项目安全文明施工也被评定为优异。在工程结算时，施工企业主张按照项目所在地安全文明施工费规定的优异标准，调整计取相应的安全文明施工费。

由于施工合同中明确约定了安全文明施工费的标准为合格，在这种情况下，施工企业超出合同要求标准履行的，超出履行增加的费用和成本由施工企业自行承担，不能向建设单位主张。

例如：某钢结构工程，设计施工图中明确要求，某 H 型钢柱采用三级焊缝要求焊接。施工企业结合项目实际情况以及以往类似项目的相关经验，认为设计施工图考虑得不合理，该 H 型钢柱需要采用二级焊缝要求焊接，施工企业按照自己的经验进行二级焊缝施工，在结算时，施工企业向建设单位提出，需要增加该 H 型钢柱在设计施工图基础上提升了焊缝等级而由此增加的相应费用。

该种情况属于典型的超出合同要求的标准履行，设计施工图是施工合同的组成部分，设计图只要求三级焊缝，施工企业自作主张提升了焊缝等级，超标准焊接增加的费用由施工企业承担。如果施工企业根据施工经验，认为需要提升焊缝等级，应该先向设计单位和建设单位提出，如果设计单位和建设单位同意进行相应的变更，相当于通过变更合同提升焊缝等级，在这种情况下，施工企业可以向建设单位主张由此增加的费用。

第三种：施工企业没有按照施工合同约定的承包范围及内容履行。

例如：某房地产建设项目，施工合同中对工程承包范围和内容作出了以下约定：

1. 发包人确认的工程施工图及图说、设计变更、技术核定单（洽商）、图纸会审纪要、中标通知书、包干价预算书等内容均属于本工程承包范围及内容。

2. 基础工程：含基础土石方的挖填运、砖基础、钢筋混凝土基础等。

3. 主体工程：含散水以内的土建、安装（给排水工程、电气工程）、装饰装修工程，但不包括弱电智能化工程、消防工程、电梯安装工程、综合管网工程、配电室至单元配电箱的线路敷设以及配电室设备安装工程、灯饰工程、燃气工程、采暖工程、暖通工程、室内精装修工程等。

4. 发包人要求修建的样板房（含清水样板房、异地样板房和工法展示样板房）、门厅装修、环境绿化、销售配合等工作。

5. 所有安装及分项工程（含发包人直接发包的工程）的管道暗埋、孔洞预留、钻孔开洞、安装后后塞修补、堵洞、收口收边等工作。

6. 其他附属工程：岗亭、小区大门、生化池、施工范围内的混凝土挡墙、游泳池结构、私家花园围墙及饰面、室外钢筋混凝土平台及梯步土建及相应的普通水电安装工作；生化池、游泳池、车库周边土石方回填。

7. 上述约定工程承包范围及内容外，发包人另行书面委托的其他工作内容，包含竣工前后零星工程的整改、修缮等（包含但不限于本工程）。

针对上述工程内容和承包范围的约定，需要我们从商务的角度注意以下事项：

一是根据第 1 条约定，工程施工图以及设计变更等需要经过发包人确认，其体现的内容才能作为合同约定的工程承包范围。在实务中，如果某设计变更由设计院出具后，施工企业直接按照该设计变更施工，而没有经过发包人确认该设计变更，那么在结算审核时，发包人可以该设计变更没有经过确认，不属于承包范围，属于承包人超范围施工而从结算审核中扣除。

在实务中，就算施工合同中不进行类似的约定，从严格结算审核的原则来考虑，没有经过发包人确认的设计变更同样不能进入工程结算。因为施工合同的双方是发包人和承包人，工程价款最终是由发包人支付，那么施工的内容也只能是发包人同意的或者合同约定的内容。如果允许非合同当事人的设计单位或者其他单位出具相应的资料，直接作为施工合同范围，那么就存在承包人和设计单位或者其他单位串通，无限扩大施工范围，损害发包人利益的风险。因此，作为承包人，为了规避相应的结算风险，在施工过程中，施工图和设计变更其他非发包人出具的资料，需要纳入施工范围时，最佳的方式是发包人书面确认或者签字或者盖章确认。

二是该约定为整体的工程承包范围及内容约定，一般发包人还会提供具体的施工界面划分明细表，实务中需要将这个整体约定与施工界面划分进行综合，确定具体的施工承包范围。如果施工合同中没有明确施工界面划分，在开始施工时，承包人需要敦促发包人提供相应的施工界面划分，避免后期出现理解歧义；如果综合各种资料，对相关内容是否属于施工范围不明确或者不确定时，承包人需要及时与发包人沟通，提请发包人书面明确该内容是否属于施工范围。

三是根据上述约定第 7 条，除上述约定范围之外的内容，只有发包人另行书面委托的内容才能作为工程承包范围。因此，施工过程中，往往是发包人会发出很多口头指令或者其他非书面的指令，要求承包人对某些临时性的、突发性的，合同承包范围之外的内容进行施工。在这种情况下，一方面承包人从项目施工的角度需要配合发包人完成相关的工作；另一方面需要及时敦促发包人将增加的施工内容转换为书面的指令单或者委托书，避免后期在工程结算时，承包人完成了相应的工作却没有相关指令单，导致审核单位认为是超范围施工不予进入工程结算的审计风险。

除上述情况之外，从项目实践的角度出发，作为工程商务人员，在施工过程中，针对一些特殊的情况或者后期发包人或者审核单位，可能会提出承包人是否有按照合同约定的要求和标准完成履约的质疑和风险时，就需要有意识地收集和保存施工过程中的相关技术和施工现场资料。比如隐蔽收方资料、现场实际施工的影像资料、其他第三方的质量检测和认定合格的资料等，用以证明自己是按照合同的要求和标准履行了相应的义务，这样就能在后期工程结算时使争议变少，也更能让建设单位和审核单位认可相关事实，尽快完成结算，确保项目效益。

例如： 某项目采取定额计价，设计施工图规定房心回填需要达到 94% 的压实度。根据定额文件的规定，达到 94% 压实度时，可以在一般的土石方回填定额的基础上，乘以一定的难度系数。具体难度系数如下："机械碾压回填土石方，是以密实度达到 85% ~ 90% 编制的。如 90% < 设计密实度 ≤ 95% 时，按相应机械回填碾压土石方相应定额子目乘以系数 1.4；如设计密实度大于 95% 时，按相应机械回填碾压土石方相应定额子目乘以系数 1.6。回填土石方压实定额子目中，已综合了所需的水和洒水车台班及人工。"在实务中，往往后期建设单位和审核单位，会对房心回填实际的压实度是否达到设计与要求的 94% 提出质疑。施工企业在施工过程中拍摄了回填压实时的现场照片，并请相应的具有检测资质的单位出具了相应的压实度检测报告。在结算审核时，其他标段的施工企业最终没有完全按照定额的难度系数计算全部费用，在定额规定的基础上下浮了一定比例进行折中处理，而该施工企业由于资料齐全，最终建设单位和审核单位按照定额说明全额计取了相应的难度系数对应的费用。

例如： 建筑工程中的马镫筋，每个项目均有非常大的工程量。在房屋建筑工程中，马镫筋的主要形式有两种：一种是几字形；一种是一字形。在筏板基础中，根据筏板的厚度，在通常使用的马镫筋的基础上，可能还需要采取一些其他的加固措施。一般马镫筋的具体规格和要求会在设计施工图中描述，也可能会在施工方案中表述。实务中，由于马镫筋的工程量非常大，所以结算审核时建设单位和审核单位经常会质疑施工企业是否按照设计施工图或者施工方案的马镫筋规格和要求进行布置。如果施工企业在施工过程中，保留现场马镫筋布置的施工照片，并保留施工过程中马镫筋制作的下料单和加工制作视频，那么在结算审核时，就更容易获得建设单位和审核单位的认可，完整齐全地结算到相应马镫筋的工程量。

造价笔记 672

时刻区分何时是主角，何时是配角；
何时可承诺，何时可多语

今天上午拜访了某咨询公司的 L 总。

年底咨询公司事情特别多，和 L 总不长时间的交流，让我从请教的心态出发，学习了两个方面的经验。

第一是关于人才的招聘和面试，要作为一件不间断的日常工作持续进行。在面试交流中，不断地去感知行业的变化和趋势的发展。

第二是关于公司管理和制度，要结合公司的具体情况，让管理制度在稳定的基础上及时地变化和调整，一成不变和照搬照抄都很难有效。

除了上述经验收获，更多的是感受和领悟到了与人交流的一些小细节。

比如，与他人电话预约会面交流，一定要先主动告知自己是谁，因为现在很多人平常只在微信中联系，没有保留电话，不主动告知可能会产生尴尬；另外需要至少提前一天预约，避免会面当天预约，因为这样会打乱对方当日的工作节奏和安排。

比如，拜访他人，与他人交流，对方是主角，我们是配角，我们更多地要去倾听和请教对方的经验。最好在拜访之前，自己提前梳理数个请教的问题大纲，或者想探讨的主题，这样效果更佳。要避免拜访他人却把自己当成主角，洋洋洒洒地吹嘘自己的成绩或者成就，这样很容易让他人心生不悦。

与此同时，在交流的过程中要特别注意，避免做出一些随口承诺，这些承诺可能是出于中国人的礼节，或者是出于自己的不注意，比如邀请对方聚餐，邀请对方来公司考察……一旦做出了承诺和表示，就要在自己的工作事项清单上将该事项记录下来，过了一段时间后主动邀请对方，让自己的承诺兑现。

总而言之，与人交流，拜访他人，角色上要注意对方是主角，我们是配角；方式上要是请教和仰慕的，所以要提前进行相应问题的梳理和选择；表达上要严谨和真诚，不能轻易承诺给人留下华而不实、虚伪不可信的错觉。

在交流中学习，在学习中反思，在反思中总结，这就是为什么我们要不断与人交流、与人探讨、与人沟通背后的可取之处。

2020 年 12 月 24 日

5）合同的解除

（1）合同解除的种类

合同解除分为两种情况：一种是合同约定解除；一种是合同法定解除。

① 合同约定解除

根据《民法典》第五百六十二条的相关规定：

第五百六十二条　当事人协商一致，可以解除合同。

当事人可以约定一方解除合同的事由。解除合同的事由发生时，解除权人可以解除合同。

根据上述规定，合同约定解除又分两种情况：第一种是在合同履行过程中，合同双方友好协商，达成一致意见，解除合同。这种情况属于事后协商，双方解除已经生效的合同。第二种是在合同签订时，合同双方提前约定在履约过程中出现某种条件的时候，有解除权的一方可以解除合同。这种属于事先约定解除的条件，当条件成就时，解除权人可以解除合同。

例如：某房地产工程项目施工合同约定如下：

有下列情形之一的，发包人有权直接减少承包人的范围或直接解除合同、终止本工程施工合同，对此承包人无权向发包人提出任何补偿、赔偿，合同解除、终止后按违约与违约责任 ×× 款的约定处理后续事宜。

（1）承包人未按照合同规定或发包人开工通知的开工日期进场开工；

（2）承包人虽已进场，但承包人未按合同约定时间或开工通知书的时间开始实际施工，并且在发包人给定的宽限期内承包人仍未开始实际施工；

（3）承包人未达到本工程的阶段性工期目标；

（4）承包人未按合同约定时间竣工或交付工程；

（5）承包人无合同依据且未经发包人同意擅自退场的；

（6）承包人所做工程质量不符合约定或者国家规定；

（7）承包人所做工程质量被确定为不合格；

（8）承包人未经发包人同意擅自分包、转包；

（9）承包人接受第三人挂靠；

（10）承包人伪造、虚报虚假文件、资料，或在合同履行期间资质发生变化且无法满足工程相应需要的；

（11）承包人在合同的投标、谈判、签订和实施过程中有商业欺诈或行贿等腐败行为；

（12）承包人未按当地政府相关部门办理工程施工相关手续或进行备案；

（13）承包人被列为当地建委或国家建委黑名单、有不良记录，导致承包人无法继续履行合同的；

（14）因承包人原因不能办理建设工程施工许可证。

根据上述施工合同，约定了发包人非常多的合同解除的条件。因此，作为工程商务和项目管理人员，一方面需要在履约过程中，严格按照合同约定履约，避免合同解除的风险；另一方面如果发生上述合同解除条件时，要积极主动地收集和准备相关资料，证明导致该合同解除条件的成就不是承包人自身的原因，而是发包人或者其他因素导致的。比如"承包人未达到本工程的阶段性工期目标"，承包人积极办理施工过程中的工期顺延签证，证明该条件的成就是发包人的原因，规避发包人按照合同约定的解除条件解除合同，由此导致承包人的责任和损失。

在实务中，很多时候发包人往往凭借优势地位，在合同中约定很多发包人可以解除合同的条件，以此来制约承包人，根据《全国法院民商事审判工作会议纪要》第47条的规定，对合同约定解除条件进行了适当的限制：

47.【约定解除条件】合同约定的解除条件成就时，守约方以此为由请求解除合同的，人民法院应当审查违约方的违约程度是否显著轻微，是否影响守约方合同目的实现，根据诚实信用原则，确定合同应否解除。违约方的违约程度显著轻微，不影响守约方合同目的实现，守约方请求解除合同的，人民法院不予支持；反之，则依法予以支持。

② 合同法定解除

合同法定解除，就是在合同履约过程中，如果出现了法律规定的可以解除合同的条件，那么不管合同中双方是否对该事项有约定，合同一方可以依据法律规定的条件，提出合同解除。

根据《民法典》第五百六十三条、第八百零六条的相关规定：

第五百六十三条　有下列情形之一的，当事人可以解除合同：

（一）因不可抗力致使不能实现合同目的；

（二）在履行期限届满前，当事人一方明确表示或者以自己的行为表明不履行主要债务；

（三）当事人一方迟延履行主要债务，经催告后在合理期限内仍未履行；

（四）当事人一方迟延履行债务或者有其他违约行为致使不能实现合同目的；

（五）法律规定的其他情形。

以持续履行的债务为内容的不定期合同，当事人可以随时解除合同，但是应当在合理期限之前通知对方。

第八百零六条　承包人将建设工程转包、违法分包的，发包人可以解除合同。

发包人提供的主要建筑材料、建筑构配件和设备不符合强制性标准或者不履行协助义务，致使承包人无法施工，经催告后在合理期限内仍未履行相应义务的，承包人可以解除合同。

合同解除后，已经完成的建设工程质量合格的，发包人应当按照约定支付相应的工程价款；已经完成的建设工程质量不合格的，参照本法第七百九十三条的规定处理。

根据上述规定，归纳起来是当履约不能、预期违约、履行迟延、违法履行四种情况下，合同一方可以解除合同。

具体到建设工程施工合同中，发包人和承包人分别具有的法定合同解除条件如下：

根据《最高人民法院关于审理建设工程施工合同纠纷案件适用法律问题的解释（一）》（法释〔2004〕14号）第八条的相关规定：

第八条　承包人具有下列情形之一，发包人请求解除建设工程施工合同的，应予支持：

（一）明确表示或者以行为表明不履行合同主要义务的；

（二）合同约定的期限内没有完工，且在发包人催告的合理期限内仍未完工的；

（三）已经完成的建设工程质量不合格，并拒绝修复的；

（四）将承包的建设工程非法转包、违法分包的。

对于发包人，存在四种法定合同解除条件。

对于第一种，承包人明确表示或者以行为表明不履行合同主要义务的，在实务中，该种情况成立需要同时满足两个条件：第一个前提条件是承包人采取明示的方式毁约，比如承包人向发包人发函明确表达不能完成或履行某合同主义务；或者是承包人采取默示的方式毁约，比如承包人无理由拆除施工现场临时设施、塔吊、脚手架，或者是无理由移走大型机械设备和撤离施工现场的管理人员和施工人员等。第二个实质条件是承包人在合同履行过程中不履行建设工程施工合同的主要义务，而不是次要的或者附随的义务。

根据《民法典》《建筑法》《招标投标法》《建设工程质量管理条例》《建设工程安全生产管理条例》《建设工程勘察设计条例》《建设项目环境保护管理条例》等的规定，承包人在施工合同中主要义务包含以下内容：按照合同约定的工期按时开工和按时完工；建设工程质量必须达到法律规定或者合同约定的标准；承包人必须亲自完成施工合同的主要内容，未经发包人同意，不得把合同主要义务转让给第三人，主体结构无论发包人是否同意，必须亲自完成；承包人不得违反相关法律法规对安全生产的规定；承包人必须遵守有关环境保护方面的相关规定。

对于第二种，承包人合同约定期限内没有完工，且在发包人催告的合理期限内仍未完工的，在实务中，该种情况成立需要同时满足三个条件：第一个前提条件是合同对工期有明确约定，且合同对工期约定必须合法（根据《建设工程质量管理条例》规定，建设工程发包单位不得迫使承包方以低于成本的价格竞标，不得任意压缩合理工期），另外工期延误的责任必须是由承包人造成的，如果是发包人造成的，则不适用；第二个实质条件是承包人在合同约定的期限内没有完工；第三个前提条件是发包人必须履行催告义务，必须通过函件等，明确催告承包人在合理的期限之前完成，对期限的限制需要具体明确，比如催告承包人在 ×× 年 ×× 月 ×× 日之前完成 ×× 内容。

对于第三种情况，承包人已经完成的建设工程质量不合格，并拒绝修复的，在实务中，该种情况成立需要同时满足四个条件：一是已经完成的建设工程质量，即承包人已经完成的符合施工验收规范的某一工程节点的工程质量。二是质量不合格，即整体部位、局部部位不符合国家强制性规范的合格要求，或者某一部位不符合国家规定的强制性要求和施工规范的强制性要求。此处的质量标准是指国家规范的合格标准，而非双方在合同中约定的标准。三是质量不合格必须由相应的法定检测机关作出鉴定结论。四是承包人拒绝修复。

对于第四种情况，承包人将承包的建设工程非法转包和违法分包的。在实务中，违法分包是指总承包单位将建设工程分包给不具备相应资质条件的单位；建设工程总承包合同中未有约定，又未经建设单位认可，承包单位将其承包的部分建设工程交由其他单位完成；施工总承包单位将建设工程主体结构的施工分包给其他单位；分包单位将其承包的建设工程再分包。非法转包是指承包单位承包建设工程后，不履行合同约定的责任和义务，将其承包的全部建设工程转给他人或者将其承包的全部建设工程肢解以后以分包的名义分别转给其他单位承包。

需要注意的是，当出现非法转包和违法分包时，根据《最高人民法院关于审理建设工程施工合同纠纷案件适用法律问题的解释（一）》（法释〔2020〕25 号），承包人与其他单位签订的转包合同，以及承包人与分包单位签订的分包合同无效，不具有法律效力；而发包人与承包人签订的该项目施工合同是有效的，只是当出现这种情况时，作为发包人可以依据法律规定，解除与承包人签订的该施工合同。

根据《最高人民法院关于审理建设工程施工合同纠纷案件适用法律问题的解释（一）》（法释〔2004〕14 号）第九条的相关规定：

第九条　发包人具有下列情形之一，致使承包人无法施工，且在催告的合理期限内仍未履行相应义务，承包人请求解除建设工程施工合同的，应予支持：

（一）未按约定支付工程价款的；

（二）提供的主要建筑材料、建筑构配件和设备不符合强制性标准的；

（三）不履行合同约定的协助义务的。

对于承包人，存在三种法定合同解除条件，对于这三种法定解除条件成立，都有两个共同的前提条件：一是发包人的行为致使承包人无法施工，如果没有导致无法施工的后果，则不属于该种情况；二是发包人在催告的合理期限内仍未履行义务，如果发包人的行为有致使承包人无法施工的后果，但是承包人没有进行催告，或者承包人进行了催告后发包人在合理期限内履行了相应的义务，这种情况也不属于上述规定的情形。

除了上述两个共同前提条件外，对于第一种情况，发包人未按约定支付工程价款的，工程价款包括工程预付款、进度款、签证款、索赔款、结算款等。

对于第二种情况，发包人提供的主要建筑材料、建筑构配件和设备不符合强制性标准的，必须是发包人提供的主要建筑材料，如果是次要材料则不属于上述规定；不符合强制性标准指的是不符合国家强制性标准；除此之外，承包人充分履行了检验的义务，如果针对发包人提供的主要建筑材料，承包人没有充分履行相应的检验义务，由此导致的不符合强制性标准的，也不属于上述规定的情况。

对于第三种情况，发包人不履行合同约定的协助义务的，发包人的协助义务主要包含三种类型：一是发包人的法定协助义务，如按照约定的时间和要求提供原材料、设备、场地、技术支持，提供符合《建设工程安全生产条例》和《质量管理条例》要求的资料；二是在施工合同中约定的发包人协助的义务；三是建筑行业习惯做法中发包人的义务，如三通一平等工作内容。

（2）合同解除的程序

根据《民法典》第五百六十五条的相关规定：

第五百六十五条　当事人一方依法主张解除合同的，应当通知对方。合同自通知到达对方时解除；通知载明债务人在一定期限内不履行债务则合同自动解除，债务人在该期限内未履行债务的，合同自通知载明的期限届满时解除。对方对解除合同有异议的，任何一方当事人均可以请求人民法院或者仲裁机构确认解除行为的效力。

当事人一方未通知对方，直接以提起诉讼或者申请仲裁的方式依法主张解除合同，人民法院或者仲裁机构确认该主张的，合同自起诉状副本或者仲裁申请书副本送达对方时解除。

根据上述规定，当出现了合同约定的合同解除条件时，一方要解除合同，只要该方解除合同的通知书到达对方时，原合同就正式解除。在实务中，如果另一方对解除合同有不同意见，需要及时地提出或者依据合同争议的解决条款，向人民法院或者仲裁机构提出确认解除合同的效力，避免由于自己不及时反馈或者主张，导致该解除合同行为成立，失去相应的救济渠道，造成后期承担不利的法律后果。

根据《最高人民法院关于适用〈中华人民共和国合同法〉若干问题的解释（二）》（法释〔2009〕5号）第二十四条的相关规定：

第二十四条　当事人对合同法第九十六条、第九十九条规定的合同解除或者债务抵销虽有异议，但在约定的异议期限届满后才提出异议并向人民法院起诉的，人民法院不予支持；当事人没有约定异议期间，在解除合同或者债务抵销通知到达之日起三个月以后才向人民法院起诉的，人民法院不予支持。

根据该条规定，如果合同中约定了，一方根据合同约定的合同解除条件或者根据法定解除条件对另一方发出了解除合同通知时，另一方如果有异议必须在××期限内提出时，如果实务中另一方对对方发出的解除合同通知的异议是在上述××期限外提出的，该异议就无效，解除合同成立；如果合同中没有约定异议期限，那么异议的期限就是一方收到解除合同通知书内三个月内必须提出。因此，在实务中，作为工程商务人员如果出现上述情况，需要对相关的时间进行控制，避免出现超出异议期限丧失相应实体权利的不利后果。

实务中，如果出现合同一方在既没有出现合同约定的合同解除条件，又没有法律规定的法定合同解除条件，双方没有达成一致的情况下，一方对另一方发出解除合同通知书，另一方没有回复，在这种情况下该合同是否解除了呢？根据《全国法院民商事审判工作会议纪要》第46条的相关规定：

46.【通知解除的条件】审判实践中，部分人民法院对合同法司法解释（二）第24条的理解存在偏差，认为不论发出解除通知的一方有无解除权，只要另一方未在异议期限内以起诉方式提出异议，就判令解除合同，这不符合合同法关于合同解除权行使的有关规定。对该条的准确理解是，只有享有法定或者约定解除权的当事人才能以通知方式解除合同。不享有解除权的一方向另一方发出解除通知，另一方即便未在异议期限内提起诉讼，也不发生合同解除的效果。人民法院在审理案件时，应当审查发出解除通知的一方是否享有约定或者法定的解除权来决定合同应否解除，不能仅以受通知一方在约定或者法定的异议期限届满内未起诉这一事实就认定合同已经解除。

根据上述规定，只有享有法定或者约定解除权的当事人才能以通知解除合同，除此之外不能以通知解除合同，只有协商解除或者根据争议解决条款中约定的，向人民法院起诉或者向仲裁机构申请仲裁解除合同。

根据《民法典》第五百六十四条的相关规定：

第五百六十四条 法律规定或者当事人约定解除权行使期限，期限届满当事人不行使的，该权利消灭。

法律没有规定或者当事人没有约定解除权行使期限，自解除权人知道或者应当知道解除事由之日起一年内不行使，或者经对方催告后在合理期限内不行使的，该权利消灭。

如果一方具有合同解除权，合同中约定了一方具有解除权时必须在一定期限内行使，如果不行使，该方就丧失了合同解除的权利。因此，不管是发包人和承包人，要根据合同的约定和实际情况，随时关注合同解除权行使的期限，并根据项目的实际情况决定是否及时履行相应的合同解除权，维护自身的利益，规避相应的风险。

（3）合同解除的后果

根据《民法典》第五百六十六条、第五百六十七条的相关规定：

第五百六十六条 合同解除后，尚未履行的，终止履行；已经履行的，根据履行情况和合同性质，当事人可以请求恢复原状或者采取其他补救措施，并有权请求赔偿损失。

合同因违约解除的，解除权人可以请求违约方承担违约责任，但是当事人另有约定的除外。

主合同解除后，担保人对债务人应当承担的民事责任仍应当承担担保责任，但是担保合同另有约定的除外。

第五百六十七条　合同的权利义务关系终止，不影响合同中结算和清理条款的效力。

根据上述规定，合同解除后，合同权利义务终止，但是合同中的结算和清理条款仍旧有效，可以按照合同约定的结算方式结算已经履行的部分，守约一方可以对违约一方要求赔偿损失。

在《民法典》第八百零六条中，对此做了明确的规定：

第八百零六条　承包人将建设工程转包、违法分包的，发包人可以解除合同。

发包人提供的主要建筑材料、建筑构配件和设备不符合强制性标准或者不履行协助义务，致使承包人无法施工，经催告后在合理期限内仍未履行相应义务的，承包人可以解除合同。

合同解除后，已经完成的建设工程质量合格的，发包人应当按照约定支付相应的工程价款；已经完成的建设工程质量不合格的，参照本法第七百九十三条的规定处理。

在实务中，从造价商务的角度，存在以下六种具体合同解除的情况。

第一种是承包人违约，发包人解除合同，工程质量合格。

这种情况下首先按照合同约定的结算条款办理结算，如果是清单计价：

结算造价＝按实完成的工程量 × 相应的综合单价 + 过程中的签证或索赔款项

如果是固定总价包干：

结算造价＝已完工部分的工程造价 + 过程中的签证或索赔款项

针对已完工部分的工程造价，有以下四种计价方式：

方式一：原合同附有合同预算书，能体现每项综合单价的，可以用：

已完工部分的工程造价＝已完工程量 × 每项的综合单价

方式二：原合同附有合同预算书，能体现每项的综合单价的，可以用：

已完工部分的工程造价＝合同固定造价 − 合同剩余未完成工程量 × 每项的综合单价

该计算方式的基本原理是，因为是承包人违约，发包人还需要另寻其他承包人施工，所以要确保在原来合同约定的价格基础上，发包人能以相应的价格确保寻找到其他承包人施工，所以是用总价扣除未完工的造价，剩余的部分为已完工造价。

方式三：原合同没有附合同预算书，仅仅约定了一个固定总价，或者原合同附有合同预算书，但是无法体现单项造价或者单项造价无法分离或者明显不合理的其他情形时，可以采用：

$$已完工部分的工程造价 = \frac{已完工程量对应的当地定额造价}{合同工程量对应的当地定额造价} \times 合同固定总价$$

方式四：原合同没有附合同预算书，仅仅约定了一个固定总价，或者原来合同附有合同预算书，但是无法体现单项造价或者单项造价无法分离或者明显不合理的其他情形时，可以采用：

$$已完工部分的工程造价 = 合同固定总价 - \frac{未完成工程量对应的当地定额造价}{合同工程量对应的当地定额造价} \times 合同固定总价$$

由于是承包人违约，那么应该按照上述四种方式计算后的最不利结果作为已完工程发包人需要支付给承包人的工程价款。当然，在实务中，实际情况可能远比上述表述的复杂，因此上述四种已完工程造价计算方式也只是原则性和整体性的思路，要结合实际情况进行灵活应用，后续几种情况均类似，不再赘述。

其次，发包人可以请求承包人违约赔偿，发包人可以直接根据合同约定违约条款计算违约金，或者发包人可以主张承包人承担发包人的实际损失 + 可得利益 + 防止损失扩大而支出的合理费用。其中实际损失可以包含：施工合同的解除，发包人委托承包人的配合工作停顿，发包人违约而向直接分包人承担赔偿责任；甲供材料和设备的仓储费；与新的承包单位签订合同花费的费用；工程监理、造价咨询、招投标等带来多花费的费用；检测在建工程是否合格花费的费用；重新签订合同期间涨价风险等；以上费用的利息。预期利益：施工合同解除后实际竣工日期与被解除合同约定竣工日期的差距给发包人的建设该建设工程所带来的正常利润，如租金、建设期贷款利息等。防止损失扩大而支出的合理费用是指施工合同解除后，发包人为了防止相应的损失扩大和支出相应的合理费用。

第二种是承包人违约，发包人解除合同，不合格的已经完工部分质量修复后合格的。

如果是承包人自行修复的，处理方式同第一种。如果是发包人委托其他人修复的，则需要扣除相应的修理费，其余的同第一种方式处理。

第三种是承包人违约，发包人解除合同，不合格的已经完工部分质量修复后不合格的。

这种情况下，首先发包人不予结算工程费用，发包人前期已经支付给承包人的工程款项需要退还，并且承包人还要退还已经支付工程款项的相应利息。其次发包人可以参照第一种方式向承包人请求违约赔偿金。最后，发包人还可以向承包人请求该不合格工程的拆除和相应的处理、原貌恢复等费用。

第四种是发包人违约，承包人解除合同，质量合格。

这种情况下可以参照第一种情况处理，若发包人违约，需要发包人承担不利后果，因此可以参照第一种情况中的四种方式计算后取工程造价最高的一种结果作为已完工程发包人需要支付给承包人的工程价款。

其次是承包人可以向发包人请求支付违约损失赔偿，同样的分为两种方式，承包人可以参照合同约定违约条款计算违约金，或者是向发包人主张实际损失 + 可得利益 + 防止损失扩大而支出的合理费用。承包人的实际损失包含：承包人向分包人承担的违约责任；向材料供货商承担的违约责任；向机械设备、周转材料的租赁方承担的违约责任；已经交付现场的材料、临时设施、人工等损失；退场费、搬迁费；履约保函的相关费用；以上费用的利息等；未完工程部分的可得利益，可根据上述四种确定已完工程工程造价的方式，并结合合同所附预算书中体现的利润率，或者根据当地定额文件中载明的利润率进行综合计算。

第五种是发包人违约，承包人解除合同，不合格的已经完工部分质量修复后合格的。

如果是承包人自行修复的，处理方式同第四种。如果是发包人委托其他人修复的，则需要扣除相应的修理费，其余的同第四种方式处理。

第六种是发包人违约，承包人解除合同，不合格的已经完工部分质量修复后不合格的。

这种情况下，首先发包人不予结算工程费用，发包人前期已经支付给承包人的工程款项需要退还，并且承包人还要退还已经支付工程款项的相应利息。其次承包人可以参照第四种情况中描述的向发包人请求违约赔偿金。最后发包人可以向承包人请求该不合格工程的拆除和相应的处理、原貌恢复等费用。

造价笔记606

直接才是真爱，委婉往往是因为还不熟

公司的人才引进终于有了结果，从今年的应届毕业生中选择了四个优秀的人才，安排下周过来正式上班。

因为是公司首次招聘应届毕业生，就涉及如何系统地培训和培养的问题。公司提出由各位老员工分别讲解模块内容，新人自学为主的培训方式，我明确地持保留意见并提出了自己的看法，直接表达专人专事专门系统的培训方式，宜人少不宜人多的实施理念。因为从我的角度，公司的发展是我最终的目的，所以，我需要直接明确地提出自己的意见和观点，哪怕这个意见和观点不成熟，与公司意见相左。

对另外一件事情——自己部门一位员工的晋升内部讲课，我就委婉得多。比如最初主题的选择，我会充分尊重对方的意见，就算从过来人的角度我觉得主题选择不契合这位员工的实际情况，也不能直接表示反对，而需要不断地沟通，然后通过其他事情委婉地让员工自我去领悟，最终让员工自我修改选择确定合适的主题。比如最终讲解PPT的编制，不管开始员工编制得有多么多的问题，或者偏离了主要思想，我都要先表扬，然后委婉间接地表达自己的意见和修改的方向。

为什么会这样呢？往往是因为彼此之间还不熟悉，还不充分信任，在这种情况下，直接表达我的严厉的或者有一些残忍的意见观点，会让对方产生误解，这种误解又会由于对方情绪的问题，最终上升到一个高度，这件事情和工作就让对方心存芥蒂，对后期工作推进不利。

但是，这种委婉的方式对员工的个人成长来讲就因人而异，会有天壤之别的结局。有的人能领悟对方委婉表达后面的真正意义，就会不断去接受、去改正，在改正的过程中，慢慢地领会真谛，对方也就会慢慢地越来越直接地表达。随着相互之间通过这种意见互动交流并且工作也确实越来越有效果，这时员工也会越来越能接受对方直接的意见，双方开始逐渐培养出真正的信任，由不熟悉变为熟悉，相互的配合和彼此的成长，就会突飞猛进，甚至建立起真正的友谊。

而如果这位员工不能领会对方的委婉表达，而只是一味地认为自己的工作方式、工作成果很不错，认为对方的意见是不对的，不如自己，这种情况下，可能今后的工作对方也不会直接点破问题所在，多半是赞扬或者不置可否，那么这位员工就很难在工作上有所成长和突破。

所以，作为个人，在工作中彼此还不熟的时候，要批判性地深入思考和揣摩对方在表扬或认可背后的一些看似若有若无的委婉意见，这才是我们需要核心关注然后积极响应的，切忌勿因对方的表扬而沾沾自喜。

对能直接给我们提出看似尖锐的、激烈的、不留任何情面的意见，我们要意识到这是对方在真正关心我们、在意我们，希望我们真正变得更好。不管对方有理还是无理，我们都要充分地倾听、接受，然后再结合自己的实际情况思考是否要采纳和执行。

因为，真正的朋友，持久长远的朋友，都是建立在直接之上，而不是相互赞扬的吹捧之上。

2020 年 7 月 3 日

4.1.2　合同的管理实务

合同的管理是合同的思维和原理在实务中的具体应用，尤其是在建设工程施工领域，由于施工合同本身的专业性、系统性，一个工程项目的施工合同少则几个部分组成数百页，多则几十个部分组成达到上千页，因此施工企业对施工合同能否进行有效的管理就非常关键，有效的施工合同管理能减少大量合同纠纷和造价风险，提升经济效益。

通常情况下，合同管理分为合同订立前的管理、合同订立中的管理、合同履行中的管理、合同发生变更时的管理、合同档案的管理。合同订立前的管理主要是做好相关市场调查，了解市场情况；对潜在的合作伙伴和竞争对手的了解，准确把握真实意图，正确评判竞争激烈程度；了解项目相关周边环境，作出正确的风向判断。合同订立中的管理，主要是合同谈判和合同签署的管理。合同履行中的管理，主要包括合同执行中的管理、合同纠纷的处理。合同发生变更时的管理，主要是在工程实践中，由于合同双方现实环境和相关条件的变化，导致合同的相应条款发生变化，由此导致的条款谈判、沟通、协调、落实、修订等一系列事项的管理。合同档案的管理，也就是合同文件管理，是整个合同管理最为基础的工作，是对整个合同从前期签订到最终履约完成，涉及各方面的相应文件进行有效的整理、记录、归档和使用管理。

由于合同管理本身就是一个非常庞大的系统工程和综合课题，无法面面俱到，本小节主要从工程商务人员在日常合同管理中经常需要进行的两个具体工作：即对施工合同的审核和对施工合同的交底进行相应的阐述。合同管理的其他事项和内容，我们可以结合前一小节的合同造价思维的相关理念，以及本书其他章节的一些思路和方法技巧去灵活应用。

1）合同的审核实务

施工合同的审核是商务人员最为基础的合同管理工作。从时间上，施工合同的审核分为施工合同签订前的合同审核和施工合同签订后的合同审核。施工合同签订前的合同审核，主要是在合同签订前，提前梳理和发现合同文本存在的问题和风险，通过合同沟通和合同谈判的方式提前规避。施工签订后的合同审核，主要是在合同签订后开始进行合同履行时，这个时候合同文本已经正式签订，无法通过合同谈判规避问题和风险，但是可以通过审核后发现问题，提前制订相应的风险应对措施和解决方案，尽量有思路、有方法、有谋略地在履约过程中解决相关的问题和风险。

一份施工合同的审核，需要各个专业、各个岗位的通力配合、共同协助才能完成，如技术角度、生产角度、采购角度、质检角度、财务角度、律师角度、造价角度等。本书主要基于造价的角度，从如何确保工程结算造价效益最大化的视角作为核心出发点来阐述施工合同的审核实务。在实务中，从造价商务的角度考虑施工合同的审核主要从三个方面进行：文理审核、计价条款审核、其他与造价关联条款审核。

（1）文理审核

文理审核也就是从文字表述和基本的逻辑条理上进行审核，具体的审核思路和方法可以按照本书"第3章　商务文字表达与实务"的内容进行审核。也就是先从合同文本文字的基本表述：字、词语、语句、标点符号进行审核；其次从文档一致性、具体原则、弥补原则、模糊原则进行审核；最后对整个施工合同的排版进行审核，排版审核主要是针对合同签订前，在合同已经签订的情况下就失去了排版审核的意义。

由于该部分内容审核的思路、方式方法等，已经在第3章中进行了详细的阐述，本节对该部分内容就不再重复阐述，实务中可以按照第3章的具体思路和方法施行。

（2）计价条款审核

基本的文理审核完成，接下来就是对施工合同中与造价商务相关的条款进行详细审核，具体的审核从三个角度进行：一是该条款阐述的事项是否完整闭合；二是该条款本身对应的造价专业计价是否有漏洞；三是造价专业与其他专业跨专业相互影响，相当于前者主要是从线状的层面去审核，后者主要是从具体的点状去审核，最后主要是从跨专业去审核。

① 条款阐述事项的完整性审核

根据合同的构成原理，任何一个事项表述完整，需要满足4W理论，也就是说要阐述完整谁和谁在做什么事情、具体如何去做以及做的过程中有问题该如何去解决。因此，应用到合同审核实务中，就需要对合同条款相应所阐述事项的完整性审核。

对合同条款阐述的事项完整性审核，其核心关键就是从一个事项闭环的层面，把相关的合同条款串联到一起进行分析，从实务的角度将这些一条或者数条合同条款组合到一起，分析对某一个事项的阐述，是否完整和闭合，是否有遗漏或者表述不齐全的地方。当把与自己专业和岗位相关的每一个事项，采用上述的原理和思路进行逐个事项的闭合性审核，虽然不能做到对每个事项面面俱到，但是使用这种进入具体场景的完整闭环的思维去解读和审核合同条款，往往让我们能快速、系统、全面地发现各种问题，提前进行合同完善，进行风险预判或者风险规避，避免了点状、零散地去审核合同的局限性和片面性所造成的不足。

案例：履约担保的合同约定

◆案例背景

某建设工程项目施工合同中，对履约担保这一事项进行了以下约定：

通用条款约定如下：

3.7　履约担保

发包人需要承包人提供履约担保的，由合同当事人在专用合同条款中约定履约担保的方式、金额及期限等。履约担保可以采用银行保函或担保公司担保等形式，具体由合同当事人在专用合同条款中约定。

因承包人原因导致工期延长的，继续提供履约担保所增加的费用由承包人承担；非因承包人原因导致工期延长的，继续提供履约担保所增加的费用由发包人承担。

16.1.4　因发包人违约解除合同后的付款

承包人按照本款约定解除合同的，发包人应在解除合同后 28 天内支付下列款项，并解除履约担保：……

专用条款约定如下：

3.7　履约担保

承包人是否提供履约担保：是。

承包人提供履约担保的形式、金额及期限：按国家文件规定执行。

履约保证金的退还：工程竣工验收合格后 5 个工作日无息退还。

◆商务解读

根据合同条款阐述的事项完整性审核原理，我们需要审核的事项是履约担保，这个事项需要形成完整性的闭合，合同中至少需要阐述以下内容：谁向谁提供担保，如何担保，担保完成后如何解除，没有提供担保或者担保产生了争议如何处理？

结合上述施工合同相应的通用条款和专用条款分析，我们发现施工合同中用两条通用条款和一条专用条款来表达该履约担保事项，在专用条款第 3.7 条中，明确了对象和事项，是承包人向发包人提供履约担保。针对如何提供担保，在专用条款第 3.7 条中进行了模糊的表述："按照国家文件规定执行"，这就带来潜在的合同履约风险，到底参考哪个国家文件，如果相应的文件之间有冲突或者不一致时如何执行等，这对发包人和承包人都是履约过程中隐藏的合同争议。在专用条款第 3.7 条中，对担保的解除做出了约定，验收合格后 5 个工作日无息退还。在通用条款第 3.7 条、第 16.1.4 条中，对出现了特殊情况如何处理做出了约定：对过程中发包人解除合同的 28 天之内需要解除担保，承包人导致工期延期和担保延期的费用由承包人承担，发包人导致工期延期和履约担保延期的费用由发包人承担，但是对发包人具体如何承担费用的计算原则却没有相应的约定，这就属于合同约定的遗漏。除此之外，如果发包人不按照专用条款约定在工程竣工验收合格后 5 日内退还履约保证金，那么发包人该如何承担责任、承包人如何救济没有明确，这也属于合同约定的遗漏。

因此，通过先确定要分析的阐述事项履约担保，再将施工合同中与该事项有关的条款抽离出来，组合到一起，应用事项阐述的完整性与闭合性原理进行分析和审核，我们就会发现该施工合同对履约担保这一事项的约定，存在一个约定不明和两个约定漏洞，即对履约担保的具体形式和期限约定不明，对发包人延期导致的履约担保费用增加的计算原则、发包人没有按期退还履约担保的责任承担等属于合同约定遗漏。对该事项完整性闭合性审核分析出问题后，如果是在合同签订前，可以通过合同谈判尽量弥补合同的漏洞和风险；如果是在合同签订后，那么作为承包人，就要针对上述风险和漏洞，提前搜集和保存相关的文件和依据，制订相应的应对措施和方案，在合同履行过程中去化解和规避相应的风险。

② 条款阐述事项的专业性审核

对于一份施工合同，其中的计价和结算条款属于最为核心的关键条款之一，一个项目最终施工企业能取得多少收入，主要是由施工合同的计价和结算条款确定的。因此，作为工程商务人员，对施工合同审核最为核心和最为关键的也就是对其中的计价和结算条款的审核。

对于施工合同的计价和结算条款专业性审核，主要从以下几个方面进行。

A. 计价条款本身的阐述不专业、不严谨

工程造价本身是一个非常专业和严谨的职业岗位，施工合同中对计价和结算条款的约定就更加专业和严谨。如果施工合同中计价和结算条款，不能结合到项目的具体情况进行专业的、严谨的、有针对性的阐述，那么往往带来的最终结算风险是非常大的。

案例：某定额结算项目关于人工费调差和下浮的约定

◆案例背景

某工程项目，采取定额计价的结算方式，合同暂估价约4亿元，其中结算条款约定如下：

7. 工程竣工结算原则

7.1　土建工程

7.1.1　执行定额：××年《××市建筑工程计价定额》、《费用定额》、定额勘误、定额解释及配套定额执行。工程类别按定额规定标准执行，土石方工程不论量的大小均执行××年《××市建筑工程计价定额》建筑工程费用标准；

7.1.2　材料价格：

采购材料的约定：略。

7.1.3　钢材结算价：略。

7.1.4　人工费调差：人工单价按××年《××市建筑工程计价定额》定额基价调增26元/工日。

7.1.5　下浮比例：5%。

◆商务解读

根据 ×× 年《×× 市建筑工程计价定额》，其中建筑工程综合工日为 25 元 / 工日，后来该市城乡建设委员会颁布《×× 市关于调整建设工程定额人工单价的通知》，通知中要求：×× 年定额人工单价（基价）建筑工程综合人工工日调整为 50 元 / 工日，并作出说明：调整的定额人工单价（基价）与原定额人工单价（基价）之差部分按价差处理，不作为计取组织措施费、企业管理费、利润、规费的基数。

结合到定额文件及相应的配套文件，本合同约定的人工费调差是按照定额基价调增 26 元 / 工日结算，从造价专业的角度，有两种理解方式：一种理解方式是从最初编制定额时的定额基价作为基础调整，也就是建筑工程人工工日由 25 元 / 工日调增 26 元 / 工日进行结算，人工费价差调整空间为 26 元 / 工日。一种理解方式是从城乡建设委员会颁布的文件基础上进行调增，也就是建筑工程人工工日从 50 元 / 工日基础上调增 26 元 / 工日进行结算，人工费价差实际调整空间为 50+26-25=51（元 / 工日）。经过测算，针对该项目，人工工日每调增 1 元，影响项目工程造价折算到建筑面积上约 4 元 / m²，该项目总建筑面积约 20 万 m²，因此，上述两种方式带来最终的结算造价影响差异约为 25×4×20=2 000（万元）。

如果建设单位和施工企业在施工合同谈判时的本意是按照原定额计价 25 元 / 工日为基础上进行人工费调增 26 元 / 工日，那么在结算时建设单位就会面临 2 000 万元的超额成本增加风险，施工企业就会有额外获得 2 000 万元超额利润的可能；如果建设单位和施工企业在施工合同谈判时的本意是按照该市城乡建设委员会修改调整的 50 元 / 工日为基础进行人工费调增 26 元 / 工日，那么在结算时建设单位就会存在 2 000 万元的额外审减的机会，施工企业就会面临失去原本预期应得利益 2 000 万元的风险。

除上述问题之外，该合同结算条款对下浮的约定也存在结算争议。该项目只是约定下浮比例为 5%，但是从造价专业结算的角度，下浮存在完全总价下浮、定额基价下浮、不完全总价下浮（税金、规费、安全文明施工费不下浮）等方式，我们都可以理解为下浮，而该施工合同中只明确了具体的下浮比例，没有明确具体的下浮方式。根据该定额分析，对承包人来讲，总价下浮最为不利，定额基价下浮最为有利，不完全总价下浮居中。其中，最为有利和最为不利之间，每下浮一个百分点，两者之间的差异约为总造价的 5‰。本项目总造价约 4 亿元，下浮比例为 5%，那么最为有利和最为不利的下浮方式的理解，两者之间的工程结算造价相差约 40 000×5‰×5=1 000（万元）。

为什么会出现上述案例的这些情况呢？一方面，很多项目在前期的合同沟通和谈判中，一般注重的是合同的签订成功，往往对结算条款等实质内容没有进行字斟句酌的专业把控；另一方面，尤其是在施工合同约定定额计价的情况下，一是定额本身是一个庞大的造价体系，另外每个地方的定额计价方式方法又有区别，并且经常存在相应的配套政策和文件的不断修改和调整。当建设单位或者施工企业进入一个陌生的地区，第一次采用当地的定额作为计价方式时，由于没有实践经验，往往在前期合同签订时就没有办法以终为始，不能从最终结算的角度在施工合同中进行相应的约定和提前风险规避。因此，这也是为什么在实务中，会出现项目虽然在 A 地，但是建设单位或者开发单位来自 B 省，往往建设单位要求项目执行 B 省定额计价规则，而不执行 A 地所在省的定额计价规则，这就是基于上述的风险和考量。从实际发展情况来讲，目前越来越多的房地产企业、建设单位等越来越倾向于采取企业清单计价的模式，因为在清单计价的模式下，计价方式透明，规则可以自行制订，可控性就比较强，相关的造价风险和合同风险相比定额计价模式就要低很多，定额计价往往只是作为清单计价情况下缺项漏项的一种新增子目综合单价确定的补充方式，而不再成为一种常见的单独完整的施工合同约定的结算计价方式。

B. 计价条款相关规定包含的内容重合

因为计价条款是对工程造价如何计算的一种详细而又专业的约定，因此计价条款的每一句话、每一个表达，都包含了一定的内容以及该内容对应的造价计算方式。一份施工合同的计价结算方式，是由很多条相关的计价条款组合而成的一个整体，就如俗语所说："是人的地方就有江湖，是江湖的地方就有恩怨。"只要是由很多条款形成的整体，就会存在彼此之间的冲突和矛盾，尤其突出的是组成整体的每个单独的条款各自以各自为中心、各自以各自的内容为主体，导致条款与条款之间及内容之间对某些内容的表述发生重合。而从造价专业和结算的角度，会因为计价条款中不同的条款包含的内容重合，在最终工程项目结算时，就存在需要把重合的内容进行工程造价审减的风险。计价结算条款一般是由两个大的基本部分组成的，第一个部分是施工合同正文协议书、通用条款和专用条款之中的计价条款内容，第二个部分是施工合同附件之中的合同清单及相关计价专业附表等内容。因此，计价条款内容重合常见的情况也可以分为三种：一是计价条款与计价条款之间的重合；二是计价条款与合同清单项之间的重合；三是合同清单项与合同清单项之间的重合。

a. 计价条款与计价条款之间的重合

计价条款与计价条款之间的重合，是指施工合同协议书、通用条款、专用条款等有关计价的条款，彼此内容的描述存在重合或者重复，由此而引发相应的结算造价审减风险。

案例：某定额结算项目安全文明施工费与包干费的约定

◆案例背景

某建设工程项目，施工合同约定按照定额计价，执行项目所在地的定额及配套文件作为结算依据，计价条款中对安全文明施工费和包干费的约定如下：

1. 安全文明施工费按照《××市建设工程安全文明施工费计取及使用管理规定》中的合格标准执行。

2. 以下事项或工程内容所发生的各种施工措施、技术措施费用、其他费用及风险费用，采取风险自担的原则，按照建筑面积包干计算，包干单价为 35 元 / m² 包干计算，包干单价包括下列所述事项或者工作内容所发生的人工费、材料费、机械费、二次或多次转运费、措施费、检验检测费、规费、风险费、管理费、利润等费用，结算时计入按实计算费用中，不参与结算的上下浮动，施工过程中一概不接受类似签证。包干的工作内容和费用为：

2.1 满足本工程的工期条件及本工程工期超出国家定额工期的抢工措施费（如使用混凝土早强剂、周转材料、人力、机具设备大量投入等）及抢工状态下的工程质量保证措施费用。

2.2 施工期间本工程如下部分的措施费用：现浇构件中固定钢筋为准的支撑、双层现浇钢筋用的铁马、模板工程中的各种对拉螺杆以及设计要求以外使用的外加剂、基础及地下室土石方垮塌的清理和运输等费用、后浇带支撑系统施工技术上的措施费用等。

2.3 本工程施工现场范围内的施工道路及其硬化、场地硬化、材料堆放硬化、车辆冲洗、施工噪声及排污、施工占道和开口，以及施工过程中道路、场地维护、清洁所发生的费用。

2.4 基础工程中使用塔吊等垂直运输机械时所发生的费用。

2.5 为了不受市网停电影响延误工程工期，承包人应自行预备柴油发电机组，自备发电机的功率应与工程需用电力负荷相适应，确保施工期间能正常使用。

2.6 本工程因地下水、地表水和场内外各种原因流入施工现场需要抽水发生的所有抽水台班和排放措施费用。

2.7 一次性模板的损耗使用费用。

2.8 施工中对施工场地周围地下管线的保护措施费用。

2.9 安装工程各系统的测试调试的费用、给排水系统消毒、冲洗、试压费用。

2.10 本工程所有建筑垃圾的清运费（包括建筑垃圾的挖、运、上车、除渣费）。

2.11 工程设计变更按本合同定额计价的费用与实施完成设计变更的市场费用的价差。

2.12 因外界因素干扰造成施工间歇停工 15 天以内所发生的费用。

2.13 建筑物垂直封闭、水平防护架、垂直防护架、现场绿化、施工排污等费用。

2.14 夏季高温施工补贴费用。

2.15 外墙、外门窗 24 小时淋水试验费用、防水关水检验费用。

◆商务解读

从该项目施工合同签订时建设单位与施工企业的本意，是安全文明施工费根据政府相关文件计算，除此之外，建设单位额外单独给予施工企业计算一笔包干费，主要针对施工过程中的一些事项包干使用，两笔费用的计算原则是各不相关、叠加计算。

但是，在施工合同签订的过程中，由于双方经办人的大意，在包干费包干的事项进行约定时，包干费的内容与安全文明施工费包含的内容发生了重合。由于合同签订时一般安全文明施工费只会简单地描述按照某文件执行，而不会具体阐述安全文明施工费包含的内容，导致施工企业往往忽略了对两者内容去比对，到了项目施工完成进入结算审核时，结算审核单位会提出，包干费的部分内容已在安全文明施工费中包含，需要在结算时进行扣除，也就是包干费不能按照施工合同约定的金额完全结算，只能计算扣除与安全文明施工费重合内容后剩余的那部分费用。

该项目根据《××市建设工程安全文明施工费计取及使用管理规定》，安全文明施工费包含的内容如表 4.2 所示。

表 4.2 安全文明施工费组成费用内容

安全施工费	完善、改造和维护安全防护设施设备费用（不含安全设施与主体工程同时设计、同时施工、同时投入生产和使用，即"三同时"要求初期投入的安全设施），包括施工现场临时用电系统（施工安全用电的三级配电箱、两级保护装置、外电保护措施）、洞口（楼梯口、电梯井口、通道口、预留洞口）、临边（阳台边、楼板边、屋面周边、槽坑周边、卸料平台两侧）、机械设备（起重机、塔吊、施工升降机等机械设备的安全防护及现场施工机具操作区安全保护设施）、高处及交叉作业防护（建筑物垂直封闭、垂直防护架、水平防护架、安全防护通道措施）、防火、防爆、防尘、防毒、防雷等设施设备费用
	配备、维护、保养应急救援器材、设备费用和应急演练费用
	配备和更新安全帽、安全绳等现场作业人员安全防护用品及用具费用
	安全施工专项方案及安全资料的编制费用
	建筑工地安全设施及起重机械等设备的特种检测检验费用
	开展重大危险源和事故隐患评估、监控和整改及远程监控设施安装、使用及设施摊销等费用
	安全生产检查、评价、咨询和标准化建设费用
	安全生产培训、教育、宣传费用
	安全生产适用的新技术、新标准、新工艺、新装备的推广应用费用
	治安秩序管理费用
	其他安全生产费用
文明施工费	安全文明施工标志及标牌的购置、安装费用
	临时围挡墙面的美化（内外抹灰、刷白、标语、彩绘等）、维护、保洁费用
	现场临时办公及生活设施，包括办公、宿舍、食堂、厕所、淋浴房、盥洗处、医疗保健室、学习娱乐活动室等墙地面贴砖、地面硬化等装饰装修费用，以及符合安全、卫生、通风、采光、防火要求的设施费用
	现场出入口、施工操作场地、现场临时道路硬化、拆除、清运及弃渣费用
	车辆冲洗设施及冲洗保洁费用、现场卫生保洁费用
	现场临时绿化费用
	控制扬尘、噪声、废气费用

续表

文明施工费	临时设施的保温隔热措施费用
	临时占道施工协助交通管理费用
	施工围挡封闭施工费用
	建筑施工垃圾清运及弃渣费用
	易洒漏物质密闭运输费用
	现场临时医疗、救援及保健物品的配置费用
	生产工人防暑降温、防寒保暖费用
	其他文明施工费用
环境保护费	施工现场为达到环保等有关部门要求所需要的各项费用
临时设施费	包括临时办公、宿舍、食堂、厕所、淋浴房、盥洗处、医疗保健室、学习娱乐活动室、材料仓库、加工厂、施工围墙、人行便道、构筑物以及施工现场范围内建筑物（构筑物）沿外边起 50 m 以内的供（排）水管道（沟）、供电管线等设施的搭设、维修、拆除、清理和摊销等费用

因此，该项目结算审核单位提出，针对施工合同包干费中第 2.3 条、第 2.10 条、第 2.13 条、第 2.14 条中包含的内容与安全文明施工费的内容重合，在结算中进行扣除，扣除后安全文明施工费和包干费最终的结算审核金额如下：按文件计算的安全文明施工费 + 建筑面积 × 30 元 –（包干费中第 2.3 条、第 2.10 条、第 2.13 条、第 2.14 条涉及的工程量套取相应的定额子目对应的工程造价）。

由于施工合同计价条款表述的重合，该项目最终对施工企业带来非常大的结算审减风险。如果当时在施工合同签订时，在包干费条款中增加一条内容："如果包干费包干的内容与安全文明施工费的内容存在重合时，包干费和安全文明施工费均按照合同约定各自单独计算进入结算造价，不对重合的内容进行扣减。"这样，既是建设单位和施工企业合同签订时的本意，又规避了该项目后期在第三方结算审核时的审减风险。

b. 计价条款与合同清单项之间的重合

计价条款与合同清单项之间的重合，是指施工合同协议书、通用条款、专用条款等有关计价的条款，与施工合同附件中的合同清单的内容，彼此之间的描述存在重合或者重复，由此而引发相应的结算造价审减风险。

案例：某项目安全文明施工费与旋挖桩土石方综合单价的约定

◆案例背景

某房屋建筑工程项目（营改增前）采取清单计价，专用条款中约定安全文明施工费按照相应文件规定计算。根据项目所在地的安全文明施工费计算标准，房屋建筑工程按照建筑面积阶梯性地计算相应的安全文明施工费，具体计算标准如表 4.3 所示。

表 4.3　框架结构安全文明施工费计算标准

项目名称		计费条件	计费标准 / (元·m^{-2})
民用建筑	框架结构（含剪力墙及薄壁柱结构）	建筑面积 4 000 m^2 以内	13.60
		建筑面积 10 000 m^2 以内	12.50
		建筑面积 15 000 m^2 以内	11.20
		建筑面积 25 000 m^2 以内	9.50
		建筑面积 40 000 m^2 以内	7.50
		建筑面积 40 000 m^2 以上	5.30

根据该文件规定，房屋建筑工程的基础土石方工程（如人工挖孔桩、旋挖桩、承台、独立基础、条形基础、基坑等）的安全文明施工费已经包含在上述建筑面积计算的范围之内，不再单独计算。只有单独的大开挖土石方工程，按照如表 4.4 所示标准，可以单独计算土石方工程的安全文明施工费。

表 4.4　土石方工程安全文明施工费计算标准

项目名称		计费条件	计费标准 / (元·m^{-2})
土石方工程	主城区	开挖土石方量	0.50
	其他区县	开挖土石方量	0.40

在该施工合同所附的相关清单计价文件的附件中，旋挖桩基础土石方工程综合单价清单组价表的约定如表 4.5 所示。

表 4.5　旋挖桩基础土石方工程综合单价清单组价表

序号	费用名称	计算说明	单价 / (元·m^{-3})	备注
一	人工费		60.00	
二	材料费		40.00	
三	机械费		300.00	
四	安全文明施工费		10.00	
五	直接费小计	一＋二＋三＋四	410.00	
六	管理费	五 ×7%	28.70	
七	利润	五 ×4.5%	18.45	

续表

序号	费用名称	计算说明	单价 / (元·m⁻³)	备注
八	规费及其他	五×1.5%	6.15	
九	税金	（五+六+七+八）×3.48%	16.12	
十	合计	五+六+七+八+九	480.00	

说明：上述综合单价包含部分桩径大小、土石成分及成孔深度、场内运输、机械进出场及安拆费、钢护筒、基底清理等完成钻孔的全部费用，以及可能存在的因塌孔而产生的风险和费用。

该项目建筑面积为 10 万 m^2，旋挖桩基础土石方工程量为 8 000 m^3。

◆商务解读

根据施工合同的本意，结合该项目所在地安全文明施工费计算标准，该项目安全文明施工费总金额为 4 000×13.6+（10 000−4 000）×12.5+（15 000−10 000）×11.2+（25 000−15 000）×9.5+（40 000−25 000）×7.5+（100 000−40 000）×5.3=710 900（元），旋挖桩土石方工程造价为 8 000×480=3 840 000（元），合计工程总造价为 710 900+3 840 000=4 550 900（元）。

根据该地安全文明施工费计算标准的规定，房屋建筑工程按照面积计算的安全文明施工费包含了基础土石方工程部分的安全文明施工费，而在"旋挖桩基础土石方工程综合单价清单组价表"中，又表明了每立方米包含 10 元的安全文明施工费，两者存在内容重合。因此在结算审核时，需要扣除该旋挖桩基础土石方工程中的安全文明施工费，该项目结算审核工程造价合计为 710 900+3 840 000−8 000×10=4 470 900（元）。合同计价条款与清单计价内容的重合，导致了施工企业在项目结算时，损失了 8 万元的净利润。

上述问题出现的原因主要是施工企业编制清单内容和说明时，往往只关注清单本身，而没有去结合施工合同相应的计价条款综合全面地考虑，从而导致上述结算审核的风险发生。

c. 合同清单项与合同清单项之间的重合

由于合同清单本身是一个复杂的专业小体系，因此针对合同清单本身，常常会在合同清单项与清单项之间，或者是与清单说明等之间的描述存在重合或者重复，由此而引发相应的结算造价审减风险。

案例：土石方清单与平整场地清单内容的表述

◆案例背景

某房地产房屋建筑工程项目，采用全费用综合单价包干的计价方式，工程量按实计算，其中合同清单约定如表 4.6 所示。

表 4.6　某项目全费用综合单价表

编码	项目名称	项目特征		计量单位	工程量	不含增值税价格明细						增值税金明细	
			工作内容及特征描述			人工费	主材费（不含损耗）	机械费+辅材费	管理费+利润+其他	综合单价/元	合价/元	税率/%	税金/元
001	平整场地	工作内容：土石方挖填、场内转运、场地找平　特征描述：平整场地±300 mm以内挖填找平平整方式、场内运输方式及场内运距自行综合考虑		m²	80 109.95	4.00	—	—	0.24	4.24	339 666.18	9.00	30 569.96
002	土石方开挖、转运及弃土（外运）	工作内容：土石方开挖、转运、弃土外运　特征描述：土石方成分综合考虑，开挖方式、上车、转运运输方式及弃渣费自行考虑，运距等包干		m³	20 027.49	4.64	—	17.50	1.33	73.00	1 462 006.55	9.00	131 580.59
003	室外回填	夯填土质要求按设计、取土方式、回填方式、运输机械、运输距离、夯实方式、场内转运、转运方式自行考虑		m³	8 010.99	21.45	—	0.61	1.32	23.38	187 297.06	9.00	16 856.74

另外，根据该项目合同清单配套的"××工程量计算规则及单价说明"：

除非说明中特别提及某一特别的开挖标高，所有基础、地梁等之开挖土石方从现存地面标高或场地平整后标高（取较低者）开挖计算，如总承包单位未能提供相关数据，则不计算开挖量；

场地平整后标高指场地经全面挖土石或填土后之标高。

◆商务解读

在结算时，建设单位与施工企业对平整场地能否单独计算费用发生争议。

建设单位认为：平整场地清单项目包含的工作内容为 ±300 mm 挖土、填土、运输、找平，土石方开挖、转运及弃土清单项目也包含土石方开挖、转运和弃土外运，土石方开挖、转运及弃土清单项目内容包含了场地平整清单项目。另外在实际施工过程中，施工企业进场后，直接进行土石方大开挖，根据开挖前地貌和开挖后地貌，计算了全部的土石方工程量，根据土石方开挖、转运及弃土（外运）清单子目和室外回填清单子目，已经计取了全部土石方开挖、回填、运输、找平等全部施工工序的费用，因此平整场地不再单独计算费用。

另外，根据合同清单配套的"××工程量计算规则及单价说明"，场地平整在本项目中指的就是大土方开挖，该部分内容又包含在土石方开挖和回填清单单价中，因此从这个方面理解本项目场地平整也不能单独计取费用。

施工企业认为：首先，既然场地平整是单独的一个清单子目，那么不管该清单子目的内容是否与其他清单子目的内容重合，均应该单独计取费用；其次，在土石方大开挖前，承包人可以选择先进行场地平整后再进行土石方开挖，也可以选择直接进行土石方开挖，这是承包人对施工工序和施工工艺的取舍问题，只要承包人最终按照设计图施工完毕，就应该按照合同清单计取各清单项目的费用，而不能因为施工工艺的取舍而对相关的清单项目进行取舍。

◆技能延伸

根据《房屋建筑与装饰工程工程量计算规范》（GB 50854—2013）的规定：

附录 A　土石方工程

A.1　土方工程

土方工程工程量清单项目设置、项目特征描述的内容、计量单位及工程量计算规则，应按表 A.1 的规定执行。

表 A.1　土方工程（编号：010101）

项目编码	项目名称	项目特征	计量单位	工程量计算规则	工作内容
010101001	平整场地	1. 土壤类别 2. 弃土运距 3. 取土运距	m^2	按设计图示尺寸以建筑物首层建筑面积计算	1. 土方挖填 2. 场地找平 3. 运输

续表

项目编码	项目名称	项目特征	计量单位	工程量计算规则	工作内容
010101002	挖一般土方	1. 土壤类别 2. 挖土深度 3. 弃土运距	m²	按设计图示尺寸以体积计算	1. 排地表水 2. 土方开挖 3. 围护（挡土板）及拆除 4. 基底钎探 5. 运输
…	…	…	…	…	…

注：……

2. 建筑物场地厚度≤±300 mm 的挖、填、运、找平，应按本表中平整场地项目编码列项。厚度>±300 mm 的竖向布置挖土或山坡切土应按本表中挖一般土方项目编码列项。

……

根据该规范，平整场地和挖一般土方，存在工作项目特征和工作内容的重合，厚度>±300 mm 的挖土，应该按照挖一般土方项目编码列项，言外之意就不需要再单列平整场地项目编码清单，也就是说平整场地的工作内容已经在挖一般土石方中包含不再单独计价。在实务中编制清单时，为了避免清单漏项，通常情况下会单列平整场地清单项目，工程量也会先按照首层建筑建筑面积计算，如果施工企业承接的是包含大开挖土石方工程房屋建筑工程，这种情况下，平整场地费用就很难单独计算；如果大开挖土石方工程是建设单位单独发包的，施工企业承接的是大开挖完成后的后续基础、基坑等土石方工程及主体工程，这时根据实际情况又要进行区分处理。

如果大开挖单位把开挖后的场地移交给施工企业，场地没有达到相关的质量标准，施工企业无法直接在该场地上进行施工放线或者还需要进行一些土方的挖填之后才能施工，这时，施工企业需要在场地移交时向建设单位提出，明确事实后办理场地平整的工程量签证，进入工程结算。

如果大开挖单位把开挖后的场地移交给施工企业，场地达到了相关的质量标准，施工企业可以直接在该场地上进行基础施工，这时，施工企业没有发生场地平整的工作，就很难计算到场地平整费用。

因此，在实务中，作为施工企业，为了规避平整场地计价的相关风险，可以采取以下应对方式：第一，可以在招标答疑时提出，当在大土方开挖的情况下，或者施工企业工艺选择的原因，没有进行场地平整时，场地平整该清单费用是否可以根据其工程量计算规则计取费用，根据建设单位的回复进行相应的报价。第二，如果招标答疑建设单位不回复或者回复不明确的情况下，可以进行不平衡报价，对场地平整报一个极低的价格，将该部分费用调整到其他清单项的综合单价之中，后期就算不能单独计算场地平整费用，一方面损失降到最低，另外可以通过其他综合单价的不平衡报价弥补该部分亏损。第三，在实际施工过程中，在土石方开挖前，如果进行场地平整工作，则要求建设单位办理相应签证和收方，对土石方大开挖单位的场地移交手续，一定要认真对待，不满足相应规范要求的及时提出、及时反馈、及时办理事实认定和相关签证。

C. 计价条款与清单项目之间存在分歧

计价条款和清单项目是工程造价结算依据的一体两面，两者都非常重要。但是在实务中，往往计价条款属于施工合同的文本内容，清单项目一般单独成册作为合同的附件，更多地偏数据化、表格化和专业化，往往这两部分内容是不同的人编制不同的人完成，最终在签订施工合同时组合在一起。于是，往往就会发生计价条款与清单项目之间存在分歧或者不一致的情况，由此给建设单位和施工企业带来巨大的结算风险和后期争议的隐患。

案例：公路工程材料调差条款的表述

◆案例背景

某高速公路工程建设项目，在施工合同中，对材料调差条款的约定如下：

16.1　物价波动引起的价格调整

在合同执行期间，若工程重要主材（钢材、水泥、路面用沥青）价格发生重大变化，按照以下办法进行调价。调价应在施工过程中及时进行，最迟不超过半年调价一次，并在计量支付中进行金额的调整。

1）材料价格的采用：略。

2）调价方式：略。

3）调价材料品种说明：

a）钢材调价范围为按合同清单中的主体结构主要钢材。具体包括钢筋（不分规格）、钢绞线、锚杆、钢板、型钢。

b）水泥调价范围为桥梁、隧道结构混凝土所用水泥。

4）调价材料数量计算说明：

a）钢材和混凝土数量以每次计量支付报表中工程量清单的钢材和混凝土数量为准，不包括材料的损耗；

b）水泥按每次计量支付报表中工程量清单中混凝土的数量，结合公路工程预算定额（JTG/TB 06—02—2007）确定的配合比（其他不在基础定额范围内的配合比以监理单位批复为准）计算水泥的消耗量。

c）路面用沥青数量，按照监理批复的各结构层沥青施工配合比中的沥青含量，结合当月路面计量数量进行计算。

在施工合同所附的工程量清单表中，桥梁桩基础混凝土的清单如表 4.7 所示。

表 4.7 桩基工程工程量清单表

子目号	子目名称	单位	数量	单价 / 元	合价 / 元
405-1	陆上挖 / 钻孔灌注桩				
-c	ϕ 1.3 m	m	288.50	1 641.68	473 625
-d	ϕ 1.4 m	m	663.00	1 871.66	1 240 911
-e	ϕ 1.5 m	m	2 047.00	2 368.26	4 847 828

桥梁预制 T 型梁的清单如表 4.8 所示。

表 4.8 预制 T 型梁工程量清单表

子目号	子目名称	单位	数量	单价 / 元	合价 / 元
411-8	预制预应力混凝土上部结构				
-b	预应力混凝土 T 型梁				
-1	跨径长 20 m	片	266	68 189.53	18 138 415
-2	跨径长 30 m	片	354	106 547.35	37 717 762
-3	跨径长 40 m	片	461	166 031.10	76 540 337

桥梁预制 T 型梁跨径长 20 m 的清单单价分析表如表 4.9 所示。

◆ 商务解读

根据工程量清单表，桥梁桩基础混凝土是按照长度 m 来计算，对应的基础结构用混凝土包含在清单里面，但是清单子目数量没有直接体现混凝土数量。桥梁预制 T 型梁清单是按照片计算的，根据相应的工程量清单单价分析表，每片 T 型梁综合包含钢筋、型钢、钢板、钢绞线和水泥等，但是清单子目不直接体现上述内容的数量。

根据施工合同约定，材料调差的数量是按照每次计量支付的工程量清单表中的钢筋和混凝土数量为准考虑，也就是说，每次计量支付对应的工程量清单表中所体现的数量是多少，调差的工程量就是多少。例如，如果某期喷射混凝土工程量为 1 365.00 m³，根据相应的工程量清单表，计量支付中所体现的如表 4.10 所示。

表 4.9　预制 T 型梁跨长 20 m 清单单价分析表

单位：元

序号	编码	子目名称	人工费 工日	人工费 单价	人工费 金额	材料费 主材 主材耗量	材料费 主材 单位	材料费 主材 单价	材料费 主材费	材料费 辅材费	材料费 金额	机械使用费	其他	管理费	税费	利润	综合单价
128	411-8-b-1	跨径长 20 m	236.168	43.15	10 190.64		片	973.65	27 480.00		27 480.00	10 089.79	2 762.48	6 948.67	6 757.52	3 960.42	68 189.53
[1]	101	原木				0.038	m³	973.65	36.81		36.81						
[2]	102	锯材木中板厚度 19～35 mm				0.097	m³	1 154.00	111.87		111.87						
[3]	111	光圆钢筋直径 10～14 mm				0.662	t	3 581.00	2 371.71		2 371.71						
[4]	112	带肋钢筋直径 15～24 mm，25 mm 以上				3.782	t	3 453.00	13 057.99		13 057.99						
[5]	125	钢绞线普通、无松弛				0.450	t	4 504.00	2 028.24		2 028.24						
[6]	151	波纹管钢带				0.042	t	5 427.35	225.60		225.60						
[7]	182	型钢				0.048	t	3 265.00	157.75		157.75						
[8]	183	钢板				0.280	t	3 111.00	870.05		870.05						
[9]	221	钢丝绳				0.000	t	5 172.00	1.86		1.86						
[10]	231	电焊条				87.173	kg	4.87	424.53		424.53						
[11]	271	钢模板				0.142	t	4 470.00	632.57		632.57						
[12]	272	组合钢模板				0.001	t	4 470.00	4.02		4.02						
[13]	576	钢绞线群锚（7 孔）				7.101	套	209.40	1 486.99		1 486.99						
[14]	651	铁件				25.550	kg	3.96	101.18		101.18						
[15]	653	铁钉				0.008	kg	5.96	0.05		0.05						
[16]	655	8～12 号铁丝				0.050	kg	3.08	0.15		0.15						
[17]	656	20～22 号铁丝				11.477	kg	2.99	34.32		34.32						
[18]	832	32.5 级水泥				1.056	t	201.00	212.29		212.29						
[19]	833	42.5 级水泥				9.729	t	256.00	2 490.55		2 490.55						
[20]	866	水				42.815	m³	2.00	85.63		85.63						

表 4.10　喷射混凝土工程量清单表

子目号	子目名称	单位	数量	单价 / 元	合价 / 元
212–1	喷射混凝土和喷浆防护				
–e	喷射混凝土				
–1	C20 混凝土	m³	1 365.00	756.35	1 032 418

那么，这期 C20 混凝土调差的数量也就是按照本次计量支付的工程量清单表中体现的数量 1 365.00 m³ 作为依据。

但是，由于工程量清单中，桥梁桩基础是按照 m 计量，预制 T 型梁是按照片计量，工程量清单表中不体现相应钢筋和混凝土的数量。那么从实际操作的角度，桥梁桩基础和预制 T 型梁的钢筋、混凝土、水泥无法根据施工合同的约定得出相应的调差工程量，也就不能进行调差，这就导致该项目在结算时，会对施工企业带来巨大的风险和损失。

为什么会出现上面的情况呢？就是拟定施工合同的人员想当然地认为，工程量清单中会直接体现钢筋、混凝土的工程量，并且项目也是按照工程量清单按实计算，那么我们就约定按照工程量清单中的数量作为调差数量的依据就应该没有问题。从理论上讲，一般工程量清单上是直接以钢筋和混凝土的数量作为计量单位的。但是，在实务中，也会存在特殊的情况，为了便于计价和控制，有的清单按项、按长度、按片数、按樘数等计量，也就是工程量清单中的量不直接体现钢筋和混凝土的量，而是一个综合的清单包含钢筋、混凝土等综合的量，而且有时这个量又不好精确区分。所以这种情况下，如果施工合同僵化地约定调差数量以工程量清单表中数量为准，就会产生没有办法调差或者调差的数量没有办法计算的风险和争议。所以，施工合同的计价条款一定要针对不同的清单编制方式、清单编制风格、清单编制思路进行相应的调整，形成闭合，避免各说各话，各言各语，就会带来巨大的争议和风险。

D. 计价条款依据的行业文件本身有漏洞的地方没有提前约定

工程造价的形成，一般是要结合造价专业的相关行业文件和专业文件，比如定额文件、清单计价规范、建筑面积计算规则、安全文明施工费计算文件等，而往往工程造价形成所依据的这些行业文件，自身会存在一些漏洞、表述不清晰、相互矛盾、在特殊情况下会产生理解的歧义等问题，这时在实务中就需要我们在施工合同的计价条款中对相应的文件在这个项目中会存在的风险进行规避，也就是提前对一些有漏洞的地方用合同计价条款的相应表述和约定进行明确，规避后期争议和风险。如果不提前在合同计价条款中进行规避和约定，就会在施工过程中发生争议和纠纷。

案例：土石方清单计价的表述

◆案例背景

某建设工程项目施工地点在重庆，施工合同中约定计价方式为清单计价，工程量计算执行《建设工程工程量清单计价规范》（GB 50500—2013），单价按照合同中标综合单价执行。该项目在结算办理时，针对土石方工程量的计算规则，建设单位和施工企业产生了争议。

◆ 商务解读

建设单位认为，根据施工合同约定，土石方开挖工程量应该按照《建设工程工程量清单计价规范》（GB 50500—2013）规定的：

按照设计图示尺寸以基础或垫层底面积乘以挖土石方深度以体积计算，不考虑工作面增加的开挖工程量。

施工企业认为，该项目施工地点在重庆，根据《建设工程工程量清单计价规范》（GB 50500—2013）的说明：

挖沟槽、基坑、一般土方因工作面和放坡增加的工程量（管沟工作面增加的工程量），是否并入各土方工程量中，按各省、自治区、直辖市或行业建设主管部门的规定实施，如并入各土方工程量，办理工程结算时，按经发包人认可的施工组织设计规定计算，编制工程量清单时，可按表 A.1-3、A.1-4、A.1-5 规定计算。

该项目所在地为重庆，根据重庆市城乡建设委员会批准颁布的《重庆市建设工程工程量计算规则》（CQJLGZ—2013）的规定，"土石方开挖的工程量应该按设计图示尺寸以基础或垫层底面积乘以挖土石方深度加工作面工程量计算"，因此，土石方开挖的结算工程量应该考虑工作面的体积。

本项目正是由于《建设工程工程量清单计价规范》（GB 50500—2013）文件本身存在一些有表述漏洞的地方，在施工合同计价条款中没有提前进行相应的约定和明确，结果在结算时就导致争议，而这个时候的争议对施工企业往往相当不利，最终造成相应的结算损失。

E. 计价条款针对实际会发生变化的地方没有提前约定

在实务中，施工过程中可能会出现一些特殊的情况，发生一些特殊的变化，这时我们在施工合同计价条款中，就需要对相应的特殊变化的地方进行提前约定，规避相应的风险。

案例：旋挖桩计价条款的约定

◆ 案例背景

某建设工程项目，施工合同约定按照项目所在地定额计价。

根据该地定额文件的相应说明："灌注混凝土桩的混凝土充盈量已包括在定额子目内，不另计算。"［灌注混凝土桩的混凝土充盈量是指实际浇筑的混凝土比理论计算的混凝土多出的工程量，多出量的多少我们采取充盈系数来表示，混凝土的充盈系数一般指混凝土灌注桩施工时实际浇筑的混凝土数量（m³）与按桩孔计算的所需混凝土数量之比。］灌注桩混凝土定额子目的人材机耗量如表 4.11 所示。

表 4.11　灌注桩混凝土定额子目表

| 工作内容：
1. 自拌混凝土：搅拌混凝土、水平运输、浇捣
2. 商品混凝土：浇捣 | | | | 计量单位：10 m³ | | | |

定额编号				AC0017	AC0018	AC0019	AC0020
项目名称				机械钻孔			
				φ 800 以内			
				土层		岩层	
				自拌 混凝土	商品 混凝土	自拌 混凝土	商品 混凝土
基价 / 元				2 163.64	2 103.55	2 039.80	1 976.82
其中	人工费 / 元			299.25	136.75	282.00	123.00
	材料费 / 元			1 721.95	1 966.80	1 623.65	1 853.82
	机械费 / 元			142.44		134.15	
	编号	名称	单位	单价 / 元	消耗量		
人工	00010101	综合工日	工日	25.00	11.97	5.47	11.28	4.92
材料	80023202	混凝土 C20（塑、特、碎 5 ~ 40、坍 75 ~ 90）	m³	136.69	12.2		11.50	
	01020101	商品混凝土	m³	160.00		12.26		11.56
	36290101	水	m³	2.00	9.80	2.60	9.31	2.11
	75010101	其他材料费	元		34.73		33.09	
机械	85040501	机动运输车 1 t	台班	90.58	0.94		0.89	
	85060202	双锥反转出料混凝土搅拌机 350 L	台班	93.92	0.61		0.57	

◆商务解读

假如该项目旋挖桩直径为 600 mm，旋挖桩钻孔的深度范围内为土方，混凝土使用的是商品混凝土，根据灌注桩混凝土定额子目的人材机耗量明细，我们需要参考的定额编号为 AC0018。根据该定额编号，我们知道，每浇筑 10 m³ 的旋挖桩实际消耗的混凝土工程量为 12.26 m³。实际混凝土比理论混凝土多出的工程量主要有以下几个方面的因素：混凝土的运输损耗、混凝土浇筑过程中的施工损耗等，这部分损耗一般定额文件按照 2% 考虑，也就是说每浇筑 10 m³ 混凝土，上述混凝土损耗为 0.2 m³；除此之外，由于桩基础是和土层土方直接接触，土方会出现凹凸不平，桩混凝土浇筑时会充盈到土方里面去，导致实际混凝土使用工程量增加，这部分充盈到土方里面的混凝土工程量与桩本身的理论混凝土工程量的比值，就是本项目灌注桩混凝土的充盈系数。根据上述分析，针对 AC0018 定额子目，定额考虑的灌注桩混凝土充盈系数为（12.26-0.2）/10=1.206。

如果该项目在实际施工过程中，旋挖桩出现垮孔、塌方、漏浆以及其他等不利地质条件，导致实际的混凝土充盈系数远大于定额文件的 1.206，在合同计价条款约定完全执行定额文件的情况下，因为定额明确约定了混凝土充盈量已经包含在定额子目内，不另计算，那么相应的损失就只能由施工企业自行承担，很难结算到相应的超定额充盈量系数的那部分混凝土的造价。

因此，在这种情况下，在施工合同的计价条款中为了规避相应的风险，就需要提前约定，当旋挖桩施工过程中由于出现垮孔、塌方、漏浆以及其他不利地质条件，当混凝土充盈量超出定额考虑的标准时，需要对实际混凝土充盈系数进行现场收方，办理签证确认实际的充盈系数，在工程结算时按照实际充盈系数进行调整计算。

F. 计价条款与实际施工工艺没有相互匹配

由于工程造价本身是对工程项目建设活动花费费用的一种计算，因此工程造价计算时不可避免地与工程项目具体的施工工序或施工工艺有关，那么同样的，在施工合同中对相关计价条款进行约定时，就要与相应工程项目的具体施工工艺进行匹配与吻合。如果计价条款与实际施工工艺没有相互匹配和相互对应，那么就会导致结算争议的发生，并最终给施工企业带来项目风险和损失。

案例：钢结构厂房工程钢柱清单的表述

◆案例背景

某钢结构厂房工程项目，施工合同约定采取清单计价，工程量按实计算，在施工合同所附的清单计价文件中，对钢结构厂房中的钢柱清单项目约定如表 4.12 所示。

表 4.12　钢柱工程量清单

项目名称	项目特征 / 工程内容	计量规则	单位	工程量	综合单价（含税）
钢柱制作安装	项目特征： 1. 钢材材质：Q345B 2. 规格、型号：H 型钢 3. 除锈：钢材表面应进行除锈处理，除锈等级 Sa2 4. 防腐：防锈底漆采用 H06-2 铁红环氧酯底漆两道，干膜厚度不小于 60 μm；面刷防火涂料 5. 耐火极限：2.5 h 6. 综合考虑螺栓、加劲板、节点板、檩条托板等 7. 综合考虑完成该项目工作的所有内容，并满足设计要求及相关规范 工程内容： 1. 构件加固、翻身就位、吊装校正、拧紧螺栓、焊接固定 2. 清扫、除锈、除尘 3. 运砂、烘砂、抛丸、砂子抛丸回收、现场清理及修理工机具	按设计图示尺寸，按吨计量，连接件、柱脚板及加劲板等不计量，均在综合单价中考虑	t	589.54	8 250.00

◆商务解读

钢柱为钢结构厂房中承受主要竖向荷载的结构构件，按照截面形式分为实腹式钢柱和格构柱。实腹式钢柱具有整体的截面，常用的是工字形截面，采用热轧 H 型钢或工字钢或自加工焊接 H 型钢。实腹式钢柱一般用于轻型钢结构厂房，H 型钢柱又分为等截面 H 型钢柱和变截面 H 型钢柱。

焊接 H 型钢指钢结构公司以采购回来的钢板或钢卷为原材料，进行钢板分条、组立、焊接而成的由 3 块钢板组成类似 H 形状的钢构件。焊接 H 型钢的尺寸型号可以随工程情况任意变化、设计、加工、组合，并且可以制造特殊规格，配合特殊工程的实际需要。焊接 H 型钢规格系经过经济化的设计，其断面力矩、断面系数、耐压力、承荷重，远高于同单位质量的传统热轧 H 型钢。所以，目前钢结构工程所用的 H 型钢一般为钢结构公司加工生产的焊接 H 型钢。焊接 H 型钢基本形式是由腹板和上下翼缘板垂直构成的，如图 4.3 所示。

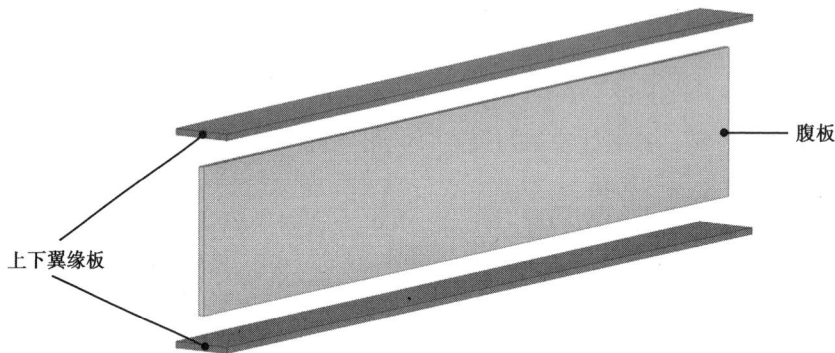

图 4.3　焊接 H 型钢分解示意图

焊接 H 型钢制作工艺流程：钢板矫平→下料→坡口→组立（组装、定位焊）→焊接→矫正→检验→H 型钢成品。

H 型钢构件是在焊接 H 型钢主体的基础之上，与各种连接板、牛腿、加劲板等零件板进行装配组装而成，如钢结构厂房中的 H 型钢钢柱构件，就需要在焊接 H 型钢主体的基础之上，与柱脚部分连接件、钢牛腿部分连接件、柱梁连接处的连接件、其他与次构件连接处的连接件等进行装配组装而成，H 型钢钢柱制作流程工艺图如图 4.4 所示。

钢结构厂房中钢柱的典型各部位的连接构造如下：

a.柱脚部分的连接构造

H 型钢柱的柱脚一般由抗剪键、柱脚钢板、加劲板、H 型钢 4 部分组成。H 型钢柱承受的剪力通过柱脚底板和基础顶面的摩擦力传递，当剪力大于摩擦力时，就要在柱脚钢板的下面设置抗剪键，抗剪键一般用槽钢、钢板、角钢、H 型钢等与底板下部焊接，其高度一般为 100～200 mm。柱脚部分的具体构造如图 4.5、图 4.6 所示。

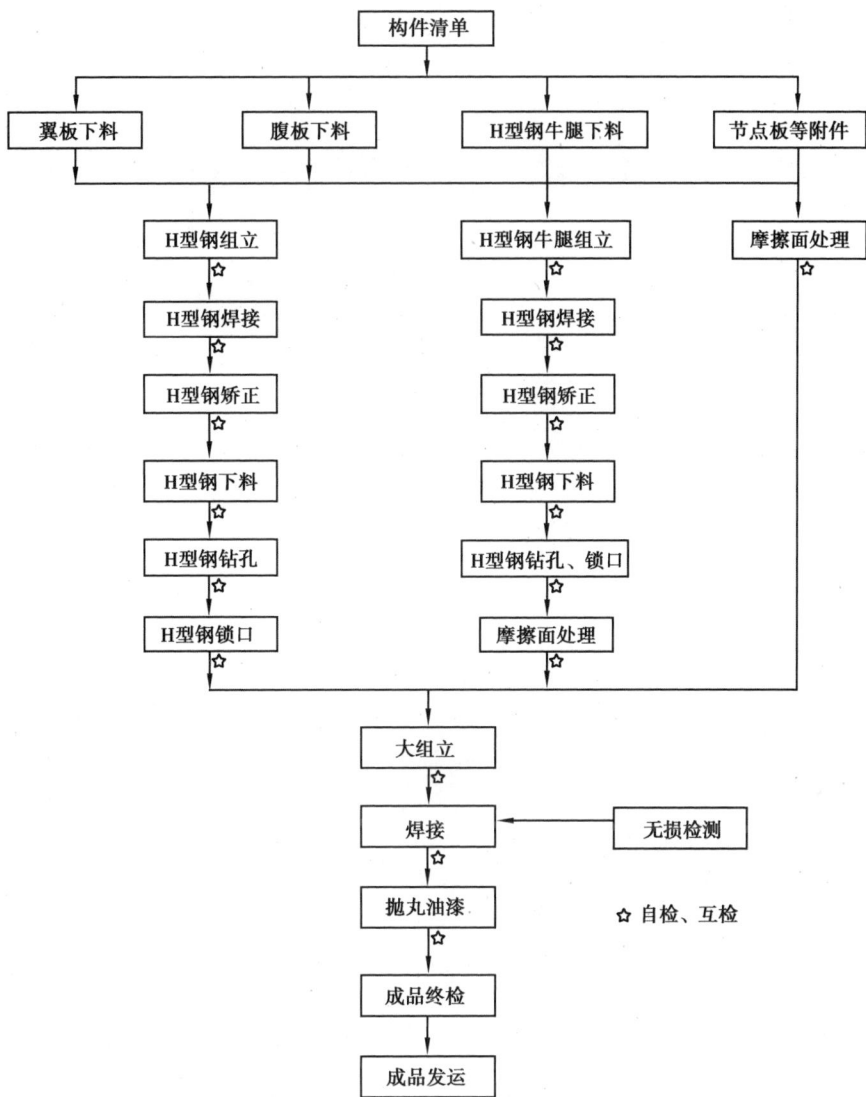

图 4.4　H 型钢钢柱制作流程工艺图

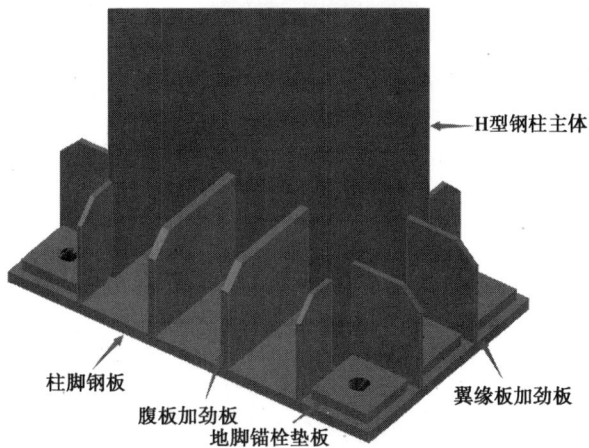

图 4.5　柱脚节点示意图

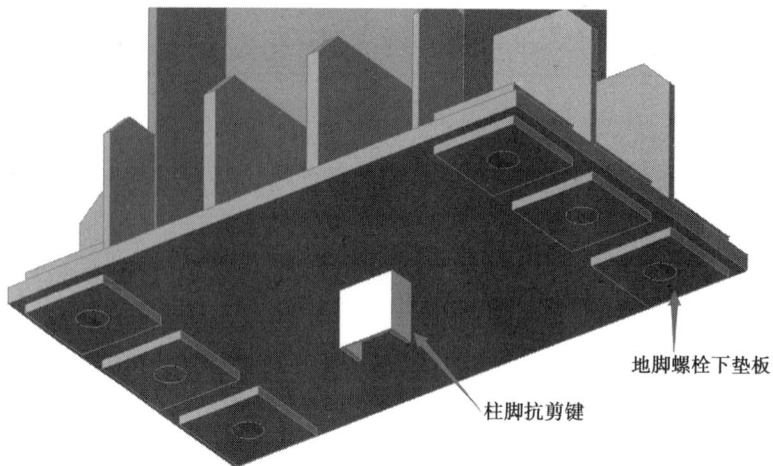

地脚螺栓下垫板

柱脚抗剪键

图 4.6　柱脚抗剪键示意图

b. 钢牛腿部分的连接构造

钢牛腿本身一般由牛腿上翼缘、牛腿下翼缘、牛腿腹板、牛腿腹板加劲板、吊车梁垫板 5 部分组成，如图 4.7 所示。

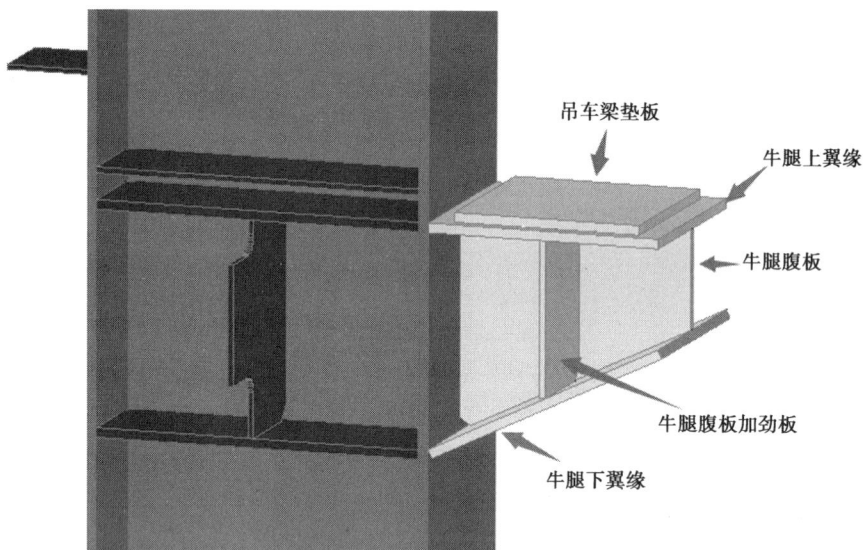

吊车梁垫板

牛腿上翼缘

牛腿腹板

牛腿腹板加劲板

牛腿下翼缘

图 4.7　钢牛腿组成示意图

牛腿与钢柱连接的地方，对应钢柱为薄弱环节，所以需要用加劲板加强。在牛腿处，有些钢柱对应处有柱间支撑，柱间支撑与钢柱连接需要在钢柱上增加连接钢板。

c. 柱梁连接部分的连接构造

门式钢架 H 型钢柱与钢梁在柱顶的连接，一般采用高强螺栓端板连接，即在构件端部截面焊接一钢板（摩擦板），并用高强螺栓与另一构件的端板相连的一种形式。门式钢架的钢梁和钢梁连接一般采取竖向端板连接，如图 4.8 所示。

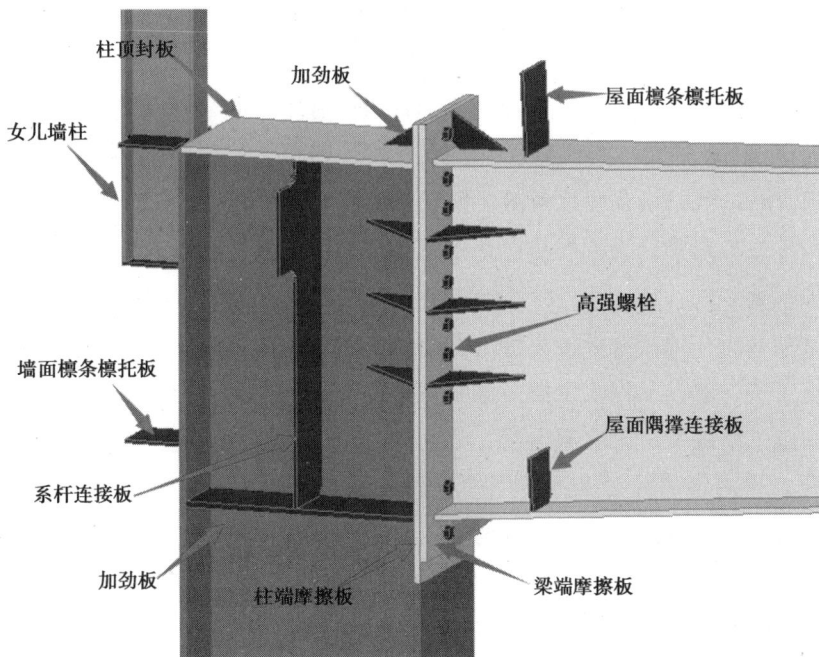

图 4.8　柱梁连接处示意图

　　结合上述 H 型钢钢柱的具体实际加工和施工工艺，我们可以知道 H 型钢钢柱上除了 H 型钢主体之外，还存在非常多的各式各样的连接件、加劲板等。该项目施工合同中钢柱清单的计算规则中约定"连接件、柱脚板及加劲板等不计量"，那么结合到施工工艺实际情况时就会发生非常大的理解争议。例如对 H 型钢钢柱上的摩擦板、各种与次钢构件的连接板、钢牛腿、抗剪键、锚栓垫板、柱顶封板等是否属于"连接件、柱脚板及加劲板"的范畴，建设单位与施工企业会各执己见，最终导致工程项目结算的巨大争议。结合到该项目施工合同清单编制的本意，该钢柱清单计量规则如此约定，有可能是为了简化工程量的计算方式，提高后期结算办理的效率。但是由于该计价条款的约定没有考虑与实际施工工艺相互匹配，结果反而弄巧成拙，给建设单位和施工企业带来了非常大的风险和争议。

　　除此之外，在实务中，钢结构防火涂料涂刷的施工工艺可以分为薄涂型、厚涂型、超薄型 3 种，而该合同清单中的项目特征描述仅仅表述了防火涂料的耐火等级，而没有结合到实际涂刷施工工艺进行相应的详细表述，同样在结算过程中会导致相应的结算争议和纠纷。

　　G. 计价条款无法有效地执行

　　在实务中，有可能存在施工合同中对计价条款进行了一些约定，但是从工程造价专业的角度，根据该约定却无法去执行，也就是无法有效地计算出相应的工程造价。在这种情况下，该约定就等于没有约定，在结算时会成为双方的争议和施工企业的风险。

案例：施工合同对模板摊销和组织措施费计取的约定

◆案例背景

某建设工程项目，执行项目所在地定额计价，施工合同中对施工组织措施费、模板摊销计取的约定如下：

1. 本项目施工组织措施费按现场实际发生的据实计取；

2. 本项目因工期紧，模板周转材料按照一次性摊销执行相应定额计价。

◆商务解读

根据该项目所在地定额计价文件的费用定额说明，施工组织措施费包含组织措施费、安全文明施工费、建设工程竣工档案编制费、住宅工程质量分户验收费，其中组织措施费又包含夜间施工增加费、二次搬运费、冬雨季施工增加费、已完工程及设备保护费、工程定位复测费。费用定额针对上述费用的计算，规定的是以定额人工费与定额施工机具使用费之和为费用计算基础，参照不同的专业工程、项目类别、费率标准进行相应的计算。而本施工合同按实际发生计算，根据谁主张谁举证的原则，结算时施工企业要计取上述费用，就需要提供相应的支撑资料或者实际费用发生的签证。一方面上述费用无法直接量化，另一方面如果需要量化，那么施工过程中就要烦琐地办理海量的现场收方和签证，这在现实中不太可能做到，再加上该项目又是一个赶工项目，生产任务本身就是重中之重，施工企业就更加没有时间和精力办理上述收方和签证。因此，最终施工企业往往在结算时无法提供上述资料，间接影响该部分施工组织措施费无法结算。所以施工合同中应该约定直接按照定额规定的费率计取，或者在定额规定的费率基础之上上浮或下浮一定比例进行计取。

针对模板周转材料按照一次性摊销计取，定额文件中模板是按照多次摊销考虑的，但是到底摊销几次，定额文件不会标明。没有了参考的标准，模板一次性摊销如何调整就没有基础。在结算时，按照定额文件套取相应模板定额子目后，一次性摊销到底如何调整，也就是对定额子目如何换算就没有办法执行，最终成为结算争议。另外，根据模板定额子目，包含模板、木方等，模板一次性摊销是指模板一次性摊销，还是相关的木方等材料都一次性摊销，又会出现理解歧义和纠纷，导致结算无法有效地执行和落实。所以施工合同中应直接约定定额文件中模板定额子目是按照多少次摊销考虑，按照一次性摊销具体如何调整和换算相应定额子目进行相应的说明并举例示范描述，这样才能让该计价条款有效执行，并规避相应的争议和风险。

（3）其他与造价关联条款审核

在施工合同中，除了计价条款是直接影响工程项目的结算造价，其他专业的一些约定和条款也会对结算造价产生影响。这时，针对其他专业的一些条款的约定，如果会影响工程结算造价，那么从造价商务的角度，就需要特别注意和审核，在其相互关联和影响的地方，需要提前约定和提前布局。

① 财务与造价的关联审核

财务与造价有着天然的紧密关联性，因此，对施工合同中与财务有关的条款，涉及对工程造价有关联时，需要进行重点审核和关注。

案例：施工合同对水电费代扣代缴的约定

◆案例背景

某建设工程项目施工合同中对水电费的代扣代缴约定如下：

由甲方将施工用水、电接至施工场地红线内，由甲方统一向相关事业单位或企业支付水电费，甲方再根据各总承包人挂表的费用及所需分摊的费用，由甲方财务部统一扣除。

◆商务解读

根据该条款的约定，从财务的角度，现场承包人发生的水电费由甲方财务先统一缴纳，随后甲方财务部再从应该支付给承包人的工程款项中扣除相应的金额。甲方财务部缴纳了水电费后，水电费对应的增值税发票就直接开具给了甲方，计入甲方的成本，并且由甲方享受相应的水电费进项税抵扣。

从造价的角度，该项目实际的结算造价是包含了该水电费的，水电费包含在综合单价之中，不会单独体现，而承包人在办理工程款支付申请时，需要按照结算造价提供全额增值税发票，甲方财务部在审核实际支付进度款时，根据申报的结算造价，扣除代缴的水电费金额，就是甲方财务部实际支付给承包人的工程款项。在这种情况下，承包人就给发包人多开具了水电费部分工程造价的建筑业增值税发票，而自来水公司和电力公司开具的水电费增值税发票原本是应该开具给承包人的，结果开具给了发包人，导致承包人既损失了水电费增值税进项税金的抵扣，又因为没有获得水电费增值税发票让该部分实际发生的费用无法计入成本，导致承包人需要多缴纳企业所得税。

假如某建筑工程项目在市区，工程造价为 1 亿元，在上述合同条款的约定下，承包人预估会产生多大的损失呢？我们可以进行粗略的测算。

由于实际发生的水电费金额要根据项目完成后的实际情况才能确定，但是我们可以借助定额从造价的角度大致对一个项目的水电费金额进行测算。若该项目工程造价为 1 亿元，定额人工费 + 定额施工机具使用费一般占比约 35%，即 3 500 万元左右，在一般计税法的情况下，水费一般占定额人工费 + 定额施工机具使用费的 0.91%，即 3 500 × 0.91%=31.85（万元），电费一般占定额人工费 + 定额施工机具使用费的 1.04%，即 3 500 × 1.04%=36.4（万元），即该项目水电费从造价的角度预测金额为 68.25 万元。

承包人多开具的建筑业增值税发票导致多缴纳的税金为 68.25/1.09 × 9% × （1+12%）=6.31（万元），其中 68.25 万元是承包人多开具的增值税发票金额，9% 为建筑业增值税税金，68.25/1.09 × 9% 是增值税开票金额在 68.25 万元的情况下，实际缴纳的具体增值税金额。根据相关税法要求，承包人除了缴纳增值税，还要缴纳附加税金，附加税金包括城市维护建设税、教育费附加、地方教育附加。如果项目在市区，其中城市维护建设税按照缴纳的增值税税额的 7% 计算，教育费附加按照缴纳的增值税税额的 3% 计算，地方教育附加按照缴纳的增值税税额的 2% 计算，因此附加税金的总费率合计为 12%。

假定该项目电费的增值税税率为 13%，水费的增值税税率为 3%，那么承包人没有获得水电费增值税发票导致的进项税金损失为 $36.4/1.13 \times 13\% \times（1+12\%）+ 31.85/1.03 \times 3\% \times（1+12\%）=5.73$（万元）。

由于承包人没有获得水电费增值税发票，而收入是按照承包人给甲方的开票金额也就是工程结算造价计算，如果在没有水电费的发票计入成本又没有其他方式让实际发生的水电费计入成本的情况下，就会导致承包人在该项目虚增加利润，虚增加利润的金额就是没有能计入成本的水电费。针对该部分利润承包人需要缴纳企业所得税，假定承包人企业所得税税率为 25%，那么承包人的企业所得税损失为 $68.25 \times 25\% = 17.06$（万元）。

综合上述，在最极端最不利的情况下，该合同条款会给承包人带来合计约 $6.31+5.73+17.06=29.1$（万元）潜在损失风险，占比工程总造价约为 0.29%（实际项目的实际情况和财务处理方式有差异，因此上述的测算仅仅是提供一种从造价商务角度思考问题的方式和方法）。

在实际项目中还会存在哪些类似的情况呢？当项目中出现一些特殊事情，需要承包人为发包人代垫付款，发包人又把该笔代垫付款进入最终的工程结算造价中，通过工程款的方式支付给承包人，比如检测费代缴纳等，承包人也会存在类似的损失。解决上述风险的方式是时刻按照财务的要求在增值税的模式下确保四流合一，也就是合同流、资金流、发票流、货物流四者要统一，才能从根本上规避上述风险，上述案例背后的核心底层逻辑也就是四流不合一导致承包人的损失。当出现上述事项时，实务中有的是采取发包人下达负变更指令，在工程结算款中扣除上述承包人代为缴纳的水电费，或者是发包人开具同等税率的增值税发票给承包人，间接地解决该问题。但是，最为根本的是，从商务的角度，在合同签订时，对上述事项进行具体明确的约定，确保财务和造价两者的统一。

工程造价是发包人应该支付给承包人的全部费用的组成，财务是发包人实际支付给承包人的一系列资金的管理和流动，还有相关税务的处理，前者属于应然的角度，也就是应该这么做的范畴，后者属于实然的角度，也就是实际做了什么的范畴。当应然与实然两者保持统一时，也就是应该这么做和实际上也是这么做保持了一致，这种情况下，才是最完美的。因此，在合同审核中，需要发现规避两者的不统一、不一致的地方，提前处理、提前约定和提前规避。

② 生产与造价的关联审核

生产与造价是实际工程项目建设的一体两面，一个是实际生产情况，一个是费用计算情况，两者之间经常发生交叉和融合，并最终影响工程造价。因此，对施工合同中生产相关的条款，当与造价关联时，也需要重点关注和审核。

例如：某建设工程项目，在施工合同所附的相关技术要求中，对项目施工生产做出了以下约定："本项目天棚采取清水模板施工工艺要求，不再进行抹灰，直接在混凝土上刮腻子和做涂料。"根据施工工艺，一般混凝土浇筑完成，先要抹灰找平，然后在抹灰层上刮腻子做涂料和饰面层。按照清水模板施工，对于建设单位来讲，节约了抹灰要求，也就降低了整个项目的成本；对于施工企业来讲，按照清水模板施工，相关工艺要求增高成本也相应增加。因此，如果施工合同中进行了相应的生产技术要求，那么在计价条款中就需要对清水模板的计价方式进行相应的约定和调整，如果不进行约定和调整，就会导致结算的纠纷，对清水模板到底是否可以单独计价，如何计价就会产生争议。

例如：某房地产开发项目，在施工合同中所附的相关技术要求中，要求现场施工道路尽量与后期小区内部道路位置保持一致，施工道路的断面结构基层做法与设计施工图小区道路做法一致。这样临时道路一方面作为过程临时道路施工，另一方面现场施工完毕，稍做整改和处理，就可以成为正式的小区道路。从建设单位的角度，临时道路与施工道路结合，可以降低成本，安全文明施工费已经包含了临时道路，结算时不再计算小区道路的全部结构费用，只计算相应的修整费用。从施工企业的角度，满足临时施工道路的要求，道路等级可以低一点，满足施工即可。如果按照小区道路施工，道路等级和质量要求就大大提高，而安全文明施工费又是一定的，提高临时道路施工等级就相当于增加了该部分的成本，而由于是永临结合，施工企业不能计算正式小区道路的工程造价，相当于两边受到损失，既增加了成本，又降低了利润。在这种情况下，如果施工合同不对该生产的特殊要求提前作出相关的计价条款约定，进入实际施工过程中，施工企业就非常被动，往往会最终自行承当由此导致的相应损失。因此，对于超出安全文明施工正常标准的要求和永临结合的施工要求，施工企业在施工合同中最好提前作出相应的计价约定，或者在施工过程中发生了该种情况，及时向建设单位提出沟通，协商解决，避免到了结算时再提出该争议，往往到了那时候木已成舟、为之晚矣。

造价笔记 304

施工合同的精髓不在于文本的多寡，
而在于完整的体系设计与严谨的逻辑闭合

由于建设工程施工合同集工程技术、工程管理、工程造价、工程金融、法律权利义务、市场波动等多方面于一体，既有实体方面的权利义务，也有程序方面的操作规程，而且实际履行过程中一般都有较长的时间跨度，所以，制订一份完整的建设工程施工合同并非易事。

所以，我们很多当事人采取的策略是，以某一种示范合同文本为主导，将其他各种示范文本或者行业公司的成熟文本中对自己有利的内容全部搬过来，拼接成一种不伦不类的"超级施工合同文本"。这就是我们在建设施工合同实践中极易犯的多多益善的合同崇拜、合同依赖现象。

这种超级施工合同文本看似全面，但本质上如同纸老虎一样不但没有吓到对方，实践过程中反而使自己深受其害。这是为什么呢？

首先，任何一种示范文本都是一个整体，有着内在的逻辑结构与骨脉神韵，它们使合同内容完整而且前后一致，使合同在方寸中验证谋略的见地，攻防中显示合同的手筋。不能说任何一种示范文本都达到了炉火纯青的完美境地，但对每一种示范文本内容的取舍都要慎重。

特别是建设工程施工合同，由于文本本身较长，随意地对其进行调整极易造成合同内容之间的矛盾，使看似对自己有利的条款变成苍白无力的文字。

其次，不同的示范文本或者其他公司样板合同中有利于自己一方的条款，固然可以保障自己的利益，但对这些条款的汇集并不必然产生权利保障与风险防范上强强联合的效果。

因为各个合同条款都有各自的适用条件、各自的背景，甚至各自的法律适用，离开这些前提条件，这些约定就如同零，甚至还会因为这些约定之间内部的矛盾而对整个合同产生副作用。

所以，一份真正好的施工合同，它的精髓不会是文本的多寡，真正的核心在于契合公司管理模式、契合项目具体特点的基础之上，完整的体系设计与严谨的逻辑闭合。

如果达不到这样的基本诉求，往往一份看似完美的合同，就会像古人说的：汝之蜜糖，彼之砒霜，此理者！

2018 年 11 月 23 日

（注：上述内容是从王建东、杨国锋所著《建设工程施工合同：表达技术与文本解读》一书中总结提炼而成）

2) 合同的交底实务

合同的交底是施工合同管理的一个非常重要的环节，如果说施工合同的审核是解决合同签订前的相关风险问题，确保施工合同从理论上识别风险、控制风险，那么，如何让施工合同的相关约定真正有效落地，就涉及施工合同的履约管理范畴。而施工合同交底又是施工合同履约管理最为核心和关键的动作，所以施工合同的交底就是解决如何从理论到实际的问题。

从时间先后顺序的角度划分，施工合同的交底分为三个阶段：第一个阶段是合同签订后的交底；第二个阶段是进场施工后的交底；第三个阶段是暂转固后的交底。

（1）合同签订后的交底

合同签订后的交底是指施工企业和建设单位正式签订施工合同后，在项目正式进场施工前，由负责施工合同签订的部门或者人员组织实施。一般情况下，施工企业的业务营销或者市场拓展部门负责整个项目从市场信息挖掘、投标、合同谈判、合同签订等全部工作，而施工企业的商务部门或者招投标中心则负责具体的经济标的编制，技术部门负责技术标的编制，内业负责相关资料整理和内业等工作。因此，施工合同签订后的交底，一般由该项目的市场营销负责人牵头，负责组织具体的交底工作，一般施工合同签订后的交底的相关实务工作开展如下。

例如：某施工企业在某项目的施工合同签订后，编制合同交底工作筹划书，具体如下所示。

一、交底目的

让项目管理团队全面了解施工合同签订的背景、过程和关键注意事项，为项目的正式施工做好准备。

二、交底人员

该项目的营销负责人××负责组织和实施，该项目的投标以及合同谈判签订相关人员：××、××、××协助实施。

三、参加人员

公司机关商务合约部负责人、工程部负责人、财务部负责人、采购部负责人、生产部负责人、该项目管理团队的各个部门负责人（项目经理、商务经理、技术负责人、生产经理、现场财务等）。

四、交底流程及内容

1. 营销负责人做整个项目情况交底

交底需包含以下内容：

项目整体情况介绍；

发包人基本情况介绍（发包人的业务领域、发展情况、组织架构、人员情况、工作风格等）；

招标投标过程情况介绍（发包人招标人员情况、承包人投标人员情况、投标过程关键事项的阐述）；

合同谈判签订过程情况介绍（发包人合同谈判签订人员简介、谈判过程和相关关键事项达成一致意见的来龙去脉阐述、合同谈判过程中双方争议焦点关注事项分析及最终解决方式阐述、合同签订流程阐述、合同组成文件和各个组成文件的含义、功能作用简介）；

项目管理团队在项目实施中要注意的事项提醒（比如没有体现在合同上的双方默示达成一致的其他事项、工作风格和工作方式的注意、相关人员相关工作的提前配合等）。

2. 经济标编制人员做经济标情况交底

交底需包含以下内容：

经济标编制依据情况介绍（招标图、招标答疑、招标控制价、投标价、中标价格）；

项目的利润率预估，投标价和中标价的下浮比例，具体下浮的地方阐述；

在经济标编制过程中一些特殊事项和价格的处理阐述，以及存在的相关风险阐述；

招标图和招标文件中存在的问题、风险或者漏洞，以及目前经济标的暂定处理应对方式。

3. 技术标编制人员做技术标情况交底

交底需要包含以下内容：

施工工期以及进度计划阐述，关键线路的设置和考量；

主要施工工序的方案简介和考量方式，特殊施工工艺的特殊处理之处阐述；

技术标的施工方案与经济标不一致的地方，或者遗漏表述之处阐述。

4. 内业人员做资料内业交底

交底包含以下内容：

该项目从开始到施工合同签订，全部的内业资料收集整理阐述，以及存档之处；

资料存在瑕疵和遗漏地方之处阐述（招标文件无盖章版，招标人公司网站下载；或者交易中心网站下载，可以备注来源，关键的资料建议公证处做公证）；

正式签订施工合同的具体组成文件，以及每个部分文件的名称、内容及使用的意义。

5. 交流和答疑

项目管理团队和其他参加交底人员，结合各自的岗位及前面交底内容，提出具体疑问，交底人员负责具体解答，一起交流和探讨。

五、交底成果

针对交底过程，形成详细的会议记录，作为后续项目管理工作的背景资料和工作指引，在具体项目管理中进行落实。

六、交底形式

具体交底人员，针对各自交底讲解内容，编制相应的讲解 PPT 进行讲解。

参加交底的项目管理团队和部门负责人，提前熟悉施工合同和相关资料，提前梳理相应的问题和困惑，并在正式交底前一日将问题和疑问提交给交底负责人提前消化和阅读。

·（2）进场施工后的交底

进场施工后的交底是指施工企业已经正式进场开始施工，还处在做施工准备工作没有大面积进行施工作业的时候，由项目管理团队的各个部门，对施工合同及设计图以及项目现场实际情况深入解读和研究，梳理出与自己部门工作相关的具体工作事项和流程、需要其他部门协助和配合的事项、与自己部门工作履行上的一些合同风险和漏洞等，进行相应的合同交底。进场施工后的交底一般以项目现场管理团队各个部门内部交底为主、跨部门交底为辅，具体又分成以下三种情况的交底。

① 部门内部工作事项和流程交底

每个部门以施工合同为基础，详细梳理出在这个项目管理中，本部门需要完成的具体工作事项清单，并根据合同的约定，对每一个工作事项清单梳理出相应的工作开展流程，梳理完毕后，由部门负责人主持，在部门内部进行相应的合同交底，统一工作事项、工作思路和工作结果，为后续高效的项目管理奠定扎实的团队基础。

② 部门之间配合工作事项交底

每个部门以施工合同为基础，在梳理本项目工作事项清单和工作流程的同时，有些工作是需要其他部门配合的，各个部门以合同为基础并结合各自部门的专业要求，梳理出需要其他部门具体配合完成的工作事项、完成时间、完成结果和完成注意事项等。各个部门梳理完毕后，一般由项目经理主持，各个部门负责人参加，进行部门之间相互配合工作事项的详细相互交底，这样在实际项目管理过程中，各个部门在做好本职工作的同时，就会提前去兼顾其他部门的工作需要，让彼此的工作形成一个有效的整体和闭环，这样就能达到整个管理团队的高效和一致性。

③ 合同风险与漏洞解决方案交底

每个部门结合各个部门各个岗位的实际情况，对施工合同进行详细分析和研究，采用施工合同审核实务中的思路和方法，梳理出施工合同约定中一些存在漏洞和风险之处，并制订出初步的相应解决和应对方案。各个部门梳理完毕后，在项目经理的组织下，进行相互交底和讨论，形成一致的本项目合同风险和漏洞解决方案，达成共识后按照交底形成的思路进行执行。

（3）暂转固后的交底

在房地产开发项目中，一般发包人和承包人前期签订的施工合同是暂定价，所附的清单是模拟清单或者战略清单。什么是战略清单呢？就是房地产开发商在某个时间段针对某个区域范围内的所有项目，编制一个标准的清单，清单的单价是固定的，材料价格的确定、材料调差和计算规则也有相应的明确规则。承包人一般在这种情况下与发包人签订的是战略合作协议，承包人承接的项目都按照该战略清单的单价和规则执行，每个项目单独签订一个施工合同，单价按照战略清单上的单价和规则执行。签订该项目施工合同时，因为需要暂定一个施工合同签约价，这个时候发包人会根据以往项目的经验数据和指标，对这个项目的工程量进行预估，预估的工程量和对应战略清单单价，就形成了一个暂定合同总价，这个时候的清单也称为模拟清单。

但是，也存在这种情况，发包人直接编制一个模拟清单，工程量根据经验测算暂估，综合单价由承包人自行填报，每个项目单独进行招标和投标，最终由承包人投标单价和暂定的工程量组成一个中标清单，也就是模拟清单，作为合同附件。

在上述情况下，一般设计施工图还未完成，所以清单的工程量均是暂定，合同总价也是暂定。当承包人进场施工，设计施工图完成后，这个时候发包人会要求承包人根据设计施工图计算出相应的工程量，并结合清单单价，编制施工图预算书，与发包人聘请的第三方审核机构进行核对，核对完成后形成一个固定包干总价。发包人和承包人根据这个固定总价签订补充协议，约定该项目以该总价包干，过程中的进度款支付就以该包干总价为基础，发包人基本固定了这个项目的成本，承包人也就基本锁定了这个项目的收入。上面这个过程就是暂转固的过程，也就是把合同暂定价转换为固定包干总价。

在施工过程中，如果发生涉及造价调整的设计变更事项，或者发生与总价包干的基础资料变化之处，就以一单一结的形式在过程中由承包人上报，发包人审批，最终该项目的结算造价计算公式如下：

结算造价＝包干总价＋过程中一单一结＋合同约定的人工材料调差 ± 违约金 ± 奖惩金额

一般暂转固的施工图预算包干及核对工作由施工企业商务部负责实施，暂转固后双方要形成补充协议，而固定包干总价如何形成包含哪些内容就非常关键。过程中只有与固定包干总价依据的资料不一致的地方，后期才能办理一单一结和调整造价，因此固定包干总价形成的基础和相关事项的处理就需要具体商务经办人员对项目管理团队进行相应的交底，这样才能确保固定包干总价最终能在结算的时候完全完整地获得，一些变化的地方才能在过程中增加。所以，暂转固补充协议签订后的合同交底就显得非常重要。

造价笔记 302

施工企业精细化管理的核心在于合同管理

随着基本建设高潮的退去，建筑业过去那种靠大肆扩张、大铺摊子、广种薄收、追求规模效益的经营模式，必然被市场所淘汰。建筑业从追求规模效益向追求质量效益过渡，这是未来建筑业生存和发展的唯一选择。

建筑业向追求质量效益的转型升级过程中，精细化管理是转型升级的基本保障，也是其核心内涵之一。

建筑业的精细化管理是一项系统工程，内涵极其丰富，但是任何事物都有其最核心的本源，以合同管理为核心，从最基础的工作做起，提升合同管理能力，注重合同细节，也许就是建筑业精细化管理最核心的本源和最有效的实施路径。

首先，在市场体系中，合同是管理的主要依据，从一定程度上讲，所有的管理都是合同的管理。在建筑业的施工管理中，无论造价管理、工期管理、质量管理，还是项目部的人员管理、材料管理、环境管理，虽然现实中管理方式多种多样，但最基本的依据还是合同，最基础的管理还是合同管理。

其次，合同的精细管理，必须从最基本的基础工作做起。建筑企业出现的风险中，大量的风险并没有什么复杂的原因，而是来自一些常识性的错误，而且有些是一犯再犯的常见错误。如果在施工过程中，我们施工企业能够充分认识到，自己从技术角度是按照图纸施工、按照技术规范施工，而从法律的角度就是按照合同施工。如果我们能像图纸审查那样审查合同，像设计交底那样重视合同交底，像按图施工那样依约履行，多数风险是完全可以规避的。

再次，合同的精细管理，必须重视每一个细节，避免因细节疏忽而致损。细节决定成败是精细化管理的一个重要理念，也是被实践反复证明的经验之谈。

最后，合同的精细管理，不仅要有严谨求实的工作作风、精益求精的工作状态，还要具备相关的专业能力。熟悉法律规则和原理自不待言，但是还应具备工程技术、工程管理、工程造价、文字表达、争议处理、口才气质等复合型能力。

发展潮流，浩浩荡荡，顺之则昌，逆之则阻，所以，于个人，于企业，识别本质，而后脚踏实地地一步一步去前行，去改变，则前路可期。

2018 年 11 月 21 日

（注：上述内容是从王建东、杨国锋所著《建设工程施工合同：表达技术与文本解读》一书中总结提炼而成）

4.1.3　合同的价值创造

在实际工作中，我们如何灵活地应用合同的造价思维、合同的审核实务技巧、合同的交底实务方法进行工程项目的利润创造和造价风险控制呢？前面所述的，是具体的点状思路和技巧，需要我们在实务中用一条线状的思维方式去进行串联整合，才能真正地发挥适用效果。一般情况下，巧妙地运用施工合同进行价值创造，我们需要经历发现矛盾、识别价值、价值布局、价值创造四个步骤。

1）发现矛盾

唯物辩证法告诉我们，矛盾是指事物普遍存在的相互对立统一的关系，矛盾是事物发展的源泉和动力。同样的，利用施工合同进行价值创造的出发点和基础是矛盾，如果我们不能发现和识别施工合同中的矛盾，或者说施工合同本身完美无缺不存在矛盾，那么完美的事物也就导致了没有后续价值创造的空间。

从矛盾的来源来讲，一种是事物本身就具有的矛盾，比如施工合同签订后，由于双方的疏忽、规范的漏洞、图纸的缺陷等自带的矛盾；一种是人为故意制造的矛盾，比如在施工合同签订过程中，具有优势实力的一方，利用相关的法律法规专业知识，提前在施工合同中人为埋设的伏笔和制造的矛盾。前一种矛盾是双方被动式的短兵相接，狭路相逢勇者胜；后一种矛盾是运筹帷幄的千里决胜，智者治人愚者治于人。所以，一方面我们要能及时发现和识别事物本身具有的矛盾，另一方面如果没有矛盾我们就要巧妙地灵活地制造矛盾甚至是创造矛盾。

从矛盾的具体识别方法和创造技巧上，我们可以运用前面所述的合同的造价思维、合同审核实务中的相关技能技巧，在此基础上结合项目的具体情况去灵活应用和挖掘。

2）识别价值

矛盾是一把双刃剑，它既可能是我们的风险，也可能给我们带来价值。因此，发现矛盾后，接下来最为关键的动作是从专业的角度，收集相应的证据和支撑资料，对发现的矛盾进行分析和识别，能给我们带来价值的矛盾就需要采取进攻的方式进行谋略和布局，能让我们产生风险的矛盾就需要我们采取防守的方式进行未雨绸缪。

3）价值布局

对矛盾的价值进行识别和定型后，我们需要思考，自己最终想收获什么价值？如何有步骤、有方法地去实现该价值布局？这个时候就是将我们最终想要达到的战略目标转化为具体的战术步骤和手段，把具体的价值目标拆分为一个个可执行的具体的工作事项和工作清单，这时，"第 2 章　商务工作思维与习惯"中所述的用户化视角的思考习惯、框架结构化的思维方式、体系条理化的资料管理、深入灵魂的细节关注、无时无刻的批判思维，"第 3 章　商务文字表达与实务"中所述的一些原则和思路，就可以在这个阶段进行充分的灵活的应用。

4）价值创造

毛主席说过，政治路线确定后干部就是决定因素。同样的，方式方法路径明确后，具体的就是如何去执行和落实。针对发现的矛盾和具体的价值布局战术路径，需要有具体的人员进行统筹实施，这个统筹者在项目管理层面一般是项目经理或者商务经理比较合适。作为统筹者，要全过程关注具体的落实和行动，关注和积极督促管理团队的每一个成员按照既定的目标落实和执行，在出现新的情况、新的变化时及时调整思路和方向，及时纠偏，并不厌其烦地对整个过程的一些具体细节和具体动作持续地关注和细心地把控，只要是团队认真地用心地全力地去实施，一般最终都会取得不错的结果。

案例：协议书与专用条款约定不一致时的价值创造

◆案例背景

总承包公司 A 承接了某建设工程，A 将该工程中的钢结构专项工程分包给了专业分包公司 B，双方签订专业分包施工合同。

其中，施工合同中协议书部分约定如下：

五、合同价款

本工程合同签约价为××元，整个工程施工单价以本合同所附的《工程报价清单》为准，该合同单价为全费用固定包干单价，合同单价包含分包人施工所有的材料费、人工费、机械费、管理费、脚手架费、垂直运输费、现场拼装安装费、赶工措施费、安全文明施工费、运输费、材料检测费以及施工所有的小型材料费、材料上涨风险费、利润、税金等，无论何种原因，该合同单价均不做调整。

其中施工合同专用条款部分的约定如下：

23 合同价款及调整

23.2 本合同采用固定包干总价合同方式确定

（1）采用固定包干总价合同，固定总价中包括的风险范围：已考虑所有风险，除设计变更产生的增减费用外，本合同总价不作任何调整。

风险费用的计算方法：不采用。

风险范围以外合同价款调整方法：不采用。

23.3 双方约定合同价款调整的其他调整因素：设计变更原因发生的工作量调增、调减原则：按照合同附件《工程报价清单》对应的清单子目单价在固定总价的基础上进行相应的调增、调减，《工程报价清单》没有对应的清单子目单价的，双方共同协商确认后执行。

◆ 商务解读

作为总承包公司A商务合约部工作人员，在接手这个项目并拿到该项目的专业分包施工合同时，第一步是去发现矛盾。经过详细阅读比对施工合同，发现该合同协议书约定为综合单价包干合同，专用条款约定为总价包干合同，两者存在明显的矛盾。在这个时候，作为A公司商务人员，需要立即开展以下两个工作：一是安排人员详细计算施工图的工程量，将图纸工程量与合同附件相应清单工程量进行比对分析；二是与己方公司负责该施工合同谈判和签约的人交流沟通，落实双方签约时的真实意图。

第二步是进行风险识别。从专业和法律法规的角度分析，当协议书与专用条款约定不一致时，协议书的约定效力优先，应该以协议书的约定为准，也就是本项目根据施工合同的约定，最终结算方式应该按照协议书约定的综合单价包干，工程量按实计算。

如果经过第一步的比对分析，图纸工程量＞合同清单量，那么对于总承包公司A，综合单价包干的方式对A不利，该矛盾为一个风险，风险金额=（图纸工程量－合同清单量）×合同单价；如果经过核实，签约时双方谈判的真实意图是固定总价包干，那么说明协议书中单价包干为笔误。

第三步是进行价值布局。经过前面分析，该矛盾为双方签约时的笔误导致的风险，因此及时签订补充协议修改笔误即可，作为总承包公司A商务人员，先与公司工程部和财务部取得联系，暂停支付合同预付款或者工程进度款；同时让己方负责签约人员主动与分包公司B签约人员联系，解释笔误原因，提出双方签订补充协议，明确本项目为固定总价包干形式。

第四步是完善落实补充协议的签订，最终规避潜在结算损失风险和创造价值，创造价值的经济效益为（图纸工程量 – 合同清单量）× 合同单价。

如果经过测算，图纸工程量 > 合同清单量，签约时双方谈判的真实意图是综合单价包干，那么该矛盾对于分包公司 B 来说就是一个潜在的风险。作为总承包公司 A，需要在施工合同履约过程中，制造证明双方是按照固定总价包干的合意在履约的资料，比如在计量支付、请款流程、相关会议纪要上体现为包干总价。这样虽然根据法律规定协议书效力大于专用条款，但是如果履约时有证据证明双方实际是按照专用条款的约定在履约，那么最终结算时就应该以双方实际履约合意的专用条款为结算依据，相当于分包公司 B 以默示认可的形式认为双方的本意就是专用条款的约定。而作为乙方的分包公司 B 往往不去关注过程中的一些资料上的表述和意义，最后在结算时才发现相应的风险，这时总承包公司 A 已经人为制造和掌握了相关佐证资料，占据了主导权。

如果经过测算，图纸工程量 ≤ 合同清单量，签约时双方谈判的真实意图是固定总价包干，那么该矛盾对于分包公司 B 就是一个必然的风险。在履约过程中，作为总承包公司 A 的商务人员，装作不知道该矛盾，严格审核竣工图，不主动提出对施工措施项目进行收方；严控己方发出的函件和分包公司 B 提出的请款单不要出现固定总价的词或者意思，避免形成固定总价包干的默示认可行为；与工程部和财务部紧密联系，控制付款比例，在项目竣工验收合格后结算时提出该矛盾，根据合同约定必须按照协议书约定的综合单价包干结算，工程量按实计算。一方面，分包公司 B 没有意识到该矛盾就不会在过程中对相关按实计量的措施项目进行收方和完善资料。另一方面，对竣工图的相关节点完善也不会细心，最终会导致分包公司 B 的双重损失：一是无法按照总价包干结算与单价包干之间的差额部分；二是如果按照清单结算，由于自身资料不齐全、不完善等导致实际完成的工程量无法进入结算工程量而产生的损失。上述两方面的损失，就是总承包公司 A 创造的价值，也就是（合同清单量 – 图纸工程量）× 合同单价 + 资料不齐全无法进入结算的工程量 × 合同单价。

如果经过测算，图纸工程量 ≤ 合同清单量，签约时双方谈判的真实意图是综合单价包干，那么该矛盾对于承包公司 A 而言就只是一个潜在的风险，可以签订补充协议修改专用条款为综合单价包干，与协议书保持一致，消除潜在风险隐患即可。

因此，一个简单的矛盾，如果要去创造价值，就需要我们商务人员养成线状的思维习惯，并运用相关专业知识，积极调动和采取团队配合的方式，才能让己方的利益最大化，如果只是就事论事或者简单粗暴地处理，往往达不到我们想要的结果。

造价笔记 303

有效合同管理的三个层面：
全面了解、过程监督、异常制约

西方有句谚语：财富的一半来自合同。合同不是财富，但它与财富有着密切的关系，特别是在商业社会，合同的好坏直接影响着行为人财富的得失利弊。

合同管理上的严谨可以使财富固若金汤，使财富如滚雪球般日益变大；合同管理上的疏忽可能使财富不堪一击，使财富在时光推进中萎缩变小。

有效的合同管理是一个复杂的体系化工程，各方当事人根据利益的权衡可使权利义务现实化、风险损害可控化。一般来说，合同管理可分为三个层面：

一是对合同内容的全面了解，明确合同中双方权利、义务、责任和合同中的风险点，对权利能及时行使，对义务有效履行，对容易出现的风险做到有效防范，从而有效预防权利因过期而失效、义务因逾期而承担不利后果。

二是针对合同条款的具体约定，形成有效的合同履行内部提示、反馈与监督体系。

特别是义务复杂、履行周期长、履行主体多的施工总承包合同，当事人的多项合同义务多数时候呈交叉状、由不同人员共同配合完成，这时特别需要一个协调机构，对合同义务进行全面梳理与充分提示，在义务履行过程中，不同部门、不同人员之间进行协调，形成一个保证合同有效履行的内部监控机制。

三是在合同履行过程中出现超出合同利益预期的异常情况时，能有效地采取措施使各方当事人的利益回归到基本上可以促进双方相互制约的常态上来。

任何合同履行的过程，都是双方权利义务的博弈过程，以自己合同义务的履行作对价换取对方履行义务的同时，又要防范自己履行义务后对方不履行或拖延履行相应义务的风险。

尽管法律上的抗辩权制度对这一问题进行了救济，然而基于法律救济事后性的先天不足，当事人会在合同履行过程中千方百计地防范自己陷入被动地位的风险。

合同管理的第三个层面就是要通过履行义务数量大小与先后顺序的布局来防止陷入被动地位，使合同履行过程中的利益预期始终保持在合同约定的范围内，并且在出现利益预期失常时，能通过相应的措施使利益预期归位。

2018 年 11 月 22 日

（注：上述内容是从王建东、杨国锋《建设工程施工合同：表达技术与文本解读》一书中总结提炼而成）

4.2　收方、签证与索赔

在项目施工过程中，收方、签证与索赔是施工企业经常性的商务工作文件，收方签证与索赔办理的及时性、有效性、全面性，很大程度上能对项目过程管理和过程的经济效益产生非常重大的影响。

4.2.1　收方

1）收方的概念

收方是建设单位和施工企业针对现场实际发生工程量的一种签认和证明，收方的工程量可以是合同内的工程量，可以是合同外的工程量，也可以是其他零星工程量等。从实务表现形式上，又分为现场草签单和正式收方单。

现场草签单一般是在项目现场，参建各方代表（如建设单位代表、监理工程师、施工企业代表、跟踪审计等）用手写书写的现场事物和工程量的记录和记载。现场草签单的特点是能真实地原始地反映收方工程量的情况。现场草签单没有具体的格式和要求，只要能有效地全面地体现收方事物的相关情况和工程量即可。现场草签单的主要作用是记录和证明事实。

正式收方单一般是在现场草签单收方后，由参建各方按照一定的格式和要求，对现场草签单进一步书面化和详细化地表达，正式收方单能正式、书面、全面地体现收方工程量的具体情况，正式收方单一方面可对现场草签单记录不完整、表达不详细、阐述不专业的地方进行书面完善，也可对现场草签单一些明显的错误和表达有误的地方进行修正。现场草签单是没有加工前的事物的直接原始体现，正式收方单是从专业的角度完善后的事物的有效书面承载，一个是基础，一个是结果，一个是非正式，一个是书面。

收方的本质是建设单位与施工企业对现场实际发生情况的一种事实确认，而非费用认可。因此，收方单上记录的工程量是否能计算费用，如何计算费用，能计算多少工程量的费用，需要根据施工合同的约定执行，不能单独作为结算依据。

2）收方的适用情况

在实务中，收方主要在以下几种情况下适用：

（1）设计施工图不体现的工程量

根据施工合同计价条款的约定，如果需要单独计算某项工程量，但是该项工程量在设计施工图中又没有体现的情况下，该部分工程量就需要现场收方确定。这种情况一般是针对施工措施费相应的工程量或者是主体工程以外的临时建筑、临时设施等非永久工程的工程量。

例如：某边坡工程约定按照当地定额结算，在边坡施工过程中搭设的脚手架在设计施工图中没有体现，但是实际需要搭设，因此需要结合施工组织设计文件的表述，对现场搭设的脚手架工程量进行现场收方。

例如：某房地产项目约定安全文明施工费根据相关文件按实计算。根据项目所在地安全文明施工费的相关文件规定，安全文明施工措施费由专项费用和按实计算费用两部分组成，其中专项费用根据建筑面积阶梯式取费计算，按实计算费用需要单独根据现场实际发生情况计算，根据该文件需要按实计算的项目如下："① 建筑物垂直封闭费用。② 垂直防护架、水平防护架、安全防护通道措施费用。③ 保障施工现场周边建筑物、构筑物、文物、园林绿化和电力、通信、给排水、油、天然气管线等城市基础设施采取的安全防护费用。④ 远程监控设施安装、使用及设施工摊销费用。⑤ 施工围挡封闭施工费用。⑥ 现场临时道路硬化费用。⑦ 建筑垃圾清运费用。⑧ 易洒漏物质密闭运输费用。⑨ 高温补贴费用。⑩ 工程排污费。"因此，如果在施工中，发生了上述的按实计算费用事项，需要对发生的工程量进行现场收方。

例如：某市政工程项目约定按照清单计价，清单中约定大型机械，如履带吊车、旋挖钻机、塔吊等均按照实际发生数量进行结算，该部分工程量在设计施工图中没有体现，需要结合施工组织设计文件的表述，对现场实际发生的工程量进行收方确认。

（2）设计施工图无法计算的工程量

当设计施工图有某项工程量的具体做法的阐述，但是根据设计施工图却无法计算该项工程量时，需要现场对该项工程量进行收方。这种情况一般是该项工程量的具体做法设计施工图可以明确阐述，但是具体的施工范围和施工位置需要结合现场实际情况确定。

例如： 某房屋建筑工程采取人工挖孔桩，在设计施工图中仅标注人工挖孔桩的具体做法，但是对人工挖孔桩的深度设计图标注为挖到中风化岩层后再满足一定的入岩深度即可，根据设计施工图无法知道人工挖孔桩的准确深度，需要以现场实际开挖深度为准，因此需要结合施工合同的计价方式，对人工挖孔桩的具体开挖深度等情况进行收方。

例如： 某公路工程，设计施工图中阐述某区域采取片石换填，设计施工图中阐述的区域仅作为施工参考，具体要以现场实际情况为准，因此也需要对实际片石换填的工程量进行收方。

（3）设计施工图不能准确计算的工程量

当设计施工图有某项工程量的具体做法的阐述，也有具体布置区域施工范围的说明和表述，根据该说明和表述虽然能计算出相应的工程量，但是计算出的工程量不准确或存在各方理解歧义时，也需要现场对该项工程量进行收方。

例如： 某房屋建筑工程，设计施工图中对构造柱的做法表述如下：本项目构造柱参考××图集的做法要求进行布置。根据该图集的做法布置，虽然可以计算出相应构造柱的工程量，但是在实务中双方对某些特殊位置是否要布置会产生争议。因此，一般建设单位和施工企业在施工前先结合图集对构造柱的具体布置区域和做法进行深化，形成构造柱固化图，以固化图作为工程量计算的依据；也可以是在施工过程中，双方对构造柱实际施工的位置和做法等进行收方，结算时根据收方单作为构造柱工程量的计算依据。

其他如市政工程里面的铺装工程、园林景观工程、不规则曲面造型的幕墙工程等，当根据设计施工图无法准确计算时，或者是采取深化设计图的方式详细明确做法和工程量，或者是采取现场收方的方式明确具体工程量。

（4）其他事由引发的需现场确认的工程量

除了上述情况之外，也可能存在一些其他事由引发的需要现场进行确认的工程量。

例如： 现场某个区域混凝土梁施工完毕，由于甲方的原因设计变更调整，需要拆除已经施工完毕的梁，在这种情况下，对拆除部分梁的工程量、外运的距离、运输的方式等均需要现场收方确定。

例如： 建设单位结合现场实际情况，需要借用施工企业的工人或者机械设备，进行一些零星工程的施工或合同外的一些辅助事项的协助，在这种情况下，需要对零星用工、零星用机械台班的工程量进行现场收方确定。

3）收方的实务技巧

收方的核心关键是真实地体现和记录现场实际发生的事项和工程量，真实分为两个方面：一是收方的内容本身是真实的；二是第三方没有亲临现场的人看到该收方单，从感觉上也认为是真实的。

第一个方面，收方的内容本身是真实的，这就要求我们在现场收方时实事求是地记录和反馈现场的实际情况，不弄虚作假，不夸大或者缩小。

第二个方面，让他人感觉是真实的，这就需要我们在收方的一些具体表现形式上注意和关注。比如现场草签单，往往资料稍微潦草而非工整，有一些修改和涂画等，比完全没有修改清晰美观工整的草签单更让人信服；比如正式收方单，往往正式打印版本，没有手动涂改，排版工整美观，相关人员全部签字盖章的版本，比存在修改和只有签字没有盖章的正式收方单更具有说服力。

对一些特殊的在设计图上不能体现具体分布位置的工程量，收方单上除了体现具体的工程量数据之外，还需要绘制相应的平面布置图，阐述该工程量在现场分布的具体位置。例如，某项目对现场临时道路收方，在收方单上除了记录现场临时道路的横断面做法、路幅宽度、道路长度等体现工程量的数据之外，更为关键的是要绘制现场临时道路布置图，明确各个临时道路具体的布置位置和布置地点。如果只有工程量的收方体现而没有临时道路的布置位置，在第三人看来，这个收方数据的真实度就存在一定的折扣，因为只有结果，没有具体的过程和位置，很难形象直观地给第三方带来真实的感觉。

除此之外，我们也可以在收方时，拍摄现场收方的照片和视频，用影像资料更为直观形象地佐证收方事实的真实性。在拍摄照片时，可以注意以下几个细节：一是可以用一个小白板，写上具体收方的事由、时间、地点等信息立在收方现场，拍摄时可以将该白板一起拍摄进去，这样可以形象地体现相关收方事实；二是在拍照时除了拍摄到收方工程量对应的实体，也可以适当地把参与收方人员拍摄到照片里面，佐证参与收方人员的真实性；三是在拍摄时可以采用水印相机，直接在照片上编辑和备注时间、地点、人物、事项等相关信息。

造价笔记 625

很多时候，他人在意的是一种情绪，而不是我们的实质

中建某局某公司的培训进入尾声。昨天是最后一天的课程，按照培训计划，学员对本次学习进行总结，每组制作汇报 PPT，在今天进行上台分享交流讲解。

昨天的任务非常重，而且学员们已经经过接近 10 天没有休息的持续高强度学习，基本上都已经疲惫不堪。但是，全体学员还是很有激情地做到晚上 12 点，把作业全部有效完成后才休息。

整个过程，我细心地观察了一下，发现有两个小细节起了作用。

第一个细节是，每组的组长单独给组员们点了零食和饮料，组员们看到组长为大家做出的这个行动，感受到了大家是一个团体的情绪，有了这种情绪，往往也就更能坚持。

第二个细节是，虽然课程上完了，但是负责本次培训实施的三个同事，一直在培训室陪伴大家做作业。讲师连续讲解了这么多天，从某种程度上来说比学员还辛苦，虽然学员们编写总结或者汇报材料没有问题，但是看到老师在一边陪着，学员从内心就觉得自己要把任务做完，把事情做好，否则自己都对不起这份陪伴。

人往往是社会性、感情性的，尤其是当处于一个团体中时。很多时候，大家在某个瞬间、某个阶段做某个工作时，在乎的不是他人的一些实质性的内容，而是一些情绪性的外在感觉。

所以，我们在带团队的过程中，要想让团队保持战斗力，除了正常的技能培养、文化建设、制度建设、流程建设外，还需要因时因地地配合一些情绪的、氛围的建设，让尊重、感动、在意等元素无声地融入其中，这能给团队建设带来意想不到的效果。

尤其是在团队要攻坚克难、全力以赴处理棘手工作时，在团队高度紧张的情况下，一定要每隔一个时间段进行情绪化的释放，这也是一种方法。

2020 年 7 月 31 日

4.2.2 签证

1）签证的概念

根据《建设工程工程量清单计价规范》（GB 50500—2013）第 9.14.1 条规定：

承包人应发包人要求完成合同以外的零星项目、非承包人责任事件等工作的，发包人应及时以书面形式向承包人发出指令，并应提供所需的相关资料；承包人在收到指令后，应及时向发包人提出现场签证要求。

因此，签证是指发包人和承包人根据施工合同的约定，双方就施工过程中涉及的合同价款之外的责任事件所作的签认证明。如何理解"合同价款之外"呢？"合同价款之外"是指合同约定的价格对应的承包方责任范围之外，在实务中，不同的合同计价方式，对应的承包方责任范围是不一样的。

假如某项目是综合单价包干，那么对应的承包人责任范围是项目特征包含的内容、合同约定的乙方全部义务及一般风险范围。

根据《建设工程工程量清单计价规范》（GB 50500—2013）第 2.0.7 条规定：

项目特征是指构成分部分项工程项目、措施项目自身价值的本质特征。

因此凡是分部分项工程项目、措施项目中项目特征描述的内容，均是承包人的责任范围，属于合同价款之内的责任事件和责任内容。

合同约定的乙方全部义务包含两部分内容：一是合同中明确表示由承包人必须履行的义务范畴。如某施工合同约定："承包人应该在需要时，或者应发包人的要求，或应法定主管机构或者其他保卫部门的要求，为保护工程或保证公众和其他方面的安全和方便，在需要的地方对工程提供照明、警戒、围栏和门卫，其费用已经包括在合同价款中。""承包人因工程施工需要占用市政和规划道路等，由承包人负责办理施工临时占用道路等合法手续，并承担相关费用，结算时不再调整。"二是根据行业习惯和施工合同要求，虽然没有明确规定，但是仍旧需要乙方履行的义务，具体详见本章前述"合同的履行"中关于全面履行原则中乙方义务的相关阐述。乙方义务内容当然属于承包人的责任范围，也属于合同价款之内的责任事件和责任内容。

根据《建设工程工程量清单计价规范》（GB 50500—2013）第2.0.9条规定：

2.0.9 风险费用

隐含于已标价工程量清单综合单价中，用于化解发承包双方在工程合同中约定内容和范围内的市场价格波动风险的费用。

上述风险是指一般风险，包含在综合单价之内的，除此之外的是其他风险，不包含在综合单价之内。

根据《重庆市建设工程工程量清单计价规则》（CQJJGZ—2013）第3.1.8条规定：

综合单价中一定范围内的风险范围包括以下内容：

1. 一个月内临时停水、停电在工作时间16小时以内的停工、窝工损失；

2. 建设单位供应材料设备不及时，造成的停、窝工每月在8小时以内的损失；

3. 材料的理论重量与实际重量的差；

4. 材料代用，但不包括建筑材料中钢材的代用；

5. 招标文件中要求投标人承担的人工、材料、机械价格及工程量变化导致的价格风险。

针对一般风险范围中的第5项，关于投标人承担的人工、材料、机械价格及工程量变化导致的价格风险，如果招标文件中有约定，按照招标文件中的约定执行，如果招标文件中没有约定，按照以下规则去理解：

关于工程量变化的风险，根据《建设工程工程量清单计价规范》（GB 50500—2013）第9.3.1条规定：

9.3.1 因工程变更引起已标价工程量清单项目或其工程数量发生变化时，应按照下列规定调整：

1 已标价工程量清单中有适用于变更工程项目的，应采用该项目的单价；但当工程变更导致该清单项目的工程数量发生变化，且工程量偏差超过15%时，该项目单价应按照本规范第9.6.2条的规定调整。

第9.6.2条规定：

9.6.2 对于任一招标工程量清单项目，当因本节规定的工程量偏差和第9.3节规定的工程变更等原因导致工程量偏差超过15%时，可以进行调整。当工程量增加15%以上时，增加部分的工程量的综合单价应予调低；当工程量减少15%以上时，减少后剩余部分的工程量的综合单价应予调高。

综合上述规定，综合单价一般风险中包含了工程量变化幅度在15%以内的风险。

关于材料价格和工程设备价格的风险，根据《建设工程工程量清单计价规范》（GB 50500—2013）第9.8.2条规定：

承包人采购材料和工程设备的，应在合同中约定主要材料、工程设备价格变化的范围或幅度；当没有约定的，且材料、工程设备单价变化超过5%时，超过部分的价格应该按照本规范附录A的方法计算调整材料、工程设备费。

根据上述规定，综合单价一般风险中包含了材料价格和工程设备价格变化幅度在5%以内的风险。

关于人工价格的风险，根据《建设工程工程量清单计价规范》（GB 50500—2013）第3.4.2条规定：

3.4.2　由于下列因素出现，影响合同价款调整的，应由发包人承担：

1. 国家法律、法规、规章和政策发生变化；

2. 省级或行业建设主管部门发布的人工费调整，但承包人对人工费或人工单价的报价高于发布的除外；

3. 由政府定价或政府指导价管理的原材料等价格进行了调整。

根据上述规定，综合单价一般风险中包含了人工价格变化幅度在0%以内的风险，也就是没有包含人工价格变化的风险。

关于机械价格的风险，根据《建设工程工程量清单计价规范》（GB 50500—2013）第3.4.4条规定：

3.4.4　由于承包人使用机械设备、施工技术以及组织管理水平等自身原因造成的施工费用增加的，应由承包人全部承担。

根据《重庆市建设工程工程量清单计价规则》（CQJJGZ—2013）第3.4.3条规定：

由于市场物价波动影响合同价款的，其材料风险幅度范围在5%以内、机械使用费风险幅度范围在10%以内由发承包人进行合理分摊，具体风险幅度范围由发承包人约定，并填写"承包人提供主要材料和工程设备一览表"作为合同附件；当合同中没有约定时，发承包双方发生争议时，应按本规则第9.8.1—9.8.3条的规定调整合同价款。

根据上述规定，机械设备使用本身的技术和管理等风险全部由承包人承担，综合单价一般风险中包含了机械使用费价格变化幅度10%以内的风险。

综上所述，当招标文件和施工合同没有特殊约定的情况下，承包人合同价款责任范围之内包含：工程量变化幅度15%以内、材料价格和工程设备价格变化5%以内、机械使用费价格变化10%以内、人工价格变化0%以内的一般风险范围；当招标文件和施工合同有特殊约定的情况下，承包人合同价款责任包含的风险范围以具体约定为准。

假如某项目是总价包干合同，那么对应的承包人合同价款责任范围是总价包干对应的内容、合同约定的乙方全部义务、一般风险范围。总价包干对应的内容具体可以参见"第5章　技术资料创效与实务"的具体阐述，合同约定的乙方全部义务范围参考前面描述，总价包干合同一般会约定具体包干的风险范围。

根据《重庆市建设工程工程量清单计价规则》（CQJJGZ—2013）第9.14.3条、第9.14.5条规定：

9.14.3　现场签证的工作如已有相应的计日工单价，现场签证中应列明完成该类项目所需的人工、材料、工程设备和施工机械台班的数量。

如现场签证的工作没有相应的计日工单价，应在现场签证报告中列明完成该签证所需的人工、材料设备和施工机械台班的数量及单价。

9.14.5　现场签证工作完成后的 7 天内，承包人应按照现场签证内容计算价款，报送发包人确认后，作为增加合同价款，与进度款同期支付。

根据上述规定，签证的本质是发包人对承包人在合同价款责任外完成事项的一种费用补偿和确认。如果原来合同有相应的价格，签证可以只签认相应的工程量，根据工程量结合合同相应单价就可以得出该签证单对应的具体费用；如果原来合同没有相应的价格或者签证事项不适用原来的合同对应约定的价格，那么签证单上除了明确具体的工程量之外，还要明确该部分工程量对应的具体费用，需要直接体现签证费用和金额。因此，一般情况下，签证单载明的费用金额可以直接进入项目工程结算。除此之外，在实务中，如果合同价款责任外的事件导致工期延期，那么工期延期的事项也需要在签证中一并注明确认。

2）签证和收方的区别与联系

收方是发包人和承包人对现场实际发生情况的一种事实确认，属于现场事实范畴，引发对现场事实确认的缘由也多种多样，只要双方认为需要对现场事实进行确认，就可以进行现场收方。

签证是由于发生了乙方合同价款责任外的事件时，发包人需要对承包人进行费用补偿，为了明确具体的费用补偿金额，就通过签证这样一种方式进行明确和达成一致意见。在实务中，要形成签证的具体费用补偿，一般分为两个环节进行：首先是发包人和承包人对乙方合同外责任事件发生时涉及的工程量等进行现场收方，确认签证对应的事实，这个环节一般以收方单形式体现；其次是在该收方单确认工程量的基础上，或是结合合同单价，或是结合市场价格，或是结合当地定额，计算得出一个具体的金额，计算的过程和结果，以及双方达成一致的确认手续，就通过签证单的形式体现。也就是在实务中，发生了签证事项时，往往是双方在收方单确认实际工程量的基础上，再形成相应的明确具体费用的签证单。

在实务中，由于各种各样的原因，导致收方和签证的区分没有这么明显，有时直接用签证单来办理收方的事宜，对现场实际发生情况进行事实确认；也有时用收方单的形式来办理签证的事宜，对合同价款责任外的事件收方直接确认工程量和相应的费用。这个时候，就需要我们重点关注收方单或者签证单记载内容的核心本质事由，而不是仅仅看表现形式。但是从专业严谨的角度，收方的事由用收方单办理，签证的事由用签证单办理，这样能有效地规避一些潜在的风险。

3）签证的适用情况

在实务中，签证主要在以下几种情况下适用，或者说当存在以下事项时，施工合同中又没有约定下列事项为施工合同价款包含的风险范围，承包人能以此提出签证；但是如果施工合同约定了属于合同价款包含的范围，不能单独计算费用，一般承包人就不能提出签证单独进行费用补偿。

另外在下述情况中，如果费用影响比较大，而且除了费用影响之外还对合同其他实质性条款产生影响，一般通过签证方式先处理事实问题，发包人和承包人在此基础上再通过签订补充协议的方式进行解决。因为双方对补充协议的重视度、履行程序、相关审批程序均比签证要严格和规范，当费用比较大时，采取补充协议就能有效地规避潜在的后期结算审计风险，也能让项目的管理更为规范和有效，规避相关参建单位的管理责任和其他延伸的相关责任。

（1）合同外增加工程

在实际施工过程中，如果发包人在合同范围之外，增加零星工程内容，一般通过签证的形式确认相关的费用。但是如果合同外增加的内容比较多或者是增加了某个具有独立功能或者有对应设计施工图的内容，比如在原来施工合同范围外增加一层钢结构夹层，增加大门装饰工程等，在这种情况下，因为该增加内容除了涉及费用问题，还涉及施工规范、施工工期、施工质量、验收标准等一系列相关复杂的事宜。这时，一般不采用签证的形式，而是采用发包人和承包人单独签订补充协议的方式，对增加的相关内容进行详细地明确和约定。

（2）发包人及相关原因导致的费用工期影响

这种情况是指发包人自身的或者是相关的某些原因、行为，导致承包人的费用和项目工期受到了影响，在实务中，发包人存在以下相关事件或者行为，导致签证事项的发生。

① 发包人未按约定提供施工现场条件

根据《建设工程施工合同（示范文本）》（GF—2017—0201）通用合同条款第2.4条：

2.4 施工现场、施工条件和基础资料的提供

2.4.1 提供施工现场

除专用合同条款另有约定外，发包人应最迟于开工日期7天前向承包人移交施工现场。

2.4.2 提供施工条件

除专用合同条款另有约定外，发包人应负责提供施工所需要的条件，包括：

（1）将施工用水、电力、通信线路等施工所必需的条件接至施工现场内；

（2）保证向承包人提供正常施工所需要的进入施工现场的交通条件；

（3）协调处理施工现场周围地下管线和邻近建筑物、构筑物、古树名木的保护工作，并承担相关费用；

（4）按照专用合同条款约定应提供的其他设施和条件。

2.4.3 提供基础资料

发包人应当在移交施工现场前向承包人提供施工现场及工程施工所必需的毗邻区域内供水、排水、供电、供气、供热、通信、广播电视等地下管线资料，气象和水文观测资料，地质勘查资料，相邻建筑物、构筑物和地下工程等有关基础资料，并对所提供资料的真实性、准确性和完整性负责。

　　按照法律规定确需在开工后方能提供的基础资料，发包人应尽其努力及时地在相应工程施工前的合理期限内提供，合理期限应以不影响承包人的正常施工为限。

2.4.4　逾期提供的责任

　　因发包人原因未能按合同约定及时向承包人提供施工现场、施工条件、基础资料的，由发包人承担由此增加的费用和（或）延误的工期。

　　当发包人未能提供施工现场条件或者未能及时提供，或者提供的施工现场条件有瑕疵不能满足承包人全面施工的需要，均可以导致承包人签证事项的提出。

②发包人未及时办理项目建设相关审批手续

　　根据《建设工程施工合同（示范文本）》（GF—2017—0201）通用合同条款第 2.1 条：

2.1　许可或批准

　　发包人应遵守法律，并办理法律规定由其办理的许可、批准或备案，包括但不限于建设用地规划许可证、建设工程规划许可证、建设工程施工许可证、施工所需临时用水、临时用电、中断道路交通、临时占用土地等许可和批准。发包人应协助承包人办理法律规定的有关施工证件和批件。

　　因发包人原因未能及时办理完毕前述许可、批准或备案，由发包人承担由此增加的费用和（或）延误的工期，并支付承包人合理的利润。

　　当发包人未能及时办理，属于建设单位应该办理的项目建设相关审批手续（如施工许可证等），导致承包人项目建设受到阻碍或者影响，这种情况下，可以导致承包人签证事项的提出。

③发包人设计施工图提供滞后

　　根据《建设工程施工合同（示范文本）》（GF—2017—0201）通用合同条款第 1.6.1 条：

1.6.1　图纸的提供和交底

　　发包人应按照专用合同条款约定的期限、数量和内容向承包人免费提供图纸，并组织承包人、监理人和设计人进行图纸会审和设计交底。发包人至迟不得晚于第 7.3.2 项〔开工通知〕载明的开工日期前 14 天向承包人提供图纸。

　　因发包人未按合同约定提供图纸导致承包人费用增加和（或）工期延误的，按照第 7.5.1 项〔因发包人原因导致工期延误〕约定办理。

　　当发包人未能按照约定提供设计施工图或者提供设计施工图时间滞后，这种情况下，可以导致承包人签证事项的提出。

④发包人提出变更的

　　根据《建设工程施工合同（示范文本）》（GF—2017—0201）通用合同条款第 10 条：

10. 变更

10.1　变更的范围

除专用合同条款另有约定外，合同履行过程中发生以下情形的，应按照本条约定进行变更：

（1）增加或减少合同中任何工作，或追加额外的工作；

（2）取消合同中任何工作，但转由他人实施的工作除外；

（3）改变合同中任何工作的质量标准或其他特性；

（4）改变工程的基线、标高、位置和尺寸；

（5）改变工程的时间安排或实施顺序。

10.2　变更权

发包人和监理人均可以提出变更。变更指示均通过监理人发出，监理人发出变更指示前应征得发包人同意。承包人收到经发包人签认的变更指示后，方可实施变更。未经许可，承包人不得擅自对工程的任何部分进行变更。

涉及设计变更的，应由设计人提供变更后的图纸和说明。如变更超过原设计标准或批准的建设规模时，发包人应及时办理规划、设计变更等审批手续。

10.3　变更程序

10.3.1　发包人提出变更

发包人提出变更的，应通过监理人向承包人发出变更指示，变更指示应说明计划变更的工程范围和变更的内容。

10.3.2　监理人提出变更建议

监理人提出变更建议的，需要向发包人以书面形式提出变更计划，说明计划变更工程范围和变更的内容、理由，以及实施该变更对合同价格和工期的影响。发包人同意变更的，由监理人向承包人发出变更指示。发包人不同意变更的，监理人无权擅自发出变更指示。

10.3.3　变更执行

承包人收到监理人下达的变更指示后，认为不能执行，应立即提出不能执行该变更指示的理由。承包人认为可以执行变更的，应当书面说明实施该变更指示对合同价格和工期的影响，且合同当事人应当按照第10.4款〔变更估价〕约定确定变更估价。

当发包人提出变更需求，发生变更事项的时候，并且该变更事项对承包人带来了不利的影响，这种情况下承包人可以提出签证的事由。在实务中，当变更事由或者设计变更比较简单，费用影响不是特别大的情况下，可以通过签证方式办理，如果费用影响比较大，而且除了费用影响之外还对合同其他实质性条款产生了影响，这种情况下一般通过签证方式先处理事实问题，发包人和承包人在此基础上通过签订补充协议的方式进行解决。

除此之外，当发包人要求调整已经审批确认的施工方案和施工工序时，如果施工方案和施工工序的调整对承包人产生了不利的影响，这种情况下承包人也可以提出签证诉求。

⑤　专业设计和深化设计审批延迟

在有的设计施工图中，对一些专业工程或者局部位置可能仅仅为示意，具体以专业深化设计为准的情况。假如发包人未及时完善和提供相应的专业设计施工图，对承包人的项目建设带来不利的影响就可能导致签证事项的发生。

还有一种情况是，某些专业工程施工合同中要求承包人进行深化设计，比如精装工程、幕墙工程、门窗工程、钢结构工程等，当承包人按时提交了深化设计图纸，而发包人或者监理单位和设计单位，不按时进行审批确认，导致现场施工受到不利影响，这种情况下也可能导致签证事项的发生。

⑥ 发包人提供的材料不符合约定要求

根据《建设工程施工合同（示范文本）》（GF—2017—0201）通用合同条款第 1.11.3 条、第 8.3.1 条、第 8.5.3 条：

1.11.3　合同当事人保证在履行合同过程中不侵犯对方及第三方的知识产权。承包人在使用材料、施工设备、工程设备或采用施工工艺时，因侵犯他人的专利权或其他知识产权所引起的责任，由承包人承担；因发包人提供的材料、施工设备、工程设备或施工工艺导致侵权的，由发包人承担责任。

8.3.1　发包人应按《发包人供应材料设备一览表》约定的内容提供材料和工程设备，并向承包人提供产品合格证明及出厂证明，对其质量负责。发包人应提前 24 小时以书面形式通知承包人、监理人材料和工程设备到货时间，承包人负责材料和工程设备的清点、检验和接收。

发包人提供的材料和工程设备的规格、数量或质量不符合合同约定的，或因发包人原因导致交货日期延误或交货地点变更等情况的，按照第 16.1 款〔发包人违约〕约定办理。

8.5.3　发包人提供的材料或工程设备不符合合同要求的，承包人有权拒绝，并可要求发包人更换，由此增加的费用和（或）延误的工期由发包人承担，并支付承包人合理的利润。

当发包人提供的材料不符合约定要求时，可以导致签证事项的发生。

⑦ 指定分包和独立分包责任事由

在施工过程中，有些工程是发包人直接指定分包，有些工程是发包人独立分包，在这种情况下，如果指定分包单位或者独立分包单位没有按照规定时间进场或者退场，导致承包人施工受到影响；或者在具体施工过程中，指定分包单位或者独立分包单位在工序衔接上发生责任事故导致承包人施工受到影响；或者指定分包单位和独立分包单位损坏或者破坏了承包人已完工程和未完工程等事项，这种情况下，承包人可以直接向指定分包和独立分包诉求相关费用。承包人也可以向发包人直接提出签证事项办理，发包人办理了签证事项后，承包人从指定分包单位合同造价中扣除该部分签证事项造价，发包人从直接分包单位合同造价中扣除该部分签证事项造价。

⑧ 发包人要求延缓施工、暂停施工

在施工过程中，由于发包人的原因或者其他非承包人自身的其他原因，要求承包人降低施工投入和强度延缓施工进度，或者是暂时停止施工等待某条件成就时再恢复施工，在这种情况下，如果该延缓施工和暂停施工不是由于承包人自身原因导致，可能会导致签证事项的发生。

⑨ 隐蔽工程的重新检查和质量争议

根据《建设工程施工合同（示范文本）》（GF—2017—0201）通用合同条款第 5.3.3 条、

第5.3.4条、第5.4条、第5.5条：

5.3.3　重新检查

承包人覆盖工程隐蔽部位后，发包人或监理人对质量有疑问的，可要求承包人对已覆盖的部位进行钻孔探测或揭开重新检查，承包人应遵照执行，并在检查后重新覆盖恢复原状。经检查证明工程质量符合合同要求的，由发包人承担由此增加的费用和（或）延误的工期，并支付承包人合理的利润；经检查证明工程质量不符合合同要求的，由此增加的费用和（或）延误的工期由承包人承担。

5.3.4　承包人私自覆盖

承包人未通知监理人到场检查，私自将工程隐蔽部位覆盖的，监理人有权指示承包人钻孔探测或揭开检查，无论工程隐蔽部位质量是否合格，由此增加的费用和（或）延误的工期均由承包人承担。

5.4　不合格工程的处理

5.4.1　因承包人原因造成工程不合格的，发包人有权随时要求承包人采取补救措施，直至达到合同要求的质量标准，由此增加的费用和（或）延误的工期由承包人承担。无法补救的，按照第13.2.4项〔拒绝接收全部或部分工程〕约定执行。

5.4.2　因发包人原因造成工程不合格的，由此增加的费用和（或）延误的工期由发包人承担，并支付承包人合理的利润。

5.5　质量争议检测

合同当事人对工程质量有争议的，由双方协商确定的工程质量检测机构鉴定，由此产生的费用及因此造成的损失，由责任方承担。

合同当事人均有责任的，由双方根据其责任分别承担。合同当事人无法达成一致的，按照第4.4款〔商定或确定〕执行。

当承包人按照正常程序进行隐蔽工程覆盖，发包人提出重新检查而质量合格的，由此导致的相关费用承包人可以办理签证；当发包人与承包人对质量有争议，最终鉴定质量合格，承包人为此发生的相关费用也可以办理签证。

⑩ 施工现场布置和临时设施的调整

在施工过程中，如果由于非承包人自身的原因，导致需要对已经完成施工现场布置进行改变，比如搬迁活动板房等临时设施、调整现场钢筋加工棚等设施的位置，导致承包人发生相应的费用损失和造成不利影响，这种情况下承包人可以向发包人提出签证事项。

⑪ 发包人延迟验收或导致不能验收

根据《建设工程施工合同（示范文本）》（GF—2017—0201）通用合同条款第13.1.2条、第13.2.2条：

13.1.2　除专用合同条款另有约定外，分部分项工程经承包人自检合格并具备验收条件的，承包人应提前48小时通知监理人进行验收。监理人不能按时进行验收的，应在验收前24小时向承包人提交书面延期要求，但延期不能超过48小时。监理人未按时进行验收，也未提出延期要求的，承包人有权自行验收，监理人应认可验收结果。分部分项工程未经验收的，不得进入下一道工序施工。

分部分项工程的验收资料应当作为竣工资料的组成部分。

13.2.2 竣工验收程序

除专用合同条款另有约定外，承包人申请竣工验收的，应当按照以下程序进行：

......

除专用合同条款另有约定外，发包人不按照本项约定组织竣工验收、颁发工程接收证书的，每逾期一天，应以签约合同价为基数，按照中国人民银行发布的同期同类贷款基准利率支付违约金。

在项目施工过程中，如果监理人不能及时进行分部分项工程验收导致的相关损失和影响，承包人可以提出签证诉求；发包人不按照约定组织竣工验收，承包人可以提出签证诉求；另外由于发包人的原因或者其他非承包人的原因导致的项目不能进行竣工验收，承包人也可以提出相应的签证诉求。

⑫ 非承包人原因导致的停水停电

在施工过程中，如果是非承包人的原因导致的一个月内临时停水、停电在工作时间16 小时以外的停工、窝工损失，承包人可以向发包人提出签证诉求。

⑬ 发包人未按合同约定支付工程款

在施工过程中，如果发包人未能按照合同约定，及时足额地支付相应的工程款项，承包人可以向发包人提出签证的诉求。

⑭ 发包人提高相关施工及验收标准

在施工过程中，如果发包人提高相应的施工和验收标准，比如发包人招标时对安全文明施工措施没有提出标准，承包人按照合格标准施工即可，施工过程中发包人要求提高到优异标准或者超出合格标准增加其他措施；比如发包人在施工过程中，在施工合同约定的符合国家行业验收标准的基础上，增加企业自身的相关检查验收标准，而该检查验收标准又高于国家标准等，这些情况下，承包人可以向发包人提出签证诉求。

⑮ 续建工程的修理和返工

如果一个标段存在多个承包人，发包人将其他标段、其他承包人未施工完成的工程内容交给另外某一承包人完成，该承包人在续建时，对原建工程不符合要求的部分进行修理、返工和其他处理，这种情况下承包人可以向发包人提出签证诉求。

⑯ 拆迁影响等造成的工期拖延

如果因为拆迁等因素造成项目施工工期受到影响和滞后，承包人可以向发包人提出签证诉求。

⑰ 发包人提出的额外现场需求

施工过程中，如果发包人提出一些合同额外的现场需求，比如要求承包人提供施工现场办公场地、办公设备及相关生活设施等，这种情况下，承包人可以向发包人提出签证诉求。

（3）政府及第三方原因导致的费用工期影响

这种情况主要是指发包人和承包人以外的政府以及第三方的一些客观因素，导致的费用工期的影响，常见的有以下几种情况。

① 法律法规政策变化

根据《建设工程工程量清单计价规范》（GB 50500—2013）第9.2.1条、第9.2.2条：

9.2.1 招标工程以投标截止日前28天，非招标工程以合同签订前28天为基准日，其后因国家的法律、法规、规章和政策发生变化引起工程造价增减变化的，发承包双方应按照省级或行业建设主管部门或其授权的工程造价管理机构据此发布的规定调整合同价款。

9.2.2 因承包人原因导致工期延误的，按本规范第9.2.1条的调整时间，在合同工程原定竣工时间之后，合同价款调增的不予调整，合同价款调减的予以调整。

根据《建设工程施工合同（示范文本）》（GF—2017—0201）通用合同条款第11.2条：

11.2 法律变化引起的调整

基准日期后，法律变化导致承包人在合同履行过程中所需要的费用发生除第11.1款〔市场价格波动引起的调整〕约定以外的增加时，由发包人承担由此增加的费用；减少时，应从合同价格中予以扣减。基准日期后，因法律变化造成工期延误时，工期应予以顺延。

因法律变化引起的合同价格和工期调整，合同当事人无法达成一致的，由总监理工程师按第4.4款〔商定或确定〕的约定处理。

因承包人原因造成工期延误，在工期延误期间出现法律变化的，由此增加的费用和（或）延误的工期由承包人承担。

因此，在基准日期以后因国家的法律、法规、规章和政策发生变化导致工程造价增加的，承包人可以向发包人提出签证请求，但是如果是由于承包人自身的原因导致了工期的延期，由于工期的延期后导致原计划在法律变化前完工的工程，一直持续到了法律变化发生后才完工，在这种情况下，承包人就不能向发包人提出签证诉求。

除此之外，一些行政管理机关的行政命令，以及相关行政活动（如创建卫生文明城市、迎接相关检查和观摩等）等造成的影响，承包人也可向发包人提出签证请求。

② 项目周边第三方因素的影响

在实务中，如果是工程建设项目周边发生的非正常方式的民扰，项目周边的交通管制，绿化、环卫、城管等相关部门的一些特殊规范和要求，导致对建设项目的工期或者费用影响，这种情况下承包人可以向发包人提出签证诉求。

（4）气候条件导致的费用工期影响

根据《建设工程施工合同（示范文本）》（GF—2017—0201）通用合同条款第7.7条：

7.7 异常恶劣的气候条件

异常恶劣的气候条件是指在施工过程中遇到的，有经验的承包人在签订合同时不可预见的，对合同履行造成实质性影响的，但尚未构成不可抗力事件的恶劣气候条件。合同当事人可以在专用合同条款中约定异常恶劣的气候条件的具体情形。

承包人应采取克服异常恶劣的气候条件的合理措施继续施工，并及时通知发包人和监理人。监理人经发包人同意后应当及时发出指示，指示构成变更的，按第10条〔变更〕约定办理。承包人因采取合理措施而增加的费用和（或）延误的工期由发包人承担。

在实务中，如果合同没有约定异常恶劣的气候条件的具体情形，一般情况下，如果施工过程中出现飓风、空气质量预警、高温预警、超指标降雨等类似情形，承包人可以向发包人提出签证的诉求。

（5）不可抗力导致的费用工期影响

根据《建设工程施工合同（示范文本）》（GF—2017—0201）通用合同条款第17.1条、第17.2条、第17.3条：

17.1 不可抗力的确认

不可抗力是指合同当事人在签订合同时不可预见，在合同履行过程中不可避免且不能克服的自然灾害和社会性突发事件，如地震、海啸、瘟疫、骚乱、戒严、暴动、战争和专用合同条款中约定的其他情形。

不可抗力发生后，发包人和承包人应收集证明不可抗力发生及不可抗力造成损失的证据，并及时认真统计所造成的损失。合同当事人对是否属于不可抗力或其损失的意见不一致的，由监理人按第4.4款〔商定或确定〕的约定处理。发生争议时，按第20条〔争议解决〕的约定处理。

17.2 不可抗力的通知

合同一方当事人遇到不可抗力事件，使其履行合同义务受到阻碍时，应立即通知合同另一方当事人和监理人，书面说明不可抗力和受阻碍的详细情况，并提供必要的证明。

不可抗力持续发生的，合同一方当事人应及时向合同另一方当事人和监理人提交中间报告，说明不可抗力和履行合同受阻的情况，并于不可抗力事件结束后28天内提交最终报告及有关资料。

17.3 不可抗力后果的承担

17.3.1 不可抗力引起的后果及造成的损失由合同当事人按照法律规定及合同约定各自承担。不可抗力发生前已完成的工程应当按照合同约定进行计量支付。

17.3.2 不可抗力导致的人员伤亡、财产损失、费用增加和（或）工期延误等后果，由合同当事人按以下原则承担：

（1）永久工程、已运至施工现场的材料和工程设备的损坏，以及因工程损坏造成的第三人人员伤亡和财产损失由发包人承担；

（2）承包人施工设备的损坏由承包人承担；

（3）发包人和承包人承担各自人员伤亡和财产的损失；

（4）因不可抗力影响承包人履行合同约定的义务，已经引起或将引起工期延误的，应当顺延工期，由此导致承包人停工的费用损失由发包人和承包人合理分担，停工期间必须支付的工人工资由发包人承担；

（5）因不可抗力引起或将引起工期延误，发包人要求赶工的，由此增加的赶工费用由发包人承担；

（6）承包人在停工期间按照发包人要求照管、清理和修复工程的费用由发包人承担。

不可抗力发生后，合同当事人均应采取措施尽量避免和减少损失的扩大，任何一方当事人没有采取有效措施导致损失扩大的，应对扩大的损失承担责任。

因合同一方迟延履行合同义务，在迟延履行期间遭遇不可抗力的，不免除其违约责任。

除了上述情况之外，在实务中洪水、台风、空中飞行物体坠落、非承包人引起的爆炸等也可能构成不可抗力因素，在出现不可抗力的情况下，承包人只能针对第17.3.2条中的部分内容对发包人提出签证诉求，但是如果是由于承包人的原因导致工期延期，在工期延期之间发生的不可抗力事件的，承包人不能向发包人提出签证的诉求。

（6）不利物质条件导致的费用工期影响

根据《建设工程施工合同（示范文本）》（GF—2017—0201）通用合同条款第7.6条：

7.6 不利物质条件

不利物质条件是指有经验的承包人在施工现场遇到的不可预见的自然物质条件、非自然的物质障碍和污染物，包括地表以下物质条件和水文条件以及专用合同条款约定的其他情形，但不包括气候条件。

承包人遇到不利物质条件时，应采取克服不利物质条件的合理措施继续施工，并及时通知发包人和监理人。通知应载明不利物质条件的内容以及承包人认为不可预见的理由。监理人经发包人同意后应当及时发出指示，指示构成变更的，按第10条〔变更〕约定执行。承包人因采取合理措施而增加的费用和（或）延误的工期由发包人承担。

在实务中，如果合同没有约定不利物质条件的具体情形，一般情况下，如果施工过程中出现了以下情形：现场实际地质条件与预计不同（有经验的承包人根据项目情况不可以预计，或者与发包人提供的资料不同）；出现未能预见的大孤石、淤泥、地下水；施工现场出现古墓、管道、电缆、防空洞等；施工现场出现文物和其他有影响的特殊埋藏物等，在这些情况下，承包人可以向发包人提出签证诉求。

（7）技术强制规范标准导致的费用工期影响

在施工期间，如果出现了在原来基础之上新颁布和增加的强制性技术规范条款，或者是政府有关主管部门发布了与建设工程相关的淘汰落后技术规范、强制使用相关节能保温材料和施工工艺要求时，这种情况下承包人可以向发包人提出签证的诉求。

4）签证的实务技巧

在实务中，签证作为施工过程商务管理中非常重要的一种经济资料类型，主要从以下几个方面去把控。

（1）签证要确保有效

签证本质上是甲乙双方达成一致意思的协议，因此，从合同的效力出发，签证分为效力待定签证、可撤销签证、无效签证、有效签证。作为能有效进入结算并能通过结算审计最终进入结算造价的签证，除了满足法律意义上的有效合同的一些条件之外，还要结合造价专业本身满足一些特定的要求，才能成为真正造价意义上的有效签证。在实务中，一份造价角度有效的签证，需要从形式和实质两个维度去把控。

① 形式上有效

形式上有效是指签证主要满足以下五个方面形式上的要求：

第一，签证确认的人员必须是发包人和承包人授权的人员。当施工合同中约定了签证确认的具体人员时，签证必须是经约定的人员签字。

第二，签证需要签字和盖章。如果施工合同约定了签证必须要盖章，就必须要盖章；如果没有约定，也建议签字和盖章齐全为佳。

第三，签证必须按照合同约定的时间或者流程办理。当施工合同约定了签证事项发生后的办理时间要求和规定时，需要在规定时间内办理，相关签字等体现的日期要在规定日期内。当没有规定签证办理时间要求时，根据《建设工程工程量清单计价规范》（GB 50500—2013）第9.14.2条、第9.14.5条，承包人在签证事项发生的7天之内提出签证请求，签证最终费用的确认和签证单的办理，可以根据实际情况处理。

9.14.2　承包人应在收到发包人指令后的7天内向发包人提交现场签证报告，发包人应在收到现场签证报告后的48小时内对报告内容进行核实，予以确认或提出修改意见。发包人在收到承包人现场签证报告后的48小时内未确认也未提出修改意见的，应视为承包人提交的现场签证报告已被发包人认可。

9.14.5　现场签证工作完成后的7天内，承包人应按照现场签证内容计算价款，报送发包人确认后，作为增加合同价款，与进度款同期支付。

第四，签证发生的时间是在施工过程或结算过程中。

第五，当施工合同约定签证金额到达某个金额需要履行某种审批流程或者某个权限的人员签字时，需要履行相应审批流程和相应权限的人员签字确认；当政府相关主管部门文件有规定，对签证内容到达一定金额后必须经过相关主管部门会议集中讨论确定，或者要履行政府相关审批流程的，需要有相应的会议讨论决定记录和相应的审批手续。

② 内容上有效

内容上有效是指结算审计人员能根据签证单载明的内容，准确无争议地计算出相应金额列入结算造价中，签证需要满足以下四个内容上的要求：

第一，签证的内容需要直接表明费用增加的金额或者工期顺延的时间。如果签证仅仅只是对某项事实的记载和确认，或者只是对发生工程量的确认和明确，那么该签证不是真正意义上的有效签证，是一张不完整的签证。因为根据该签证是否能计算费用、如何计算费用、计算多少费用没有明确，在结算时双方还要进行再次协商、谈判。

例如： 某签证单，承包人注明由于钻孔灌注桩施工过程中遇到花岗岩，延误机械台时150小时，请发包人予以签证认可。发包人签署意见：情况属实。该签证单只是明确了现场实际情况，但没有明确是否顺延工期和顺延工期的具体时间，因此该签证不是一张有效的签证。

第二，签证的内容必须经双方当事人明确无误地协商一致。

例如： 某项目施工中发生了土方外运项目，承包人及时向发包人申报签证，在签证的内容栏上承包人填写：土方工程量为 6 250 m^3，签证单价为 26 元 /m^3。发包人代表阅后在审批栏签名及签批："同意"二字。从结算审计的角度，承包人提出了两个请求，发包人审批同意，无法确定是同意全部两个请求的内容，还是只同意其中一个请求，双方当事人针对签证的内容没有达成明确无误的协商一致，存在后期结算审计风险，该签证也就不能是一张有效签证。

第三，签证的内容不能弄虚作假，不能与常识或者逻辑相冲突，不能违背专业的相关逻辑和推理。

例如： 某签证单载明，市场上无法采购 ϕ 6.0 的钢筋，设计图中要求的 ϕ 6.0 的钢筋全部按照 ϕ 6.5 的采购，结算时 ϕ 6.0 的钢筋按照 ϕ 6.5 的比重进行计算。但是在市场中，HRB400 等级的 ϕ 6.0 的钢筋有供应，而该项目设计图中的部分 ϕ 6.0 直径的钢筋型号是HRB400，因此该签证单的内容与市场实际情况不吻合，不能作为结算的依据，不属于有效的签证。

第四，签证收方的理由不能属于承包人的合同价款责任范围。通常情况下，承包人提出签证的理由应该属于本节"签证的适用情况"中的情形。同时，如果该种情形在施工合同中有约定，属于乙方的合同价款责任范围，那么在该种情形下提出的签证，也不能进入结算，不能认为是有效签证。

例如： 某签证单的描述如下，为确保 25# 楼主体结构的施工进度，现按照发包人的要求将 25# 楼三层结构混凝土等级由原设计 C30 调整为 C35，并在混凝土内加入 6.6 kg/m^3 早强剂，增加早强剂的费用按照设计图计算出的三层混凝土的工程量以 ×× 元 /m^3 计算，混凝土等级增加的价差按照 ×× 元 /m^3 计算。

保证项目的施工进度，属于乙方的义务，也属于乙方的合同价款责任范围，因此，上述签证单的费用不能进入结算，不属于有效的签证。后经过现场核实，是因为发包人要提前销售房屋，因此提出调整混凝土等级、增加早强剂，这样可以提前拆模，加快施工进度。在这种情况下，该签证单就需要把签证理由进一步阐述，表明目前承包人施工进度正常，满足合同要求，由于发包人需要提前销售房屋，因此要求调整混凝土等级和增加早强剂，所以才办理的该签证，同时把发包人要求进行上述措施的相关指令单进行配套完善，这种情况下该签证单才属于有效签证单，能进入结算造价。

（2）签证内容表达要专业

签证的最终目的是进入结算造价，因此签证内容的表达是否专业就非常重要，在实务中，签证内容的表达除了要满足"第 3 章　商务文字表达与实务"的相关要求与技巧之外，最为关键的是要注意以下三个方面：

① 能有效计算出相应造价

签证的内容表达能让造价专业人员结合合同和专业知识，有效地计算出相应的造价。

例如： 某签证单内容载明如下：

由于我司临时设施搭设在一期场地，从生活区到施工现场必须跨越 ×× 场地，根据 ×× 年 ×× 月 ×× 日，发包人出具的工作联系函的要求，采用钢管架搭设人行便道，并在上面铺设一道竹跳板及一道九夹板，人行便道宽 1.2 m、长 184.1 m、高 2.2 m。

根据该签证单的内容，既无法根据施工合同的综合单价计算出相应的造价，也无法根据相应的定额计算出相应的造价，同时无法结合造价信息等市场价格计算出相应的造价，上述表达就非常不专业。如果施工合同中有类似钢管架的清单项和单价，那么表达内容需要将做法描述与合同清单项目特征吻合，签证的工程量的计算方式和计量单位需要与合同相应清单项的要求吻合；如果需要按照定额计算造价，就要按照定额中相应钢管架的做法和计量计价方式要求进行签证表达，最终的核心关键是专业人员能根据该签证单有效地计算出相应的造价。

② 内容表达准确，避免专业理解歧义

签证的内容表达需要准确，不同的造价人员根据该签证单内容理解的意思一致，计算出的相应的造价金额也能一致。

例如： 某签证内容阐述如下：×× 号楼因甲方原因需要赶工，在尚未安装塔吊的时候就进行基础工程的提前施工，基础、承台均采用汽车泵浇筑混凝土，该部分工程量按照竣工图计算，增加泵送费按照相应混凝土工程量 ×× 元 /m³ 计算。

该签证的内容表达，汽车泵泵送的范围"基础、承台"的表述存在理解歧义，比如地梁是否属于基础，基础层的板是否属于基础，如果存在高低差异分区施工的时候，是否全部内容都是采取汽车泵泵送等，会产生后期的造价专业理解歧义和工程量计算纠纷。因此，专业的表达方式是明确某张施工图某个轴线范围内的具体哪些构件部位等采取汽车泵，这样造价人员就能根据该专业的表述准确计算工程量避免产生歧义。

③ 签证内容与合同价款责任范围重合的地方应特别注明

签证包含的内容以及费用，会存在与合同价款责任范围相重合的地方，如果不在签证中特别注明，该签证费用已经考虑了合同价款责任范围重合部分的影响，在后期结算审核时，就会存在该签证费用需要扣除合同价款责任范围内相应金额的审减风险。

例如： 某签证单阐述如下：

由于发包人的原因，导致承包人不能按照原定计划在进场的时候安装塔吊，在不能安装塔吊的施工期间承包人需要采取汽车吊的形式配合进行基础工程施工，因此发包人对承包人现场使用吊车的增加费用进行签证，认可吊车使用时间为××天，每天的吊车费用为××万元，签证费用合计××万元。

从造价商务的角度分析，首先，正常情况下基础施工与塔吊安装是同时进行的，那么原计划中塔吊安装的时间承包人本身就会采用吊车配合施工，该部分吊车费用为承包人合同价款责任范畴。其次，正常情况下塔吊安装好后，每天塔吊也需要花费相应的费用，比如租赁费、塔吊工人工资等，该部分塔吊使用费用也属于承包人合同价款责任范围。再次，正常塔吊使用情况下，承包人需要采用零星吊车配合进行材料的转用，该部分也属于承包人合同价款责任范围。目前签证单只明确了发包人影响导致现场使用吊车施工，全额计算了实际发生的吊车时间和费用，但是吊车使用时间对应塔吊的正常使用费用、塔吊安装时吊车配合施工的费用、正常情况下承包人零星吊车配合材料转用等费用属于合同价款责任，该签证单中没有明确已经扣除了上述合同价款责任的费用，那么在最终结算审核时，针对该签证单，审计可能会提出扣减上述三部分属于合同价款责任范围内的费用，导致结算争议和风险。

因此，为了规避上述风险，当存在签证内容与合同价款责任范围重合的情况时，需要在签证单上明确注明，双方考虑该签证费用时，已经综合考量正常情况下合同价款责任范围内的××因素等的影响，结算时以该签证费用为准进入结算，不再发生其他额外的扣减关系。从承包人的角度，如果上述过于具体的描述可能会带来一些实际情况下的不利因素，可以采取"第3章 商务文字表达与实务"章节中的模糊原则进行表述："该签证费用为双方结合项目实际情况综合考量各种因素的影响后达成一致的费用（或者不单独表述该内容，但是把该意思在签证的其他地方进行阐述和表达）"，这样就可以最大化地规避相应的结算审计风险。

（3）签证内容与其他技术经济资料要闭合

签证最终要进入结算，通过审核，一方面签证内容本身要真实有效，能计算出相应的费用；另一方面签证的内容还要与其他技术经济资料相闭合，如果签证内容与其他技术经济资料相矛盾、相冲突，那么该签证就可能会存在金额审减的风险，甚至是完全不能进入结算的风险。

例如： 某市政工程，对机械凿打石方的区域，工程量和综合单价通过签证的形式进行了明确，相关配套的收方资料齐全、完整，签字、盖章、审批流程完善。从签证本身角度，这是一份完美的有效的签证。但是从结算审计的角度，可以通过机械设备进场审批资料，获悉凿打石方机械的型号、数量和功率；通过现场施工日志、监理会议纪要、机械设备进出场记录，可以推算机械凿打石方的有效时间；根据机械的功率、数量、有效使用时间，就能推算出机械凿打石方的最大工程量。一方面，签证工程量需要小于该最大理论工程量；另一方面，机械的型号要与签证上的表达型号一致，施工记录的日期要与签证上面的日期相吻合。

例如： 某项目施工合同约定工期为300日历天。进入基础施工阶段，发包人要求压缩工期到 260 日历天完成。承包人编制专项抢工方案，发包人和承包人双方通过签证的方式，确定相应的抢工费用。在结算审核的时候，审核人员通过比对分析，发现签证费用对应计算基础的专项抢工施工方案中标明的人材机等资源投入，比投标施工方案中的人材机的资源投入还要低，也就是说虽然发包人要求抢工期，但是承包人实际资源投入并没有超出投标时的技术标中约定的投入，因此该签证所对应的抢工费用就不能进入结算造价。因为投标施工方案与签证内容不闭合，导致承包人结算时不能获得抢工费用，自行承担相应的损失。

例如： 某住宅小区工程定额计价，原一层户型设计有室内通往室外后花园的钢楼梯，在承包人开始制作安装后，发包人发出施工变更："因为钢楼梯刚度不够，现将钢楼梯取消，变更为混凝土楼梯"。承包人及时办理了拆除钢楼梯的工程签证，结算时承包人要求根据拆除工程量，结合合同约定套取定额计算钢楼梯制作及拆除费用。审核单位认为承包人未将拆除的钢楼梯交还给发包人，签证也没有相应照片证明，故对此签证涉及的费用不予认可。

承包人虽然办理了工程签证，但是缺乏相应的移交手续或者影像资料、隐蔽资料等相关技术经济资料进行闭合，在后期就存在巨大的结算审核风险。

造价笔记 576

眼前的不见得就是苟且，远方的不见得就是田野

前几天，公司参与了某家企业的咨询服务投标活动，该投标事宜由营销部 C 哥一人全程完成。作为观察者，我总结了一下，C 哥在实施这个投标工作中，做了五个看似不相关其实环环紧扣的关键动作。

第一个动作，在收到招标文件的时候，立即提炼其中的核心关键之处，以及理解有歧义的地方，与招标人沟通，先确保外部信息理解精准，然后再与公司领导交流，对该投标活动的定位、关键思路等达成一致。目的明确了，后面所有的事情才能有的放矢，避免后期具体工作因为没有定位而导致重复无效。

第二个动作，详细分析招标文件，对招标文件进行要求拆分，哪些是影响中标的关键事项，哪些是对中标有辅助作用的事项，哪些是招标文件没有明说但是可以潜在影响的加分事项。将上述事项分为三类，形成对应的事项清单。

第三个动作，通过招标文件分析出来的事项清单，进一步拆分为公司各个部门具体落地执行动作，对每个部门需要配合完成的工作，按照相应的重要性、时间紧急度、具体的形式和实质要求进行罗列，与各个部门达成共识。

第四个动作，跟踪汇总各个部门的成果文件，根据招标文件的要求编制成最终的投标文件。这个阶段既要细致地注意投标文件的实质内容，也要注意外在的表现形式，在严格满足招标文件的标准要求的同时，站在招标人的角度进行一些自选动作的创新和尝试。

第五个动作，按时有效地在投标截止时间之前，把投标文件送达招标人，既要充分预估交通堵车各种潜在障碍因素的影响，又要合适地把握投标文件的递交时间。

一个简单的投标活动，营销部 C 哥一路施行下来，把这个活动拆分为五个阶段数十个可以量化甚或标准化的动作，作为旁观者，先不管最终中标结果如何，但是仅仅就这投标工作开展本身，就让人感受到了一种工作的美感，一种逻辑有序、层层叠进、井井有条、清晰明确的美感。

很多时候，我们总会觉得，自己目前的工作不够高大上，自己所处的岗位没有那种驰骋职场的快意恩仇，自己所从事的职业没有那种终极的意义和价值，我们总会去幻想或者憧憬，在远方有一个繁华的都市、一份美好的事业在等着我们，于是我们内心始终蠢蠢欲动，于是我们始终对现状和当下纠结不已……

其实，人过中年，经历过世事，我们会发现，一个内心有诗的地方，看到的眼前，虽然一片平淡和无奇，甚或还是一片荒原和戈壁，但在我们的心中，这就是田野，充满希望的。一个内心只有遥远的幻想、窒息的梦想时，往往这个时候，不管是我们的身体跑得再远，还是我们的梦想憧憬得再远，也往往只能是远方的诗书，与我们无关。

所以，向在平凡的工作中一直怀揣着远方的脚踏实地一点一滴辛勤耕耘着属于当下自己的田野的人们致敬，向坚定而执着的为此砥砺前行的人们致敬。

2020 年 5 月 14 日

4.2.3　索赔

1）索赔的概念

根据《建设工程工程量清单计价规范》（GB 50500—2013）第 2.0.23 条阐述：

2.0.23　索赔

在工程合同履行过程中，合同当事人一方因非己方原因而遭受损失，按合同约定或法律法规规定应由对方承担责任，从而向对方提出补偿的要求。

根据该定义，索赔有四个重要的方面：

第一是确实遭受了损失，如果没有发生会让一方遭受损失的事件，而只是一种对未来的损失风险的预估，这种情况下通常不成立索赔的事由。

第二是遭受损失的原因不是自己引发的，是由对方或者其他第三方或者其他等因素引起，如果是自己的原因引起的损失，那这种情况下也不成立索赔的事由。

第三是合同约定或者法律法规规定应该由对方承担，如果合同约定了是由己方承担的，通常也不成立索赔的事由；如果合同没有约定，可以参考法律法规的规定；如果法律法规没有规定可以参考相关规章、政策文件、政府相关主管部门颁布的文件执行；如果上述均没有规定，可以参考行业习惯、通用做法、公序良俗等进行确定。

第四是根据《建设工程施工合同（示范文本）》（GF—2017—0201）通用合同条款第 19.1 条、第 19.2 条、第 19.3 条、第 19.4 条：

19.1　承包人的索赔

根据合同约定，承包人认为有权得到追加付款和（或）延长工期的，应按以下程序向发包人提出索赔：

（1）承包人应在知道或应当知道索赔事件发生后 28 天内，向监理人递交索赔意向通知书，并说明发生索赔事件的事由；承包人未在前述 28 天内发出索赔意向通知书的，丧失要求追加付款和（或）延长工期的权利；

（2）承包人应在发出索赔意向通知书后 28 天内，向监理人正式递交索赔报告；索赔报告应详细说明索赔理由以及要求追加的付款金额和（或）延长的工期，并附必要的记录和证明材料；

（3）索赔事件具有持续影响的，承包人应按合理时间间隔继续递交延续索赔通知，说明持续影响的实际情况和记录，列出累计的追加付款金额和（或）工期延长天数；

（4）在索赔事件影响结束后 28 天内，承包人应向监理人递交最终索赔报告，说明最终要求索赔的追加付款金额和（或）延长的工期，并附必要的记录和证明材料。

19.2　对承包人索赔的处理

对承包人索赔的处理如下：

（1）监理人应在收到索赔报告后 14 天内完成审查并报送发包人。监理人对索赔报告存在异议的，有权要求承包人提交全部原始记录副本；

（2）发包人应在监理人收到索赔报告或有关索赔的进一步证明材料后的 28 天内，由监理人向承包人出具经发包人签认的索赔处理结果。发包人逾期答复的，则视为认可承包人的索赔要求；

（3）承包人接受索赔处理结果的，索赔款项在当期进度款中进行支付；承包人不接受索赔处理结果的，按照第 20 条〔争议解决〕约定处理。

19.3　发包人的索赔

根据合同约定，发包人认为有权得到赔付金额和（或）延长缺陷责任期的，监理人应向承包人发出通知并附有详细的证明。

发包人应在知道或应当知道索赔事件发生后 28 天内通过监理人向承包人提出索赔意向通知书，发包人未在前述 28 天内发出索赔意向通知书的，丧失要求赔付金额和（或）延长缺陷责任期的权利。发包人应在发出索赔意向通知书后 28 天内，通过监理人向承包人正式递交索赔报告。

19.4　对发包人索赔的处理

对发包人索赔的处理如下：

（1）承包人收到发包人提交的索赔报告后，应及时审查索赔报告的内容、查验发包人证明材料；

（2）承包人应在收到索赔报告或有关索赔的进一步证明材料后 28 天内，将索赔处理结果答复发包人。如果承包人未在上述期限内作出答复的，则视为对发包人索赔要求的认可；

（3）承包人接受索赔处理结果的，发包人可从应支付给承包人的合同价款中扣除赔付的金额或延长缺陷责任期；发包人不接受索赔处理结果的，按第 20 条〔争议解决〕约定处理。

索赔可以分为两种：一种是承包人的索赔，也就是承包人向发包人提出的索赔；一种是发包人的索赔，也就是发包人向承包人提出的索赔，这种情况下我们通常称为反索赔。索赔的提出和办理都有一定的流程和相应的时限要求，没有在规定的时限内提出和按照一定的流程提交相应的完整的资料，往往会丧失索赔的权利，索赔的请求就得不到有效的支持。

2）索赔和签证的区别与联系

从概念上讲，签证是指双方对合同价款之外的责任事件的签认证明，主要包含两个大类：一是合同外新增加的工程内容（包括设计变更增加的工程内容）；二是非承包人责任事件导致的内容。索赔是指非承包人原因而导致损失。因此，除开合同外新增加的工程内容之外，从某种程度上，索赔和签证引发的缘由和包含的事项内容基本上是一致的。所以在实务中，我们不去对索赔和签证进行详细、具体、清晰的划分，而是混合交叉着使用，有的时候我们用签证的方式来办理索赔的内容，也用索赔的方式来办理签证的内容。从实务中，索赔和签证两者的区别和联系如下：

（1）两者的起源不同

索赔的概念起源于 FIDIC 合同条件。FIDIC 即国际咨询工程师联合会，于 1913 年在英国成立。第二次世界大战结束后，FIDIC 迅速发展起来，很多国家和地区成为其会员，中国也于 1996 年正式加入。FIDIC 出版了多个标准规范的合同条件，成为国际上很多项目建设的通用标准合同条件，比如《施工合同条件》，简称"红皮书"，主要用于单价合同；比如《生产设备与设计——施工合同条件》，简称"黄皮书"，主要用于总价合同；比如《设计采购施工（EPC）/交钥匙工程合同条件》，简称"银皮书"，主要用于采用总价合同的交钥匙方式提供工厂或类似设施的加工或动力设备、基础设施项目或其他类型的开发项目；比如《简明合同格式》，简称"绿皮书"，主要用于投资额较小的建筑或工程项目。索赔的概念、流程以及相关解决方式，在 FIDIC 合同条件中进行了详细的阐述和表达。

在我国加入 FIDIC 之前，我国建设领域采取的是带有计划经济管理模式的传统的定额计价体系，相关主管部门结合生产力水平，测算一个平均的定额消耗，每个项目的造价都是根据设计图直接套取相应定额得出该项目的工程造价。在建设过程中，出现了变化的情况或者特殊的情况，从计划管理的模式，直接主管部门对发生的情况进行认可即可。这种认可不存在标准的流程或者方式方法，可能各个地方、各个主管部门不一样，认可的方式方法就不一样。后来我们就把这种认可慢慢地演化称呼为签证，就是带有计划经济管理色彩的签认证明，主要是主管部门对施工企业定额外相关费用或者事项的签字证明认可进入工程造价。因此，工程签证从字面意思上就带有管理的色彩，也就是主管单位或者建设单位对施工企业的管理。

随着我国建设领域逐渐市场化，相关部门在借鉴 FIDIC 合同条件的基础上，制定了相应的施工合同示范文本，在国内建设领域进行了推广，比如在国内应用比较广泛的由住房和城乡建设部、国家工商行政管理总局制定的《建设工程施工合同（示范文本）》

系列，就获得了建设领域的广泛使用和认可。在《建设工程施工合同（示范文本）》（GF—2017—0201）版本中，详细约定和阐述了索赔的事由、方式、流程、具体处理原则等，而对签证这一概念就没有提出，只在通用条款第 1.1.5.5 条解释暂列金额的概念时，使用了签证一词。

　　1.1.5.5　暂列金额：是指发包人在工程量清单或预算书中暂定并包括在合同价格中的一笔款项，用于工程合同签订时尚未确定或者不可预见的所需材料、工程设备、服务的采购，施工中可能发生的工程变更、合同约定调整因素出现时的合同价格调整以及发生的索赔、现场签证确认等的费用。

　　结合到国内的具体情况和具体特点，相关主管部门在制定相应管理规章制度时，还是沿用了签证的表述，同时也对索赔进行了相应的阐述，例如在住房和城乡建设部颁布的《建设工程工程量清单计价规范》（GB 50500—2013）中，在术语章节的"2.0.23　索赔""2.0.24　现场签证"中对两者进行了详细的定义和描述；在"9　合同价款调整"章节，分别用"9.13　索赔""9.14　现场签证"对签证和索赔各自的办理流程等相关事项进行详细的约定和表述。

　　因此，索赔属于外部舶来品，签证属于自有品，一个对应的是市场经济管理模式下的理念，一个是计划经济模式下的传统本土化管理方式，从本质上讲，两者需要解决的具体问题是一致的。结合国内工程人员长期养成的思维习惯，大家还是比较习惯采用以工程签证的方式去解决相关事项，因为在大家的思维习惯中，签证是一种双方友好协商沟通达成的一致，而索赔带有天然的对立性、对抗性、被迫性，往往与国人的性格和理念不太吻合。所以在实务中，就算合同约定只能以索赔的方式办理，当发生了索赔的事项，往往也是采取先通过相互之间的工作联系函沟通，双方达成意向或者一致意见后，再通过收方签证的方式间接地、曲线地办理索赔的事项和相关费用的确认。

　　（2）两者的对象不同

　　索赔的对象，既可以是承包人，也可以是发包人。承包人可以向发包人提出索赔，发包人也可以向承包人提出反索赔。

　　签证的对象，一般情况下是发包人，也就是承包人向发包人提出签证的请求，发包人予以认可确认。在签证的管理模式和方式下，如果发包人对承包人有相关的费用要求，一般是通过罚款通知、违约金扣除或者双方协商的方式达成一致，在工程项目结算时扣除相关费用。

　　（3）两者的效果不同

　　从造价商务和项目结算审核的角度，签证属于双方协商达成一致的意见，相关的费用在签证中有明确的约定和表述，因此，签证的效力从某种程度上来说，与补充协议的效力一致，可以直接进入项目工程结算造价中。

　　索赔属于一方向另一方提出的要求，有可能另一方全部认可，或者部分认可，或者不予认可，一般双方没有达成明确的一致的意见。因此，索赔的效力从某种程度上，属于单方面意思表述，类似于要约的概念，需要对方的承诺才能达到补充协议的效力，所以索赔文件中的相关费用不能直接进入项目工程结算造价中。当然，如果索赔的事项和金额双方已经达成一致的意见，一方在对方的索赔报告上明确签字盖章同意全部或者部分内容，或者双方直接以补充协议的形式对相关索赔事项的费用一揽子解决，这种情况下该索赔的效力就类似于补充协议，也可以直接进入项目工程结算造价中。

（4）两者的风险不同

站在承包人的角度出发，签证和索赔对承包人的潜在风险是不一样的。

对于签证，在实务中，一般是以双方沟通为主。沟通达成一致意见了，才是采取签证的形式把达成的一致意见固定下来，形成书面文件。而实际工作中，作为相对弱势的承包人一方，采取签证形式的出发点往往就是不愿意与发包人把工作关系处理成对抗形式，而是希望以友好协商的形式去解决，而书面的文件和诉求或者函件的提出，往往在实际中会被对方理解和解读为对抗的方式。因此，承包人提出签证的诉求时，往往也是先私下场合、工作上的会议场合向发包人口头提出相应的主张，这时发包人常常会采取拖延的形式，一边沟通、一边敦促承包人先完成相关的签证施工范围，也就是先让承包人做了事情后再慢慢沟通。迫于无奈，承包人只有先做，然后再不断地沟通。如果后期双方顺利沟通、协商一致办理了签证，那么对承包人来讲，属于圆满地达到了自己的目的，保障了自身的利益。但是如果在后期沟通中，双方对签证内容的金额争议比较大，或者签证本身金额比较大时，如果双方互不相让，在真正走到仲裁或者司法解决争议的阶段，或者到了结算办理时再来处理该事项，对承包人就非常不利。因为在施工合同中，一般会有承包人必须在多少期限内提出签证主张的约定，例如《建设工程工程量清单计价规范》（GB 50500—2013）第9.14.2条规定，承包人必须在签证事项发生后的7日内提出主张，如果是用签证的形式办理索赔的事项，一般是在索赔事项发生的28天之内，承包人需要提出相应的主张，如果承包人不在该时限内提出，就会视为放弃该签证权利，不能再对该签证费用提出相关主张。一般情况下，在这种签证模式下，承包人是口头提出主张进行沟通，很难有书面的沟通交流资料，即使有书面沟通交流记录，往往也超过了合同约定的时限要求，最终导致承包人在结算办理和争议解决的时候，处于非常被动和不利的局面，面临巨大的不能计算签证费用的商务风险。

对于索赔，在实务中，一般是提出正式的书面文件和口头沟通同时进行。承包人会通过工作联系函或者索赔报告，以书面的形式向发包人提出索赔请求，提出之后，承包人和发包人会采取会议协商、直接谈判等方式进行解决。如果不能达成一致意见，则会最终在结算办理时解决，或者直接通过仲裁或者司法程序解决。在这种情况下，对于承包人来讲，虽然可能在过程中没有获得发包人认可的索赔事项，但是承包人有相关的书面文件主张自己的诉求，也有过程交流记录的书面文件等支持，在最终争议纠纷解决的时候，相对来讲就不会存在没有书面资料或者超出时限没有提出书面主张的风险，至少可以处在一个相对平等的角度参与最终争议的解决。

因此，在实务中，如果是严格按照合同的约定，采取索赔的方式处理相关事项，那么一定要严格按照合同约定的时限、程序提出主张，向对方发出索赔报告进行主张，并随时保存与该索赔事项相关的记录、证明资料以及相关的后期沟通、协商等书面记录。如果是采取签证的方式办理，那么承包人也一定要在合同约定的时限内，在口头沟通的同时以工作联系函的方式向发包人提出相应的书面交流，或者是在实施该签证内容事项之前，发包人出具相应的指令单或者联系函件。这样，就算后期双方针对签证的费用不能达成一致，至少承包人也保存有相关的书面主张和证据支撑资料，避免由于时限的问题、没有发包人指令直接施工的问题等导致该签证费用不能计算的潜在商务风险。

造价笔记602

索赔成功关键三要素：专业、底牌、决心

随着新冠肺炎疫情的持续，对建设工程领域的影响也逐渐开始显现出来，其中最明显的一个现象就是，承包人向发包人进行高额索赔的事项越来越多了。

为什么会出现这种情况呢？一方面，这几年建筑行业竞争激烈，利润微薄；另一方面，新冠肺炎疫情导致承包人的实际成本增加，入不敷出，而发包人同样受到疫情影响，导致资金紧张，无法按时支付工程款项。所以，对于承包人而言，继续按照原来的价格实施，肯定是越做越亏，所以只有向发包人进行索赔维持生存。

多年以来，在房地产领域一直推行战略清单的计价模式，对于造价商务人员而言，平常的主要工作就是算量居多。所以，当承包人开展索赔工作时，我们的商务人员往往心有余而力不足，不知道如何去有效地开展索赔工作。

其实，索赔不仅仅是一项专业的技术工作，更是需要糅合技术、团队、管理、人情、谈判等各种因素和视角去开展的复合型工作。因此，索赔要取得成功，往往需要具备以下三个关键因素：

首先是专业技能。专业技能包含三个基本方面：造价商务专业技能、工程法律专业技能、现场施工专业技能。这三个方面的专业技能有效组合，才能形成一份最有效的索赔资料，这是索赔成功的基础，没有这个基础，后面就很难继续有效地推进。

其次是自我底牌，即在项目建设过程中，承包人自身有哪些可以制约发包人的底牌。有句行业内的话："中标前发包人是老大，进场施工后承包人是主导，验收完工后发包人又是老大。"这充分说明在不同阶段每个人的地位是不一样的，相互之间的制约也是不一样的。承包人要有效地把握住施工过程中关键节点的自我底牌，这样才可以让发包人愿意沟通、愿意谈判，而不是一来就进入司法程序，对双方都不利。不战而屈人之兵，这就是自我底牌的核心之道。

再次是索赔的决心，尤其是承包人领导和老板的决心非常关键。索赔是一项未知的高度对抗性的风险事件，牵涉方方面面的利益和博弈，过程中肯定会有各种曲折、挫折、阻拦，在没有最终索赔收获之前，承包人还要为开展索赔工作支付额外的不菲的费用。因此，领导人对索赔事件开展推进的决心就非常关键。某种程度上，索赔最终的成果多寡，和领导人决心的坚定是存在很紧密的相互影响的。

一件事情，我们从实施的角度，要细致地专业地开展，但是，也需要我们从一些底层的逻辑去思考和提炼这件事情要取得成功的关键因素。这样我们从战略上有关键的核心又能有简单的把控方向，我们在具体实施战术细节时，才会有的放矢，有具体的方向指引，不至于南辕北辙做无用功。

就如古人作战，上上之策是不战而屈人之兵，其次才是快速地巧胜又能快速地退出，最

后才是伤敌一万自损八千持久相持的相互拼死之战。如何在双方损失都小的情况下达成共识，而不是最终两败俱伤，这往往才是评价索赔工作是否真正成功的核心关键。

2020 年 6 月 28 日

3）索赔报告编写的实务技巧

随着工程建设领域越来越市场化、精细化、制度化和法治化，在项目的建设过程中，发包人和承包人采取索赔的形式，解决和处理过程中发生的一些与费用相关的事项，人们也在逐渐地接受和认可以索赔这种方式处理相关费用的诉求。而在项目管理过程中，办理索赔的第一个关键工作就是编写索赔报告。虽然根据标准的索赔流程，一般是索赔事件发生后，先提交索赔意向通知书，然后再提交正式的索赔报告书，但是在实务中，往往是先以一个简单的工作联系函代替索赔意向通知书，最终以一份完整的索赔报告提出相应的、完整的、全面的主张。在目前的管理模式下，一般是商务人员或者造价人员编制索赔报告，跟进和处理索赔的相关事宜。因此，作为商务人员，如何快速、有效、完整地编写一份内容翔实、依据充分、论证严谨、诉求明确的索赔报告书就显得非常关键。从某种程度上来说，在当下的项目管理中，编写索赔报告成为商务人员和相关工程管理人员一项不可或缺的基本能力。在实务中，工程商务人员完成一份完整的索赔报告的编写，主要分为还原客观事实、形成专业故事、推理论证分析、费用计算说明、索赔报告编写等五个关键步骤：

（1）还原客观事实

客观的事实是索赔的基础和出发点，因此，编写索赔报告的第一步，是全面、真实地还原客观事实，事实还原得越真实越客观，我们掌握的信息越充足，那么我们编写的索赔报告也就越充分、越翔实和越具有说服力。

作为索赔报告编写的工程商务人员，可能没有亲身经历索赔事件的发生全过程，可能在编写的时候，只有相关人员提供的一些零散的文件资料和口头阐述的事实，或者是虽然经历了索赔事件发生的全过程，但对事件的了解是片面的、零散的、局部的，没有全盘地了解和掌握。因此，对客观事实的全面梳理就非常关键。

还原客观事实我们一般分为以下两个阶段：

第一个阶段，先熟悉目前已有的资料和信息，自己先行系统地梳理相关事实。事实一般存在四个维度的事实：一是事件本身的事实，如某不可抗力本身发生的事实以及相应的进展事实；二是发包人针对该事件的具体行为事实，如某不可抗力发生后，发包人作出的一些指示、通知、要求等具体行为事实；三是承包人针对该事件的具体行为事实，如某不可抗力事件发生后，承包人采取的行动、应对措施、协助等具体行为事实；四是与该事件相关的第三方的具体行为事实，如不可抗力发生后，政府主管部门的相关指令、保险机构的相关通知和现场勘验、相关鉴定机构的鉴定和调查等具体行为事实。

针对上述四个维度的客观事实，我们以时间先后顺序为主线进行详细的梳理，每一件事情从时间、地点、人物、起因、经过、结果六个方面进行梳理，梳理完成后形成相应的客观事实还原记录初稿，如表 4.13 所示。

表 4.13　××项目××索赔客观事实梳理初稿

序号	时间	地点	人物	起因	经过	结果	事件类别	备注
1	2016 年 9 月 29 日 08：35	西安	发包人××、承包人××	发包人需要管理人员当天提前进场，赶工让预售时间节点提前	发包人××与承包人××进行电话沟通，要求提前进场，具体要求如下：……	承包人××口头答应当日管理人员全部先行到场，其他安排具体如下：……	发包人	
2	2016 年 9 月 29 日 18：50	重庆	承包人××等	甲方要求赶到项目现场	行政部查询，高铁票无法在约定时间内赶到，因此预订××等人××航班的飞机票	承包人××等人当日××点赶到项目现场，并与承包人××进行汇报反馈	承包人	时间紧急，只有购买飞机票，机票与高铁票差价情况如下：……
⋮	⋮	⋮	⋮	⋮	⋮	⋮	⋮	⋮

针对梳理出来的客观事实初稿，先要自我研判分析，结合工作经验和专业知识，提炼出应该还有哪些相关事实必然要发生、哪些事实存在空缺不完整等，对事实初稿有一个基本的自我评判。

第二个阶段，对客观事实进行核实和补充完善。这个时候可以组织相关的技术、生产、管理人员召开专门的交流会议，针对梳理出的客观事实，集中参与人员的力量，尽可能地把客观事实补充完善、修正核实，在会议上不能确定的，可以接下来和相关人员再次进行面对面的交流沟通确定。最终形成一个完整详细的客观事实梳理文档，这样我们就有了最基础和翔实的客观事实作为基础，后期一切的工作都可以在这个基础事实上开展和施行。

造价笔记 604

有效的提问是索赔工作开展的基础

最近，有一个索赔项目在开展。公司组织了一个商务、技术、法律的三人实施团队，在前期的初步交流和对资料的初步了解基础之上，昨天与委托方一起，在项目现场进行了第一次现场踏勘及索赔具体事项的深入了解。

在现场交流之前，我们对这个项目资料进行了梳理，初步形成了摘要。与此同时，我们从三个专业角度，根据时间先后顺序，系统地梳理出需要委托方解释或说明的具体问题。

比如，从商务专业，从招投标过程、合同谈判签订过程、施工图预算包干价形成过程、商务履约过程、工程款支付过程五个阶段数十个细节问题进行拆分和提问。

比如，从技术角度，从招标方案考虑、进场情况、施工过程、变更情况、验收情况五个阶段数十个具体技术细节进行梳理和提出。

比如，从法律阶段，从合同签约背景、过程函件、违约罚款、工期质量、劳务材料分包五个方面数十个具体法律关系、法律细节进行提炼和提出。

真理越辩越明，事实的真实情况和场景也是在系统的全面的提问中越问越清晰。

开始接触时，委托方基于各种情况或者自身的能力或者角度问题，事实阐述很简单、不齐全，往往只会从情绪上选择性地表达自己的诉求和主张，对自己不利的事情或者事项等就选择性地忽略，而从索赔的角度，如果这些对委托方不利的事实不知晓、不提前预防，则后面索赔工作的开展就很被动，或者一开始就会方向走偏，无法有效推进。

就如本次交流，在前期，委托方一直表述业主方场地分批移交是业主的原因，经过详细提问，才发现是前期标段其他施工人与业主方商务纠纷没有解决，故意阻拦才导致业主被迫分批移交。比如过程中三方飞检分数偏低，委托方一直反馈是甲方场地移交无序导致，经过技术具体细节提问，才发现主要原因还是委托方自身施工工序和管理的问题……

一件事情，仅仅听对方的表述是无法了解背后真实情况的，需要我们有技巧地全面地多维度地提问，抽丝剥茧、事无巨细而又环环相扣地提问，这样再复杂的事情、再复杂的情况，我们都能还原事实，梳理事实本质焦点，有的放矢地开展后续工作。

通过这种系统的提问，能反映出我们做事的态度及积极性，在客户心中也更能直观地感受到我们对这件事的付出，让我们的咨询服务过程可视化、可感知化，而不仅仅是最后的索赔报告。虽然目标指向是一样的，但是在实际的效果和客户可以感知的效果上是完全不同的。

所以，工作中学会提问，学会有效地提问，学会系统、全面地结合想要做的工作的结果提问，还原发现事物背后最真实的情况，当我们离真相越近的时候，就是我们工作开展越容易取得成功的时候。

2020 年 7 月 1 日

（2）形成专业故事

客观事实梳理出来后，接下来就需要我们商务人员从专业的角度对客观事实进行分析和研究，例如哪些是与最终索赔诉求相关的有效事实，哪些是与最终索赔诉求无关的无效事实，哪些是属于对我们不利甚至还可能引发发包人反索赔和相关法律风险的责任事实。分析研究后，我们需要形成两个成果文件：

第一个成果文件是从专业的角度、用专业的术语，把与最终索赔诉求相关的有效事实，前后串联整合成一个有效的专业故事，让其他人看到这个故事后，能快速清晰地理解和全面知晓该索赔事件，最好是让他人阅读完这个专业故事后，既有严谨、闭合、全面的客观事实的感觉，又有栩栩如生的画面感。完美的成功的专业故事的呈现，某种程度上奠定了后期索赔成功的基础。

第二个成果文件是从商务并结合法律的视角，提炼出可能导致发包人反索赔的事实，或者引发我们相关其他风险和责任的事实，进行详细的分析和解读，并进行详细的风险预估和应对措施的制订。这个时候建议承包人的法务人员可以一起参与进行分析和评估，如果经过评估，存在一些事实可能导致发包人反索赔，并且反索赔发包人的证据和资料还非常充分，承包人不能有效地进行反驳，在这种情况下，承包人就需要评估，是采取其他措施先规避该反索赔的风险之后再提出该索赔，还是直接不提出该索赔；或者是不以索赔这种正式的方式提出，而是采取沟通协商的方式，先了解发包人的情况和态度后再决定是否以索赔的方式正式提出。在实际工作中，承包人不做相应的风险评判和预估，而是想当然地从自己的角度出发，提出一个很高金额的索赔。发包人看到正式的书面索赔文件索赔金额非常大，完全超出了发包人的预期和承受范围，于是发包人往往采取反索赔的应对措施，提出一个比发包人索赔金额更高的反索赔。由于自身的资料和管理的问题，发包人提出的反索赔具有很强的针对性和资料支撑性，这样就导致承包人虽然事实上本身有道理，但是证据和资料上却没有有效的支撑导致处于相当不利的局面，面临巨大的潜在风险和隐患。

（3）推理论证分析

专业故事形成之后，接着需要进行详细的推理论证分析，证明该索赔事件不是承包人自身的原因，可以进行索赔，并结合相应的依据进行分析论证。

如果合同内对索赔事件进行了相应的详细的约定，那么我们就可以从合同约定进行索赔责任的推理论证和分析，主要是证明专业故事与合同约定的索赔事件相吻合即可。

如果该索赔事件在合同内未进行明确的约定，我们需要从相关的法律法规、政策文件、行业惯例等文件中去寻找依据，并进行相应的推理论证和分析。

如果在合同内外都无法找到相应的合同依据、法律根据或者相关文件的支撑，而承包人又实实在在地遭受了相关的损失，这个时候可以从实事求是的角度进行论证分析，证明索赔事件提出的合理性。

如果在合同中明确提出了某项索赔事件不能进行索赔，但是承包人确实又由于该事件发生了巨大的损失，而该事件不是自身原因导致的，比如合同约定任何情况下材料不调差，但是实际施工过程中材料涨幅巨大，已经超出了承包人的承担范围，这个时候，承包人可以从公平公正道义的角度进行论证分析，论证索赔事件提出的合理性。

在推理论证的阶段，需要详细地整理和梳理相关的工程索赔资料，这一方面作为推理论证分析的基础和支撑资料，另一方面也作为后期费用计算的参考依据和支撑资料。实务中，我们可以从以下方面梳理相关索赔资料：

① 项目建设本身资料

A. 前期项目审批资料

例如：项目建设的国有土地使用权证、建设工程规划许可证、建设用地规划许可证、建设工程施工许可证及图纸审查批准文件，该类资料可以证明项目是否完全具备了开工条件，并在某种程度上存在对合同效力的影响。

例如：项目建设概算编制及批复文件，该类资料可以证明该项目哪类工程内容从源头上没有计算进入概算。

B. 招投标及合同签订资料

例如：项目招标公告、招标文件、招标答疑、招标图纸、投标文件、投标澄清、中标通知书、施工合同、补充协议等，该类资料是最为核心关键的资料，是发包人和承包人达成一致的全部关键内容，是索赔事项提出的核心基础，是索赔程序、时限、流程等的依据。通常情况下，该类资料需要保存原件，但是，现在很多项目都是进行数字化招投标和网上签订合同，在这种情况下，可以对网上的相关资料和重要合同进行公证，能避免很多潜在的风险。

例如：招标控制价编制文件，在政府投资建设的项目中，一般招标过程中要委托第三方编制招标控制价，如果有可能，也可以保留该招标控制价的详细编制和组价成果文件，在很多项目中，这也可以作为后期索赔和造价调整的一个间接依据，但是不能作为直接依据。

C. 设计施工图类资料

例如：设计施工图包括招标图、正式的设计施工蓝图（经过图纸审查通过的施工图）、图纸会审记录、设计变更、深化设计图、各种具体做法固化图（如砌体做法固化图、构造柱做法固化图等）、竣工图等。一方面，设计施工图提供的时间是关于工期延误等的关键依据；另一方面，设计施工图内容的变化、调整等，也是引起相关合同变更调整索赔的关键证据。

D. 项目验收类资料

例如：项目验收类资料包括各个分部分项工程的验收资料、过程隐蔽验收资料、最终的竣工验收资料、安全文明施工验收资料、分户验收资料、过程中各项技术鉴定报告等。一方面，该类资料可以证明工期计算终止时间，是相关人工材料价差索赔的依据；另一方面，该类资料是质量合格证明文件，是承包人关于发包人对合格工程再次检测相关费用索赔的依据。

② 发包人类相关资料

A. 项目相关地质条件资料

例如：发包人提供的项目建设相关的水文、地质、坐标、地勘等资料，该部分资料主要用于证明客观事实与招标条件的差异。

B. 开工指令类资料

例如：包含开工指令、场地移交手续、过程停工指令、缓建指令等，该部分指令是工期类索赔的依据。对于场地移交，可以证明项目是否具备了开工条件，可以佐证施工现场条件与合同约定施工条件的差异。

C. 工程款项类资料

例如：过程中施工形象进度的确认文件、过程监理和跟踪审计过程计量支付审批文件、工程款项支付的审批文件等，可以证明项目建设过程，以及工程款项支付延后索赔的相关证据。

D. 其他指令类资料

例如：过程中发包人出具的其他工程指令单、监理发布的相关指令文件、质量整改通知单、发包人组织进行的会议纪要、监理组织进行的监理会议纪要、发包人出具的相关工作说明和工作往来函件、工程各项经发包人或合同中约定的发包人现场代表或监理工程师签认的签证，这些都可以作为索赔事项缘由、责任划分、费用计算的依据。

③ 承包人类相关资料

A. 施工组织设计类资料

例如： 总体施工组织设计、单项施工组织设计、专项施工方案等，施工组织设计是承包人施工部署、资源配置、计划管理、施工方法、工期计划的具体体现，也是对施工合同内容的直接落实，因此经过发包人审批的施工组织设计，既是很多索赔事由提出的原因，也是相关索赔费用计算的直接依据。

B. 施工现场管理类资料

例如： 施工技术交底、进场记录、相关施工设备报验资料、分包进场记录、安全交底、班前教育；工程送电、送水、道路开通、封闭的日期及数量记录；工程停电、停水和干扰事件影响的日期及恢复施工的日期记录；施工日报及工长工作日志、备忘录；工程现场气候记录，如有关天气的温度、风力、风雪等；工程材料采购、订货、运输、进场、验收、使用等方面的凭据；甲供材的相关计划申请、验收、领用、检测等方面的记录；现场施工人员花名册和门禁卡打卡记录、管理人员考勤记录；工资发放、社保缴纳记录等；周报、月报、日报等。该类资料是最真实和翔实的施工过程体现，可以作为索赔事由直接和间接的依据，也是索赔费用计算的依据和基础。

C. 其他函件往来等资料

例如： 承包人向发包人和其他单位出具的工作联系往来函件、总分包会议纪要（包含甲指分包、独立分包等）。

D. 影像视频等电子资料

例如： 项目建设过程中的实际照片资料、录像资料、录音资料，还有项目管理系统上的相关审批和流程资料，以及各种即时通信文件如QQ、微信等聊天记录和短信，电子邮件和传真等文件，这些文件可以作为相关间接的可视化的资料，支持和佐证相关索赔事项和内容。随着项目建设信息化的日益发展，电子资料越发重要，最高人民法院《关于修改〈关于民事诉讼证据的若干规定〉的决定》（2019年10月14日最高人民法院审判委员会第1777次会议通过）对相关电子证据的收集、识别、使用等进行了细致的规定，值得我们工程建设领域的工程管理人员进行深入的学习研究，并在施工过程中有效地应用和实践，这样能规避很多商务风险，也为索赔和商务创效带来很多有效的证据和有力的支撑。

④ 法律法规政策类资料

A. 法律法规类资料

例如： 法律类文件、法规类文件；相应司法解释类文件、最高人民法院和人民检察院颁布的会议纪要、审判指导案例等。

B. 部门规章类资料

例如：建设部、财政部等部门规章。

C. 政策管理类资料

例如：项目所在地建设主管部门颁布的相关政策管理类文件；造价站造价管理部门等颁布的相关政策管理类文件。

D. 施工规范类资料

例如：设计规范、施工规范、行业规范等规范类资料，设计规范类和施工规范类的强制性条款是必须要实施的，是很多索赔事项的理由，很多行业规范和验收规范，也是相关索赔事项的间接依据和基础。

（4）费用计算说明

专业事实梳理清晰，相关推理论证完毕，并且相关资料整理齐全之后，接下来的关键动作就是结合上述资料，如何从造价专业的角度，系统、完整、有理有据地计算出相应的费用。

费用计算的核心原则是，任何一项费用的提出都必须有相应的来源或者素材作为支撑，避免想当然或者拍脑袋随意估算一项费用金额。如果随意估算确定费用，一方面从专业的角度会让索赔报告大打折扣；另一方面也会让发包人认为承包人不专业、不严谨且狮子大开口，从心理上索赔谈判还未开始就产生了很大的抵触心理。最为关键的一个方面，就是在后期索赔谈判的时候，由于费用计算的不严谨、不专业、没有相应资料来源，导致虽然索赔事项可能获得承认，但是索赔费用却很难得到有效支撑，最终陷入被动和不利的局面。

索赔费用的计算有四种方式：

第一种，合同有具体的索赔事项费用计算约定，按照具体的合同约定进行计算。

例如：某房地产公司项目的施工合同约定如下：

1.1 因乙方原因造成停工的，由乙方承担发生的费用，工期不予顺延。

1.2 乙方在停工之前，需将停工方案，包括且不仅包括现场成品、半成品材料设备清查及保护措施、工地现场围护及看管方案、费用估算等，报甲方审核同意后方能停工。

1.3 仅关键线路上的停缓建可以计算停缓建费用。因甲方原因造成停工的，单次停工不超过1个月，则可相应顺延工期，但不予补偿停工费用。但对于单次停工时间累计超过1个月的，停工补偿起始日期从停工日开始计算，甲方给予补偿部分停工费用。即仅对大型施工机械（如塔吊、井架、桩机等）停滞费或进退场费（如发生）、脚手架租赁费给予补偿；人工费按照停工当月人工信息价下限的平均值×实际停工天数×人数进行补偿；如果停工时间较长，需要人员遣散的，则人员遣散费工资补偿按照1个月工资计算，管理人员工资按照5 000元/月计算；工人工资按照3 500元/月计算；周转材料（如模板等）不给予补偿。计价以市场信息价为准，为税后补偿，不计算任何管理费及利润。

1.4 停工期间管理人员滞留，按照5 000元/（人·月）补偿，管理人员提供身份证复印件；如有工人滞留，需提供花名册，按照3 500元/（人·月）补偿。以上人员信息须经项目部确认。

　　1.5　24 小时岗亭，按 10 000 元 /（岗·月）计算补偿。

　　1.6　临边围护、脚手架等租赁设施，停工补偿款不超过产品货值。

　　1.7　停工期间无其他费用补偿，包括但不限于活动房损耗、安全文明措施等。

　　1.8　复工后，合同计价原则不变，仍按原合同计价。不因工期变化而调整。

　　第二种，参考合同类似价格，如果合同中有索赔内容的相同单价，可以直接采用该合同清单单价，工程量以实际发生为准；如果有适用的类似清单，可以在合理范围内参考类似清单，对变化的部分进行局部调整。

　　第三种，参考项目所在地主管部门颁布的相关定额计价文件，人工材料和价格按照项目所在地的主管部门颁布的造价信息进行调差。这时可以参考中标价与招标控制价的下浮比例，对定额计算出的造价进行相应下浮，也可以不下浮，直接按照定额计算出的造价计算上报索赔费用。

　　第四种，按照市场化的价格编制，即统计出实际支出的费用并考虑一定的管理费、利润、税金的方式编制索赔费用。这种编制方式是先根据索赔事件统计出相应的工程内容，然后对应每一个工程内容去询问市场价格。如果该项目已经发生相应费用支出的，可以直接以承包人的分包合同和采购合同作为依据；如果还没有发生类似费用的，可以直接询问三家分包或者供货商，提供对方盖章确认的询价表，也可以提供相应的实际工资发放记录等，统计出实际成本，然后考虑一定的管理费、利润和税金，最终形成一份市场化的索赔费用。

　　（5）索赔报告编写

　　前面四步完成后，基本上索赔报告编写的准备工作一切就绪，接下来就是如何把相关的材料组合成一份完美的索赔报告，这个时候需要将"第 3 章　商务文字表达与实务"章节中的内容在索赔中进行灵活应用，从文字的基本表述，到文档的表达技巧，到文档的排版实务进行全方位的把控和完善。

　　一份标准的工程索赔报告书主要包含总论、索赔根据、费用计算、证据、结束语，典型框架如下：

××工程索赔报告书

一、总论

　　前言：××（项目的基本情况、签约背景、目前履约情况、过程当中索赔方做的一些努力和配合，作用是了解总体，建立后面索赔实施双方的缓和带）

　　索赔事项概述：××（事件发生的六要素需要阐述清楚：时间、地点、人物、起因、经过、结果）

　　索赔要求：××（只阐述所遭受损失及附加开支的内容和明细，不写具体金额）

索赔编写组及审核人员：××

编写组成员：××

审核人员：××

索赔事宜联系人：××

二、索赔根据

（该部分主要是说明自己有索赔的权利，是索赔成立的基础，也是索赔能否成功的关键）

索赔事件发生情况：××

递交索赔意向书情况：××

索赔事件处理情况：××

索赔要求的合同依据：××（在于论证为什么可以索赔）

索赔要求的证据材料：××（论证为什么可以索赔的证据及相关支撑资料）

三、费用计算

索赔总额：××

各项计算单列如下：（详细计算清单见索赔计算书）

（1）××

（2）××

各项计算过程及证据：

（1）计算过程：××

证据：××（证明为什么可以这么计算）

（2）计算过程：××

证据：××（证明为什么可以这么计算）

四、证据

证据：××

（详细的索赔事项的相关证据材料、复印件或原件）

五、结束语

总结上文，缓和语气，提出希望，表明态度。

　此致

敬礼

报告人：××

报告时间：××年××月××日

从实务中，一份完美的索赔报告不一定要严格按照上述格式进行编写，相关的表述并非一定要体现为索赔。从实用角度，首先，只要标题能体现出费用的诉求即可，不一定体现索赔字样；其次，整体内容从结构上，只要能包含项目背景、具体事实、索赔诉求（推理论证）、费用计算、结语感谢等五大模块即可，至于具体的格式和体现形式，可以结合不同的项目、不同的发包人、不同的场景进行灵活应用，切忌邯郸学步、生硬照搬，这样有时反而会达不到想要的效果。

造价笔记 631

东施效颦，不是因为颦的姿势，而是因为东施的颜值

近日，重庆本土民营龙头企业 WT 建设的创始人之一 G 总，在微信公众平台上发表了一封致 WT 建设供应商和合作伙伴的公开信。

公开信中，G 总对供应商反馈的在办事过程中，WT 建设内部相关职能部门的傲慢、冷漠、办事拖沓等不良作风提出了深刻的批评与自我批评，并再次对 WT 人职业素养的四点基本要求做了公开承诺和强调：

一流的专业技能（不开黄腔，专业说服人）；

一流的服务态度（我们用绅士的态度服务绅士）；

一流的职业道德（守底线、坦诚、阳光透明、公正公平、不索贿不受贿）；

一流的职业形象（精气神、精神面貌）。

WT 建设此举公开的行动，在行业内引起了震动和震撼。一方面大家对 WT 建设能防微杜渐地公开自己的管理瑕疵，接受同仁监督，实属勇气难得；另一方面，直面问题的同时提出有效解决问题的根本举措更加难能可贵。也正是由于这种种，才导致了 WT 建设在前面短短几年时间中快速发展，当很多传统本土大牌民营施工企业日益没落时，WT 建设却后来居上，成为行业的标杆之一。

尤其在最近几年，WT 建设的成绩和口碑业内有目共睹，于是很多施工企业开始纷纷学习 WT 建设的管理模式、经营理念等。有的采取从 WT 建设直接挖人的方式，有的借鉴 WT 建设的管理制度，有的参考 WT 建设的经营理念……但是最终都很难取得相应的突破和发展。

这是为什么呢？因为很多企业学习的只是 WT 建设的表面成果，或者是直接依赖挖人，但是却忽略了 WT 建设这些成果为什么能建立的那些核心的软环境的建设：比如创始人本身的格局和思路，比如工作一点一滴中养成的企业文化和办事风格，比如长期的自我人才培养和积累而非依赖外部引进……

正是这些看不见的软实力，才是 WT 建设真正核心和关键的根本，体现在同行面前的各种成绩、理念、管理制度、经营方式等，只是其软实力体现的一个载体和一种途径。

所以，就如春秋时代，有一个美女西施，人们都觉得西施捂着胸口、皱着眉头的姿势很美，于是有一个颜值先天不是甚佳的女子东施，也学着西施的样子，手捂胸口、紧皱眉头，在乡里走来走去，于是，就有了这个东施效颦的故事。

因此，我们在学习一些好的事物时，在借鉴之前，先要去思考，这个好的事物为什么被人们认为是好的真正理由和原因是什么？我们只有把最基本、最深层次的本质了解清楚了，再结合到自身当下所处的实际情况，才能知道和学习如何去借鉴，才能让好的事物真正为我们所用，而不是最终空留一个东施效颦、贻笑众人的笑柄和故事。

2020 年 8 月 10 日

第5章 技术资料创效与实务

技术资料，是形成工程造价的重要组成部分。一方面，技术资料是指导工程项目建设生产的关键；另一方面，技术资料也是工程造价计算的重要支撑依据和佐证资料。因此，要确保一个工程项目结算工程造价利益最大化，需要技术资料在满足技术要求的同时，也要结合项目的商务要求进行编制。也就是一个工程项目，需要技术、工程、商务三个系统三个不同的岗位之间，相互融合、相互配合、相互支撑、相互平衡，这样才能让一个项目的造价风险得到各个维度综合的控制，让一个项目的效益最大化。

在实践工作中，图纸会审、施工方案、竣工图、变更洽商是商务和技术需要经常交叉和融合的板块，这几个板块最终对工程造价的影响也非常大。本章阐述图纸会审、施工方案、竣工图的技术资料创效与实务，主要是从造价商务的角度阐述，技术资料本身的技术实务要求不在本章的阐述范围；在此之外的变更洽商和其他技术资料的创效实务，可以结合本章的阐述进行相应的借鉴和灵活应用。

5.1 图纸会审实务

图纸会审是指工程各参建单位（建设单位、监理单位、施工企业等）在收到经过审查合格的设计施工图文件后，进行的全面细致的熟悉和审查施工图的活动。一般由建设单位组织召开图纸会审会议，监理单位和施工企业提前梳理图纸问题交由设计单位回复确定。最终由施工企业整理图纸会审会议纪要，各方会签盖章，形成正式文件，作为设计施工图的一个延伸补充部分，效力等同于施工图，并作为结算的依据。

图纸会审的主要目的一方面是使参建单位熟悉设计图纸了解工程特点，另一方面是为了减少或者消灭图纸差错、遗漏和矛盾等造成的后期施工不利影响。图纸会审可以一个项目进行一个总的图纸会审，也可以根据施工进度要求，分专业分项目类别进行相应的图纸会审。

《建设工程质量管理条例》第二十三条规定：

设计单位应当就审查合格的施工图设计文件向施工单位作出详细说明。

根据住房和城乡建设部、国家工商行政管理总局颁布的《建设工程设计合同示范文本（房屋建筑工程）》（GF—2014—0209）中"附件一　工程设计范围、阶段与服务内容"的相关表述：

4. 施工配合阶段

（1）负责工程设计交底，解答施工过程中施工承包人有关施工图的问题，项目负责人及各专业设计负责人，及时对施工中与设计有关的问题做出回应，保证设计满足施工要求；

……

上述规定和表述是设计交底的来源，设计交底是指设计单位就施工图设计文件向施工企业和监理单位等各参建单位做出详细的说明，让参建单位正确理解和贯彻设计意图，加深对设计问题的特点、难点、疑点的理解，掌握关键工程部位的质量要求，确保工程质量。

从概念本身理解，设计交底和图纸会审是两个不同的事物，设计交底是设计单位针对设计施工图纸，主动做出说明，便于使用者准确理解意图和使用，组织者和主导者是设计单位。图纸会审是设计图使用者针对设计图提出的理解问题，由设计单位解答，组织者和主导者是建设单位，其他参建单位提出问题。但是，在实务工作中，往往是在施工企业中标后、正式施工前，建设单位组织，设计单位、监理单位、施工企业一起参加，图纸会审和设计交底一起进行。一般流程是设计单位先介绍设计意图、结构设计特点、工艺布置与工艺要求、施工中的注意事项等；然后是各有关单位对图纸中存在的问题进行提问，接着是设计单位对各方提出的问题进行答疑，设计单位现场能解答的就解答，不能现场解答的就将问题带回去进行研究后解答；全部问题解答完毕后，由施工企业汇总梳理出相应的图纸会审记录，经各方签字盖章，即代表该事项完毕。

因此，在实务中，往往把设计交底和图纸会审理解为同一个事件，就是针对图纸问题进行梳理和确定，有时称为图纸会审，有时称为设计交底，有时又称为设计交底和图纸会审，虽然本质上不应该是同一个事情，但是约定成俗后都理解为形成图纸会审记录的问题，最终作为结算的依据。便于理解，后续我们就按实务统称为图纸会审，不再做单独的区分。

5.1.1　图纸会审的造价影响

案例：人工挖孔桩混凝土等级图纸答疑

◆案例背景

某房屋建筑工程，采用项目所在地定额计价，其中基础形式为人工挖孔桩。人工挖孔桩的做法以及上部基础梁的连接节点如图 5.1 所示。

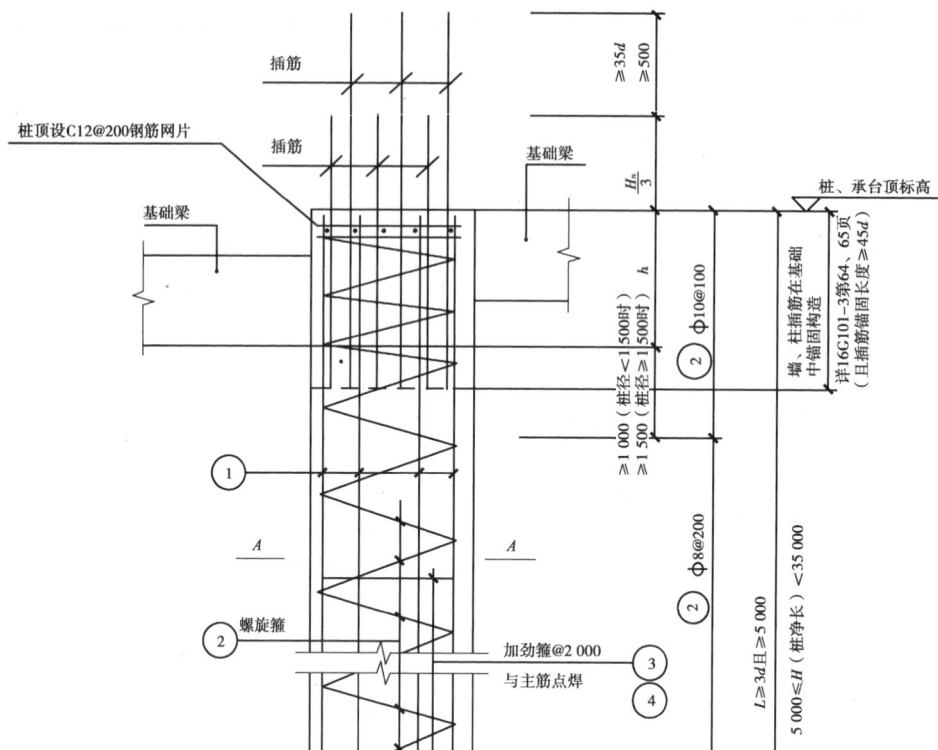

图 5.1　人工挖孔桩配筋详图

该设计图要求，本项目基础梁全部按照框支梁的要求进行施工。

在图纸会审阶段，施工企业提出以下问题，并经设计单位回复，形成正式图纸会审纪要如下：

问：结施××基础说明第 6 条中桩芯混凝土为 C30，框支基础梁为 C50，为了保证质量，能否将框支基础梁，以及桩顶标高至框支基础梁上部钢筋锚固长度再往下 300 mm 深度的桩芯全部采用 C50？

回复：同意。

◆商务解读

人工挖孔灌注桩是指桩孔采用人工挖掘方法进行成孔，然后安放钢筋笼，浇注混凝土而成的桩。人工挖孔灌注桩的顶部，有时候有桩承台，有时候直接是与基础梁或者地梁连接。

根据《房屋建筑与装饰工程工程量计算规范》（GB 50854—2013）：人工挖孔灌注桩，工程量计算规则为以立方米计量，按桩芯混凝土体积计算；或者是以根计算，按设计图示数量计算。桩承台基础，工程量计算规则为按设计图示尺寸以体积计算，不扣除伸入承台基础的桩头所占的体积。因此，在造价实务中，人工挖孔桩桩芯混凝土工程量按照桩顶标高减去桩低标高，乘以桩截面积计算。

在人工挖孔桩上部直接是框支基础梁的情况下，一般人工挖孔桩桩芯混凝土分两次浇筑，首次桩芯混凝土浇筑到：地梁底标高以下 300 mm 左右、柱插筋以下 300 mm 左右、框支基础梁上部钢筋锚固长度以下 300 mm 左右，取这 3 个值中的最低值。框支基础梁上部钢筋的锚固根据平法图集 16G101-1 的相关说明，如图 5.2 所示，是伸至桩对边锚入梁底后再锚固 l_{aE} 长度，所以一般情况下框支基础梁上部钢筋锚固长度以下 300 mm 左右这个值为最低。

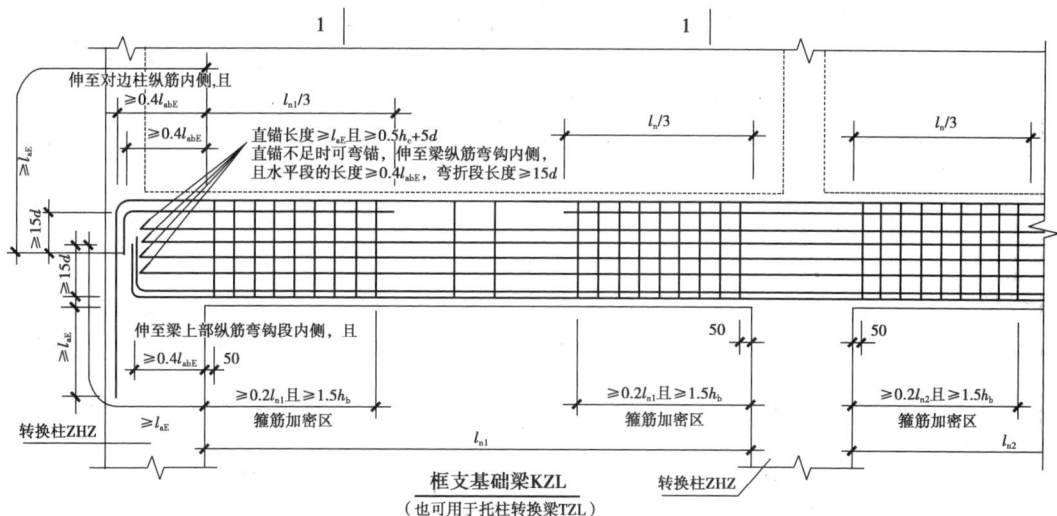

图 5.2　框支基础梁锚固节点详图

人工挖孔桩二次浇筑实际现场图如图 5.3 所示。

图 5.3　人工挖孔桩二次浇筑现场图

桩芯混凝土第二次浇筑是随框支基础梁混凝土一起浇筑。当框支基础梁混凝土等级与桩芯混凝土等级一致的情况下，上述两种浇筑方式对造价工程量的计算没有影响。当框支基础梁混凝土等级高于桩芯混凝土等级的情况下，比如该项目桩芯混凝土为 C30，框支基础梁为 C50，从商务的角度来看，第一次和第二次浇筑的桩芯混凝土等级均只能按照 C30 计算，但是实际第二次浇筑的桩芯混凝土是和框支基础梁一起浇筑的，实际使用的是 C50。这样就导致了施工企业出现亏损的现象。若该处人工挖孔桩为直径 1.2 m，框支基础梁锚固长度为 $1.7l_{aE}$，再考虑 300 mm 的操作空间，预计高度 1.5 m。则该处混凝土体积约为 1.7 m^3，C30 和 C50 混凝土单价相差约 85 元 /m^3，一根人工挖孔桩成本增加约 145 元。

正是基于上述情况，施工企业技术人员在图纸会审中提出该问题，用于明确二次浇筑的桩芯混凝土等级与框支基础梁等级一致，可提前规避结算风险。

从商务的视角，技术人员的出发点是对的，但是图纸会审提出问题的角度存在问题。该条图纸会审问题提出的缘由是"保证质量"，保证质量是施工企业本身的施工合同主义务范畴。对于发包人，按时付款是发包人的主义务；对于承包人，按照设计图和国家相应的规范制度要求，保证质量安全可靠的完成施工任务，这是属于承包人的主义务范畴。以承包人的主义务作为缘由提出图纸会审，由此导致的造价增加的责任由施工企业承担，由此导致的工程量减少，工程造价需要相应扣减。

因此，上述图纸会审问题的表达方式，最终从商务的角度，桩芯混凝土仍旧只能按照C30计算，二次浇筑导致的桩芯混凝土等级之差的成本增加由施工企业自行承担。

根据"第3章　商务文字表达与实务"文档表达技巧中的模糊原则，该图纸会审问题的表述既涉及建设单位的利益，也涉及施工企业的利益，这时就需要使用模糊的原则进行处理。在实务中，针对上述情况，在图纸会审时可以采取以下表达方式：

问：设计图中框支基础梁和桩芯混凝土两者混凝土等级不一致，对该不一致处的混凝土节点构造如何处理，请明确。

回复：框支基础梁和桩芯混凝土的节点构造按照下图方式进行施工处理，具体见附图。（附图略）

通过上述表达方式的调整，图纸会审提出问题的缘由为原设计图节点不明确，这样就成为一个明确节点做法的回复。从商务的角度，这种情况下导致的做法变化和造价增加，就能按实进入造价和结算。

所以，从商务造价的角度来看，事情或许还是那个事情，但是表达的方式不一样，处理的方式也不一样，以技术事实本身为基础，辅助以商务的思维去表达和呈现，两者有效结合，最终带来的结局是截然不同的。

5.1.2　图纸会审商务视角七关键

1）一切问题听指挥，盈亏策划要清晰

从技术本身的视角，一切与图纸相关的问题均需要提出并进行图纸会审，但是从商务的角度，往往有的问题提出后结合项目的情况会给自身带来非常不利的影响，甚至让自己出现亏损情况。所以从商务的角度，我们需要在不违背技术规范和不降低工程质量要求的前提下，为了确保工程结算造价最大化和利益最大化，要有针对性地进行图纸问题的选择和提出。

如何评判工程结算造价最大化和利益最大化呢？这就要求我们商务人员结合该项目的施工合同、设计图、投标报价书等基础资料，先编制项目商务策划书。该策划书中需要重点阐明和分析，根据投标报价和施工合同，该项目哪些工程内容和清单项目是亏损项，哪些清单项目是有利润项，哪些地方是可以后期进行签证收方或者索赔的项目。有了这个商

务策划书，我们就有了图纸会审提问的方向和标准。

如果是总价包干的项目，图纸会审提问的原则是在满足质量要求和设计图纸以及规范要求的前提下，如何去减少工程量或者做法，并且不造成包干总价的扣减。如果确实减少工程量后要扣减包干总价，那么首先考虑的是让亏损清单项目工程量减少，有利润清单项目工程量保持不变或者增加，切忌让有利润清单项目工程量减少，那就会让整个工程项目的利润同比降低。

如果是综合单价包干或者按实结算项目，图纸会审提问的原则是在满足质量要求和设计图纸以及规范要求的前提下，尽量让亏损清单项目工程量减少，有利润清单项目工程量增加，这样才能有效提升该项目结算造价的利润水平。

案例：高强螺栓的使用范围确定

◆案例背景

某钢结构工程，合同约定为综合单价包干，工程量根据竣工图按实计算。原合同所附清单中，高强螺栓单列一个清单项目，综合单价为 9 元 / 套；清单说明普通螺栓包含在钢构件的综合单价中，不单独计量。在设计施工图中，针对某个构件的某个节点，设计图未标注是高强螺栓还是普通螺栓，根据相应施工规范要求，该节点处使用高强螺栓和普通螺栓均可以满足设计图纸要求。

◆商务解读

经过商务策划分析，高强螺栓综合单价 9 元 / 套已经存在一定的利润空间，而普通螺栓又不单独计量，因此针对该节点的图纸提问，从商务的角度就是需要通过图纸会审明确该节点为高强螺栓连接，这样一方面能增加该项目的工程结算造价和利润，另一方面可以降低成本，如果使用包含在其他钢构件单价里的普通螺栓，不能单独计算造价而且会增加施工成本。

明确了上述原则和思路后，施工企业针对该问题图纸会审提问的表达方式如下：

问：设计图纸未明确 ×× 节点的螺栓使用类型，结合项目实际情况，该节点对应的构件跨度大，施工过程中受力复杂，请明确该节点处的螺栓是否参考类似的 ×× 构件要求，采用高强螺栓？如果采用，请设计明确高强螺栓的具体等级和相应的工艺质量要求。

回复：采用高强螺栓，具体要求如下……

2）违规问题必梳理，规避责任与风险

在实务中，往往很多人会有一个误区，认为设计单位负责设计图纸，那么设计单位需要对图纸的准确性承担全部责任。施工企业的责任是按照图纸施工，如果由于图纸本身的设计问题，导致出现施工后的返工或者维修等质量责任事故，由此导致的责任应该由设计单位或者建设单位承担，与施工企业无关。

从设计图纸本身来讲，施工企业的这种看法有一定的道理，因此建设单位为了规避类

似的责任和风险，常常在施工合同中进行以下约定：

发包人提供的设计施工图各专业施工图纸之间存在矛盾的、设计施工图和技术说明中可能存在的任何缺陷、疏漏、不足以及图纸中的常识性错误的识别应属于承包人的责任，由承包人在施工图纸会审过程中或施工前及时以书面方式提出，经设计院、发包人、监理共同商议后，按确定的变更实施；若承包人未及时提出施工图纸和技术说明中可能存在的任何缺陷、疏漏、不足以及图纸中的常识性错误，并按照错误的施工图纸施工，发包人发现后要求返工重做，由此发生的费用及给发包人造成的损失由承包人承担，且工期不顺延。

那么，在实践中如果确实属于设计图纸本身的疏漏，但是施工合同又没有上述的约定，施工企业没有在图纸会审的阶段提出该图纸问题，导致出现相应的返工，施工企业是否需要承担相应的责任呢？根据本书"第4章　经济资料创效与实务"中"合同适当履行原则"一节中论证和分析的：设计单位负责设计图纸，设计单位对设计图纸的质量承担全部责任；但是施工企业根据施工合同的附随义务要求，要履行对设计图检查和复核，对设计图纸一些相应明显的设计错误或者矛盾等承担次要责任。这种次要责任，随着施工企业本身的资质等级的不同，相应的责任承担比例也不同，这就是说同样的一个问题，特级施工企业相较于二级施工企业，责任承担的比例是有差别的。

在实务中，常常会出现这样的情况，建设单位基于节约成本和控制造价的角度，在设计施工图中要求取消一些强制性施工规范要求的工程内容，或者在结构选型上做一些明显可能有质量隐患但是节约成本的做法。

例如： 某房地产项目，项目类型为高层工程和洋房工程，处在高回填土之上（回填土是在项目开始前才从其他工地上转运过来的），其中洋房工程部分无地下室，洋房设计图的结构选型为桩基础，首层为地梁，首层地面为在室内回填后直接施工相应的地面做法，没有设计相应的结构架空层。从成本角度，人工挖孔桩和不做架空层该项目造价要低，但是从施工安全和后期工程质量考虑，一方面高回填人工挖孔桩容易出现质量和安全问题；另一方面没有架空层首层地面直接在回填土之上，会存在回填土下沉而首层地面塌陷的质量风险。在诸如上述这种类似的情况下，尤其是设计图违背强制性施工规范条款要求或者存在明显的质量隐患的情况下，施工企业就需要在图纸会审的阶段，把相应的问题提出来。

例如： 某管廊工程的图纸会审提问如下：

问：本项目为高填方区，填方区的管廊下采用1 m级配碎石土＋两层土工格栅的做法，采取该措施后从类似项目实施经验对照参考，仍难保证管廊不因沉降而开裂，建议是否高填方区管廊下采用桩基础？

回复：按设计图施工，不采用桩基础。

问题提出后如果设计单位和建设单位仍旧不修改和调整，那后续由此导致的质量责任及返工，相应的责任就在建设单位，施工企业已经履行相应的通知附随义务，不承担相应的责任。如果施工企业不在图纸会审阶段提出，施工企业也要承担相应的附随义务对应的次要责任。如果在图纸会审阶段施工企业没有发现或者疏漏没有提出相应的问题，可以在施工过程中,通过技术洽商、往来函件、专项报告等方式,进行提出和履行相应的通知义务。

除此之外,在房地产项目中,经常会出现设计施工图中有相应的构造做法表述,而建设单位又会单独规定相应的构造做法,基于成本控制的角度,往往建设单位规定的构造做法比设计施工图更加简化和优化。如果建设单位要求施工企业不按照设计图的构造做法施工,而需要按照建设单位单独规定的相应构造做法施工,在这种情况下,施工企业需要在图纸会审时或者通过其他方式单独提出,规避相应的责任与风险。

3)提出理由三方赢,利己说法不能有

通过"一切问题听指挥,盈亏策划要清晰"和"违规问题必梳理,规避责任与风险",我们解决了图纸会审提问题的出发点,以及要具体提哪些问题。有了具体的问题之后,接下来是围绕图纸会审的出发点,从造价商务的角度,针对每一个我们相应提出的具体的问题,如何有效的表达,才能最为有效最为有利。

从造价商务角度,第一个最为关键是要事出有因,也就是图纸会审具体到每一个问题,从表达上来讲,都要表述问题提出的具体的原因。如果不表述问题的缘由,一方面从专业的角度,会让各方觉得我们不够专业,不够严谨;另一方面,如果不表述缘由,从商务的角度,则施工企业有可能承担相应的不利后果。

例如:

问:结施 GS-03 基础说明第 6 条中基础梁垫层混凝土为 C15,商品混凝土最低为 C20,能否全部采用 C20?

回复:同意基础梁垫层混凝土采用 C20。

解读:上述表达方式即为典型的只表达事实,不表述事实来源的原因。施工企业主动要求将基础梁垫层混凝土由 C15 调整为 C20,提高混凝土等级,相当于我们在实际生活中,客户与商家原本商定一个价格购买某一配置的产品,突然商家说我给你一个高配置的产品,在这种情况下,作为客户当然愿意商家给一个高配置的产品,但是价格还是原来那个价格,因为这个是商家自愿的。同样的,设计图要求基础梁垫层混凝土为 C15,施工企业主动要求采用 C20,没有其他任何客观或者理由,纯属自己主动要求增加,在这种情况下,混凝土等级增加导致的成本增加风险由施工企业自行承担。通过该图纸会审的该种表达方式,那么施工企业的成本增加,最终建设单位还是根据设计图 C15 与施工企业结算工程价款。

如果增加事实的理由表述,更换为以下表达方式,效果就截然不同:

问:根据施工合同中甲方针对本项目技术规范的要求,本项目必须全部采用商品混凝土。在结施 GS-03 基础说明第 6 条中基础梁垫层混凝土为 C15,而商品混凝土最低为 C20,本项目的基础梁垫层混凝土是否按照甲方的项目技术规范要求,调整为 C20。

回复:同意基础梁垫层混凝土采用 C20。

从造价商务角度,第二个最为关键因素是图纸会审提出的缘由不能是属于施工企业本身的合同义务范畴,比如为了保证质量、为了保证工期、为了保证安全……也不能是便于

施工企业自身的经济或者其他利益，比如为了降低成本，为了降低施工难度……如果是上述提出问题的缘由，因为属于施工企业本身的义务，由此导致的工程造价和成本的增加时，建设单位不增加费用；由此导致的成本降低或者工程量减少，建设单位在最终工程项目结算时可以扣减相应的工程造价。

例如：

问：GS-×图中××轴××梁宽200 mm，而与之相连接的柱宽160 mm，为便于梁在柱上锚固，梁宽能否改为160 mm？

回复：同意把梁宽改为160 mm。

解读：该图纸疑问提出的缘由是便于梁在柱上的锚固，这样体现的是便于施工单位的施工。

修改调整：GS-×图中××轴××梁宽度和与之相连的柱宽不一致，从视觉的效果上不美观，是否让梁的宽度保持和柱的宽度一致。

回复：同意梁的宽度与柱的宽度保持一致。

解读：该项目计价方式为总价包干，原提问方式会导致最终结算扣减梁减少工程量对应的工程造价；修改后的提问方式在表达上没有直观体现梁的宽度变小，缘由也是从美观的角度，在最终结算时扣减梁减少工程量对应工程造价的风险和概率就要小很多。

在实务中，哪些可以作为图纸会审提出的理由而不影响施工企业的商务利益，甚至还会带来相应的商务创效呢？一般情况下，可以从以下几个方面去挖掘。

（1）根据施工合同中相应的技术与经济要求

（2）根据相应的设计技术规范要求

例如：

问：结构图××中第××条："砌体填充墙沿墙高每隔不大于2 m应设置一道通长水平钢筋混凝土拉结带，拉结带截面为墙厚×（150～200）mm"。根据《建筑抗震设计规范》（GB 50011—2010）第13.3.4中第4条，西南图集05G701第6页5.1.2条："当墙高大于4 m时，墙体半高宜设置与柱连接且沿墙全长贯通的钢筋混凝土水平系梁，现浇带间距不大于4 m"，且根据西南图集05G701（一）第28页大样节点拉结带截面为120 mm厚，本工程以哪个为准？

回复：砌体填充墙仍按照设计图要求沿墙高每隔不大于2 m设置一道通长水平钢筋混凝土拉结带，拉结带截面厚度更改为120 mm厚。

解读：该项目为定额结算，根据定额文件计价分析，钢筋混凝土带是亏损子目，工程量越多，亏损金额越大，而砌体工程属于盈利子目，相应砌体工程量越多，利润金额越大，因此施工企业才援引设计规范要求和图集节点做法，争取减少钢筋混凝土带的工程量。通过该图纸答疑，最终虽然没有减少钢筋混凝土的布置数量，但是减少了钢筋混凝土带的结构尺寸，降低施工成本，增加了项目利润。

（3）根据相应的施工技术规范要求

例如：

问：设计图未明确砌体转角处拉结筋的做法，是否按照《砌体工程施工质量验收规范》（GB 50203—2011）的要求执行。

回复：砌体转角处拉结筋的做法，按照《砌体工程施工质量验收规范》（GB 50203—2011）的相关要求进行施工。

背景分析：本项目为定额结算项目，现浇钢筋为有利润子目，现浇钢筋工程量越多，利润越大，因此施工企业援引相应规范要求，增加拉结筋的工程量。

（4）根据项目所在地主管部门颁布的淘汰落后技术政策文件要求

例如：

问：结构图 ××，结构施工图总说明第 ×× 条，对钢筋的连接方式未具体明确，根据 ×× 地区关于《×× 市建设领域禁止、限制使用落后技术通告（2019 年版）》的规定，对直径大于等于 16 mm 的钢筋采用机械连接，直径小于 16 mm 的钢筋采用绑扎搭接，本项目是否执行该文件的规定。

回复：按照该文件执行，直径大于等于 16 mm 的钢筋采用机械连接，直径小于 16 mm 的钢筋采用绑扎搭接。

解读：该项目为定额结算，根据定额规定，机械连接接头单独计算费用，绑扎钢筋可以计算相应质量执行现浇钢筋子目，现浇钢筋定额子目属于有利润子项，因此施工企业援引该落后技术规定，增大绑扎钢筋的适用钢筋直径范围，创造效益。

若该项目为清单计价，且清单计价文件规定："钢筋绑扎搭接部分的工程量不单独计算，包含在钢筋综合单价之中，机械连接接头按照相应清单子目单价执行"，在这种情况下，从造价商务的角度，钢筋绑扎连接的工程量越少，机械连接的工程量越多越好。那么该图纸会审提出问题的缘由就不能是该地落后技术规范，而是援引其他缘由，尽可能缩小绑扎钢筋的适用钢筋直径的范围，增加机械连接接头的适用钢筋直径的范围，减少成本，增加造价，创造效益。

（5）从项目美观的角度

（6）由于非施工方的甲方或者其他单位的影响

（7）根据建设单位指定分包或者相关设备及厂家的技术要求

例如：

问：根据电梯设备要求，电梯机房顶部需要设置吊钩梁，便于电梯的安装和检修，设计图未明确吊钩梁的具体做法，请明确。

回复：在电梯机房顶部设置吊钩梁，详见相关补充大样图。

解读：主体电梯机房需要设置吊钩梁，属于施工企业必须预估的内容，如果不在图纸会审提出，等到结构施工完毕，电梯厂家进场需要进行相应调整时，由此造成的返工和损失，施工企业需要承担附随义务的责任。

（8）由于现场不可抗力的因素

例如：

问：在结构图××中，地下室北侧×轴至×轴，地下室剪力墙与支护桩之间的有效距离小于 0.5 m，缺乏施工操作的工作面，无法进行相应的模板安装和防水施工，是否进行相应调整？

回复：地下室剪力墙与支护桩侧采用砖胎膜，具体按照以下节点进行处理（具体节点略）。

解读：本项目为定额结算，地下室剪力墙与支护桩之间有效距离过小，采用传统的模板支护浇筑，增加施工难度和成本，通过图纸会审变更为砖胎膜，一方面降低施工难度，减少成本，另外砖胎膜定额子目为有利润项目，且利润率比相应模板工程子目高，可以增加项目的利润率。

（9）根据相关政策文件和规章制度的要求

例如：

问：根据《××市建设工程质量通病防治要点》第××条："在两种不同基体交接处、暗埋管线开槽处，应采用增加钢丝网抹灰处理，钢丝网加强带与各基体的搭接宽度不应小于 150 mm"，根据西南图集 05G701（一）第 7 页第 5.5 条要求，"在两种不同基体交接处、暗埋管线开槽处，加挂 300 mm 宽，0.8 mm 厚 9×25 孔钢板网"，本项目是否按照上述文件和图集规定执行？

回复：在两种不同基体交接处、暗埋管线开槽处，加挂 300 mm 宽，0.8 mm 厚 9×25 孔钢板网。

解读：本项目为定额结算，钢丝网为有利润子目，通过援引政策文件和图集，增加钢丝网的工程量，提升项目利润。

（10）由于项目现场实际情况的制约和影响

例如：

问：结构图×× 中 ×× 条采用混合砂浆，因为 ×× 地区不生产石灰，建议修改调整为同标号水泥砂浆。

回复：同意混合砂浆更改为同标号水泥砂浆。

解读：项目所在地确实不生产石灰，需要从外地远距离调运，成本比较高，该项目为总价包干，通过此图纸会审，大幅度降低施工成本，结算时施工企业不主动提出，大概率固定包干总价不会进行相应调整，提升该项目的效益。

（11）由于相关施工工艺的制约

例如：

问：在结构图×× 的灌注桩明细表中，×× 为 2 600 mm 直径的机械桩，要求底部扩大头直径为 4 800 mm，采用旋挖成孔作业无法实施，是否进行调整。

回复：机械钻孔桩的问题另行单独明确。

解读：该项目为清单计价，而中标清单中旋挖桩的相关清单子目综合单价为亏损子目，合同约定实际施工中发生变更或者变化的内容，有合同综合单价的按照合同综合单价执行，没有的参考类似综合单价，没有类似综合单价的执行项目所在地定额文件形成相应综合单价后下浮 5 % 作为该项目的综合单价。根据该项目所在地的定额文件，机械钻孔桩定额套取后约有 25 % 的利润，如果本项目旋挖桩修改为其他形式的机械钻孔桩，可以重新组价形成清单，下浮 5 % 后还有 20 % 左右的利润，远远超过原合同旋挖桩的利润率。

4）问题阐述须明确，有时模糊有时细

结合"第 3 章　商务文字表达与实务"文档表达的 3 个基本原则：具体原则、弥补原则、模糊原则，应用到图纸会审问题阐述中，同样需要我们在表达问题的时候，通常情况下，需要我们将问题表达得非常明确，避免理解歧义，避免在项目结算过程中发生争议。在一些特殊情况下，问题必须要提出来，但是问题的提出又会影响施工企业的商务利益或者损失，这种情况下，在阐述问题时，就要有意识地在某些地方故意模糊和含蓄地表达，在某些地方又要故意特别着重和详细地表达。

例如：

问：结施 GS-11 第 2 ~ 6 层梁配筋图中，×× 交 ×× 轴梁 L11、L12 为 200×400 与建筑大样不符，为了保证线条转通，局部有线条的梁是否改为 200×500 ？（后续楼层相同）

解读："局部有线条的梁"表达模糊，不具体，从商务的角度，后期在结算过程中，对哪些梁尺寸变大会发生理解偏差，由此导致结算争议，而到了结算阶段施工企业已经施工完毕，后期结算就处于相当不利的位置。

"后续楼层相同"，后续是一个非常模糊和宽泛的概念，到底哪些楼层是后续，同样存在不确定性，引发后期结算争议，从造价商务的角度，具体哪些楼层，具体哪些位置的梁需要调整，可以详细表述，也可以罗列一个详细附表单独附注。

例如：

问：在图号为 ×× - 车架 -J9 中节点 30，节点中披水件与檩条连接，墙板断开，下部的墙板无法固定；并且节点中檩条位置与结构图中的位置存在矛盾，建议取消节点中下面的檩条，及其披水件以下的墙板。

解读：该项目计价方式为总价包干，从施工企业的角度，具体施工工艺和图纸矛盾，必须提出该问题，取消相应的构件才能实施。但是从造价商务的角度，取消原设计图中的某个构件，在结算时就要扣减该部分工程量对应的造价；在这种情况下，从造价商务的角度，一方面需要明确该节点的新的具体做法，一方面又需要模糊取消相应构件的事实，降低后续结算的造价审减风险。

因此，上述同样的问题，可以进行以下表述：

问：根据图号 ×× 的节点 30 显示，墙板断开，导致节点下部的墙板无法固定，而且

该节点 30 做法与结构图中的相应做法不吻合，请明确如何处理。

回复：按照以下附图进行施工。（具体附图略）

解读：经过调整后的问题表述，明确了具体位置也就是节点 30 需要处理，模糊的表达建筑图和结构图不符，避免减少或者降低等容易导致结算审减的敏感词，但是表述的仍是同一个意思，最终通过图纸会审回复，把取消相应构件的节点图作为回复的附图体现，从一个取消构件的表达变成一个明确节点如何做的概念。在这种情况下，最终结算审减减少构件工程量对应工程造价的风险就非常低，相当于在固定总价包干的情况下，施工企业减少了实际施工内容降低了实际成本，而维持了工程结算造价的收入不变，间接的创造项目效益。

5）用户视角行表达，潜移默化地引导

在"第 2 章　商务工作思维与习惯"中，我们提出了用户化视角的思考习惯，也就是要站在用户角度去表达和思考问题，尤其是在造价商务工作的角度，最终一个项目工程造价的形成是各方达成一致意见的结果。因此，我们在图纸会审问题阐述时，首先是我们要明确自己想通过这个问题，期待一个什么样的结果，这也就是我们首先要明确自己想要什么？这需要我们结合商务策划来确定通过这个问题自己想要的是减少某个子目的工程？或者是增加某个子目的工程量？或者是明确某种做法，为后期的签证和索赔埋下伏笔？

明确了自己想要什么，接下来就要去思考，对方看到这个问题后会如何去思考、反应和抉择，这就需要我们代入对方的视角，站在用户化的对方角度考虑问题。当我们对自己想要的和对方的反应有了初步评判后，最终就是我们在阐述问题的时候，如何潜移默化地引导和表达，让对方按照我们想要的目的进行思考和选择，尽量通过用户化视角的委婉表述，提升我们商务创效的概率。

例如：某基坑支护工程，在预应力锚索大样图中，标注有[25 槽钢，但是未明确该槽钢是 a 型还是 b 型，根据标准型钢质量表，[25a 型槽钢每米质量为 27.5 kg，[25 b 型槽钢每米质量为 31.4 kg，两者每米相差 3.9 kg。

站在用户的角度，需要先从技术和质量的角度核实，本项目是否[25a 型满足要求，如果能满足，我们再从商务的角度来分析，如果这个项目是总价包干，那么采用[25a 型对我方有利，可以在不增加总价的前提下降低成本，我们想要的目标就是按照[25a 型施工。

接下来我们站在用户的角度来思考问题，最终需要设计单位、监理单位、建设单位对此达成一致意见才能执行。站在对方的角度，如果同时把两个不同大小的型号体现在对方面前，又是在总价包干的前提下，就相当于我们拿固定的钱去买一个苹果，随便我们挑选，反正按照个数已经包干是固定的费用，不分大小，那么我们肯定会尽量选大的苹果而放弃小的。因此，这个时候就需要我们委婉地表达和引导，该图纸问题提问的方式可以阐述为：

　　问：在预应力锚索大样图中对应的⌈25 槽钢是否为行业通常使用的 a 型？

　　解读：在上述表述中，只表述了 a 型，没有出现 a、b 型的大小对比，就不会产生差异。另外增加了"行业通常使用"的前置修饰，就是潜移默化的表达，通常情况下的行业做法也是使用 a 型，没有违背常规和通常的情况。这句修饰词语的更深层次言外之意是表达：这个项目是总价包干，投标时对应的设计图未明确⌈25 槽钢的具体型号，一般行业的通常做法是采用 a 型的，施工企业也是按照行业常规做法考虑的，如果现在图纸会审确定要采取其他非常规做法，就属于特殊情况，不属于原固定总价包干范围，针对特殊做法与通常做法两者型号之间的质量差异，施工企业可以向建设单位进行签证或者索赔，增加对应该处工程量增加的工程造价。

　　作为设计单位，见到上述的提问方式之后，只要经过核算，⌈25a 型槽钢能满足受力要求，一般情况下大概率会同意，其他参建各方在设计单位核算同意的前提下，也就不会去质疑和反驳，这样就通过商务化的表达方式、用户化视角的引导，最终达到我们想要的目的。

　　如果从造价商务的角度分析，这个项目是综合单价包干，工程量按实结算，而且⌈25 槽钢对应的构件的综合单价存在利润，在 a 型和 b 型材料单价相差不大的情况下，我们想要的目的是按照 b 型施工更为有利，这时我们提问的方式可以调整为：

　　问：在预应力锚索大样图 ×× 中，设计有 25# 槽钢，但是未明确 25# 槽钢的具体型号，25# 槽钢有 a 型和 b 型，其中 b 型受力更稳定，结构性能更好，请明确本项目具体采用哪种型号？

　　解读：在上述表述中，首先阐述设计图有槽钢，但是未明确具体型号，于是在提问中具体地表示出有哪两种型号，形成初步对比，让对方知晓这个问题有选择的存在；另外从侧面的角度，从结构安全和受力的角度阐述两种型号的差异。在这种情况下，基于我们很多人通常的做法，在两个有差异的事物需要我们选择时，而且这个事物又关系到公共安全和质量，而与我们自身的经济利益没有太多的影响的前提下，我们肯定是倾向于选择性能优异的事物，确保安全和规避自己的风险。诺贝尔经济学奖获得者弗里德曼曾说过："花自己的钱办自己的事，最为经济；花自己的钱给别人办事，最为效率；花别人的钱为自己办事，最为浪费；花别人的钱为别人办事，最不责任。"

　　其次，为什么要主动在图纸会审中提出两种型号的差异，言外之意是我作为施工企业，已尽我的所能表述和提示存在的问题，如果由于建设单位和设计单位的选择，在同等型号的前提下不使用结构性能更为优异的材料，由此导致的后续可能存在的质量风险和事故，责任不在施工企业。

　　除了从专业的角度，我们需要用户化的表达和考虑，从表达的方式方法和情感上，更需要站在用户的角度去体会。我们在阐述具体问题时，尽量避免使用带有明显感情色彩的词语，如避免以下表述："×× 不对，×× 错误，×× 违背了规范或者文件的要求，××明显有误"等，而应该选择中性的职业化的词语表达，如"××与××不吻合""××与××的表述不同""××规范建议做法如何，本项目是否考虑该规范的做法"等。尽量避免带有明显指向性的表述和色彩浓重的标点符号，比如"××图纸有误，请设计明确！""设计"具有明显的指向性，具体指向性意味着责任承担和追究的味道，感叹号则更加是富有攻击性，如果换一种没有明确指向和感叹的表达方式，比如"××图纸表述不同，需要明确。"把带有强迫意味的"请"字转换为带有尊重色彩和工作开展本身要求的"需要"二字，并配上中性的句号，最终给对方的感觉和效果，就截然不同。正如宋朝大诗人陆游给他的一个儿子传授写诗的经验表达的："诗为六艺一，岂用资狡狯！汝果欲学诗，功夫在诗外。"陆游早先写诗，追求辞藻的华美，在形式上狠下功夫，并模仿江西诗派的作品，后从军南郑后，广阔的生活打开了他的视野，使他写出许多有深厚生活内容的作品，从而提出"功夫在诗外"的主张。所以陆游在这里并不是否认"诗内功夫"，诸如艺术技巧的磨炼的重要，但是他认为，向社会学习、向生活学习比向古人学习、向书本学习更重要。所以，从造价商务的角度，我们除了做好专业本身的工作，专业之外的更多的细节，也需要我们不断地去体会、历练和领悟。

6）主次分明繁简合，不能代替做设计

《礼记》中有这么一句话："物有本末，事有终始。知所先后，则近道矣。"这句话表述的是世界上很多的事物都有它的根本和末梢，事情有开端和结尾，我们在对待处理的时候，应该知道孰先孰后，孰本孰末，孰主孰次，应该加以区别对待，这样的话，就离道不远了。

在实际工作中，一个工程项目我们把图纸会审问题全部梳理完成之后，往往就有厚厚的一大叠问题，这时，我们就需要站在全局的角度分析，哪些是主要问题，哪些是次要问题，哪些需要烦琐反复的表达，哪些需要简明扼要的表达。当我们每个人面对厚厚一大摞的资料时，参建各方尤其是建设单位的第一反应，会觉得这个项目的设计单位设计工作不尽责，否则怎么会有如此多的问题呢？而往往其实具体到问题本身，我们会发现，一大部分是一些细枝末节，设计口头答复就可以解决不伤大雅的问题；有的是同一个项目不同的楼栋，针对同样的一个问题不断重复性地表达；还有可能是文档里面的配图过大、排版字体过大、间距过大等人为因素导致整体图纸会审文档过厚等。有这么一句话，给他人增添不愉快和麻烦，最终就是给自己增加不愉快和麻烦。我们通过厚厚的图纸会审问题，让其他参建各方心生不愉快，甚至给其他各方带来麻烦，那么往往最终这种不愉快或者麻烦，会如影随形的跟随施工企业，成为挥之不去的麻烦与掣肘。

因此，在图纸会审整体问题梳理完成之后，接下来的一个关键动作就是精简提炼，删减篇幅，抓住重点，有的放矢。具体可以从以下几个方面进行实践：①同类问题合并处理，不一一重复表述。②占用篇幅的附图，可以在正文后面单独作为附件整理。③针对一些

可有可无或者无关紧要的细枝末节的问题，可以口头咨询设计单位，不进入图纸会审文稿。

④ 从文字表达的技巧角度，对文字进行提炼压缩和精简，在满足目的的前提下，尽量用最少的文字表达最完整的意思，提高表达效率。

文字提炼压缩具体有 4 种方法：

（1）调整句式法，通过调整句子的表达顺序精简。

例如：　"交货日期为 2004 年 12 月底"调整为："2004 年 12 月底交付"。

（2）调整列举法，通过正举例和反举例进行精简。

（3）共用句子成分法，通过共用某些句子成分，减少重复表述的内容。

例如：　"因业主在卫生间装修时切割地面引起的渗水不在保修之列，业主在卫生间养水时间超过规范要求而引起的地面及墙面渗水，也不在保修之列。"

改为："因业主在卫生间装修时切割地面引起的渗水，或养水时间超过规范要求而引起的地面及墙面渗水，均不在保修之列。"

（4）制造关键词，对于比较复杂的冗长的词组，制造一个关键词，后面引用时用关键词代替，进行精简和压缩。

除了文档的精简提炼之外，站在职责与责任的角度，在图纸会审问题表述过程中，作为施工企业，还需要规避和注意的一个小细节是避免代替设计做设计。

例如：

问：GS-09 一层楼梯空洞，建议加设钢筋混凝土楼板，钢筋配筋同楼梯平台。

解读：上述图纸提问的表达方式，就是典型的代替设计做设计。从国家的相应制度要求，设计单位负责进行施工图的设计，承担设计质量终身责任；施工企业根据施工图进行施工，承担施工质量终身责任。上述提问，施工企业不仅提出了加设楼板，甚至连楼板的配筋都已经设计好了："参考楼梯平台配筋"。假设，仅仅是假设，如果后面该工程出现了质量事故，正是由于增加的这块楼板和配筋设计不足引发的，那么这个时候，到底是谁来承担质量责任？施工企业是否有相应责任？对施工企业来讲，这种代替设计做设计的行为，就会给自身带来潜在的风险。

在实务工作中，如果确实因为各种情况，需要施工企业进行相应设计，那么在图纸会审中进行表达时可以进行相应的调整，比如上述问题的表达可以调整如下：

问：GS-09 一层楼梯 ×× 位置为孔洞，根据使用习惯和类似项目经验，该处是否考虑设置钢筋混凝土楼板，如果需要设置，需要明确具体节点构造和相应的做法。

回复：GS-09 一层楼梯 ×× 位置设置钢筋混凝土楼板，具体参见以下附图进行施工。（附图略）

解读：经过上述的调整，就与设计单位与施工企业相应的职责和责任保持一致，施工企业根据经验提出建议，设计单位进行设计明确具体的做法。虽然实际工作中具体的设计附图可能是施工企业在设计单位的指导下绘制的，但是我们在进行表达方式的调整后，最终的效果就天壤之别。

7）提前交流与通气，莫忘骑缝盖章全

图纸会审问题梳理完毕，在举行正式图纸会审交底会之前，施工企业需要提前把图纸会审的问题发给设计单位进行熟悉，并提前交流和沟通。一方面为了提升正式图纸会审交底会议上各方的工作效率，另一方面为了让设计单位提前熟悉问题提前做好准备，毕竟谁也不愿意在正式的场合做即兴的发挥和确认，更重要的一方面是提前交流和沟通，有助于有些问题的有效解决和确定。

案例：钢混凝土组合楼承板防火涂料涂刷

◆ 案例背景

某项目为钢结构混凝土组合结构，主体为钢结构，楼板采用钢筋混凝土和钢楼承板（压型钢板）组合结构，该项目采取项目所在地的定额进行结算。

在设计施工图中，结构设计说明明确钢柱和钢梁耐火等级为 3 h，需要根据相应防火规范涂刷相应厚度的防火涂料；结构详图中明确了组合楼板耐火等级为 1.5 h，但是没有明确组合楼板下面的压型钢板是否需要涂刷防火涂料。具体的组合楼板结构设计图如图 5.4 所示。

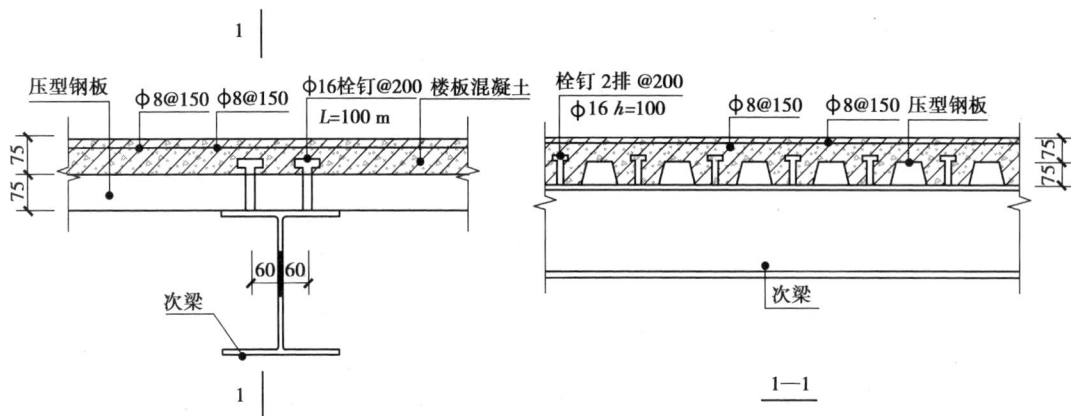

图 5.4　组合楼板结构详图

从现场施工的技术角度，如果本项目只有主体钢柱和钢梁涂刷防火涂料，组合楼板的压型钢板不涂刷防火涂料，则喷涂钢梁的防火涂料时，需要对压型钢板进行保护，避免防火涂料溅甩到压型钢板上，造成污染。一方面对压型钢板进行保护需要增加防护措施，根据定额文件规定，该防护措施已经包含在定额费用里面，不单独计算；另一方面单独喷涂钢梁防火涂料，防火涂料施工损耗增大，施工工效非常慢，相对施工成本比较高。如果能在图纸会审中明确压型钢板也按照相应防火等级的要求，涂刷防火涂料，则可以大面积同时喷涂钢楼和压型钢板的防火涂料，材料损耗降低，工效快，而且不需要防护措施，整体喷涂后视觉效果也更为美观；最为重要的是该项目按照定额结算，定额中防火涂料的子目单价高，属于高利润的子项内容，并且整个项目压型钢板面积非常大，压型钢板按照定额

计算防火涂料的费用增加工程造价就非常可观，由此带来的项目创效也是相当可观的。

但是，也正是基于该项压型钢板涂刷防火涂料的单项造价非常高，如果我们在图纸会审时，仅仅是简单的提出问题："该项目组合楼板的压型钢板是否涂刷防火涂料？"参建各方是肯定不会同意涂刷的。如果我们采取说服设计单位，或者走技术洽商单的形式，因为面临非常明显的大额工程造价的增加，由于建设单位的考核考评机制等约束，参建各方也不会同意涂刷防火涂料。

◆商务解读

那么从造价商务的角度如何去看待和解决上述问题呢？最好的方式还是在图纸会审的过程中明确，因为图纸会审是设计图的补充和延伸，从实际效果上优于设计变更和技术洽商。

那如何去解决这个问题呢？首先还是要师出有名，要去寻找提出图纸问题的理由，通过对组合楼板的设计技术规范《组合楼板设计与施工规范 CECS 273：2010》进行深入的研究和探讨，寻找问题的突破口。

根据该规范的 7.3.1 条规定：无防火保护的压型钢板组合楼板，应满足表 7.1 耐火隔热性最小楼板厚度的要求。

表 7.1　压型钢板组合楼板的隔热最小厚度

压型钢板类型	最小楼板计算厚度	隔热极限			
		0.5 h	1 h	1.5 h	2 h
开口型压型钢板	压型钢板肋以上厚度 /mm	60	70	80	90
其他类型的压型钢板	组合楼板的板总厚度 /mm	90	90	110	125

本项目为开口型压型钢板，组合楼板耐火极限 1.5 h，根据上述设计规范的规定，如果组合楼板不涂刷防火涂料，那么压型钢板肋以上厚度最小为 80 mm，而该项目设计图中表述的压型钢板肋以上厚度为 60 mm，没有达到构造要求。在这种情况下的处理方式，或者是对压型钢板涂刷防火涂料，规避上述的构造要求；或者是不涂刷防火涂料，增加楼板混凝土相应的厚度，达到设计规范相应的构造要求。

当我们找到了问题的突破口时，接下来就是提出图纸问题进行表述，按照一般的正常的习惯，我们可能采取以下的图纸会审表达方式：

问：本项目为二级防火，组合楼板的耐火等级为 1.5 h。根据《组合楼板设计与施工规范》（CECS 273：2010）第 7.3 条，如果本项目压型钢板不涂刷防火涂料，则压型钢板肋以上混凝土厚度必须 ≥ 80 mm，本项目压型钢板肋以上混凝土厚度为 60 mm，没有达到最低厚度要求。

根据规范要求，如果组合楼板要达到 1.5 h 耐火等级，可以将组合楼板混凝土增加

20 mm 后，达到相应的设计规范构造最低要求。

或者是压型钢板直接涂刷防火涂料，转化为有防护的组合楼板，也就不需要满足上述最低的混凝土厚度构造要求。

请明确，本项目采取哪种方式处理？

上述表达的方式从正常角度来讲，是一个非常完美的图纸会审表达问题的方式，援引规范的具体条款提出问题，结合设计图纸针对具体的问题提出相应的建议和方法，最终请设计进行明确和裁定。从专业本身的表述上面是完美的，但是，我们换一个角度思考，当众多参建单位的人员坐在一起举行正式图纸会审设计交底会议的时候，我们如此有理有据地提出上述问题，并且条理清楚地提出相应的解决方式，那么作为设计单位，在看到这个问题时，虽然在表面上肯定会赞扬施工企业的专业功底，值得学习，但是内心却是非常复杂和微妙的。正所谓你用专业的背影赢得了他人的认可，但是你锋芒毕露的回眸却难以让对方真正从内心接受，有可能最终是赢得了面子而输掉了里子，机关算尽太聪明，反误了卿卿性命。

上述问题的关键在哪里呢？是施工企业发现了相应的比较关键和影响比较大的问题时，需要提前与设计单位进行交流和沟通，一方面，避免是自己理解的偏差或者专业的偏差导致出现差错，一旦这个差错在正式场合提出又受到质疑，场面就会非常难堪；另一方面，如果确实是存在的问题，提前进行交流和沟通后，提前达成一致的解决意见，到了正式场合，大家心理上都有了预期和准备，也就能愿意接受和避免其他不利情况的出现。

实际这个项目是如何处理的呢？施工企业针对上述这个问题，进行详细的梳理和表达，单独形成一个文档，以交流和请教的心态，先提前和设计单位进行交流与探讨，当双方都觉得这确实是个问题，从设计和施工的角度需要解决，接下来就提前沟通解决的方式。由于增加混凝土厚度，涉及的是结构的重大变化和调整，作为设计建设单位肯定是不愿意看到的，所以最终沟通采取压型钢板涂刷防火涂料的做法。

解决办法达成一致后，接下来才是图纸会审的问题如何阐述和表达，让各方都能接受都能赢得面子的问题，这就需要结合用户视角化的表达，因此，本项目最终图纸会审提问的具体形式修改调整如下：

问：本项目为二级防火，设计图中明确钢柱、钢梁耐火等级为 3 h，根据防火规范涂刷相应厚度的防火涂料。

组合楼板的设计耐火等级为 1.5 h，请明确组合楼板的压型钢板是否需要按照防火规范对应的 1.5 h 耐火极限，涂刷相应的防火涂料？

回复：组合楼板的压型钢板需要按照防火规范对应的 1.5 h 耐火极限，涂刷相应的防火涂料。

同样一个问题，经过交流后的表达，把问题委婉巧妙地转换为对设计图纸做法的明确问题，而非一个具体的专业技术问题。这样，既解决了实际的问题达到了最初的目标，又让参建各方赢得了各自的需求。作为设计单位这是一个普通的设计图纸做法确认问题，本身是属于职责所在；作为建设单位，做法的明确属于设计图本身的一部分，由此对应的工程造价属于设计图本身就需要考虑的，而不是后期在实施过程中变更增加的工程造价，是正常的事项结果。

最终，图纸会审经过参建各方的明确和确定，达成统一意见，由施工企业形成正式完整的图纸会审纪要，需要经过参建各方的签字和盖章确认。在实践中，往往图纸会审有数页或者数十页，而签字盖章的位置往往是在最后一页。如果我们只是在最后一页签字和盖章，而没有对整个图纸会审文档像施工合同的签订一样，加盖骑缝章，往往在最终工程项目结算时，对没有签字盖章的图纸会审页面的具体内容是否有效的问题，就会产生争议和纠纷，给参建各方带来相应的风险和不利因素。因此，最终版本的图纸会审资料需要加盖各参建单位的骑缝章，形成一个完整有效的资料，作为设计图纸的一个补充部分，成为有效的结算依据。

除了上述情况之外，在有的项目中，尤其是一些 PPP 项目和 EPC 项目，计价方式是按照设计施工图执行项目所在地的定额，形成预算包干总价，并给予一定的风险金额作为补充，然后在项目施工过程中，发生的任何设计变更、技术洽商等，只要对应的造价变化在包干总价的一定比例以内，均不进行调整。比如以下类似合同的约定：

本项目采取预算总价包干的方式执行，其中预算包干总价 = 预算造价 + 风险包干费，预算造价按照项目所在地 ×× 定额和相关配套文件执行，具体相关原则如下：××。

风险包干费 = 预算造价 × 风险包干费费率，其中风险包干费的范围包括：

1. ××；

2. 因工程设计变更、技术洽商等累计（正负变更冲抵后）增加的工程造价在预算造价的 ×% 以内的风险。（如果正负变更冲抵后，此项为工程造价减少，减少的工程造价在结算时需要扣除相应的金额）

在这种情况下，设计变更的工程量增加一般属于风险包干范围，但是图纸会审作为设计施工图的一个延伸和组成部分，图纸会审明确的内容是可以进入预算包干总价的。在这种项目的实施过程中，作为施工企业，不一定在项目开工阶段把图纸会审确定后马上签字盖章定案，可以先完善交底事宜，留足一定的时间在施工过程中充分地暴露和发现问题，然后把问题及时增加进入图纸会审纪要，这样就可以确保项目效益最大化；或者是可以采取分阶段、分单位工程、分专业类别多批次进行图纸会审的变通处理方式，确保把问题通过图纸会审有效的全面的解决，这样能给整个项目带来额外的商务效益和收获。

造价笔记 591

提出他人愿意接受要求的前提，
是这个要求紧紧围绕他人的价值和利益出发

在工作中，各种各样的场合，各种各样的状态，我们为了自身的利益，我们经常会向他人提出一些我们的要求和想法，而我们提要求的方式有两种：

第一种是简单直接型，我们觉得我们自己有什么需要，我们就直接简单地向对方提出来，其思维表达模式通常是：我要什么，你应该满足或者可以满足。比如，我们觉得自己工作多年有能力有实力，而且工作成绩也不错，应该获得加薪了。于是找到领导提出要求，阐述了一通自己的努力和成绩，然后提出要求应该加薪，并且从各种生活压力，行业趋势，同行收入等充分说明领导必须给我们加薪才公平。这种直接的表达方式，出发点完全是我们自我的认为和需求，因此往往这个需求很难得到对方的认可和支持，最终导致不欢而散的结局。

第二种是曲线救国型，始终是围绕对方的价值和利益进行阐述和表达，在维护对方利益的时候顺带提出我们的要求。比如还是加薪这件事情，我们可以这样和领导去提要求，首先肯定在领导的带领下公司和团队都取得了很大的发展，功劳是对方的；其次领导的实力和价值在这个发展趋势下会有更高的高度，从领导的个人角度出发，不管是维持现有的发展，还是今后团队更好地发展，都需要整个团队的持续努力，因此，建议领导可以趁着当下公司发展很好，效益也不错的时候，给团队进行适当的加薪鼓励，凝聚团队战斗力也能让大家持续更好地支持领导的工作。从头至尾我们没有直接提出自我的需求，我们一直是站在对方角度考虑，我们一直是在为他人提需求，但是我们的需求却真实有效间接地提了出来，这个时候，对方也更容易接受，就算不接受，也不会导致进入一个不可收拾的局面。

为了工作的开展，为了自我的利益，积极主动明确地提出我们的正当要求是毋庸置疑的，只是从实践和人性的角度，我们提要求的时候，要站在对方利益角度去表达，可能更为有效。

比如我们去进行结算对量，我们想尽快有效完成工作，我们可以这样去和审计人员提要求：你看为了后面减少你的修改和调整重复工作，为了你能多去做其他更大更有收益的项目，你看我们先对这次对量的思路、流程、时间节点做个简单的梳理，这样你就能掌控整个节奏，好安排和协调其他项目的工作，这样效率快产值高……

比如我们给团队成员要求对量每天做详细日记的要求，我们可以这样表达：一方面，为了在公司领导面前充分展现你在这个项目的付出、努力、价值和你的才华，记得越详细越能体现你的价值。另一方面，这个项目有二审，二审时间也还不确定，为了你以后二审的快速核对，一审核对做了详细记录，二审核对就会很快。还有这个项目完成后你在给公司同事做分享总结时就会有更多的素材……

所以，最终的目的是我们的要求让对方接受，但是，提出的路径和方式方法不一样，所站角度考虑的也不一样，只要我们是站在对方利益的角度去阐述和思考，总归是或多或少有效的。

毕竟，没有人会无缘无故拒绝一个设身处地为你的价值考虑的想法和要求。

2020 年 6 月 10 日

5.2 施工方案实务

5.2.1 施工方案的基本概念

施工方案一般是施工组织设计和施工方案的统称。

其中，施工组织设计是指由施工单位编制的，用以指导施工组织与管理、施工准备与实施、施工控制与协调、资源的配置和使用的全面性的技术、经济文件。根据不同的划分形式，施工组织设计可以分为不同的类别。

1）施工组织设计的分类

（1）根据时间因素划分

根据时间因素划分，施工组织设计可分为投标施工组织设计和实施性施工组织设计。

投标施工组织设计是施工企业在参加工程项目招投标活动中编制的 3 个文件，即商务文件、经济文件、技术文件。其中，技术文件编制的主要目的和侧重点是最大限度地满足招标文件的要求，使工程项目能够中标，因此其围绕和考虑的核心是招标文件和中标要求。

实施性施工组织设计是指施工企业中标后，在项目开工一段时间内编制的用以指导工程项目实际施工的文件，主要用于指导和控制工程施工，具有非常实际的指导意义，因此其围绕和考虑的核心是现场实际情况和具体的施工要求。

（2）根据编制对象划分

根据编制对象的不同，施工组织设计可以分为施工组织总设计、单项工程施工组织设计、单位工程施工组织设计、施工方案。

施工组织总设计是以建设项目，也即若干单项工程组成的群体工程为主要对象编制的施工组织设计，对整个项目的施工过程起统筹规划、重点控制的作用。其中，建设项目指在一个总体范围内，由一个或者几个单项工程组成，经济上独立核算，行政上实行统一管理，例如一所学校、一座医院、一个工厂等。

单项工程施工组织设计是以单体工程（一个建筑物或一个构筑物）为施工对象而编制的，是用以指导单体工程施工全过程的组织、技术经济的综合性文件。其中单项工程是指在一个建设项目中，具有独立的设计文件，能够独立组织施工，竣工后可以独立发挥生产能力或者效益的工程。例如一所学校的教学楼、实验楼、图书馆；一座医院的门诊大楼、住院大楼、体检中心；一个工厂的生产车间、办公楼、住宿楼等。

单位工程施工组织设计是以单位（子单位）工程为主要对象编制的施工组织设计，对单位（子单位）工程起具体指导和约束作用。其中，单位工程是指竣工后不可以独立发挥生产能力或效益，但具有独立设计文件，能够独立组织施工的工程，例如一所学校教学楼的土建工程、安装工程、给水排水工程等。

施工方案是以分部分项工程，或者比较特殊和工艺流程比较复杂的专项工程为主要对象编制的施工技术与组织方案，主要是为了能够更有针对性地指导具体施工过程。其中，分部工程是单位工程的组成部分，一般按照工程部位、设备种类和型号、使用材料的不同等划分，如一所学校教学楼土建工程的土方工程、地基与础工程、砌筑工程、屋面工程、混凝土及钢筋混凝土工程、地面工程等。

分项工程是分部工程的组成部分，一般按照不同的施工方法、不同材料、不同规格进行划分，如一所学校教学楼土建工程砌筑工程的砖砌体工程、砌块工程、石砌体工程、预制块砌体工程等。

2）施工方案的分类

在工程实践中，施工方案又可以进行单独分类。

（1）根据使用对象划分

根据使用对象的不同，施工方案可分为技术专项施工方案、安全专项施工方案、大型机械设备专项施工方案。

① 技术专项施工方案

主要指导具体技术实施，常见的房屋建筑工程技术专项施工方案有以下类别：基础施工方案、基坑边坡检测方案、桩基施工方案、回填土施工方案、测量施工方案、检验批划分专项施工方案、沉降观察方案、实验检验方案、防水工程施工方案、钢筋工程施工方案、混凝土工程施工方案、砌体工程施工方案、抹灰工程施工方案、屋面工程施工方案、外墙施工方案、装饰装修工程施工方案、栏杆工程施工方案、门窗工程施工方案、各专业分包单位施工方案、临时用水用电施工方案、给排水施工方案、电气工程施工方案、质量通病防治方案、临时设施施工方案、混凝土试件留置方案、混凝土楼板厚度控制方案、防渗防漏方案、工程实体质量常见问题治理专项施工方案等。

② 安全专项施工方案

主要对工程项目的具体安全施工和文明生产进行实施控制和指导，常见的房屋建筑工程安全专项施工方案有以下类别：安全文明生产方案、扬尘控制方案、应急预案、冬雨季施工方案、两防安全专项方案、悬挑大棚安全专项施工方案、防护棚安全施工方案、防护通道搭设方案、安全防护施工方案、隐患排查专项方案、高处作业安全方案等。

③ 大型机械设备专项施工方案

主要针对工程项目的大型机械设备的具体生产运营使用进行专项控制和指导，常见的房屋建筑工程大型设备专项施工方案有以下类别：塔吊搭拆施工方案、塔吊定位及基础施工方案、群塔作业防碰撞方案、施工电梯专项方案等。

（2）根据是否需要进行专家论证划分

根据是否需要进行专家论证，可分为需要组织专家论证的危险性较大的专项施工方案和无须组织专家论证的超过一定规模危险性的专项施工方案。

① 超过一定规模危险性专项施工方案

比如基坑工程，开挖深度 ≥ 3 m；虽未超过 3 m，但是环境复杂时编制专项施工方案。

比如人工挖孔桩，需要全部编制专项施工方案。

比如模板工程及支撑体系，滑模、爬模、飞模、隧道模板；搭设高度（层高）≥ 5 m；搭设跨度（柱间距）≥ 10 m；施工总荷载 ≥ 10 kN/m²；集中线荷载 ≥ 15 kN/m²；用于钢结构安装等的满堂支撑体系等需要编制专项施工方案。

比如起重吊装及起重机械安装拆除工程，非常规起重设备、方法，单件起吊重量 ≥ 10 kN；采用起重机械进行安装的工程；起重机械安装和拆卸工程等需要编制专项施工方案。

比如脚手架工程，落地式脚手架工程搭设高度 ≥ 24 m；附着式整体和分片提升脚手架；悬挑式脚手架；高处作业吊篮；卸料平台、操作平台工程；异形脚手架工程等需要编制专项施工方案。

比如拆除工程，可能影响行人、交通、电力设施、通信设施或其他建筑、构筑物安全的拆除工程需要编制专项施工方案。

比如地下暗挖工程，采用矿山法、盾构法、顶管法施工的隧道、洞室工程等需要编制专项施工方案。

② 危险性较大的专项施工方案

比如基坑工程，开挖深度 ≥ 5 m；编制专项施工方案并需要经过专家论证通过。

比如人工挖孔桩，开挖深度 ≥ 16 m；编制专项施工方案并需要经过专家论证通过。

比如模板工程及支撑体系，滑模、爬模、飞模、隧道模板；搭设高度（层高）≥ 8 m；搭设跨度（柱间距）≥ 18 m；施工总荷载 ≥ 15 kN/m^2；集中线荷载 ≥ 20 kN/m^2；用于钢结构安装等的满堂支撑体系承受单点集中荷载 700 kg 以上，编制专项施工方案并需要经过专家论证通过。

比如起重吊装及起重机械安装拆除工程，非常规起重设备、方法，单件起吊重量 ≥ 100 kN；起重量 ≥ 300 kN，或搭设高度 ≥ 200 m，或搭设基础标高 ≥ 200 m 的起重机械安装及拆卸工程，编制专项施工方案并需要经过专家论证通过。

比如脚手架工程，落地式脚手架工程搭设高度 ≥ 50 m；附着式整体和分片提升脚手架提升高度 ≥ 150 m；悬挑式脚手架工程搭设高度 ≥ 20 m，编制专项施工方案并需要经过专家论证通过。

比如拆除工程，容易引起有毒有害气（液）体或粉尘扩散、易燃易爆事故的拆除工程、文物保护建筑，优秀历史建筑和历史文化风貌区的拆除工程，编制专项施工方案并需要经过专家论证通过。

比如地下暗挖工程，采用矿山法、盾构法、顶管法施工的隧道、洞室工程等需要编制专项施工方案。

在实务中，我们常常把施工组织设计和施工方案没有刻意进行区分，都习惯性地统一称为施工方案，因此在本书中也就统一用"施工方案"这一习惯性称谓来代表相应的施工组织设计和施工方案。

5.2.2　施工方案的造价影响

施工方案作为工程项目施工过程中非常重要的一个技术资料类别，对一个项目的利润有着非常重要的影响。

一方面，施工方案本身编制的技术质量，直接影响着实际施工的质量，影响着项目的直接施工成本。一个好的施工方案，既可以让施工企业有效地安排生产建设活动，降低施工成本，又可以让施工企业的项目质量得到有效保证，建立良好的企业形象。

另一方面，施工方案作为施工合同的一个重要组成部分，施工方案的阐述和表达，一字一句都可能对项目工程造价带来非常重大的影响。一个大型建设项目往往施工方案繁杂而众多，表述的内容繁如星海，从商务的角度，这既是很多造价商务创效工作的突破口，也是造价商务工作潜在的风险和隐患，一不留意，就会给项目的工程造价带来大量的结算审减风险。

总而言之，结合到"第4章·经济资料创效与实务"中合同的概念一节中的阐述和分析，施工方案的本质就是一份合同，施工企业使用得当，可以创造证据，规避风险，制造新的合同合意，留下签证索赔的出发点，创造新的项目利润源泉；施工企业使用不当，可以作为呈堂供词，留下把柄，后患无穷，成为工程项目结算审核时随时可以引爆的雷区，成为工程项目利润的无形杀手。这也就是当下众多施工企业尤其是在施工方案上要求技术商务务必深度融合的关键所在。

5.2.3 施工方案商务视角三核心

1）计价方式是核心，方式不同有区别

从技术本身的视角，施工方案思考的核心是能有效的指导现场施工，确保工程项目高质量高标准的修建完成；从造价商务的视角，施工方案是如何巧妙而又有效的与施工合同本身约定的计价方式相结合，最终给整个项目带来最大化的经济效益和成果。因此，不同的合同计价条款约定，施工方案表达的风格和方式，乃至关注的事项和注意的要求等就完全不同。

（1）总价包干须简洁，如何实施如何写

通常情况下，固定总价包干合同的包干本质可以分为两个层次去理解，第一个层次是直接包干，也就是对应施工合同本身约定的范围或者设计图进行包干；第二个层次是间接包干，也就是对施工方提供和编制的施工组织设计和施工方案中的一系列的做法承诺包干。

在实务中，对于第一个层次的直接包干，在施工合同中有可能会约定直接按照某设计施工图所表述的内容进行包干。在这种情况下，固定总价包干的范围就是设计施工图的范围，只要设计施工图不发生设计变更，固定包干总结在结算阶段一般不会进行相应调整。另一种情况是施工合同中可能具体约定本合同包干的工程内容以及相应的做法阐述，包干的工程内容可能小于设计施工图本身包含的内容，包干的做法也可能与设计施工图不一致。如果是包干的工程内容小于设计施工图的内容，那么超出包干范围的设计施工图的其他工程内容也需要由施工企业施工时，这部分工程造价就需要单独计算，不属于合同包干价范畴。如果合同包干的做法与设计施工图不一致，比如合同约定某项目采用塑钢窗，设计施

工图标注的为铝合金窗，在这种情况下，施工企业在图纸会审的过程中或者以其他方式，向建设单位提出图纸答疑进行明确。如果图纸会审对设计施工图进行调整，明确按照塑钢窗施工，那么合同固定包干总价就不进行调整；如果图纸会审明确仍旧按照铝合金窗施工，那么施工企业就应该按照设计图纸的要求执行，并针对设计图纸做法与施工合同包干价做法的不一致导致的工程造价的变化，向建设单位进行工程签证单独计算相关费用。但是如果合同约定做法与设计施工图做法不一致的情况下，如果施工企业直接按照合同约定做法施工，那么该工程就存在没有按照设计图纸施工，最终会存在质量验收不合格的风险，这种情况下施工企业就会承担相应的损失和责任。

作为建设单位，在签订施工合同时经常会要求附相应的预算书附件和做法明细，这个时候为了规避合同约定做法与设计施工图做法不一致带来的后期工程造价变化的风险，可以在施工合同中做以下约定："本合同的施工图预算书附件和做法明细等，仅作为项目施工过程中发生设计变更增减内容综合单价的参考依据，预算书附件和做法明细与设计施工图不一致的地方，以设计施工图为准，该风险已经包含在本合同的总价当中。"这样，就会降低很多项目中经常出现的合同约定做法与施工图不一致导致的各种过程争议和结算纠纷的概率和风险。

对于第二个层次的间接包干，也就是对施工企业编制的施工方案做法包干。在实务中，会存在施工方案与合同约定或者设计施工图不一致的地方，具体存在以下 2 种不同的情况：

第一种情况是施工方案的做法超出施工合同约定或设计施工图做法表述。这种情况就相当于在我们的生活中，客户已经通过网上平台向酒店以某个价格预定了一个普通标准房间，当客户到达酒店时，酒店主动要求给客户将普通标准房间更换为豪华套房，在这种情况下客户肯定是非常愉快的接受，但是酒店不能再向客户提出价格上的调整。同样的道理，施工方案超出合同的约定主动提出超出合同约定的做法，当施工方案履行了相应的审批程序，施工方案的内容就成为甲乙双方的一致意见，成为施工企业的合同承诺，也就同样属于施工合同总价包干的范畴。施工方案做法超出合同约定的部分不能增加造价，但是假如实际施工过程中施工企业没有按照施工方案履行高于合同约定的做法，这种情况下，建设单位还可以以实际做法与施工方案之间的差距，在结算阶段进行相应的工程造价扣减。

第二种情况是施工方案的做法低于施工合同约定或设计施工图做法表述。在这种情况下，一方面，该项目可能存在质量验收不合格的风险，直接导致该项目整个工程造价的计算和工程款项的支付受到影响，因为工程项目质量合格是工程造价计算和工程款项支付的最根本的前置条件，如果建设工程质量不合格，建设单位还可以追究施工企业的违约责任和导致的相应其他损失。另一方面，如果质量合格，相当于是施工企业对原施工合同总价包干的范围进行了折减缩小，建设单位可以在结算阶段扣除施工方案与施工合同约定或施工图做法表述的差异部分对应的工程造价。

案例：油漆做法的约定

◆案例背景

某钢结构工程项目按照固定总价包干，施工合同预算书附件约定油漆涂刷厚度为 $120\ \mu m$，未注明油漆涂刷遍数。

设计施工图注明油漆涂刷厚度为 $120\ \mu m$，涂刷遍数按照施工规范要求执行。经过查询相关施工规范要求，涂刷遍数为两遍即可。

施工企业在施工方案编制过程中，注明油漆涂刷厚度为 $120\ \mu m$，三遍成形。该施工方案经过相应审批流程后，施工企业在实际施工过程中根据规范要求涂刷两遍成形，厚度为 $120\ \mu m$。

◆商务解读

在这种情况下，固定总价包干对应的施工合同和设计图约定只需要涂刷两遍，施工方案主动提出要涂刷三遍，代表这个项目固定总价包干的油漆涂刷厚度修正调整为三遍，实际施工企业只涂刷两遍，虽然厚度达到了相应要求，但是遍数没有达到相应的要求，因此建设单位可以扣除施工企业少做一遍的人工费和机械费，相应的材料费不扣减。

如果施工企业在施工方案编制过程中，注明油漆涂刷厚度为 $120\ \mu m$，一遍成形。该施工方案经过相应审批流程后，施工企业在实际施工过程中根据施工方案一遍成形，厚度为 $120\ \mu m$。

在这种情况下，固定总价包干对应的施工合同和设计图约定需要涂刷两遍，施工方案和实际涂刷只涂刷一遍，虽然厚度达到了相应要求，不影响整体工程项目质量要求，但是涂刷遍数没有达到施工合同和设计图的约定，因此建设单位可以扣除施工单位少做一遍的人工费和机械费，相应的材料费不扣减。

第三种情况是施工方案的做法超出原有施工合同约定或设计施工图做法表述范围，在这种情况下则要区分具体的缘由进行区别对待。

案例：强夯工程的做法约定

◆案例背景

某强夯工程按照固定总价包干，施工合同约定按照强夯设计施工图表述的内容进行包干，在设计施工图中，强夯的范围边线为 A 区域。

◆商务解读

如果施工企业进场施工后编制施工方案阐述如下："为了更好地保证工程质量，强夯的范围在设计施工图 A 区域再往外扩展 2 m"，实际施工企业也是按照设计施工图 A 区域再往外扩展 2 m 进行强夯施工。在这种情况下，施工方案是基于施工企业本身的合同义务保证工程质量，由此导致的施工做法超出合同约定的包干范围，这种情况下结算时固定包干总价不变，不能增加相应工程造价。

如果施工企业进场施工后编制施工方案阐述如下："经过现场实地检测，招标过程中甲方提供的地勘资料载明的情况与现场实际不吻合，现场实际地质条件存在 ×× 等特殊情况，根据相应的强夯施工规范要求，需要在设计施工图 A 区域在往外扩展 2 m"。在这种情况下，施工方案是基于建设单位本身的原因导致的施工做法超出合同约定的包干范围，这种情况下结算时固定包干总价需要进行相应调整，施工方案增加区域对应的工程造价在施工过程中可以通过办理签证或者索赔的方式进入结算工程造价。

综上所述，在总价包干合同计价模式的情况下，施工方案编制的核心出发点需要保持简洁精练，实际项目是如何施工的就如何阐述，不需要把施工工艺或者流程或者做法表述得非常复杂、非常高端、非常上档次，也不要轻易把施工合同包干范围和设计图没有包含的内容在施工方案中进行超额表述。"所做即所述，所述即所做"，这就是总价包干项目从造价商务的角度编制施工方案最根本和最核心的底层逻辑。在此基础之上，如果对应某个工作内容，可以存在不同的施工工艺或者方法，尽量选择成本最低、质量安全保证程度高的综合效益最好的施工方案进行表述。

（2）定额项目须烦琐，故事思维必须有

定额计价的本质从造价商务角度就是按实计算，只要施工企业完成的工程内容在合同约定的范围或者建设单位的指令要求之内，均可计算相应的工程造价。由于定额编制是基于每一道施工工序进行的分解，而施工方案本身就是对具体施工工序的详细阐述，因此，定额计价方式下的工程造价是以设计施工图呈现的实体为最终结果要求，以施工方案阐述的具体施工工序为计价衡量，两者相结合形成最终的工程造价。所以，从造价商务的角度，定额计价模式下的施工方案编制，需要重点从以下 3 个方面去关注。

第一方面，定额计价模式下的施工方案首要的核心出发点是要会讲故事，也就是把一个普通的内容，能够娓娓道来，描述得越复杂越有利。

案例：钢护筒的计价

◆背景资料

某市政工程项目，合同约定执行项目所在地定额文件进行按实计价，其中基础工程为旋挖桩，桩直径 $d=1\,800$ mm，在实际开挖过程出现塌孔等不利地质条件，经过专项论证，施工方案调整为埋设全钢护筒的形式进行施工。

根据项目所在地定额文件的约定，埋设钢护筒可以按照埋设长度套取如表 5.1 所示相应的定额子目进行费用计算。

表 5.1　钢护筒定额子目分析表

工作内容：准备工作、吊装、就位、埋设，定位下沉，换土、夯实，材料运输，拆除，清洗堆放等 计量单位：10 m				
定额编号	AC0075	AC0076	AC0077	AC0078
项目名称	埋设钢护筒			
	$\phi \leqslant$ 800 mm	$\phi \leqslant$ 1 000 mm	$\phi \leqslant$ 1 500mm	$\phi \leqslant$ 2 000 mm
综合单价 / 元	1 505.72	1 763.52	2 709.83	3 252.67

续表

定额编号				AC0075	AC0076	AC0077	AC0078
项目名称				埋设钢护筒			
				$\phi \leqslant$ 800 mm	$\phi \leqslant$ 1 000 mm	$\phi \leqslant$ 1 500mm	$\phi \leqslant$ 2 000 mm
其中	人工费／元			287.50	287.50	287.50	287.50
	材料费／元			91.08	106.25	193.54	303.59
	施工机具使用费／元			733.75	908.91	1 529.05	1 841.49
	企业管理费／元			246.12	288.33	437.79	513.09
	利润／元			131.95	154.58	234.70	275.07
	一般风险费／元			15.32	17.95	27.25	31.93
	编号	名称	单位	单价	消耗量		
人工	000300010	建筑综合工	工日	115.00	2.500	2.500	2.500	2.500
材料	032301110	钢护筒	t	3 794.87	0.022	0.026	0.049	0.078
	050100500	原木	m³	982.30	0.003	0.003	0.003	0.003
	050303800	木材 锯材	m³	1 547.01	0.003	0.003	0.003	0.003
机械	990304001	汽车式起重机 5 t	台班	473.39	1.550	1.920	3.230	3.890

◆商务解读

假如我们采取一般通用的施工方案编制方式，首先明确钢护筒使用的型号，购买专业生产厂家生产好的成品钢护筒，旋挖桩直径 $d=1$ 800 mm，假定现场使用的成品钢护筒为 $\phi 2$ 000 mm × 16 mm；然后现场准备工作，吊装，就位，埋设钢护筒，定位下沉，旋挖钻孔，放钢筋笼，浇筑混凝土，拔出钢护筒。根据上述施工方案的描述，按照定额计价只能计算 AC0078 定额子目的费用。在只调整钢护筒材料价差，不计算组织措施费、规费、税金等费用的情况下，如果实际我们埋设的钢护筒是 100 m，定额计算的费用为 100 × 3 252.67/10=32 526.70（元）；假定我们购买的成品钢护筒经过甲方核价，市场价格为 4 500 元／t，钢护筒价差为（4 500−3 794.87）× 100/10 × 0.078=550.00（元）；钢护筒的工程造价为 32 526.70+550.00=33 076.70（元）。

假如我们换一种方式编制施工方案，首先我们不是直接购买的成品钢护筒，我们采取购买钢板，去专业钢结构加工生产厂家进行相应的加工工艺生产为钢护筒，然后再把钢护筒运到项目施工现场。钢护筒在进行卷管加工时，在焊接的位置需要增加一道内衬板，长度等同于钢护筒的长度；分段的钢护筒在现场需要进行对接焊接，在焊接位置也需要一道内衬板，长度等同于钢护筒的周长。根据现场实际情况对分段钢护筒对接焊接好后再进行吊装,明确吊装起重机械设备的型号;然后再是定位下沉,旋挖钻机钻孔,浇筑混凝土,由于该项目钢护筒为全钢护筒,无法拔出来多次摊销使用,因此本项目钢护筒为一次性摊销使用。钢护筒的制作工艺流程如图 5.5 所示。

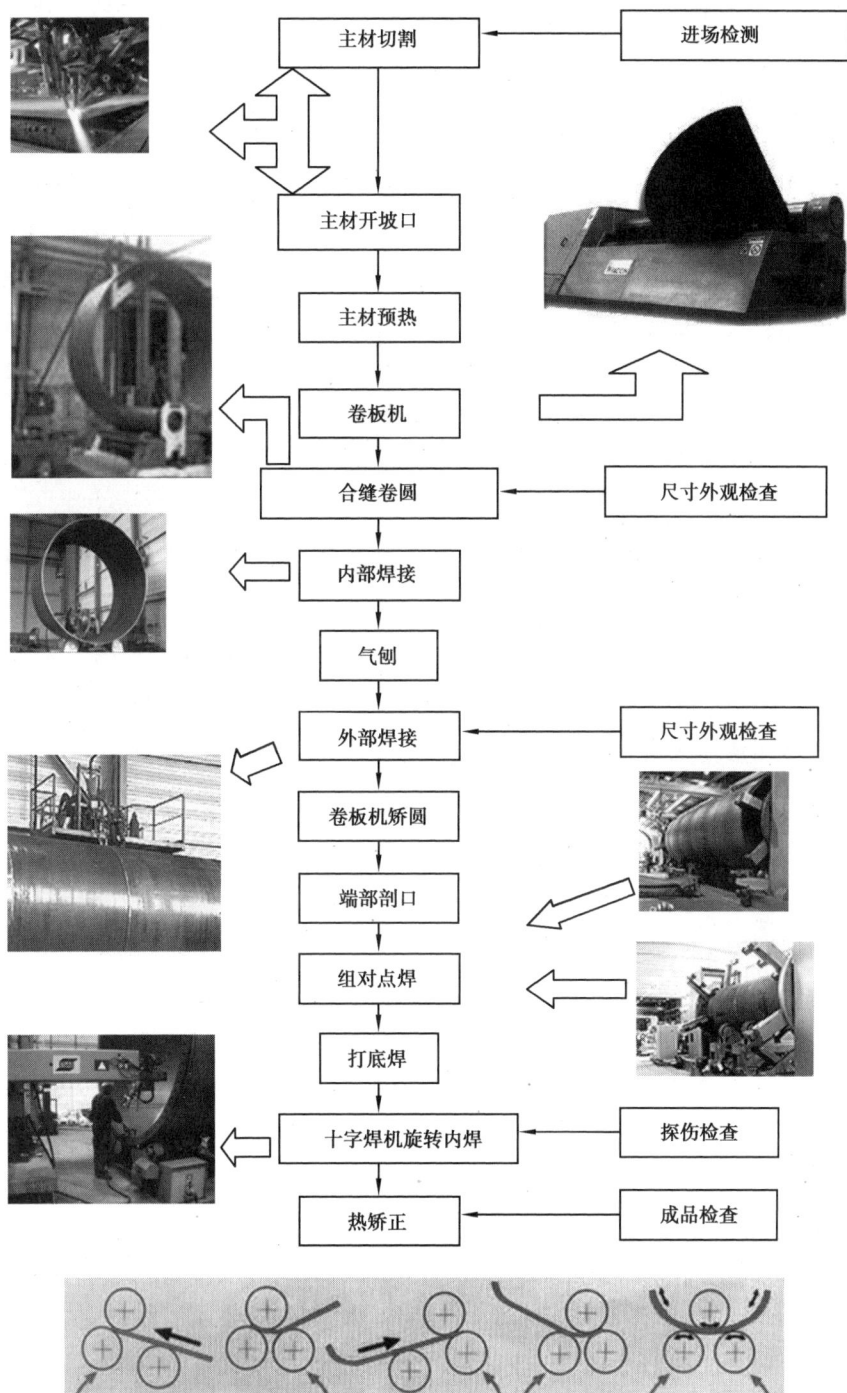

图 5.5　钢护筒的制作工艺流程图

那么根据上述的施工方案，同样的钢护筒，就可以计算以下费用：

① 钢护筒加工制作费用，执行如表 5.2 所示定额子目 AC0080。

表 5.2　钢护筒制作定额子目分析表

工作内容：准备工作、切割、坡口、压头、卷圆、组对、焊口处理、焊接、透油、堆放 计量单位：t					
定额编号					AC0080
项目名称					钢护筒制作
综合单价 / 元					5 494.83
其中	人工费 / 元				696.00
	材料费 / 元				4 032.66
	施工机具使用费 / 元				359.57
	企业管理费 / 元				254.39
	利润 / 元				136.38
	一般风险费 / 元				15.83
	编号	名称	单位	单价	消耗量
人工	000300160	金属制安综合工	工日	120.00	5.800
材料	032301110	钢护筒	t	3 794.87	1.050
	031352820	电焊条　L–60　ϕ3.2	kg	4.70	10.223
机械	990919020	电焊条烘干箱　550×450×550	台班	21.80	0.311
	990904020	直流弧焊机　14 kV·A	台班	55.23	2.640
	990736010	刨边机　加工长度　9 000 mm	台班	488.77	0.098
	990734015	卷板机　20×2 500	台班	249.71	0.170
	990732035	剪板机　厚度 20× 宽度 2 500	台班	306.05	0.065
	990307010	电动单梁起重机　5 t	台班	203.09	0.143
	990304001	汽车式起重机　5 t	台班	473.39	0.143

钢护筒质量为 $\pi \times 2.0 \times 0.016 \times 100 \times 7.85 = 78.917$（t），钢护筒制作费用为 $78.917 \times 5\,494.83 = 433\,635.50$（元）；假定钢板的造价信息价格为 4 000 元 /t，则钢板的价差为 $78.917 \times (4\,000 - 3\,794.87) = 16\,188.24$（元）。

② 增加的钢护筒焊接垫板费用，假定 100 m 钢护筒，按照 2 m 一段进行加工，共 50 段，焊接垫板尺寸为 50×6 mm，则垫板的长度为 $100 + \pi \times 2.0 \times (50-1) = 407.88$（m），总质量为 $0.05 \times 0.006 \times 407.88 \times 7.85 = 0.961$（t），对应的费用为 $0.961 \times 5\,494.83 + 0.961 \times (4\,000 - 3\,794.87) = 5\,477.66$（元）。

③ 加工好的钢护筒从加工场地运输到项目施工现场，假定运距为 5 km，执行如表 5.3 所示定额子目。

表 5.3　金属构件运输定额子目分析表

工作内容：按技术要求装车绑扎、运输，按指定地点卸车、堆放				计量单位：10 m	
定额编号	AC0121	AC0122	AC0123	AC0124	AC0125	AC0126
项目名称	Ⅰ类构件汽车运输		Ⅱ类构件汽车运输		Ⅲ类构件汽车运输	
	1 km 以内	每增加 1 km	1 km 以内	每增加 1 km	1 km 以内	每增加 1 km
综合单价 / 元	749.07	83.37	470.77	48.99	697.48	45.58
	⋮	⋮	⋮	⋮	⋮	⋮

根据定额说明钢护筒构件为Ⅱ类构件，钢护筒构件的运输费用为（78.917+0.961）×（470.77+48.99×4）=53 257.06（元）。

综合①②③费用的计算，如果施工方案考虑钢护筒施工企业自行委托钢结构专业厂家加工制作，则钢护筒到施工现场价格为（433 635.50+16 188.24+5 477.66+53 257.06）=508 558.46（元），折合到钢护筒质量上的单价为 508 558.46/78.917=6 444.22（元 /t）。

④钢护筒埋设费用为 100×3 252.67/10=32 526.70（元）。

⑤钢护筒一次摊销后定额子目扣减费用，钢护筒埋设定额子目中按照多次摊销考虑，前面已经单独计算了钢护筒的加工制作材料费，因此钢护筒埋设定额里面的钢护筒摊销消耗量需要扣除，即扣减埋设钢护筒含量中的钢护筒材料费为 100/10×0.078×3 794.87=2 960.00（元）。

因此，在该种施工方案的表述下，本项目钢护筒埋设的工程造价为 508 558.46+32 526.70–2 960.00=538 125.20（元）。

通过对施工方案从造价商务角度的优化调整，详细表述钢护筒加工制作过程，把加工的利润转移到施工企业利润之内，并计算相应的加工措施垫板费用和运输费用；明确该项目钢护筒为一次摊销，让总造价增加，相应的利润值增加，也便于现场施工和管理。如果施工方案明确钢护筒为拔出使用，首先该项目为全钢护筒，钢护筒的拔出施工困难，并且不一定能拔出成功，另外定额文件是按照多次摊销考虑，这种情况下会出现定额考虑的摊销次数远远高于项目现场的实际摊销次数，继而导致实际施工成本远远高于定额计算费用的潜在结算风险。

其次从造价商务的角度，需要结合定额文件本身规定的要求，系统梳理哪些部位哪些内容哪些工程量是无法根据设计施工图计算，而是要在施工方案中进行具体描述之后，或是根据施工方案的具体描述进行计算，或是根据施工方案的描述再结合实际施工的情况进行收方计算。先施工方案阐述审批通过，最后再现场收方确定，才能根据定额文件计算相应工程量，这是该类工程量和相应费用计算程序上的要求。如果在施工方案中没有详细的阐述，虽然实际施工也完成了相应的内容，则会存在程序上不合理而最终导致该部分内容无法进入结算工程造价的风险。

案例：某地房屋建筑工程定额文件需要施工方案具体阐述内容梳理

结合某地定额文件，对房屋建筑工程部分需要施工方案阐述的地方梳理汇总如下。也就是说从造价商务的角度，如果某项目是采用该地的定额文件计价，那么施工方案中就必须阐述以下相应的内容，如果不进行阐述，相应内容的费用就无法有效进入工程结算造价，会导致巨大的造价风险。

土石方工程

（1）机械不能施工的死角等部分需采用人工开挖时，应按设计或施工组织设计规定计算。如无规定时，按照表5.4计算。

表5.4 人工开挖土石方量占比计算表

挖土石方工程量	1万 m³以内	5万 m³以内	10万 m³以内	50万 m³以内	100万 m³以内	100万 m³以上
占挖土石方工程量/%	8	5	3	2	1	0.6

注：本表所列工程量是指一个独立的施工组织设计所规定范围的挖方总量。

解读：如实际土石方开挖，人工进行开挖的机械施工的死角位置工程量大于上述表格数据，就在施工方案中进行具体阐述人工开挖的位置和具体的工程量，如小于上述表格数据，施工方案中就不具体阐述，以上述表格中的数据进行定额计价。

（2）机械在垫板上工作时，按照相应定额子目人工和机械乘以系数1.25，搭拆垫板的人工、材料和辅助机械费用按实计算。

解读：如实际情况存在土石方施工机械在垫板上工作，需要明确搭拆垫板的范围、使用时间，并明确搭设和拆除垫板需要消耗的人工、材料，以及辅助使用的机械和台班。并在实际搭设完成后对上述工程量进行现场签证收方和核价，进入定额计价。

（3）机械凿打平基、槽（坑）石方，施工组织设计（方案）采用人工摊座或者结构上面有结构物的，应计算人工摊座费用，执行人工摊座相应定额子目乘以系数0.6。

解读：施工方案需要明确机械凿打平基、槽（坑）石方的具体部位。

（4）挖一般土方、沟槽、基坑土方放坡应根据设计或批准的施工组织设计要求的放坡系数计算。如设计或批准的施工组织设计无规定时，放坡系数按表5.5计算；石方放坡应根据设计或批准的施工组织设计要求的放坡系数计算。

表5.5 土石方开挖放坡系数表

人工挖土	机械开挖土方		放坡起点深度/m
土方	在沟槽、坑底	在沟槽、坑边	土方
1:0.3	1:0.25	1:0.67	1.5

解读：如实际土石方开挖，放坡系数大于上述表格，就在施工方案中进行放坡系数的描述；如小于表5.5的数据，施工方案中就不具体阐述，以上述表格进行定额计价。

地基处理、边坡支护工程

（1）钻孔锚杆（索）、喷射混凝土、水泥砂浆项目如需搭设脚手架，按单项脚手架相应定额子目计算。

解读：施工组织设计需要明确脚手架搭设的具体位置、形式和详细做法，实际施工过程中对搭设的脚手架进行收方，进入定额计价。

（2）钻孔锚杆（索）的砂浆配合比与设计规定不同时，可以换算。

解读：施工方案中明确具体的砂浆配合比，进入定额计价调整。

（3）支挡土板定额子目时按槽坑两侧同时支撑挡土板编制的，如一侧支挡土板时，按相应定额子目人工乘以系数 1.33。

解读：施工方案根据实际情况，明确挡土板是单侧支撑还是两侧支撑。

（4）修整边坡按经批准的施工组织设计中明确的垂直投影面积以"m²"计算。

解读：施工方案需要明确修整边坡的具体范围、位置，并详细列出相应的工程量。

桩基工程

（1）机械钻孔时，若出现垮塌、流砂、二次成孔、排水、钢筋混凝土无法成孔等情况而采取的各项施工措施费用，按实计算。

（2）桩基础成孔定额子目中未包括泥浆池的工料、废泥浆处理及外运运输费用，发生时按实计算。

（3）灌注混凝土桩的混凝土充盈量已包括在定额子目内，若出现垮塌、漏浆等另行计算。

（4）钻机进出场费用单独计算。

（5）钢护筒定额子目中未包括拔出费用，其拔出费用另计，按埋设钢护筒定额相应子目乘以系数 0.4。

（6）旋挖桩机钻孔时按照干作业法编制的，若采用湿作业法钻孔，相应定额子目可以调整。

砌筑工程

基础混凝土构件如设计或经施工方案审批同意采用砖模时执行砖基础定额子目。如砖需要重复利用，拆除及清理人工费另行计算。

混凝土及钢筋混凝土工程

（1）按照规定需要进行降温及温度控制的大体积混凝土，降温及温度控制费用根据批准的施工组织设计（方案）按实计算。

（2）现浇构件中固定钢筋位置的支撑钢筋、双（多层）钢筋用的铁马（垫铁），按现浇钢筋子目执行。

（3）柱（墙）和梁（板）强度等级不一致时，有设计的按设计计算，无设计的按柱（墙）边 300 mm 距离加 45° 角计算，用于分隔两种混凝土等级的钢丝网另行计算。

（4）因设计或已批准的施工组织设计（方案）要求添加外加剂时，自拌混凝土外加剂根据设计用量或施工组织设计（方案）另加 1% 损耗，水泥用量根据外加剂性能要求进行相应调整，商品混凝土按外加剂增加费用量叠加计算。

（5）现浇混凝土构件模板按照批准的施工组织设计（方案）采用对拉螺栓（片）不能取出者，按每 100 m² 模板增加对拉螺栓（片）消耗量 35 kg，并入模板消耗量内。模板采用专用止水螺杆，应根据批准的施工组织设计（方案）按实计算。

（6）现浇混凝土后浇带，根据批准的施工组织设计必须进行二次支模的，后浇带模板及支撑执行相应现浇混凝土模板定额子目，人工乘以系数 1.2，模板乘以系数 1.5。

（7）定额植筋子目深度按照 10 d（d 为植筋钢筋直径）编制，设计要求植筋深度不同时混凝土比例进行调整；植筋胶泥价格按国产胶编制，实际采用进口胶时价格按实调整。

（8）混凝土挡墙、块（片）石混凝土挡墙、薄壁混凝土挡墙单面支模时，其混凝土工程量按设计断面厚度增加 50 mm 计算。

（9）室外钢筋混凝土挡墙高度超过 3.6 m 时，其垂直运输费按批准的施工组织设计按实计算。无方案时，钢筋定额子目人工乘以系数 1.1，混凝土按 10 m³ 增加 60 元（泵送混凝土除外）计入按实计算费用，模板按本定额相关规定执行。

（10）采用逆作法施工的现浇构件按相应定额子目人工乘以系数 1.2 执行。

（11）商品混凝土采用柴油泵送、臂架泵泵送、车载泵送增加的费用按实计算。

（12）大于 14 m 的预制构件运输、安装费用，根据设计和施工组织设计按实计算。

（13）现浇构件中固定钢筋位置的支撑钢筋、双（多）层钢筋用的铁马（垫铁），设计或规范有规定的，按设计或规范计算；设计或规范无规定的，按批准的施工组织设计（方案）计算。

（14）后浇带的宽度按设计或经批准的施工组织设计（方案）规定宽度每边加 150 mm 计算。

（15）预制构件根据批准的施工组织设计采用特种机械吊装时，按 10 m³ 另增加特种机械使用费 0.34 台班，列入定额基价。

金属结构工程

（1）构件制作定额子目中钢材的损耗量已经包括了切割和制作损耗，对于设计有特殊要求的，消耗量可进行调整。

（2）钢支撑包括柱间支撑、屋面支撑、系杆、拉条、撑杆、隔撑等；钢天窗架包括钢天窗架、钢通风气楼、钢风机架。其中钢天天窗架及钢通风气楼上 C 型、Z 型钢套用钢檩条子目，一次性成型的成品通风架另行计算。

（3）构件制作定额子目中自加工钢焊接 H 型钢等钢构件均按钢板加工焊接编制，如实际采用成品 H 型钢的，人工、机械及除钢材外的其他材料乘以系数 0.6，成品 H 型钢按成品价格进行调差。

（4）构件制作、安装子目中不包括磁粉探伤、超声波探伤等检测费，发生时另行计算。

（5）钢结构构件 15 t 及以下构件按照单机吊装编制，15 t 以上钢构件按照双机抬吊考虑吊装机械，网架按分块吊装考虑配置相应机械，吊装机械配置不同时不予调整。但因施工条件限制需采用特大型机械吊装时，其施工方案经监理或业主批准后方可进行调整。

（6）钢构件安装子目按檐高 20 m 以内、跨内吊装编制，实际须采用跨外吊装的，应按施工方案进行调整。

（7）钢构件安装子目中已考虑现场拼装费用，但未考虑分块或整体吊装的钢网架、钢桁架地面平台拼装摊销的，如发生则执行现场拼装平台摊销定额子目。

（8）金属构件运输适用 ×× 市范围内的构件运输（路桥费按实计算），超出 ×× 市范围的运输按实计算。

（9）单构件长度大于 14 m 的或特殊构件，其运输费用根据设计和施工组织设计按实计算。

（10）金属结构构件运输过程中，如遇路桥限高限载而发生的加固费用、拓宽费用及有垫层线路和公安交通管理部分的安保护送费用，应另行处理。

屋面及防水工程

（1）卷材防水冷粘法定额子目，按黏结满铺编制，如采用点、条铺粘接时，按相应定额子目人工乘以系数 0.91，黏接剂乘以 0.7。

（2）楼地面防水子目中的附加层仅包含管道伸出楼地面根部部分附加层，阴阳角附加层另行计算。

（3）卷材防水、涂料防水屋面按设计图示面积以 m^2 计算，斜屋面按斜面面积以 m^2 计算，不扣除房上烟囱、风帽底座、风道、屋面小气窗、斜沟、变形缝所占面积，屋面的女儿墙、伸缩缝和天窗等处的弯起部分，按图示尺寸并入屋面工程量计算。如设计图示无规定时，伸缩缝、女儿墙及天窗的弯起部分按防水层至屋面面层厚度另加 250 mm 计算。

楼地面工程

抹灰工程

（1）砂浆种类，配合比，如设计或经批准的施工组织设计与定额规定不同，允许调整，人工、机械不变。

（2）如设计或施工方案要求混凝土面需要凿毛，其费用另行计算。

措施项目

（1）各项脚手架消耗量中未包括脚手架基础加固。基础加固是指脚手架立杆下端以下或脚手架底座以下的一切做法（如混凝土基础、垫层等），发生时按批准的施工组织设计计算。

（2）综合脚手架已包含外脚手架摊销费用，其外脚手架按悬挑式脚手架、提升式脚手架综合考虑，外脚手架高度在 20 m 以上，外立面按有关要求或批准的施工组织设计采用落地式等双排脚手架进行全封闭的，另执行相应高度的双排脚手架子目，人工乘以系数 0.3，材料乘以系数 0.4。

（3）凡不能按照建筑面积计算规则计算建筑面积的建筑工程，确需要搭设脚手架时，按单项脚手架项目计算脚手架摊销费用。

（4）满堂式钢管支撑架是指在纵横方向，由不少于三排立杆并与水平杆、水平剪刀撑、竖向剪刀撑、扣件等构成的，为钢结构安装或浇筑混凝土构件等搭设的承力支架，只包括搭拆的费用，使用费根据设计（含规范）或批准的施工组织设计另行计算。

（5）安全过道是指在脚手架以外，单独搭设的用于车马同行、人行通道的封闭通道，不含两侧封闭防护，发生时另行计算。

（6）水平防护架子目中脚手板是按单层编制的，实际按双层或多层铺设时按实铺层数增加脚手板耗料，支撑架料耗量增加20%，其他不变。

（7）建筑物水平防护架、垂直防护架、安全通道、垂直封闭子目是按8个月施工期（自搭设之日起至拆除日期）编制的。超过8个月施工工期的工程，子目中的材料应乘表5.6所示系数，其他不变。

表5.6 超施工期系数表

施工期	10个月	12个月	14个月	16个月	18个月	20个月	22个月	24个月	26个月	28个月	30个月
系数	1.18	1.39	1.64	1.94	2.29	2.70	3.19	3.76	4.44	5.23	6.18

（8）垂直运输费用，施工机械是按常规施工机械编制的，实际施工不同时不允许调整，特殊建筑经建设、监理单位及专家论证审批后允许调整。

（9）垂直运输子目不包含基础施工所需的垂直运输费用，基础施工时按批准的施工组织设计按实计算。

（10）固定式基础

塔式起重机基础混凝土体积是按30 m³以内综合编制的，施工电梯基础混凝土体积是按8 m³以内综合编制的，实际基础混凝土体积超过规定值时，超过部分执行混凝土及钢筋混凝土工程章节中相应子目。

固定式基础包含基础土石方开挖，不包含余渣运输等工作内容，发生时按相应项目另行计算。基础如需增设桩基础时，其桩基础项目另执行基础工程章节中相应子目。按施工组织设计或方案施工的固定式基础实际钢筋用量不同时，其超过定额消耗量部分执行现浇钢筋制作安装定额子目。

自升式塔式起重机是按固定式基础、带配重确定的。不带配重的自升式塔式起重机固定式基础，按施工组织设计或方案另行计算。

自升式塔式起重机行走轨道按施工组织设计或方案另行计算。

混凝土搅拌站的基础按基础工程章节相应项目另行计算。

（11）大型机械设备安拆及场外运输按施工组织设计中使用机械设备的数量按实计算。

安全文明施工费项目

（1）房屋建筑及市政基础设施工程发生的地上、地下设施与建筑物的临时保护措施项目，包括对已建成的地上、地下、周边建筑物、构筑物、文物、园林绿化和电力、通信、给排水、油、天燃气管线等城市基础设施进行覆盖、封闭、隔离等必要保护措施所发生的安全防护措施费用，按有关规定另行计算。

（2）防地质灾害、地下工程有害气体监测及设施设备费用，发生时另行计算。

（3）生产工人防暑降温费未包含高温补贴费，发生时按有关规定另行计算。

（4）工程排污费按国家及本市环保等部门的有关规定另行计算。

解读：安全文明施工费一般按照一个固定费率包干计算。因此，在编制相应施工方案时，需重点考虑如何在满足相应规章制度要求、主管部门相关要求以及现场施工要求的前提下，做到相应发生的安全文明施工费用所用的工程量最为经济和实惠。如果发包方对安全文明施工做法的要求高于正常规范要求，需要制订相应的专项施工方案，对高于正常安全文明施工规范要求的项目和做法进行阐述，该部分费用按实计算。

上述根据施工组织设计或者按实计算的费用，均需要在施工方案中进行具体描述，实际施工时再进行收方。在施工图预算编制阶段根据施工方案中载明的工程量进入工程造价，在结算审核阶段，根据施工过程中实际收方的工程量进入结算造价。若收方工程量≥施工方案中载明的工程量，以施工方案中的工程量进入结算造价；若收方工程量≤施工方案中载明的工程量，以收方工程量进入结算造价。在实务中，为了避免出现收方工程量≤施工方案中载明的工程量的不利因素和风险，我们在编制施工方案时，需要灵活应用"第 3 章 商务文字表达与实务"中文档表达技巧里面的具体原则、模糊原则等原理，对具体的部位和做法进行详细的阐述，做到根据施工方案能准确无误的计算出相应工程量和统计相应做法，力求工程量尽量完整和计算准确，然后在对应的位置后面增加兜底说明表述："上述工程量统计和做法为根据理论情况初步估算，实际以施工过程中收方确认的工程量和做法为准。"

最后，第三方面从造价商务的角度，要结合定额文件的相关定额子目的描述，尽量让施工方案中对相关事项的描述与定额子目的相应描述保持一致，这就是文档表达技巧里面的一致性意识的体现。在施工方案和定额文件对某一工序表达一致的情况下，在定额套取的过程中各方就更容易达成一致，避免争议。虽然施工方案的实质内容与定额文件的定额描述一致，如果在表述的名称上不一致，导致有理解歧义，在这种情况下，虽然实质相同，形式不同，在实务中就不可避免地会给后期的定额结算带来不必要的争议和纠纷，带来相应的造价风险。

（3）清单按实须综合，收放自如有掌握

清单按实计价项目，从本质上是属于部分包干部分按实计算，具体每个子项的综合单价属于已经确定，在合同签订的时候包干，除非发生设计变更或者其他因素导致项目特征发生变化，包干的综合单价不再进行调整；具体的工程量是属于按实计算，根据设计施工图、设计变更、过程中的签证和收方等按实计算工程量。在这种情况下，清单计价按实结算项目施工方案的编制风格和要求就处于总价包干项目与定额项目之间，需要结合实际项目的实际清单编制以及项目特征的描述等具体情况，灵活应用和灵活处理。

通常情况下，针对已经有一定利润的清单项目，在施工方案中的表述尽量与清单项目特征表述不冲突，保持一致即可；针对亏损的清单项目，可以争取在施工方案中通过对具体做法的表述与清单项目特征发生偏差，创造变更原合同综合单价或者重新组价的有利条件；针对有些工程量的确定需要通过施工方案进行明确的，就在相应施工方案中进行详细的阐述和表达。比如圈梁构造柱的钢筋预留还是植筋的做法；比如钢筋是搭接还是直螺纹连接的具体范围区分；比如某项目约定组织措施费费率保持中标不变，组织措施费具体事项实施的施工方案中的表述，如分户验收、夜间施工、已完工程保护等组织措施费用项目的具体施工方案中阐述。

总而言之，清单按实项目就如武侠小说《笑傲江湖》中的独孤九剑所蕴含的精髓，需要我们紧紧围绕清单本身的实际情况，无招胜有招，结合实际情况收放自如的灵活处理。

2）逐条内容要用心，横看成岭侧成峰

一般施工组织设计都应包含一些固定的内容，每部分内容从造价商务的角度，都有相应的商务作用和商务功能，需要我们逐条用心的去表述，用心的去考量，用心的去表达。

（1）工程概况和工程特点的说明

该部分主要是用于阐述项目的整体情况，便于阅读人员快速建立对该项目的整体的宏观的认识和了解。

（2）施工方案

该部分是施工组织设计的主体部分，是清单编制、定额计价、签证收方的核心依据，需要结合计价方式重点关注。

（3）施工现场平面布置图

施工现场平面布置需要注意的地方是现场是准备如何布置的，就要如实在施工组织设计中进行表示和体现，这是后期如果由于非乙方的原因导致的施工现场发生变化进行索赔的核心依据和前提。

例如： 某工程项目，施工组织设计现场平面布置图中表述，施工企业施工现场临时办公活动板房位于 A 位置；施工组织设计经过监理、建设单位审批通过后，实际施工企业结合项目现场的实际情况，将活动板房修建在 B 位置。

项目进展到中途，建设单位在 B 位置要新修建其他建筑，于是建设单位给施工企业下达指令，将现场的活动板房拆除搬迁到其他指定位置。施工企业按照建设单位的要求进行搬迁后，与建设单位一起，对搬迁的工程量、工程费用进行现场收方，并办理了工程签证单，工程签证费用合计为 C 元。

该项目施工完毕经验收合格，施工企业上报结算书，包含该活动板房搬迁签证单金额 C 元。一审审核单位经过审核，该部分费用进入最终的审定金额。

该项目进入二审阶段，二审审核单位在审阅了施工组织设计后提出，施工组织设计明

确活动板房修建在 A 位置，施工企业没有按照审批的施工组织设计平面布置图搭建，而自作主张搭建在 B 位置，因此虽然是建设单位需要在 B 位置修建建筑导致活动板房搬迁，但是假如施工企业按照施工组织设计将活动板房修建在 A 位置，就不会存在后续的活动板房搬迁事宜。因此，活动板房搬迁工程签证单是施工企业自身的原因导致，而非建设单位的原因，该部分费用不应计入结算，应该由施工企业自行承担。

（4）施工进度计划和保障措施

该部分内容是施工过程中，如果发生非施工企业的原因导致工期延期的事由时，那么该施工进度计划就是计算工期是否延期，以及具体延期多久的直接依据，也是计算相关工期延期后导致的费用索赔的依据。

（5）劳动力和材料供应计划

该部分内容是非施工企业原因导致的工期延期或者窝工后，计算相应索赔费用的依据。

在材料供应计划中，如果是甲供材的部分，需要重点阐述甲供材料的数量、质量要求、详细接收、移交、检测等关键事项，如果由于甲方原因导致甲供材没有按照计划执行，该部分内容是施工企业索赔的支撑依据。

如果材料是订制的或者需要进行专门运输的，也均需要详细描述，这是发生了相应事件后施工企业的索赔依据。

例如：某特殊材料是需要提前 3 个月订制，如果该材料所做的工序还有 2 个月才会施工时，建设单位提出变更取消该特殊材料，由于施工方案中已经提前阐述该特殊材料需要提前 3 个月订制，那么施工企业就可以根据该施工组织设计和实际的订货合同向建设单位索赔相应的费用。如果施工组织设计中没有对该特殊材料的供应进行相应表述，虽然施工企业也是提前 3 个月进行了订购，但是建设单位可以提出质疑提前 3 个月订购的合理性，可以反驳由于施工企业超出一般常理提前这么长时间预定材料，如果按照正常采购材料方式，建设单位已经提前 2 个月告知取消该材料，是不会存在该订购材料相应损失的，因此建设单位可以提出不承担该特殊材料的损失或者需要施工企业和建设单位一起承担该特殊材料的损失。

结合实际情况，该部分可以阐述具体劳动力使用的情况，以及相应的工日单价，在发生合同外或者计价规则约定的计日工之外的事项时，后期可以参考该工日单价来计算相应的费用。

在各个施工阶段劳动力的投入数量，需要结合项目实际情况进行阐述，不可高估冒算或者超越正常施工水平，编制过多的投入数量，这样会带来潜在的商务风险。

（6）施工机械设备的选用

施工机械设备，是计算施工机械进出场以及相应措施费用的依据，需要详细描述施工机械设备的型号，进出场时间和距离，对一些需要现场组装的设备，比如大型履带吊车等，还需要详细阐述组装的过程、所需要的组装起重设备等，并在后期办理相应的签证。

施工机械设备，不宜表述是自有设备，而应表述为租赁设备，并阐述具体的租赁的台班价格。如果在施工过程中，由于非施工企业的原因导致的停工和窝工，施工企业在计算施工机械设备的停窝工损失时，如果是自有设备，只能计算机械折旧费用，如果是租赁设备，则可以计算台班价格，而通常情况下，机械折旧费用是要低于租赁台班价格的。

（7）质量保证体系及措施

该部分需要明确相应的质量标准和要求，以及采取的措施，当建设单位在施工过程中，提出超出合同约定要求的质量标准，或者采取其他方式间接的提高质量标准，比如飞检等，该部分内容就可以成为后续索赔的支撑资料和依据。

（8）安全生产、文明施工措施

结合行业和合同约定的要求，编制相应的安全文明生产措施，结合计价文件和安全文明施工费计费文件规定，如果是要根据现场实际发生按实收方的，就需要详细阐述按实计算部分安全文明施工费的具体布置位置和相应做法。

（9）环境保护、成本控制措施

在施工过程中，当存在相关索赔事项发生时，该部分内容就是施工企业计算相关索赔事项管理费等间接费用的一个参考依据和基础。

（10）合同当事人约定的其他内容

比如冬、雨季等特殊施工条件下的施工措施；地下管线及其他地上地下设施的加固措施；降低成本等技术组织措施和主要技术经济指标等。这些内容是在发生相应索赔事项的时候，计算相应的措施费索赔和管理费索赔的依据和支撑。

综上所述，施工组织设计的每一部分内容每一条描述，从造价商务的角度，都可能会存在潜在的巨大的风险或者价值，需要对每条内容一方面从技术本身的角度去考虑，另一方面从造价商务的角度去用心琢磨和思考，最终就会带来不同的影响和效果。

3）因地制宜多琢磨，切忌不变走天下

在实务过程中，每个工程项目的类别不同，比如建筑工程，比如公路工程，比如市政工程等；每个工程项目的具体计价方式不同，比如定额计价，清单计价，全费用清单计价，战略清单计价，模拟清单计价等；每个工程项目具体的合同约定条款不同，比如有的非常苛刻，有的比较松散，有的比较杂糅等；甚至每个工程项目的具体业主的风格不同，比如有的严谨，有的强势，有的随和……

因此，我们在编制施工组织设计时，就不能持有一套标准的施工组织设计模板走天下这种思路，也切忌生搬硬套地将施工组织设计的一些思路和技巧进行僵化的应用，更多的是要从施工组织设计技术本身和商务视角两个维度进行衡量，因地制宜的结合实际工程项目的实际情况进行有效的理解和应用。

例如：某项目在图纸不齐全和深度不够的时候，根据实际建设程序的要求，需要编

制完整的施工组织设计，在这种情况下，可以结合已经有的资料和设计图纸编写，针对不明确或者预估后面会存在变化的地方，在施工组织设计上留下开口的表述："目前该部分仅为根据当下资料编制，后期根据深化后的设计施工图，会编制相应的详细的施工方案，本施工组织设计与后续施工方案不一致的地方，以后续施工方案为准。"这样，一方面既可以满足当下项目建设的实际需要，另一方面也可以从造价商务的角度规避潜在的风险。

造价笔记 411

技术工作安排的关键：先要达成共识，再是任务目标清晰明确

经过近 2 个星期的调整修改，××项目的施工图预算编制初稿终于完成，于昨天晚上汇总提交到了公司总工办，进行内审。

回想其中的种种，感慨颇多。

首先是对人性的再次深入理解。对于很多技术人员，尤其是基层技术人员，大都有两个共性的思维：

一个思维是自己辛辛苦苦完成的工作，哪怕其中有很多错误，哪怕会明显影响后期的工作效率，一般内心是不愿意修改的，都希望这个事情先过，等后面确实出现了预计的情况再说。所谓未来的影响未来再说，当下舒服就好。

另一个思维是很难容忍其他人当面直接指出自己的错误，哪怕确实是错误的，都会从自己的角度想方设法地去解释、去维护。

解决这两个问题的基本策略是达成共识，达成共识就需要深入浅出地站在对方以及整个事物的角度，如果这样做会对对方整体工作有效率，如果不这样做会有哪些损害，一定要剖析清楚。同时，在交流时要保持探讨请教技术问题的口吻，切忌直接说某某地方错了，采取一起探讨、一起交流的说法更为妥当，直到最后引导到对方自己说出解决办法或者修改的落地举动，这样才能算达成了共识。

同时由于惯性使然，技术人员往往过于相信自己对任务的理解，对任务布置者成果需要的理解，过于相信自己的脑海记忆而不是文字记忆。

因为技术人员惯有的技术思维，往往局限技术本身，而忽略任务的整体目标和要求，所以这个时候，需要任务布置者梳理出具体的成果要求清单，并一一解释它们的用途，如果可能，和对方一起把成果清单具体文档的内容和格式要求都明确清晰化，这样效果就更好。

另一方面，我们要随时记录整理交流内容，即达成共识的成果，形成文字记录及时发给技术人员保存，在过程中不厌其烦地引导技术人员随时用文字记录整理相关问题和工作细节，这对技术任务的最终有效完成，也是一种润物细无声的潜在支持效果。

除此之外，与技术人员交流，我们还要做到比对方对整个项目的技术细节和相互关系更加熟悉，并且信手拈来。这就需要管理者在前期务必投入一定的精力进行整体梳理，过程重点提炼，并与对方及时交流探讨。这是支撑前面两个问题解决的最终底层逻辑。

所以，对技术人员，尊重，共识，引导，要求，简单，明确，路径，清晰，执行，是关键词。

对管理人员，交流，发散，目标，自主，模糊，创新，认可，融合，圆润，往往又是其另一套关键词。

2019 年 8 月 12 日

5.3 竣工图纸实务

5.3.1 竣工图的基本概念

1）竣工图的概念和意义

根据《建设工程文件归档整理规范》（GB/T 50328—2014）的表述，竣工图是指工程竣工验收后，真实反映建设工程项目施工结果的图样，也就是说竣工图是建设工程在施工过程中，根据施工现场的各种真实施工记录和指令性技术文件，对施工图进行修改或重新绘制的，与工程实体相符的图说。

在工程建设实务中，设计图、施工图、竣工图这三种图纸在工程的不同阶段和时间产生，也与不同经济活动相对应，具体如表5.7所示。

表 5.7　工程图纸使用情况

图纸	编制时间	编制单位	材质	内容	对应经济活动
设计图	方案设计阶段	设计单位	白图	目录、说明、平面图、立面图等	概算
施工图	施工图设计阶段	设计单位	蓝图	目录、说明、平面图、立面图、剖面图、大样图、节点图等	预算
竣工图	施工过程中	施工单位	新蓝图	目录、说明、平面图、立面图、剖面图、大样图、节点图等	结算

根据相关规范的要求，所有建设工程均应编制竣工图。建设工程竣工图是城建档案的重要组成部分，是建设工程档案的核心，竣工图是工程竣工后工程结算、交工验收、改建、扩建、维护管理的重要依据，在实践中，竣工图具有以下的重要作用：

①竣工图是城市规划、建设、管理的重要依据。

②竣工图是工程维护管理的重要依据。

③竣工图是工程结算的重要依据。

④竣工图是造价鉴定、司法鉴定裁决的重要凭证。

2）竣工图的编制内容

一般的房屋建筑工程，竣工图的编制内容按照专业分，包括土建工程（含建筑、结构）竣工图。

其中建筑包括：封面，建筑竣工图目录，说明，建筑构造作法一览表，总平面图，建筑平面图，立面图，剖面图，楼梯详图，楼层平面图，建筑详图。

其中结构包括：封面，结构竣工图目录，说明，基础平面图，基础详图，地下室结构图（人防图纸），地下室结构详图，楼面结构布置，楼面配筋图，梁、柱、板、楼梯详图，结构构件详图。

给排水安装工程竣工图，包括：封面，给排水竣工图目录，说明，总图，平面图（自下而上），详图，给水、消防、排水、雨水系统图。

电力、照明电气和弱电（包括通信、避雷、接地、电视等）安装工程竣工图，包括：封面，电气竣工图目录，说明，主要设备材料表，平面图，详图，系统图，控制线路图，大型工程应按强电、弱电、火灾报警及其智能系统分别设置目录。

暖通工程（包括采暖、通风、空调）竣工图，包括：封面，暖通竣工图目录，说明，主要设备材料表，平面图，剖面图，详图，系统图。

景观工程竣工图，包括：封面，景观竣工图目录，说明，总图，竖向图，放线图，索引图，分区图，节电详图，铺装详图。

绿化工程竣工图，包括：封面，绿化竣工图目录，说明，苗木材料表，总图，乔木种植图，灌木种植图，地被种植图。

装饰工程竣工图。

3）竣工图的编制依据

一般情况下，如下所述资料是竣工图的编制依据：

① 经过审核合格备案的设计施工图。

② 图纸会审和设计交底资料。

③ 设计变更通知，一般设计变更单要采用行业主管部门统一的表格，按照专业统一连续编号，设计经办人签字，负责人审核签字，并且要加盖设计院公章或者出图章，有附图的，也需要加盖设计院公章或者出图章，并经相应的设计经办人签字。

④ 技术变更（洽商）记录，要采用行业主管部门统一的表格，按照专业统一连续编号，相应人员和单位签字及盖章。

⑤ 施工现场隐蔽验收记录、各种隐蔽验收档案资料等。

⑥ 材料代用的资料。

⑦ 质量事故报告、鉴定、处理措施及处理结果。

⑧ 建（构）筑物定位测量、施工检查测量及竣工测量。

⑨ 现场收方、签证以及相关索赔事项。

⑩ 其他已经实施的指令性文件，比如函件、报告、通知等要求。

⑪ 经设计单位审查合格的详图分解和深化设计等。

4）竣工图的编制方法

常见的竣工图编制方法如表 5.8 所示。

（1）利用原施工蓝图直接修改

在施工过程中，如果没有变更事项，或者变更事项较少的，可以在原施工蓝图之上直接注明变更修改依据和说明，并加盖竣工图章，相应人员在竣工图章内签字即可。

表 5.8　竣工图的编制方法

	施工蓝图直接修改	重新绘制
条件	原施工蓝图数量足够；变更较少	设计单位提供电子版（CAD 图）或自行绘制；变更较多
特点	绘制方便、简单，成本低，审核方便、时间短	对人员专业技术要求高，绘制和审核时间相对较长
内容	直接在变更部位更改并写明依据；加盖竣工图标志图章	更改的内容必须与原施工图进行比对；用竣工图图标

（2）重新绘制竣工图

在施工过程中，变更事项比较多，或者结构、工艺、平面布置、相关做法等有重大改变时，应重新绘制竣工图，重新绘制的竣工图应该使用竣工图图标，竣工图重新晒印成蓝图后，相关人员在竣工图蓝图上的竣工图图标内签字即可。重新绘制的竣工图，不能使用笔在竣工图上直接修改。

在实践中，一方面竣工图需要的套数比较多，而原施工蓝图的数量不够；另一方面重新绘制的施工图从使用的角度更加方便、有效和系统，因此，在实务中通常采取重新绘制竣工图的方式，只有在一些工程不大，施工过程比较顺利也没有发生相应变更或者其他事项的情况下，才使用施工蓝图修改加盖竣工图章作为竣工图。

5）竣工图的编制要求

从工程项目施工技术本身，竣工图编制需要注意以下几个方面的要求。

（1）编制时间要求

根据《国家基本建设委员会关于编制基本建设工程竣工图的几项暂行规定》：

二、各项新建、扩建、改建的基本建设工程，特别是基础、地下建筑、管线、结构、井巷、峒室、桥梁、隧道、港口、水坝以及设备安装等隐蔽部位，都要编制竣工图，编制各种竣工图必须在施工过程中（不能在竣工后），及时做好隐蔽工程检验记录，整理好设计变更文件，确保竣工图质量。

五、工程竣工验收前，建设单位应组织、督促和协助各设计、施工单位检验各自负责的竣工图编制工作，发现有不准确或短缺时，要及时采取措施修改和补齐。竣工图要作为工程交工验收的条件之一。竣工图不准确、不完整、不符合归档要求的，不能交工验收。在特殊情况下，也可按交工验收时双方议定的限期补交竣工图。

结合实际情况，一般竣工图编制完成的时间如下：

基础竣工图编制时间，基础结构验收后一个月内；

主体结构竣工图的编制时间，主体结构验收后 1~3 个月内完成；

整个项目完整的竣工图编制时间，在工程竣工验收之前完成。

从实践的角度，在施工过程中，每完成一个阶段的工程内容，就及时的在过程中完成该部分竣工图的绘制，当项目施工完毕，竣工图也就绘制完毕，这是最佳的理想状态。

（2）编制数量要求

一般在施工合同中会约定施工企业编制和提供竣工图的具体数量要求，如果在施工合同中没有相应的约定，根据《国家基本建设委员会关于编制基本建设工程竣工图的几项暂行规定》的相关规定：

六、大中型建设项目和城市住宅小区建设的竣工图，不得少于两套，一套移交生产使用单位保管，一套交有关主管部门或技术档案部门长期保存；关系到全国性特别重要的建设项目（如首都机场、南京长江大桥等），应增交一套给国家档案馆保存。小型建设项目的竣工图不得少于一套，移交生产使用单位保管。因编制竣工图需增加的施工图，由建设单位负责及时提供给施工单位，并在签订合同时，明确需要增加的份数。

如果施工合同中没有约定竣工图的具体数量要求，而建设单位要求施工企业提供的竣工图数量超出上述规定时，可以酌情参考各地定额计价文件中关于档案编制费用的相关规定，与建设单位协商，提出增加相应的工程造价。

5.3.2　竣工图的造价影响

在实务中，存在两种情况：一种情况是施工合同直接约定，结算时按照竣工图按实计算工程量进行结算。在这种情况下，竣工图是工程造价工程量的直接计算依据和施工做法的取费依据，竣工图编制的情况直接决定了工程造价的高低。因此，竣工图对工程造价具有至关重要的核心关键作用，是工程造价的决定性因素之一。

一种情况是施工合同中直接约定，竣工图不作为工程结算的依据。在这种情况下，虽然竣工图不是结算依据，施工企业编制结算时，不能以竣工图作为依据进行工程量的计算和计价等，但是在实务中，往往建设单位会借助竣工图，以竣工图的相关数据为理由或者支撑，对工程项目的工程造价进行相应的审减。在这种情况下，竣工图编制的质量高低会间接影响结算审核，最终影响工程造价的高低。

案例：某厂房工程雨棚造价审减剖析

某厂房工程，该项目采取清单招标，总价包干的方式，合同约定按照招标时设计施工图上的范围总价包干，施工过程中发生的设计变更有相同或类似单价的参考合同所附清单单价执行，没有的参照当地定额组价并下浮一定比例执行。

在设计施工图中，该项目在厂房的入口处设计了钢结构雨棚，施工企业根据设计施工图，完成了该雨棚的施工。后建设单位相关人员来项目现场考察时，提出该雨棚影响视觉效果，当场提出由施工企业拆除。施工企业接到口头指令后，在没有履行设计变更和完善相关建设单位书面指令的情况下，对该雨棚进行了拆除，后由于施工企业的现场人员变化，也就忽略了该雨棚的拆除指令的办理。

在竣工图绘制时，施工企业技术人员在设计图的基础上，结合过程变更及建设单位指令，完成了竣工图绘制。由于没有雨棚的拆除变更和相关书面指令，该技术人员也没有去现场核实相关实际情况，因此该竣工图上仍旧体现有该雨棚。

项目施工完成，施工企业编制结算书，由于没有雨棚拆除变更，施工企业也未计算雨棚拆除的费用。建设单位结算审核人员在现场踏勘时，将竣工图和实际项目实体进行核实比对，发现竣工图上的该处雨棚在实体中不存在，由于该项目是总价包干，建设单位审核人员认为施工企业没有按照竣工图的要求，完成该钢结构雨棚的施工，因此钢结构雨棚的相关实体费用，需要从结算造价中扣除。

施工企业提出该雨棚的拆除是过程中建设单位的口头指令要求，但是建设单位审核人员提出竣工图中体现有该雨棚，而且施工企业无法提供过程施工完毕的现场照片或者相关会议记录及设计变更，只能认为该雨棚没有施工。为了尽快办理完工程结算和回收工程款，最终施工企业只有放弃自己的主张，接受该钢结构雨棚工程造价的审减。

由于施工企业过程工作失误以及竣工图绘制的不细致，一方面导致施工企业没有计算到相应的拆除费用，而实际自身又发生了相应的成本支出；另一方面更是导致了相应的实体费用的扣减，而这本身又是属于施工企业自身应该获得的利益，一个小失误最终导致施工企业的多重损失，教训不可谓不惨痛。

5.3.3 竣工图商务视角实务

在实务工作中，不管何种情况、何种计价方式，从造价商务的角度，竣工图最终都会直接或间接、主动或被动地影响最终的结算工程造价。因此，在项目技术人员从技术的角度把控和完成竣工图的时候，还需要从造价商务的角度，去深度关注和把控竣工图编制的质量。

一般情况下，造价商务人员可以通过参与到对竣工图的编制审核，来体现商务要求和规避潜在的商务风险。具体到项目中，一般是在项目技术人员编制完成竣工图初稿，技术负责人或者现场总工进行相应审核形成竣工图初步完成稿，造价商务人员从最终工程造价结算的角度，对竣工图初步完成初稿进行系统全面的审核，并把审核意见反馈给技术人员进行修改和调整，最终竣工图再经过项目经理和其他分管领导审核，确认无误后提交监理和建设单位审核签字，完善相关手续，成为有效的工程技术资料。

从造价商务的视角，商务人员审核和把控竣工图，主要分为形式审核和实质审核。

1）形式审核

形式审核也可以理解为外在审核。形式审核主要注意以下几个方面的内容：

第一，一切变化均要有来源，从逻辑上讲，竣工图 = 设计施工图 + 设计变更或者其他指令和函件，这就要求竣工图与原来设计图不一致的地方，均要有相应的支撑资料。在形式上，这就要求我们在绘制竣工图时，针对竣工图与原来设计图不一致需要增减的地方，使用云线符号进行框出，并用指示标注变化的依据来源："比如某设计变更、某会议记录、某函件"。这样，从形式上能让各方人员快速和醒目地注意到竣工图变化的位置，直观和直接；另外，也可以通过外在的形式体现竣工图严谨的内在逻辑，体现专业性，对相关资料进行闭合，监理和建设单位人员对竣工图的审核进程以及后续的竣工图的使用，均能产生非常积极有效的作用。

第二，竣工图编制要符合制图规范，整体效果视觉清爽，整齐划一。对字体的大小、标注的形式，均要严格按照制图规范的要求执行，整个竣工图保持统一，不能在某 A0 号图纸上，标注大小显示出来是 5 mm，看着字体非常大；而在某 A4 号图纸上，标注大小显示为 2 mm，需要用放大镜才能看清楚。这样虽然内容上不会有影响，但会影响结算审核时审核人员的内在心境，因为有时候审核人员习惯使用纸质蓝图而不是电子版本图纸。当审核人员面对蓝图的不清晰字体大小错乱时，一方面，审核人员会潜意识认为该施工企业不专业、做事不严谨，结算编制里肯定也会存在很大的水分；另一方面，审核人员无法清晰辨别某标注时，可以直接不把相关的内容计入工程造价，又增加后续施工企业自身的沟通和修改成本，这样字体的错乱就间接地影响了最终的工程造价的审核和结果。除此之外，竣工图本身的目录、排版、相关节点图的索引等，都要保持清晰美观，按照最有利于使用者快速理解和使用、查询的原则进行相应的处理。

2）实质审核

实质审核也就是内在审核，就是从造价商务的角度，结合本项目的商务结算条款，从该项目的最终工程结算角度出发，详细地对竣工图的具体与工程造价和结算相关的内容进行逐一细致的把控和审核，提前规避相关可能的结算争议和风险。实务中，对竣工图的商务实质审核一般可以按照以下几个步骤进行。

（1）审核基础准备工作

在对竣工图进行详细具体的商务细节审核前，造价商务人员需要做好以下 3 个方面的基础准备工作。

一是提前全面地熟悉招投标文件和施工合同，对其中与商务结算的条款、结算的方式或者相关清单计价文件，需要重点熟悉；对于过程中的设计变更和其他相关技术经济资料，也需要全面熟悉。通过熟悉上述资料，可以初步梳理出，哪些地方是商务风险，哪些地方是商务机会，这样就能指导后续具体工作的方向。

二是确认实际施工范围，现实中由于工程项目建设过程的多变性和复杂性，会存在实际施工范围与合同约定范围不一致的情况。一方面，商务人员可以与对项目现场施工过程比较熟悉的技术人员和管理人员，核实和确认具体的实际施工范围；另一方面，商务人员可以去现场，实地核实施工范围。确认实际施工范围，能确保施工图绘制的内容不出现漏项或多项的风险。

三是拍摄或者整理项目工程照片。一方面，施工现场会出现一些设计图无法体现的内容；另一方面，由于后期审核竣工图主要在办公室进行，工程项目往往繁杂，无法形象和直观地感知，因此通过系统而又全面的工程照片，对竣工图的后续审核乃至后期的结算编制、结算对审工作，都有着至关重要的作用。工程照片的来源一般分为两个维度：一个是过程施工照片，包含相关隐蔽施工部位的照片，这个可以向内部相关技术管理人员索要；一个是自己对工程项目的各个单体，各个详细部位，比如各个立面，各个楼层等进行详细拍照，并按照相应的部分楼层进行相应的照片整理，便于后期的寻找和与竣工图的比对。

（2）审核竣工图是否包含全部施工内容

这主要是结合现场实际的施工范围与竣工图纸进行比对，重点是核对现场实际施工的范围是否全部包含在了竣工图中，避免由于现场已经施工，但是竣工图未体现而结算编制时未纳入或者其他的结算风险。

例如：某建设工程项目，施工合同约定按照定额结算，工程量按照竣工图计算。施工合同约定总包施工企业只负责土建部分，精装修由其他单位负责。在施工过程中，建设单位指示，总包施工企业需要将精装修施工图中的砌体墙隔断部分施工完成，精装修施工图中除砌体墙之外的其他内容，全部由精装修单位施工。

总包工程的主体施工图和精装修施工图是单独分开的两套设计施工图，由于精装修有单独的设计图，因此建设单位要求总包施工企业施工精装修施工图中的砌体隔墙就没有要求设计单位出具相应设计变更，会议上口头通知总包施工企业施工。总包施工企业技术人员在绘制最终竣工图时，是以主体施工图为基础进行绘制，主体施工图上没有精装修施工图的砌体隔墙，该部分砌体隔墙也没有相应的设计变更，因此技术人员没有将该部分精装修墙体绘制进竣工图，导致造价商务人员在结算编制时按照竣工图计算工程量，没有考虑该部分砌体，在结算上报建设单位一审核对过程中才发现该砌体隔墙工程量漏项。经过沟通，总包施工企业最终对该漏项的精装修砌体隔墙工程造价进行了补报，但是根据施工合同约定，由于总包施工企业自身原因漏算导致的补报，总包施工企业需要支付补报金额的10%作为违约金，从最终的结算金额中扣减。因此，该项目虽然最终结算金额计算了精装修砌体隔墙部分工程造价，但是却由于竣工图绘制的问题，导致总包施工企业损失10%的违约金。

针对竣工图中有的内容，由于现场实际情况或者其他原因，现场确实没有施工，尤其是在总价包干的计价方式的模式下，这个时候竣工图可以保留该部分内容，把该部分内容作为后期结算审核的一个审减金额预留，降低整个项目的结算审减风险。

（3）审核相关资料是否在竣工图中体现

通常情况下，施工过程发生的图纸会审、设计变更、技术变更（洽商）记录、施工现场隐蔽验收记录、材料代用的资料、质量事故报告、鉴定、处理措施、详图分解和深化设计、现场收方、签证、其他已经实施的指令性文件如函件、报告、通知等均要在竣工图中体现。因此，从造价商务的角度特别需要注意上述内容是否在竣工图当中正确的完整的体现，如果在竣工图中没有体现，在结算审核的时候，审核单位会以竣工图中未包含该内容，而竣工图又是最终施工结果的体现为由，不计算相应部分的费用。如果施工企业提出现场确实有施工，可以在现场实地核实时，就算审核单位现场核实确认该部分内容有施工，也可以提出施工企业结算资料不符合要求，需要施工企业重新修改调整竣工图完善相应手续后，再予计算该部分费用。这时施工企业会陷入两难的境地，一方面，竣工图重新修改就牵涉重新签字审核等流程，而这个时候项目往往已经竣工验收完毕，相关参建单位的有关人员已经离场，再去找有关人员签字会非常困难；另一方面，竣工图如果重新修改需要一定的时间，这样就会影响结算审核的进度，而施工企业就是等待建设单位尽快完成结算审核后收取相应的工程款项。因此，如果发生相关过程资料没有在竣工图中体现，审核单位以完善修改相应竣工图后再计算相应费用的情况，施工企业通常会去评估该部分工程造价，与重新修改竣工图拖延的结算时间导致的建设单位延期付款的相应资金利息损失的差额，如果该部分造价不高，施工企业往往权衡利弊后会不得不主动放弃该部分费用。因此，如果造价商务人员在竣工图编制过程中，就能把相关资料是否体现在竣工图中逐一地进行核实和确认，就会规避后期相关的结算风险和不必要的损失。

（4）审核竣工图标注错漏不全之处

在合同约定竣工图作为工程量计算依据的时候，工程造价相关的工程量的核心关键就是竣工图的表述。这时就要求竣工图的标注一方面要符合施工技术的要求，另一方面更能满足后期商务人员准确无误的计算出相应工程量的要求。在实务中，很大一部分后期结算争议都是由竣工图自身标注不完整而引发，一般包含标注错误、标注遗漏和标注不全 3 种情况。

标注错误是指图纸的标注明显错误，导致工程量错误的计算。

例如： 某项目的结构施工图中，在某层的某一区域，一方面标注有空洞线，代表该处是孔洞；另一方面该处标注有相应的板厚，代表该处有板。经过实际核实，该处确实浇筑有相应的板，该处标注的空洞线属于明显的标注错误，如果不修改，在后期结算审核的过程中，审核单位就可能以此处的空洞线标注而不计算该处的楼板，导致混凝土、钢筋、模板等相应直接费和间接费的损失。

标注遗漏是指图纸中的某个位置，应该标注尺寸而没有标注尺寸，导致该位置实体工程量无法计算；或者是竣工图遗漏某些节点做法和说明，导致工程量无法计算，相应的价格无法确定。

例如： 某项目竣工图某层梁平法施工图中的某根梁，仅表述了梁的尺寸，遗漏梁的配筋信息，导致梁钢筋无法计算。

例如： 某项目结构平面图存在集水坑，但是遗漏集水坑的大样图，导致集水坑工程量无法计算。

例如： 某项目竣工图中对某区域板的做法表述如下："XBA 板板顶标高为 -6.700，板厚为 200 mm，配筋为 Φ12@150 双层双向。XBA 下部采用 100 厚 C15 混凝土垫层"。该表述遗漏 XBA 板的混凝土等级信息，导致后续 XBA 板的混凝土造价无法确定。

标注不全是指竣工图对某个实体的标注，无法完全准确详细地计算出该实体的工程量，导致该实体部分或者全部工程量不能计算。

例如： 一般情况下，止水钢板的截面构造做法分为 3 个部分，中间部分为直线段，两端部分为斜线段。在竣工图中，对止水钢板仅标注直线长度，没有标注折线段长度，这样在计算止水钢板工程量的时候，斜长部分的止水钢板无法准确计算，只能按照对施工企业不利的直线段长度计算。

例如： 在竣工图中，对屋面做法未描述防水卷边的高度，导致防水卷边的工程量无法结算。

（5）审核竣工图描述模糊矛盾之处

竣工图描述的模糊之处，是指竣工图本身的表述不清晰，模糊和笼统，导致理解有歧义，继而引发后续的工程结算争议和分歧。

例如： 某竣工图中，对砌体做法的表述如下："直接砌筑于岩石地基上的隔墙（地下室隔墙），采用 MU10 烧结页岩砖与 M5 水泥砂浆砌筑"。该竣工图中"MU10 烧结页岩砖"的描述就比较模糊，既可以理解为"MU10 烧结页岩实心砖"，又可以理解为"MU10 烧结页岩空心砖"，而两者之间存在价格差异，这样会引发后期的结算审核风险和争议。

竣工图描述的矛盾之处，是指竣工图相互之间的表述矛盾，导致理解争议，继而引发工程量计算和计价的争议和分歧。一般竣工图描述的矛盾包含：不同图纸类别之间的矛盾，比如建筑图和结构图之间；布置图和大样详图之间的矛盾；不同专业图纸之间的矛盾，比如土建工程图纸和安装图纸之间；图纸表述自身的矛盾；图纸表述与其他技术经济资料之间的矛盾，比如签证收方和施工方案之间。

例如： 某竣工图中，对风盖板的描述如下："风井盖板厚 80 mm，配筋为板底钢筋：Φ 8@200 双层双向"。前面表述为风井盖板配筋是板底钢筋，既然为板底，就只能是单层，而后面又表述为双层双向，前后矛盾。

例如： 某竣工图中，结构图表述过梁详见西南图集 05G701，而建筑图中表述详见西南图集 03G322，前后矛盾。在竣工图绘制的时候，应该是实际施工过程中施工企业已经具体选用了参考哪一图集进行了施工，因此，可以结合实施施工选用的图集进行表述，而删除没有选用的那一个图集表述，避免导致后期的结算争议。

例如： 在某竣工图中，结构设计总说明表述："框架柱纵向钢筋宜优先采用直螺纹机械连接，也可以采用电渣压力焊；框架梁纵向钢筋宜采用搭接焊接头和机械连接"；而施工组织设计中表述是水平钢筋和竖向钢筋均采用直螺纹机械连接。不同的钢筋连接方式在不同的计价情况下，最终导致相关工程量的差异非常大，竣工图与施工方案表述不一致，将直接导致审核单位按照两者之间最不利的情况进行考虑，引发相应的结算审核风险。

例如： 在竣工图中，对于某混凝土柱的配筋大样图，截面大样图中表述为直径 18 钢筋，而配筋大样表格中描述的是直径 25 钢筋，两者相互矛盾，引发钢筋工程量计算的争议，而往往混凝土柱又是从基础一直到屋顶，一个细微的差异和理解争议，就会对工程造价产生较大的影响，这也就是在实务中，要求我们对竣工图中柱的配筋和相关描述等详细内容进行逐一复核检查的原因，从而避免描述模糊和矛盾的情况出现。

（6）审核竣工图参考图集的做法是否明确

在实际工程项目的设计施工图中，设计单位经常对某些位置某些实体某些做法，采取直接选用图集的方式。施工企业在绘制竣工图的时候，往往也是直接沿用设计施工图的表述参考相关图集，这时会导致两种情况的出现。

第一种情况是图集本身在一些表述上会存在本身就不确定或者是开放的不确定表述，需要结合现场情况或者在设计施工图的图纸答疑中进行明确。

例如：对于排水沟，标准图集中对于排水沟的高度一般会阐述一个区间值，比如 300 ~ 600，这个时候需要在设计施工图中明确表述本项目排水沟的具体高度，但是往往设计施工图只会直接描述参考该图集某排水沟的做法，而不会描述具体高度，当竣工图也直接沿用设计施工图表述的时候，就会在后期的结算审核时导致相关工程量无法计算，继而引发结算争议和造价风险。

第二种情况是实际的做法超出了图集本身的范围或者图集做法的情况，导致无法准确参考图集而出现相关结算争议。

例如：某项目的挡土墙工程参考图集施工，竣工图中表述挡土墙选用标准图集挡土墙 04J008 某节点。按照通常情况的理解，该竣工图选用图集和图集的具体节点都很明确，一般是不会存在问题的。但是，当我们具体对应到图集中的相应节点时，会发现挡墙的实际情况已经超出了图集的使用范围。图集中对应的挡土墙高度为 2 ~ 8 m，而实际挡土墙的高度为 12.58 m，已经超出了图集的适用范围。在这个时候还能否适用图集，如何适用图集，就成了一个争议问题，这样导致的结算争议就非常大，相应的造价风险也非常大。因此最佳的方式是在竣工图中直接表述出该挡土墙的具体断面尺寸和详细参数，而不要去简单地表述参考某图集某节点做法，这样就能有效地规避后期结算争议和降低造价风险。

（7）审核竣工图与结算相关的说明和节点

审核竣工图与结算相关的说明和节点，是需要站在具体项目的结算方式和相应的清单子目或者定额约定的专业知识之上，去深度思考和深度琢磨，竣工图当中的一些说明或者相关的节点，是否有利于最终工程结算造价的效益最大化。这时，就需要我们跳出竣工图本身，深层次地从商务和结算的角度去思考。

例如：某项目采用清单计价，马镫筋可以按实计算工程量。竣工图中表述如下："配有双层钢筋的一般楼板，均应加设支撑钢筋，其形式如下图所示（图略）。"

从最终工程结算造价效益最大化角度考虑，马镫筋可以按实计算工程量，那么工程量越大越好，而马镫筋的布置方式又存在梅花布置和双向布置两种方式，两种方式计算工程量相差接近一倍，而竣工图中没有具体阐述马镫筋的布置方式，因此需要对相应的布置方式进行完善表述，明确按照梅花布置。

例如：某幕墙工程，采取项目所在地定额计价，材料价格执行当地造价信息。幕墙实体效果如图 5.6 所示。

图 5.6　幕墙工程立面效果图

在竣工图中，对于该立面的幕墙表述为横明竖隐玻璃幕墙，横明代表的是横向的铝型材在玻璃外面，可视；竖隐代表竖向的铝型材在玻璃里面，是隐藏的，不可视。根据当地定额文件，全隐幕墙工程定额造价最高，半隐半明幕墙工程其次，明框玻璃幕墙最低。根据竣工图的该表述，本项目幕墙工程结算时只能套取当地定额文件里的半隐半明幕墙工程定额子目。

但是，当我们从造价商务的角度深入分析该幕墙工程的具体节点做法时，如图 5.7、图 5.8 所示。

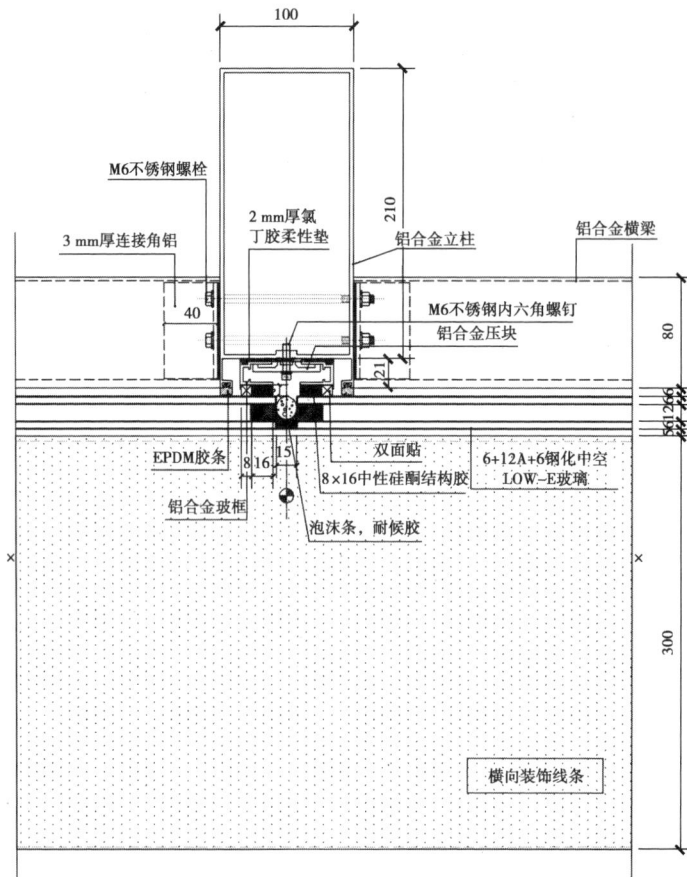

图 5.7　横明竖隐玻璃幕墙横剖节点图

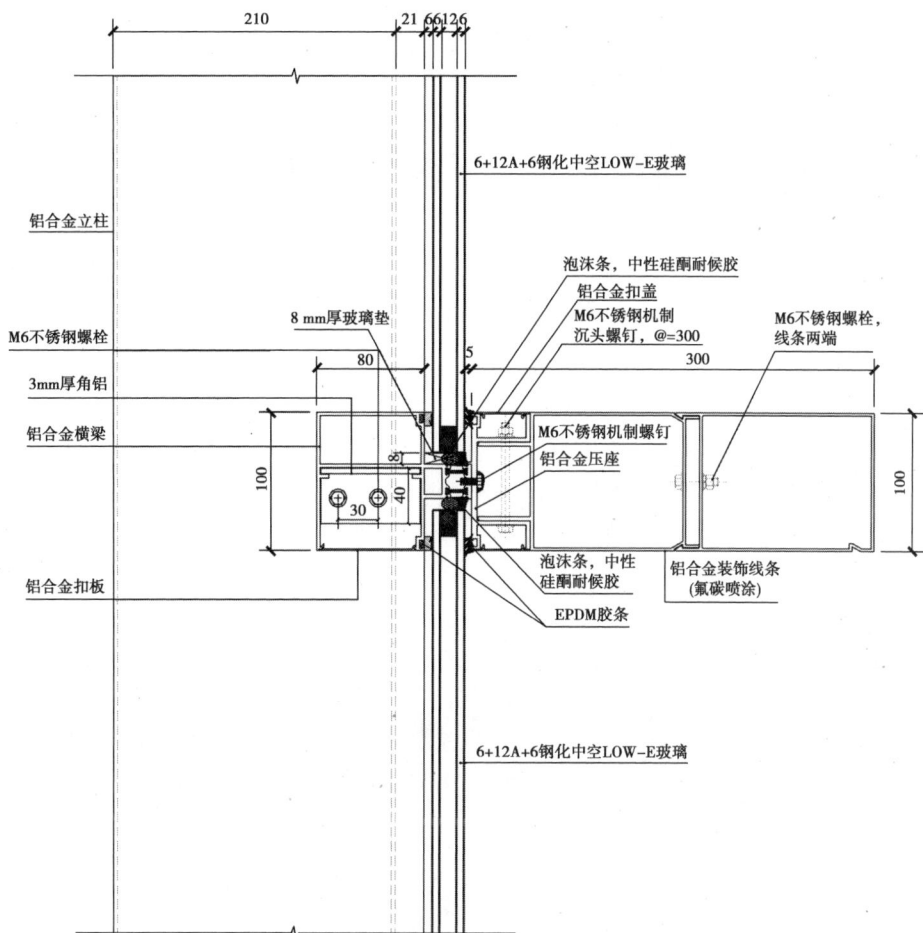

图 5.8 横明竖隐玻璃幕墙竖剖节点图

通过分析，发现横向外露在玻璃外面的铝型材，是发挥装饰线条作用外扣在玻璃面层之上，在玻璃内侧还有相应的横向铝型材和竖向铝型材，经过询问现场技术人员了解到具体的施工工艺，也是先安装内侧横向和竖向的铝型材后，再安装玻璃，最后扣上外侧横向的铝型材装饰线条。也就是说，如果没有装饰线条，整个外立面只有玻璃，铝型材全部在内侧，因此，本项目的玻璃幕墙，从施工工序分析应该是属于当地定额计价文件中的全隐玻璃幕墙 + 横向装饰线条，因此应该套取全隐玻璃幕墙定额子目和装饰线条子目。原竣工图表述仅是从最终的视觉效果上来理解隐和明的关系，而定额和计价是从受力与施工工艺的角度来考虑的，因此为了规避竣工图表述与定额文件不一致带来的潜在的结算风险和结算争议，本项目在竣工图绘制的表述上需要调整为"附带横向装饰线条的全隐玻璃幕墙"，这样保证商务角度和施工工艺的具体统一，避免因为竣工图表述的失误而引发后期结算争议和风险。

（8）审核现场特殊工艺是否在竣工图中体现

由于工程项目现场施工的错综复杂，会存在一些设计施工图中无法体现的内容，而竣工图又是在设计施工图的基础上进行绘制的，这样会导致相应的情况不能在竣工图中体现，带来潜在的造价损失风险。

一种情况是根据现场实际施工工艺需要完成的内容，而竣工图中没有表述，这样会导致相应工程量的少算。

例如： 在房屋建筑工程中，针对楼板中的预埋管道，根据现场实际施工工艺，一般会在预埋管处加设附加筋并设置相应的分布筋，如果在竣工图中没有进行相应的详细表述和节点说明，就会导致后续管道附加筋和分布筋少算的风险。

另一种情况是实际施工的材料和做法，由于行业规范或者其他特殊情况，与设计施工图中的通用普通描述存在差异，如果不能在竣工图中体现该种特殊情况，将会无法进入结算而导致相应造价损失。

例如： 某建设工程项目，采用蜂巢空心楼盖板结构，竣工图中仅表述了蜂巢空心模盒的长宽高尺寸，蜂巢空心模盒的具体现场安装效果图如图5.9所示。

图5.9 蜂巢空心模盒现场安装效果图

商务人员在后期结算编制进行工程量计算时，计算的原则是：楼板混凝土的工程量＝整体楼板体积－蜂巢空心模盒的体积。根据蜂巢空心模盒行业规范，蜂巢空心模盒虽然是长方体，但是在每个边需要进行倒角处理，这样蜂巢空心模盒的体积就不能是简单的长 × 宽 × 高 × 数量，而应该是（长 × 宽 × 高－倒角的体积）× 数量。如果在竣工图中不能根据行业规范做法体现倒角的尺寸，按照通常情况计算，就会多算蜂巢空心模盒的体积，继而少算楼板混凝土的实体体积，导致工程造价的损失。

另一方面从现场实际施工工艺的角度考虑，设计施工图中关于蜂巢空心模盒的布置数量是理论上的，实际会存在比如某些转角位置无法放置，或者某个区域实际放的数量多于设计图中标注的数量，在这种情况下，就需要站在工程结算造价利益最大化的商务角度进行相应的技术处理。当实际蜂巢空心模盒数量大于设计施工图的布置数量时，对施工企业是有利的，实际蜂巢空心模盒数量大，实际浇筑楼板混凝土工程量比设计图少，按照设计图计算楼板混凝土工程量有利，施工企业竣工图绘制时可以直接按照设计图布置，增加蜂巢空心模盒倒角的节点图即可。当实际蜂巢空心模盒数量小于设计施工图的布置数量时，根据设计施工图计算对施工企业是不利的，因此需要在施工过程中按照实际情况，编制详细的蜂巢空心模盒布置深化图，经设计确认后最终将该深化图绘制到竣工图中，这样就保证了实际浇筑楼板混凝土与按照竣工图计算保持一致，规避设计施工图蜂巢空心模盒少于实际数量而带来的楼板混凝土工程量计算偏少的风险。

通过该案例的分析，一方面提示我们工程技术人员在绘制竣工图时，要多去施工现场，避免闭门造车，要结合现场实际情况进行有效的绘制；另一方面也提示造价商务人员，需要深入地了解和掌握现场的施工工艺，并能将施工工艺与该项目的具体商务条款、结算方式、清单子目、定额文件等进行有效的结合，灵活的应用，确保项目的效益最大化。

综上所述，从造价商务角度去审核竣工图，一方面可以提前从造价商务的角度保证后期结算的顺利进行并规避潜在的风险；另一方面可以在项目竣工验收前再次发现施工过程中存在的技术资料未完善的问题，以便在竣工验收前及时完善和补充相关技术资料，避免竣工验收后资料无法完善和补办的相关风险。比如现场施工而竣工图没有表述的内容，就需要完善设计变更或者甲方指令；比如描述模糊错漏等其他问题，如果当时图纸会审没有提出，就需要完善设计或其他单位、人员补充确认的相关资料等，避免竣工图直接修改完善，而缺乏相应其他支撑资料导致的潜在的后期结算审减风险。因此，造价商务角度的竣工图审核，既是造价商务专业角度的复核，更是支撑整个项目技术经济资料的一次查漏补缺的绝佳机会。

从造价商务的视角，可以从形式和实质两个维度进行竣工图的审核，作为具体绘制竣工图的工程技术人员，也可以参考和融合上述造价商务的视角和方式，进行相应的绘制工作和自我复核，这样就能从源头消除和规避相应的风险，让工作更高效，让结果更有效。

造价笔记 502

工作上的未雨绸缪在于模块标准化

昨天下午，拜访了重庆××建设工程有限公司，交流企业实训的需求事宜。

在我们做了简短的自我介绍之后，对方阐述了本次培训的需求，主要是关于签证收方和结算管理这两个方面。接下来介绍了我们的两个企业实训课程：一个是施工项目利润创造与造价风险控制，一个是项目结算资料管理实务。

介绍完毕，对方反馈本次只进行签证收方和结算这个小模块实训，时间为半天左右，需要我们把课程中的这个部分单独提炼出来，再进行延伸和拓展，还需要我们第二天反馈方案和价格，月底实施。

回到办公室，在前面培训方案的基础上，再拓展了一些课程内容，大概一个小时，一份图文并茂、有内容、有特点的专项培训方案就编制完成了。

工作完成后，我细细去回味，为什么这件事情能快速有效地完成呢？第一是我前期在工作时或者工作空隙，喜欢将每件小事情、小成果完善成一个小闭环，形成一个独立的小模块，这样可以随时调用，而不是仅仅为了某个任务而完成某个工作。第二是我平常把一些小模块，按照一定的框架体系思维，去搭建一些小体系、小课题，形成更高层次的模块和框架。第三是我经常与客户沟通，喜欢倾听客户的想法，然后及时调整和完善自己的各种小模块、小体系。正是这三个方面的有效结合，才能使这次方案快速有效形成。

在工作中，有的人工作的方式是仅仅为了解决当下问题，然后继续下一个工作，各个工作任务之间彼此没有联系。有的人工作的特点是每做一个工作，就从其中去拆分形成小事项的模块，方便以后做其他工作时可以直接调取。两者之间在开始阶段看不出差异，但是，随着工作年限的增长，越到后面，我们会发现，后一种工作方式越来越轻松，并且效率很高；前一种工作方式，工作越来越累，只有靠加班靠时间来弥补，但是工作效率却不尽人意。

低头做事，还要抬头看路。这是告诉我们，在做事的同时，还要未雨绸缪，看到未来之路的方向，看到自己为了未来的长远发展当下需要做事的要求和筹备，而不仅仅是为了做事而做事，为了工作而工作。

就如最近部门内部启动的工程项目结算编制知识点的系统梳理，就是在尝试开始搭设建立知识点的标准化模块，尝试在开始建立知识提升的学习标准化路径。一旦这个标准化模块的庞大数据体系建立，在此基础之上的结算复核工作，企业实训课程开发，咨询项目筹划实施，外出客户交流探讨，内部人员培养成长等一系列事情和工作，都可以在此模块之上进行调取和应用，产生长远的持久的价值和意义。

而模块的具体搭建者，将是这背后最大的受益者，也将是其职业快速成长超越其他人的最底层的逻辑和方式。虽然在开始阶段很痛苦，要付出很多本职之外的工作努力，但是正是有了现在的努力，才能换取未来的轻松与愉悦。

每个模块标准化，这就是真正意义上的未雨绸缪，真正意义上的有效的工作，真正意义上的有价值的工作。

2019 年 12 月 12 日

第 6 章　结算办理创效与实务

一个工程项目最终收入的多少，是否盈利还是亏损，前期的合同签订、过程商务和技术文件的管控、项目的实施等都是过程因素，最终还是以项目结算工程造价为准。某种程度上，前期的合同签订和商务管控，类似于足球场上一个球队发球后，巧妙地过人、带球、传球，终于来到了对方的禁区，结算办理就类似于禁区的最后临门射球。最后的这一射球射得好，整个比赛才能算最终赢球，如果最后这一脚临门射球，射的方向、位置、力度等把握不准，或者守门员的防范和守球技术高超而射门的球员又没有预估预判和提前谋划，这个时候，往往球就没有办法进入球门。哪怕最先的发球多么巧妙，中间的过人传球多么优美，最终没有进球没有赢得比赛，前面所有的努力都是白费甚或是无用功。

正因为结算办理在整个项目最终创效落地上是关键的结果环节，所以非常重要。本章就从审计的相关概念、结算筹划、结算编制、结算对审、争议处理等实务的角度进行梳理和总结，力争让我们工程商务人员在这最终的临门一脚的结算办理工作中，有一个整体的认识，清晰的思路和具体的技巧。

6.1　审计概念与实务

结算的办理是一个双方互动的过程，承包人提交的项目结算金额，只有经过对方的审核确认双方达成一致，才能成为真正的最终结算金额。古人说过，知己知彼，百战不殆。因此，在结算办理实务中，我们首先要掌握的是，审计的概念，审计是如何开展工作的，常用的审计方法或者手段有哪些，我们该如何去提前做相应准备和应对之策。

6.1.1　审计的概念和理解

真正严谨意义上的审计，是指《审计法》和《审计法实施条例》中所指的审计，是审计机关依法独立检查被审计单位的会计凭证、会计账簿、财务会计报告以及其他与财政收支、财务收支有关的资料和资产，监督财政收支、财务收支真实、合法和效益的行为。因此，审计是一种带有国家强制力色彩的行政管理行为。

1）工程审计

工程审计是依据《审计法》等相关规定，对工程概算、预算在执行中是否超支，有无隐匿资金、截留基建收入和投资包干结余，以及有无以投资包干结余的名义私分基建投资的违纪行为等，工程审计是以工程建设项目为标的进行的。工程审计又包括两个大的类型：一个是工程造价审计，一个是竣工财务决算审计。其中工程造价审计是对工程建设项目的单项或者单位工程的造价进行审计，这个工作一般由注册造价工程师完成。但是对于一个建设项目，总的支出的组成是复杂和多样化的，其中体现建设项目实体支出的工程造价只是其中的一部分，还有其他很多的支出比如前期开发费用、工程管理费用、相关财务费用、生产设备和器具采购费等，因此就需要从整个项目支出的角度，进行一个全盘的财务决算审计，来审计确定建设项目的总的支出，这个工作一般由注册会计师完成。从承包人的角度，在一般项目建设中，我们一般接触和理解的都是工程审计，但是如果涉及 PPP 项目、EPC 项目等承包人既作为承包人，又作为投资人的情况下，就会涉及后期的竣工财务决算审计，本章主要阐述工程审计相关实务，财务决算审计不属本章探讨范围。

在工程建设领域的实务中，根据不同的项目类型、项目特点、项目管理方式的不同，工程建设领域的审计又分为两个类型：一个是国家审计，一个是社会审计。

2）国家审计

国家审计是特指代表国家行使审计监督权利的部门，国家和地方的审计机构对建设项目进行工程造价、财务、管理、质量、效益等进行审计，具有国家强制力和行政管理的功能。一般国家投资建设的项目，或者使用国有资金，财政资金等投资建设的项目，都最终要经过国家审计。在实务中，国家审计根据审计监督部门的不同，又分为财政投资评审和审计局审计。其中，财政投资评审是财政部门依据国家法律、法规和部门文件的相关规定，运用专业的技术手段，对财政支出项目事前、事中、事后全过程进行技术性审核的财政监督管理活动，一般侧重于事前控制和事中控制。比如项目招标前财政部门组织编制招标控制价，项目实施过程中财政部门组织进行全过程跟踪控制。审计是审计局依据《审计法》有关规定，对国家建设项目预算执行情况和决算情况进行审计，一般侧重于事后审计和最终的结果审计。在项目实施过程中，审计局也可以根据项目的情况，提前介入进行项目建设过程跟踪审计，但是，这种情况下审计局的跟踪审计一般不会对项目建设的过程和程序发表意见和看法，只会参与过程，收集资料，作为项目竣工后审计的依据。因此在有些重大的基础设施建设项目实施过程中，既存在项目建设业主单位委托的第三方咨询机构，也存在财政部门委派的过程跟踪审计，还存在审计局委派的过程跟踪审计，三者的定位和角色是截然不同的。其中业主聘请的第三方咨询机构，主要服务于业主，从专业的角度对过程建设投资、支出进行专业审计和提供咨询服务；财政部门的跟踪审计，是确保整个项目的建设过程，建设流程等合法合规，参与对过程中与造价相关的签证、收方、核价等进行审核、确认；审计部门的跟踪审计，主要是全程熟悉了解建设过程，收集整理相关资料和依据，为最终项目快速有效的审计做好准备、奠定基础。

由于财政部和审计局以及相关行政管理部门自身人员编制有限，依靠自身人员没有办法覆盖和管理庞大的工程建设项目，因此，相关部门就委托具有相应造价审核专业资质的第三方咨询机构，代表其进行和开展相关的审计工作。第三方咨询机构是基于授权和委托提供咨询服务，其专业成果经过委托的主管部门采纳和认可后，就具有了相应的强制性和管理性。也正是基于该实际情况，虽然国家审计工作是相关主管部门负责组织实施，最终承包人具体面对和专业交往的大部分仍旧是第三方的专业咨询机构。

3）社会审计

社会审计是指非国家审计机关对工程建设经济活动的审核、监督和确认，一般非国有投资建设的项目，采用社会资金投资建设的工程建设项目，项目的建设过程管控和最终工程造价的确定等相应的审计，都称为社会审计。从某种程度上，审计是带有国家强制力和管理职能，是一种单向的行为；社会审计从本质上是市场化经济条件下，项目建设双方当事人的双向行为，因此称其为社会审核更为妥当，因为审核体现的是两个平等主体之间，一方对另一方具体诉求和行为的审核确认。但是由于实务中，行业人员对审核和审计没有过多的进行区分，都常常冠名称呼为审计，成为行业习惯和行业术语，因此，本书中对审核和审计的概念也就不具体进行区分，统一以审计的概念称之。

社会审计一般有两种形式：一种是发包人或者业主单位内部自设的审计机构或者部门，这种情况下，一般要求发包人在该部门配备足够的专业人员和专业力量，工程项目的过程管控和工程造价审计，都由该内设审计机构和部门实施。这种情况对发包人自身人员能力和数量要求比较高，一般是在一些小项目，或者业主不以项目建设开发为主业，只是临时性修建生产用项目，比如厂房、宿舍等情况下采用。另一种是发包人或者业主单位有相应的审计机构或者部门，但是人员配备非常精简，把具体的工程造价管控和工程造价审计的工作交由第三方的专业咨询机构完成，发包人只负责总体管控、沟通协调以及最终成果的控制，第三方的专业咨询机构依据自身的专业技能公平公正的出具相应的审计意见。在发包人以项目建设开发为主的情况下，比如房地产开发企业，在项目体量比较大的情况下，比如某汽车厂商的生产基地建设项目，或者外商投资建设的项目等，一般都采用专业咨询服务机构审计的形式。但是采取这种形式，需要发包人和承包人提前在施工合同中进行约定，包括咨询服务机构的选择、结算审核是一审定案还是二审定案，或者是第三方咨询机构审计完成后，发包人还需要进行审计才能最终定案或者是发包人可以抽查再进行审计定案，还有咨询审计费用的承担，第三方审计结果的采纳和争议的解决等，均需要进行具体的约定，避免后期产生争议和纠纷。

4）国家审计与社会审计的区别

作为两种不同的审计类型，国家审计和社会审计有以下不同之处：

第一，两者的强制力不同。国家审计是代表国家意志和法律法规的要求行使的管理职能，相对来讲，具有很强的强制力。国家审计作出的审计结果，相关方必须接受。社会审计是平等市场主体之间的行为，在双方有明确合同约定的前提下，社会审计的结果才具有相应的法律效力，但是一方当事人可以对审计结果提出质疑，或者申请司法程序进行确定。

第二，两者的审核对象不同。国家审计直接面对的审核对象是业主单位或者建设单位，但是在实务中，由于国家审计的结果最终会影响承包人的利益，而且承包人对项目结算的情况更为熟悉和了解，因此，虽然国家审计审核对象是业主单位或者建设单位，但是往往需要承包人参与具体的造价核对和审计过程，进行配合。社会审计直接面对的对象就是施工合同的相应承包人。

第三，两者的审核依据不同。国家审计依据的一方面是相应的建设施工合同和过程建设文件，但是更重要的是国家审计要参考相应的法律法规、政策文件、部门管理规定、相关建设程序规定、相关职能部门制定的项目管理办法制度等的规定。例如，虽然施工合同中约定参考某地定额文件结算，但是该地行政主管部门如财评中心，单独制订了适用于当地建设项目的《××市投资评审中心关于评审问题统一口径的通知》《××市投资评审中心××年度材料价格手册编制与使用说明》，对定额的具体套取和适用情况，对材料价格的具体标准和特殊的确定方式进行了约定，这种情况下，国家审计会优先考虑该相关主管部门的文件，其次才是施工合同中的相关约定，并且当施工合同的约定违背了法律法规和相关政策文件的规定时，国家审计也会提出相应的质疑。社会审计依据的是发包人和承包人签订的施工合同和具体约定，有约定的以双方约定为准，没有约定的情况下，才能结合相关法律法规政策文件提出参考标准，这个参考标准也需要施工合同双方达成一致后才能作为具体的审计结果依据。

第四，两者的工作方式不同。国家审计对具体的问题，可以依据相应的法律法规文件直接提出审计结果，并对审计过程中暴露出的相关建设单位、管理单位、参建单位的问题，形成书面建议，提出改进意见，甚至在特殊项目中，可以根据审计结果，提请相关主管部门和司法部门，追究相关人员的管理责任、行政责任和司法责任。社会审计是提供咨询服务的第三方机构，依据双方的约定结合专业知识提供公平公正的独立第三方专业结果，因此，对于问题的解决，第三方机构更多的是建议，最终需要双方当事人沟通协商是否采纳，第三方机构再依据双方的沟通形成最终的审计结果。

第五，两者的依据来源不同。国家审计在审计过程中，可以依据《审计法》和相关法律法规的规定，要求相关参建部门，提供结算文件之外的其他相应资料。比如，可以要求承包人提供财务资料，分包结算资料，资金往来资料，实际材料采购往来资料等，当承包人不提供时，国家审计可以提请相关其他部门，进行协助调取和提供相关资料。社会审计在审计过程中，只能要求承包人提供与结算相关的文件，不能强制双方提供与结算无关的其他文件，更不能协调和要求相关部门，强制要求提供相应资料。

正是两者审计方式的不同，导致承包人在具体项目中的结算办理方式有一定的差异，但是具体到造价专业的角度，两者的要求和所需要做的准备是共性的。因此本章主要从共性的专业角度阐述结算办理的实务技巧，一些特殊之处就不在本章进行阐述，需要读者结合实际情况，进行灵活的处理和实施。

造价笔记 598

因地制宜地调整工作方式是注重细节的表现

今天上午，参加了某个国家审计项目的争议解决会议。因为这个项目审核过程比较长，施工过程也比较复杂，图纸多次变化和调整，中间的停工和相关事项也非常多，所以导致最终结算审计时，各方争议的问题比较多，争议金额也非常大。

正是基于此种特殊情况，审计局本着积极推动，实事求是有效解决问题的角度，组织了参建各方和审核的咨询公司，一起召开了争议解决会议，审计局局长亲自参加和主持会议。

会前，审核的咨询公司先发放了纸质版本的争议问题，审计局局长看了资料后，先提出了几个问题：

第一个是争议问题阐述得过于简单，只有一个争议的事实，对各方具体的意见没有详细系统的文字阐述。

第二个是争议问题的罗列过于烦琐，有些金额很小的问题，应该属于技术层面就可以解决的问题，没有先经过充分的专业论证、确认、交流，就全部提交争议会解决，这不是有效解决问题推动工作的方式。

确实，审计局局长的一番话，充分暴露出了我们工作的不足或者工作方式存在问题。

在平日的工作中，我们习惯用表格简洁地梳理争议问题，解决争议的时候，用电脑投影显示，结合图纸和资料口头表述。而该项目审计局会议室没有投影设备，审计局的领导也习惯看纸质资料，于是，表格加口述演示的表达方式，就让与会各方领导很难快速理解和掌握问题以及了解各方观点。

在其他社会审计项目中，我们也习惯对争议项事无巨细地罗列，等待甲方确认。但是，对于国家审计项目，召开一次争议会议，要组织各参建单位和相关部门，还有相关主管领导等一起参加，实属不易，如果在会上讨论的是一些细小的问题，就非常浪费时间和人力物力。如果我们提前多进行专业交流印证，再把问题归类，提炼共性问题在会上集中处理，这样可能效果会好很多。

工作中，我们都会强调注意细节，其实不是细节本身，而是我们要结合实际情况，根据当时的环境场景有针对性地调整工作方式，去关注和实施相应的适合的有效的工作动作。这样才是真正注重细节，有效地推动工作。

2020 年 6 月 19 日

6.1.2　审计的方法与实务

1）审计重点审查的项目类型

就如一项工作，工作的类型不一样，情况不一样，重要性不一样，我们投入的人力物力、采取的方式方法路径等就会有很大的差异，在审计工作中同样如此。相比之下，需要审计的建设项目是众多的庞大的，而一段时间内一个组织能投入有效的审计人员和资源却是确定的，这个时候，我们审计人员会采取田忌赛马的应对策略，对重点项目集中投入优势的资源重点关注和重点审计，对一般项目投入一般的资源和采取一般常规的审计方式方法。因此，识别哪些项目是重点审计项目，不管是对审计人员，还是对被审计对象，都非常关键，就如下围棋的开局落子，一开始就漫无目的地落子，那么最终可能会失去棋局，淘汰出局。

在实务中，以下工程项目类型常常会成为审计重点审查对象。

① 国家或市级重点建设项目。该类型项目从工程造价本身上体量会比较大，而且该类型项目相关主管部门比较关注其建设效果，因此会成为重点审计对象。

② 基本建设程序不完备的项目，也就是建设项目没有按照国家规定的基本建设程序要求进行。基本建设程序是国家对工程建设项目从开始、规划到建成投产所需要经历的整个过程中的各项工作开展先后顺序的规定，一般分为项目建议书、可行性研究、设计工作、建设准备、建设实施、竣工验收交付使用6个基本建设程序。在实务中，可能因为一些特殊的原因或者实际项目生产需要等其他客观因素影响，导致出现如工程项目边勘察、边设计、边施工的三边工程等违背建设程序的项目，这些违背基本建设程序的项目建设过程中不可预见性、随意性较大，工程质量和安全隐患比较突出，工程造价也容易模糊和失控，因此成为重点审计对象。

③ 结算金额超过批复概算的项目。一般情况下，根据基本建设程序的相关要求，结算金额不能超过批复概算金额的10%，结算金额超过批复概算金额的10%，需要重新履行概算批复手续。结算金额如果超过了批复概算金额，就会成为重点审计对象，如果批复概算超过了10%，那就会成为重点审计对象中的重点。

④ 过程变更数量多，变更金额占比较大，导致结算价与中标价差异较大的项目。如果变更的缘由合情合理，相对来讲，会稍微降低重点审计的关注度；如果变更的缘由比较随意牵强或者事后还原比较不符合常理，该类型项目又会成为重点审计对象中的重点。

⑤ 招投标流程不规范，直接发包的建设项目。招投标流程的不规范带来工程造价确定和组成的不规范，直接发包的建设项目由于缺乏相关比对和选择的过程，也会存在一些潜在的造价失控风险，因此会成为重点审计对象。

⑥ 按实结算类项目。按实结算项目是按照实际发生的情况进行结算，一方面过程管理不善很有可能出现造价失控的风险；另一方面如果业主和发包人造价专业知识不足，很容易产生过程中重复签认事实费用，超文件签认事实费用，因此该类型项目成为重点审计对象。

⑦ 隐蔽工程造价占比比重大的项目。由于隐蔽工程项目事后难以还原，前期的相关施工内容也往往成为造价黑洞，该类型项目也常成为重点审计对象。

⑧ 现场签证收方不规范，结算资料不齐全的项目。签证收方不规范，代表着过程管理的随意和不严谨，结算资料不齐全，代表着过程管理的失控和随意，这些都会导致项目工程造价的相应问题，因此该类型项目成为重点审计对象。

⑨ 高估冒算严重，经济指标偏离的项目。不同的项目类型，根据经验有一个基本的经济指标标准，当结算编制指标过高，与通常情况偏离较大，而项目本身又没有特殊的结构、构造或者特殊情况，这种情况下，该类型项目会成为重点审计对象。

⑩ 结构复杂、项目类型独特、造价体量比较大的项目。比如超高层项目、大型商业综合体、会展展览中心、大型桥梁隧道工程。由于这类型项目的结构复杂，工程造价金额巨大，因此该类型项目会成为重点审计对象。

2) 常规的审计方法及思路

（1）基本建设程序及合同一致性审核

如果是国家审计的项目，首先进行的一般是基本建设程序的审核。程序性审核是国家审计工作开展前的基础性审核工作，基本建设程序审核完毕后，主要是对施工合同、补充协议、招标文件等的一致性进行审核。对于国家审计项目，一般都是国有投资项目，都会经历招投标程序。因此，当施工合同和补充协议中的一些合同结算的实质性条款与招标文件发生冲突时，如果没有特殊的原因和合情合理的有效的理由导致的变化，一般情况下审计都会以招标文件的相关结算条款进行结算审核。

对于社会审计的项目，不会去关注基本建设程序，而会去梳理审核招标文件、施工合同、补充协议的一致性，如果出现相关的结算条款理解歧义，一般会按照施工合同约定的文件优先解释顺序进行理解和适用执行。

（2）现场踏勘进行现场复核情况审核

了解项目的基本情况后，审计人员会进行现场踏勘，主要从以下几个方面入手：

一是施工现场是否按照设计施工图约定的材质、型号和合同约定品牌施工进行核实，如果存在不一致的地方，就是结算审减的范围。

二是设计施工图与施工合同约定的范围，施工现场是否全部施工完毕。如果存在部分内容没有施工的情况，那么该部分就会结算审减；如果存在超范围施工的内容，而承包人又没有办理相关指令，那么该部分也会作为承包人自愿施工范围而结算审减。

三是了解相关的具体细部和节点构造做法，与设计施工图是否一致，如果不一致，就会存在相应的结算扣减关系。

另外通过现场踏勘，通过项目的整体情况和细节质量，审计人员可以初步判断整个项目的管理水平，审计人员对工程项目建设的总体印象也会间接的对后期的审计结果产生一定的潜在影响。

（3）工程量的审核

审计人员在了解项目现场和整体情况，掌握合同结算原则和工程量计算规则的基础之上，通过详细的查看设计施工图、设计变更、隐蔽工程收方记录等资料，对工程量进行系统的审核。工程量审核一般有3种方式：全面审核法、重点审核法和抽样核对法。

全面审核法一般是结算一审时，审计人员自行完整的计算工程量后进行审核；有时如果承包人编制的结算文件资料比较齐全，逻辑比较清晰，依据比较翔实的情况下，审计人员会直接在承包人送审的结算成果文件上进行工程量的全面审核，这时审计人员就不再单独先去计算工程量，而是直接在承包人工程量计算成果文件上进行全面检查。

重点审核法和抽样核对法，是在结算二审或者审计要求时间特别紧的情况下进行的。一般会直接在结算一审的成果文件上或者承包人送审的结算文件上进行。第一步是将算量文件比如广联达模型中的工程量和手算工程量表格中的量，与计价文件中的量进行比对。如果两者不吻合，计价文件中的量高于算量文件中的量，以算量文件中的量为准；计价文件中的量低于算量文件中的量，以计价文件中的量为准。因此，这就要求承包人在结算编制或者一审对审后形成的成果文件中，特别注意算量文件与计价文件中的工程量要一一匹配。如果承包人为了贪图一时的快捷和方便，导致两者不匹配，在后期的结算审计中，承包人会为此承担巨大的审计人员不信任风险、结算造价的审减风险等。第二步是对一些重点的地方和项目，比如工程量比较大的分部分项，综合单价比较高的单项工程，进行重点细致的审核。第三步是通过一些指标的核对，对异常的指标对应的地方进行抽样核对。

除此之外，审计人员一般会特别关注工程量之间重合的地方，例如，某市政工程，清表工程量，旧路破除工程量，土石方工程量，三者的工程量在计算时如果重合，就会导致工程量结算审减。

（4）工程变更的审核

由于建筑行业目前仍旧是买方市场，低价中标项目是普遍现象，许多承包人往往是低价中标，希望通过后期的变更进行补偿，因此变更也就成了审计人员特别关注的部分。审计人员对变更的审核主要从变更的理由、变更的程序上、变更的内容上进行审计。

对于变更的理由，部分承包人认为只要业主、设计、监理等参建单位认可就万事大吉，对变更理由的充分性缺乏深度的思考，在实务中，变更的理由常常存在以下问题：

一是业主的要求或者指令引发的变更理由。对于国家审计项目，合理的业主的要求变更的理由，主要适用于业主对项目使用功能上的变更和调整。如果是业主管理失职或者没有任何理由的业主指令变更，这种情况下的变更理由，往往后期国家审计会进行结算审减。而对于社会审计项目，只要是业主的要求，不管是任何理由任何情况，只要确实是出自业主的真实意思表示，均可以作为有效的变更理由。

二是一条变更有数个理由，但是每个理由都很模糊，导致支撑依据欠缺，造成结算审减。

三是一些第三方的客观的变更理由，或者是责任不明确，或者是属于承包人的义务和合同责任范围，由此导致的变更往往也会结算审减。例如"施工单位未按设计实施，造成安全隐患……""为了保证××时间贯通，采取××措施，增加错车道等"。

例如： 某国有资金投资建设项目，清单计价，总价包干。施工过程发生变更，变更理由为："××立交临近××高速公路，根据交巡警总队城市快速道路支队三大队文件通知：'严禁临近高速公路两侧采用爆破施工'；经参建各方讨论并一致决定，将××立交范围内土石方由原来的爆破开挖变更为机械开挖。"该项目原投标爆破开挖单价非常低，机械开挖可以重新组价，增加工程款项。

根据该项目招标文件的相关规定：

13.10　其他注意事项：

投标人应编制投标文件除应按有关法律、法规、标准、规范执行外，根据本项目施工复杂性和艰巨性，还应按以下条款（包括但不限于以下条款）的相关原则执行，相关费用已包含在投标报价中。

（1）现场踏勘：

投标人递交投标文件时即被视为已充分勘察了现场，熟悉现场的位置、通道、通信设备、地貌特征、可供储存和施工用途的空间、现场现有的建筑物及邻近或现场接连的私人或公共物业以及取得了所有可能影响投标的资料。投标人以不熟悉现场或现有建筑物为借口而要求额外索赔或延长工程期限均不获批准；还应对施工范围内的可能拆迁的建筑物、构筑物、管网、管线、电信、电讯走廊情况进行初步的了解，掌握并匡算需投入的人力、物力，并将相关费用纳入投标报价中。

因此，从审计的角度，严禁临近高速公路两侧采用爆破施工是一般规范和生产安全要求，并不是仅针对该项目临近高速公路不允许爆破施工，而其他项目临近高速公路允许爆破施工。在投标现场踏勘阶段，施工企业根据现场情况应该知晓该项目××立交临近××高速公路，不能采取爆破施工，只能采取机械开挖。根据招标文件要求，施工企业对该部分投标报价后即属于总价包干范围，不管后续开挖方式如何变化，均不能调整价差，也就是说该变更理由不成立，该变更的相关费用也不能计算。

对于变更的程序，对于国有投资项目，变更一般根据变更金额的多少有相应的变更程序，必须满足相应变更程序的变更才能进入结算。例如交通部针对公路工程颁布的《公路工程设计变更管理办法》（交通部令2005年第5号），就对设计变更的分类、提出理由、提出人、提出资料、审批程序和流程等，进行了详细的规定和明确，不按照该变更程序进行的变更，则最终在结算审计阶段会被结算审减。

第六条　公路工程重大、较大设计变更实行审批制。

公路工程重大、较大设计变更，属于对设计文件内容作重大修改，应当按照本办法规定的程序进行审批。未经审查批准的设计变更不得实施。

任何单位或者个人不得违反本办法规定擅自变更已经批准的公路工程初步设计、技术设计和施工图设计文件。不得肢解设计变更规避审批。

经批准的设计变更一般不得再次变更。

第七条　重大设计变更由交通部负责审批。较大设计变更由省级交通主管部门负责审批。

第八条　项目法人负责对一般设计变更进行审查，并应当加强对公路工程设计变更实施的管理。

第九条　公路工程勘察设计、施工及监理等单位可以向项目法人提出公路工程设计变更的建议。

设计变更的建议应当以书面形式提出，并应当注明变更理由。

项目法人也可以直接提出公路工程设计变更的建议。

第十一条　对一般设计变更建议，由项目法人根据审查核实情况或者论证结果决定是否开展设计变更的勘察设计工作。

对较大设计变更和重大设计变更建议，项目法人经审查论证确认后，向省级交通主管部门提出公路工程设计变更的申请，并提交以下材料：

（一）设计变更申请书。包括拟变更设计的公路工程名称、公路工程的基本情况、原设计单位、设计变更的类别、变更的主要内容、变更的主要理由等；

（二）对设计变更申请的调查核实情况、合理性论证情况；

（三）省级交通主管部门要求提交的其他相关材料。

省级交通主管部门自受理申请之日起 15 日内作出是否同意开展设计变更的勘察设计工作的决定，并书面通知申请人。

第二十一条　按照本办法规定经过审查批准的公路工程设计变更，其费用变化纳入决算。未经批准的设计变更，其费用变化不得进入决算。

对于社会审计项目，一般在施工合同中，发包人和承包人对变更的程序，也会进行具体的约定。如果过程变更没有按照合同约定的程序进行，而导致该程序瑕疵的又是承包人的原因，这种情况下也会由于变更程序不符合约定而导致结算审减。

对于变更的内容，对于国家审计项目，审计人员会从是否经济有效上进行审计。例如，如果变更的内容导致了功能上的重复和浪费，往往也会导致结算审减。例如，某市政工程的某变更，将路基变更为透水路基，而且又新增加了涵洞工程，这样就导致使用功能上重复，造成浪费，从国家审计的角度，最终会对重复功能部分的结算造价审减。对于社会审计项目，审计人员一般会对这种不合理的变更内容或者功能重复的内容，从专业的角度提出相应的意见，供发包人核实，最终以发包人与承包人双方达成的合意为准，不能擅自对相关内容进行结算审减。

（5）材料单价的审核

一般情况下，审计人员会审核材料价格的形成方式，是否符合合同的约定和审批形式。对于材料调差，是采用全额补偿调差的方式还是差额补偿调差的方式、调差工程量的范围的确定、调差期间的确定等，均是审计重点关注的范围。对于国家审计项目，如果材料单价高于当地造价主管部门颁布的造价信息的材料价格，而又没有特殊的材料做法要求和特殊理由的，往往也会导致结算审减。

（6）新增单价的审核

一般是依据施工合同对新增单价的约定，根据相同单价、相似单价、新增单价 3 个原则进行判断和确定。对于相似单价，重点在于审核单价换算的方式和方法，对于新增项目的单价，重点在于对定额套取是否合理、是否吻合，相关含量和耗量是否调整，相关系数是否折减等进行重点审核。

（7）签证索赔的审核

对于签证索赔，审计人员一般是根据施工合同的相应约定，对签证索赔的理由、审批流程、费用计算方式等，逐一进行审核，具体的审核方式和方法可以参考"第5章　技术资料创效与实务"中的相应内容。

（8）施工方案的审核

对于施工方案的审核，主要分为两个方面：一方面是施工现场是否按照施工方案的约定去实施，如果没有按照施工方案的约定去实施，会导致相应的结算审减；另一方面是通过对施工方案的审核，发现造价组成上的问题，这对于按实结算项目和新增单价的情况下尤为重要，施工方案与组价内容阐述的不一致，就会导致结算审减。

例如：定额套用的是人工挖土，施工方案描述的是机械挖土；定额套用的是4t汽车运输，施工方案上描述的是10t汽车运输等均会导致结算审减。

（9）履约审核

履约审核，审计人员主要从施工合同约定出发，并结合施工过程相关文件，核实承包人是否严格按照合同的约定履约完成全部的义务，比如是否存在甩项验收的内容，比如工期是否延期、项目管理人员变动的违约等相关的违约事件导致的违约责任，核实施工过程中，发包人、监理单位等是否在过程中对承包人出具了相应的罚款文件；比如甲供材是否存在超供的情况等。

（10）资料闭合性审核

其审核主要是通过各种结算资料的闭合情况、工料分析，通过审核资料相互之间的不闭合性进行结算审计。

例如：某建设工程约定按照竣工图办理结算，但是竣工图与设计施工图＋设计变更不重合，审计进行相应的扣减。

例如：某隧道工程建设项目，通过对钢筋实验抽查数量的分析，反映出实际使用钢筋工程量低于设计施工图钢筋工程量，审计进行相应的结算审减。

例如：某展览中心，施工现场的图片体现出的土石方开挖放坡比例明显与设计施工图约定的放坡比例不一致，审计人员由此进行相应的结算审减。

（11）财务审计与工程审计结合审核

财务审计与工程审计结合审核，主要是在重大型国家审计项目，国家审计通过调取相关单位的财务往来资料，比如承包人的采购合同和资金往来，分包单位的合同和资金往来，通过财务数据的分析，可以从其他方面真实的反映出相应材料的消耗，通过该材料的消耗，间接地来佐证设计施工图中理论工程量的准确性，或者通过差异暴露出的问题点，再借助其他审计手段，如破坏性检测等综合评定后进行相应的审减。

3）特殊的审计方法及思路

（1）技术检测手段审核

对于已经施工完毕的工程项目，审计人员可以采取一些技术检测手段，对实际完成的工程量、收方签证数据的准确性和真实性进行复核和验证，如果实际检测数据与设计图描述、签证收方等记录不吻合，实际检测数据明显低于设计图描述、签证收方等记录时，审计人员就会以实际技术检测的数据作为结算依据，提出结算审减。

例如：某房屋建筑工程设计施工图中标明，楼板为双层双向配筋，针对现浇板中的线管，设计施工图要求如下："现浇板中的线管必须布置在下层钢筋网片之上，严禁上下交叉布置，交叉处应设置水平连接器，线管直径应小于 1/3 楼板厚度，并使管外壁至板上下边净距不小于 25 mm；沿预埋管线方向应增设 φ 6@150 宽度不小于 450 mm 的钢筋网带，线管不应平行布置于梁边 150 mm 以内"。结算时，承包人根据实际线管的长度，在计算了楼板双层双向的钢筋后，又单独计算了线管位置处的钢筋网带。审计人员提出钢筋网带主要是保护线管，楼板中已经有了双层双向钢筋，不需要再进行线管处的钢筋网带布置；与此同时，审计人员通过使用钢筋扫描仪，对楼板的实际配筋情况进行了实际扫描，进一步证实承包人在线管处实际上也未布置钢筋网带。因此，审计人员对钢筋网带工程量提出结算审减。

例如：某建设工程项目，审计通过审查《建筑材料报验单》《供货结算单》《甲供材的结算审核报告》《混凝土检测试验报告》等资料，进行比对分析，推测现场某处的框架柱混凝土等级没有达到设计施工图的要求。审计提出由发包人和承包人一起委托有相应资质的第三方检测单位，采用混凝土回弹检测技术对该处框架柱进行检测，检测结果表明实际混凝土等级没有达到设计施工图的要求。审计人员一方面对该混凝土等级的价差进行了相应的结算审减，另一方面由发包人委托设计单位对该处框架柱进行了重新加固设计并实施，整个过程中发生的检测费用、加固费用以及其他相关费用等，审计人员在承包人的结算审核中一并扣除，由承包人承担。

（2）破坏性检测手段审核

对于一些已经施工完毕的隐蔽工程，当审计人员结合项目实际情况和类似项目的审计经验，对隐蔽工程施工内容和完成工程量高度存疑，而通过一般的技术检测手段或者资料分析不能消解这种高度存疑的状态时，审计人员就可能会结合项目的实际情况，采取破坏性检测手段，来对相关隐蔽工程的施工内容和实际情况进行还原和确定。

例如：某项目基础工程采取旋挖桩，设计施工图中明确要求嵌岩深度为 1 m。施工过程中，参建各方对旋挖钻具体的成孔情况进行了收方，其中收方单中体现的嵌岩深度为 3 ~ 5 m，远远超出了设计要求的 1 m，而收方单中又没有表明旋挖钻超钻的具体理由和原因。审计人员提出旋挖桩没有按照设计图要求施工，属于超钻，超钻部分不能进入结算，另外审计对该旋挖桩实际嵌岩钻孔深度是否如收方单所示高度存疑。承包人提出反驳意见，该收方数据为现场参建各方实际收方数据，应该全额进入结算。在发包人的组织下，选取部分超钻比较深的旋挖桩，采取桩基础超前钻的方式，在桩附近重新进行实际钻孔测定，通过实际钻孔数据比对分析，收方单据中的收方数据与实际情况存在重大的偏差。后经过沟通协商达成一致意见，收方数据中的嵌岩深度统一按照设计施工图注明的 1 m 进入结算，重新钻孔发生的费用在承包人送审的结算造价中扣除。

例如：某市政工程项目设计施工图阐述，排水工程中要求管道周边 500 mm 范围以内采用砂砾石回填。结算办理过程中，承包人按照管道周边回填砂砾石的方式报送结算，但是没有提供管道工程砂砾石回填施工的项目影像资料，审计人员结合其他资料和项目实际情况分析，对排水工程管道附近是否采取砂砾石回填施工高度存疑。因此，发包人组织承包人一起，通过现场开挖的方式，核实管道工程具体的回填材质。经过开挖核实，承包人未按照设计施工图要求的砂砾石材质进行回填，审计人员根据实际回填材质进行了结算审减，并在结算中扣除了现场开挖发生的开挖费用、还原费用以及其他相关费用等。

例如：某公路工程项目，审计人员对路面铺装的实际厚度，通过计算机随机选点的方式，进行现场实地钻孔取芯，确定实际施工的铺装厚度，对根据规范要求正常偏差厚度范围之外的厚度差，进行结算审减。

（3）利用科技手段审核

随着科学技术的快速发展，一些科技手段也可以用到审计工作中，作为重要的辅助手段对项目进行审计。

例如：某市政工程项目，现场办理签证单，阐明该项目的土石方开挖全部外运到某一位置，对运输方式、运距等进行了具体确认。审计人员结合项目实际情况分析，该项目的土石方开挖是否外运和外运距离高度存疑。因此，审计人员利用 Google Earth 软件，历史影像和定位功能，对签证单中载明的土石方外运时间段的历史影像资料进行核实，发现实际的运输方式、运输距离与签证收方记录的有重大偏差，因此审计人员结合实际情况进行结算审减。

例如：某隧道工程，审计人员采取地质雷达的科技手段，对隧道进行扫描，通过对隧道工程布置拱部、边墙、仰拱等多条侧线进行扫描，对拱部、边墙的衬砌厚度，钢拱架的数量等进行实际施工情况的准确判断，根据地质雷达扫描结果，结合设计施工图进行比对分析，对差额部分进行结算审减。

（4）利用管理过程文件审核

在国家审计项目中，审计人员通过对工程项目发包人和承包人的内部管理文件，如整改通知、处罚单、施工日志等进行研究和分析，去发现项目管理过程中不足的部位，然后再通过相关展开和放大的思维方式，进行重点检查，达到结算审减的目的。

例如：某隧道工程管理资料中反映出 ×× 年 ×× 月发现仰拱厚度不足进行了整改，审计人员可能会理解为这是一种普遍现象，就会采取相关辅助手段和措施，对整个隧道工程仰拱的混凝土等级、实际施工厚度等进行重点核查。

（5）利用大数据分析比对审核

借助信息化的工具，审计机构会把每个项目的相关造价信息指标进行归类整理，形成大数据，在结算审核过程中，会针对性的将审计项目的相关造价经济指标，与大数据中的以往类似项目进行比对分析，通过比对，发现差异较大的指标，然后对该指标涉及的相关工程量和计价等进行有针对性的审核。

同时对于一个项目有多个标段时，审计人员也会采用重点单项逐个比对的方式，对一个项目多个标段的多个结算文件的相关数据进行比对分析，通过比对发现相互标段之间的差异，再通过差异分析其背后关键的因素，往往这些因素会导致审计人员对相关内容的结算审减。

例如： 某项目采取定额结算，材料价格按照当地造价信息的价格执行，造价信息没有的采取核价方式。该项目有两个标段，分别由两个承包人负责完成。审计人员在对两个承包人的结算文件的比对分析时发现，同样一种材料两者的材料价格不一致，通过深入分析发现，其中一个标段参照的是造价信息的材料价格，另一个标段是施工过程中对该材料价格进行了单独核价，使用的是核价的材料价格，而核价表中的材料价格高于造价信息中的价格。因此，审计人员通过比对发现差异本质之后，对核价的材料价格与造价信息的材料价格之差部分进行结算审减。

随着营改增的实施和 BIM 项目的逐渐推行，工程项目管理日益规范和透明化，整个工程项目的资金流向越发的可追溯性和可大数据化。在这种情况下，工程项目审计，更加容易通过大数据去发现和挖掘项目的审减之处，让审计工作开展的思路、方法和方式日益多元化、针对性化及穿透性化。

6.1.3　承包人应对方法及策略

1）承包人项目审核的现状剖析

随着建设单位的项目管理日益规范化，工程项目审计的常态化、专业化，承包人在当下的项目结算审计中常见的主要有以下问题。

第一是承包人的商务人员专业知识不够系统和全面，导致少算、漏算、错算等专业问题突出，而在审计过程中，一般情况下审计人员审核的思路都是只审减不审增，在结算报送过程中，发包人也会让承包人签署相关漏报少算后期不予补报自行承担相关损失的承诺书，承包人自身的专业知识欠缺，导致在项目结算对审过程中处于非常不利的局面。

第二是承包人的过程资料收集不充分，相关的签证收方核价等经济资料不完善，导致事情已经发生，成本已经付出，由于自身过程资料管理的失误和不完善，导致结算时该部分费用无法计算。从审计的角度，任何费用的计取，都需要有相应的书面支撑依据和材料，而在结算阶段，承包人再去寻找相关人员补充完善相关资料的难度非常大，就算可以去完成，但是也需要一定的时间，又会导致结算办理进度的滞后，影响承包人工程款的收取时间，间接的需要承包人为此承担额外的资金利息。因此在更多的时候，经过比较，重新完善补充资料计算的费用与延误结算进度导致的资金利息损失相比，有可能承包人得不偿失，承包人也就只有无奈地放弃该部分资料的完善，自己承当相关费用的损失。

第三是承包人各个部门之间的信息和工作成果缺乏有效的沟通和衔接，各自为政，各司其职，由此导致相关的资料之间、成果之间出现矛盾，导致结算审减。比如、技术资料和经济资料之间的矛盾，施工方案和签证收方之间的矛盾等，均会造成后期的结算审减。

第四是缺乏有效的说服审计的方法和手段。承包人的思维往往是我做了这个事情，那么就该计算这个费用，出发点是我做了什么所以我要什么。而审计人员的思维，你是否真实有效合规地做了这件事情，根据合同约定这个事情是否能计算费用，出发点是是否真的做了，其次才是根据约定做了的这个费用能否计算。如果承包人能换种思路，站在审计人员思维的角度去思考，那么说服审计和最终计算费用的可能性就大大增加。比如，对一些隐蔽工程或者可能他人会存疑的地方，我们可以保留相关影像资料和翔实的具体的记录，这样后期审计人员认可度信任度就会高很多；比如，对每一个经济资料，都详细地阐述为什么要这么做，依据是什么，而不仅仅是一个结果，这样审计人员的信任度也会相应提高。

2）承包人项目迎审的应对方法

从承包人的角度，一个项目要取得好的结果，圆满地完成审计对审工作，核心关键点就是以下三个方面。

第一，重视项目施工过程资料的管理，严格按照相关约定要求规范操作。

比如过程商务工作要按照规范流程实施，对于具体的计量签证、变更索赔，要有理有据，即使建设单位同意，也应严格对照合同文件，找到法律和合同支持，按照约定完善报批程序，如果仅仅是口头承诺或者不按照规范流程去办理，后期往往很被动。

比如过程资料收集整理要细致，特别是涉及发包人和承包人对一些重大变化和调整的决策过程资料的收集整理，如工作联系单、会议纪要等，相应资料表述的内容要清楚、完整。多在文字表达上下功夫，要把整个决策过程的背景、起因、处理过程、处理结果、相关依据等都表述清楚。

比如详细保留过程跟踪审计的审核痕迹，如一份变更，承包人报送金额是多少，监理单位审核数量是多少，跟踪审计审核数量是多少，从程序上和管理流程上是完备的，从对造价工作严格把关的角度看，参建各方都对变更金额控制做出了积极努力，起到了相应效果，这样对后期的审计工作也是有利的。

比如过程变更支撑资料的完整性，包括会议纪要、地勘的地质描述、设计的变更图、监测数据、施工方案、现场照片、收方资料、审批表、专家论证等，要尽量齐全。

比如变更签证和索赔的及时性，从合同的约定上，变更和索赔都是有时效性的，建筑行业的人员流动性较大，过程中不形成资料后补难度较大，审计风险也较大。

比如保存好施工过程中对相关事件的证据记录，在实施过程中，要有强烈的取证意识，做好过程记录并完善签字手续，以便在审计事件发生后有保存好的有力证据，包括照片、电话记录、施工记录等。

比如重视原始资料的收集整理，很多承包人对于签证和收方习惯在现场收方以后，用电脑打印收方单后再签字，目的是使收方签证资料美观整洁。但是很多审计人员更看重草签单等原始资料，并且对电脑打印的资料持一定的怀疑态度，如施工企业不能提供原始资料，还是存在一定审计风险。

比如完整的收集和整理整个项目施工全过程的影像资料，由于审计多为竣工后审计，审计人员对施工过程中的情况不了解，甚至全凭想象和猜测，如果施工企业能将自己在施工中的难点和客观条件记录清楚，这也会为以后的审计工作带来很多便利和好处。

第二，在施工过程中要及时查漏补缺，对发现的与结算审核相关的问题及时处理，例如，物资、计划、财务部门要定期对材料用量进行梳理，及时发现材料用量上的问题，及时处理。例如，越是容易出问题的地方，越要保证各项资料一致，如进场记录、试验、隐蔽检查、清单量等分别是不同部门统计的，要有人统管协调，及时发现问题，及时暴露问题，及时修改和调整。例如，对于一些合同上的理解歧义，对于过程中发生事项是否进入结算存在风险时，那么在施工过程中也要提前提出，与各参建单位提前沟通，提前形成相关问题的解决意见和达成一致并完成相应审批流程，规避后期的结算审计风险。

第三，要从专业的角度，系统完整全面地编制好结算成果文件，基础素材和资料有了，如果不能用精湛的专业技能去形成相应的成果文件，在专业上技不如人的情况下，前面基础素材准备得再充分，在结算对审过程中，也会由于审计人员的专业知识与专业审计导致承包人不能收获一个预期的理想的结果。

从具体的专业角度，主要从以下几个方面去把控：做好结算筹划、体系完整地编制结算文件、有效地进行对审和解决争议问题，具体的专业实务技巧，将会在本章的后续内容中详细阐述。

造价笔记 605

让矛盾逐渐暴露和集中爆发是两种截然不同的工作方式

最近进入了雨季，雨整天淅淅沥沥下个不停。昨天晚上，由于长时间下雨导致轻轨××号线部分路段打滑，乘坐的轻轨在停了数十分钟后，走走停停到××站，工作人员让大家全部下车，换乘其他交通工具。

巨大的人流全部涌向地面公交，公交车站一时间人山人海，导致公交车进站上下客异常缓慢，更加剧了拥堵的现象。看到回家方向黑压压等待公交车的人群，我只好采取了先乘坐一趟稍微不拥挤的去其他方向的车，离开拥挤的人群，经过几次换乘，终于花了近4小时的时间，完成了平常一个多小时的下班路。

其实如果轨道交通公司的处理方式稍作调整，效果就会截然不同。

出现故障后，轨道交通公司只是重复提醒临时停车，请耐心等待，而没有一开始就主动提醒大家，换乘其他交通工具，而是到了最后，才突然在一个大的车站提醒大家集中下车改乘其他交通工具，这样就让交通问题在一个车站集中爆发，必然就会带来异常拥堵的现象。而如果在开始就提出，大家先有心理准备，前期大家在各个车站分散改乘其他的交通工具，后面集中拥堵的现象就会减轻很多。

让矛盾集中爆发，和过程中提前逐渐暴露，应用到我们工程索赔和结算办理工作之中，同样是异曲同工。

有的承包人办理索赔，过程中不提，到了项目快施工完毕，预估工程要发生亏损，就想方设法一次性向甲方提出巨额索赔金额，而甲方又提前没有预期，工作很被动，往往导致双方剑拔弩张，关系很紧张，甚至对簿公堂。

有的承包人，在项目开始时，就逐渐铺垫，各种场合、函件、交流、会议等主动提出一些可能索赔的事项和亏损之处，并提前保留整理相关书面资料，让甲方提前知晓，至少有一个心理准备；然后在一些重要的节点，承包人分批次给甲方打索赔事项和报告，或者承包人项目完成，综合评估，项目整体还有利润，可能结合各种情况，就不提索赔了，或者整体情况不太好，再给甲方正式提出索赔，而这个时候，甲方提前对这个风险有了预期，索赔成功的概率就高很多，双方关系也就没有那么紧张和对立。

有的承包人，在项目开始的时候，经过商务策划分析，预估到本项目会存在哪些后期的结算争议和风险，于是在施工过程中分批次分阶段有节奏地逐渐暴露，逐渐提出，让甲方逐渐接受和逐渐去解决，到了正式结算办理时，相关结算办理的重难点工作也就顺水推舟，水到渠成地解决了。

所以，在工作中，我们要学会提前去揭开矛盾，暴露风险，逐渐铺垫和让各方有预期，而不是前期不闻不问，任由发展，后期突然一次性爆发，在这种情况下，集中爆发的矛盾，就代表这个工作或事情，没有回旋余地，很难有效解决，就算解决了，也会让各方心有芥蒂，很难再长期合作了。

2020 年 7 月 2 日

6.2　结算办理的筹划

6.2.1　结算筹划的概念

筹划是指我们在做一件事情的时候，提前进行谋略和计划，如古人所云"运筹帷幄之中，决胜千里之外"，就是说的筹划的重要性。一件事情或者工作，在进行筹划的时候主要关注以下几个方面，首先是这件事情或者工作的目的或目标，也就是我们想要达到的或者期望的结果；其次是目前这件事情或者工作相关的现状是什么，既包含事情本身的现状，也包含自身情况比如资源、人员、组织等的现状，还包括事情相关的第三方或者周边环境的现状；再次是基于现状我们如何去组织实施，实施的方式、方法、步骤或者路径是什么，这个是最关键也最核心的部分；最后是过程中出现了风险或者变化的情况下，如何去防范和应对。上述 4 个方面思考清楚了，也就基本上代表我们对这件事情或者工作筹划清晰，能够有效地去执行和实施了。

在项目建设过程中，结算办理的结果，代表着这个项目承包人最终的收入情况，从经营层面，结算办理的结果在某种程度上意味着项目承包人的发展命脉。

从广义上来讲，结算筹划是指项目开始时的商务策划，很多优秀的承包人有这样一个理念，项目中标的时候，就是项目结算办理工作的启动之日。因此，在项目一开始，就做好详细商务策划，包括投标盈亏分析、合同风险分析、过程经济技术管理活动策划、最终项目结算办理筹划等工作进行系统的筹划和布局。目前在很多成熟的中大型国有施工企业，基本上已经要求每个项目必须制订商务策划，但是大部分还只是停留在前期的商务角度的开源节流的分析和策划，还没有完全做到从开始到最终结算办理的全过程商务策划，但是，随着建筑业日益精细化的发展，这种全过程的商务策划肯定会逐渐去实践和实现。

从狭义上来讲，结算筹划就是指项目竣工验收合格后，商务部针对结算办理这件事情本身编制的一个筹划工作方案，根据结算筹划方案再去进行具体的结算办理工作，让承包人在结算办理这件事情上有的放矢，也在某种程度上，让结算办理工作有了一个预期和可控。在实务中，很多商务人员没有在结算办理前进行结算筹划，而是直接就去进行结算办理工作，往往结算办理不顺畅或者结果不理想，因此基于实际情况，本章仅从狭义的角度去阐述结算筹划的相关实务技巧。

6.2.2　结算筹划的实务

一份好的结算筹划，需要提前对结算办理相关的事项进行方方面面的提前思考，结合筹划一般需要考虑的 4 个核心：目标、现状、路径、风险。实务中结算筹划的编制主要从以下几个方面进行具体的思考和筹划。

1）项目基本情况扫描

事实是一切工作的出发点，不调查研究就没有发言权，在结算筹划时，我们最先要做的，是对该项目的基本情况进行梳理和扫描，而基本情况我们又主要从以下几个方面去梳理。

第一，合约方面，主要梳理前期招投标情况、本项目的建设规模、结构类型、承包范围、结算方式等。

第二，商务方面，主要梳理整个项目的实际发生成本、过程进度计量和报送情况、签证收方索赔等。

第三，建设过程方面，主要梳理现场实际情况，了解项目的实际建设过程，以及相关重要节点的实际完成时间，还有过程中与建设相关的重大事项，例如场地移交、基础完工、地下室完成、主体封顶等，目前项目建设所处的现状，是已经竣工验收合格还是已经完工准备竣工验收阶段等。

第四，资料方面，梳理与结算相关的技术经济资料，比如竣工图、验收资料、签证收方核价资料等是否已经完成，或者是否还有资料正处在流程办理之中。

第五，履约方面，梳理整个项目建设过程中，是否存在承包人在质量、工期、安全、管理等违约的行为或者潜在的违约风险，是否存在发包人在管理、工程款支付等违约的行为或者可以索赔的事项。

通过对上述 5 个方面基本情况的梳理，商务人员基本上也就对整个项目各方面的情况有了一个全面的认识和理解，为后续的筹划、思考和工作开展，奠定了事实基础。

2）外部环境沟通筹划

外部环境沟通，主要是涉及结算办理的外部单位的提前沟通筹划，结算办理必须要有其他单位的配合或者互动才能提前有效进行，在实务中，主要涉及与发包人和审核单位的沟通筹划。

在与发包人的沟通筹划中，需要提前落实以下事项：

发包人的结算办理流程，比如需要提供哪些资料、完善哪些手续，发包人往常办理流程和具体时限安排情况。

发包人的结算办理考核，是否报送了结算书后在后期对审过程中还能够补报？具体的补报流程和方式方法？发包人对结算审核的审减金额是否有超出一定金额需要承担审计费的约定？是否发包人在其他类似项目中，对审计单位的要求是只审减不审增的原则？这会对结算书的编制思路、编制方法等产生重大的影响。

如果项目还没有竣工验收，能否与发包人沟通，提前报送结算资料，提前进行结算审核？或者是分批次分部位报送结算？如果存在甩项验收的情况，是否可以先进行甩项结算？当存在由于相关技术经济资料还在审核流程过程中等没有正式和书面化的情况，与发包人沟通先按照电子版的报送，结算审核时以正式和书面化的资料审核，但是该部分不进入超额审减后的违约责任承担。

在与审核单位的沟通筹划中，需要提前落实以下事项：

该项目审核单位的咨询费的计算方式，是按照建筑面积包干计算，还是按照基本费加审减提成的方式？如果是前者，承包人一般不存在审减率超过一定比例后的审计费承担风险；如果是后者，如果结算编制报送金额完全没有任何虚量，则审计人员会由于没有审减额在核对过程中会步步紧逼，如果结算编制报送金额虚量过高，又会导致承包人自身承担高额的审计费，这就需要承包人结合审核单位的咨询费计算方式，结合项目实际情况提前去筹划。

该项目审核单位的审核方式，是审核单位背靠背建模算量计价形成成果文件后与承包人逐一详细核对，还是在承包人直接提供的结算成果文件上进行审减的方式？如果是前种方式，虽然核对过程要慢一点，但是承包人在核对过程中少算和漏算的地方，可以通过与审核单位的逐一详细核对进行发现，并协调进行补报。如果是后种方式，审核单位是直接在承包人成果文件上扣减，那么核对过程中，一方面承包人无法有效发现自身少算漏算部分，另一方面审核单位在审核过程中发现承包人少算漏算的地方，一般也就不会主动提出。这种情况下，要求承包人结算文件编制思路清晰，审核单位一看就明白，更重要的是承包人结算编制完成后要内部严格质量复核把关，避免少算漏算的风险。

该项目审核单位的人员分工，主要沟通了解审核单位整个项目的人员分工和相应负责范围的界面划分，承包人相应的人员分工和相应的负责范围最好是和审核单位一一对应，这样便于后期审核对量时双方人员高效的对量以及相应审核结果、审减分析的统计等成果文件的汇总梳理。

该项目审核单位采用的计价软件类型、建模算量计价软件的具体版本号，承包人结算编制时要与审核单位保持一致，避免后期由于软件和版本号的原因，导致对量困难。

提前了解该项目审核时间区段审核单位是否还有其他项目同时进行，如果有，应提前沟通协调确保本项目的结算核对和审核时间。

3）自身工作自我筹划

对于结算自身工作的自我筹划，综合起来就是：定目标、定节点、定人员、定步骤。

定目标，在实务中，一般需要包含两个方面的目标：一个是最终结算金额的目标，一个是最终结算审核完成时间的目标。对于最终结算金额的目标确定，先要统计和测算这个项目的实际发生成本，再结合前期招投标文件和过程进度报量，预估本项目结算的金额。如果预估的本项目结算金额高于实际发生成本，利润率达到了公司的经营管理要求，那么就可以把该预估的项目结算金额作为本次结算的最低目标；如果预估的本项目结算金额低于实际发生成本，那么这个项目结算目标至少是不亏损即实际成本金额，或者是实际成本还考虑一定的利润率作为结算目标。如果是后面这种情况，在结算筹划方案中就要增加一个内容，如何通过索赔、合同理解漏洞挖掘、相关事项谈判等方式或者方法，去弥补完成根据合同计价条款计算出来的结算预估金额低于实际施工成本的差额部分，提前筹划和思考。关于结算审核完成时间的目标，需要结合合同的约定和承包人经营回款的管理目标一起确定。

定节点，有了目标之后，把该目标拆分为一些关键事项，比如资料收集完成时间、编制完成时间、报送时间、初稿审核时间、争议解决时间、定案时间等，并对该事项的具体完成时间节点进行提前确定，在实务中，我们一般是根据最终结算审核完成的时间节点目标倒排相应的事项节点。

定人员，目标清晰，节点明确后，接下来就需要根据目标和节点，进行相应的人员匹配。一方面是人员专业能力的匹配，最好是相应的人员要有以前类似的经验；一方面是人员数量的匹配，人员数量要与工作量相匹配，避免人力不够导致相关事情滞后的风险，如果出现人员短缺或者能力不足，则需要协调公司借调人员或者提前对相关人员进行专业技能培训的方式来解决。

定步骤，目标、节点、人员确定后，就是确定这件事情的具体完成步骤，以及每一个步骤需要完成的工作内容和相应的注意事项，这部分内容在本章后续的结算文件的编制、结算文件的对审等内容中进行具体阐述。

4）风险预估及应对

风险预估就是结合项目的实际情况，以及以往的工作经验，详细梳理出在结算办理过程中可能存在的风险，以及相应的应对策略。从风险的类别划分来讲，主要包含外部风险、自身风险以及其他不确定风险。

外部风险，主要是发包人和审核单位的风险，比如发包人流程的原因、审核单位项目冲突人员安排风险等；自身风险，主要是指承包人自身内部的管理、人员、技术等相关事项存在的一些风险；其他不确定风险就是指除此之外的一些其他不确定风险，比如争议金额过大，导致争议问题迟迟不能解决等。风险的预估尽量要具体化，应对策略要尽量可执行化。

5）筹划方案编制交底

经历前面 4 个步骤，基本上结算筹划方案的相关思路和细节已经全部清晰，接下来，需要结算办理的商务部门，将上述事项形成详细的正式的结算筹划方案初稿，在项目经理的组织下，项目管理团队一起集中对该结算筹划编制方案进行讨论和确定。商务部门根据集中讨论的意见再完善形成最终的结算筹划方案，并组织项目管理团队进行详细的方案落地交底，让每个部门每个人员对各自的责权利进行清晰和明确，避免结算办理的好坏和结果都是商务部门一个部门的事情。通过结算筹划方案，由商务部门牵头，把结算办理相关事项和工作拆分落实到具体的各个部门的相应人员，就能真正让各个部门团结一心有机融合在一起把结算工作顺利完成，而不仅仅是停留在具体的口号上而因为没有具体的目标和任务导致其他部门仅仅是作壁上观，实际上却仍旧是商务部门单打独斗。从这个角度，结算筹划方案不仅仅是一个方案，而是让项目管理团队真正有效融合推进结算办理的一个工具、一种方式、一种方法、一种路径。

造价笔记 611

高效的三要素：不做无谓的事，不说无谓的话，没有无谓的心思

昨天下午，在公司的会议室，由运营部组织进行的新员工第一周学习成长交流会如期举行。

虽然新员工才入职不到一周的时间，但是，每个新员工，从各自的角度，在台上从容自若给我们阐述了一周的学习成果：有对企业文化的理解，有对相关制度的梳理，有对业务流程的标注，有对办公软件的使用，有对工具软件的熟悉，有对工作习惯的养成。

在短短一周的时间里，在运营部 T 老师的指导下，新员工非常高效地完成了以前社会招聘渠道入职的员工一个月才能掌握、理解和达到的内容。这高效背后的核心原因是什么？其实有 3 个非常核心的关键因素。

第一个关键因素是不做无谓的事。什么叫无谓的事，就是与当下目标没有关系的事情，都可以理解为无谓的事情。T 老师在新员工入职前，把每周需要具体达到的目标提前进行了制订，并拆分为具体动作和事项，这些事项就是当下新员工的核心事情。这样，通过事项的明确，避免新员工去做无谓的事情，浪费无谓的时间。这也就是奥卡姆剃刀原理：如无必要，勿增实体，最为核心的理念在工作中的有效应用。

第二个关键因素是不说无谓的话。少说多做，是很多事情快速完成的一个基本法则。在整个学习过程中，T老师点到为止的交流指导，把更多的时间留给新员工去理解、去练习、去实践。在大量的自我练习过程中去快速理解和掌握，当我们的大脑和身体集中一致的高强度工作时，往往工作的结果就非常有效而且高效。

第三个关键因素是没有无谓的心思。在这一周的学习中，T老师一门心思在如何指导好新员工上心无旁骛；新员工也是将全部心思花在学习和工作上，工作的时间在认真工作和学习，休息的时候也在继续思考和总结，甚至上下班的路上还在琢磨如何更好地学习和把事情做好……

正是因为这些看似简单的因素和动作，让新员工在入职第一周的交流会上，给了公司老员工一个非常惊艳的展示，既高效又有效，既有过程更有结果。

在工作和职场中，开始的时候，大家面临的都是一样的条件或者一样的起点，但是有的人工作就是做得既快又好，有的人职业成长的就是迅速而又基础扎实。这背后，或多或少都有上面高效的三要素的一些体现或者承载。所以，对新员工，如果能深度理解和掌握这些表象背后的本质，后面的成长之路，就会坚定而又持久，不会仅仅是某个时间段、某个偶然结果和事件。对老员工，如果能持续的去坚持和打磨自己高效的工作思维和习惯，让这些理念成为深入自己骨髓和灵魂的动作，那么，老员工的职业发展之路，才会越来越宽广，越来越广阔。

2020年7月11日

6.3 结算文件的编制

工程项目结算文件的编制是一个专业而又系统的工作。从专业的角度是深刻体现工程人员造价商务技术能力的一个事件；从管理的角度，因为要统筹和协调各方面的资源和素材，也是体现工程人员管理统筹能力的一个事件。从实务的角度，一个既专业又系统的结算文件的编制完成，在某种程度上意味着这个项目的结算工作已经成功了1/3，当然其中的2/3分别是前期的结算办理的筹划以及后期的结算文件的对审和争议问题的解决。工程项目结算文件的编制，至少需要经历结算资料收集整理阶段、结算编制内部交底阶段、结算编制初稿形成阶段、结算初稿三级复核阶段、结算文件对外报送阶段共5个阶段。

6.3.1 结算资料收集整理阶段

1）资料全面收集

在资料收集之前，商务人员需要结合施工合同的约定，梳理出施工合同约定所需要的结算资料清单，具体示例如表6.1、表6.2所示。

表 6.1　某房地产公司项目结算要求提供的结算资料清单

序号	类别	资料名目	资料要求
1	招投标类资料	招投标文件、定标报告或中标通知书	原件 / 复印件
2		合同谈判备忘录、施工合同	原件
3		读图纪要、答疑文件、补疑文件、包干价预算书	原件
4	技术经济类资料	安全文明工地证书	原件 / 复印件
5		工程开工报告	原件
6		竣工通知书、竣工报告、工程完工确认单	原件
7		场地移交资料	原件
8		工程地勘资料	原件
9		工程类隐蔽资料	原件 / 复印件
10		现场材料报验审批单	原件 / 复印件
11		工程形象进度确认单（含形象进度描述明细）	原件 / 复印件
12		淋水实验报告	原件
13		工程验收接管交接表	原件
14		工程施工合同履行确认书	原件
15		施工组织设计方案（含专项方案）	原件 / 复印件
16		相关图纸（招标图纸、施工图、竣工图）	原件
17		水电费分摊明细表	复印件
18		设计变更单、技术核定单、经济备忘录、费用方案、变更资料审批流程	原件
19		图纸会审文件	原件
20		技术交底会议纪要	原件
21		工程构造做法	原件
22		现场收方签证单及核对表	原件
23		进度款支付统计表、预算书	原件
24		财务往来账务对账单明细	原件
25	材料核价及甲供材类	材料核价单	原件
26		甲方核价材料核对表	原件
27		每月调差材料明细和相应的调差材料每月核价表	原件
28		甲供材领用资料核对确认单	原件
29	奖惩管理类资料	过程管理甲方和监理单位开具的罚款指令	原件
30		过程迎检、评比、创优等甲方和监理单位开具的奖励指令	原件

注：上述资料清单适用于房地产项目采取战略清单计价、模拟清单计价方式下的施工合同，该类项目一般属于完全市场化的情况，因此资料更多的是关注是否与结算造价本身有关，而对于其他建设程序类的相应资料一般不做相应要求。

表 6.2　某公共建设项目结算要求提供的结算资料清单

序号	资料名目	资料要求	备注
1	项目建议书及批复	复印件（盖章）	
2	可行性研究报告及批复（立项批复）	复印件（盖章）	
3	已审查合格的地质勘查报告	原件（盖章）	
4	施工图预算批复（即财政预算评审文件、相关政府审定预算会议纪要或领导批示）	复印件（盖章）	
5	建设项目选址意见书	复印件（盖章）	
6	建设用地规划许可证	复印件（盖章）	
7	建设工程规划许可证	复印件（盖章）	
8	勘查合同	复印件（盖章）	
9	设计合同	复印件（盖章）	
10	监理合同	复印件（盖章）	
11	招标文件	原件	
12	投标文件（中标单位）	原件	
13	投标预算书（中标单位）	原件	
14	中标通知书、招投标情况备案登记表	原件	
15	合同	原件	
16	补充协议	原件	
17	施工单位营业执照、施工资质证书	复印件（盖章）	
18	施工许可证	复印件（盖章）	
19	施工质量监督书	复印件（盖章）	
20	施工安全监督书	复印件（盖章）	
21	开工报告	原件	
22	设计交底、图纸会审情况	原件	
23	施工组织设计报审资料	原件	
24	设计变更相关请示和批复	原件	
25	设计变更通知及变更图纸、变更工程量计算书	原件	
26	工程量变更增加投资审批资料	原件	
27	设计变更签证单	原件	
28	施工签证单	原件	

序号	资料名目	资料要求	备注
29	材料价格核价单	原件	
30	重要材料购销合同、发票	复印件（盖章）	
31	隐蔽项目技术资料	原件	
32	土石方等项目的原始高程、第三方测绘报告	原件	
33	监理总结、监理会议纪要	原件	
34	工程例会纪要	原件	
35	竣工验收资料（竣工验收会议纪要、验收意见书）	原件	
36	安全文明施工验收评定表	原件	
37	相关领导批示、会议纪要等	原件	
38	施工设计图纸（审查通过的）	原件	
39	竣工图	原件	
40	往来函件	原件	
41	其他结算相关资料	原件	

注：上述资料清单适用于政府投资或者国有资金投资公开招投标模式下签订的施工合同，因为该类项目对建设的程序性、合法性、合规性要求比较高，因此结算时对相应的该类资料的要求也就不一样。

　　除了合同约定所需要的结算资料清单之外，商务人员还要梳理出虽然不需要提供给发包人，但是对结算文件编制和后期结算对审有关的其他资料，比如全过程的现场影像资料、施工日志、承包人内部管理过程相关文件、分包合同以及分包相关商务经济文件、现场施工技术交底、相关专家论证资料、相关检测实验资料等，这些资料能让商务人员更加准确和全面的编制结算文件，也为后期的结算对审提前准备相关支撑依据和素材。

　　资料清单梳理完毕，商务人员需要把资料清单分解到具体的各个部门，约定一定的期限内由该部门整理提供相应的资料。资料收集的出发点是有原件的提供原件，确实没有原件的才提供复印件，并且要注明原件无法提供的缘由，有相应电子文档的，配套提供电子文档。资料收集完毕后，商务人员先整理一套完整的原件资料；然后采用高清扫描仪或者高拍仪将原件资料扫描成电子文件，并相应的逐一合并成为 PDF 文档，这样后期的结算编制工作就可以直接参考和搜索相应电子文档，避免原件无法传阅和多次传阅丢失的风险，也方便后期结算对审的时候相关资料的查询，提升对审工作效率；最后，商务人员再复印一套或者数套完整的复印件资料，以备不时之需，这也就是结算资料整理的原则："原件尽量不要多次使用，避免丢失和遗漏，尽量使用相应的复印件和电子版本资料。"

2）现场实地踏勘

资料收集完毕后，接下来一个重要工作就是项目现场实地踏勘，尤其是未参与整个项目建设施工过程，只是项目施工完毕后，被公司抽调过来负责办理该项目的结算，或者作为第三方咨询机构接受承包人的委托办理该项目的结算事宜，在这种情况下，现场实地踏勘就显得更为重要和关键。

作为结算办理的商务人员，现场实地踏勘主要了解和掌握以下信息：

第一，对整个工程项目有一个宏观的直接的认识，通过对项目的实地踏勘，对工程项目的组成，修建的实际效果等会有初步的认识，对于后期快速理解设计施工图和相关项目资料以及结算工程量的计算，都有很好的帮助。

第二，对整个项目的一些现场实际情况，施工的实际内容和范围，能够在现场踏勘的时候进行相应的了解和熟悉，对后期结算编制的一些工作思路和相关注意事项上，能提前熟悉和了解，避免由于对现场不熟悉导致实际情况与一些理论资料冲突或者矛盾后，造成后期一些无效或者无用的结算编制工作。

现场实地踏勘一般分为3个步骤：

第一步，结算办理商务人员将现场实地踏勘想要了解的相关情况和事项提前梳理形成文档，提前发给项目部相关人员提前做相应的准备。

第二步，一般是进行项目现场交底会，由项目部项目经理组织，现场技术、生产和其他管理人员一起参加，由项目部人员对项目建设过程、相关重点事项、其他与结算办理有关的相关事项等进行阐述和说明。结算办理商务人员对不清晰或者存在疑问或者需要了解的地方及时提问并交流，对整个交流过程形成详细的会议记录，作为后期结算编制的一个重要的参考资料。

第三步，是项目现场实地踏勘，一般是由对项目情况比较熟悉的技术负责人，带领商务人员，按照一定的路线，比如从地下室到地上，从主体到裙楼等，对工程项目建设的每一个单项工程、每一个具体部位进行详细的实地了解。在踏勘过程中，技术负责人对一些特殊部位存在的一些特殊事项，或者与设计施工图不一致，或者存在过程重大变更或者调整的地方等，可以进行相应的实地讲解，这样就更加有助于商务人员了解每一个特殊情况以及来龙去脉，对后期结算编制和结算对审有很大的帮助作用。在实地踏勘过程中，商务人员一方面需要对踏勘过程中技术人员的讲解及时做记录，更为重要的是，需要专门安排一个人，对进行踏勘的每一个部位拍照或者摄像保存，踏勘完成后再根据不同的单项工程、不同的部位进行分类整理影像资料。踏勘系统拍摄整理的全面的影像资料主要有两个作用：一个是在后面结算编制过程中，对图纸理解或相关资料解读存在疑问时，可以通过该影像资料进行比对分析，而不需要再次来到项目现场进行实地踏勘，提升工作效率；一个是在后期与审核单位对审的过程中，当审核单位对某个位置存疑或者是否施工存疑时，能及时快速地提供相应影像资料支撑佐证，提高对审效率的同时也会让审核人员对我们的结算编制的专业度信任度有很好的印象，间接给我们的结算对审创造和形成一个良好的外部人文环境。

在《反对本本主义》一文中毛主席提出了具有伟大智慧的一个观点："没有调查就没有发言权"，正是由于毛主席对农民的真正重视、调查和实地研究，懂得了农民的生存环境与生存需要的实际情况，才有了后面星星之火可以燎原的伟大革命事业和成就。对于一个工程项目的结算编制工作同样如此，如果商务人员仅仅是依赖收集到的项目资料，在办公室闭门造车依赖资料去编制结算文件，就会出现很多本本主义的错误，或是让结算编制工作反复不断，或是结算编制的成果经不起后期结算对审的考验风险频出。因此作为结算编制的商务人员，在结算编制之前，一定要深入项目现场实地踏勘和调查，了解各种实际情况，倾听现场施工和管理人员的各种阐述和介绍，有了深入的调查和了解之后，在后期的结算编制和对审过程中才能占据主导地位，才有发言权，才能真正把结算工作这件事情做好、做扎实、做出成绩。

3）资料分析研究

实地踏勘后，商务人员对现场的实际情况有了整体和感性的认识，资料也已经收集，就需要对收集的资料进行分析研究，从资料的完整性、有效性、齐全性、风险性、可溯性对收集的资料从商务角度通盘研究，发现问题，在结算文件正式编制前进行相应的提前沟通和处理。

资料完整性是指从结算办理的角度，收集的资料是否完整。一方面根据商务人员梳理出的该项目需要的结算资料清单，逐一检查核实是否收集完全，是否还有没有提供资料清单中载明所需要的资料；另一方面资料清单中某一个所需的资料项可能也是由数个小类别资料组成，需要核实这个资料项对应的相应资料是否收集完整。比如，图纸会审文件，有整个土建总承包的图纸会审，还有各个专业分包的图纸会审；比如，某些项目的钢结构专业工程施工图纸，一般包含钢结构设计施工图、钢结构深化设计图、钢结构竣工图。只有根据结算资料清单整个资料收集完整，单个资料项也相应的完整，才代表着这个项目的结算资料完整性符合要求。

资料有效性是指从结算办理的角度，收集的资料是否能作为有效的资料最终被审核单位采纳。资料的有效性分为形式上有效和实质内容有效。资料的有效性分析，主要是指形式上的有效性分析。例如根据施工合同和专业要求，某份资料需要签字的是否签字，是否为施工合同约定的具有相应权利的人签字；资料是否根据要求在相应位置盖章，涉及该文件有数页的时候，是否有盖骑缝章；根据施工合同的要求，需要提供原件的资料，分析该资料是否为原件；是否有一些明显时间、地点或者人物以及事件不合理的资料，比如，现场草签单所示的时间在正式收方单的时间之后，建设单位的指令单发布的时间在相关工作内容完成时间之后而又没有相应的特殊说明等。

资料齐全性是指根据造价专业知识或者说是根据建设单位的相关管理制度要求，某一个资料的发生必然要求另一个资料的发生作为前提，两份资料归结到一起才能形成一份齐全性的资料。比如某项目要求，任何一份签证单，需要包含现场收方申请书、原始收方单、现场收方照片、正式收方单、正式签证单（含相应签证预算书）、经济资料备忘录（超出一定金额的签证需要）；比如某项目要求进入结算的工程变更资料，需要包含设计变更单或者甲方指令、相应的专项施工方案或施工说明及建设单位审批表、变更实施完成核查申请表、工程变更会签及实施结果核查表、变更施工现场照片等。资料的齐全性需要我们站在结算审核单位的角度出发作为基础，并结合具体项目具体发包人的管理要求和施工合同的要求去进行分析。

资料风险性是指从结算审核的角度出发，资料或者资料之间是否具有一些对结算不利或者负面影响的情况出现，导致结算金额审减或者原本可以计算的造价由于该资料的存在而可能不能计算的风险。比如，资料和资料之间存在相互矛盾的表述，或者描述相互冲突；比如，某隐蔽工程签证收方工程量显著偏高，而又没有相关的影像或者佐证资料；比如，合同约定某增加项目采用定额计价下浮一定比例的方式，而实际又采取的市场价直接核价，又没有相应的情况说明、会议纪要和决策调整过程的其他相关佐证说明资料等。资料的风险性分析，主要是提前分析研究，提前进行相应的准备。

资料可溯性主要是指结算相关的资料是否具有可追溯性和可快捷查询性。比如，对于签证、收方等资料，是否有相应的资料台账，便于查询和核对；比如，对于往来函件、设计施工图、设计变更等资料，是否有相应的资料签收台账；比如，对于某些超出限额的变更金额，是否有发包人或者其主管部门相应的审批程序和批复文件等。结算资料的可追溯来源，可详细查询比对是否遗漏，对后期结算编制和对审，也是具有非常重要的作用和意义。

资料分析研究完成后，商务人员要形成一个相应的资料分析研究说明，详细明确哪些资料需要补充提供的，哪些资料需要完善签证盖章的，哪些资料需要进行相应流程完善的，哪些资料具有风险需要提供其他资料佐证等，并由商务人员对项目管理团队相关人员进行相应的交底和说明。

4）资料补充完善

在商务人员进行资料分析研究和交底后，接下来需要商务人员敦促相应的项目管理人员，对结算资料进行相应的补充和完善。在实务中，由于工程项目的建设比较复杂而又情况多变时，很多事情往往是理论上可行但是实际上却没有办法去完成，因此，对于结算资料补充完善的一个原则是，能尽量补充和完善的资料项目管理团队尽量完善，确实不能补充或者完善的资料，可以协调发包人或者相关单位编写相应的情况说明作为补充替代，当发包人或者相关单位无法出具情况说明的情况下，保留与发包人或者相关单位的沟通交流记录和情况说明备忘录，在后期结算对审过程中，如果审核单位对该资料提出相应质疑时再具体问题具体分析和具体解决。

结算资料收集整理，是一个既烦琐而又细致的工作，也是一个既专业而又系统的工作，磨刀不误砍柴工，我们商务人员在结算资料收集整理上做得越仔细，了解的情况越详细，研究分析得越透彻，那么后期结算文件编制时就越快捷、越高效，会避免很多无用的、重复的、无效的工作，并且在后期与审核单位结算对审时也越迅速，越有效，越有主导权，越能取得良好的结果。

造价笔记391

事项开展的重点在于，我要怎么赋予这个事项未来使用的意义

这个星期，工作中发生了几件小事情，细细琢磨，发现挺有意思。

一件是与我们的企业实训运营 Ms.T，一起去与委托方沟通，关于一场企业实训的实施前期对接事宜。在接近一个小时的时间里，我们阐述了实训的分类，这次企业实训前期交流的背景，本次企业实训实施委托方和我方各自需要注意的事项等。与委托方交流完毕，Ms T 跟我反馈，下次类似的场合我们再与委托方交流，提前制作一个标准的 PPT 介绍模板，比目前的 Word 文档效果可能更好。

一件是我早上在浏览朋友圈和公众号文章时，不再关注其具体内容，而是根据标题和简介确定是否感兴趣，然后随手放入印象笔记收集箱，最后下班前半小时，集中进行阅读，添加标签，分类，归档，整理。

一件是我在安排部门工作时，提前用印象笔记梳理工作任务的背景，工作任务的具体要求，以及具体完成时间和思路框架建议，在与同事沟通时，口述工作任务的背景和具体要求，然后倾听同事的任务完成思路及自我评判完成时间，最后我再提出我的思路建议和时间要求，交流过后，第一时间将提前梳理的工作任务背景、要求、思路、时间等发给同事，形成具体工作要求。

我们每时每刻都在进行着，开展着很多的工作、很多的事项，但是，我们往往会陷入繁杂的事项中，而忽略了事项本身的重点或者价值。所以，我们在做很多事情时，经常为了当下的事情而事情，为了当下的工作而工作，常常郁郁寡欢，闷闷不乐，甚或怨天尤人，责怪不已。

一件事情真正的开展思路或者重点是什么呢？经过琢磨，我发现一件事情的完成需要经历3个步骤或者说思考3个维度。

第一个维度：这件事情安排人的目的或者出发点是什么？安排人真实的需求到底是什么？需求决定行动，方向错了做得越好实则效果越差，所以安排人没有需求我们需要提炼需求，安排人需求太多我们需要辨明真实需求，安排人没有需求我们要创造需求。

第二个维度：这件事情做了后，我或者相关人能收获什么价值或者得到什么成长？这是一切事情开展的内在动力和源泉，决定着你做这件事情，是以做了这件事情？做得更好？做得精益求精……不同的心态，不同的思路来开展这件事情，这也是决定着简单事情得以重复去做好的内在底层基础。

第三个维度：这件事情怎么做和具体实施的问题。到了这个维度，才是具体事情开展的方式方法和技巧的问题。

所以很多的时候，不是我们在夜以继日的工作中消灭激情，不是我们在简单重复的工作中感知不到了其中的价值，而是我们在开展某项工作时，往往忽略了去思考如何赋予这个事项未来使用的意义。

比如，Ms T 跟我说的企业实训实施介绍 PPT 模板，这其实是我们准备搭建的企业实施编制手册里的一个小环节。

比如，朋友圈浏览处理归类，这其实是在搭建自我核心知识体系数据库的一个日积月累小动作。

比如，安排部门工作体系梳理，这其实是在培养自我复杂事情的拆分解读与实施能力。

......

所以，这就是工作，看似简单却又意义无穷的工作。

2019 年 2 月 21 日

6.3.2 结算编制内部交底阶段

我们商务人员将结算资料收集整理完毕，在正式启动建模算量和计价等结算成果文件编制工作之前，有一个非常重要的过渡或者承上启下的阶段，就是结算编制内部交底阶段。类似于两军交战，一方已经对对方的敌情摸排清楚，相关的战斗方案也已经制订，在正式向对方发起进攻之前，需要先在自己内部的参战人员中进行战斗动员，主要是传达战斗任务，讲明作战意义，明确作战方案，统一作战思想，提出明确要求，树立敢打必胜的决心和信心，为保证战斗胜利而有针对性地将战略部署转换为战斗人员目标清晰可见、方法明确的可执行战术动作。因此，类似于战斗动员，结算编制内部交底也就是将结算筹划和前期对项目资料及各种情况的收集了解分析进行梳理，拆分成实际结算编制人员可以执行的动作和相关要求以及注意事项，方便结算编制人员快速、高效、有效地一次性完成项目结算文件的编制。结算编制内部交底文件一般由负责和参与了前期结算筹划和结算资料收集整理的商务经理负责编制，内部交底参加的人员为负责本项目结算具体编制的商务人员，同时也可以邀请其他技术和生产等管理人员参加，提供相应的建议。一份完整而又有效的结算编制内部交底文件，至少需要包含项目基本情况介绍、编制人员任务分工、具体专业技术交底、结算成果文件要求、结算编制交底案例 5 个方面的内容。

1）项目基本情况介绍

在实务中，项目的结算编制人员不一定全部参加了前期的结算筹划或者结算资料收集整理工作，因此，就需要对整个项目的基本情况，从建设规模、具体业态、建设过程、履约情况、计价方式、资料情况、结算目标等进行梳理和提炼，达到虽然结算编制人员没有参加前期相应工作，对项目现场不熟悉，但是听完该项目的基本情况介绍后，能快速有效全面直观形象地了解该项目的相关信息和情况，能有效地进入马上就要进行和开展的相应具体结算编制工作。

2）编制人员任务分工

项目基本情况介绍完毕后，接下来需要对每个结算编制人员的具体任务进行详细分工，需要详细地明确每个结算编制人员负责编制的具体范围，范围尽量越清晰越明确越好，相应结算编制人员负责范围之间存在相互连接的，则相互之间具体的界面划分需要详细明确；需要明确每个结算编制人员所负责编制内容具体的完成时间节点以及相应的具体时间计划安排。在任务分工的过程中，一个核心原则是承包人编制人员具体任务分工尽量与审核单位相应人员的任务分工保持一致，如果不能保持一致，可以是审核人员多个人员的任务分工与承包人一个人员的任务分工对应；或者是审核人员一个人员的任务分工与承包人多个人员的任务分工对应，避免任务分工出现错位的情况。另外，人员任务分工的时候，还要结合编制人员的项目经验来匹配，项目中一些关键和有难度的内容，最好分配给具有一定项目工作经验的熟练的商务人员，一些辅助的次要的或者比较简单不容易出错的内容可以分配给经验不丰富或者正在培养之中的人员，一定要把合适的人员放到合适的位置，避免出现人员的专业能力远远低于编制内容要求的专业水平情况，这对结算编制工作来讲，是一个非常致命的风险和影响因素。

3）具体专业技术交底

结算编制内部交底中最为关键和重要的一个内容，是针对本项目结算编制过程中，一些与造价相关的专业和技术问题的交底，类似于施工中的专项技术方案专家论证，从专家和相关技术经验丰富人员的角度，提前把施工中会存在的相关技术问题、该如何去解决如何去处理、出现了一些特殊技术或者现场的问题该如何去应对等提前进行梳理，这样具体的施工人员就能按部就班的参照执行，就算相应的施工人员经验不丰富，由于有了相应的技术方案指导，可以避免出现大的问题和失误。同样的，提前把该项目结算编制过程中会存在的一些专业技术疑难问题以及解决方式、注意事项和处理技巧等提前系统梳理并对结算编制人员进行交底，这对整个结算编制成果文件的质量控制和避免人员的经验不足导致的失误或者反复重复工作有着非常关键和重要的作用。具体专业技术交底至少需要对以下4个方面的内容进行阐述和讲解：

第一，工程量计算采用的软件版本，以及计算方式方法的统一。比如，对于房屋建筑工程，到底是采取哪家软件公司的哪个版本号的软件建模算量需要明确；比如，土石方工程，是采取相关专业软件计算还是采取表格手工计算；比如，市政工程隧道断面及相关工程量，是采取表格通过设置函数计算，还是通过 CAD 直接绘图的方式计算；比如，钢结构工程，是采取表格根据设计图手工计算，还是采用钢结构深化软件建立的三维实体模型直接导出计算……

第二，工程量计算中的相关注意事项以及相关重点难点特殊位置的处理方式方法、技巧和标准。工程量计算准确与否是结算文件编制准确的基础，对该项目中工程量计算的针对性的注意事项，以及本项目特殊重点难点需要统一明确处理方式方法，保证计算的思路、结果、精度一致。

第三，工程计价的相关注意事项，有了基础的工程量后，如何结合合同进行计价，有效的最大化的计价，一些合同没有约定或者特殊位置的计价处理方式方法，也需要进行相关思路、方式方法的统一和明确。

第四，结算编制过程中资料矛盾、欠缺等的暂定处理原则。虽然前期进行了结算资料的收集整理和分析，能够暴露出部分问题，但是更深层次的资料问题要在具体编制过程中才能暴露出来，一旦启动结算编制工作，就不能因为某个资料的矛盾或者欠缺而停滞，因此需要明确该种情况下编制人员处理的方式、方法和原则，保证结算编制工作能快速有效的推进和完成。

在具体专业技术交底的这部分内容，考虑这部分内容的重要性，可以引入外部专家力量或者对该项目具有丰富经验的其他商务人员进行技术交底指导，这在实务中也是非常有效和有用的一种方式方法。

4）结算成果文件要求

结算成果文件要求，是针对每个编制人员完成各自内容的结算编制工作后，每个人需要形成的具体成果文件和相应的质量要求，提前进行相应的具体化明确，前期对成果文件要求得越清晰、越明确、越具体，结算编制人员在编制过程中就越能有的放矢，质量标准统一，也避免了每个人完成的成果文件内容不一致、质量标准不一致，导致后期整个项目结算文件的合并时困难重重，甚至要重新做一些工作，导致结算编制的反复和低效。在对结算成果文件要求的同时，要提前安排一名经验丰富的结算编制人员，负责最终整个项目各个编制人员成果文件的合并以及相应计价文件的合并等工作。

5）结算编制交底案例

某承包人承接了某公共设施建设项目，总造价约 5 亿元，结算计价方式为执行项目所在地定额后下浮一定比例作为结算造价。该项目由承包人委托外部咨询公司负责结算编制，咨询公司结算编制团队在正式编制结算文件之前，项目负责人针对该项目在内部团队进行了结算编制内部交底，具体结算编制交底文件内容如下。

某公共设施建设项目结算编制内部交底方案

一、项目基本情况介绍

1. 工程概况

建筑面积约 11 万 m^2，钢筋混凝土框架和钢结构组合结构，基础为旋挖桩＋抗浮锚杆＋筏板基础，三层地下室，地上为钢筋混凝土和钢结构组合结构，外立面为全幕墙。

实际施工完成现场效果图：略。

承包人承包的施工范围为：基础工程、建筑工程、粗装修、钢结构工程、幕墙工程（大开挖土石方和基坑支护工程、园林景观、室外环境、道路、安装工程、精装修等不在施工范围之内，具体详见施工合同的施工界面划分标准）

2. 结算方式

执行项目所在地定额及开工日之前的相关配套文件及配套解释说明，定额取费执行开工日之前最新配套取费文件，材料价格按照开工之日当期的项目所在地造价信息价格执行，造价信息中没有的材料价格，按照施工过程甲乙双方市场核价执行。

本项目结算审核分为一审和二审，一审为甲方聘请的全过程跟踪审计进行结算审核；

二审为市审计局委派审核单位进行结算二审。

3. 建设过程

略。

4. 过程计量

施工过程中相关计量情况及争议问题情况略。

5. 履约情况

略。

6. 资料情况

略。

7. 其他事项

略。

二、编制人员任务分工

经过对前期跟踪审计单位人员情况的了解，一人负责基础和地下室，一人负责地上建筑，一人负责钢结构，一人负责幕墙。结合审计人员的情况，我方编制人员编制内容安排如下：一人总负责，负责整个结算编制的沟通协调、组织管理、质量控制；一人负责整个项目的计价及成果文件的合并；一人负责基础和地下室的建模算量；一人负责地上建筑工程的建模算量；一人负责幕墙和钢结构的工程量计算。（一般公共设施项目，造价金额比较高，而且要经过一审和审计局的国家审计，结算办理的时间会比较长，在人员分配上的一个核心原则是尽量后期让最少的人能完成后续的国家审计工作，避免因人员变动或者变化带来的不利影响。因此在人员任务分工上不能按照通常的一人负责算量和相应计价的方式，而需要把整个计价文件的编制作为一个任务单独分配，这样在一审核对完后的争议解决以及与后期的国家审计核对时，只需要总负责人和计价编制人员就可以解决，就算其他人员发生变化，也不会影响整个项目的结算对审工作。通常总负责人和计价编制人员一般属于整个团队比较稳定和骨干人员，这也就是越是重大的项目越是关键的项目，在人员任务分配和安排上要尽量降低对关键专业人员数量的依赖性，整个项目对关键专业人员依赖的数量越少，对于承包人对于组织来讲，项目结算风险就越小越可控。很多承包人的一些项目，就是因为前期人员任务分配不合理，在建筑行业商务人员流动性又非常大的情况下，后期由于结算编制人员的流动造成非常大的结算风险和结算损失。）

相关编制人员的具体算量界面划分：计价文件编制人员需要完成各个专业算量成果文件的整理、汇总，并对整个项目的工程计价文件进行编制；地下室与地上建筑的算量分界线为地上建筑的首层地面，首层地面标高以下的设计施工图中内容全部归入地下室，例如，首层地面以下室外散水、地下室顶板回填等；钢结构工程和幕墙工程与建筑工程的划分标准为深化设计图，凡是钢结构深化设计图、幕墙深化设计图中的内容均为钢结构与幕墙工程量计算范围，除此之外均为建筑工程计算范围。

每个结算编制人员完成的时间节点和详细计划安排：略。

三、结算成果文件要求

1.幕墙钢结构算量的成果文件要求

1.1 幕墙钢结构算量的相应全部支撑资料电子版（根据不同的资料类别，分门别类整理）。

1.2 幕墙和钢结构工程算量的 Excel 计算式。计算式需要有汇总表、分区域统计表、分部位计算详细计算式，计算式的设置要求直观化，还要达到如果后期需要修改，只需要调整相应某个栏目的数据，其他全部自动生成的效果。计算式全部需要打印排版，达到可以直接点击打印，输出的纸质计算式美观简洁，避免出现还需要他人调整计算表格格式才能打印的情况。在实际工程量的计算过程中，幕墙和钢结构工程算量人员在开始计算的时候，编制一个计算式样表，计算一个小区域后将计算式提交给计价文件编制人和总负责人审核确认该计算样表可行后，再最终按照该计算样表格式进行详细的全部工程量的计算。

1.3 工程量计算过程备忘录。备忘录包含两个文档：一是工程量计算过程中发现和梳理的图纸问题、暂定解决方式、相关人员的回复、最终确认的解决方式；二是一些比较难以理解的节点、做法和特殊之处工程量计算的备忘说明。

1.4 幕墙和钢结构工程量上量表。先由计价人员从计价的角度出发，系统梳理出定额计价幕墙和钢结构工程需要提供的相应工程量，形成一个完整全面的工程量上量表，幕墙和钢结构工程算量人员，将前面计算式中计算出的相应工程量填写到该工程量上量表中，该上量表中的每一个工程量要在后面备注和说明，该工程量源于工程量计算式中的哪个工作簿中的哪个工作表的具体某一行和某一列，让工程量上量的数据全部有迹可循。如果从工程量计算式到工程量上量表中，还需要有中间二次计算提量表，该提量表底稿也需要整理提供。

1.5 工程量指标情况统计分析表。

1.6 算量过程汇总工作日记。算量人员从算量工作开始，每天计算的具体工作内容、完成的成果、一些突发情况的处理等形成工作日记，最终算量完成后形成工作日记汇总。

2.基础、地下室、地上建筑工程工程量计算成果文件要求

1.1 结算算量的相应全部支撑资料电子版（根据不同的资料类别，分门别类整理）。

1.2 软件建模算量部分的算量模型以及模型配套的导图文件。

1.3 Excel 手工计算式。计算式的要求参考前面幕墙钢结构工程的相应要求。

1.4 工程量提量底稿。由于建筑工程一般用软件建模计算，从软件建模中的工程量到计价所需的工程量，一般要经历一个系统的、复杂的、专业的工程量提量过程。该工程量提量过程的底稿文件，需要系统整理和提供，并需要编制一个相应的工程量提量思路、方法和步骤说明，便于他人快速理解和掌握。可以在提量之前，由项目负责人和计价编制人员和算量人员进行提前沟通，指定本项目建筑工程具体的提量思路、方法和步骤，后期建筑工程算量人员统一按照该思路和方法进行工程量提量（实务中，不同的项目、不同的

计价方式、不同的人员，会有各自擅长和习惯的工程量提量方法，如果不提前统一和标准化，则后期的上量、计价、对审会存在由于标准不统一带来工作困难）。

1.5　工程量上量表。参考前面幕墙钢结构工程的相应要求。

1.6　工程量指标情况统计分析表。

1.7　工程量计算过程备忘录。参考前面幕墙钢结构工程的相应要求。

1.8　算量过程汇总工作日记。参考前面幕墙钢结构工程的相应要求。

3. 计价文件编制成果文件要求

3.1　与计价相关相应全部支撑资料电子版（根据不同的资料类别，分门别类整理）。

3.2　各个编制人员成果文件汇总。需要编制一个配套的成果文件汇总说明文档。

3.3　工程量上量表汇总。需要编制一个配套的工程量上量表汇总说明文档。

3.4　计价编制成果文件，采取计价软件编制，需要在计价软件中，套取的每一个定额子目的工程量，要在软件中详细备注来自工程量上量表中的具体哪一个表格哪一个单元格的数据，进行的每一个定额子目换算或者特殊处理，要在软件中备注处理的依据来源及相应依据文档编号或者依据条文名称和条款号。

3.5　工程造价指标情况统计分析表。

3.6　计价文件编制过程中的备忘录。备忘录包含两个文档：其一是计价文件编制过程中发现和梳理的计价问题、暂定解决方式、相关人员的回复、最终确认的解决方式；其二是一些比较难以理解的节点、做法和特殊之处以及定额文件本身局限没有考虑的地方等的处理方式备忘说明。

3.7　计价过程汇总工作日记，参考前面幕墙钢结构工程的相应要求。

（结算编制成果文件的要求有 3 个核心原则：第一个原则是第三方完全不熟悉该项目的人员看到该成果文件时，能在不询问编制人员的情况下快速理解和掌握；第二个原则是后续结算编制、调整、优化、对审等所有工作需要的数据，在这个成果文件中能快速提炼或者获得，而不需要再次花费编制人员的时间和精力去重新单独计算；第三个原则是结算编制成果文件里面所有的数据逻辑关系简单明了，一方面如果后期发生变化需要调整能快速地在原有成果文件上进行调整而不需要另起炉灶重新计算，另一方面所有的数据都能在成果文件的相应资料里面快速找到其相应的来源和出处，避免无缘无故、无中生有没有来源的数据和计算结果。掌握了结算编制成果文件的 3 个核心原则要求后，实务中需要结算编制负责人结合项目的具体情况，所在组织或者公司的管理方式和要求等，进行灵活的成果文件细化要求，成果文件要求的越精准和齐全，后期结算编制和对审的结果就越有效和高效。）

三、具体专业问题技术交底

1. 软件版本及工程量计算方式

1.1　本项目土建工程建模算量采用广联达 BIM 土建计量平台 GTJ2018 计算，具体软件版本号为 ××；工程计价采取广联达云计价平台 GCCP5.0，具体软件版本号为××。

1.2 工程量计算方式：钢结构工程和幕墙工程按照相应深化设计图为准，采取 Excel 表格手工计算；筏板基础、地下室、地上建筑等建筑工程，采用广联达 BIM 土建计量平台 GTJ2018 建模计算（相关节点能在建模软件中处理的，就采用建模软件处理计算），部分节点或者工程内容在建模软件中无法有效处理或者计算的，采取 Excel 表格手工计算；旋挖桩和抗浮锚杆等工程量，根据现场收方数据采取 Excel 表格手工计算；建筑面积计算采取 CAD 软件在对应建筑图中手动框选的方式计算。

2. 工程量计算重难点及注意事项

2.1 旋挖桩工程量计算注意事项

2.1.1 正式收方单的数据与现场收方单的数据要逐一核对，是否相互吻合，如果出现不一致的地方，需要与办理收方单人员核实后进行计算。（原则是以现场收方单数据为准，如果现场收方单数据出现明显笔误，正式收方单为修正笔误导致的不一致的情况下以正式收方单为准）。

2.1.2 旋挖桩钻孔要根据地质情况土方、石方等分开计算钻孔工程量。

2.1.3 收方单中如果有钢护筒，按照收方单中数据计算钢护筒工程量；如果收方单中没有关于钢护筒的收方数据，按照经过批准的旋挖桩专项施工方案计算钢护筒工程量。钢护筒工程量计算时要区分是否有全钢护筒，钢护筒是否要拔出或者一次使用分别计算。

2.1.4 对于有钢护筒的位置，土方开挖工程量和对应的旋挖桩混凝土工程量，根据定额计算规则，需要按照钢护筒直径计算，不按照设计桩径计算。

2.1.5 旋挖桩的露桩部分模板需要根据施工组织设计体现的做法（砖胎膜、钢模板、木模板等）进行相应工程量计算。

2.1.6 旋挖桩纵筋的环形加劲箍、钢筋搭接根据设计图所示计算。

2.1.7 需要重点注意旋挖桩顶部是否有钢筋网片，避免漏计算。

2.1.8 根据 16G 平法图集的规定，钢筋笼的螺旋箍筋在起始位置和结束位置需要先缠绕一圈半，该部分钢筋工程量需要单独计算。

2.1.9 根据定额计算规则，旋挖桩深入承台的混凝土部分不扣除工程量，需要按实计算。

2.1.10 当旋挖桩和梁的混凝土等级不一致的情况下，一般桩上部的部分混凝土与梁是一起二次浇筑的，该部分二次浇筑的旋挖桩工程量需要根据设计或者现场实际情况分开计算和统计。

2.1.11 当存在水下浇筑混凝土的时候，水下浇筑部分混凝土工程量需要单独计算。

2.1.12 要核实是否有旋挖桩试验桩施工的情况，如果有，根据试桩相应施工方案计算相应工程量。

2.1.13 声测管根据定额计算规则按照设计桩长另加 900 mm 计算。

2.1.14 旋挖桩如果有缺口桩的情况，该部分桩需要单独计算。

2.1.15　旋挖钻机械进出场需要根据施工方案所示的台数计算相应进出场台次数量。

2.1.16　凿桩头的工程量需要根据设计说明或者定额计算规则进行相应计算。

2.1.17　旋挖桩 Excel 表格设计时，收方原始数据和旋挖桩设计参数等在一个表格集中录入，工程量详细计算需要在同一工作簿另起一个工作表格进行。计算分为两步：第一步是使用 if 和 sumif 函数，将工程量详细计算需要的收方原始数据和旋挖桩设计参数自动导入该工作表格；第二步在自动导入数据的基础上，结合需要计算的工程量，逐个设置计算函数进行工程量的计算。

2.2　抗浮锚杆工程量计算注意事项

2.2.1　抗浮锚杆一般会存在试验锚杆，根据抗浮锚杆试验施工方案计算相应的试验锚杆工程量。

2.2.2　抗浮锚杆与筏板的连接处，一般需要做防水处理，该部分防水处理工程量需要单独计算。

2.2.3　从实际施工的角度，为了保证抗浮锚杆的有效长度，一般实际钻孔深度要比设计孔深超出 0.5 m 左右，需要核实图纸会审纪要或者抗浮锚杆专项施工方案是否有该表述，如果有抗浮锚杆的钻孔深度可以增加该部分工程量的计算。

2.2.4　根据施工工艺，抗浮锚杆是在筏板基础垫层混凝土浇筑完毕后，在垫层上进行钻孔施工，因此，计算抗浮锚杆的钻孔深度时，需要从垫层开始计算。不同的垫层标高，则抗浮锚杆的起钻位置不一样，需要特别注意。

2.2.5　抗浮锚杆成孔工程量需要根据土方和石方等分开计算成孔工程量。

2.2.6　抗浮锚杆灌浆的体积要扣减锚杆本身的体积。

2.2.7　抗浮锚杆施工机械进出场需要根据施工方案所示的台数计算相应进出场台次数量。

2.2.8　抗浮锚杆 Excel 表格设计的思路和方法参考旋挖桩。

2.3　筏板基础工程量计算注意事项

2.3.1　筏板与主楼连接线的划分区域一定要清晰明确，一般主楼以下的筏板厚度、混凝土等级、钢筋配置与其他筏板区域不一样，需要重点注意。

2.3.2　在广联达建模软件中筏板基础软件默认保护层厚度为 40 mm，该保护层厚度需要根据筏板施工图说明进行修改调整，比如本项目设计要求筏板顶部保护层厚度为 40 mm，底部保护层为 25 mm，该调整会影响钢筋工程量的计算。

2.3.3　筏板配筋图中，针对局部标注为附加钢筋的情况需要特别注意，该类型钢筋为在筏板设计图受力筋配置的基础之上再附加增加的钢筋，需要在原有受力钢筋之上重复布置。

2.3.4　筏板一般存在四周的封边钢筋、U 形钢筋以及筏板顶层受力筋和底层受力筋之间的拉筋、阳角放射筋等大样做法，需要特别注意逐一核实检查设置。对于筏板拉筋还要特别注意是否为梅花布置，梅花布置工程量比矩形布置要增加一倍的拉筋工程量。

2.3.5 筏板变截面处要重点处理，建模软件不能处理的采取 Excel 手工计算。

2.3.6 筏板底部垫层超出筏板基础的宽度，需要综合建筑图和结构图综合考虑计算。

2.3.7 筏板后浇带工程量需要单独计算，相关的节点加强比如后浇带止水钢板、附加钢筋等建模软件不能有效处理的就采取 Excel 手工计算。

2.3.8 筏板基础里面的电梯基坑、集水井需要详细比对结构图和建筑图，避免数量遗漏。

2.3.9 筏板基础里面的砖胎膜工程量，需要结合设计图阐述、施工组织设计的相关描述综合评定计算。

2.3.10 筏板基础里面的马凳筋需要根据设计施工图和施工组织设计描述的具体做法进行计算。当筏板基础存在柱墩的情况，柱墩里面的马镫筋高度要超出筏板基础里面的马镫筋高度，建模软件只能按照筏板基础里面马镫筋高度统一计算，柱墩马镫筋增加高度部分增加的工程量需要单独 Excel 手工计算。

2.3.11 筏板基础上的排水沟、盲沟等，该部分工程量一般采用 Excel 手工计算，该部分所在的体积要在筏板基础混凝土工程量中扣除。一般情况下，筏板基础上的排水沟、盲沟位置处会在相应筏板基础上有相应加强节点，该加强节点导致的筏板基础钢筋和混凝土增加的钢筋工程量采用 Excel 手工计算。

2.3.12 筏板基础上的一些建筑构造做法，存在不同区域放坡不同的情况，在计算相关建筑构造做法的平均折算厚度的时候，需要在筏板基础的建筑平面布置图上，用 CAD 框出不同放坡区域的面积和放坡长度，计算出各个区域的平均折算厚度，最后再根据各个区域的面积占比计算出整个筏板基础地面的总体平均折算厚度。

2.4 地下室工程量计算注意事项

2.4.1 如果塔吊是从地下室中间搭设出来的，那么在塔吊通过的地下室楼板区域，该楼板区域的混凝土为后浇筑混凝土，一般采用的是比正常楼板混凝土高一个等级的细石混凝土，还需要增加钢板止水带，该部分工程量需要根据塔吊施工方案在楼板处的预留处理和节点加强等做法单独采用 Excel 手工计算。

2.4.2 本项目主楼位置在地下室顶板处布置有施工电梯，施工电梯的存在导致地下室顶板相应位置需要进行结构加强，并增加相应的满堂钢管支撑架将施工电梯的荷载传导到筏板基础，针对施工电梯导致的结构加强和措施加强等，该部分工程量单独采用 Excel 手工计算。

2.4.3 在地下室车行坡道下面净空高度非常低的区域，一般根据实际情况是需要回填处理的，需要结合设计施工图和施工方案综合考虑。如果设计施工图和施工方案明确回填，则要计算回填工程量，没有模板工程量；如果明确不回填留空，则坡道在该处的模板工程量为一次性摊销，需要单独计算该区域坡道模板的工程量。车道的出入口一般会有防滑做法，该部分防滑做法的工程量需要单独计算。

2.4.4 不同型号的防火门，根据本同的门扇划分情况，会有不同的闭门器数量，在计算闭门器数量时应特别注意。

2.5　地上建筑工程量计算注意事项

2.5.1　钢筋桁架混凝土组合楼承板计算楼板混凝土和钢筋工程量，不能以结构设计图中的结构平面布置图所示的区域为准，需要以钢结构深化设计图中的钢筋桁架楼承板深化图所示的准确的范围区域，并结合结构设计图中相应关于混凝土等级和厚度、配筋要求的设计进行结合计算。

2.5.2　在钢结构钢管柱中存在混凝土浇筑，该部分混凝土需要单独采用 Excel 手工计算，不能漏项。

2.5.3　对于混凝土柱和混凝土梁中存在型钢柱和型钢梁构件加强的情况下，混凝土的工程量要扣除其中型钢构件所占据的体积。由于型钢构件的存在，混凝土结构中的钢筋和型钢构件的一些特殊节点连接和处理，该部分涉及的工程量需要单独采用 Excel 手工计算。

2.5.4　楼层层高高于 3.6 m 而又低于 6.0 m 的位置，根据定额规则，该部分区域的柱和楼板构件需要计算模板超高，该部分工程量需要单独计算和区分；模板支模高度超出 6.0 m 的情况下，根据定额计算规则需要单独计算超高满堂支模架的体积，该部分满堂支模架体积的工程量根据相应的超高模板专项施工方案计算。

2.5.5　在钢筋桁架混凝土组合楼承板结构中，钢筋桁架楼承板一般是在钢结构深化设计中按照成品计算，除了钢筋桁架楼承板之外，建筑工程需要单独绑扎附加钢筋，该部分附加钢筋需要根据结构设计施工图按实计算。

2.5.6　在钢筋桁架混凝土组合楼承板结构中浇筑楼板混凝土时，设计施工图会根据钢筋桁架楼层板的具体型号阐述一定跨度以下的楼板混凝土，不需要进行满堂脚手架支撑而直接在钢筋桁架楼承板上浇筑混凝土，这个区域的楼板混凝土就不能计算满堂脚手架支撑的工程量；超出该跨度的楼板混凝土，该部分区域需要搭设满堂脚手架支撑后进行混凝土浇筑，该部分区域要计算相应的满堂支撑脚手架的工程量。

2.5.7　钢筋桁架混凝土组合楼承板，不存在天棚抹灰，在计算相关抹灰等粗装修工程量时，钢结构构件如钢柱和钢梁不能计算相应的抹灰和装修工程量。

2.5.8　构造柱箍筋计算的时候，要重点关注设计是否要求箍筋上下端加密。

2.5.9　楼梯间、管道井等设计要求墙面满铺钢丝网的位置需要结合设计施工图详细梳理特别注意。

2.6　幕墙钢结构工程量计算注意事项

2.6.1　钢结构工程针对热轧 H 型钢和自加工 H 型钢要分开计算，根据定额计算规则，H 型钢计算规则要在设计图示尺寸的基础上每边增加 25 mm 计算，热轧 H 型钢根据理论质量计算。

2.6.2　钢结构工程计算式，附属在相应钢柱、钢梁、钢支撑上的连接件和连接板、加劲板，该部分附属工程量并入相应的钢构件上一起计算。

2.6.3　弧形钢构件、具有造型的钢构件，该部分钢构件工程量需要单独计算。

2.6.4 钢结构防腐涂装、防火涂料涂刷要根据实际涂刷面积计算，混凝土中的型钢构件不需要进行防腐和防火涂装工程量的计算。

2.6.5 幕墙工程量的计算，根据不同的饰面材质区分，饰面材质下面的铝型材、相关铁件、不锈钢螺栓等主材和辅材，并入到对应的饰面材质分区计算。

2.7 其他工程量计算注意事项

略。

3. 工程计价重难点及相关注意事项

略。

4. 资料矛盾或欠缺的暂定处理原则

工程量以竣工图为计算依据，当竣工图的某做法，设计图及设计变更均没有体现，又没有资料体现该做法为何缘故增加时，先按照该竣工图所示的做法计算，对该做法相应的图纸，涉及的工程量与工程造价进行备忘录记录，提供给承包人补充完善相关变更手续；当设计图和设计变更等资料有某做法，而竣工图没有体现，先暂时按照设计图和设计变更体现的该做法计算相应工程量，对该做法涉及的具体位置、涉及的工程量与工程造价进行备忘录记录，提供给承包人核实原因和补充完善相关竣工图修改完善手续。

造价笔记 575

你习以为常的事物，他人理解起来不一定是理所当然

昨天晚上，再次参加了××建工集团承接的××项目结算会议，针对项目部梳理的赶工费索赔报告资料进行交流。

应该是在半个月前，双方相关人员已经召开了一次会议，在那次会议上，我用思维导图，把赶工费索赔工作开展的思路，每个阶段需要完成的核心关键事项和要求，以及索赔报告事项梳理的具体方法、内容和要求，均进行了详细的阐述，当时双方人员都同意该思路，并明确表示听明白了，知道下来如何开展工作和落实。

当昨天再次开会交流具体梳理的情况时，经办人员打开资料，仍旧只有单个零散的图片、表格等，唯一做的就是根据每个索赔事项，把相关资料放到相应的文件夹里，除此之外，没有按照上次要求的进行事实阐述，依据诉求，费用计算过程阐述等梳理，时隔半个月，工作回到了起点。

在我长期的工作习惯中，我喜欢用思维导图把一件事情的目的、定位、落实步骤、具体要求、结果形式等梳理出来，达成共识后就各自去执行，最后我们再对完成结果进行探讨修正即可。因为我觉得这种框架化的思考很容易理解，于是我也理所当然地认为他人也应该很容易理解和掌握。这次的索赔报告编写事件，我觉得前期思路梳理的已经很简单易懂，但是，在他人看来，可能还是丈二和尚摸不着头脑，不知道如何去做。

于是，对第一个阶段的索赔报告的梳理，对具体事实，我们一起从投标情况，正常要求，甲方指令，变化过程，变化结果等，再次进行了梳理。在项目部口述的同时，我将具体的编写框架记录详细搭设，然后再对具体的诉求和计算过程用文字表达具体的梳理要求，最终类似一个精简版的索赔编写框架梳理出来后，项目部人员才终于理解，我们需要的是什么，他们该如何去做，以及做的每一事情、阐述的意义和最终指向。

通过这件小事情，再次让我深刻地感受到，每个人的成长经历，教育背景，工作经验，工作思路，理解能力，乃至基本的价值观和事物观，可能都是千差万别的。有些事情对于我

们来讲，可能已经是深入骨髓的自然习惯和动作，但是对于他人，可能就是一个非常陌生的、深奥的，难以理解的巨大改变和挑战。所以，我们在工作中，需要及时观察我们工作相对方的这种差异和背景，不同的人不同的工作开展方式，有的可能只需要点到为止，有的可能就必须深入细节，有的可能更需要手把手亲自指导或干涉……

每个人都是唯一的、不同的，所以承认相互之间的差异，理解和认同各自之间的区别，尽量用具体工作开展的方式方法和技巧去弥补，而不是去责怪各自的不配合或者能力问题；基于现状和每个人的具体情况，去完成任务，而不是一定非要把每个人的能力匹配到一致，这往往是实务中工作开展的可行之道。

2020 年 5 月 13 日

6.3.3 结算编制初稿形成阶段

经过结算编制内部交底，结算编制人员对整个项目的基本情况，结算编制的目标、要求、分工、思路、方法、注意事项等均进行了熟悉，相当于战斗动员和战斗部署已经完成，接下来就是按照命令开始向对方发动具体进攻动作，进行具体的工程量算量、工程计价等具体的结算编制工作。

1）结算编制人员

在结算编制初稿形成阶段，作为具体的结算编制人员，主要是扎扎实实、认认真真根据交底的要求，计算工程量，编制工程计价文件。在结算编制过程中，结算编制人员一方面需要严格按照交底要求的思路、方法、标准去执行具体结算编制工作，另一方面结算编制人员也要充分发挥自己的主观能动性和专业知识，对前期结算交底考虑不全面、考虑不严谨、考虑不妥当的地方，结合自己负责的内容积极思考主动发现，并及时将问题反馈给项目负责人，及时有效的沟通和解决。避免埋头做事，出现了问题或者疑问的地方，不主动暴露和提出，到了后期可能就会给整个结算编制带来一系列复杂烦琐的事后弥补和重复工作，例如，如果幕墙计算式没有严格按照饰面材料分区进行相应的主材和辅材一一对应计算，而是大一统的汇总计算，那么后期在计价文件的定额套取阶段，就没有办法进行相应定额子目的区分套取，导致幕墙工程计算式需要重新计算，导致重复工作和复杂烦琐的调整修改，在某种程度上甚至会影响整个结算编制团队的士气和战斗力。

2）项目负责人

作为整个结算编制的项目负责人，主要是勤勤勉勉、兢兢业业地做好 5 件事情：进度控制、过程质量、专业支持、沟通协调、后勤保障。

进度控制就是根据结算交底确定的每个人的工作计划，及时关注每个人的工作进度，存在进度滞后的情况下及时跟进，找出进度滞后的原因，及时纠偏，及时协助团队成员按照既定进度计划完成相应工作。

过程质量就是在编制过程中，在一些重要的阶段和环节上，提前检查和复核编制人员已经完成的成果文件的质量，发现不符合结算编制成果文件要求的，不满足专业质量精度，存在专业理解和应用错误或者瑕疵等质量问题，及时发现，及时让编制人员修正和调整，避免到了结算编制完成再去检查发现，那后期的修改和调整的工作量就非常大，而且效果往往也不是很理想。

专业支持就是由于编制人员相关项目经验的匮乏、专业能力的不足或者其他原因等，导致在编制过程中出现了专业上面的困难和困惑时，项目负责人需要及时进行专业支持，当项目负责人自身专业能力也有限时，就要及时协调整个组织或者外部其他专家资源进行专业支持。比如在大型体育场馆建模算量过程中，需要涉及很复杂的一些建模处理技巧和相应的配套的严谨的手算处理方式，如果不是有相应经验的人进行具体专业支持指导，那么结算编制人员往往会出现反复而又摸不着方向的无效的迷茫的算量工作状态。

沟通协调就是在编制过程中，会暴露出很多在前期结算筹划阶段和结算资料收集整理阶段没有考虑问题或者相关事项，这些问题和事项有时需要与项目部、发包人、内部组织之间去沟通或者协调才能解决，而这个时候前期资料问题或者其他问题，都需要项目负责人去沟通协调敦促相关人员解决。

后勤保障就是结算编制过程，也就是一场小型的战役，粮草等后勤保障也是战役取胜的关键因素之一，从编制人员编制的所使用的硬件设施上，或是编制过程中外在的一些软环境上，或者由于时间紧迫，在编制人员连续加班工作过程中的一些服务、安抚和及时舒缓压力的聚餐团建上……项目负责人要根据项目的具体情况因地制宜、因势利导地做好相应的后勤保障工作，让整个结算编制团队既做得用心，又做得舒心，还做得开心，这是后勤保障工作的出发点和落脚点。

3）结算编制初稿金额

结算编制完成，就形成了整个项目结算编制的初稿文件。从实务工作的角度，在结算编制文件初稿中，针对该项目的结算编制初稿金额，至少要形成以下 4 个数据。

第一个数据是从专业严谨的角度出发，有理有据有充分资料支撑能有效进入结算的金额，该金额也就是从专业角度出发，在最不利的情况下结算审核后承包人在本项目最终能获得的结算收入，属于承包人结算该得利益的范畴。

第二个数据是从实事求是的角度出发，资料不充分、资料有瑕疵、资料不符合施工合同约定的相关要求或者由于其他特殊原因没有及时办理结算资料等资料问题，实际上承包人又实实在在的完成了相应工作内容的所对应的金额。该部分金额从严格审计的角度，属于承包人自身的工作忽略或者失误，属于结算审减的风险范畴，该部分金额如能通过结算审核，属于承包人结算创效的范畴。

第三个数据是从合同理解的角度出发，某些部分内容或者事项既可以站在对发包人有利角度理解不能进入结算，也可以站在对承包人有利角度理解能进入结算，可左可右存在不同的理解不同的可能性所对应的金额。该部分金额从承包人角度，属于承包人本项目结算工作之中可以去争取并具有很大争取回来可能性，属于承包人结算创效的范畴。

例如：某房地产项目，采取清单计价，在施工合同专用条款中，对价格调整的约定如下：

16.　价格调整

16.1　市场价格波动引起的调整市场价格波动是否调整合同价格的约定：本工程合同除第 16.1.1 条和 16.1.2 条约定的材料外，不允许进行其他材料价格调整（承包人已在投标报价及签订合同时充分考虑了政府调价、市场季节性调整、运输涨价、物价上涨等因素对施工和工程造价的影响，同意包干单价使用）。设计与施工中无论使用任何与第 16.1.1 条和 16.1.2 条约定的材料类似的材料，都不改变以下调差方式，同时材料价差调整不计取管理费、利润，计取税金。

16.1.1　钢材的价格调整办法：略。

16.1.2　商品混凝土、砌体工程的价格调整办法：略。

根据该施工合同的约定，假定结算编制时材料价差本身变化的金额为 500 万元，建筑业增值税税率为 9%，那么站在对发包人有利的角度出发，材料价差只计取税金后进入结算，也就是材料价差部分结算金额为 500×（1+9%）=545（万元）。

如果是站在对承包人有利的角度出发，施工合同约定的是材料价差不计取管理费和利润，没有约定材料价差不计取安全文明施工费和附加税金。根据该项目施工合同其他条款约定安全文明施工费按照项目所在地现行的建设工程安全文明施工费管理有关规定按实计算，计算标准为房屋建筑工程住宅工程按照税前工程造价为基数乘以固定费率 3.59%。材料价差为税前造价，根据建设工程安全文明施工费管理有关规定需要计取安全文明施工费；根据项目所在地的费用定额文件以及国家税务有关文件的规定，建筑行业税金包含增值税、附加税、环境保护税，增值税税率为 9%，附加税金按照项目所在地的区域不同，分为工程在市区按照 12%、工程在县和城镇按照 10%、工程不在市区和县与城镇的按照 6%，以增值税税金为基数计算，环境保护税金按实计算。

因此，站在对承包人有利的角度，材料价差部分结算金额为 500×（1+3.59%）×（1+9%）+500×（1+3.59%）×9%×12%=570.159 4（万元），比站在对发包人有利的角度多出 25.159 4 万元的结算造价。

第四个数据是从既往项目经验的角度出发，某些内容虽然有合同约定不能计算但是也可以去突破合同条款争取进入结算；某些内容在合同里面没有相应的约定但是在以往类似项目中在类似条件和情况下成功进入过结算等，该部分金额从承包人的角度，原本完全不属于结算收入，但是从以往的经验角度出发有争取进入结算收入的可能性，属于承包人结算创效的范畴。

例如：某项目，施工合同明确约定 10% 以内的材料价差风险由承包人承担，超出 10% 以上的部分才能调整材料价差，但是由于某项目施工期间材料价格普遍上涨，而且上涨的幅度很大。经过前期沟通和了解，该项目发包人在以往其他项目中也有过类似情况，后期没有严格按照合同约定的材料风险幅度范围执行，而是按照 2013 年清单计价规范约定的材料风险幅度 5% 进行调差，也就是超出 5% 以上的部分都调整材料价差。在这种情况下，虽然本项目合同约定 10% 以上才能调整材料价差，但是从以往经验的角度可以按照 5% 以上部分调整价差进行结算编制。

结算编制初稿形成后，尤其是结算初稿中上述 4 个金额的形成，是结算办理中一个关键性的承上启下的动作。一方面对本项目真实的实际的结算收入情况有了完整的梳理和形成；另一方面对后期结算报送、结算对审等工作的思路、重点等有了坚实的素材资料和方向。

造价笔记642

雪球需要一个核，否则是会散的

昨天，与今年新带的一个员工小W交流了一下近期的工作情况。

交流过程中，小W反馈了几件小事情。

第一件事情是每日的成长印记没有坚持写了，背后的原因是什么呢？是因为小W将写的每日成长印记发到朋友圈后，他的同龄同学和朋友私下给他反馈，说他每天的成长印记总结与他当下年龄阶段不相吻合，建议他不要再写和再发圈了。人言可畏，众口铄金，于是小W也就停止了这个每天的工作总结。

第二件事情是应该在两个月前给他布置了一个关于框架柱的造价系统实务梳理的任务。当时小W还是信心满满跃跃欲试地想去完成，但是两个月过去了，逐渐没有了下文。小W反馈，主要是平时经常有项目实施，这段时间又在给新入职的大学生准备地下室建模算量的培训，所以一直没有时间进行详细梳理。

第三件事情是最近给新入职员工培训，小W负责地下室，他把地下室进行了一次详细的建模，花费了特别多的时间和精力。

针对这几件事情，我和小W进行了思路交流和意见互换，把我的一些看法和建议提供给了小W，供他自主选择参考。

针对每日工作成长印记的编写，这其实在职业开始阶段是一个很好的动作和习惯，融合了很多事物在其中。确实，每日编写成长印记发朋友圈可能引起一些人的反感，但是在职场，我们的动作和行为其实不能赢得所有人的赞同，如果能那就是好好先生很难有自己的发展。所以，当我们遇到了一些挫折和他人的不同看法时，可以积极倾听吸取他人的建议去改正，而不能由此否定自己全部的正确的有益的动作。比如每日成长印记，他人觉得发朋友圈不妥当，那么我们可以不发，或者偶尔才发，但是每日总结这个动作我们可以坚持，长久地坚持，由此带来的成长是自己的不是他人的。

针对柱构件造价实务的梳理，这是涉及自己专业的事情，无论如何都要快速地去完成。只有这样，才能让自己的专业能力快速提升，这个相对于其他事情，是紧急重要的事情，所以哪怕每天下班后自己多抽出一个小时，其实也就那么一个星期就完成了。一旦完成，其他人也才能进行专业指导和专业交流，这样小W才能快速成长。

针对培训新员工，重要的是引导而不是手把手教，所以可以把自己的每日成长印记，柱构件造价实务梳理的体系思路融入地下室培训指导中。一方面可以让自己平时的努力得到应用和实践，另一方面可以降低自己的投入激发新员工的自学能力，把自己的核心精力用到核心事情上。

这就像一个雪球，之所以能形成一个雪球，需要一个开始的坚定的内核，只有先有这个内核，才能不断地滚动，不断地累积，才能成为一个大大的雪球。同样的，对于一个人的职业成长，需要有一个自我特色的不可动摇的工作习惯、工作方式和工作理念，有了这个内核，才会让自己不受职业道路上周边各种人物、各种事物、各种环境的影响，坚定的保持自己的本色和内核，积极地吸取一切好的事物和意见，不断地把他们打磨历练成为自己的东西，这样才能让自己职场的雪球越滚越大，前进得越来越快速、越来越有效。

这也就是我们所说的，目光在山顶的人，不会贪恋山脚的风景；有着坚定自我内核的人，不会轻易被当下的种种所制约、所影响。做自己，做长远的自己想要的自己，做长期的有价值的自己，如是而已。

2020 年 8 月 28 日

6.3.4　结算初稿三级复核阶段

由于工程项目结算本身是一个非常系统、非常烦琐而又非常专业的工作，一方面由于工程项目本身涉及的专业多导致结算本身很复杂；另一方面不同的项目、不同的合同条件、不同的结算方式又注定每一个项目的结算情况不一样，每一个项目由不同的人来编制，不论编制人员经验如何丰富，工作如何仔细，编制出来的结果都会不一样，编制出来的结果或多或少都有少算、漏算、错算的正常的误差率。一般行业规范对于结算编制结果的正常误差率是 3%，但是在实务中，很多承包人内部的项目结算编制质量考核标准是按照 1% 来进行控制的，一些对商务比较重视的承包人，项目结算编制误差率的控制标准达到了0.5%。对于利润日益微薄的建筑行业，如何缩小结算编制成果的误差率，将少算、漏算、错算等导致的结算误差率尽量控制在最低水平，让承包人本身应该获得的结算收入颗粒归仓，让结算收益最大化，是当下很多承包人精细化管理模式下对商务板块结算精细化管理的一个重要课题。一方面结算编制误差率控制得低，本身就体现了承包人的商务专业能力和商务管理水平，另一方面更是承包人在整个建筑业市场竞争日益白热化的一种非常重要的核心竞争力的体现。

如何控制结算编制成果文件的质量，降低结算编制成果的误差率，在实务中，承包人可以采取编制人、项目部、公司 3 个层级的三级复核机制来控制和解决结算编制成果文件的质量问题。

1）编制人一级复核

一级复核一般是在结算编制人员这一个层级进行的，在实务中有两种一级复核的方式。

第一种方式是结算编制人员编制完相应的内容后，自己对自己的成果文件进行一个全面的自我复核，这种情况适用于结算编制时间非常紧，每个结算编制人员任务分工所负责部分的结构类型、专业类别等完全不一样。比如有的人员负责编制地下室建筑工程，有的人员负责编制地上裙楼建筑工程，有的人员负责地上高层建筑工程，有的人员负责安装工程，有的人员负责装饰装修工程等，在这种任务分工的模式下，每个人员负责的结构类型、专业类别等截然不同，就只能自己对自己的成果文件进行一级复核。

第二种方式是结算编制人员编制完相应的内容后，相互交叉对其他编制人员的成果文件进行复核，这种情况适用于结算编制时间比较充足，结算编制人员负责内容在结构类型、专业类别有相似或者相同的情况。比如某个地下室，由于体量非常大，安排两个人各自负责一部分地下室的结算编制，这两个人之间就可以交叉相互复核对方的成果文件。比如某房地产项目，地上有多栋高层建筑，安排多个人负责高层建筑的结算编制，这些编制人员之间就可以交叉复核对方的成果文件。一般结算编制人员对自我的结算编制成果文件容易陷入思维定式，不容易发现相应的问题，而其他人交叉复核，能快速有效地发现结算编制人员的相应问题。因此，在可以的情况下，一级复核尽量采取结算编制人员交叉复核的方式较为理想。

2）项目部二级复核

承包人的工程项目结算办理一般是由项目部的商务经理负责，因此结算编制成果文件的二级复核是由商务经理亲自负责进行复核。在某些工程项目类别中，工程量计算部分的成果文件也可以由项目部技术部门的人员进行二级复核，比如公路工程中结算办理的工程量计算部分，因为技术部门对工程量本身也有相应的计算，因此技术部门对工程量参与二级复核也能发挥非常不错的质量控制效果。

商务经理的二级复核是结算编制成果文件质量复核控制里面最关键的一个环节。一级编制人员复核由于自身编制和相应专业水平，常常不能有效发现质量问题，公司三级复核由于公司分管的项目比较多，公司商务部门本身的事情杂而且多，涉及项目招投标、建设项目全过程管理、各种合同管理、采购管理、纠纷处理等众多事项，结算管理中的结算成果文件复核只是公司商务部门很小的一部分工作，因此公司三级复核人员也没有办法抽出时间具体详细复核和检查，更多的只是从指标、经验上把关，因此，导致很多承包人公司的三级复核由于各种条件制约，成为一种流程和形式，无法产生实质性的效果。只有商务经理这个层面的二级复核，一方面商务经理本身参与整个项目建设，对项目情况比较熟悉；另一方面商务经理是最终结算办理结果的直接负责人，与其工作考核有着最为直接的利益关系，所以，商务经理的二级复核往往是全面系统的进行复核，也是最为有效和发挥价值的复核。在某种程度上，一个项目结算编制成果文件质量的高低，与商务经理二级复核的水平和细致度、全面度有着非常重要的关联关系。

但是，商务经理的全面二级复核，也并不意味着商务经理需要从编制人的角度将整个结算文件详细的逐一复核和检查，商务经理本身也还有其他众多和烦琐的项目管理工作，加上结算编制工作本身就有相应时间计划安排，在规定的时间内需要报送给发包人结算文件，其中预留给商务经理复核的时间也不是很长，从这个角度也不允许商务经理有漫长的时间像结算编制人员一样事无巨细地逐一复核和检查。商务经理往往是按照一定的思路和方法，采取全面把关、重点详细检查、次要局部抽查并结合经验精准复核的方式进行检查。下面是某项目结算编制项目负责人对战略清单计价模式下的房建项目土建工程部分进行二级复核梳理的复核流程和思路，不同的项目类型不同的计价方式二级复核的思路和方法略有区别和不同，因此下述二级复核思路仅供参考和借鉴使用。

某清单计价的房建项目土建工程部分结算编制成果文件二级复核思路和流程

一、结算编制成果文件完整性复核

1. 结算资料的完整性复核

结合施工合同要求的结算资料清单，以及前期结算资料收集整理阶段梳理的资料清单，逐一核对，该项目的结算资料是否按照相应的要求收集和整理。

2. 结算成果文件的形式复核

结合结算编制内部交底阶段梳理的本项目结算成果文件详细要求，逐一核对结算成果文件是否形式上完成了相应的工作，具备相对应的成果文件。

3. 检查是否有一级复核记录

二级复核是要在一级复核的基础上进行的，因此，二级复核需要检查编制人是否完成了相应的一级复核，如果完成了是否有相应的复核记录，如果没有复核记录，需要一级复核人员完善相应的一级复核记录。通过对一级复核记录的详细阅读和熟悉，也可以从另一个侧面和角度了解本项目结算编制人员的专业水平，容易犯错和出问题的部位，为后面的详细复核提供一定的方向和参考。

二、工程量计算复核

1. 工程量计算结果形式复核

1.1　齐全性复核

主要复核建模算量部分采用的是否为约定的版本号，能否正常打开，查询，合法性检查和汇总计算是否正常，各层的构件和模型是否齐全；建模算量相关的导图文件是否配套提供。

Excel 手算部分是否包含工程量需要的表格和信息。

过程图纸问题提问是否完整，问题是否有相应的委托方回复结果。

计算的提量底稿和上量表格是否齐全，是否满足结算编制交底时相应的专业要求。

1.2　关联性复核

主要复核各个成果文件之间，工程名称、工程计量等数据是否保持一致；工程量的总量与分量汇总，分量汇总与相关手算 Excel 表格等数据的关联性是否建立和准确。

2. 工程量指标复核

2.1　钢筋工程量指标复核

对于房建项目，钢筋工程是非常关键和重要的一个工程量，对于钢筋工程量指标的复核，主要从以下几个方面进行：

单方指标的复核：主要包括总体单位建筑面积的钢筋含量、地上部分单位建筑面积的钢筋含量、地下部分单位建筑面积的钢筋含量、措施钢筋单位建筑面积的钢筋含量 4 个单方指标，并将上述钢筋含量与以往项目的指标相比较看是否合理。

构件指标的复核：主要是分为不同的构件，比如柱、墙、梁、板、二次构件，分别复核不同的构件在单位建筑面积的钢筋含量，并将上述钢筋含量与以往项目的指标相比较看是否合理。

楼层指标的复核：主要是分不同的楼层相应的单位建筑面积的钢筋含量、不同的楼层相应构件的单位建筑面积的钢筋含量，并将上述钢筋含量与以往项目的指标相比较看是否合理，或者是结构类型相同的楼层之间，钢筋含量是否存在相差较大的情况。

2.2 建筑工程量指标复核

建筑工程量是指除钢筋以外的其他全部工程量，主要从以下几个方面进行指标复核：

混凝土工程、砌体工程、门窗工程、模板工程、抹灰工程等各总工程量单位建筑面积的含量指标，分不同楼层的相应的单位建筑面积的含量指标和数据对比，并将上述含量指标与以往项目的指标相比较看是否合理，是否存在不同楼层之间数据差异较大的情况。

外墙保温与外墙装修面积、屋面防水与屋面面积、地面防水与卫生间面积、砌体工程与砌体加筋工程量、天棚面积与地面面积等工程量数据的比对及合理性复核。

3. 钢筋工程量的详细复核

3.1 计算编制说明复核

主要复核钢筋工程量计算编制说明是否内容齐全，是否包含了工程名称、计算的图纸依据、钢筋工程的计算依据、钢筋工程的计算范围、施工图纸未注明的搭接锚固等考虑情况、措施钢筋的计算说明、钢筋工程相关图纸问题的处理方式等，将上述说明内容与施工合同结算条款和清单规则的相关条款进行比对分析，看是否按照合同约定执行。

3.2 钢筋建模整体复核

复核钢筋建模算量软件中模型的轴线、层数、层高、檐口高度、楼层标高、建筑面积、装饰装修布置等是否与相应图纸吻合。

复核钢筋建设算量软件中关于钢筋工程计算规则的设置和调整是否准确，主要是以施工合同计价条款的相关约定和设计图纸的要求，逐一复核相应建模软件默认计算规则是否准确，应该调整的计算规则和节点形式和选择是否调整和选择准确。比如钢筋的搭接、锚固形式、钢筋起步距离、钢筋根数计算规则、加密区设置、特殊节点形式的匹配等。

采取建模软件自带的云检查功能，自动检查是否存在钢筋漏布、没有配筋或者配筋明显错误不符合常理的情况。

3.3 钢筋建模重点抽查

对于钢筋工程建模算量的具体配筋质量的复核，一般采取抽查的方式，抽查的原则有两个方面：一个是对钢筋含量占比比较大的地方，抽查数量要多点；另一个是对常见的容易犯错的地方要重点抽查。抽查一般分为以下几个步骤：

第一，特殊构件全部检查，对一些配筋信息少钢筋工程含量又很大的位置，比如筏板基础的建模配筋，就需要逐一全部检查，避免出现错误。

第二，常规构件的抽查，每种构件类型至少要复核1个，对于柱、墙、地下室的梁板等工程量占比较大的，可以多复核几个，详细复核该抽查构件钢筋的直径、级别、图形、计算公式、长度、根数、搭接情况、搭接形式、加密区设置、拉筋设置、马镫措施钢筋设置等。

第三，特殊构件的检查，例如集水坑、排水沟、后浇带、楼梯、栏板工程、线条造型等特殊构件的钢筋复核。

第四，相关加筋情况的复核，例如砌体加筋、阴阳角加筋、洞口加筋、设计图纸要求的相应节点加筋、规范和平法图集要求的构造加筋等，对加筋的钢筋型号、直径、数量、间距、长度等进行复核。

第五，单构件输入钢筋的检查，针对在单构件中输入和处理的构件，比如楼梯等，对单构件的数量、钢筋具体配筋信息等进行复核。

第六，Excel 手算部分钢筋的检查，针对手算部分的钢筋，需要详细复核手算式以及手算工程量的类型是否有遗漏，避免出现既没有建模计算也没有 Excel 手算的情况出现。

3.4 钢筋算量的其他复核

措施钢筋的计算复核，比如马镫钢筋，钢筋类型、规格、间距等设置是否符合图纸要求，尤其是筏板基础，在筏板厚度过高的情况下是否设置支撑马镫筋的剪刀筋或者加强筋，如图纸无要求，是否符合现场常规设置要求和相关施工规范要求；比如是否布置墙柱定位筋，定位筋是否符合施工组织设计的要求；比如是否布置梁垫铁，梁垫铁是否符合施工组织设计的要求；比如是否按照施工组织设计要求计算相应构件的钢筋植筋，是否计算一次性止水螺杆的钢筋含量等。

其他是否存在不合理的钢筋配筋及含量情况，比如柱构件没有直径 12 以下的箍筋明显不符合常理；比如常规结构项目出现直径 4、直径 16 等非常规的钢筋，或者普通的构造柱出现直径 16 以上的钢筋也明显异常；比如梁柱构件，箍筋含量与纵筋含量基本相同，这也属于可能配筋输入有误的情况，针对这些不符合常理的，就需要重点问题逐一分析和复核。

钢筋连接接头类型设置是否按照施工图纸或者施工方案或者施工合同条件计价规则的约定，钢筋接头个数含量是否超出常规，复核超出常规的原因。

4. 建筑工程量的详细复核

4.1 计算编制说明复核

主要建筑工程量的计算编制说明是否内容齐全，是否包含了工程名称、计算的图纸依据、工程量的计算范围、相应措施工程量的计算说明、相关图纸问题的处理方式、未包含的工程内容的说明等，将上述说明内容与施工合同结算条款和清单规则的相关条款进行比对分析，看是否按照合同约定执行。

4.2 建筑工程建模整体复核

主要复核建模算量软件中，整体查看全部楼层单个类型的构件如土方、基础、柱、墙、梁、板、屋面、楼梯等构件是否齐全，三维查看构件布置是否合理；查看软件汇总计算结果文件，各构件数量是否齐全。

4.3 建筑工程量重点抽查

对于建筑工程量的复核，主要重点检查以下几个方面：

第一，基础工程（含地下室）的复核，复核大开挖土方、桩、基坑土方、回填、基础梁、筏板、条基、独基、承台、垫层、集水坑等构件布置是否合理，三维查看构件标高及厚度是否合理；复核有高低差基础、基础反梁等构件布置是否合理，垫层的出边设置（筏板出边，集水坑不出边）是否正确；复核土方中人工清槽是否设置正确，散水台阶地沟等根据项目情况是否为二次开挖；复核不同材质回填的区分和设置；复核特殊部位的设置，例如楼体与车库的连接部分墙体有差异，连接部分垫层不出边不计算模板等；复核后浇带设置是否正确；复核地下室相关构造的布置是否合理和准确。

针对采取 Excel 手工计算的基础工程量部分，一般采取的复核方式是复核人员选取任意一行原始数据，采用在白纸上列计算式用计算器计算出相应工程量，然后将该工程量与 Excel 计算表格中的量逐一核对，如果吻合，证明 Excel 相关的计算函数设置准确无误；如果不吻合，就需要详细分析检查对应 Excel 相关的计算函数设置的准确性。

第二，首层工程量的复核，一般房屋建筑工程的首层造型和做法与其他层不一样，复核常规构件，如查看各构件平面布置是否正确，三维查看构件标高是否合理；复核特殊构件，例如查看楼梯柱、楼梯梁、飘窗、空调板，降板升板，构造系梁等特殊标高的构件；复核保温、构造柱、构造梁、过梁、抱框柱等图纸只注明做法无标注的构件；复核楼梯、电梯洞口等各种需计算的洞口构件；复核查看卫生间墙面防水、卫生间隔断基础墙等高度非标准层高的构件；复核阳台、雨棚、挑檐、栏板等构件；复核装饰装修是否布置完全和准确，是否有遗漏没有布置装饰装修的区域或者构件。

第三，标准层工程量的复核，房屋建筑住宅工程地上部分一般都存在标准层，如果标准层的某一个工程量出了问题，那么层数多最终导致的整体工程量影响就会很大。因此，对于标准层工程量，可以参考首层的工程量复核方式，但是相比首层，要复核得更仔细、更深入。

第四，屋面层和其他层工程量的复核。对于屋面层，主要复核不同材质屋面是否设置正确；屋面防水设置是否正确，上返高度是否正确；屋面找坡计算是否正确；屋面设备基础、烟道出口等计算是否正确。对于其他楼层，主要复核其他层构件是否按照图纸修改了属性；是否存在多余或遗漏的构件；顶层女儿墙、楼梯梁楼梯柱、屋顶机房设置是否正确；复核其他层图纸要求的特殊构件设置是否正确。

4.4 建筑工程量的其他复核

外墙面相关保温及装饰装修工程量的复核，主要复核外墙保温计算是否正确，防火隔离带是否根据规则单独计算；外墙侧面及上下平面面积是否计算正确；突出外墙面构件是否计算正确；复核 GRC 等外墙装饰构件是否计算正确等。

建筑面积的复核，如果是建模软件中直接布置建筑面积构件计算，需要复核相应的布置和设置是否正确；如果是 CAD 框图手工计算建筑面积，需要复核框的范围是否准确，统计是否齐全；重点复核阳台、雨棚、空调板、车棚、飘窗、夹层、走廊、回廊、设备空间、楼梯等非常规建筑面积的计算是否正确。

其他工程量的复核，除了上述工程量之外，针对一些比较零星的容易被忽略的工程量，需要重点复核。例如复核栏杆扶手爬梯台阶散水坡道等计算是否正确；复核屋面分格缝、地面切缝是否计算正确；复核栏板抹灰保温、窗台板及装修，各种分格缝、变形缝、车库护角、落水管、烟道风帽、水篦子、爬梯、地沟盖板、砖胎膜等零星项目是否计算正确。

三、清单计价部分复核

1. 清单计价结果形式复核

1.1 齐全性复核

主要复核清单计价软件采用的是否为约定的版本号，能否正常打开。

清单计价的编制说明内容描述是否齐全。

1.2 关联性复核

主要复核清单计价成果文件里面工程量的来源是否逐一做了备注和描述，是否与工程量计算表和上量表中的数字一一吻合与匹配。

1.3 计价指标复核

主要分楼栋、不同结构类型、分地下和地上建筑、分基础和主体等分别复核单位建筑面积的相应工程造价，并与以往类似项目类似结构类型的工程造价指标进行比对分析看是否合理。

2. 清单计价结果详细复核

2.1 计价范围复核

主要复核计价包含的范围是否清晰，是否准确，是否与实际完成的情况一致，特别针对和其他专业工程交叉的部位，相应的计价范围和界面划分是否准确。例如，二次结构，砌体抹灰，装修基层处理，外墙，防水，室外台阶、土方回填、开洞堵洞、脚手架等施工内容容易和其他专业工程发生交叉的地方；与精装修和安装工程等专业分包工程的计价范围的划分等。

2.2 整体复核

主要复核计价成果文件编制的计价依据和计价方式，是否按照施工合同约定执行。

主要复核组价依据的定额、信息价、材料设备价是否正确；清单单价、管理费、利润、实体措施费、非实体措施费、材料价格调整、规费、税金等是否计算齐全，计算依据是否充分，计算是否合理。

2.3 清单项目复核

主要针对具体的清单项目，尤其是工程造价比较大的清单项目，复核清单项组价和特征描述是否一致；复核清单工程量和定额工程量单位不一致的换算是否正确；复核清单特征描述中投标人自行考虑部分的计价依据在编制说明中是否说明清楚；复核土方开挖外运方式、回填土存放、排水降水措施、混凝土泵送费等图纸无说明工程实际需发生的费用计取是否合理；复核借用清单项目、清单漏项和缺项等的处理方式是否合理和准确等。

2.4 措施项目复核

措施项目一般分为实体措施项目和其他措施项目。针对实体项目措施费，主要复核模板类型选择是否符合项目建设要求；脚手架计费是否全面；根据项目情况是否需要计算模板超高费用；垂直运输费用计取是否合理，计取依据和方式是否在编制说明中注明。针对非实体项目的措施费，主要复核二次搬运、成品保护费、夜间施工等措施费用计取是否准确；深化设计、效果图设计、专项设计费用等是否有发生；总包服务费、其他单位施工配合费是否计取；是否存在合同外的外租场地、甲方临时水电提供不到位自行解决、相关的赶工等措施费。

2.5 取费和价格复核

对于取费，主要复核新增清单的组价过程中，相关取费费率等是否准确；安全文明施工费是否计算完整和正确；是否有按实计算的环境保护税的发生。

暂估材料设备价是否按业主提供（或认价）的价格计入，业主未提供价格的主要材料设备价格，是否符合市场行情及工程建设档次和招标文件要求；整个项目的人材机价格中，是否同一材料存在不同价格的情况；材料价差调整的计算方式、方法是否与合同约定的一致；零时用工零时用的机械台班的价格是否合理；暂估项目（专业分包）等价格，是否按照实际价格进行计取。

2.6 其他复核

计价软件本身是否存在漏洞或者瑕疵，尤其是施工合同约定对一些标准计价程序及取费方式，在本项目中进行一些特殊的调整和处理的情况，就需要特别注意计价编制时在软件中是否进行了调整，调整之后软件处理是否准确，这个方面需要重点详细的复核和检查分析。

针对措施费包干的情况下，重点复核哪些属于措施费包干的范围，哪些不属于措施费包干范围，哪些属于虽然合同约定包干，但是项目实际情况发生变化导致又不属于包干范围可以单独计算的等事项。

3）公司三级复核

结算编制成果文件的三级复核一般由承包人公司层面负责，有些承包人公司的商务部门或者成本控制部门负责所有项目的管理，这个时候就需要由商务部门相关人员负责结算编制成果文件的三级复核。也有的承包人对项目的结算工作非常重视，在商务部门下面单独成立专门负责项目结算的主管部门，负责公司所有项目的结算编制前期指导、结算成果文件的复核、结算对审和争议问题解决的协助和指导，甚至是部分重大项目的直接结算编制到结算对审的全权办理，在这种情况下，一般是由结算主管部门负责三级复核。

由于一级复核和二级复核已经对结算编制成果文件进行了详细的复核，再加上三级复核人员是负责整个公司层面的结算编制成果文件复核，审核人员和审核时间更是非常有限，因此，三级复核不能像二级复核一样比较细致和全面的复核，三级复核只能从整体和宏观的角度，进行合规性、合理性、合情性的审核。

合规性审核，主要包含以下三个方面：一方面是结算编制成果文件相应的支撑资料和依据是否符合施工合同中相关条款的约定，主要关注结算资料是否准确的按照施工合同要求准备和提供齐全。另一方面是结算编制相应支撑资料和成果文件是否满足公司对于结算管理的相关规定要求，包括形式上或者实质内容上的要求，例如对于结算编制说明文件包含的内容和格式，很多承包人有相应的管理规定。最后一方面是结算编制成果文件是否符合相应的造价专业和行业规范标准的要求。

合理性审核，主要包含 4 个方面：一方面是项目造价相关指标合理，包含工程量和工程造价两个方面的指标，如果出现指标异常的情况，接下来就会对指标相关工程量和所在部位进行重点复核。一方面是结算编制思路合理，包含工程量计算的思路、工程量提量上量的思路、计价文件编制的思路等，从专业的角度进行分析和复核是否合理。一方面是具体过程合理，也就是通过复核编制说明、结算编制日记、编制过程备忘录、相关编制时间计划安排，进行推断分析具体编制过程是否合理，如果出现编制过程中明显不合理的记录，比如在非常短的时间内完成一个大体量地下室的工程量建模计算，那么对于这个部位就需要三级复核重点关注重点复核。一方面是结算编制的结果合理，从专业和经验的角度，对结算编制整个成果文件的组成、整个结算编制造价的总金额和单项或者分项金额等，分析是否合理。

合情性审核，主要是对整个结算编制成果文件，是否存在高估冒算，没有任何支撑想当然单列一个事项无依无据编制结算金额的情况，对于一些纳入结算编制金额的相关索赔事项的阐述、索赔依据与索赔分项、索赔金额的计算文件，或者是施工过程某些事项的费用补偿的一些结算编制文件等，需要站在公司层面更加严谨更加公平合理宽广的视角去进行合情性复核，避免出现一些明显不合情理的项目或者情况出现，因为这种不合情理会在后期的结算对审过程中，给发包人和审核单位留下一个非常不好的专业形象，也会对后期的结算对审和相关问题的解决，带来一些潜在的不利因素和不良影响。

4）第三方专业机构复核

由于结算编制本身属于一个不能完全避免错误和误差出现的工作，因此，不管承包人自身的三级复核执行得多么细致或者复核得多么详细和专业，经过三级复核后的结算编制成果文件，或多或少总还是会出现相关的误差或者错误。在这种情况下，有的承包人在内部三级复核的基础上，又单独增加了一道专业防火墙，委托第三方专业机构，一般就是专门从事造价咨询服务的造价咨询公司，对整个结算成果文件进行独立的、完整的、全面的第三方复核。

第三方专业机构复核存在以下几个承包人内部三级复核无法比拟的优势或特点。

第一个特点是，造价咨询公司本身就是专业从事预结算编制、结算审核和审计等专业服务，经历的项目多，遇到容易出错的地方也较多，因此，造价咨询公司人员很容易在复杂的结算编制成果文件中，根据经验和专业，快速且有针对性地发现相应的问题，而承包人自身人员由于经历的项目少，经验稍显欠缺，相比之下发现问题的速度和效率也就没有这么快速和有效。

第二个特点是，造价咨询公司各个专业、各个项目类别的人员都比较齐全，对于一个项目，造价咨询公司可以安排对这个项目类型、项目计价模式的非常熟悉的针对性的人员进行复核。比如有的项目有复杂的地下室，有空心楼盖板结构，有钢混组合结构，有超高层结构，那么咨询公司可以安排对上述每一个结构类型经验丰富的人进行复核；比如在房地产建设项目中，不同的房地产公司计价计量规则会存在差异和区别，包括结算过程中哪些费用可以计算哪些费用不可以计算每家房地产公司都有一些约定成俗的习惯做法和管理规则，而这些往往又没有体现在施工合同和相关资料上，咨询公司可以安排对相应房地产公司计价规则的约定和结算办理的习惯做法与管理规则熟悉的人员进行复核，这种复核就更加具有针对性和效益性。而承包人在这一块，往往结算编制时都是老手带新手一起编制，相关人员也并不一定具有非常针对性的项目经验，因此在这个方面，就是承包人内部复核一个非常大的人员短板制约。

第三个特点是，从管理机制和利益的角度考虑，虽然很多承包人内部有结算编制的三级复核管理流程和相应的考核机制，实务中这种管理流程的执行不是非常到位，还有相应的内部对结算编制人员的质量考核机制无法有效的实施。因为一方面是有经验的结算编制商务人员在整个行业本身比较稀缺，考核金额过大就会导致很多商务人员的流动和离职，考核金额过小又不足以对结算编制人员带来影响，所以导致质量考核机制有效运行效果有限。这样也就导致一级复核和二级复核，更多的时候是依靠相应人员的自觉性、责任心等主观能动方面的自我约束和自我要求，如果一级复核人员和二级复核人员敷衍了事，匆匆而过，往往其他人员也没有办法发觉和有效的制约。对于三级复核的人员，最终结算成果文件编制的结果又很难对其造成实质性的影响，所以三级人员的复核也是凭复核人员自己的自我要求在尽力而为，而不是全力而为。如果是第三方专业机构造价咨询公司复核，复核收费一般是直接与复核出的结果相关联，没有复核出问题，造价咨询公司就可能没有咨询收入，投入了成本还竹篮打水一场空；复核出的问题少，咨询收入也就少，可能还不够覆盖人力成本；只有有效地复核出更多的问题，才会有更高的咨询收入，这样就从合同、制度和利益上，让造价咨询公司复核人员与复核结果紧密关联，也就逼迫造价咨询公司相应复核人员全力以赴竭尽所能地去检查和发现问题。当真正复核出来问题创造了相应的效益时，造价咨询公司只收取所创造价值的很少一部分利益，绝大部分利益还是归承包人所得，所以最终也是让承包人在这个项目上的利益最大化。

综上所述，结算初步编制完成后的复核工作，对结算编制成果质量的控制非常关键，对最终整个结算的成果也有间接的影响。在实务中，承包人在每一级复核完成后，要形成相应的复核记录，并且要由结算编制人员和项目负责人逐一核实是否对复核提出的问题进行修改和调整，将修改和调整的情况以及相应完成的时间等需要在复核记录的每一个问题点后进行回复，形成一个小闭环，代表实实在在的进行了修改和完善。整个结算文件复核完成后，所有的复核记录可以进行汇总存档，作为本项目的复核成果记录，更重要的是可以把该复核记录分享或者提供给承包人其他项目的编制人员进行学习、了解，避免出现类似的问题类似的错误，这样就能在一次又一次的实践中，不断地去提升承包人商务团队的专业水平，不断地去提升承包人结算办理和结算创效的能力和经验。

造价笔记 600

对个人是不破不立，对团队则是不立不破

个人日常工作生活的总结与感悟这一个简单的动作，坚持了三年的时间，终于迎来了第600篇。正如在人生的岁月中，一些重要的时间节点会有一些重要的事情发生一样，在这第600篇的造价笔记总结这一天，同样发生了一些很重要的事情，值得自己铭记。

第一件事情，早上一到公司，数年前一个咨询服务项目的委托方，由于该项目被动地牵涉了司法领域的纠纷，于是找我要当初的合同和有关资料。还记得也是在那一年，我推翻了以往电脑加 U 盘加笔记本的传统自我资料管理，开始全面搭建自己的云盘加印象笔记加手机的全数据化资料管理，过程虽然艰辛，但是今天委托方所要的资料，虽然时间久远，数分钟之内，我调取整理完成发给了委托方。

第二件事情，上午来到一家熟识已久的施工单位，对方的领导提出，想组织进行一次企业实训，目的是让公司各个岗位的员工，建立成本意识，利润意识，真正意义上领会到项目最终的利润不是商务团队一个部门的事情，而是整个团队齐心协力合作的结果。这个需求很宽泛，从培训的角度去落地很空洞。经过交流，客户提出，可以采用思维加案例为讲课形式，以客户自身的典型案例和外部的优秀做法为结合，改变传统的固定的课程内容讲解的培训形式。客户的真实需求，需要我们对培训内容和形式的设计，进行重新的思考和颠覆性的改变。

第三件事情，下午有幸去拜访另一家行业内赫赫有名的施工企业的领导 Y 总，交流索赔的一些工作思路。Y 总提出了一个全新的索赔工作理念：先定目标，再去分析研究合同和现场，最后再进行专业行动和细节的具体拆分。一个思路的调整，马上让索赔工作的方式和方法别有洞天。以传统的技术视角，先研究合同和资料是否存在漏洞，再去进行索赔，往往会陷入思维局限，认为所有的事情都约定完整，没有可以索赔之处；而先定目标的方式，会让我们跳出技术的视野，以一种更广阔的思维，逼迫自己，去思考、去挖掘、去发现、去提炼，往往最终的效果就别有洞天。

这三件事情告诉我的是，对于个人来讲，不破不立。我们自己不去打破一些传统的做法，固有的思路，以往的认知，就不会有自我真正发展上的突破，就不会有事业和成就上的自立。

中午的时候，我分别和部门的成员进行了每周一次的工作交流，和每个人分别交流了三个方面的事宜：上周所做事情的总结和反思，本周重点事情的安排以及工作思路，需要支持和协助事项。通过交流，我们一点一滴的复盘工作中的细节与得失，我们一步一步地把各自的工作开展思路体系化和条理化。

在这以前，我一直都希望自己有一个强大的团队。这个团队能打破传统，能去做很多有价值有意义的事情；这个团队能思路活跃，又能做事细致；这个团队能有自己的思考，又有极强的执行力。但是，经历了长时间的自我总结，终于让我意识到，对于一个团队，首要的不是去打破一些固有的事物和传统，而是先要在团队之间树立统一的共识，理念和行动规则。就如一支军队，数量庞大的散兵游勇不可能是人数虽少但是纪律严明的军队的对手。因为军队这个团队树立了统一的规则共识和理念，在此基础上，再去叠加将军们的天才式创新的战斗方式方法，这样才能所向披靡，战无不胜。

如何去树立自己的团队，就是从细节开始，从日常开始，不断地去打磨，不断地去培养，

不断地去累积,事情虽小,持续地去督促指导和坚持,渐渐地终将成为自己所要的和想要的团队与执行力。

在这第600篇个人总结的时候,自己终于领悟了个人与团队,两者的本质区别与核心理念,事虽小,但是启发却不可谓不大。所以,坚持,持续的坚持,时间之后,终究会在每一个关键量的累积之上,给我们带来巨大的质变和收获。

2020 年 6 月 22 日

6.3.5 结算文件对外报送阶段

经过承包人内部对结算成果文件的三级复核并根据复核要求调整完成后,结算编制准确版本的初稿文件形成,这个初稿文件是属于承包人内部使用和后期结算对审控制的一个标准文件,在这个初稿文件的基础之上,承包人需要对结算文件进行一些相应的调整或者处理,形成正式的对外报送给发包人审核的结算编制文件。一般这个阶段包含两个小的阶段,分为成果文件内部交底阶段、成果文件调整报送阶段。

1)成果文件内部交底

正式结算初稿文件形成后,一般由项目负责人组织,结算编制人员、项目经理及项目部管理团队、承包人公司结算主管领导参加,针对结算编制初稿的情况,给参会人员进行详细的汇报和交底说明。项目负责人需要对整个结算编制过程、相关事项的处理、成果文件等进行交底说明,核心重点是对结算编制初稿金额的 4 个数据:有理有据的结算金额、资料不足的结算金额、可左可右的结算金额、根据经验可以争取的结算金额,针对上述每个数据的具体金额,以及该金额涉及的具体事项尤其是后三个数据涉及的具体事项、缘由等进行详细的阐述和交底,特别是对于后续 3 个数据如果进入结算报送金额中,而后期万一审计单位结算审减,导致审减率超出合同约定后,承包人需要承担的结算审核违约金的风险需要在会上进行详细分析和具体提示,便于参会人员对最终的结算上报具体金额进行相应的抉择和确定。

在内部交底会上,参会人员需要结合项目实际情况和公司的结算目标,确定一个正式报送给发包人的结算金额,也就是确定一个在结算初稿的基础上的结算报送的上浮率,这就需要结合上述结算编制初稿金额的 4 个数据以及公司对整个项目的结算目标,还要结合不同发包人的审核风格和审核特点以及施工合同约定的关于审减率超过标准后的违约金惩罚等条款进行综合评定和确定。

如果结算编制初稿的上述 4 个数据金额汇总后,尚未达到承包人的结算目标,那么在内部交底会上,就要充分发挥集体的智慧,挖掘和思考本项目上哪些从情理上、道义上、合同漏洞上、项目履约过程中、外部宏观条件变化上等各方面还可以纳入结算的事项和金额,至少保证结算编制上报给发包人的金额不能低于承包人的结算目标。这就是我们所说的,有条件就按照条件上,没有条件创造条件也要上,如果一开始上报的结算金额就已经没有达到结算目标，相当于出师未捷身先死，还未开始进行战斗承包人就自认战败，缴械投降，这肯定是不能出现的情况和状况。如果交底会上相关人员不能梳理和寻找相应的有效的事实和突破点，那么承包人就可能需要寻找外部专家力量或者公司层面的集体智慧进行支持和帮助。

2）成果文件调整报送

在成果文件内部交底完成，确定了结算报送上浮比例和最终报送金额之后，接下来就需要进行相应的结算书成果文件的调整，将相应的计算式和计价文件进行调整，让结算编制金额满足交底会确认的目标。结算编制文件的调整不能采取简单粗暴的直接调整结算书工程量的方式，而是要秉承一个所有调整上浮的地方，均要能提供相应的合情合理的或者能解释的理由和说法，当后期结算对审时，至少能进行相应的解释和说明，而不能给发包人和审核人员留下任意上浮工程量人为增加工程量的印象。因此结算编制文件调整时一般先对一些计算规则，计价取费等，全部按照最大的方式计算和调整；接着对一些事项，本来就是市场询价或者没有固定标准自报费用的，把该部分费用相应调整增加和扩大；最后是单列一些事项和子项或者名目，或者虽然是合同包干不计算的，但是结合实际情况提出进行上报一定费用增加造价。

结算编制文件调整完毕后，接下来是根据施工合同中对于结算文件报送的相关规定和要求，按照相应的格式和相应的标准及相应的数量，打印、装订相应的结算成果文件，并进行盖章后打包装箱，形成完整的成果文件报送资料。在实务中需要注意的是，要在发包人需要的结算文件数量的基础之上，多制作一套盖章完整的结算文件，一方面便于后期发包人自我核对使用，另一方面当后期发生结算纠纷甚至走上司法程序时，该保留的结算报送资料原稿能对承包人带来很多法律上和专业上的支撑和帮助。

结算编制成果文件最终报送给发包人时，需要提前制作结算资料报送移交清单，需要在清单上详细注明结算资料的全部文件组成，以及原件和复印件情况说明，并要体现结算编制的报送金额。结算编制成果文件需要移交给发包人有相应权限接收的人员，并且需要接收人员在资料移交清单上签收确认。经过发包人相应人员签收确认后，才代表着结算文件的编制和报送工作正式完成，接下来将进入结算对审和最终结算金额确定的关键环节。

6.4 结算文件的对审

项目结算文件编制完成报送给发包人后，接下来最为核心和关键的工作就是结算文件的对审，也就是由承包人结算编制人员与发包人自身结算审核人员或者对外委托的第三方专业审核单位的人员进行具体核对。结算文件的核对是把承包人的结算目标或者想法真正落地实施的又一个关键过程，在实务中，结算文件的对审需要经历信任建立阶段、初稿形成阶段、争议解决阶段、结算定案阶段 4 个阶段。

6.4.1 信任建立阶段

结算文件的对审，是人和人之间的一种技术和非技术综合性交流和碰撞的总和，只要是人和人打交道的事情，就会在交流过程中，除了理性的专业立场之外，不可避免地会夹杂着感性的人性因素在其中。尤其是结算对审双方人员在对审之前，双方互不认识和了解，只是通过具体这个项目的结算事宜才汇聚到一起。这就相当于是和以前完全不熟悉的陌生人，要进行着关系双方核心经济利益事项的交流和沟通，在这种情况下，如何在双方之间快速建立信任，由天生提防的陌生人模式快速转换为中国传统的熟人信任模式，对于承包人的结算对审相关人员，就显得尤为重要。

在实务工作中，信任的快速建立可以从职业形象的信任和专业技能的信任两个方面去考量。

1）职业形象信任的建立

任何一个行业，都会有这个行业在他人眼中公认的职业形象，这种公认的形象会天然的让他人相信和信任。比如法律工作者是严谨寡言，金融工作者是高端宏观，房产销售是职业干练，技术工程师是木讷沉稳等。一个人的职业形象，可以通过穿着方式、做事习惯、修养涵养 3 个方面去综合展现。

第一个方面是穿着方式，古人有云，人靠衣装马靠鞍，这就充分说明了穿着方式的重要性，尤其在现代社会，不同的行业有着不同的穿着方式和特殊要求。对于造价商务人员，穿着上面既不能太过于西装革履的正式，也不能太过拖鞋短裤的散漫，穿着方式居于两者之间，正式而不休闲，干练而不做作，低调而不张扬，新兴而不非主流，个性而不保守。就如笔者所在的团队，一般穿着的基本要求是黑色商务皮鞋或者休闲皮鞋，休闲西裤或者休闲长裤，夏天品牌衬衣和有领 T 恤，冬天品牌衬衣外加简洁型休闲外套，不留胡须，头发干净清爽整洁，在上述基本要求的情况下，每个人再结合个人的特点和喜好进行相应的具体选择。外出对量时，团队成员采用统一的背包，统一的笔记本电脑，统一的对量过程记录笔记本。穿着方式保留统一而又略带个性的风格，办公设备和装置采取整齐划一的方式和风格，这两种方式的结合，就很容易在对方心目中留下职业而又专业，个性而又整体的职业形象，相应的信任感就油然而生。

第二个方面是做事习惯，习惯和细节是一个人最为真实的反应，也能让对方在潜移默化中建立信任和认可。比如，对量时，在约定的时间提前十分钟左右到，不早也不晚，中午对方午休时，及时将自己的笔记本电脑和个人物品整整齐齐收好，水杯等垃圾自己主动倾倒到外面的垃圾桶而不是对方公司办公室的垃圾桶；如果对方可以让我们在会议室或者公司的其他地方午休，就不能以躺下或是抬脚等方式午休，而是以静静的收敛的方式坐着小憩，或者自己外出到周边的咖啡厅、快餐厅等地方休息；比如，雨天时，自己带一个塑料袋装带有雨水的伞，不让雨水滴到对方办公场所；比如，在对方公众场合人多的地方对量，如果要接电话处理事情，可以走到偏僻不影响人的地方处理；比如，任何时候不在对审的地方吃快餐或者带有味道的东西……通过方方面面的小事情和小习惯，让对方无时无刻感受到自己的风格、为他人考量的风格、不给他人添麻烦的风格，在这些小习惯中，逐渐地让对方产生信任。

第三个方面是说话处事的性格，有些人喜欢咄咄逼人显得自己占据主动，有些人喜欢得理不饶人显得自己专业，有些人喜欢发生争议时大声嚷嚷显得自己有理……结算核对，从某种程度上来讲，在某些方面某些时候需要这些场景这样的人员，但是更多的时候，结算核对是一个专业性、知识性的活动，因此从内心里大家都会比较认可和赞同有理有据、有张有弛略显中国传统的知识分子式的方式和方法。所以实务中往往是强极则辱，情深不寿，过于极端或者激烈或者沉迷或者执着的处事方式，是很难得到对方认可的，也很难取得或者达到我们想要的结果。一般情况下，大家都比较欣赏和认同的处事方式是谦谦君子，温润如玉，处事交流上，不走极端，发生争议时，据理力争的同时又保持谦谦礼仪的君子风格，让对方感受得出来，你既有像玉石一样的内在和才华，又像玉石一样温润宜人，而不像玫瑰花一样虽然美好但是却满身带刺的咄咄逼人。

一般通过这 3 个方面的注意和保持，就很容易在对方心目中建立职业形象。

造价笔记 571

建立相互之间的信任，往往能让事情的完成事半功倍

在心理学上，有个经典的"视崖实验"。实验者在一个大阶梯上，放置一块透明的玻璃板，在阶梯的另一头摆放了一个玩具。婴儿如果要从一头爬到另一头，去抓那头的玩具，事实上是安全的，但阶梯突然陷下去的那一块，在视觉上是比较可怕的。所以当视崖比较深时，婴儿就不会往前爬了。但是，当母亲在视崖的另一端微笑时，74% 的婴儿都会爬到了另一端。因为母亲的微笑让婴儿信任，于是就不再去关注视崖冲击带来的害怕，而因为微笑带来的信任，让婴儿勇往直前，跨过障碍，拿到玩具。

在工作中，同样如此，一件事情的开展，需要先花费很大的精力让团队成员之间建立共识，其实也就是建立相互信任的过程，达成共识建立信任后，具体事情的实施和开展，就容易很多。那么如何建立相互之间的信任呢，一般可以从以下 3 个方面入手。

首先是在开展某项工作时，先要提供尽可能清晰准确的背景信息和真实的描述。实事求是和信息透明，这是赢得对方信任的最为基础的工作，如果我们一开始就故意去隐瞒去回避一些信息，那么在对方心中自会有一杆秤，你都对我不信任隐瞒真相，那么我为什么要相信和信任你呢？

其次是在别人质疑的时候，要积极的回应，且不要兜圈子，不要把话说得太复杂、太笼统，简明扼要真诚的阐述自己的观点、想法、意见和看法，用清晰的沟通、明确的反馈和回复，去面对别人的质疑。我们都有质疑和怀疑的天生的潜质，但是我们都愿意相信和信任一个简单真诚的人，哪怕对方的简单真诚并不一定能抵消我们的质疑，但是却能赢得我们的信任。

最后是从已经建立信任关系的人入手。如果在该工作开展时面向的对象中，已经有了我们前期建立了信任关系的人，那么，我们可以通过该信任的人给我们进行介绍、阐述或者是间接的现身说法，这样，也能很好地在其他人心中，缩短信任的距离，促进信任关系的形成。

在各种事项甚至哪怕是危机面前，人和人之间的信任并不是天生和顺理成章的。这就需要我们通过具体的行动来建立彼此之间的信任，通过信任，降低相互之间的质疑、不配合

甚或是敌视，增加相互之间的配合和协作。在信息化的时代，任何一件事情的完成，都需要一个或大或小的团队去实施，个人或者超级个人，都很难去完成。因此，彼此之间的协作就非常重要，而信任又是彼此协作的基石，没有信任的协作是很难成功的，也是很难持久和持续的。

所以，通过具体的行动和工作，养成一种让对方信任的潜在的气质和涵养，这对于我们具体的技术人员，是一种非常难得的能力和竞争力。

2020 年 5 月 6 日

2）专业技能信任的建立

职业形象的塑造让我们在对方心目中建立了信任的基础，但是要让对方从心底真正的信任和认可，最关键的核心还是要通过自己的专业技能赢得对方的认同。花瓶再好看始终是花瓶，没有花瓶当中姹紫嫣红的花朵，花瓶也很难得到买家的认可，只有花瓶和花朵两相结合相得益彰，才能真正被市场买家所认同。就如邓小平所说的，科学技术是第一生产力。同样，专业技能就是结算人员的生产力，只有专业技能过硬，才能赢得对方真正的认可，也才能让对方信任真正的建立。如果我们留给对方的职业形象非常好，但是一交流，却对专业模棱两可、对相关事实一问三不知，那么我们就会在对方心目中迅速掉价，这也就是为什么人们之间常说的人和人之间持久交往的三部曲："始于颜值，陷于才华，忠于人品。"

专业技能形象的建立并不是要求我们对所有的专业技能、专业方面都精通，都熟悉，而是要我们在结算对审过程中，做到以下 3 个方面的要求，往往就能在对方心目中建立良好的专业技能形象。

第一个方面是事事有出处，在结算对审过程中，对任何一个数字、任何一段文字、任何一个价格、任何一个表述，只要对方提问，我们都能阐述这件事情的来源或者出处，可能来源和出处不一定准确或者正确，但是，每一个出处我们都能讲解明白，自圆其说，这就是核心。

第二个方面是与本项目结算相关的事情，事无巨细都非常了解熟悉，就算偶尔某个小细节和相关信息不是很熟悉和清楚，我们也能够马上找到相应的熟悉的人来询问和解答出相应的事情，这就体现出结算编制人员前期对这个项目是否用心，是否真正从专业的角度认真的梳理和熟悉。了解项目的情况越详细，从侧面代表着这个人的专业技能也就越扎实。

第三个方面是知其然也要知其所以然，针对一些工程量的计算，清单的计价和取费的方式，现场的施工工艺和工序等，要知道正确的处理方式，更要知道为什么要这么处理背后的原理和根本所在。这一方面体现的一个人的专业实务操作技能和项目经验，另一方面更能体现一个人的专业理论水平和思考问题的模式和深度，就能彻彻底底让对方心服口服地信任和认可我们。

造价笔记620

专业的信任和信赖，不仅仅是建立在专业上，更是建立在一些非专业的细节上

几天前，与一个同事在交流项目工作，交流到其中一个问题时，同事为了阐述他的观点或者意见，把他和客户的一些微信聊天记录通过截图的形式发给了我，有图有事实地形成了对自己意见的论证和闭合。

从做事情的严谨度和细致度来讲，这是一种很好的工作方式：让自己的任何事情、任何行动、任何意见，都有依据和支撑，并且还是可视化的直接依据，因为造价工作本身就是一个讲究严谨和证据的专业化岗位。

但是，从我个人的角度，我虽然认同做事要严谨和细致，但是，我却不会在实际工作中采用同事的这种做法，我喜欢采取一种变通的做法。

当我要使用到和其他人或者客户或者同事的聊天记录作为印证和支撑时，我不会直接截图，而是用文字把我和客户的聊天记录重新用语言和文字组织提炼，形成一个对事实的描述，再把这个事实描述作为依据来支撑我的意见或者观点。

因为在我的内心，我和他人的聊天记录，不管是客户的还是同事的，不管是工作上的还是非工作的，这些聊天记录发生在我们之间，那我就有对这些聊天交流记录天然的保密的职责。如果因为工作需要确实要使用，那么也只能重新用语言组织交流形成可以公开的事实和观点，去掉一些不相关的、涉及他人隐私的或者不能对外公布的信息或者对他人有影响的语言，作为间接的证据来支撑我的意见，而不是简单地直接截图作为依据和支撑。

这种细节上的深入工作习惯上的一些个人严谨的工作习惯，虽然和专业本身没有多大的关系，但是，却往往更能让客户也好，同事也好，建立起对我们充分的信任和信赖。

这就是我们在造价工作中，有人编制的造价成果文件，或者做的相关事情，建设单位和审核单位非常信赖，工作开展和推进很快，而且结果也还不错；而有人作出的结果，同样一件事情、一份资料，建设单位和审核单位对他做的事就是不信任，处处怀疑，处处鸡蛋里面挑骨头。其实这个时候，这个人专业本身的技能只是其中很小的一个因素，更多的时候可能是这个人平常专业之外的一些习惯，做事情的细节或者方式，让对方感觉到不信任，不值得信赖，由此再延伸到对这个人做得所有的专业工作都不信任。

专业的信任和信赖，不仅仅是建立在专业上，建立更是在一些非专业的细节上。就如昨天在给中建×局×公司的新入职商务人员的专业培训课程上，为了让大家更好地学习，大家想让我分享一些前期班次培训的学员的总结资料。因为这次中建×局培训时间非常短，我觉得分享前面其他局优秀学员的优秀总结一方面可以辅助提升大家的学习思路和效果，另一方面也可以让本次学员看到前面的优秀做法自我激励、自我鞭策。于是，我先和去年中建×局那期的优秀学员取得联系，在把总结分享的目的、分享的人员等背景给她介绍后，并充分征得她的同意和授权，再把她去年学习总结中一些不合适或者有影响地方进行处理后，形成一个PDF文档，分享给本次中建××局培训的学员。

虽然这样一来，一件本身可以一秒直接转发文件完成的事情，变成征求意见，获得授权，净化处理再转发，导致前后持续数个小时才完成。虽然事情结果是一样的，但是在他人心中，乃至本次学员潜意识里，对我们的那种信任和信赖就会悄然建立起来，无声而又无息。

这就是信任和信赖非常重要的一种建立方式，与专业有关，而又与专业无关。

2020年7月23日

6.4.2 初稿形成阶段

在与结算审核人员建立了相互信任关系的之后，接下来就是针对结算文件本身，双方长时间连续的核对，并将核对的结果形成结算核对初稿。一般结算初稿包含核心关键的两个部分：一是双方核对确认无误的金额，一是双方核对存在争议的问题和金额。

针对核对确认无误的金额部分，双方核对人员需要把核对确认后的计算式、计算说明、计价文件、对量过程记录等进行对应的整理和保存，这些资料是后期结算对审完成后，配套的相应的最终成果文件，只有这些核对过程成果文件翔实和相互匹配，才能让定案表的签订工作快速完成，也才能在后期存在二审或者其他形式审核、复查和审计的情况下，有相应完整翔实的资料和素材，让相应的二审和后续其他审计工作快速的完成。

针对争议问题，需要详细梳理具体争议问题的焦点和相应金额，详细内容在接下来的小节中进行阐述。

6.4.3 争议解决阶段

争议解决是结算对审工作中关键的工作之一，甚至在有些项目结算办理过程中，项目结算后是否盈利是否能达到预定的结算目标，取决于结算争议解决的效果。结算争议工作本身，除了双方专业的交锋之外，还是专业之外的很多事物和软实力的综合比拼。从实务的角度，争议解决包含两个阶段的工作：争议问题的梳理和争议问题的谈判。

1）争议问题的分类

争议问题的分类，也可以理解为争议问题的具体来源，通过对争议问题的分类，可以让我们知道在结算对审过程中如何有效的发现争议问题，也可以让我们在项目管理和结算办理过程中，提前预判有哪些争议问题，提前进行研究和规避。

（1）工程量计算类的争议

该类争议主要是和工程量计算的理解和方式方法有关。

①计算方法上的争议

某些项目的某些工程量的计算方式，本身存在不同的计算方法，而且两个计算方法本身都是可行的，只是两种计算方法计算出的工程量的结果不一致，由此导致争议。

例如：某大开挖土石方工程，采用南方 CASS 软件计算土石方工程量，工程量的具体计算方式可以采用方格网法计算，即根据实地测定的地面点坐标（X, Y, Z）和设计高程，通过生成方格网来计算每一个方格内的填挖方量，最后累计得到指定范围内填方和挖方的土方量，并绘出填挖方分界线；也可以采取 DTM 法来计算土方量，即根据实地测定的地面点坐标（X, Y, Z）和设计高程，通过生成三角网来计算每一个三棱锥的填挖方量，最后累计得到指定范围内填方和挖方的土方量，并绘出填挖方分界线。计算方法的选择不同，最终计算出来的工程量就会不同，在一些特殊的土石方工程项目中，两者之间的计算结果差异还非常大，但是从计算原理和专业上，两种计算方式都是准确的，都是可行的。

② 计算依据上的争议

某些项目的工程量的计算存在多个依据资料，而每个依据资料计算出的结果又不一致的时候，就会由此导致争议。

例如： 某钢结构工程，存在钢结构设计施工图和钢结构深化设计图，两者都可以作为工程量计算的依据，往往钢结构深化设计图计算出的工程量比钢结构设计施工图的工程量多。因为在钢结构深化设计图中，需要对一些节点进行深化，还要结合加工和现场安装需要等增加连接节点和构造措施等，在施工合同中没有明确约定以哪一个作为结算工程量计算依据的情况下，往往就会发生争议。

③ 计算规则理解上的争议

工程量的计算规则一般规定具有普遍适用性，但是在一些特殊的情况、特殊的场合，对计算规则的理解就会发生争议；或者是计算规则本身规定或者描述的就有理解上的偏差由此导致争议。

例如： 某房地产建筑工程项目约定，相关措施费按照建筑面积以一定的单价包干，其中建筑面积计算规则按照《建筑工程建筑面积计算规范》（GB/T 50353—2013）执行，规范中对阳台的建筑面积的计算规则规定如下："3.0.21 在主体结构内的阳台，应按其结构外围水平面积计算全面积；在主体结构外的阳台，应按其结构底板水平投影面积计算 1/2 面积。"项目的阳台部分实际建筑图情况如图 6.1 所示。

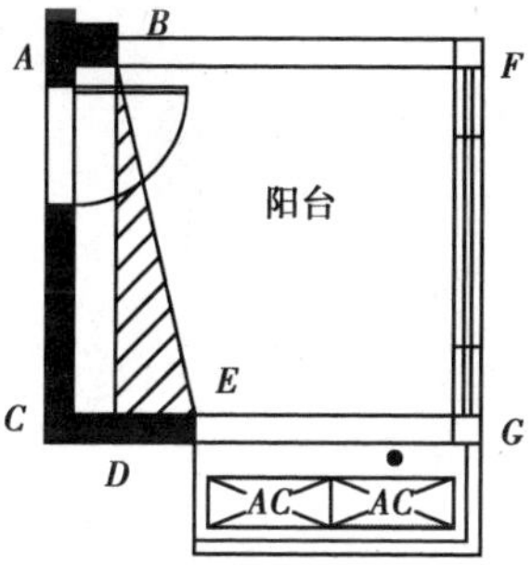

图 6.1 阳台部分建筑图

对于该项目阳台部分建筑面积的计算，针对主体结构内外的划分，是以图 6.1 所示的直线 *AC* 为划分标准，还是以直线 *BD* 为划分标准，还是以斜线 *BE* 为划分标准，就存在 3 种意义上的理解差异，最终对该项目阳台的建筑面积计算产生差异，也就是根据计算规则，本项目阳台建筑面积有以下 3 种计算方式：*ACGF* 对应水平面积 /2；*ABCD* 对应水平面积 +*BDGF* 对应水平面积 /2；*ABCE* 对应水平面积 +*BEGF* 对应水平面积 /2。这个项目为高层建筑，每一栋的每一层都有该样式的阳台，整个项目中又有多栋这样的高层，3 种计算方式累积下来导致的建筑面积的差异，是一个不小的工程量，最终对结算工程造价的影响也就非常大。

④ 算量软件使用上的争议

在房屋建筑工程领域，工程量采用相关软件建模计算，在对建模软件的一些具体应用和建模方式上，会由于不同的理解不同的操作方式，带来工程量计算的不同，继而导致相应的争议。

例如： 在房屋建筑工程中，一般都存在飘窗，当我们使用广联达建模算量软件针对飘窗处进行建模算量时，有两种建模处理方式：第一种建模方式是在飘窗的位置先绘制一堵砌体墙，再在该砌体墙上布置一个相应尺寸大小的洞口。第二种建模方式是根据飘窗位置砌体墙的不同高度分段绘制多断墙体，然后通过调整多断墙体的对应标高来留出相应的飘窗洞口空间位置。两种建模方式对装饰装修工程量的计算结果是存在差异的，第一种建模方式不能计算飘窗洞口处的抹灰等装饰工程量，第二种建模方式能计算飘窗洞口处的抹灰等装饰工程量，具体如图 6.2 所示。在设计施工图中一般对飘窗处没有洞口的表述，由于建模方式的不同，就在建模中引入洞口的概念，再叠加到施工合同计价规则里对洞口的理解和解释等相关的问题，就会在实务中对飘窗处是否理解为洞口，是否要计算相应抹灰等装饰工程量，产生相应的争议。

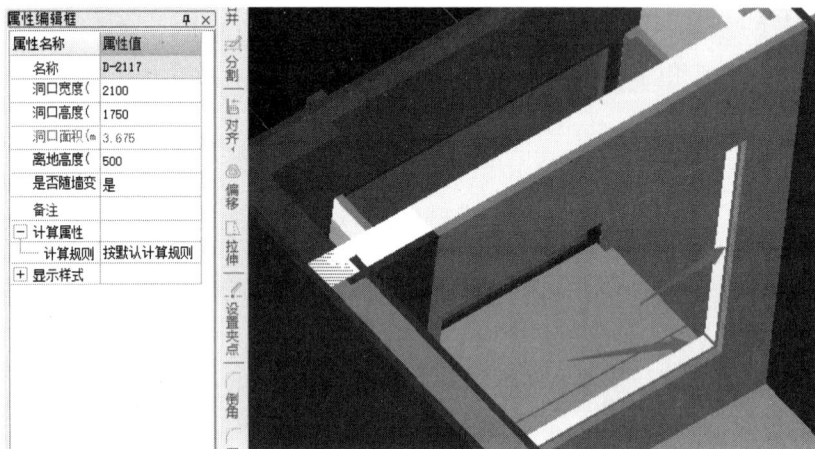

图 6.2　飘窗处建模算量示意图

（2）工程计价上的争议

该类争议主要是和工程计价的相关约定和具体计价的方式方法有关。

① 定额类计价争议

定额类计价项目中，常见的有以下几种情况的争议。

A. 定额文件表述本身有歧义

当定额文件本身表述的有理解歧义或者存在可左可右多种选择方式时，每种选择方式最终的结果又不一样，往往就会导致争议。

例如： 某定额文件中，对埋设钢护筒的定额子目的相关约定如下所示：

埋设钢护筒子目中，钢护筒按摊销量计算，若受特殊条件限制，钢护筒无法拔出时，经建设单位签证后，可按钢护筒实际用量（或参考表 6.3 中相应质量）减去估价表本标准中耗用数量计算材料费。

表6.3　钢护筒质量计算表

桩径/mm	800	1 000	1 200	1 500	2 000
每米钢护筒质量/(kg·m⁻¹)	155.06	184.87	285.93	345.09	554.6

针对该定额文件的约定，如果实际施工钢护筒用量与定额文件的标准参考质量不一致的情况下，到底以哪个为准作为结算工程量，就会发生争议。

B. 定额文件自身考虑不齐全

定额文件本身是一套非常系统和庞大的计价标准体系，一个事物内容大而全后，不可避免地就会在某些地方考虑的不齐全不完整，由于这种不齐全就会导致一些争议的发生。

例如：在某定额文件中，针对桩基础工程混凝土工程量的计算规定如下：

机械钻孔灌注桩混凝土（含旋挖桩）工程量按设计截面面积乘以桩长（长度加600 mm）以 m³ 计算。

定额文件规定灌注桩混凝土增加600 mm的长度，是考虑旋挖桩浇筑完成后需要截桩头，但实际情况中存在不需要截桩头的情况，这种情况下是否还要按照定额文件规定考虑600 mm的增加长度的工程量，就会存在相应的争议。

C. 定额文件与实际情况不符

由于定额文件本身是按照一般情况下通常工艺工序水平考虑，而实际建设工程项目中情况又各种各样，形式也千差万别，施工工艺、施工工序也截然不同，或者是定额子目与现场实际情况存在部分不吻合无法完全直接套用，或者是具体的施工工序内容定额文件中没有相应的定额子目导致不能进行有效计价……由此种种情况往往会导致相关争议的发生。

例如：一般定额文件中关于混凝土柱的考虑是按照通常房屋建筑工程中的竖向柱构件考虑，但是实务中，如果出现斜柱、Y形柱、型钢混凝土组合柱等特殊情况下，该如何套取定额子目计价就会产生相应的争议。

② 清单类计价争议

清单类计价项目中，常见的争议有以下几种情况。

A. 清单表述本身不严谨

例如：某项目中，有梁板清单项目如表6.4所示。

表6.4　有梁板清单

项目编码	项目名称	项目特征/工程内容	计量单位
010505001003	有梁板 C30	项目特征： 1. 混凝土种类：商品混凝土 2. 混凝土强度等级：C30 工程内容： 1. 模板及支架（撑）制作、安装、拆除、堆放、运输及清理模内杂物、刷隔离剂等 2. 混凝土制作、运输、浇筑、振捣、养护	m³

根据该清单项目特征的描述，该清单单价中包含了模板及支架（撑）的制作、安装、拆除、堆放，说明本项目模板及支架的费用包含在分部分项"有梁板"相应清单项内，作为项目实体费用计算，而不作为技术措施费。而该清单项目特征中没有阐述有梁板模板的支撑高度，因此站在承包人的角度，根据《房屋建筑与装饰工程工程量计算规范》（GB 50584—2013）规定："若现浇混凝土梁、板支撑高度超过 3.6 m 时，项目特征应描述支撑高度"。这就是说，当项目特征中未描述支撑高度时，应视为梁、板支撑高度未超过 3.6 m，超过 3.6 m 的超高模板支架需要单独计算费用。而站在发包人的角度，本项目施工合同中约定措施费按照投标文件中的相应措施费金额包干使用，结算时不做任何调整，超出 3.6 m 的超高模板支撑架为技术措施费，属于施工合同中约定的措施费包干范畴，不予单独计算。因此，由于清单本身表述的不严谨导致双方发生结算争议。

B. 清单表述与现场不吻合

当清单编制时没有有效地考虑现场的实际情况，只是从理论的角度去考虑，当现场与理论情况不一致时，就会导致相应争议的发生。

例如：某市政道路改造项目中，土石方开挖清单中的表述为土石方综合考虑，结算不做调整。在项目实际施工过程中，施工现场有多处原有混凝土道路路面需要破拆。发包人认为这属于土石方开挖清单中综合考虑范畴，不单独计价。承包人认为清单中的土石方指的是天然情况下的土方和石方，现场实际情况中的混凝土路面的属性发生了质的变化，不属于清单描述的土石方范畴，需要结合现场实际情况单独计价，由此导致双方的结算争议。

C. 清单漏项的处理方式

在实务中会发生清单漏项缺项的情况，针对清单漏项缺项，关于借用相似清单项或者是重新组价等，选择的方式不同，导致的结算价格就有很大的差异，而什么是相似清单什么是类似清单，在实务中也很难进行准确的区分和定义，再结合到前期招投标过程中如果有不平衡报价情况的出现，类似的争议就更加突出。

例如：某项目中，中标清单中屋面做法 A 的综合单价是 B 元 $/m^2$，屋面做法 A 包含了多层的构造和防水等做法，中标清单该屋面做法 A 的单价 B 又非常高。在实际施工过程中，设计交底将该层屋面做法 A 中的涂模防水做法调整为防水卷材做法，发包人认为调整了防水做法，就要针对屋面做法 A 全部按照定额重新组价并按照施工合同约定下浮一定的比例作为新的综合单价，这样重新组价下浮后屋面做法 A 的综合单价远远低于中标清单价 B 元 $/m^2$。承包人认为，变化了某个位置，只能针对该位置进行调整，涂膜防水取消了，只能将涂膜防水套取定额并下浮计算出涂膜防水的单价，在原来屋面做法 A 的中标综合单价中扣减，而增加防水卷材有其他相似清单，就执行相似清单的综合单价，此种清单漏项的处理方式，屋面做法 A 的新的综合单价就远远高于发包人全部重新组价的综合单价，导致结算争议。

（3）合同理解上的争议

该类争议主要是针对施工合同约定内容的理解和应用解读上的不同导致的争议，

具体内容可以参考本书"第 4 章　经济资料创效与实务"施工合同管理实务中的相关内容。

（4）实际施工上的争议

实际施工上的争议，主要是针对施工现场，某些工作内容是否真正施工，是否保质保量的按照设计施工图和施工合同的要求执行，经常是发包人通过一些资料分析和现场踏勘等提出相应的质疑进行审减要求，而承包人以实际施工完成进行主张抗辩，由此导致双方的结算争议。

除此之外，对一些施工内容是否有指令，是否为合同外工程，也会由于过程资料和实际情况等原因，发生一些理解和计算上的争议。

例如： 某项目施工合同中，不包含某楼栋 A 的承包范围，该楼栋 A 归属于其他施工企业施工，在实际施工过程中，由于现场实际情况，发包人口头指令将楼栋 A 交由承包人施工，在结算时，承包人提出楼栋 A 属于施工合同范围外的工程内容，需要重新组价作为综合单价，不执行施工合同中标清单综合单价，发包人提出该楼栋 A 要执行施工合同中标清单的相应综合单价，由此导致结算争议。

（5）其他情况类的争议

除了上述 4 种常见的争议问题类别外，由于每个项目的建设施工实际情况不一样，计价方式和结算条款不一样，施工过程中发生和经历的事件也不一样，因此还会有其他各种各样争议。例如涉及对一些政策相关文件的处理，过程中发生的一些特殊事项如奖励与罚款的扣减，相关政策文件变化带来的风险承担等，这些就需要结合项目的实际情况具体而定，没有一定的参考标准或者固定类别。

2）争议问题的梳理

在结算对审阶段完成后，要详细梳理出整个项目的结算争议问题，给后面结算争议的解决做相应的准备。结算争议问题梳理时要从内容、形式和其他方面等进行综合考虑。

（1）内容上的要求

争议问题梳理的越翔实越全面，越有助于争议问题的解决。从内容上对争议问题梳理的一个核心原则是要让任何一个不懂专业、不了解这个项目实际情况的人看到这个争议问题时，能快速理解争议问题的具体事实，以及各方的争议焦点和支撑依据。因此针对每一个争议问题，至少要包含以下几个部分的内容：

第一个内容是争议问题的事实阐述，需要用言简意赅的语言，准确和实事求是的反映争议问题的具体事实，不偏不倚公平公正地进行事实阐述。

第二个内容是审核单位的观点、具体支撑依据、论证说明，阐述的是审核单位的具体意见。

第三个内容是承包人的观点、具体支撑依据和论证说明，阐述的是承包人的具体意见。

第四个内容是发包人的观点、具体支撑依据和论证说明，阐述的是发包人的具体意见。

第五个内容是该项争议问题涉及的造价金额的具体差异，需要阐述按照审核单位的意见计算出的工程量和造价是多少，按照承包人的意见计算出的工程量和造价是多少，两者之间的差异金额是多少。在实务中，能准确计算出相应差异金额的尽量按照准确的金额再略微多考虑一点填写，如果是不能准确测算出相应差异金额的要按照差异最大的情况下进行预估。因为差异金额一旦测算出来填写到争议问题中，如果后期经过争议问题解决，发包人愿意将该争议金额按照承包人意见进入结算，如果最终核对的时候按照承包人意见计算的结算金额高于预估测算的争议金额，这种情况下一方面发包人后期的流程审批上可能就会受到限制或者制约，又需要进行相应的解释和说明，另一方面也会让发包人从心理层面感到不舒服。毕竟从人性的角度，发包人都愿意先确定一个高的预估金额，最终结算下来的是一个低的金额，这代表着工作正确有成绩；如果是先确定一个低的预估金额，最终结算下来是一个高的实际金额，这意味着工作有疏忽没有控制成本，预期的不同最终就会带来心理层面巨大的落差，继而间接影响相应工作的办理和开展。

（2）形式上的要求

在实务中，争议问题最终的梳理成果一般采取 Excel 表格形式进行承载，具体争议梳理表格内容和格式的设置，每个发包人每个项目都会有各自的风格和特点，但是都有共同的要求：简洁明了、齐全美观。

作为承包人，为了便于后期争议谈判工作的开展，需要在此基础上，将 Excel 表格梳理成一份详细的 Word 文档，并将承包人意见主张的相应支撑依据和佐证材料、照片资料等，直接完整的全面的摘抄附录到 Word 文档之中，并对一些特殊情况和细节做相应的说明描述。这样，后期承包人任何一个人去谈判或者沟通，只要看该份 Word 文档就能从事实到依据，从整体到细节，全面了解，快速有效的参与谈判和沟通工作。

除此之外，承包人还可将上述 Word 文档精简提炼形成一份 PPT 文档，将承包人的意见和依据论证部分图文并茂的展示。这样，万一在后期结算争议谈判时有投影设备的情况下，当承包人用 PPT 来展现自己的意见和主张时，在谈判过程中就会无形之中增加一些主动性。

（3）其他要求

实务中，对争议问题的梳理上，还可以注意一些其他细节的把控。

例如： 对于造价金额过大的争议问题，可以考虑将一个争议问题拆分为多个小的争议问题，一方面可以降低解决争议问题的难度，另一方面在有些项目中，根据发包人内部管理制度，针对一定金额以下的争议问题，项目部可以直接决定；超出一定金额以上的争议问题，可能要上升到公司层面或者集团层面才能定夺，这样就会增加争议问题解决的流程和困难。

例如： 对于争议问题的具体情况上，不能全是承包人的一些针锋相对、寸步不让的问题，可以梳理一些简单的承包人只有很小一部分道理但是更能体现审核单位专业水平或者审核单位依据更充分的争议问题，这样的争议问题起到的是在后期争议谈判过程中的缓冲和润滑剂的作用。

例如： 对于争议问题的排列顺序上，不能一开始就把一些争议金额大、双方争议激烈的问题放到前面，这样会导致谈判一开始就让双方处于僵持的局面，可以先排列一些缓和简单的争议性问题，再慢慢过渡到争议金额大的问题，最后又排列一些简单的问题进行收尾。

例如： 对于争议问题的事实表述上，要从各个方面对文字描述的一些细节进行考量和考究，有时描述表达的方式方法语气不一样，对争议谈判人员的潜在的引导和心理暗示具有一定的影响作用。

3）争议问题的解决

在实务中，结算争议问题解决的具体方式，一般可以分为6个阶段或者是6种解决方式。

第一个阶段，针对争议问题中那些需要完善相关资料，发包人和相关单位进行核实确认即可的部分，比如需要完善补充合同外内容发包人指令单的，比如需要发包人确认某个不确定的事实或者对某个有歧义的资料进行明确说明等，类似这部分争议问题直接补充资料，或者发包人单独说明就可以进行解决。

第二个阶段，发包人进行组织，审核单位和承包人一起参加，针对争议问题进行非正式的三方交流，对三方一起交流能解决和达成一致的问题，可以直接解决，将相应的解决方法在相应争议问题后面进行详细的说明和表述。

第三个阶段，对于涉及一些计算规则争议、定额清单计价的争议，可以向项目所在地城乡建设相关主管部门，例如建设工程造价管理站，提出争议问题解决的申请，由建设工程造价管理站等主管部门对这个项目涉及造价规则和造价专业相关的一些争议文件进行解释和释明，对相关争议问题进行解决。

第四个阶段，经过前三个阶段，对剩余还没有解决的争议问题，由发包人组织，发包人、审核单位、承包人的相关负责人和具体经办人参加的正式争议解决会议，会上各自发表意见和相应看法，进行沟通和协商，对能达成一致的争议问题尽量达成一致。

第五个阶段，经过前面四个阶段，对于还不能解决的争议问题，一般是争议金额比较大，对双方利益影响非常深远的争议问题。这时一般需要组织发包人和承包人双方的高层领导甚至双方老板们在一起，进行面对面的谈判。这时的谈判，一般是基于造价专业基础之上的一种商务谈判，各方高层基于项目实际情况和各种复杂的综合利益关系，双方进行宏观的综合取舍和抉择，既要考量专业和事实，更要考量各种利益的平衡和综合。

第六个阶段，如果经历前面五个阶段后，剩余还没有解决的争议问题争议金额依旧非常大，或者是由于项目情况不能由相关高层领导直接谈判解决的争议问题，可以向相关专业机构共同申请仲裁，以仲裁的结果作为争议问题的解决结果；或者是针对该争议问题，诉之于司法程序进行解决和定夺。

在争议问题解决过程中，针对每个阶段争议问题的解决过程，一定要形成相应的会议记录，及时保留相关争议问题解决过程中双方达成的共识，并争取让各方签字确认，有效固定已经解决争议问题的成果，积极推进未解决争议问题的沟通协商和谈判。

造价笔记 619

专业技术功底对项目结算结果影响至关重要，但是交流技巧往往也是一个潜在的助推剂

最近，公司承接的一个结算项目进入了最后阶段：对该项目上报给甲方的预售节点抢工索赔进行核对。

因为这次抢工索赔的金额非常大，在索赔核对之前，我和项目负责人 T 工对该索赔核对思路一起进行了交流和探讨，达成了以下一致意见。

首先，我们明确了一个方向，由于索赔金额过大，因此，作为该项目的审核单位和代表施工企业的我们，对很多关键事项是否计算还是不计算，都无法定夺，最终都需要施工企业和建设单位在基于我们梳理和核对的事实基础上进行谈判确定。因此，我们核对索赔的原则是事实确认，工程量确认，相关证据逻辑确认，这是我们核对的核心工作方向。

其次，我们要与审核单位沟通，需要他们针对每个事项，是否认可，认可的金额是多少，计算的依据是什么，与我们计算方法的差异在哪里？如果对某事项不认可，专业依据和理由是什么等进行详细阐述。这样，便于我们形成一个初步的结果，对争议的事项，金额和理由进行提炼，有了结果，有了争议焦点，施工企业和建设单位谈判时才能有的放矢，有事可谈，避免出现各说各话，不能在具体事项上聚焦而导致久谈不决，久谈无果。而这，往往也就是建设单位经常采用的一种解决索赔问题的方式，在漫长的无效的谈判中消磨施工企业的精力、耐心和期望值，直到最终施工企业妥协和放弃。

最后，针对审核单位不认可的事项，不能仅仅罗列不认可的理由，要说服审核单位虽然从他们角度出发不认可，但是可以按照我们的思路先把工程量和价格核对一个结果放在一边。这样，站在审核单位的角度，如果后期施工企业和建设单位谈判达成一致按照施工企业的思路处理，相关的结果马上就出来，不需要再次重新核对，把事情做在前面，提高工作效率。而更为重要的是对于我们，审核单位当下认为不该计算该事项，因此在与我们核对该项工程量时，就比较随意和放松，往往就对我们有利，而后期施工企业和建设单位如果达成一致，按照我们的思路要计算该事项，到时候就直接采用我们提前核对的结果，这就相当于采取曲线救国的方式巧妙的置换了审核的精度和关注度。另一个方面，提前把审核单位认为不该算的事项的工程量和金额放在一边，在索赔谈判时，就会无形中给建设单位有一种压力，给施工企业的谈判人员有一种不争回来就无颜面对江东父老的潜意识，这也会间接地影响最终的索赔结果。

因此，我们从我们的角度梳理了索赔核对的一些专业技术之外的技巧，再提前和我们的委托方施工企业沟通，施工企业也从他们的角度，配合我们去说服建设单位提前安排审核单位，详细核对索赔事项；同时施工企业又配合我们提前去和审核单位沟通，把我们的思路用站在审核单位如何快速有效的进行审核工作的角度去交流和阐述。这样，当方方面面内外的事项协调一致时，在专业的基础之上，再叠加相应的技巧，最终这个项目的结算结果就不会太差，甚至还会超出我们的预期。

所以，专业技术功底对项目结算结果影响至关重要，但是交流技巧往往也是一个潜在的助推剂。我们在钻研和做好技术工作的同时，也要去研究和思考，如何通过一些交流技巧或者其他管理和人性的技巧去配合，有效的去完成工作，达成我们想要的结果。

2020 年 7 月 22 日

6.4.4　结算定案阶段

争议问题解决之后，就到了整个项目结算办理的最后阶段，各方对结算最终结果进行签字盖章确认。一般是承包人、发包人、审核单位签订三方结算审核定案表，对最终结算金额进行三方确定，然后由审核单位整理汇总所有结算审核对量的最终成果文件，出具正式的第三方结算审核报告，就代表着这个项目的结算办理工作正式完成。如果还有后面结算二审或者国家审计的，就由发包人将结算一审的全部资料移交给结算二审单位。在结算二审过程中，承包人不需要再次完整的经历结算一审的全部阶段工作，只需进行结算二审的核对、二审的争议解决和二审的结算定案 3 个阶段，因此，二审的时间相比一审，就要快速和高效很多。

在结算定案实务过程中，如果部分争议问题久久不能解决，可以采取对各方没有争议的部分先办理结算定案，单独对争议问题和争议金额进行罗列，作为后续处理事项；尤其是在存在结算二审的情况下，结算一审可以在结算审核报告中，对各方确认金额，争议金额具体阐述，一起移交给结算二审单位审核，这样有助于提高工作效率，避免在某一个环节卡住导致整个结算工作没有办法有效推进。

另外一个需要承包人注意的小细节是，对结算定案表上和出具结算审核报告的审核单位，需要核实是否具有相应的造价咨询资质，资质等级是否与该项目的结算审核要求相匹配，避免结算审核单位没有资质或者资质由于某种情况处于暂停期或者是资质等级不能达到该项目审核的要求，这就需要向发包人及时提出，最好是在开始结算对审的阶段就向发包人提出，避免后期由于工程款的支付引发双方的矛盾或者纠纷进入司法程序时，由于审核单位资质瑕疵导致结算审核报告无效或者效力待确定的情况，这样对承包人就会有一定的潜在的风险和隐患。

第7章 创效核心竞争力塑造

通过前面6章的阐述，我们从造价商务、生产技术、合同法务等多个专业化的视角，详细阐述了一个工程项目在管理过程中，如何通过一系列的专业动作和技术手段，去进行项目的造价风险控制和项目的利润创造，让项目利益最大化。但是，在实务中，我们会发现，虽然我们很多承包人都在树立和强调类似的创效意识，也不遗余力地在具体的创效方式方法上进行实践，但是有的承包人在某些项目、在某个范围能实施得很好，却具有很大的偶然性、随机性和不确定性；而有的承包人在整个公司层面大部分项目大概率都能实施得很好，具有很大的确定性、可控性和普遍性。这两类承包人之间的差异，其实体现的就是他们在项目创效上核心竞争力的区别。具有自己特色创效核心竞争力的承包人，才是真正持久的可持续的具有真正发展潜力的承包人，行业内很多中大型承包人已经开始逐渐树立各自的核心竞争力，这些承包人都是从公司或者集团层面，从战略到理念到制度到管理到技术到信息化等形成一套系统的创效核心竞争力机制。

基于笔者自身的能力和水平以及实践经验，宏观整体和公司层面的创效核心竞争力的塑造还不能企及，更多的是停留在项目层面，从个人和项目小组的角度，来思考和反思其创效核心竞争力的塑造。因此，本章关于创效核心竞争力的思考，主要是笔者从自身经验和自身的小视野出发，经过多年的实践、总结和领悟，总结出从项目部组织或者类似这个层级的团队，从夯实听说读写基本功、总结提炼标准化体系、持续人才建设与培养这3个方面，去打造这个项目部或者类似团队组织创效的核心竞争力。

7.1 夯实听说读写基本功

一个项目的管理与创效，需要各种各样的专业技术和技巧，但是，更多的时候，除了技术问题之外，很多内在的核心问题往往是技术之外的技能和技巧。对于处于其中的个人来讲，娴熟的专业技巧能在特定的项目中让创效得到落实，但是要让自己参与和负责的大部分项目都能实现创效的目标，那就需要扎扎实实地夯实这个组织这个团队中每个人听说读写的基本功，只有这些基本功作为基础，再配合娴熟的专业技能，项目的创效才能更好地落地更好地实施与执行。

7.1.1　听

听，《说文解字》的解释：聆也，用现代语言翻译其核心本质是收集信息。一个人所有的工作有效开展、所有的抉择有效判断、所有的思路有效制定的重要前提，是对相关信息收集和了解，信息收集了解得越真实、越全面、越完整、越系统，我们的工作也就做得越能有成绩或者效益。

一个工程项目的实施，从项目立项到设计到施工到结算，本身就是一项庞大的、复杂的综合系统工程，涉及各行各业方方面面的信息，而最终的项目结算又是建立在相关有效的专业的系统的资料也就是信息之上，因此，对于项目创效，听，或者说是收集信息就是身处其中具体人员的第一个基本功。

如何培养和塑造个人听的基本功呢？

第一，要养成听的习惯，也就是要有随时收集和整理信息资料的习惯。习惯的养成，是最难的事情也是最简单的事情，可以慢慢从一些小事件小动作的收集整理信息开始，比如坚持每天写项目的工作日记，比如坚持每周对项目现场施工的实际进度情况进行影像资料保存，比如坚持对参加的每一次工作交流和事项，都形成相应文字的会议记录。

第二，要建立听的渠道，也就是要有自己收集信息和信息来源的渠道的建立。比如从项目现场收集信息、从其他部门收集信息、从相关主管部门网站和政策文件收集信息、从微信公众号和各种平台收集信息。

第三，要应用听的方法，也就是要把收集到的信息有效的归类整理形成系统，这就可以借助现代化的技术或者信息化平台或者工具，比如智能化手机和电脑等各种终端，比如前面章节所述的各种印象笔记、扫描王、云盘等 App，建立符合自己习惯有效的方式方法。

当一个人能真正置身于一个复杂场景复杂的情况下，能有效全面地去倾听，去收集和整理所需要的信息，并将这些信息形成有效的体系化，随时可以调取、随时可以查询、随时可以利用，当这个基本动作做好和完成后，很多其他相关的工作和事情才有了基础和出发点。

造价笔记 520

你若准备好，一切也就会刚刚好

昨日上午，已经退休的资深语文教师 H 老来到我们公司，准备年后给我们进行一次针对性的关于职场文件写作的辅导和培训。

为了更有针对性地讲解，H 老提出需要我们整理提供业务开展过程中相关文件的案例。经过梳理，我们整理出了 12 个大类的相关文件：咨询合同，咨询报告，管理制度，工作日记，工作策划，工作计划，项目汇报，实训方案，实训报告，实训微文，工作函件，工作总结。每个大类需要我准备一份样本，然后打印装订成册提供给 H 老进行提前研究和准备。

资料准备涉及 12 个类别资料的寻找和甄别，然后需要排版和装订。按照最初的工作预估，这件事情需要半天左右的时间完成。

由于这几年一直在用印象笔记和云盘搭建自我数据库，我突然发现，H 老需要的 12 类资料，在我的印象笔记中全部有单独的标签管理，输入标签加关键词，想要的素材精准定位，看似烦琐的资料准备，就变成了系统标签查询，复制整理排版，然后发打印店打印装订即可。

最终完成该事情，只花费了半个小时的时间，远远低于我最初的预估和所想。

所以，事物总是在你长期的坚持中慢慢的发生不经意间的变化。比如数年的资料事无巨细的整理归档，从去年开始的标准化建设和清单梳理，到了现在，慢慢发现，不管是工作上的大事小事，以及和工作无关的各种生活琐事，你都能从中提取和寻找到自己想要的资料或者灵感或者启发，然后快速开展工作，快速解决问题。

当外在的需求不断地过来，就开始不断地激发你去整理、提炼，再次梳理自己的系统数据库和资料，不断的组合和迭代。就如这次H老的资料要求，又让自己在自己数千条笔记本的数据库中进行一次小整合、小闭环，这件事情完成之后，这个迭代组合的小体系又重新加入数据库，随时为后续的工作以及他用而待命。

而当你每天每时每刻都在进行着该项坚持、该项工作时，你就会突然发现，你是真的沉迷于解决自己的问题中，真的是躬身入局，让自己成为推动事物和自己不断前行的那个变量，如此往复。

而一旦你真正入局了，真正有准备了，你又会惊喜地发现身边很多事物的发展和进程，好像就迎合着你的想象那样去发生。比如2020年我正想进行造价技术文件编审实训课程的深度突破时，H老出现了，时间、方式都是那么的吻合和匹配。

所以，我们会发现，如果你真正准备好了，那么其他的工作也好，成长也罢，一切也就会刚刚好。

但是，对于我们来讲，最为艰难的是如何坚持和渡过，那个看似渺茫的、持久的、乏味的、孤独的……准备阶段。这，才是我们今后的种种，以及未来一切的基本盘，而日复一日的坚持和努力，就是背后的抓手。

如此，而已。

2020 年 1 月 3 日

7.1.2　说

说是用语言来表达自己的意思。用体系结构化的语言，清晰明了简洁地表达自己的观点、看法、思路和意见，让他人能听明白，还能让他人接受我们的观点，认可我们的意见，这就是说所需要达到的目的。如果我们只是满腹经纶在肚中，无法有效的说出来传递给他人，或者我们说的方式方法和技巧不对，导致让他人不理解不认同，那么，我们很多的想法也就属于空中楼阁，无法实现。

如何培养和塑造个人说的基本功呢？

第一，要养成结构体系化的说的习惯，作为技术人员喜欢把很多事情一起表述，没有重点或者是层次不分明，很容易让他人听着云里雾里，无法有效理解。因此，可以在工作中，学习领导发言讲话的方式，阐述和表达任何一个意见和观点时，以3个或者5个等奇数个意见或者说辞刻意训练和练习，久而久之就会让我们慢慢形成结构化的说的习惯。

第二，要用专业的语言让专业的人明白，在和专业人员说话交流表达的场合，要刻意的养成用专业的语言说话表达，尽量少用口语和俚语，言简意赅，专业干练。

第三，要用类比的语言让其他人明白，在和非专业人员交流沟通时，要刻意训练自己用其他人能理解的事物或者场景或者概念来阐述专业的知识和见解，让不同的人都能有效理解我们想要说出来和表达出来的专业意见。

造价笔记 492

以听众为核心的课程设计是企业实训的一个关键核心

今天是周末，下午在办公室与 C 律师一起，针对 JQ 公司 C 律师部分的讲解内容，进行课程设计的框架体系探讨。

本次 JQ 公司企业实训的主题是《工程项目利润创造与风险控制》，从造价商务、法律法务、管理视角 3 个维度去进行培训，参与实训的是 JQ 公司的全体员工，有老板，有高管，有项目部人员，有合同预算人员，还有行政、后勤和财务人员。JQ 公司本身又是略带家族企业性质的民营企业，管理风格比较散漫和随意，因此员工本身的专业素质和企业本身的管理能力，与正规大型的国有总承包施工企业相比，还有一段距离。

C 律师先阐述了他的课程设计思路，从律师的角度，控制和预防风险减少损失就是创造利润，而作为施工企业，施工合同的签订和履行是重中之重，因此，C 律师选择一份标准的施工合同示范文本，从合同的效力到具体的核心的施工合同条款，详细讲解如何实务和规避风险。因为律师的思维，很多事情倾向于落到专业和具体的条款之处，如果只是粗浅的讲解，因为长期和专业人士较量，会自我认为对不住听众。

我从市场化听众的角度，阐述了我的框架设计。任何事物最为核心的是用户，企业实训的用户就是听众，因此，课程设计的出发点是听众，听众的组成不同，能力不能，年龄不同，专业不同，岗位不同，那么我们课程设计的思路和出发点就需要相应的调整。

本次听众没有法律基础，岗位跨越比较大，那么要想让大家都有收获，课程就不能去集中在某一个点位或某一个方面，比如施工合同，比如造价管理，而是需要搭建一个简洁明了的体系，用方方面面的知识和案例去论证。比如 C 律师的课程可以分为 3 个部分：第一部分通过案例阐述为什么我们需要注重施工行业的法律风险；第二部分具体阐述目前施工行业到底有哪些法律风险，这个时候就需要结合听众进行风险划分，比如可以分为业务实施上的法律风险，财务税务上的法律风险，经营管理上的法律风险，然后每一个方面又可以进一步拆分，例如业务实施上可以分为招投标阶段，施工合同阶段，具体施工建设阶段，结算办理阶段等的法律风险；第三部分进行总结提炼，从律师的角度，建议施工企业如何去面对，提供解决思路和办法。

这样的三段式体系就比较简单，为什么？是什么？怎么做？对于听众来讲，比较容易接受和理解，然后再用各种法律案例去阐述，这样不同层次的听众都会有自己的收获。

很多事情，站在自我的角度，我们都想如何尽量去体现专业，如何让专业体现得淋漓尽致；但是，站在不同的用户角度，他们的理解和接受能力是不一样的，他们想要的和愿意承受的专业知识也是不一样的。我们需要的是听众能听懂而且听了后能有启发和行动的话语，去阐述我们想表达和承载的专业内容，而不是用我们想当然的自我认为的方式，去诠释、去解读，这样既费力又达不到客户想要的效果。

所以，有一句话确实挺形象的，人生如戏，全靠演技，站在听众的角度和喜好去表演、去讲解、去表述，很多工作的戏码其实就会精彩纷呈。

2019 年 12 月 1 日

7.1.3　读

读就是读懂事物背后的故事，也就是我们要善于去读懂普通事情背后的核心本质，善于去领悟字面意思隐含的真实含义，善于去发现平静事情背后的风险。如果我们只能就事论事，停留在事情的表面，往往很难把事情办成；如果我们能去分析读懂事情背后的故事，往往就会找到问题解决的窍门，让事情迎刃而解。

如何培养和塑造个人读的基本功呢？

第一，要养成任何事情多反思的习惯，对于工作中发生的事情，合同上的约定，专业上的规则等，平时多从各个维度去思考，多个角色角度去琢磨，思考多了、琢磨多了、养成习惯了，自然而然就会慢慢地去发现和理解事物背后的一些隐藏的道理。

第二，要多领域地去积累相应的知识，只有知识面的储备越宽广，才能从真正意义上去理解和读懂简单的事物，这就要求我们养成持之以恒自我学习的习惯，从专业、财经、法务、财务、生产、管理等多个维度去拓宽知识面，沉淀经历和知识储备。

造价笔记 569

春种则秋收，夏荷乃冬藕

西晋名士王戎小时候，有一次和小伙伴们在路边玩，看到一棵李树，结满了果实，压弯了枝条，触手可及，很是诱人。这个时候其他小伙伴们都争相去采摘李子，只有王戎不动声色，不为所动，别人问他为什么不去摘路边的李子，王戎说："树在道边而多子，必苦李也。"

小伙伴们咬了一口摘下的李子，果然如此，酸得立马吐了出来。这就是《王戎识李》的故事，这个故事告诉我们，这个世界上没有不劳而获的李子可以采摘，也不可能存在不需要任何付出，就会有美味的馅饼凭空砸在我们身上这样美好的事情发生。

昨天一整天，从早上到晚上，我们的团队进行了长达12小时的交流会，探讨了两个问题：第一个问题是一季度的总结和二季度的策划，剖析和正视已经存在的问题，面对和思考即将来到的挑战。第二个问题是关于咨询服务成果交底的方式、思路、注意事项，不厌其烦地对一些细节去提炼，对一些流程去重设，不断去试错，不断去迭代。虽然，这一整天的时间，消耗和占据了我们一些咨询项目开展的时间，但是，正是这些额外的思考、额外的准备、额外的训练，或许在未来的某一天，能让我们咨询服务的效率越来越高效，能让我们团队磨合工作的开展越来越默契。

还是在昨天，一位认识了几年却素未谋面的远在上海的朋友，再一次提出想进行造价商务实训或者造价咨询服务方面的合作。但是，一方面由于我们自身团队还在打造和培养之中，相关的标准化、体系化还有待完善；另一方面跨区域远距离提供咨询服务的方式方法我们也在探索的过程之中，事情很美好，但是由于我们还没有跨过春天播种辛勤耕耘的阶段，所以，当我们面对这些美好的事物时，也只能远远地默默欣赏过后，低下头沉下自我，继续一步一步的向前行走，千里之隔，每日跬步不已，终将有达到的一天。

春种而秋收，这是万物生长的自然规律，在最美好的春日的季节里，需要我们去做的是去播种，不断播种，哪怕播种的过程中荆棘不断而外面的春色又是如此的宜人，我们需要的是低下头，挥舞锄头……只有这样，当秋天来临的时候，我们才可能会有果实的收获。

夏荷乃冬藕，这是自我成长的必经过程，在最炎热的夏天的照射下，需要我们不断的去承接高温的考验，不断地去吸收夏日的光芒，沉淀、积累、蜕变……只有这样，在冬天来临的时候，我们才能幻化成为自己的莲藕，哪怕外面再寒风凛冽，我们依旧可以安然过冬。

2020 年 4 月 27 日

7.1.4 写

写就是将经历的事物能形成总结、形成有效的文字经验，能体系化、清晰的以文字建立自己的专业知识体系，并且系统专业地表达出来，提炼成为自己和可以供他人分享借鉴的体系结构化的文字。在此基础之上，不断的自我迭代、自我蜕变，不断地让他人跟着一起迭代和蜕变，这样就能让每一件事情越做越好，越做越有章法，越做越有规范化的思路和技巧，越做越让一件事情的成功由偶然逐渐的蜕变成必然。

如何培养和塑造个人写的基本功呢？

第一，要养成好记性不如烂笔头的习惯，工作完成每一个事情，自己都要进行自我总结复盘写下经验和教训。

第二，要刻意从专业的角度，把平时写的再逐渐形成小闭环，再慢慢地通过小闭环形成大闭环，相应的有效的专业方法和体系就慢慢地建立起来，然后再慢慢地让这些专业方法和体系去指导自己的工作和实践，也就能形成良性循环，越来越好。

造价笔记 592

知止而后有定，定而后能静

大概从 2017 年开始，断断续续地在团队内部尝试进行专业知识点的自我总结提炼。从最初的没有具体的内容要求，到每个知识点我们都系统的从问题描述、基本概念、原理依据、案例解读、实操步骤、其他事项 6 个方面标准化格式的分析和提炼；从最初的没有具体的形式要求，到每个知识点包含 Word 文档、PPT 文档、配套案例素材资料等三位一体的整合……前前后后接近花费了 3 年的时间。

为什么我们要在日常繁忙的项目之余，去额外地持久地做这件事情呢？不是仅仅为了知识点本身，核心的关键是团队思维习惯和共识理念的养成。

其一，通过持久的总结，打磨浮躁的心绪，养成从细微的事情开始，有了坚持的习惯。

其二，通过系统的总结，培养体系的思维，达到任何一件工作事情，有了形成闭环的工作理念。

其三，通过专业的总结，去除眼高的陋习，养成脚踏实地点滴积累，扎扎实实以做事为导向的团队共识。

有了持久的这些积累和沉淀，并在整个团队成员烙上深深的不可退却的烙印后，在未来的某一天，我们会发现，当随着公司的发展，行业的前行，环境的变化，我们才能去抓住那一闪而过的机会，以表面看似弱小的实力，去与行业的专家和前辈同台竞技，赢得自己的一席之地，获得市场客户的认可，顺便真正的超额的收获我们自己经济的、利益的、人生的、职业的、精神的、长远的价值。

这就是《大学》中所说的："知止而后有定，定而后能静"。我们只有看清楚、想明白了，确定了自己的真正目标之后，我们才能真正志有定向，志向坚定了之后才心不妄动；"静而后能安，安而后能虑，虑而后能得"，心静不妄动之后则身处而安，身处而安之后则虑事精详，虑事精详之后则得其所愿。

大的方面是如此，小的工作上面亦是如此。

如果我们在编制结算书时，我们的目标是最终的二审，那么我们肯定情愿是从资料、到建模、到计价、到说明，每一个细节梳理得清清楚楚，每一个步骤处理得明明白白，每一个事项记录得认认真真，每一个资料闭合得严严谨谨……我们就能静下心来扎扎实实地处理好每一个环节，做好编制过程中的每一件小事，不因外界的纷纷扰扰而困惑，也不因周遭的来来往往而分心。

如果我们在企业培训的时候，我们的目标是对标业界的前辈大伽，那么我们在设计每一次课程内容时，我们在编写每一页 PPT 时，我们在讲解每一个具体案例时，我们在与学员的每一次交流时……不管再微小的事件或者细节，我们以业界专家前辈的做事风格和专业高度去自我要求、自我锤炼、自我否定、自我推翻、自我塑造，那么，我们就不会因为暂时的实力不济而徘徊，就不会因为一时的失利而否定，就会真正的知止而后有定，定而后能静，意识到自己不足的同时，静下心来一点一滴地去积累、去实践、去领悟、去前行。

这样的行走方式虽然略显缓慢，但是，至少不会大起大落，山虽远，终有到达的那一天。

2020 年 6 月 11 日

7.2 总结提炼标准化体系

对于个体来讲，听、说、读、写是进行工程项目创效实践工作的基本功，但是，对于一个小团体小组织来讲，如何让组织中的每一个人去实施某个动作，都能达到基本一致的效果，这就涉及组织或团体基本功的问题。

对于一个团队，如果大部分人去执行某件工作或者任务，都能达到预期的效果，那就说明这个团队的基本功是扎实的，这个团队实施的项目工作是可预期的，由这个团队进行的项目管理和项目创效，也是可以预期的。如何让团队达到预期呢？这就需要团队中的方方面面的事项不断地从团队的层面去总结、去提炼、去形成标准化的体系和动作，一旦这种标准化的体系建立起来，这个团队的基本功也就夯扎实，这个团队的工作效果就是可以预期的。

笔者所在的团队，一直在通过 3 个小技巧小方法，逐渐打造和锤炼团队工作的可预期性，这 3 种工作方法分别是工作清单、实施手册、制度流程。

7.2.1 工作清单

工作清单，就是把团队工作中的每一件小事情，通过实践，去总结拆分为具体可以执行的动作清单，也就是团队中的任何一个人，要做这件小事情，只需要根据工作清单按部就班地完成这个工作清单里的每一个动作，就代表着这件事情真正有效地完成了。由于有工作清单对具体的需要完成动作的拆分，这能让团队中的每一个人所做的同样一个工作最终的效果基本保持一致。

例如：在工作开展过程中，不可避免地需要涉及邀请客户或者相关人员聚餐的工作事情，这时我们采取印象笔记，对该聚餐工作进行详细的动作拆解，形成相应工作清单，如图 7.1 所示，这样任何一个团队成员去执行该聚餐工作，就可以根据该工作清单进行执行。每完成一个动作，就在工作清单中的对应动作勾选确认完成，这样，一方面可以让自己及时知道完成了哪些动作，还有哪些动作没有完成；另一方面也可以随时提醒和敦促自己，及时完成相应的动作，提升工作效率和工作质量。

聚餐筹划及实施工作清单

| 16 工作清单 ▼ | 工作安排 | 工作的套路 | 工作清单 | 聚餐安排 | 添加标签… |

| 微软雅黑 | 10 | a | B I U ꞓ ꞓ {} ≣ ≣ ☑ ≣ ▼ ⥮ ⥭ | ▦ — | ⌀ ⬙ ⊛ | ⌘ | ⊟ |

一、聚餐前期筹划
☐ 1. 聚餐活动的目的和定位（任务安排人确认或自己琢磨）
　　1.1 ☐ 目的：感谢***，交流探讨
　　1.2 ☐ 定位：聚餐地点不能太随和，也不能太正式，有特色，有环境，便于交流
　　1.3 ☐ 确定聚餐人员的重要性排名：陈**＞王**＞苏**＞……
☐ 2. 了解聚餐人员的各种基本情况
　　2.1 ☐ 聚餐人员的工作地点
　　2.2 ☐ 聚餐人员的住家地点
　　2.3 ☐ 聚餐人员的饮食习惯
☐ 3. 向聚餐成员收集用餐建议（晚餐类别和近期有无忌口并进行记录）
　　3.1 ☐ 提前梳理聚餐适用的类别，带着建议让聚餐成员征求意见（比如本次聚餐适用：火锅类、江湖菜类、特色菜、中餐系列）
　　3.2 ☐ 单独微信一对一征求意见，不能在实训群里统一征求意见
　　3.3 ☐ 提前清楚聚餐成员聚餐当天所在地点（工作地点为一般，外出处理事情为特殊）
☐ 4. 根据确定的晚餐类别及地点筛选确定具体用餐地点，并熟悉用餐地点周围是否便于停车
☐ 5. 提前预估用餐地点的菜品消费
☐ 6. 提前确定具体聚餐时间，方便预订餐位
☐ 7. 根据用餐地点大概的菜品消费预估大概消费金额，并向公司请款

二、聚餐中期实施
☐ 1. 梳理聚餐地点信息并整理发送至实施群中
　　1.1 ☐ 微信编辑短文，群发微信群，并单独给每个参加的人员留言，确认每个人收到消息并回复（短文包含 时间、位置、餐馆名、停车点）
　　1.2 ☐ 根据聚餐地点的消费，可以提前决定是否自带酒水（或提前问问公司运营是否还有剩余酒水）
☐ 2. 预定及点菜
　　2.1 ☐ 可以使用微信小程序《美味不用等》提前预约排号
　　2.2 ☐ 可以与店家电话联系预定，与店家联系提前发菜单过来，提前确定点菜的菜谱（或者网上提前了解该店家的特色推荐菜）
　　2.3 ☐ 比预定时间提前30～60分钟赶到聚餐地点，拍摄店家就餐环境、周边风景到微信群
　　2.4 ☐ 聚餐过程中，及时加菜及相应调整
　　2.5 ☐ 聚餐过程中拍照合影（如果有***等类型人员参加，注意不能拍照或者留影）
☐ 3. 结账
　　3.1 ☐ 预估聚餐结束前30分钟提前结账买单
　　3.2 ☐ 发票的开具及保存

三、聚餐后期收尾
☐ 1. 周一晚上用餐后确保聚餐人员安全到家
　　1.1 ☐ 送每一位聚餐人员上车，目送离开（针对特别重要的人物，可以帮忙网上微信叫出租车，我方自己微信代为网上支付打车费）
　　1.2 ☐ 聚餐结束后送每个人上车后，在微信群留言，感谢各位聚餐人员
　　1.3 ☐ 聚餐结束后大概30分钟给每位聚餐人员发微信留言，确认安全到家

图 7.1　聚餐实施工作清单示意图（使用印象笔记编制）

7.2.2　实施手册

　　工作清单解决的是团队的每一个人做某一件事情做某一个工作要完成哪些规定动作，保证的是具体某个人对应其岗位职责内工作任务的"保质保量"完成。但是，更多的事项或者任务，是需要一个团队内部，不同的部门不同的成员分工协作配合一起完成，这时，就需要在工作清单的基础之上，制作和形成完成该事项的实施手册，让团队之间不同岗位不同职责的人根据操作实施手册指引，能有效的相互配合完成相应的事项和任务。

　　例如： 在项目管理过程中，针对材料核价这件事项，就需要多个部门配合完成，我们可以制作相应的材料核价实施手册，供团队参考执行。实施手册的编制我们一般先用思维导图软件进行总结提炼，再根据总结提炼形成详细的 Word 文档实施手册，笔者团队针对房地产战略清单计价项目梳理的材料核价实施手册（思维导图）版本如图 7.2 所示。

材料核价实施手册
- 01 熟悉相关资料
  - 01 熟悉合同及报价书
    - 01 材料调差条款的相关约定
    - 02 材料调差程序的相关约定
    - 03 合同相关条款约定歧义梳理
    - 04 原报价材料价格统计
      - 01 召开内部交流会
      - 02 形成共识，制订应对方案
        - 制作相应合同条款摘要及争议解决指引文档
  - 02 熟悉材料相关工艺
    - 01 熟悉材料制作加工工艺
    - 02 如果核定综合单价，熟悉施工工序
      - 01 技术部提供施工方案
      - 02 进行施工方案的造价拆解解读
  - 03 计算材料工程数量
    - 01 详细/粗略计算材料工程数量
- 02 确定真实价格
  - 01 市场价格调查
    - 01 询问公司内部采购部
      - 01 询问采购部价格时一定要对应咨询采购部采购价格对应的工程量的计算方式口径问题
      - 02 特殊材料是否有一定的起订量要求，没有达到要求加价的幅度
      - 03 有些特殊材料必须批量购买，不能按零采购，要考虑分批购买项目使用不完的闲置和浪费带来的造价影响
    - 02 搜寻以往的采购合同
    - 03 相关市场价格信息平台
      - 01 广材网
      - 02 龙文钢材网
      - ……
  - 02 官方造价信息
    - 01 造价站公布的信息价格
    - 02 造价协会公布的信息价格
    - 03 主管部门公布的参考价格
  - 03 市场价格比对
    - 01 编制材料价格信息比对表
      - 01 渠道
      - 02 厂家
      - 03 规格
      - 04 价格
      - 05 联系方式
- 03 制作核价单据
  - 01 熟悉甲方核价单编制格式要求
  - 02 熟悉甲方核价报送流程及核价程序
  - 03 编制电子版本核价单
    - 01 核价单上工程量=实际工程量+定额规定损耗+一定的审减工程量
    - 02 工程量合同清单没有计算说明的，相应编写价格对应工程量的核价说明
    - 03 核价说明包含内容，注意不能与其他清单内容或者安全文明施工费、包干费等冲突，导致扣减风险
    - 04 材料核价需要结合计价方式注意语言描述，有时需要模糊，有时需要确定
    - 05 核价单签证盖章
    - 06 在正常需要基础之上多制作一份原件留底保存
  - 04 按照流程报送给甲方
    - 01 报送甲方的资料扫描自我存档
    - 02 保留甲方的签收资料依据
  - 05 建立材料核价台账，及时更新材料核价明细、进度、结果
- 04 完善核价结果
  - 01 每隔一周了解核价单在甲方的流程进度并记录
  - 02 对甲方疑问进行解释回复并补充相关资料
  - 03 收到甲方返回核价单
    - 01 检查是否签字完整、符合合同约定、是否有遗漏
    - 02 如果甲方核价过低，不能接受及时发函或者其他方式沟通，保留沟通记录
  - 04 核价单原件分类整理、编号、扫描、单独存档，平时使用扫描件

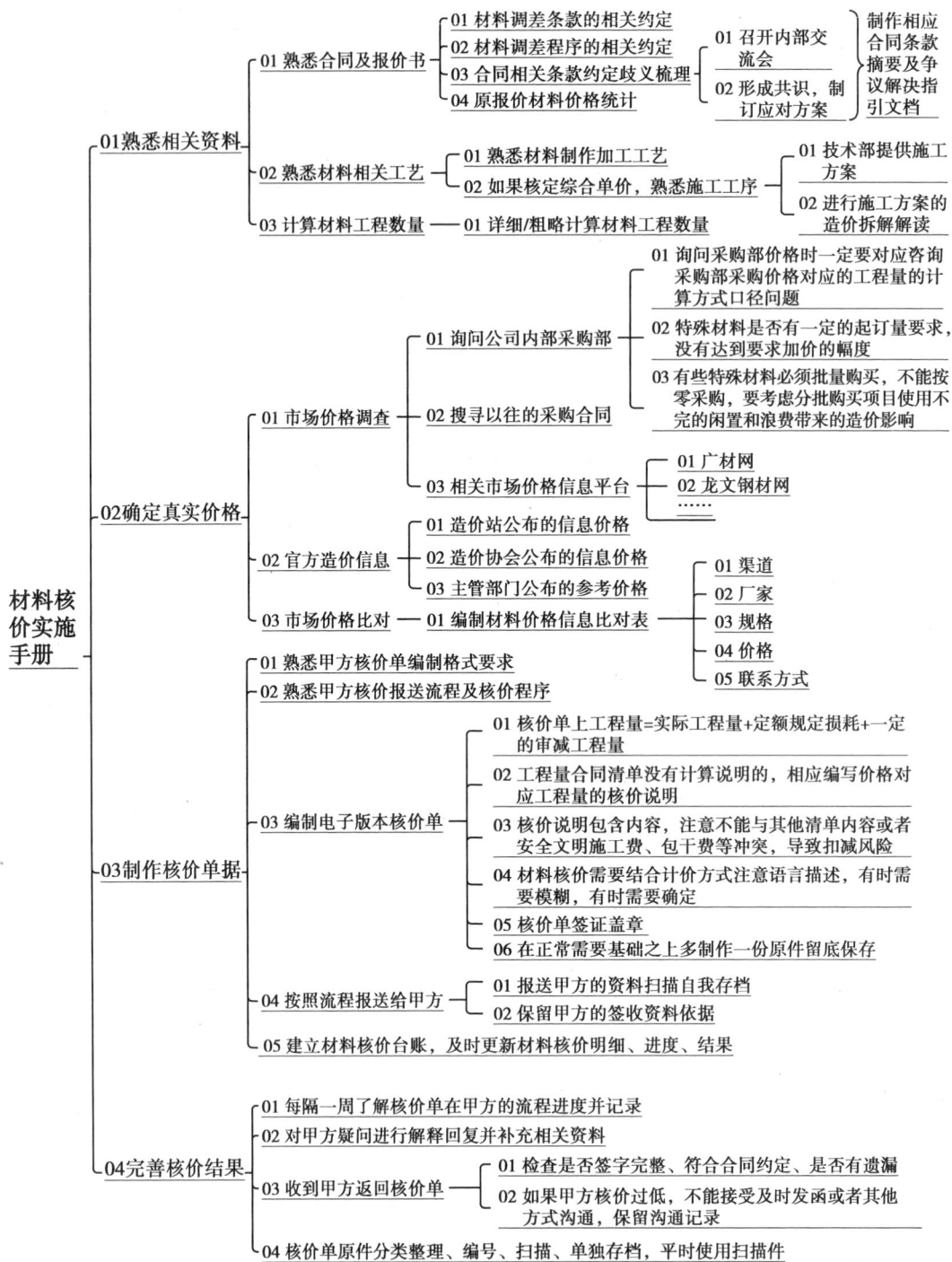

图 7.2 材料核价实施手册（思维导图版本）

造价笔记 582

能做事情，为何去做，怎么去做，人人可做
——技术人员工作四部曲

一个小雨淅沥空气清新的早上，有幸拜读到同行 L 总在微信公众号"志高思享荟"的一篇专业分享《客户视角下的专业工程咨询》。L 总从当下专业人士正在热议的《房屋建筑和市政基础设施建设项目全过程工程咨询服务技术标准（征求意见稿）》出发，提炼总结出了站在客户的视角，作为工程咨询专业技术人员，需要做到的 13 条质量服务标准分别如下：

1. 了解客户具体情况和特别咨询需求；

2. 认真听取客户的想法，不替代客户做决定；

3. 制订咨询工作计划，让客户知道下一步该如何做；

4. 协助客户了解咨询进展和到形成结论的过程，而不是直接告知结论；

5. 让客户随时了解项目进展，及时汇报；

6. 记录咨询全过程实施细节，让所有事项均可追溯本源；

7. 使用通俗易懂的生活语言，解读诠释晦涩难懂的专业术语；

8. 在客户需要的时候，随时能找到我们；

9. 出现突发事件，及时告知面临的风险，可能出现的结果，并提供相应的应急预案和措施；

10. 严格按照合同约定的质量和工期标准完成咨询服务；

11. 对客户足够重视，具有换位思考的理念和意识；

12. 在本职咨询服务之外，可以对客户的工作提出一些好的建议；

13. 咨询人员专业水平需要高于客户经办人水平，并具备良好的咨询服务意识。

从市场实践出发，L 总从实务的角度，提炼出了工程咨询服务标准 13 条，经过细细品味和琢磨，我发现这 13 条既可以作为咨询服务的标准，也可以作为一个工程技术人员，工作开展和能力提升 4 个方面。

作为技术人员，核心工作是做事情，但是，就如前人总结的禅语提炼的人生三境界："看山是山，看山不是山，看山还是山"，同样的，技术人员做事情也分为四层境界：

第一层境界，是能做事情，也就是上述的严格按照质量标准完成咨询服务，这是做事情的基本和基础，如果不能做事情，那么我们也就失去了成为技术人员的资格。

第二层境界，是为何去做，也就是知道我们做这件事情的缘由，或者意义与价值。就如我们的咨询服务，存在的缘由是让客户在这个项目价值最大化，其出发点虽然是客户，但是落脚点和最终的目的是客户的项目价值最大化，这就是我们为什么要去了解客户、听取客户的想法、及时汇报、使用通俗语言、换位思考、全过程记录等，并且有时我们还会忤逆客户的想法坚持自己的专业意见，这一切都是为了让我们做的事情能最终给客户带来价值。所以，为何去做，也可以理解为我们做事情的时候既要埋头拉车，更要抬头看路。

第三层境界，是怎么去做，也就是我们技术人员，可以把这件事该怎么去做，形成一套思路清晰方法路径明确的工作方法论。这样，当下的这件事情，我们能有张有弛的高质量去完成，当下次再遇到这样的事情时，我们同样能以同样的方法去保证工作的质量，而不会因为当时自我心情的变化、环境的变化等而导致不同的结果。方法论的形成，这也就是我们能去制订有效预案、给客户咨询之外建议的基础。

第四层境界，就是人人可做，个人的力量毕竟有限，个人的技术能力再高超，始终不能管控所有的项目。如何把自己做事情的能力和方法，转化拆分为具体的标准工作清单和标准流程动作，让团队的人人都可以去做，并且团队每个人做出来的结果和质量，能保持在一个水平，这也就是咨询人员专业水平高于客户经办人的水平，这个要求背后的核心本质。这不是我们具体每个咨询人员的专业技术水平高于客户每个具体经办人的水平，而是要求我们咨

询团队整体专业能力和做事情的水平，高于客户的经办人团队。

把每一件事情做好，做的过程中去思考和琢磨事情背后的缘由和价值，这是把一件简单的事情复杂化的过程；在多次做同样事情的过程中，逐步去提炼形成自己的工作方法论，这是把复杂的事情简单化的过程；再把自己的工作方法论拆解为具体的流程和简单的标准动作，让团队中人人能执行，这是把复杂的事情通俗化标准化简单化的过程。这，也是我们技术人员职业成长的基本方向和底层逻辑！

2020 年 5 月 25 日

7.2.3　制度流程

从人性的角度，有了工作清单和实施手册，并不一定团队中的每个人员会照此实施，因为这还和每个人的主观能动性有关，如果仅仅依靠个人的主观能动性往往这件事情也很难坚持。因此，从团队的角度，我们需要把这些工作清单和实施手册再次提炼固化为这个团队的制度；也就是在工作清单和实施手册的基础上，从团队和组织的角度，再慢慢地去实践、去总结、去提炼，对一些共性的问题慢慢提炼制订为相应的组织制度文件固化下来，然后再将这些制度通过信息化平台的流程进行控制，确保整个团队真正的将每一个事件不因外在的因素的影响坚持持久的执行。由于这些制度和流程来自这个团队自己的实践，自己的提炼，自己的总结，执行起来更加有效，更加具有落地性；慢慢的这些工作清单、实施手册通过制度流程日积月累地融入团队和组织的工作中，形成团队和组织根深蒂固的文化和内涵，这时团队标准化体系也就形成了，这个团队的基本功和可预期性就真正建立起来，这个团队的核心竞争力也才真正培养和塑造起来。

造价笔记 580

制度流程，起源于工作实际，形成于管理提炼

在日常咨询服务的工作中，我们会遇到这样的情况：

邮寄到委托方的发票，过了一段时间，委托方说没有找到——让我们感到头疼，明明是已经邮寄了的。

一封快递，邮寄到委托方，结果被退回，说发票不小心被撕坏了——让我们感到委屈，明明不是我们的责任。

按照长期合作的常规的地址邮寄，结果被告知说此次应该邮寄到另一个地址——让我们感到每次事无巨细相互有效沟通和信息确认的必要性。

客户返回的合同或者其他重要资料，邮寄给了项目负责人或者经办人，而没有及时反馈给公司的内业和资料管理人员，导致相关资料没有归档、合同信息没有及时跟进并引发资料丢失收款滞后等一系列连锁的反应——让我们感到处处存在潜在的风险和漏洞。

当出现了上述种种情况时，作为一线的具体负责人员，有两种处理方式。

一种是在公司的相关会议和交流上提出这个现状，可能相关参会人员高度重视，也达成了一致，大家今后一定要注意细节，一定要去改正，一定要去调整，确保快递和资料管理的有迹可循、完整全面。但是，我们会发现，虽然达成了共识，最终实际效果往往还是不理想，现状依旧持续，问题依旧存在，于是，继续开会，继续强调。

一种是作为一线具体的负责人员，发现了问题，先让问题这个子弹再飞一会，在观察子弹飞的同时，从自己的角度，去梳理做好快递这个具体事情，从开始到结束，到底需要哪些人，干哪些事情，进行详细的清单罗列。梳理完成之后，自己亲自先按照梳理的工作清单去完整地实施一遍，实施过程中，去感受为什么会出现问题，每一个步骤的关键点和风险点是什么，实施一次、总结一次、再调整一次，不断迭代，形成一个比较具有可行性的完整的经过实践检验的工作清单。这时，再到公司的管理例会上提出，一起探讨，形成共识，在此基础上，再次实践，当具有稳定和可持续性后，再把上述动作转化为一个标准的管理流程，嵌入公司的办公管理系统，成为标准的管理动作和流程。

通过第二种方式的实践，我们发现源于工作中的问题，源于具体工作实际，但是从管理的角度形成了标准的可持续可操作的流程，最终的结果和效果就截然不同。

所以，一个想法虽然好，一个事情的出发点虽然好，如果不能转化为有效的标准、动作、标准流程、标准制度去实践，这个想法就很难落地，这个事情就很难达到我们想要的结果。但是，如果我们脱离工作实际，去创造和去凭空设置很多的标准流程和标准制度，我们也会发现，不同的企业，不同的团队，不同的风格，不同的项目，不同的场景，这些流程虽然很好很全面，但是往往这些流程却很难落地和执行。橘生淮南则为橘，生于淮北则为枳，就是这个道理。

管中窥豹，从小细节搭建适合和满足自己团队及组织需要的流程制度，这是一种工作态度，也是一种工作方法；这也是公司快递流程和管理制度的搭建者 T 老师，带给我们流程制度本身之外最大的启发和价值。

2020 年 5 月 20 日

7.3　持续人才建设与培养

总结提炼标准化建设让团队和组织有了核心竞争力，但是如何让团队和组织的这种核心竞争力持续持久并且不断的更新迭代，随着行业和趋势的发展而不断发展，这就涉及一个更为至关重要的方面：持续人才的建设和培养。

在实务中，很多承包人喜欢人才拿来主义或者引进主义，在短期内这种方式能产生一定的效果，但是，从长远的角度来讲，这种方式往往效果不佳。一方面引进的人才常常只是专业技术过硬，但是专业之外的很多基本功或者软能力，却与团队和组织格格不入，或者很难融入；对于技术问题，是可以通过培训和成长去解决的，但是对于技术之外的软实力和工作理念和价值观等，很难通过培训去改变和形成，而工程项目创效依靠的不仅仅是某个人的技术，而是整个团队共同的努力共同的合作共同的一致行动才能达成。另一个方面引进的人才对于团队的认同感和认可度也存在一定的缺陷，不是跟随这个团队和组织一起成长的成员，很难从内心上真正认可和认同这个团队和组织，这导致很多工作的推行和实施时，就会存在一定的不理解，而这种不理解对整个团队的影响又非常大，往往最终要不就是引进的人才离开团队和组织，要不就是团队和组织被引进人才的个人的理念和做法所改变，反而对团队和组织不利。

因此，外部人才的引进很难真正成功，内部人员持续自主培养才是根本。所以，对于施工企业，真正要做到项目创效，要能持续稳定的长久的创效，最终的核心关键和基础，往往取决于对人才持续建设和持续培养的效果和成绩。

造价笔记 679

思考做什么，比具体怎么做，往往更重要

大妹读小学以来，作为家长，今天第一次参加大妹学校的运动会。

在此之前，很少近距离观察和参与大妹所在年级的学习生活情况，但是通过今天的参与和沟通，我发现了一些很有意思的小事情。

第一件小事项。我和大妹走进教室后，很多同学都主动和我打招呼，问我你是李××的爸爸呀？还有的同学跟我聊大妹在学校的情况，身处其中，有一种很放松的感觉，而不是那种大人与小孩的距离感；有一种很自然的状态，而不是那种学习与生活的陌生感。这背后间接反映了他们班级日常学习中的一种平等的氛围，而这种氛围，又是他们班主任和主要任课老师所营造和推崇的理念。

第二件小事情。运动会开场仪式的表演活动中，大妹所在班级表演时获得的掌声是所有活动中最多的，而且是观众自发的掌声。其实，大妹班级开场活动核心关键是三点：自然、流畅、青春。自然是活动本身没有刻意去迎合，没有刻意去做一些高大上的口号或者标语，一切秉承这个年龄段该有的思想和想法；流畅是表演活动全体同学参加，没有标新立异的个体，也没有只是陪衬的同学，整个团队一起表演，不落下一个人；青春是活动本身代表这个年龄段该有的活力和运动，而不是过多的去承载很多大人的功利的想法和话语。

第三件小事情。运动会后的接力赛，大妹所在班级，由开始的最后一名，慢慢追上最终赢得了第一名，这让很多家长和其他班级都非常惊讶。但是，我却在一些小细节中看到了背后的端倪：在接力赛开始前的准备阶段，有的班级学生们三五成群围在一堆打起了扑克牌；有的班级学生们漫不经心，各种小团体围在一起做着各自的事情，而大妹所在的班级，从运动的着装上，从走到比赛场地的精神上，从相互之间的沟通上，从老师的指挥和指引上……虽然没有特别出彩的地方，但是给人的感觉，大家是有着一个共同的想法和目标，是一个整体和团队，所以他们反而在逆势下取得了第一名。

在整个半天的观察和感悟中，其实我能明显感觉到，不同的班级风格是明显不同的。

有的班级，属于明显的传统严苛型，活动紧紧围绕中心思想去举行，甚至不惜为了达到中心思想的高度而刻意去采取一些手段和方法，这样的班级，我们会发现，同学之间的往来和氛围比较生硬，比较僵化，身处其中，有一种很不自在的感觉。

有的班级，属于典型的佛系随大流型，各种动作和准备中规中矩，事情完成就好。我们会发现这样的班级，班级氛围虽然很随和，但是总感觉缺乏一种内在的统一的灵魂，身处其中，自然而然就是散漫、无所谓的感觉。

有的班级，属于特别的眼前一亮型，有自己的想法，但是又不刻意去迎合；既有放松的感觉，但是又有内在的组织和纪律。在正式的场合，可以非常端庄和积极向上；在放松的场合，可以平等地交流与友好互动。没有突出的个人，但是绝对是一个鲜明的团体；没有特别的亮点，但是绝对是让人过目不忘。

其实，这些不同班级的背后，核心体现的是班级所在班主任不同的教育理念。

有些班主任的教育理念：在教育过程中是优先思考做什么？也就是优先考虑要把学生培养成长为一个什么样的人。正是基于把学生培养成人这个全面的综合的视角，所以在具体的一些教学的方式上，才能有自己的思考和特点。

　　有些班主任的教育理念：在教育过程中注重的是具体怎么做？也就是优先考虑如何让学生在具体的某一个事项上取得成绩。正是基于具体成绩的视角，往往会过于僵化和迎合，过于压制和要求，所以在具体的教学方式上，往往就非常传统和千篇一律。

　　在实务中，优先思考做什么的，开始的阶段，可能效果不明显，学生学习的整体效果会低于注重怎么做的，但是随着时间的推移，我们会发现优先思考做什么的，慢慢会后来居上，学生们学习的整体效果越来越好，并且成长的后劲和空间也越来越大。

2021 年 4 月 28 日

CANKAO WENXIAN 参考文献

［1］宝拉·里佐.为什么精英都是清单控［M］.郑焕升，译.长沙：湖南文艺出版社，2016.

［2］北京大学中文系现代汉语教研室.现代汉语［M］.增订本.北京：商务印书馆，2012.

［3］常设中国建设工程法律论坛第八工作组.中国建设工程施工合同法律全书：词条释义与实务指引［M］.北京：法律出版社，2019.

［4］重庆市建设工程造价管理总站.重庆市房屋建筑与装饰工程计价定额：第一册　建筑工程［M］.重庆：重庆大学出版社，2018.

［5］高云.思维的笔迹［M］.北京：法律出版社，2013.

［6］国家发展和改革委员会法规司，国务院法制办公室财金司，监察部执法监察司.中华人民共和国招标投标法实施条例释义［M］.北京：中国计划出版社，2012.

［7］教育部语言文字信息管理司.《标点符号用法》解读［M］.北京：语文出版社，2012.

［8］李杰，李宗胜.合同审查的思维与方法：风险控制与动态监管解决之道［M］.北京：法律出版社，2016.

［9］李衍华.逻辑·语法·修辞［M］.北京：北京大学出版社，2011.

［10］李燚.建设工程法律风险防范笔记［M］.北京：法律出版社，2012.

［11］林镥海.《建设工程施工合同司法解释》操作指南：建筑商之孙子兵法［M］.北京：法律出版社，2005.

［12］林镥海.建设工程法律服务操作实务——建筑企业的风险防范与效益创造［M］.北京：北京大学出版社，2012.

［13］吕叔湘，朱德熙.语法修辞讲话［M］.北京：商务印书馆，2013.

［14］苗曙光.建设项目工程结算编审与筹划指南［M］.北京：中国电力出版社，2009.

［15］上海市建纬律师事务所.建设工程法律操作实务［M］.北京：法律出版社，2013.

［16］唐广庆.工程建设项目招标投标与合同管理实践1000问［M］.北京：机械工业出版社，2010.

［17］天职（北京）国际工程项目管理有限公司.建设项目跟踪审计实务［M］.北京：中信出版社，2013.

［18］王建东，杨国锋.建设工程施工合同：表达技术与文本解读［M］.北京：法律出版社，2016.

［19］王乾應.建设工程非诉法律实务——风险防范与典型案例［M］.北京：中国法制出版社，2014.

［20］吴江水.完美的防范——法律风险管理中的识别、评估与解决方案［M］.北京：北京大学出版社，2010.

［21］吴江水.完美的合同——合同的基本原理及审查与修改［M］.增订版.北京：北京大学出版社，2010.

［22］奚晓明.建设工程合同纠纷［M］.北京：法律出版社，2013.

［23］异尘行者.Evernote 100个做笔记的好方法［M］.刘志勇，改编.北京：人民邮电出版社，2014.

［24］余水生.建筑法律顾问：建设工程全程法律解读和风险防控［M］.北京：法律出版社，2015.

［25］袁华之.建设工程索赔与反索赔［M］.北京：法律出版社，2016.

［26］张雷.工程造价法律实务——108个实务问题深度释解［M］.北京：法律出版社，2017.

［27］张正勤.建设工程造价相关法律条款解读［M］.北京：中国建筑工业出版社，2009.

［28］周吉高.2013版《建设工程施工合同（示范文本）》应用指南与风险提示［M］.北京：中国法制出版社，2013.

［29］周吉高.建设工程专项法律实务［M］.北京：法律出版社，2008.

［30］周奇.常见语言文字错误防范手册［M］.北京：中国标准出版社，2011.

［31］朱德熙.语法讲义［M］.北京：商务印书馆，1982.

［32］朱树英.建筑工程施工转包违法分包等违法行为认定查处管理办法（试行）适用指南［M］.北京：法律出版社，2014.

［33］最高人民法院民法典贯彻实施工作领导小组.中华人民共和国民法典合同编理解与适用［M］.北京：人民法院出版社，2020.

［34］最高人民法院民法典贯彻实施工作领导小组.中华人民共和国民法典总则编理解与适用［M］.北京：人民法院出版社，2020.

［35］最高人民法院民事审判第二庭.《全国法院民商事审判工作会议纪要》理解与适用［M］.北京：人民法院出版社，2019.

［36］最高人民法院民事审判第一庭.最高人民法院建设工程施工合同司法解释（二）理解与适用［M］.北京：人民法院出版社，2019.

［37］最高人民法院民事审判第一庭.最高人民法院新民事诉讼证据规定理解与适用［M］.北京：人民法院出版社，2020.

附　录

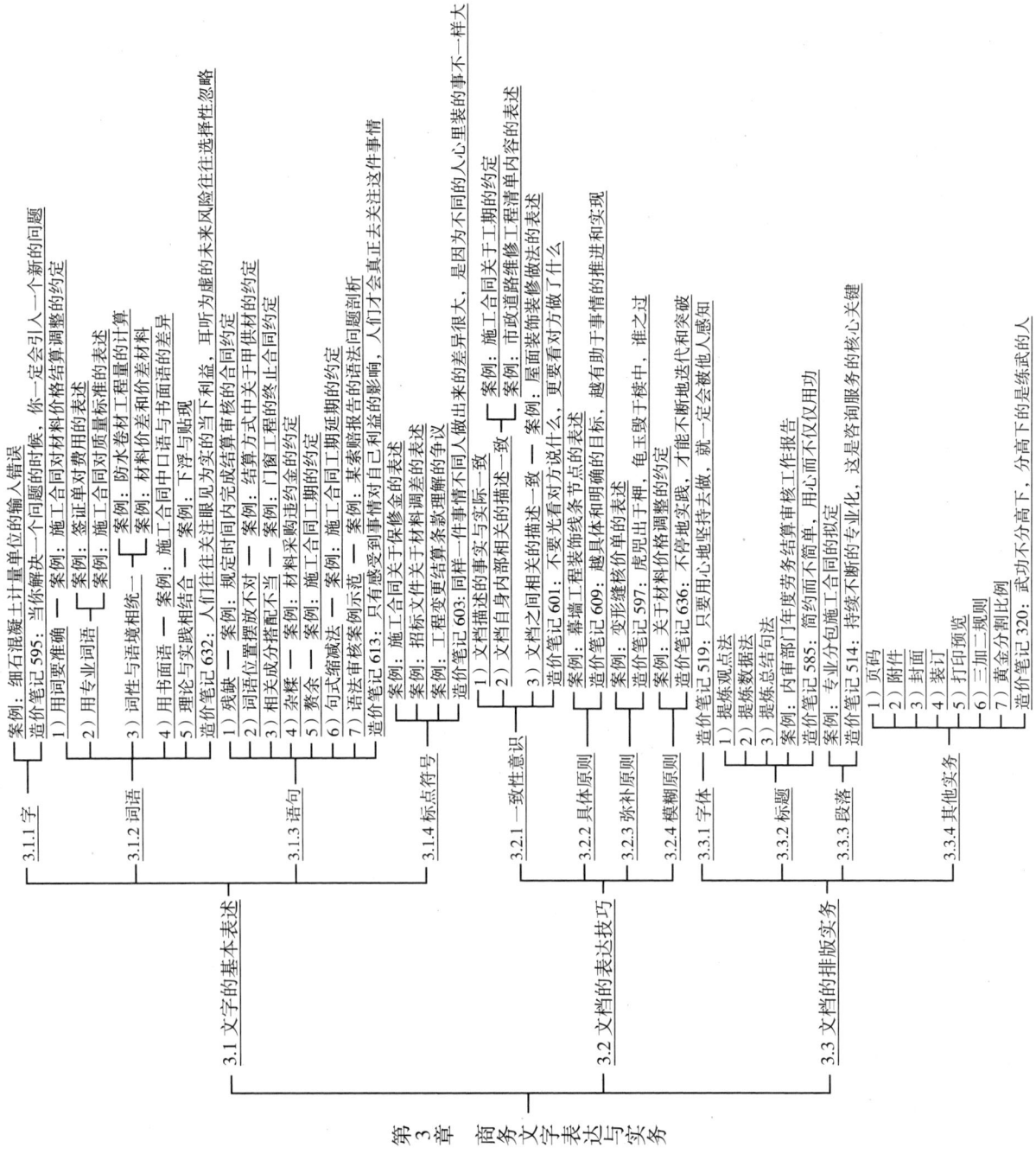

第3章 商务文字表达与实务

3.1 文字的基本表达

3.1.1 字
- 案例：细石混凝土计量单位的输入错误
- 造价笔记595：当你解决一个问题的时候，你一定会引人一个新的问题

3.1.2 词语
1) 用词要准确
   - 案例：施工合同对材料价格结算标准的约定
2) 用专业词语
   - 案例：签证单对费用的表述
   - 案例：施工合同对质量标准的表述
3) 词性与语境相统一
   - 案例：防水卷材工程量的计算
4) 用书面语
   - 案例：材料价差和价差材料
5) 理论与实践相结合
   - 案例：施工合同中口语与书面语的差异
- 造价笔记632：人们往往关注眼见为实的当下利益，耳听为虚的未来风险往往选择性忽略

3.1.3 语句
1) 残缺
   - 案例：规定时间内完成结算审核的合同约定
2) 词语位置摆放不对
   - 案例：结算方式中关于甲供材的约定
3) 相关成分搭配不当
   - 案例：门窗工程的终止合同约定
4) 杂糅
   - 案例：施工合同工期的约定
5) 赘余
   - 案例：施工合同工期延期的约定
6) 句式缩减法
   - 案例：某索赔报告的语法问题剖析
7) 语法审核案例示范
- 案例：只有感受到自己利益的影响，人们才会真正去关注这件事情
- 造价笔记613：

3.1.4 标点符号
- 案例：施工合同关于手保修的表述
- 案例：招标文件关于结算条款理解的争议
- 造价笔记603：工程变更结算差异理解的争议

3.2 文档的表达技巧

3.2.1 一致性意识
1) 文档描述相关的描述与事实实际一致
2) 文档自身内部的描述一致
3) 文档之间相关的描述一致
- 造价笔记601：不要光看对方说什么，更要看对方做了什么

3.2.2 具体原则
- 案例：幕墙工程装饰线条节点的表述
- 造价笔记609：越具体和明确的目标，越有助于事情的推进和实现

3.2.3 弥补原则
- 案例：变形缝核价单的表述
- 造价笔记597：虎兕出于柙，龟玉毁于椟中，谁之过

3.2.4 模糊原则
- 案例：关于材料价格调整的约定
- 造价笔记636：不停地实践，才能不停地去代和突破
- 案例：施工合同关于工期的约定
- 案例：市政道路维修工程清单内容的表述
- 案例：屋面装饰维修做法的表述
- 是因为不同的人心里面装的事不一样大

3.3 文档的排版实务

3.3.1 字体
- 造价笔记519：只要用心地坚持去做，就一定会被他人感知

3.3.2 标题
1) 提炼观点法
2) 提炼数据法
3) 提炼总结句法
- 造价笔记585：简约而不简单，用心而又不过又用功

3.3.3 段落
- 案例：专业分包施工合同的约定
- 造价笔记514：持续不断的专业化，这是咨询服务的核心关键

3.3.4 其他实务
1) 页码
2) 附件
3) 封面
4) 装订
5) 打印预览
6) 三加二规则
7) 黄金分割比例
- 造价笔记320：武功不分高下，分高下的是练的人